청나라
역대 황제 평전

변화와 혁신을 두려워하는 지도자는 도태된다

강정만 지음

청나라 역대 황제 평전

지은이 강정만
펴낸이 최병식
펴낸날 2023년 10월 12일(3판)
펴낸곳 주류성출판사
서울특별시 서초구 강남대로 435 (서초동 1305-5) 주류성문화재단
TEL | 02-3481-1024 (대표전화) • FAX | 02-3482-0656
www.juluesung.co.kr | juluesung@daum.net

값 22,000원
잘못된 책은 교환해 드립니다.

ISBN 978-89-6246-388-0   03910

청나라
역대 황제 평전

변화와 혁신을 두려워하는 지도자는 도태된다

강정만 지음

주류성

| 목차 |

역사는 과거와 현재 그리고 미래를 연결해주는 통로이다. 개인이나 국가의 현재 모습은 결코 하루아침에 우연하게 이루어진 게 아니라, 오랜 세월을 통해 축적된 행위가 굳어져 그럴 수밖에 없는 현상으로 나타난 것이다. 또 미래에 어떤 일이 일어날지 추측하는 것도 역사 연구를 통해 가능하다.

중국 역사는 우리 민족에게 긍정적이든 부정적이든 지대한 영향을 미쳤다. 우리나라는 미래에도 미국과 더불어 세계의 양대 패권 국가로 떠오른 중국을 상대로 생존권을 확보하고 번영을 구가해야 하는 운명을 타고났다. 냉전 시대에는 미국 중심의 '줄서기'를 통해 중국이라는 변수를 심각하게 고려할 필요가 없었으나, 이념보다 경제 논리가 우선이고 자국의 이익을 위해서라면 '동맹'이 허울뿐인 약속에 불과한 상황에서 중국 역사를 정확하게 이해하는 일이 대단히 중요하다.

청나라는 여진족(만주족) 누르하치(1559~1626)와 그의 후손들이 건국한 중국 최후의 봉건 왕조이다. 인구가 100만 명도 안 되는 소수 민족이 어떻게 1억이 넘는 한족 왕조, 명나라를 멸망시키고 중원의 주인이 되었을까. 더구나 명군은 수백만 대군과 조총, 서양에서 수입한 홍이포 등 첨단 무기로 무장한 반면에 청군은 팔기병 조직이 전부였던 상황에서, 청나라의 승리는 역사적으로 대단히 중요한 교훈을 남겼다.

최고지도자는 무능하고 황음무도한 생활에 젖어있으며 관리들은 부패하고 가렴주구를 일삼으며 지식인들은 실질을 숭상하지 않고 공리공담에 빠졌을 때, 국가가 아무리 인구가 많고 엄청난 생산량을 자랑하며 고도의 문명을 향유하고 있을지라도, 망국의 길로 접어든다는 교훈이다. 명나라는 10대 황제 무종 주후조(1491~1521)때부터 쇠락의 길로 접어들었다. 명나라가 패망한 결정적인 이유는 황제들의 방탕한 생활과 관리들의 부정부패였다.

이와 반면에 청나라는 건국 초기에 국가의 행정을 군사 조직으로 운영함으로써 효율성을 극대화했으며, 출신 성분을 따지지 않고 오로지 능력자만이 출세할 수 있는 '시스템'을 운영했다. 어떤 허례허식도 배격하고 실무를 중시하는 사회 분위기를 조성했다. 양국의 이러한 차이가 결국은 소국이 대국을 멸망시킬 수도 있다는 전례를 남긴 것이다.

그런데 대청제국을 건설했던 만주족이 오늘날 민족의 정체성을 상실하고 유명무실한 존재로 남은 이유는 무엇인가. 필자가 만주족의 발상지이자 터전인 요동 지방에서 거주하면서 적지 않은 만주족을 만날 수 있었다. 그들은 대부분 만주어를 몰랐으며 이름도 아주 오래전에 한족 이름으로 개명했다. 사실상 만주족은 이미 한족에 완전히 동화되었다고 생각한다.

왜 이런 현상이 일어났을까. 명나라 시대에 지금의 동북 3성 일대에서 거주했던 만주족은 한족과는 정체성과 문화가 전혀 다른 별개의 민족이자 독립 세력이었다. 명나라 한족은 만주족을 조공 무역의 방법으로 간접 통제했지만, 그들을 한족과 동등한 민족으로 인정하지 않았으며 '외국인' 취급을 했다.

백두산 일대에서 인삼, 모피 등 특산물을 수집하여 명나라 상인에게 팔아 생계를 유지했던 누르하치가 대금(후금)을 건국하고 명나라와 끊임없는 전쟁을 벌였으며, 그의 아들 청태종 황태극이 중원 침략을 단행한 것은 당시의 관점에서 볼 때 명나라와 청나라, 두 국가 간의 전쟁이었지 명나라에서 일어난 내전이 아니었다.

결국 청나라는 강희제 때 중국 전역을 통일하는 위업을 달성했다. 오늘날 중국의 광대한 영토는 강희제 때 근간이 완성되었다고 해도 과언이 아니다. 한족이 아닌 만주족이 중국 영토를 '왕창' 넓혀 놓은 것이다. 그런데 청태종 이후에 세월이 흐를수록 청나라의 역대 황제들은 스스로 한족 문명에 편입되는 길을 걷는다. 물론 그들이 만주족의 정체성을 포기하지는 않았지만, 한족 문명을 너무나 흠모했으며 비주류가 아닌 주류로서 한족 중심의 역대 왕조를 계승하여 정통성을 확보하고자 했다.

한족의 입장에서는 전쟁에 패하여 한족의 명나라가 망했지만 뜻밖에도 스스로 한족 문명에 동화되기를 원했던 청나라 역대 황제들 덕분에 오늘날 만주족의 거주지였던 동북 3성, 내몽골 지역, 위구르족의 신강위구르자치구, 세계의 지붕인 서장자치구 등 엄청나게 광대한 지역을 접수한 것이다.

중국 역사를 한족 중심으로 이해한다면, 중국은 이민족의 침략을 당해 망했을 때 오히려 국토가 확장되는 행운이 따랐다. 원나라와 청나라가 대표적인 예이다. 동아시아 문명의 핵심은 한족 문명이었으며 그것이 주변 소수 민족을 끌어당기는 문화적 관성이 엄청나게 강했음을 인정하지 않을 수 없다.

조선과 청나라의 관계사를 살펴보면 오늘날 우리 민족에게 주는 교훈이 지대하다. 조선이 거의 망할 뻔했던 임진왜란이 끝난 지 불과 30년 만에 정묘, 병자호란을 겪었다. 인조가 삼전도에서 청태종에게 치욕을 당한

청나라 역대 황제 평전

이유가 무엇인가. 사실 그때 청태종이 계속 남침을 강행했다면, 조선은 종묘사직을 지키기가 어려웠을 것이다.

성리학의 이념에 사로잡힌 인조와 조정 대신들은 '오랑캐'가 세운 청나라를 도저히 '천조'로 인정할 수 없었다. 임진왜란 때 명나라의 파병 덕분에 국가를 다시 세울 수 있었다는 이른바 '재조지은(再造之恩)'을 결코 저버릴 수 없었다.

오늘날 이것을 지독한 사대주의의 발상이라고 폄하하지만, 당시 의리와 명분을 목숨처럼 중시했던 조선의 지식인들은 차라리 오랑캐의 칼에 목이 달아나더라도 신앙과 같은 유가 성리학의 이념을 절대 포기할 수 없었다. 강대국의 틈에 끼어 실리를 추구하지 않고 오직 명분에만 집착한 후과는 결과적으로 백성들을 도탄에 빠지게 한 것이다.

따라서 최고 통치자와 관료 집단은 국가의 이익이 무엇이고 어떻게 대국을 상대해야 만이 생존과 번영을 담보할 수 있는지 지혜를 짜내지 않으면, 또 역사가 반복되지 않는다고 누가 장담할 수 있겠는가.

누르하치가 건국한 후금을 포함하면, 청나라는 12대 황제, 296년을 지속했다. 청나라의 역대 황제들은 명나라 황제들에 비해 왕조를 망칠만큼 무능하거나 큰 잘못을 저지르지 않았다. 그들은 대부분 제왕의 교육을 충분히 받고 선정을 베풀기 위해 혼신의 노력을 했다. 그럼에도 청나라가 망한 결정적 이유는 무엇인가.

아편전쟁 이후 이른바 '서세동점(西勢漸)'의 시대에 서구 열강의 침략에 속수무책으로 당했기 때문이다. 당시 중국은 왜 '종이호랑이'로 전락하여 서구 열강에게 그처럼 처절하게 유린되었을까. 물론 청나라 말기에 관료들의 부패와 가렴주구로 인한 민란이 끊임없이 일어난 것이 망국을 재촉한 것도 부인할 수 없는 사실이다. 하지만 보다 근본적인 이유는 중국 3000년의 봉건 역사와 유가 문명의 약점이 서구 문명과 충돌하면서 여지없이 노출되었기 때문이다.

백성은 피지배자였으며 먹는 것을 하늘로 삼는 존재였다. 제왕은 백성의 먹을거리를 해결해주어야 하는 무한 책임을 가지고 있었으며, 과거 급제를 통해 관리가 된 사대부들도 백성의 의식주를 책임져야 했다. 백성은 항상 지배자의 보호를 받고 등 따뜻하고 배부르면 그만이었다. 백성은 자각의 주체가 될 수 없었으며 가축처럼 우리 안에서 주인이 던져주는 먹이를 먹고 살았다. 따라서 '목민관(牧民官)'이라는 기가 막힌 표현이 나온 것이다. 백성을 개돼지 취급한 이 단어를 지금도 공직자들이 자랑스럽게 쓰는 이유를 모르겠다.

이와 반대에 서양은 산업혁명 이후에 개인의 자각을 통한 인권의 가치를 인식했으며 왕권을 제한하고 시민이 국가의 주인이 되는 민주제도를 완성했다. 이런 이유로 유가의 종속적 관계가 서양의 민주적 관계를 극복할 수 없었다.

과학 기술 분야에서도 청나라에 이르러 중국과 서양의 차이가 너무 벌어졌다. 송나라 때까지만 해도 중국의 과학 기술이 세계를 선도했다는 것이 정설이다. 하지만 수천 년 동안 유지되어 온 사농공상(士農工商)이라는 신분 질서 속에서 중국의 과학은 더 이상 발전하지 못했다.

또 중국이 세계의 중심이므로 주변 국가들은 모두 중국을 천조로 섬기고 천자가 베푸는 은혜에 감사해야 한다는 중화사상이 청나라의 발목을 잡았다고 생각한다. 서양 열강이 동아시아에 본격적으로 진출하기 전에는 중국 중심의 사고가 현실에 반영되었다. 하지만 청나라 황제들은 하늘 밖에 또 다른 하늘이 있음을 알지 못했으며, 설사 알고 있었더라도 애써

청나라 역대 황제 평전

외면했다.

　중국인은 아편전쟁 이래 1949년 10월 1일 중화인민공화국이 건국될 때까지 100여 년 동안 엄청난 고통을 겪었다. 중국의 흥망성쇠가 가장 큰 영향을 주는 지역이 바로 한반도이다. 불과 며칠 전 필자가 거주하는 중국 단동의 기차역 주변에 경찰이 느닷없이 삼엄한 경계를 펼쳤다. 다음 날 뉴스를 보고 북한의 최고지도자가 기차를 타고 단동을 지나갔다는 사실을 알았다. 예나 지금이나 '중국 변수'를 생각하지 않을 수 없는 하루였다.

　필자는 청나라 역대 황제를 중심으로 청조의 역사를 개괄적으로 기술했다. 한글 세대를 위하여 한문 원전은 본문을 이해하는 데 꼭 필요한 내용이 아니면 생략했다. 본문 내용은 청나라 역사에 대한 정사, 실록, 논문 등 다양한 자료를 분석하여 기술한 것임을 밝혀둔다.

　끝으로 출판업계의 빙하기임에도 필자의 졸고가 세상의 빛을 볼 수 있도록 허락해주신 주류성 최병식 사장님 등 여러 분들에게 진심으로 감사드린다.

2019. 1

중국 단동에서 강 정 만 (姜正萬)

제 1 장

애신각라 누르하치
청태조

애신각라 누르하치 청태조

1. 청나라 이전의 여진족(만주족) 역사

우리 한민족과도 밀접한 관계를 맺고 동아시아 역사의 한 축을 이루었던 여진족의 조상은 중국 역사서의 기록에 의하면 숙신(肅愼)이다. 그들은 대대로 백두산 이북과 연해주 및 흑룡강 유역의 광활한 초원, 산림 지대에서 목축과 수렵을 하며 살면서 중원 지역의 역대 왕조와 교류했다. 주(周)나라 무왕(武王) 때 주나라에 사신을 보내 호시(楛矢: 싸리나무로 만든 화살)와 석노(石砮: 돌화살촉)를 진상했다.

『좌전(左傳) · 소공(昭公) 9년』에 주나라 경왕(景王)이 첨환백(詹桓伯)을 진(晋)나라로 보내 "숙신, 연(燕), 박(亳) 지역은 모두 나의 북방 영토이다."라고 주장한 기록이 있다. 주나라 때 중원의 한족이 숙신을 지방 정권으로 간주하고 지배했다는 얘기이다. 하지만 이는 한족의 관점에서 나온 주장일 뿐, 주나라의 통치 영역과 숙신의 거주 지역이 멀리 떨어져 있었음을 감안하면 실제로 그들이 숙신을 직접 통치했다고 볼 수 없다. 다만 한족과 숙신의 교류가 있었음을 짐작할 수 있다.

한(漢)나라 때는 숙신의 후예를 읍루(挹婁), 북위(北魏) 때는 물길(勿吉), 수(隋)나라와 당(唐)나라 때는 말갈(靺鞨)로 불렀다. 말갈계 고구려인 대조영(大祚榮·?~719)이 서기 698년에 고구려 유민과 말갈 세력을 규합하여 발해(渤海)를 건국했다. 한반도 북부와 만주, 연해주 일대에서 한반도 남부의 신라와 더불어 한국사의 남북국시대를 이끈 발해는 서기 698년부터 926년까지, 15대 왕 228년 동안 동아시아의 강국으로 군림한 왕조이다.

당나라 개원(開元) 원년(713) 당현종(唐玄宗·685~762)이 홍려경(鴻臚卿) 최흔(崔忻)을 진국(震國: 발해의 초기 국명)으로 보내 대조영을 좌효위대장군(左驍衛大將軍) 발해군왕(渤海郡王)으로 책봉했다. 오늘날 중국 역사학계에서는 이것을 근거로 발해를 당나라의 지방 정권으로 간주하고 발해사를 자국 역사의 일부로 편입했다.

발해가 당나라의 문물제도를 모방하고 때에 따라서 당나라에 복종하는 외교적 입장을 견지했지만, 당나라로부터 '해동성국(海東盛國)'이라는 칭송을 들으며 연호를 독자적으로 사용하고 황제를 칭한 독립 국가였다. 선왕(宣王·818~830) 때 전성기를 구가하여 전국에 5경(京), 15부(府), 62주(州)를 설치했으며 영토가 '사방 5천리'로 확대되었다.

오늘날 우리나라에서는 발해사를 한국사의 일부로 간주하고 있다. 이런 역사관이 중국 역사학계에서는 언어도단이라고 폄하되고 있지만, 발해 민중의 기층을 이루었던 여진족이 적어도 발해 시대에는 한국사의 또다른 주역이었다. 따라서 한국인의 관점에서 볼 때, 여진족은 한국사와 불가분의 관계를 맺고 있는 대단히 중요한 역사적 자산이 된다.

이를테면 조선을 건국한 이성계(李成桂·1335~1408)는 조선인과 여진족이 혼거한 함경도 지방에서 여진족 부하들의 도움을 받아 자신의 세력을 구축하고 한반도 통일의 위업을 달성했다. 이성계와 의형제를 맺고 혁혁한 전공을 쌓아 개국공신 1등이 된 이지란(李之蘭·1331~1402)도 사실은 여진족이었다. 그의 원래 이름은 퉁두란이다. 이성계에게 귀부한 뒤 이씨(李氏) 성을 하사받고 이지란으로 개명했으며 훗날 청해(淸海) 이씨의 시조가 되었다.

이지란 같은 여진족 출신 장수들의 충성이 없었다면, 이성계가 역성혁명을 일으켜 새 왕조를 건국하기가 쉽지 않았을 것이다. 심지어 어떤 이는 이성계 혈통에 여진족의 피가 섞였다고 주장하기도 한다. 사실 여부를 떠나, 그가 고려 말에 함경도에서 여진족과 어울려 살며 수렵과 유목 생활에 익숙했고 아울러 동북면도원수로서 고려인뿐만 아니라 여진족을 지배한 것은 분명한 역사적 사실이다.

하지만 소중화(小中華)를 자처하고 명나라를 천조(天朝)로 섬긴 조선의 역대 국왕과 사대부들은 여진족을 야만인 취급했기 때문에, 그들이 우리 역사에서 보잘것없는 존재로 남았다. 성리학을 국가의 이념으로 삼은 조선은 '유가 성현의 도(道)'를 모르는 여진족을 도저히 받아들일 수 없었다.

인조 14년(1636) 병자호란이 일어나 조선이 패망의 일보직전까지 몰리게 된 원인도 고지식한 사대부들의 여진족에 대한 편견과 멸시에서 비롯되었다. 맹목적 이념과 사대주의에 사로잡혀 실사구시의 외교 정책을 펴지 못한 지도층의 어리석음이 백성을 도탄에 빠트리고 국가를 패망으로 몰고 갈 수 있다는 역사적 교훈을 남겼다. 그럼에도 예나 지금이나 우리는 이 고질적 병폐에서 벗어나지 못하고 있는 게 아닌가 한다.

동아시아는 10세기 초에 이르러 대란이 일어났다. 중원에서는 907년에 당나라가 멸망한 뒤 5대 10국의 혼란기에 접어들고, 한반도에서는

935년에 신라 멸망 후 후삼국 시대가 전개되었다.

서기 916년 요하(遼河) 상류 일대에서 유목 생활을 하고 있던 거란족의 부족장, 야율아보기(耶律阿保機·872~926)가 중원이 혼란한 틈을 타서 7개 부족을 통일한 뒤 거란(契丹: 훗날 국명을 요·遼로 바꿈)을 건국하고 황제를 칭했다. 천현(天顯) 원년(926) 발해의 수도 홀한성(忽汗城: 지금의 흑룡강성 목단강 동경성)을 공략하여 발해를 멸망시켰다. 그는 발해를 동단국(東丹國)으로 개칭하고 황태자 야율배(耶律倍)에게 다스리게 했다.

발해를 정복한 거란인은 말갈족을 여진(女眞)이라고 불렀다. 여진족 가운데 요나라의 호적에 편입되어 조정의 통치를 받는 자들을 숙여진(熟女眞)이라고 칭했다. 이들은 시간이 흐를수록 정체성을 상실하고 거란족에 동화되었다.

이와 반면에 오늘날의 흑룡강성 송화강(松花江)과 길림성 부여현(夫餘縣) 지역에 거주하면서 요나라의 호적에 편입되지 않은 여진족을 생여진(生女眞)이라고 칭했다. 그들은 요나라의 통치에 강한 반감을 가지고 있었으며 아주 호전적이었다. 요나라 조정은 그들이 말을 듣지 않으면 잔혹하게 토벌했다. 성종(聖宗) 통화(統和) 4년(986) 요나라 장수 야율사진(耶律斜軫)이 생여진을 공격하여 10여만 명을 포로로 잡아 노예로 부렸으며 말 20여만 필을 노획했다.

생여진은 북주(北珠: 길림성. 흑룡강성 일대 하천의 민물조개에서 나오는 진귀한 구슬), 인삼, 황금, 잣, 담비가죽 등 특산물을 요나라 조정에 정기적으로 바쳤다. 요나라 말기에 이르러서는 귀족과 관료들의 수탈이 더욱 심각했다. 그들은 수시로 은패천사(銀牌天使)를 생여진의 거주 지역에 보내 생여진으로 하여금 생명의 위험을 무릅쓰고 보라매를 잡고 북주를 채취하여 진상하게 했다. 심지어는 생여진의 부녀자들을 닥치는 대로 겁탈하기도 했다. 이런 야만적 행위를 '천침(荐枕)'이라 했다. 부녀자들을 돗자리와 베개로 삼는다는 뜻이다.

요나라의 탄압을 견디다 못한 생여진은 격렬하게 저항하며 노예의 사슬을 끊지 못하면 죽음뿐이라는 현실에 신음했다. 마침 이 시기에 여진족 완안씨(完顔氏) 부족 가운데 요나라 절도사 출신 아골타(阿骨打·1068~1123)라는 민족 영웅이 등장한다. 요나라 천경(天慶) 4년(1114) 그는 내유수(來流水: 지금의 길림성 부여현 납림하·拉林河)에서 여러 부족의 병사 2,500여 명을 규합했다. 천지신명에게 요나라 정벌을 맹세하는 제사를 지내고 부하 장수들에게 말했다.

> "너희들은 한 마음으로 단결하여 싸워야 한다. 전공을 세운 노비는 평민으로 신분을 높여주고 평민은 관리로 임용할 것이다. 원래 관리였던 자들은 전공에 따라 승진할 것이다. 맹세문과 군령을 위반하는 자가 있으면 죽음을 면치 못하고 그의 가족도 형벌을 피할 수 없을 것이다."

아골타가 이끄는 여진족 군사는 영강주(寧江州: 지금의 길림성 부여현 오가참·五家站)로 진격했다. 선봉에 선 아골타가 요나라 장수 야율사십(耶律謝十)을 화살로 쏘아 죽이자, 요나라 진영은 급격하게 붕괴했다. 영강주성을 취한 후, 파죽지세로 빈주(賓州: 지금의 길림성 농안현·農安縣), 함주(咸州: 지금의 요녕성 개원·開原) 등을 연이어 공략했다.

아골타는 수국(收國) 원년(1115) 정월에 남동생 완안오걸매(完顔吳乞買·1075~1135), 국론발극렬(國論勃極烈: 여진족의 관직명으로 재상에 해당) 완안살개(完顔撒改) 등의 추대를 받아 황제로 등극했다. 아골타는 신하들에게 이렇게 말했다.

> "요나라가 개국 초기에 빈철(鑌鐵: 단련한 강철)을 국명으로 삼은 까닭은 그것의 견고함을 얻고자 하는 의도였소. 그것이 아무리 견고할지라도 언

젠가는 녹이 슬어 못쓰게 되오. 오직 황금만이 영원히 변하지 않고 훼손
되지 않소."

야율아보기가 거란어로 '단단한 강철'을 의미하는 거란(契丹)으로 국명
을 정한 까닭은 강철처럼 강한 국가를 건설하겠다는 의지의 표현이었다.
그런데 아골타는 언젠가는 녹이 슬고 마는 강철보다 영원히 변치 않는 황
금처럼 영원한 제국을 건국하고 싶었다. 이렇게 그의 뜻에 따라 국명을
대금(大金)으로 정했다. 연호를 수국(收國), 회녕부(會寧府: 지금의 흑룡강성 아성시·
阿城市)를 수도로 정했다. 이 시기부터 여진족은 중국 역사의 전면에 등장
한다.

아골타는 즉시 요나라 정벌을 단행하여 북방의 전략적 요충지 황룡부
(黃龍府: 지금의 길림성 장춘시 농안현·農安縣)를 점령했다. 요나라의 목에 칼을 들이
댄 형국이 되었다. 당황한 천조제(天祚帝·1075~1128)는 거란족과 한족으로 구
성된 수십만 대군을 이끌고 반격에 나섰다. 양군은 호보달강(護步達岡: 지금의
흑룡강성 오상·五常)에서 대치했다.

그런데 아골타 휘하의 병사는 2만여 명에 불과했으므로 병력 수만 고
려하면 도저히 이길 수 없는 전황이었다. 아군보다 수십 배 많은 적군을
맞닥뜨린 금나라 병사는 전의를 상실하고 공황에 빠졌다. 하지만 요나라
조정에 내분이 있고 거란족과 한족으로 뒤섞인 요나라 병사들은 군기가
문란하고 오합지졸이라는 사실을 아골타는 간파했다. 무엇보다도 먼저
군심을 안정시켜야 했다. 그는 장수들에게 울면서 말했다.

"애초에 짐이 그대들을 거느리고 군사를 일으킨 이유는 우리 민족이
더 이상 요나라의 압제를 받지 않고 스스로 독립 국가를 세울 목적이었
소. 하지만 천조제는 짐을 인정하지 않고 친히 대군을 이끌고 정벌하러

왔소. 지금 우리는 두 가지 길뿐이오. 하나는 죽기를 각오하고 싸워서 위기를 극복하는 방법이오. 다른 하나는 그대들이 짐을 생포하여 천조제에게 바치고 짐의 일족을 모조리 죽이고 난 뒤 요나라에 투항하면, 그대들에게는 전화위복이 될 수 있을 것이오.”

죽기를 각오하고 싸울 자신이 없으면 차라리 나를 죽이고 적에게 투항하여 목숨이라도 부지하라는 호소였다. 지도자의 이런 배짱과 용기에 감복하지 않을 부하 장수가 있을까. 장수들도 따라서 울며 결사항전을 맹세했다. 결국 천조제는 아골타의 적수가 되지 못했다. 수십만 대군이 괴멸되고 천조제는 가까스로 탈출했다.

이 전투는 금나라가 요나라를 멸망시키는 데 결정적 작용을 했으며, 소수의 정예군이 오합지졸의 대군을 격파하고 아울러 싸움의 승패는 결코 병력 숫자로 결정되는 것이 아니라는 전형적인 실례가 되었다.

수국 2년(1116) 발해인 고영창(高永昌)이 동경(東京: 지금의 요녕성 요양 · 遼陽)을 거점으로 삼고 요나라에 반기를 들었다. 천조제가 진압군을 보내자, 고영창은 금나라에 구원을 요청했다. 아골타는 요나라가 내분에 빠진 틈을 타서 오히려 고영창을 공격하여 동경의 주현(州縣)을 모두 차지했다. 그는 자신을 대성황제(大聖皇帝)라고 칭하고 연호를 다음 해부터 천보(天輔)로 개칭했다.

천보 원년(1117) 금나라 군사가 요나라의 태주(泰州), 현주(顯州) 등을 공략했다. 건주(乾州), 의주(懿州), 호주(豪州), 휘주(徽州) 등을 지키고 있던 요나라 장수들은 대세가 기울고 있음을 간파하고 연이어 성문을 열고 투항했다. 이처럼 금나라가 요나라를 궁지에 몰아넣고 있을 때, 뜻밖에도 송나라 휘종(徽宗 · 1082~1135)이 아골타에게 사신을 보내 동맹을 맺고 요나라를 협공하자고 제안했다.

송나라는 요나라에게 빼앗긴 연운(燕雲) 16주(州)를 되찾을 속셈이었다. 연운 16주는 지금의 북경, 천진, 하북성 북부, 산서성 북부 지역에 해당한다. 옛날부터 중원의 한족은 연운 16주를 빼앗기면 그 화(禍)가 중원에 미친다고 생각하여 동북방 최대의 전략적 요충지로 삼았다.

천보 4년(1120) 양국은 여러 차례 협상 끝에 '해상지맹(海上之盟)'을 맺었다. 송나라 사신이 육로로는 요나라에 가로막혀 갈 수 없고 지금의 산동성에서 발해만을 건너 금나라로 입조했기 때문에 '해상에서 맺은 동맹'이라는 이름이 생겼다.

양국은 요나라를 멸망시키고 난 뒤 금나라가 중경대정부(中京大定府)를, 송나라가 남경석진부(南京析津府)를 차지하기로 했다. 아울러 금나라는 연운 16주를 송나라에게 돌려주고, 송나라는 매년 요나라에 바치던 세폐(歲幣)를 금나라에 바치기로 맹약했다.

송나라와 금나라의 동맹을 눈치 챈 천조제는 금나라로 여러 차례 사신을 보내 화의를 청했다. 이때까지만 해도 요나라가 금나라보다 국토가 넓고 인구가 많은 대국이었으므로, 천조제는 요동 지방의 강자로 떠오른 아골타를 황제로 예우해줌으로써 전란을 피하고자 했다. 천보 3년(1119) 요나라 태부(太傅) 습니렬(習泥烈)을 금나라로 보내 아골타를 동회국황제(東懷國皇帝)로 책봉하려고 했다. 아골타는 천조제의 제의를 단호하게 거절하고 신하들에게 말했다.

"요나라 사람들이 여러 차례 패전하여 사신을 보내 화의를 청하면서 거짓말을 늘어놓는 것은 우리의 공격을 지연시키는 계책에 불과하오. 당장 저들을 토벌할 계책을 세우시오."

조금만 더 밀어붙이면 요나라를 멸망시킬 수 있다고 아골타는 확신했다. 천보 4년(1120) 아골타가 친히 이끈 군사가 요나라의 수도, 상경성(上京城: 지금의 내몽고자치구 적봉·赤峰)으로 질풍노도처럼 밀려왔다. 상경유수 달불야(撻不野)는 투항하고, 천조제는 서경(西京)으로 달아났다.

천보 6년(1122) 12월 아골타가 연경(燕京)을 공략할 때 금나라와 동맹을 맺은 송나라 군사는 연경의 남쪽에서 협공했다. 패망 일보 직전에 몰린 요나라의 내정은 복잡했다. 상경, 중경 등 주요 도시와 여러 주현을 빼앗긴 천조제는 협산(夾山: 지금의 내몽고 토묵특좌기·土默特左旗)으로 달아났다.

한편 천조제의 당숙 야율순(耶律淳·1063~1122)이 연경에서 황제를 칭하고 북요(北遼) 정권을 세웠다. 그는 아골타에게 사신을 보내 금나라에 복종하겠다는 뜻을 밝혔으나 거절당했다. 그가 황제로 등극한 지 불과 몇 개월 만에 병사하자, 황후 소덕비(蕭德妃)가 섭정했다. 금송 연합군이 연경을 협공할 때 소덕비는 이미 도망가 버렸고, 조정 대신들은 전의를 상실한 상태였다. 좌기궁(左企弓), 오중문(虞仲文) 등 한족 출신의 신하들이 성문을 열고 투항했다.

천보 7년(1123) 아골타는 연경의 모든 재물을 약탈하고 장인들을 포로로 잡아 도성으로 회군했다. 아울러 송나라와의 약조에 따라 연경 16주를 송나라에 할양했다. 같은 해 8월 금나라를 건국하고 요나라를 패망의 구렁텅이로 몰아넣은 여진족의 영웅, 금태조 아골타가 회군 도중에 향년 56세를 일기로 병사했다.

원래 여진족은 고유문자가 없었다. 부족 간의 의사소통도 거란문자를 통해 이루어질 수밖에 없었다. 문자가 없는 민족은 아무리 막강한 군사력을 보유하고 있더라도 언젠가는 추풍낙엽처럼 사라지고 마는 법이다. 특히 이동이 잦은 유목민족은 더더욱 그렇다. 문자는 민족의 혼을 이어주는 매개체이기 때문이다.

아골타는 싸움에만 능한 군주는 아니었다. 금나라가 천추만대의 번영을 누리기 위해서는 반드시 문자가 필요하다고 생각했다. 재상 완안희윤 (完顏希尹)에게 문자를 창제하게 했다. 천보 3년(1119) 완안희윤은 거란 문자와 한자를 참고하여 여진 문자를 만들었다. 독창적 문자는 아니었지만, 금나라는 이때부터 법제도를 명문화하고 왕조국가 체제의 기틀을 다지기 시작했다.

아골타는 중원의 변방에서 야만족 취급을 받던 여진족을 최초로 통일하여 제국을 건설하고 송나라와 대등한 관계를 맺은 영웅이다. 아골타 사후에 금나라는 110년 만에 망하여 여진족이 400여 년 동안 다시 이민족의 지배를 받으며 노예나 다름없는 처지로 전락했지만, 그들의 마음속에는 언제나 금태조 아골타에 대한 추앙과 환상이 자리 잡고 있었다. 언젠가는 그와 같은 민족 영웅이 다시 나타나 여진족을 구원할 것이라는 신념이었다.

아골타 사후에 그를 황제로 추대하는 데 결정적 공을 세운 동생, 완안 오걸매(1075~1135)가 2대 황제가 되었다. 그가 바로 금태종(金太宗)이다. 연호는 천회(天會)로 정했다.

금태종은 중국 역사상 유일하게 신하에게 곤장을 맞은 황제이다. 사연은 이렇다. 아골타가 금나라를 건국한 직후 지극히 근검절약하는 생활을 강조했다. 황제 자신이 백성의 거주지와 다를 바 없는 나무로 만든 성채에서 거주하면서 남루한 옷을 입고 산해진미와 금준미주를 철저히 배격했다. 황제가 이렇게 몸소 실천하고 있는데 신하와 일반 백성은 더 말할 나위가 있겠는가. 아골타는 국고의 재화는 전쟁을 치를 때만 사용한다는 원칙을 세우고, 이를 조금이라도 어기는 자가 있으면 지위고하를 막론하고 곤장 20대를 치겠다는 엄명을 내렸다.

금태종도 아골타의 유훈을 따르지 않을 수 없었다. 그런데 허름한 성채에서 지내고 소박한 황포(黃袍)를 입는 것은 그런대로 참을 수 있었지만 술만큼은 그 유혹을 참을 수 없었다. 어느 날 밤 몰래 국고에서 재물을 꺼내 잠깐의 유흥을 즐겼다. 얼마 후 재물을 유용한 사실이 발각되자, 개국 공신 완안종한(完顏宗翰) 등 조정 대신들이 형틀을 들고 금태종에게 가서 선 황제께서 정하신 원칙을 따라야한다고 아뢰었다.

금태종은 어쩔 수 없이 신하에게 곤장을 맞는 수모를 겪었다. 신하들은 모두 무릎을 꿇고 죄를 청했지만, 그는 위로주 한 잔을 마시고 그들을 용서할 수밖에 없었다. 절대 권력을 쥔 황제가 사소한 잘못으로 신하에게 곤장을 맞을 정도로 법도가 엄격했던 금나라는 건국 초기에 기강이 엄격하고 실질을 숭상했으므로 부국강병의 길로 나아갈 수 있었다.

천회 3년(1125) 마침내 천조제가 포로로 잡히고 요나라가 멸망했다. 당시 북방에서 금나라, 요나라와 더불어 삼국 정립(鼎立)의 형세를 이루었던 서하(西夏·1038~1227)가 요나라 멸망에 위협을 느꼈다. 살아남기 위해서 금나라에 사신을 보내 신하의 국가를 자청했다. 이 시기부터 금나라는 명실상부한 북방의 강국으로 등장했다.

이제 금나라 군사의 예봉은 송나라를 향하기 시작했다. 양국이 공통의 적, 요나라를 정벌하기 위해 맹약을 맺었지만 요나라가 멸망한 뒤에는 천하 통일의 야망을 품은 금태종에게 조약문서는 휴지조각에 불과했다.

조약은 상호간 힘의 균형을 이룰 때 지켜지는 것이지 일방의 세력이 약화되면 무용지물이다. 그래서 소국이 대국과 동등한 조건으로 조약을 맺는 것은 불가능하다. 다만 대국들 간에 패권 다툼이 벌어졌을 때, 소국이 대국과 등거리 외교를 통하여 생존권을 확보할 수 있다. 소국의 치밀한 등거리 외교는 이른바 '꼬리가 몸통을 흔드는 책략'을 발휘할 수 있다.

천회 3년(1125) 10월 금나라는 대군을 일으켜 동쪽 방향에서 연산부(燕山府)를, 서쪽 방향에서 태원(太原)을 공격하고, 다음 해에 황하를 건너 송나라의 수도 변경(汴京: 지금의 하남성 개봉·開封)으로 진격했다. 맹수처럼 사나운 금나라 군사의 도강에 놀란 송휘종(宋徽宗) 조길(趙佶·1082~1135)은 황위를 아들 송흠종(宋欽宗) 조환(趙桓·1100~1156)에게 황급히 물려주고 남쪽으로 달아났다. 휘종은 예술적 재능을 타고났지만 나약하기 그지없는 황제였다.

흠종은 태원, 중산(中山), 하간(河間) 등, 삼진(三鎭)의 땅을 금나라에게 할양하고 세폐(歲幣)를 늘려주겠다는 약속으로 금나라 군사의 철군을 바랐다. 풍전등화의 위기를 극복하기 위하여 치욕적인 조건을 자발적으로 제시한 것이다. 같은 해 11월 금나라 좌부원수 완안종한(完顏宗翰)과 우부원수 완안종망(完顏宗望)이 변경성을 공략했다.

흠종은 포로로 잡혔다. 황금 1,000만 정(錠), 은 2,000만 정, 비단 2,000만 필, 말 7,000필 등 엄청난 재화를 바쳤으며 아울러 황하 이북의 땅을 할양하는 치욕을 당했다. 천회 5년(1127) 금나라 군사가 북방으로 철군하면서 포로로 잡힌 휘종, 흠종 두 황제와 황족 등 3,000여 명을 끌고 갔다. 그들을 기화가거(奇貨可居)로 이용할 생각이었다.

중국역사에서 이 변란을 '정강(靖康)의 변(變)'이라고 하며, 오늘날에도 중국의 한족이 가장 치욕으로 여기고 있다. 이 변란으로 북송은 망했다. 문치(文治)에만 매달리고 국방에 소홀히 하여 무력이 약한 국가는 아무리 선진 문명을 향유했을지라도 결국 패망하고 만다는 교훈을 남겼다.

금나라는 포로로 잡힌 수많은 한족을 잔혹하게 다루었다. 장정(壯丁)은 모조리 포로로 잡아 부리고, 노약자들은 다 죽였다. 변경성을 공략한 후 포로로 잡힌 귀족 자제들은 노예로 전락했다. 부엌일을 하거나 말을 키우는 일은 그들에게는 익숙한 일이 아니었으므로 주인이 휘두른 채찍에 맞지 않은 날이 하루도 없었다. 5년도 못되어 살아남은 사람이 10명에 1명도 안 될 정도였다. 부녀자들은 10명에 9명이 창기(娼妓)로 팔리는 신세가 되었다. 한 철공(鐵工)은 8금(金)을 주고 매춘부를 샀다. 알고 보니 송나라 황실 친왕(親王)의 손녀였다. 천회 8년(1130) 금나라 장수 완안종한은 약탈한 송나라 사람을 10명 당 말 한 필을 받고 서하(西夏)로 보냈으며, 또 1명 당 2금을 받고 고려와 몽고에 노예로 팔았다.

그런데 금나라는 정복과 약탈만 일삼은 야만적 왕조는 아니었다. 5대 황제 세종(世宗) 완안옹(完顔雍·1123~1189)은 해릉양왕(海陵煬王) 완안량(完顔亮·1122~1161) 시대의 적폐를 일소하고 대송(對宋) 침략 전쟁을 끝냈다. 그는 금으로 수놓은 황포를 입지 않을 정도로 허례와 사치를 배격했으며 인재를 등용하고 충신의 간언을 받아들이는 현군이었다. 그의 관심사는 전쟁을 통한 영토 확장이 아니라 백성의 생업을 증진시키는 일이었다. 재위 29년 동안 국고는 온갖 재화로 넘쳐나고 백성들도 풍족한 삶을 누릴 수 있었다. 그의 이러한 치적을 '대정성세(大定盛世)'라고 부른다. 또 그를 '작은 요순(堯舜)'이라고 칭송하기도 한다.

세종의 황위를 계승한 장종(章宗) 완안경(完顔璟·1168~1208)도 집권 초기에는 세종의 유업을 이어받아 성세를 이어갔으나, 시간이 흐를수록 하루 종일 문인들과 술을 마시며 음풍농월을 즐기다가 급기야는 정사를 돌보지 않았다.

금나라가 쇠퇴의 기미를 보일 무렵인 서기 1206년에, 희대의 영웅 테무친(1162~1227)이 서북방의 광활한 초원 지대에서 몽골 부족을 통일하고 쿠릴타이(부족장회의)에서 몽골족 전체의 우두머리, '칭기즈칸'으로 추대되었다. 칭기즈칸의 기병 부대는 인류 역사상 전례를 찾아보기 힘들 정도로 전광석화처럼 빠르고 용맹했다. 원래 몽골족은 칭기즈칸에 의해 통일되기 전에는 금나라의 잔혹한 탄압을 받았다.

금나라 희종(熙宗·1119~1150) 때 칭기즈칸의 선조, 엄파해(俺巴孩)가 금나라에 반역한 죄로 목려(木驢: 당나귀 모양의 형구)에 사지가 못이 박힌 채 처형되었다. 또 세종(世宗) 때에는 몽골족에게 공물을 요구했을 뿐만 아니라 3년마다 군사를 파견하여 몽골의 장정들을 학살하는 만행을 저지르기도 했다.

이런 야만적 행위를 '감정(減丁)'이라고 했다. 신체 건강한 장정들의 숫자를 줄인다는 뜻이다. 금나라 조정은 몽골족 장정이 늘어나면 반란을 일으키지 않을까 두려워하여 정기적으로 그들을 죽인 것이다.

몽골족은 금나라에 천추의 한을 품었다. 칭기즈칸은 즉시 금나라 정벌을 단행했다. 서북방에서 거대한 파도처럼 밀려오는 몽골군의 공격에 금나라는 두려움에 떨었다. 몽골의 침략을 막고자, 금나라 세종(世宗) 천권(天眷) 원년(1138)부터 장종(章宗) 태화(泰和·1201~1208) 연간에 이르기까지 3천리에 이르는 방어선을 구축했지만 몽골 기병을 막아내기에는 역부족이었다.

칭기즈칸 사후에 '칸'의 지위를 계승한 셋째아들 오고타이(1186~1241)가 금나라 정대(正大) 8년(1231)에 선친의 유언을 받들어 세 방면에서 금나라 침략을 단행했다. 동쪽에서는 오고타이의 숙부 알진나안(斡陳那顏)이 산동의 제남 방면으로 진격하고, 서쪽에서는 숙부 툴루이가 봉상(鳳翔)에서 남하하여 균주(均州: 지금의 호북성 단강구·丹江口) 일대에서 한수(漢水)를 건너 남경(南京: 지금의 하남성 개봉)을 측면에서 위협했다. 중로(中路)의 오고타이 군대는 백파(白坡: 지금의 하남성 맹현·孟縣)에서 황하를 건너 직접 남경을 위협했다.

금나라 개흥(開興) 원년(1232) 애종(哀宗) 완안수서(完顏守緒·1198~1234)는 수비군 20만 대군을 황하 연안에 배치하고 우산(禹山) 일대에서 반격했다. 4만여 군사를 거느린 툴루이는 주력군을 금나라 군사가 반드시 지나가야 하는 균주(鈞州) 서남쪽에 있는 삼봉산(三峰山)에 매복시키고 경기병(輕騎兵) 3천여 명으로 금나라 군사를 유인했다. 매복에 걸려든 금나라 군사 15만여 명이 균주(鈞州) 방향으로 황급히 달아나다 전멸을 당했다. 이른바 '균주 삼봉산 대회전(大會戰)'이다. 동관(潼關)을 지키고 있던 금나라 장수 이평(李平)은 패전 소식을 듣고 투항했다. 이로써 황하 이남 10여 주(州)가 모두 몽골군에게 넘어갔다.

같은 해 3월 오고타이가 수부타이, 타가챠르 등 부하 장수에게 3만 명을 이끌고 남경을 공략하게 했다. 몽골군은 포 수백 문으로 성을 공격했다. 성안의 수비군은 진천뢰, 신기전 등으로 격렬하게 저항했다. 양군은 무려 16일 동안 낮과 밤을 가리지 않고 싸웠다. 마침 대역병이 돌아 잠시 휴전했다. 8월 몽골군이 지금의 하남성 정주(鄭州) 부근에서 금나라 병사 10여만 명을 섬멸했다. 이때부터 금나라 주력군은 거의 붕괴했다. 12월 애종은 남경성의 곡식이 바닥이 나자 채주(蔡州: 지금의 하남성 여남·汝南)로 달아났다.

금나라 천흥(天興) 2년(1233) 남경성을 지키던 장수 최립(崔立)이 투항했다. 같은 해 8월 몽골은 왕계(王檝)를 남송(南宋)에 사신으로 보냈다. 양국은 금나라를 멸망시키기로 합의했다. 남송은 금나라 수주(壽州: 지금의 안휘성 봉태·鳳台), 당주(唐州: 지금의 하남성 당하·唐河) 등 지역을 점령했고, 금나라 애종이 양식을 빌려달라는 간청을 매몰차게 거절했다.

같은 해 9월 타가챠르가 이끄는 몽골군이 채주를 포위 공격했다. 11월 남송은 몽골과 약속을 지키기 위해 강릉부 부도통제(副都統制) 맹공(孟珙)에게 군사 2만 명과 군량미 30만 석을 주고 몽골군과 채주성 아래에서 연합작전을 펴게 했다.

금나라 천흥 3년(1234) 정월 채주성이 함락될 위기에 처했다. 애종은 선조 아골타가 세운 금나라의 마지막 황제로 전락하는 치욕을 피하고 싶었다. 황위를 금세조(金世祖)의 후손이자 장수인 완안승린(完顔承麟: ?~1234)에게 물려주었다. 양위 의식이 끝나기도 전에 송몽 연합군이 채주성을 함락했다. 애종은 자살하고 완안승린은 살해되었다. 황제로 등극한 지 한두 시간 만에 죽은 완안승린은 훗날 중국 역사상 가장 짧은 재위 기간을 기록했다. 이로써 금나라는 10대(代) 황제, 120년의 역사를 마감했다.

칭기즈칸의 후손이 건국한 원나라의 통치 아래, 나라를 잃은 여진족

청나라 역대 황제 평전

의 삶은 비참했다. 그들은 더 이상 왕조를 유지하지 못하고 옛날에 그들의 조상이 그랬던 것처럼 초원과 산림 지대로 뿔뿔이 흩어져 생계를 도모했다. 원나라는 지금의 흑룡강 연안에서 거주하며 어업으로 생계를 잇는 여진족을 수달달인(水達達人)이라고 불렀다.

수달달인을 직접 통치할 목적으로 흑룡강 하류의 노아간(奴兒干), 고혈도(庫頁島) 일대에 둔영(屯營)을 개척했다. 『원사·지리지』의 「수달달로」에 이런 기록이 있다.

"날랜 맹금을 해동청(海東靑)이라고 한다. 그것이 바다 밖 멀리서 노아간으로 날아오면 현지 주민들이 그것을 잡아 토산품으로 진상했다."

여진족이 해동청을 원나라 조정에 공물로 바쳤음을 알 수 있다. 그들은 또 과중한 병역과 부역에 시달렸다. 원나라가 남송, 골외(骨嵬: 지금의 사할린 섬 지역에 거주했던 부족), 일본 등을 정벌할 때 여진족을 징발하고 대량의 함선을 만들게 했다. 지원(至元) 22년(1285) "수달달인에게 명령을 내려 함선 200척과 일본 원정에 사용할 영풍선(迎風船)을 건조하게 했다." 원나라 말기에 이르러 여진족에 대한 수탈이 극에 달하자, 여진족은 대금(大金)의 자손임을 자처하고 곳곳에서 반란을 일으켰지만 번번이 진압을 당했다.

1368년 떠돌이 승려 출신, 명태조(明太祖) 주원장(朱元璋·1328~1398)이 원나라를 북방의 초원 지대로 몰아내고 명나라를 건국한 이후에, 여진족은 명나라의 통치를 받았다. 명나라 때 여진족은 야인여진(野人女眞)과 건주여진(建州女眞) 그리고 해서여진(海西女眞)으로 나뉘었다.

야인여진은 오늘날의 흑룡강 이북과 우수리강 이동(以東) 지역에, 건주여진은 목단강(牧丹江), 수분하(綏芬河), 백두산 일대에, 해서여진은 송화강(松花江), 하얼빈 이동의 아십하(阿什河) 유역에 거주했다. 이 세 부족 가운데 명나라와 지리적으로 가장 멀리 떨어진 야인여진이 명나라의 통제를 비교적 덜 받았으며, 가장 가까운 건주여진이 명나라와 밀접한 관계를 유지했다.

홍무 4년(1371) 명태조는 요양(遼陽)에 군정 기구인 요동도지휘사사(遼東都指揮使司)를 설치하여 여진족을 통제했다. 성조(成祖) 주체(朱棣·1360~1424)는 자신의 조카이자 2대 황제였던 혜제(惠帝) 주윤문(朱允炆·1377~?)을 죽이고 황제로 등극한 후 강력한 북방 정책을 폈다. 명군에 대항할 힘이 없었던 여진의 각 부족들이 앞 다투어 명나라에 귀부했다.

영락(永樂) 7년(1409) 주체는 흑룡강, 우수리강, 송화강, 눈강(嫩江) 등 광대한 유역에 노아간도지휘사사(奴兒干都指揮使司)를 설치하여 여진족을 관리하고 통제했다. 홍무 연간에 비해 명나라의 여진족에 대한 통제력이 훨씬 더 북방에 미치고 강해졌다.

예로부터 중원의 한족은 "여진족은 그 수가 1만 명을 넘으면 그들을 감당하지 못한다."라고 말했을 정도로 그들의 호전성을 두려워했기 때문에, 그들을 이간시켜 단결하지 못하게 하고 분할 통치했다.

명나라는 여진족을 이용하여 동북방의 변경을 안정시키고자 했다. 그 목적을 달성하기 위해서는 그들에게 줄 '당근'이 필요했다. 여진의 부족장들에게 지휘사(指揮使), 지휘동지(指揮同知), 진무(鎭撫) 등 관직을 하사했다. 그들에게 준 임명장을 '고(誥)' 또는 '공칙(貢敕)'이라고 했고, 아울러 권력의 상징인 관인(官印)과 신분의 차이를 나타내는 관대(冠帶)를 하사했다. 그들은 명나라 조정에서 하사한 것들을 근거로 부족을 다스리고 조공 무역을 독점했다.

명나라의 법규에 따르면 해서, 건주여진은 매년 한 차례 10월 초에서 12월에 이르는 기간에 입관(入關)할 수 있었다. 입관은 반드시 정해진 길로 와야 했고 인원도 제한되어 있었다. 이처럼 명나라가 여진족을 철저하게 통제한 이유는 세력이 커져서 반란을 일으키지 않을까 두려워했기 때문이다.

여진족은 가축을 방목하고 산이나 강에서 나는 토산품을 팔아 생계를 유지했지만 식량, 옷감, 소금 등 생활필수품이 부족하여 항상 생활고에 시달렸다. 풍요로움이 넘쳐나는 중원의 왕조가 여진족과 교역을 중단하면, 여진족은 굶어죽지 않기 위하여 변경을 침입하여 약탈하지 않을 수 없었다.

명나라 조정도 이 점을 잘 알고 있었으므로 변경 지방 곳곳에 마시(馬市)를 열어주어 여진족의 숨통을 트이게 했다. 여진족은 말을 그들이 절실하게 필요한 물건으로 바꾸었다. 마시는 여진족의 생계를 어느 정도 보장해주었을 뿐만 아니라 명나라에게는 전쟁의 도구인 말을 확보하는 장소로 활용되었다.

말 가격은 명나라에서 일방적으로 결정했다. 영락 3년(1405)에 정한 가격으로는, 가장 우수한 말인 상상마(上上馬)는 한 필당 비단 8필과 삼베 12필, 상마(上馬)는 비단 3필과 삼베 6필, 중마(中馬)는 비단 4필과 삼베 5필, 하마(下馬)는 비단 2필과 삼베 4필이었다.

무기로 전용될 수 있는 철기(鐵器)는 수량을 엄격하게 통제했다. 50명이 솥 1개를 공동 구매하고, 2~3년마다 보습(鏵)을 한 차례만 구매하게 했다. 그런데 철기에 대한 엄격한 통제는 예기치 않게 여진족의 강한 반발을 일으켰다. 성화(成化) 13년(1477) 해서, 건주 등 부족이 애양(靉陽: 지금의 요녕성 봉성·鳳城)을 침범하여 약탈할 때 이렇게 주장했다.

"명나라 조정이 우리가 마시(馬市)에서 물건을 구입하는 것을 엄격하게
금지하여, 남자는 보습과 삽이 없어 농사를 못 짓고, 여자는 바늘과 가위
가 없어 옷을 재단할 수 없기 때문에 명나라 땅에 들어와 도둑질할 수밖

에 없다."

『조선왕조실록』 세조 14년(1468)에 "여진족이 사용하는 화살촉은 명나라에서 들여온 철제품을 녹여 만든 것이다."라는 기록을 보면, 명나라에서 우려한대로 여진족이 수입한 농기구를 녹여 무기로 전용했음을 알 수 있다. 명나라 말기에 이르러는 대량으로 흘러들어간 솥과 보습은 여진족의 군사력 증강에 큰 보탬이 되었다.

중국역사에서 한족이 중원 지방을 기반으로 강력한 왕조를 구축하여 통치력을 발휘했을 때, 대체적으로 주변의 이민족은 한족 왕조에 '신하'를 칭하고 조공 무역의 형태로 교류하면서 생존권을 확보했다. 하지만 중원이 천하대란의 혼란에 빠지면 한족의 이민족에 대한 통제력이 급격하게 약화되었으며, 심지어 이민족이 중원을 넘보는 사례가 비일비재했다.

명나라 만력 연간(1573~1619)이 전형적인 예이다. 만력제 신종(神宗·1563~1620)의 무능과 방탕은 역사상 유례를 찾아보기 어려울 정도로 심각했다. 더군다나 몽골인 발배(哱拜)가 영하(寧夏)에서 일으킨 반란을 평정했고, 임진왜란 때 조선에 구원병을 보내 일본군을 물리쳤으며 또 양응룡(楊應龍)이 귀주성 파주(播州)에서 일으킨 반란을 평정한 이른바 '만력 3대 정벌'은 엄청난 재화를 소모했기 때문에, 명나라는 사실상 이 시기에 국가로서 기능을 상실하고 말았다.

명나라가 여진족을 제대로 통제할 수 없게 되자, 여진족은 군웅할거의 시대로 접어들었다. 『청태조무황제실록·권1』에서 당시의 상황을 이렇게 기록했다.

"여진 부족들이 벌떼처럼 일어나 모두 왕을 칭하고 패권을 다투었다. 서로 살육을 자행하고 심지어는 골육상쟁도 피하지 않았으며, 강자가 약자를 능멸하고 다수가 소수를 폭력으로 지배했다."

『조선왕조실록·권71』에도 이런 기록이 있다.

"여진족들은 출입할 때면 반드시 활과 화살을 몸에 지녀야 했다. 남이
자신을 해치는 것을 막고 약탈을 당하는 근심을 피하기 위해서였다."

심지어 해서여진의 합달부(哈達部)에서는 사람들 모두 양식이 고갈하자
처자, 노예, 가축 등을 서로 바꾸어 잡아먹기도 했다. 여진족 사회가 무법
천지로 변했을 때, 중국역사의 물줄기를 바꿀 한 아이가 탄생한다. 훗날
그 아이는 소수민족 출신으로서 중국역사에서 칭기즈칸과 쌍벽을 이루는
위대한 영웅으로 자리매김한다.

2. 누르하치의 등장: 건주여진 부족장의 아들로 태어나다

여진족 사회가 대란의 소용돌이에 빠진 시기인 명나라 가정(嘉靖) 38년
(1559)에 '봉황의 눈에 큰 귀를 가지고 있고 얼굴이 관옥 같은 아이'가 혁도
아랍(赫圖阿拉: 지금의 요녕성 신빈현·新賓縣)에서 건주좌위(建州左衛)의 부족장의 아
들로 태어났다.

그가 곧 애신각라 누르하치(1559~1626)이다. 그의 할아버지 각창안(覺昌
安·1526~1583)과 아버지 탑극세(塔克世·1543~1583)는 명나라와 긴밀한 관계를
유지했다. 명나라 조정은 각창안에게 건주좌위도지휘사의 직책을 내려주
고 변방 수비와 조공 무역을 전담하게 했다. 탑극세도 부친을 도와 건주
좌위를 통치했다.

누르하치의 생모 희탑라씨(喜塔喇氏)는 건주우위(建州右衛)의 도독(都督) 왕고(王杲·?~1575)의 딸이다. 누르하치 집안은 다른 여진족 족장이 명나라에 반기를 들 때 명나라에 충성을 맹세하고 이권을 챙겼다. 명나라의 압제에서 벗어나기보다는 명나라 조정에 순종하고 협조함으로써 기득권을 유지하려고 했다.

누르하치는 10세 때 어머니를 잃었다. 계모가 그를 학대하고 그녀의 꾐에 놀아난 아버지도 아들을 냉대했다. 하루하루 눈칫밥을 먹고 계모의 앙칼진 목소리가 가슴에 비수처럼 꽂힐 때마다 하루라도 빨리 집을 떠나고 싶었다. 어느 날 외가로 가면 처지가 조금은 나아질 거라는 생각이 불현 듯 떠올랐다. 15세 때 동생 서이합제(舒爾哈齊)를 데리고 외할아버지 왕고에게 달려갔다.

왕고는 두 외손자를 거두어들였다. 그런데 그는 야심가였다. 명나라에서 임명한 건주우위의 도독이었지만 명나라 조정을 능멸하는 행동을 서슴지 않고 했다. 변방에서 툭하면 명나라 관리들을 죽이고 조공 물품을 가로챘다. 그의 반란 행위를 더 이상 묵과할 수 없었던 명나라 조정은 마시(馬市)를 폐지하고 그를 압박했다.

하지만 왕고는 굴복하지 않고 만력 2년(1574)에 대담하게 요양(遼陽), 심양(瀋陽) 등 요동 지방의 요충지를 공격했다. 명나라 조정은 요동총병 이성량(李成梁·1526~1615)에게 토벌을 명했다. 그는 요동 지방에 거주하는 소수민족을 20여 년 동안 진압하면서 여진족을 물리친 공로가 10여 차례나 달했으므로 황제의 총애를 한몸에 받았다. 그의 조상은 조선인이었으며 나중에 임진왜란이 일어났을 때 조선을 구하러 온 장수, 이여송(李如松·1549~1598)이 그의 아들이 된다. 이성량은 요동 지방의 실질적인 지배자였다. "부귀가 극에 달하고 오만함이 끝이 없었다."고 한다.

왕고는 백전노장 이성량의 적수가 되지 못했다. 만력 3년(1575) 왕고의 성채가 함락되고 그는 북경으로 끌려가 사지가 찢기는 형벌을 당하고 죽었다. 왕고 일족이 멸족을 당할 때 어린 누르하치 형제도 번뜩이는 칼날 아래에서 허리가 잘려 죽을 수밖에 없는 운명이었다.

누르하치는 이성량에게 살려달라고 애원했다. 이성량은 인물이 훤칠하고 총명하게 생긴 그를 죽이기에는 아까운 생각이 들었다. 심복으로 키우면 여진족을 다스리는 데 도움이 될 것 같았다. 가까스로 죽음을 면한 누르하치는 이성량에게 우직스레 충성을 다했다. 싸움터에서는 언제나 선봉에 서서 돌진하였고, 싸우면 반드시 승리하고 모든 전리품은 항상 이성량에게 바쳤다. 또 언제나 이성량의 마음을 꿰뚫고 그가 원하는 일이라면 빈틈없이 해결하는 수완을 발휘했다.

이성량은 그런 그를 친자식처럼 총애했다. 황제를 알현하러 북경 황궁에 갈 때면 그를 데리고 가기도 했다. 사람들은 두 사람을 부자지간으로 착각할 정도였다. 하지만 누르하치는 살아남기 위하여 이성량에게 충성했을 뿐, 마음속으로는 외할아버지를 죽인 그를 증오했다. 겉으로는 그를 친아버지처럼 섬겼지만 언젠가는 반드시 복수하겠다는 맹세를 했다.

두 사람 사이에는 이런 일화가 있다. 어느 날 이성량은 느닷없이 황상의 밀지를 받았다. 하늘에서 천자를 상징하는 자미성(紫微星)이 동북 지방으로 떨어졌다. 그곳에서 천자가 나올 징조가 보이니 당장 천자의 기상을 타고난 자를 찾아 체포하라는 어명이었다. 이성량은 백방으로 수소문하고 다녔지만 미래 천자의 흔적을 찾을 수 없었다.

하루는 황상의 어명을 수행하지 못하고 전전긍긍하고 있던 이성량은 몸의 피로를 풀려고 어린 누르하치에게 자기 발을 씻기게 했다. 누르하치가 무릎을 꿇고 정성껏 발을 씻기는 모습을 보고 미소를 지으며 말했다.

"요놈아! 너는 내가 어떻게 요동총병이 되었는지 아느냐? 내 발에 검은 점 일곱 개가 있는 덕분이야."

누르하치는 입을 삐죽거리며 말했다.

"어르신, 솔직히 말하면 내 발에도 붉은 점 일곱 개가 있어요."

이성량은 깜짝 놀랐다. 붉은 점 일곱 개는 북두칠성을 상징하며 그것을 발로 밟는 자는 제왕의 팔자를 타고났다는 민간의 전설이 있었기 때문이었다. 마음속으로 생각했다.

'이놈이 바로 황상께서 찾는 자가 아닌가.'

이성량은 애써 태연한 척을 하고 그날 밤에 침실로 돌아와 애첩 이화(梨花)에게 말했다.

"황상께서 그토록 찾고 있는 놈이 바로 누르하치인 줄 이제야 알았소. 내일 당장 그놈을 경사로 압송하면 황상께서 나에게 후한 상을 내리실 거요."

누르하치가 경사로 끌려가면 참수를 당할 게 뻔했다. 주군을 위해 충성을 다하고 잘생긴 누르하치를 죽게 할 수 없다고 생각한 이화는 이성량이 잠든 틈을 타서 누르하치에게 빨리 달아나라고 충고했다. 누르하치는 달아나기 직전에 이화 앞에서 무릎을 꿇고 말했다.

"훗날 제가 뜻을 얻으면 먼저 부인을 받들어 모신 뒤 부모를 모시겠습니다."

누르하치는 감사의 인사를 올리자마자 청마(靑馬)를 타고 백두산으로 달아났다. 다음 날 아침 이성량은 누르하치가 종적을 감춘 것을 알고 분노했다. 황급히 이화를 찾았으나 그녀는 이미 버드나무 가지에 목을 매고 자살했다. 누르하치는 이화의 도움으로 목숨을 건졌다는 얘기이다. 훗날 해마다 기장쌀이 누렇게 익을 때면 만주족은 대문 앞에 버드나무 가지를 꽂아놓고 그녀의 충절을 기리는 풍습이 생겼다.

또 누르하치가 이성량이 보낸 추격 병사들을 따돌리고 가까스로 살아남을 수 있었던 까닭은 청마가 주인을 위해 밤낮을 가리지 않고 달리다가 포위망을 벗어난 뒤 기진맥진하여 죽었기 때문이라고 한다. 누르하치는 청마의 죽음을 몹시 애석하게 생각했다. 청마를 양지 바른 곳에 묻고 이렇게 맹세했다.

"나중에 내가 천하를 얻으면 절대로 청마를 잊지 않을 것이다."

훗날 누르하치를 계승한 청태종 황태극은 부친의 유언을 받들어 청마(靑馬)의 청(靑)과 발음이 같은 청(淸)으로 국호를 정했다고 한다. 물론 이러한 이야기는 누르하치가 천하를 통일하고 황제가 될 수밖에 없는 운명을 타고났다는 것을 강조하기 위해서 후손들이 지어냈을 것이다.

예나 지금이나 성공한 사람들에게는 온갖 미사여구가 붙게 마련이다. 결점을 감추고 장점을 과대 포장하며 없는 공적도 조작하여 만들어냄으로써 성공 신화를 만드는 일은 인지상정이지만, 성공한 사람의 진면목을 가리는 문제점이 있다.

사실 누르하치가 이성량의 수하에서 떠난 이유는 혼인 때문이었다. 이성량의 수하에서 3년 동안 온갖 시련을 극복하고 강인한 전사로 거듭나고 있을 때, 뜻밖에도 아버지가 그에게 사람을 보내 소식을 전했다. 혼인할 나이가 되었으니 고향으로 돌아오라는 얘기였다. 건주좌위 부족은 대대로 이성량에게 충성을 맹세하고 변함없이 하수인 노릇을 했으므로, 이성량은 의심을 거두고 누르하치를 고향으로 돌아가게 했다. 더구나 누르하치는 자신의 수족이나 다름없었기 때문에 그를 통해 건주좌위를 지배할 속셈이었다. 누르하치는 19세 때 아버지의 뜻에 따라 원배(元配) 동가씨(佟佳氏 · 1560~1592)와 혼사를 치렀다.

훗날 동가씨는 누르하치의 장남 저영(褚英 · 1580~1615)과 차남 대선(代善 · 1583~1648)을 낳았고 전장에서 남편을 위해 많은 활약을 했다. 그런데 그녀는 남편이 후금을 건국하기 전에 사망하여 부귀영화를 누리지 못했으며 또 친아들이 황위를 계승하지 못했기 때문에 황후로 추증되지 못한 비운의 여성이다.

여진족 풍습에 의하면 성년이 되어 가정을 이룬 사내는 분가해야 했다. 누르하치는 장남이었음에도 재산을 쥐꼬리만큼 받고 집에서 쫓겨나다시피 했다. 계모의 간사한 꾀 때문이었다.

누르하치는 자력으로 모진 풍파를 이겨내야 했다. 백두산 일대의 산림 지대를 전전하며 인삼, 잣, 버섯 등을 채취하여 무순(撫順)으로 가서 명나라 상인에게 팔아 생계를 도모했다. 무순에는 마시(馬市)가 있었다. 한족, 여진족, 몽골족 등이 서로 어울려 물건을 매매하는 변방의 교역 도시였다. 누르하치는 토산품을 팔기 위하여 한어(漢語)를 배웠다.

그가 이 시기에 『삼국연의』, 『수호전』 등과 같은 영웅호걸들의 이야기를 담은 역사소설을 읽었다는 전언이 있지만 근거가 없다. 다만 장사에 필요한 한어는 어느 정도 구사했을 것이다. 그는 독립적으로 생활하며 이민족과 장사를 하면서 식견을 넓혔다. 건주여진의 지역에만 머물러 있었다면 우물 안의 개구리에 불과했을 것이다. 과감한 결단력이 그를 더욱 넓은 세계로 들어가 다양한 경험을 쌓게 했으며 뼈를 깎는 고통을 이겨내는 인내력을 기르게 했다.

3. 골수에 사무친 원한: 조부와 부친이 명나라 군사에게 살해당하다

만력 3년(1575) 왕고 일족이 멸족을 당할 때, 왕고의 아들 아태(阿台·?~1583)가 고륵새(古勒寨: 지금의 요녕성 신빈만족자치현)로 달아나 복수를 맹세하고 재기를 노렸다. 아태를 죽이지 않으면 언젠가는 그가 화근이 될 거라고 이성량은 생각했다. 그는 여진족을 농락하는 데 탁월한 장수였다. 이간책을 써서 여진족을 분열시키거나 특정 부족을 토벌하려면 사전에 다른 부족을 자기편으로 끌어들여 여진족끼리 싸우게 했다. 그의 계략에 말려든 여진족 족장들은 그에게 빌붙어 동족의 다른 우두머리를 죽이고 자기 세력을 키우려고 했다.

건주여진 소극소호하(蘇克蘇滸河: 지금의 소자하·蘇子河) 부족의 도륜성(圖倫城: 지금의 무순·撫順 탕도향·湯圖鄉) 성주, 니감외란(尼堪外蘭·니·?~1586)이 바로 그런 인물이었다. 이성량을 배알할 때면 명마, 인삼, 담비가죽, 녹용 등 진귀한 토산품들을 아낌없이 바치고 그를 '태야(太爺: 할아버님)'라고 부르며 아부했다. 이성량도 그를 정략적으로 이용하기 위해 호의를 베풀었다.

만력 11년(1583) 아태가 몽골 부족과 동맹을 맺고 광녕(廣寧), 개원(開原)과 요하(遼河) 일대를 침공할 계획이라는 첩보가 니감외란의 귀에 들어왔다. 그는 즉시 이성량에게 보고했다. 이성량은 군사를 일으켜 니감외란을 앞잡이로 내세우고 고륵새를 겹겹이 포위했다. 명군은 밤낮을 가리지 않고 고륵새를 공격했지만, 고륵새가 험난한 지형을 이용하여 지어진 성채라 쉽게 함락되지 않았다. 명군의 사상자가 계속 늘어나자 이성량은 니감외란을 호되게 꾸짖었다. 빨리 성채를 함락하지 못하면 그의 죄를 묻겠다는 호령이었다. 당황한 니감외란은 성채 앞으로 나와 소리를 질렀다.

"아태를 죽이고 투항하는 자가 있으면 그 자를 성주로 삼겠다고 이태
사(李太師: 이성량)께서 명령을 내리셨다."

성채 안에서 수비하던 병사들 사이에서 동요가 일어났다. 니감외란의
위계를 알아차리지 못하고 딴마음을 품은 한 병사가 아태를 죽이고 성채
밖을 향해 소리쳤다.

"내가 아태를 죽였소. 성문을 열고 투항하겠으니 나를 성주로 임명하
시오."

명군은 순식간에 성채 안으로 물밀 듯 들어왔다. 눈에 핏발이 선 그들
은 닥치는 대로 살육을 자행했다. 무고한 주민 2,200여 명이 도륙을 당했
다. 이때 누르하치의 할아버지 각창안과 아버지 탑극세도 살해당했다. 그
런데 왜 이성량에게 충성을 다했던 이 두 사람은 고륵채 안에 있다가 숨
지는 참변을 당했을까.
　사연은 이렇다. 아태의 아내가 각창안의 큰아들 예돈(禮敦)의 딸이었
다. 예돈은 누루하치에게는 큰아버지가 되며, 아태의 아내는 사촌누나가
된다. 더구나 아태는 누르하치의 외삼촌이 아닌가. 이런 혈연 관계였으므
로 각창안과 탑극세는 싸움이 시작되기 전에 성채 안으로 들어가 이성량
의 편에 서서 어떻게 해서든 싸움을 말리고 싶었다. 두 사람은 아태를 설
득하여 부족이 몰살당하는 비극을 피하고 싶었지만, 아태는 그들의 권고
를 완강하게 거절했다. 막상 양군간의 치열한 전투가 벌어지자 두 사람은
성채 안에 갇혀 오도 가도 못하는 신세가 되었다. 그래서 살육의 광풍이

휘몰아치는 와중에 두 사람은 억울하게 죽었다.

두 사람이 비명횡사했다는 비보를 들은 누르하치는 피가 거꾸로 솟았다. 요동도사(遼東都司)로 달려가 명나라 관리에게 거칠게 항의했다.

"어째서 내 할아버지와 아버지가 살해당했는가? 이제 너희들은 불구대천의 원수이구나."

사실 두 사람은 명나라에 누구보다도 충성했는데도 억울하게 죽임을 당했다. 명나라 조정은 관리를 보내 누르하치에게 이렇게 사과했다.

"결코 의도적으로 죽인 게 아니오. 병사들이 혼란의 와중에서 오인 살해한 것이오."

또 누르하치를 달래기 위하여 칙서(勅書) 30도(道)와 말 30필을 하사하고 아울러 그를 건주좌위도독으로 임명하고 용호장군의 직함을 수여했다. 누르하치는 회유책에 굴복하지 않을 수 없었다. 그가 명나라에 대항하기에는 아직 역부족이었기 때문이다. 하지만 이 사건은 그에게 천추의 한이 되었으며, 훗날 그가 명나라를 정벌하면서 내건 이른바 '칠대한(七大恨)' 가운데 첫 번째 한이 되었다.

4. 여진부족의 통일: 대금을 건국하다

누르하치는 먼저 분노의 화살을 니감외란에게 쏘았다. 만력 11년(1583) 5월 누르하치는 25세 때 할아버지와 아버지의 억울한 죽음에 복수하겠다는 명분을 내세워 아버지가 남긴 갑옷 13벌과 병사 수십 명을 이끌고 도륜성을 공격했다. 니감외란은 겁쟁이었다. 100명도 안 되는 누르하치 군사의 공격에 겁을 먹고 혼하부(渾河部)의 가반성(嘉班城)으로 달아났다. 이 공격이 누르하치가 자력으로 병사를 일으켜 여진족 통일 전쟁을 시작한 최초의 싸움이다. 그가 또 가반성을 공략하자, 니감외란은 쫓기는 신세가 되었다.

만력 14년(1586) 니감외란이 혼하부의 아이혼성(鵝爾渾城)에 숨어있다는 첩보를 들은 누르하치는 야음을 틈타 아이혼성을 함락했으나 또 니감외란을 놓치고 말았다. 니감외란이 기댈 곳은 명나라 군영뿐이었다. 무순으로 달아나 명군의 보호를 요청했다. 명군이 그를 보호하고 있다는 소식을 듣고 분노한 누루하치는 성안에 있던 명군 19명을 참살하고, 화살을 맞아 포로로 잡힌 명군 6명의 상처 부위에 다시 화살을 꽂고 난 뒤 명나라 군영으로 돌려보내면서 말했다.

"당장 니감외란을 내놓지 않으면 공격하겠다고 말해라!"

명나라 관리들은 니감외란이 이제 아무런 이용 가치도 없다고 생각했다. 니감외란 때문에 날이 갈수록 세력이 커지는 누르하치와 불화를 겪을 이유가 없었다. 니감외란은 여진족과 명군 사이에서 쥐새끼처럼 처신하다가 결국은 배신자라는 오명을 쓰고 동족 누르하치가 보낸 부하들에게 참수를 당했다. 이때부터 누르하치는 "순종하는 자는 인덕(仁德)으로 다스리고 반항하는 자는 병기(兵器)로 다스린다."는 원칙을 세웠다.

당시 건주여진은 혼하부(渾河部), 완안부(完顔部), 동악부(董鄂部), 철진부(哲陳部) 등 여러 부족으로 분열되어 있었다. 누르하치의 목표는 먼저 건주여진의 통일이었다. 만력 12년(1584) 옹악락성(翁鄂洛城)을 공격했다. 누르하치가 지붕에 올라가 성을 향해 화살을 쏠 때, 적장 악이과(鄂爾果)가 쏜 화살이 누르하치의 투구를 관통했다. 온몸에 피가 낭자해진 누르하치는 화살을 뽑아 적을 향해 쏘아 죽였다.

그런데 이번에는 낙과(洛科)가 쏜 화살이 또 누르하치의 목에 명중했다. 갈고리처럼 휜 화살을 뽑을 때 살점이 딸려 나왔을 정도로 중상을 입었다. 당황한 부하들이 그를 부축하여 지붕에서 내려오려고 했다. 하지만 그는 부하들의 손길을 뿌리치고 홀로 내려왔다. 치열한 전투가 벌어지는 와중에 장수로서 나약한 모습을 보이면 군심이 흔들릴까 두려워했기 때문이다. 가까스로 적의 사정권에 벗어난 그는 기절하고 말았다. 상처가 아문 뒤 다시 성을 공략하여 악이과와 낙과를 생포했다. 부하들이 그들을 당장 죽이자고 했다. 하지만 누르하치는 이렇게 말했다.

"싸움터에서 적을 화살로 쏘아 죽이는 것은 자기가 섬기는 주군에게 충성을 다하는 일이오. 내가 저들에게 화살을 맞아 중상을 입었다고 해도 저들을 죽게 하는 것은 어찌 애석한 일이 아니겠소?"

또 두 사람에게 다가가 포승을 풀어주고 말했다.

"너희들이 나를 해쳤다고 해서 죽이지 않겠다. 너희들은 주군을 위해 충성을 다했기 때문이다. 하지만 너희들의 주군은 이미 죽었다. 앞으로 나를 따르면 절대 박대하지 않겠으며 떠난다고 해도 막지 않겠다."

두 사람은 감격해마지않고 누르하치의 부하가 되기를 간청했다. 누르하치는 친히 술을 따라주며 말했다.

"이 술을 마시고 난 뒤 지난 일은 더 이상 거론하지 말고 새롭게 시작하기 바라오."

누르하치는 두 사람에게 우록(牛錄)의 직책을 내리고 병사 300명을 거느리게 했다. 누르하치의 혜안과 용인술이 돋보이는 사건이었다. 대체적으로 대업을 이룬 사람들은 적이라도 충성심이 강하고 능력이 뛰어나면 자기 사람으로 만드는 공통점이 있다. 인재를 얻고자하는 욕심이 강할수록 '대권'에 한층 더 다가가는 법이다.

만력 13년(1585) 누르하치가 갑사(甲士) 25명과 병졸 50명을 거느리고 철진부 계범성(界凡城)을 공격했으나 전과를 올리지 못하고 회군했다. 계범성 남쪽 태란강(太蘭岡)을 지날 때, 계범성의 성주 파목니(巴穆尼), 마이돈성(瑪爾墩城)의 성주 눌신(訥申) 등이 병사 400여 명을 이끌고 추격해왔다. 파목니와 눌신이 동시에 누르하치에게 달려들었다. 누르하치는 조금도 위축되지 않고 대적했다. 눌신은 누르하치가 전광석화처럼 휘두른 칼에 맞아 죽고, 파목니는 화살에 맞아 죽었다. 추격병들이 멈칫하는 사이에 누르하치는 그들을 따돌렸지만 얼마 못가서 말이 지쳐 더 이상 달리지 못했다.

누르하치가 부하들에게 말했다.

"너희들은 얼른 말에서 내려라. 활로 눈을 치우고 화살을 줍는 척하면서 침착하게 고개를 넘어가 쉬고 있어라!"

중과부적인 상황에서 병졸들을 먼저 보낸 누르하치는 중무장한 병사 7명과 함께 언덕 아래에서 투구만을 살짝 보인 채 앉아있었다. 적에게 매복한 모습을 보여주기 위한 속임수였다. 추격병들은 적지 않은 병력이 매복하고 있다고 오판하고 말머리를 돌려 달아났다. 그가 순간적으로 기지를 발휘하지 못했다면 큰 화를 당했을 것이다.

누르하치는 지략의 귀재였다. 만력 12년(1584) 건주여진의 통일 전쟁을 시작할 무렵에 이런 일이 있었다. 어둠이 짙게 깔린 어느 날 밤에 자객이 그의 거처를 급습했다가 생포되었다. 호위무사 낙한(洛漢)이 그를 죽이려고 했다. 하지만 누르하치는 이렇게 생각했다.

'이놈을 죽이는 일은 쉽지만, 죽이면 나를 공격하려는 적에게 아주 좋은 전쟁 명분을 제공할 수 있을 것이다. 지금은 적이 강하고 내가 약하므로 함부로 군사를 일으켜서는 안 된다.'

그리고 자객에게 다가가 이렇게 말했다.

"너는 소를 훔치러 온 도둑놈이구나."

단칼에 목이 날아갈 줄 알았던 자객은 뜻밖의 반응에 너무 기쁜 나머지 황급히 대답했다.

"예, 예. 한 번만 용서해주세요. 다시는 이런 짓을 하지 않겠습니다."

옆에서 그 모습을 지켜보던 낙한이 말했다.

"주인님! 소를 훔치러 온 도둑이 아니라 자객이 분명하니 당장 죽여야 합니다."

자객과 낙한은 누르하치의 심모원려를 전혀 눈치 채지 못했다. 풀려난 자객은 누르하치가 '바보'가 아닐까 의심했다. 한 달 후 어느 날 밤 자객이 또 누르하치를 암살하러 왔다가 체포되었다. 심문 결과 이름이 의소(義蘇)라고 했다. 부족민들은 이구동성으로 그를 죽여야 한다고 주장했다.

누르하치의 대답은 이러했다.

> "오늘 저자를 죽이면 내일 적들이 구실을 찾아 우리 부족을 공격할 것이오. 지금은 우리 병력이 강하지 못하오. 그런데도 싸워서 패배하면 우리의 재물과 양식은 모두 약탈당할 것이오. 차라리 자객을 풀어주어서 적의 음모를 차단하는 편이 나을 것이오."

그의 말에 고개를 끄덕이지 않는 자는 없었다. 그 후에도 여러 명의 자객이 그를 죽이려고 했지만 모두 실패하고 말았다. 대담하고 침착하게 대응한 덕분이었다. 누르하치는 적보다 힘이 약할 때는 철저하게 위장하고 은인자중하며 때를 기다렸다.

명나라 조정의 명령에 대해서도 복종하는 자세로 일관했다. 만력 16년(1588) 여진 부락의 두목 극오십(克五十)이 명나라의 군영 시하보(柴河堡)를 약탈하고 장수 유부(劉斧)를 살해한 사건이 벌어졌다. 조정의 명령을 받은 누르하치는 조금도 지체하지 않고 병사를 일으켜 동족 극오십을 살해했다. 수급을 조정에 바친 공로로 건주좌위도독첨사로 임명되었다.

또 만력 20년(1592) 조선에서 임진왜란이 일어났을 때 신종(神宗) 황제에게 참전을 간청한 적도 있었다. 그의 바람은 성사되지 않았지만 그가 명나라에 충성하고 있음을 보여주는 상징적인 일이 되었다. 할아버지와 아버지를 죽인 명나라가 철천지원수였으나 아직은 힘이 부족했기 때문에 세력을 키우기까지는 속마음을 감추고 겉으로는 철저하게 복종하는 태도를 취했다.

영웅은 항상 정의롭고 막강한 힘을 가진 자가 아니다. 세력을 키워 웅대한 뜻을 펴기 전에는 권력자에게 몸을 낮추고 비굴하게 처신하는 일도 필요하다. 비굴함은 때에 따라서는 마음속의 웅대한 포부를 숨기며 적이 나를 착각하게 만드는 위장술이다. 누르하치는 이 점을 잘 알고 있었다.

누르하치는 자기에게 귀부하는 자에게는 중임을 맡기고 혼인동맹을 맺었다. 만력 16년(1588) 건주여진 소완부(蘇完部) 족장 색이과(索爾果)가 부족을 이끌고 귀부했다. 소완부를 접수한 누르하치는 나중에 색이과의 아들 비영동(費英東)을 대신으로 임명하고 손녀사위로 삼았다.

같은 해 통가강(佟家江) 유역에서 거주하는 동악부(董鄂部)의 족장, 하화례(何和禮)가 귀부했다. 동악부는 강한 군대를 보유하고 실력이 막강했다. 피 한 방울 흘리지 않고 동악부를 흡수하게 된 누르하치는 너무 기쁜 나머지 하화례를 맏사위로 삼고 중책을 맡겼다. 마침내 그가 병사를 일으킨 지 5년만인 만력 16년(1588)에 건주 5부를 통일했다.

건주여진과 오랜 앙숙 관계였던 해서여진의 부족장들은 누르하치의 세력이 강대해지자 대책을 강구하지 않을 수 없었다. 만력 21년(1593) 해서여진 섭혁부(葉赫部)의 족장 납림복록(納林卜錄)이 부족장들에게 파발마를 띄웠다. 대군을 동원하여 누르하치의 세력이 더 커지기 전에 짓밟아버리자는 제안이었다.

섭혁(葉赫), 합달(哈達), 오랍(烏拉), 휘발(揮發), 과이심(科爾沁), 석백(錫伯), 과이가(瓜爾佳), 주사리(朱舍里), 눌은(訥殷) 등 무려 9개 부족 3만 대군이 결성되었다. 인구밀도가 아주 낮은 광대한 초원 지대에서 거주하면서 몇 백 명 단위로 싸우는 유목민에게 병사 3만 명은 실로 엄청난 병력이었다. 그들이 이렇게 많은 병력을 동원한 것을 보면 누르하치에 대한 공포가 얼마나 컸는지 짐작할 수 있다.

만력 21년(1593) 9월 해서여진의 3만 대군이 세 방면에서 고륵산(古勒山:

요녕성 신빈현 상협향·上夾鄕)으로 몰려오고 있다는 첩보를 들은 누르하치는 지형지물을 이용한 만반의 방어 태세를 갖춘 후 잠자리에 들었다. 그의 아내 섭혁나랍씨는 풍전등화의 위기에 처해 있는데도 코를 골며 자는 남편을 도저히 이해할 수 없었다. 다급한 마음에 남편을 흔들어 깨우자 그가 말했다.

"사람이 두려워하는 바가 있으면 잠을 자도 편히 잘 수 없소. 내가 적의 침략을 무서워했다면 어찌 편히 잠을 잘 수 있겠소? 적들이 세 방면에서 공격해오고 있다는 첩보를 듣기 전에는, 언제 공격해올지 몰랐던 까닭에 나도 바짝 긴장하고 있었소. 하지만 이제 적들이 쳐들어왔다고 하니 안심이오."

누르하치는 다시 태연하게 잠자리에 들었다. 단순히 지도자로서 호기를 부리고 담력을 과시한 행동이 아니었다. 적의 동태를 정확하게 꿰뚫고 그에 따른 대비를 철저하게 해놓았기 때문에 편안히 잠을 청할 수 있었다. 건곤일척의 승부가 벌어지기 직전에 수적 열세에 놓인 그는 이렇게 생각했다.

'병사를 이끌고 쳐들어오는 부족장이 너무 많아서 지휘 계통이 크게 문란한 약점이 있을 거야. 저들은 오합지졸에 불과하여 감히 공격하지 못하고 우왕좌왕할 것이다. 병사를 거느리고 전진하는 자는 틀림없이 두목일 것이다. 우리가 응전할 때 두목 한 두 명만 죽이면 적병은 스스로 달아나고 말거야. 수적 열세이지만 병력을 한곳에 집중하여 일전을 벌이면 반드시 승리할 수 있을 것이다.'

청나라 역대 황제 평전

누르하치의 판단은 틀리지 않았다. 해서여진의 맹주가 섭혁부의 족장 납림복록이었다. 그런데 그는 9개 부족으로 결성된 동맹군을 완전히 장악하지는 못했다. 이 점을 간파한 누르하치는 대군을 정면으로 상대하지 않고 각개격파 전술로 대승을 거두었다. 이 '고륵산 전투'는 그가 여진족을 통일하는 데 결정적인 작용을 했다.

그 후 "누르하치 군대의 위엄이 만방에 떨치고 가까이 있거나 멀리 있는 여진족들이 그의 위세를 두려워하여 복종했다." 사전에 철저한 분석과 만반의 준비 그리고 과감한 행동이 그를 지도자로 우뚝 서게 했다.

영웅은 타고나는 게 절대 아니다. 중국을 통일한 영웅들에게는 온갖 신비스러운 이야기들이 있지만 그것들은 대부분 영웅을 미화하기 위하여 조작된 것이다. 남보다 강인하고 냉철했으며 또 윗사람에게는 비굴할 정도로 복종하면서 때를 기다렸으며 아울러 아랫사람에게는 관용을 베풀 줄 알았기 때문에 정상의 자리에 오른 것이다.

만력 27년(1599) 동해여진(東海女眞) 호이합로(虎爾哈路)의 족장 왕격(王格)과 장격(張格)이 "검정색, 흰색, 붉은색 등 세 가지 색깔이 섞인 여우가죽과 검정색, 흰색 두 가지 색깔이 섞인 담비가죽을 공물로 바쳤다. 이때부터 악집부(渥集部)의 호이합로는 해마다 누르하치를 알현하고 공물을 바쳤다."

만력 29년(1601)에는 합달부를 병탄했다. 『명신종신록 · 권366』에 "노추(奴酋: 누르하치)가 이때부터 더욱 강성해져서 마침내는 그를 더 이상 통제할 수 없었다."는 기록이 있다. 이는 누르하치가 이 시기부터 명나라의 통제에 벗어나 요동 지방의 지배자로 군림했음을 알 수 있게 한다.

이 시기에 누르하치는 또 중대한 결단을 내린다. 부족 간의 소통을 강화하고 진정한 독립 국가를 건설하기 위해서는 무엇보다도 문자 창제가 절실히 필요했다. 사실 그가 건주여진을 통일할 무렵에 여진족은 고유문자가 없었다. 조선, 명나라와 공문을 주고받을 때는 한인(漢人) 공정륙(龔正

陸)에게 한문으로 작성하게 했다. 여진족에게 군령, 법령 등을 반포할 때는 몽골어를 사용했는데 일반 백성은 몽골어를 이해하지 못하여 업무 시행에 큰 불편을 겪었다.

만력 27년(1599) 누르하치는 파극십액이덕니(巴克什額爾德尼)와 찰이고제갈개(紮爾固齊噶蓋)에게 문자를 만들게 했다. 하지만 두 사람은 그에게 문자 창제의 어려움을 호소했다.

누르하치는 단호하게 말했다.

"절대 어렵지 않소. 몽골문자로 우리나라의 말소리를 표기하여 문장을 만들면, 그것을 읽고 의미를 이해할 수 있소."

이렇게 누르하치의 지시에 따라 몽골어의 자음과 모음으로 만주어(滿州語)를 표기하게 하여 만문(滿文)을 만들었다. 이것이 권점(圈點)이 없는 노만문(老滿文)이다. 청태종(淸太宗) 황태극(皇太極·1592~1643) 때 노만문의 결점을 보완하여 권점이 있는 신만문(新滿文)을 다시 만들었다. 만문이 독창적 문자는 아니었지만 여진족을 통합하고 사회 발전의 견인차 역할을 했다.

만력 31년(1603) 누르하치는 혁도아랍(赫圖阿拉: 지금의 요녕성 신빈만족자치현)에서 건국을 위한 성을 쌓기 시작했다. 당시의 현황을 『동이노이합적고(東夷努爾哈赤考)』에서 이렇게 기록하고 있다.

"내성에는 누르하치의 친척들이 살고, 외성에는 정예병들이 거주했다. 성 밖의 인가는 대략 2만여 호이다. 북문 밖에는 쇠를 다루는 장인들이 거주하면서 철갑을 만들고, 남문 밖에는 활과 화살을 만드는 장인들이 거주하면서 전문적으로 호시(弧矢)를 만들었다. 동문 밖에는 창고 18개가 있다. 창고마다 7~8칸 규모이고 곡식을 저장해두었다."

이 기록을 근거로 협도아랍성은 병영에 가까운 성이고 규모가 그리 크지 않았음을 알 수 있다. 유목민족은 농경민족과는 다르게 실질을 숭상하고 허례허식을 배격하는 전통이 있다. 명나라 역대 황제들은 필요 이상으로 거대한 황궁을 지어 황제의 위엄을 뽐내고 백성과 주변 국가에게 위압감을 느끼게 했다면, 누르하치는 언제든 신속하게 군사를 동원하고 원활하게 전쟁 물자를 공급할 수 있는 거주지를 원했다.

훗날 이 차이가 명나라가 망하고 청나라가 흥하는 결정적 원인 가운데 하나가 되었다. 철옹성을 쌓았다고 해서 국가가 흥하는 것은 아니다. 만리장성이 좋은 예이다. 중원의 역대 한족 왕조는 엄청난 인력을 동원하여 장성을 쌓았지만 "성을 쌓는 자는 망하고, 길을 내는 자는 흥한다."는 유목민의 침략에는 한낱 무용지물에 불과했다.

누르하치는 만력 15년(1587)에 이미 "국정(國政)을 확립하고 난리를 일으키거나 도적질을 하거나 사기를 치는 행위를 엄격하게 금했다." 법치에 익숙하지 않은 여진족을 법과 원칙에 따라 다스리기 시작한 것이다.

천명(天命) 원년(1616) 정월 초하루, 마침내 누르하치는 혁도아랍성에서 '칸'으로 즉위했다. 여진족의 영웅 아골타가 세운 금나라를 계승한다는 명분을 내걸고 대금(大金)을 건국했다. 중국역사에서는 대금을 후금(後金)이라고 칭한다. 아버지가 남긴 갑옷 13벌과 병사 수십 명을 거느리고 군사를 일으킨 이래, 33년 동안의 온갖 풍상을 겪은 끝에 그의 나이 57세 때 이룩한 위대한 업적이었다.

천명 4년(1619) 누르하치는 건주여진의 가장 강력한 경쟁자였던 해서여진의 섭혁부를 공략했다. 이때부터 해서여진의 모든 부족이 누르하치의 수하로 들어왔다. 『청태조무황제실록·권3』에 이런 기록이 있다.

"만주국은 동해에서 요 지방의 변경에 이르는 지역까지, 북쪽의 몽골,

눈강(嫩江)부터 남쪽의 조선 압록강에 이르는 지역까지 같은 여진족 언어를 쓰는 자들은 모두 누르하치에게 정복되었으며, 이 해(1619)부터 여진의 모든 부족은 하나가 되기 시작했다."

이제 누르하치는 산해관을 넘어 중원 진출의 야망을 드러냈다. 더 이상 명나라 황제에게 굽실거릴 이유가 없었으며 썩어빠진 명나라를 뒤엎고 천하 통일의 원대한 꿈을 꾸기 시작했다. 수천 년 동안 중원의 한족에게 동북 변방의 야만인으로 멸시를 당하던 여진족이 중국역사의 주역으로 등장하는 시점이기도 했다.

5. 산업 부흥과 팔기제도 창설

천명(天命) 원년(1616) 정월 초하루 살을 에는 북풍도 혁도아랍성에서 장엄하게 거행되는 누르하치의 칸 등극 의식의 뜨거운 열기를 식힐 수 없었다. 그와 생사를 함께 했던 신하들 모두 위대한 칸과 새 왕조의 탄생을 축하하며 술에 흠뻑 취해 있을 때, 단 한 사람 누르하치만이 흥분을 억누르며 깊은 생각에 빠졌다.

'국가를 다스리는 데에는 강력한 무력뿐만 아니라 농업, 수공업, 상업 등도 발전해야 한다. 특히 농업은 반드시 해결해야 할 과제이다. 따지고 보면 동족끼리 서로 싸우고 죽이는 참극을 끊임없이 벌이는 이유가 식량 부족으로 인한 기아 문제 때문이다.'

누르하치는 광활한 초원을 둔전(屯田)으로 개간하여 백성들의 굶주림을

청나라 역대 황제 평전

해결하게 했다. 여진족은 전통적으로 철제 농기구, 옷감 등 생활에 필요한 물건들을 마시(馬市)를 통해 명나라에서 공급을 받았다. 명나라에서 공급을 줄이거나 끊으면 생존권을 보장 받을 수 없었다.

명나라 조정은 이런 약점을 간파하고 여진족을 오랜 세월동안 농락했다. 수공업을 자체 생산하지 않고서는 진정한 독립 국가를 이룰 수 없다고 생각한 누르하치는 장인이 생산한 물건을 금은보화보다 중시했다. 그의 명령에 따라 광산을 개발하고 제련 기술을 발전시켰으며 옷감도 자체 생산하게 했다.

또 여진족의 전통적인 토산품인 인삼 가공에도 심혈을 기울였다. 당시 생삼은 쉽게 부패하는 문제가 있었다. 명나라 상인들은 이 약점을 이용하여 헐값에 거두어들였다. 누르하치는 신하들에게 생삼을 쪄서 말리는 증폭법(蒸曝法)을 개발하여 홍삼을 만들게 했다. 홍삼은 명나라 상인들의 농간을 막고 비싼 값에 팔려 막대한 이익을 남기게 했다.

조선 선조 25년(1592) 왜병 16만 대군이 조선을 침략하여 강토를 유린했다. 뜻밖에도 누르하치가 조선에 사신을 보내 도와주겠다고 제의했다. 여진족 추장 누르하치가 어떤 인물인지 궁금했고 물에 빠지면 지푸라기라도 잡는 심정이었던 선조는 선조 28년(1595)에 남부주부(南部主簿) 신충일(申忠一·1554~1622)을 건주여진으로 보내 동태를 파악하게 했다.

신충일은 귀국 후에 선조에게 보고한 내용을 『건주기정도기(建州紀程圖記)』라는 견문록으로 완성했다. 누르하치 집권 초기의 현황을 가장 자세히 묘사한 책이다. 이 책에 이런 내용이 있다.

"기름진 땅이면 조 한 말을 파종하여 8~9섬을 수확할 수 있고, 척박한 땅이면 겨우 1석 정도를 수확할 수 있다고 한다."

조 한 말 파종에 8~9섬(한 말의 열배)을 얻었다는 얘기이다. 상당히 많은 수확량이다. 이는 당시 여진족의 농업기술이 꽤 발전했음을 의미한다.

또 광해군 11년(1619) 도원수 강홍립(姜弘立·1560~1627)이 명나라를 돕고 여진족을 정벌할 목적으로 출정했을 때, 종사관 신분으로 따라갔다가 포로로 잡힌 후 돌아온 이민환(李民寏·1573~1649)이 지은 『건주문견록(建州聞見錄)』에 이런 기록이 있다.

"육축(六畜: 소·말·양·돼지·개·닭) 가운데 유독 말이 가장 많다. 오랑캐 장수의 집에는 수백, 수천 필이 무리를 이루고, 오랑캐 병졸의 집에도 수십 필이 넘는 말이 있다."

말은 생산과 운반 도구이자 전쟁 도구이다. 평시에는 노동력을 제공하고 전시에는 농경민족에게 공포의 대상인 기마군단을 이룬다. 병졸도 말을 수십 필 키우고 있었다는 것은 인구보다 전쟁 도구로 전용할 수 있는 말이 훨씬 많았다는 증거이다. 훗날 누르하치의 후손들이 전광석화처럼 빠른 기병을 이끌고 중원을 휩쓸었던 배경에는 이처럼 그가 부국강병의 기반을 단단히 다진 노력이 있었다.

누르하치는 산업 생산력을 획기적으로 증대시켰을 뿐만 아니라 병사와 백성을 하나의 조직으로 엮은 팔기(八旗) 제도를 완성하여 이른바 '병민일체(兵民一體)'라는 국가 체제의 효율성을 극대화했다.

원래 여진족은 사냥을 나갈 때 10명 단위로 조를 짜고, 그 가운데 한 명을 우두머리로 삼았다. 10명마다 화살 1개를 지니고 우두머리의 통제를 받았다. 그 우두머리를 '우록액진(牛錄額眞)'이라고 불렀다. 여진족 언어로 우록은 '큰 화살', 액진은 '주인'이라는 뜻이다. 우록액진은 9명을 일사불란하게 지휘하며 사냥했다. 인구가 적은 여진족이 사냥을 가장 효과적으로 할 수 있는 임시 조직이었다.

누르하치는 군사를 일으킨 이래 그에게 귀부하는 병사들이 많아지자, 그들을 효과적으로 통제하고 관리하기 위하여 이 전통적인 사냥 조직을 바탕으로 기병(旗兵) 조직을 만들었다.

만력 29년(1601) 1개 조를 10명에서 300명으로 확장하고 그것을 우록이라고 칭했다. 우록마다 우두머리인 우록액진 1명을 두었다. 처음에는 우록이 4개였으며, 각 우록은 황색, 백색, 홍색, 남색의 네 가지 깃발로 구별되었다. 만력 42년(1615)에 이르러 기병 조직의 확대를 절실히 느낀 누르하치는 우록을 기본 단위로 삼고 갑라(甲喇)와 고산(固山)이라는 더 큰 기병 조직을 만들었다.

여진족 관직명인 갑라는 우록 5개, 깃발이라는 의미인 고산은 갑라 5개 조직으로 구성되었다. 갑라의 우두머리를 갑라액진, 고산의 우두머리를 고산액진이라고 불렀다. 따라서 갑라에 소속된 병사는 1,500명, 고산에 소속된 병사는 7,500명이다. 고산액진이 액진 가운데 지위가 가장 높았다. 또 고산마다 매륵액진(梅勒額眞) 2명을 두어 고산액진을 보좌하게 했다.

4개 우록이 4개 고산으로 확대된 후 황색, 백색, 홍색, 남색 등 4기(旗)의 가장자리에 붉은색 또는 흰색 바탕의 무늬를 넣어 양황(鑲黃), 양백(鑲白), 양홍(鑲紅) 양람(鑲藍)의 4기를 또 조직했다. '양(鑲)'이란 사물의 가장자리에 테를 둘렀다는 뜻이다. 이렇게 8개의 기(旗)가 중국역사에서 유명한 팔기(八旗)가 되었다. 누르하치가 팔기의 최고 통치자였으며 그의 자손들이 각 기의 패륵(사령관)이 되었다.

팔기제도는 '깃발로 백성과 병사를 통제하는' 군민(軍民) 일체의 사회 조직이다. 모든 여진족은 8기 가운데 어느 한 기에 반드시 소속되어야 했다. "깃발 밖으로 나가면 싸움을 준비하고 안으로 들어오면 농사에 힘써야 했다." 부역, 징병, 세금 등 여진족에게 부여된 모든 책임과 의무는 이 팔기제도 안에서 시행되었다. 훗날 이 제도는 여진족에게만 해당되지 않고 한족과 몽골족에게도 적용하여 팔기몽고(八旗蒙古), 팔기한군(八旗漢軍) 등으로 발전했다.

오늘날의 관점에서 보면 팔기제도의 세 가지 특징은 '모든 국민의 군인화, 전 국토의 병영화, 그리고 효율의 극대화'가 아닌가 한다. 유사 이래로 약소국이 강대국을 집어삼킨 예는 아주 드물다. 하지만 누르하치라는 희대의 영웅은 팔기제도의 완성과 실행을 통하여 싸움의 승패는 결코 숫자로 결정되는 것은 아니며, 작은 것도 큰 것을 이길 수도 있고 상식과는 맞지 않은 위대한 역사적 교훈을 남겨주었다.

6. 명나라와의 혈전: 살이호 전투와 심요대첩

누르하치가 욱일승천의 기세로 세력을 확장하고 있을 때, 명나라는 가정(嘉靖·1522~1566) 중엽 이후부터 황제들의 무능과 방탕한 생활로 인하여 국가의 기강과 안전이 뿌리 채 흔들리는 위기를 맞았다. 세종(世宗) 주후총(朱厚熜·1507~1567)은 한평생 선도(仙道)를 숭배하고 불노장생을 희구하여 단약(丹藥)을 상복했다. 그는 중년 이후 20여 년 동안 조정에 나가 정사를 관장한 적이 한 번도 없었을 만큼 정치에 무관심했다.

그의 황위를 계승한 목종(穆宗) 주재후(朱載垕·1537~1572)도 즉위한 지 3년이 다 되도록 대신들에게 말 한 마디 없을 정도였다. 또 그의 후계자 신종(神宗) 주익균(朱翊鈞·1563~1620)은 황궁에서 아편을 흡입하며 황음무도한 생활만을 즐겨 국가를 파탄의 지경으로 몰아넣었다.

희종(熹宗) 주유교(朱由校·1605~1627) 때는 환관 위충현(魏忠賢·1568~1627) 일

당이 조정의 정치를 완전히 장악하여 국정을 농락했다. 그에게 아부하여 출세하려는 자들이 전국 각지에서 그를 숭배하는 사당을 지었다. 감생(監生) 육만령(陸萬齡)이라는 자는 그를 공자, 그의 애비를 공자의 아버지 계성공(啓聖公)과 동급으로 추대해야 한다는 상소를 올리기도 했다.

위충현이 행차하면 사대부들이 거리로 몰려나와 엎드려 절하면서 '구천구백세(九千九百歲)'를 외치는 촌극을 벌이기도 했다. 명나라가 국가의 기능을 상실하고 백성이 도탄에 빠진 형편은 누르하치에게 중원을 침략할 수 있는 절호의 기회를 제공했다.

천명 3년(1618) 봄 누르하치는 신민(臣民)과 장수들을 모아놓고 명나라에 대한 '칠대한(七大恨)'을 하늘에 고하는 의식을 치르고 명나라 정벌을 선포했다. 그 칠대한의 내용은 이렇다.

"첫 번째 원한: 내 조부와 부친은 명나라에 어떤 피해도 입히지 않았는데도 명군이 도발하여 두 분을 살해했다. 두 번째 원한: 명나라가 변방에서 분쟁을 일으켰지만, 나는 명나라와 우호를 다지고자 양국 간의 경계를 확정하고 서로 침략하지 않기로 맹약했다. 하지만 명군은 맹약을 짓밟고 국경을 넘어 소요를 일으키고 섭혁부를 지원했다. 세 번째 원한: 해마다 명나라 사람들이 청하(淸河) 이남과 강안(江岸) 이북에서 우리나라에 무단 침입하여 약탈을 자행했다. 나는 양국의 협정에 따라 국경을 침입한 그들을 주살했다. 하지만 명나라는 내가 그들을 멋대로 살해했다고 헐뜯었다. 아울러 내가 광녕(廣寧)으로 보낸 사신 강고리(綱古里), 방길납(方吉納) 등을 인질로 잡고 10명을 변방에서 살해했다."

"네 번째 원한: 본디 섭혁부의 '노녀(老女)'는 나에게 시집오기로 약속했다. 하지만 섭혁부는 명나라의 비호 아래 그녀를 몽골로 시집보냈다. 다

섯 번째 원한: 시하(柴河), 삼차(三岔), 무안(撫安) 등 삼로(三路)는 대대로 우리 부족이 다스리는 지역이다. 하지만 명나라는 그곳 백성들이 농작물을 수확하지 못하게 하고 군사를 파견하여 그들을 쫓아냈다."

"여섯 번째 원한: 변방 밖의 섭혁부는 하늘에 죄를 지었기 때문에 내가 그들을 토벌하였는데도, 명나라는 그들의 말만 믿고 사신을 보내 나를 꾸짖고 능멸했다. 일곱 번째 원한: 예전에 합달부가 섭혁부를 원조한다는 핑계를 대고 우리나라를 두 차례 침략하게 했다. 나는 오히려 역공을 펴서 합달부 백성들을 수중에 넣을 수 있었다. 이는 하늘의 뜻이었다. 하지만 명나라는 또 합달부를 돕고 나를 협박하여 포로로 잡은 합달부 백성들을 돌려보내게 했다. 이 때문에 섭혁부에게 여러 차례 약탈을 당했다."

만력 11년(1583) 요동총병 이성량이 니감외란을 앞잡이로 삼고 아태의 고륵새를 공략했을 때, 명군이 누르하치의 할아버지 각창안과 아버지 탑극세를 살해한 일이 역시 가장 큰 원한이다.

그런데 네 번째 원한은 한 여자를 둘러싼 아주 복잡한 정치 상황을 반영하고 있다. 만력 10년(1582) 해서여진 섭혁부의 족장 가문에서 한 여아가 태어났다. 늙은 주술사가 갓난아이를 보고 이렇게 예언했다.

"훗날 이 아이가 천하를 흥하게 할 수 있고 망하게도 할 수 있겠구나!"

그녀의 이름은 동가(東哥 · 1582~1616)이다. 어려서부터 가히 경국지색이라고 부를만한 절세의 미인이었다. 그녀에 대한 소문은 여진족 사회에 널리 퍼졌다. 동가의 집 앞에는 그녀의 미모에 홀려 모여든 사람들이 장사진을 이루었다. 지금도 여자의 미모는 '권력'이라고 주장하는 사람이 있다. 동가의 아버지 포재(布齋)와 오빠 포양고(布揚古)가 그런 인물이었다. 두 사람은 동가를 이용하여 정치적 목적을 달성하려고 했다.

동가가 10세 때 포재는 합달부의 족장 알상(歹商)에게 딸을 시집보낼 테니 와서 데리고 가라고 했다. 알상은 그의 말을 철석같이 믿고 신부를 맞이하러 가는 도중에 섭혁부의 매복한 병사들에게 피살되었다. 동가의 아버지는 미인계를 이용하여 정적을 제거한 것이다.

12세 때는 포재가 건주여진의 누르하치에게 대항하기 위하여 오랍부를 자기 진영으로 끌어들일 목적으로 오랍부 족장의 동생 포점태(布占泰)에게 시집보내겠다고 약속했다. 하지만 포점태는 그녀를 맞이하기도 전에 고륵산 전투에서 누르하치에게 패하여 포로가 되고 말았다. 섭혁부도 패하여 포재가 죽고 포양고만이 겨우 살아남았다.

포양고는 여동생 동가를 누르하치에게 시집을 보내 혼인동맹을 맺기를 원했다. 이때 동가는 15세였는데 한 번 본 적이 있는 포점태를 사모하고 있었다. 그녀가 오빠에게 말했다.

"누르하치는 아버지를 죽인 철천지원수인데 내가 어떻게 그에게 시집 갈 수 있겠어요? 차라리 그를 죽인 사내에게 시집가겠어요."

여동생의 결연하고 당당한 모습에 포양고는 부끄러운 생각이 들었다. 즉시 누르하치와 예정되었던 혼인 약속을 깨고 누르하치를 죽인 자가 나타나면 여동생을 주겠다고 선언했다. 합달부의 족장 맹격포록(孟格布祿)이 먼저 미인을 쟁취하기 위해 누르하치와 맺은 동맹을 파기하고 건주부를 공격했다.

누르하치는 그를 배신자로 몰아 공격하여 합달부를 멸망시켰다. 휘발부의 족장 배음달리(拜音達理)와 건주부에서 3년 동안 포로로 있다가 풀려난 포점태도 동가를 취하기 위해 누르하치에게 도전했다가 불귀의 객이 되었다.

만력 43년(1615) 동가의 나이 33세 때, 몽고 객이객부(喀爾喀部)의 족장 달이한(達爾汗)의 장남, 망고이대(莽古爾岱)에게 시집갔다. 당시 33세면 할머니도 될 수 있는 나이였다. 그래서 역사서에서는 그녀를 '섭혁노녀(葉赫老女)'라고 칭한다. 천명 4년(1619) 누르하치는 숙적 섭혁부를 멸망시키고 이렇게 말했다.

"동가는 합달부, 휘발부, 오랍부를 연이어 망하게 하고, 오늘 또 섭혁부를 망하게 했다. 이는 하늘이 동가를 보내 나에게 여진족을 통일하게 한 것이다. 짐은 이미 통일 대업을 이루었으며, 그녀가 누구에게 시집을 가든 그녀의 수명은 길지 않을 것이다. 하늘이 그녀에게 부여한 임무가 끝났기 때문이다."

동가가 처음 정혼한대로 누르하치의 아내가 되었다면 청나라 최초의 황후가 되어 부귀영화를 누렸을 것이다. 하지만 미인박명이라고 했던가. 너무 예뻤기 때문에 정략적으로 이용만 당하고 시집간 지 1년 만에 가슴에 한을 품고 사망했다. 동가의 미모 때문에 해서여진의 여러 부족이 망했지만, 본인의 의지와는 다르게 누르하치가 천하 통일의 시금석을 쌓는 데 일조한 것이다.

천명 3년(1618) 4월 누르하치는 칠대한의 격문을 선포한 직후 8기군을 거느리고 명나라 정벌에 나섰다. 그의 공격 목표는 요동의 전략적 요충지 무순이었다. 그곳은 그가 젊은 시절에 여러 민족의 상인들과 어울리며 장사를 하면서 세상물정을 배운 곳이다. 그곳의 지리는 손바닥의 손금을 보는 것처럼 환하게 꿰뚫고 있었다.

청나라 역대 황제 평전

누르하치는 무순성의 방어를 맡고 있는 유격(遊擊), 이영방(李永芳·?~1634)에게 서찰을 보냈다.

"명나라가 군사를 파견하여 섭혁부를 도왔기 때문에, 내가 복수하고자 공격하러 온 것이오. 유격장수에 불과한 그대가 나와 싸워 이길 수 있겠소? 그대는 재능이 뛰어나고 정세에 밝다는 얘기를 들었소. 지금 대금은 인재가 절실히 필요한 때이오. 그대 같은 인재를 어찌 중용하지 않겠소? 싸움을 원한다면 우리 군사의 화살이 당신을 알아보지 못할 것이오. 성문을 열고 투항하면 성안의 백성들은 모두 편안한 삶을 누릴 것이오."

평소에 누르하치의 명성을 들었던 이영방은 조금도 망설이지 않고 투항했다. 누르하치는 말과 행동이 일치하는 지도자였다. 항복한 장수에게는 은혜를 아낌없이 베풀었다. 이영방을 삼등부장(三等副將)으로 임명하고 아울러 누르하치의 일곱째 아들 아파태(阿巴泰·1589~1646)의 딸을 아내로 삼게 했다. 다시 말해서 이영방을 손녀사위로 삼은 것이다.

훗날 이영방은 후금에 항복한 최초의 명나라 장수라는 오명을 뒤집어썼지만, 청나라 건국의 공신이 되었다. 또 정묘년(1627) 누르하치의 조카 아민(阿敏·1586~1640)이 3만 대군을 이끌고 조선을 침략했을 때, 아민의 참모로 참전하여 후금과 조선이 화의를 체결하는 데 중요한 역할을 한 인물이다. 우리나라에서는 이 후금의 침략전쟁을 '정묘호란(丁卯胡亂)'이라고 부른다. 이영방은 삼등자(三等子)로 책봉되고 그의 후손들은 부귀영화를 누렸다. 조국을 배신한 장수의 결말치고는 의외였다.

누르하치가 무순, 청하(淸河) 등을 공략했다는 소식이 북경의 황궁에 전해지자, 조야는 일대 혼란에 빠졌다. 한낱 '오랑캐의 추장'으로만 간주했던 누르하치를 계속 방치했다간 더 큰 화를 입을 수 있었다. 대규모 병력 동원이 불가피했다.

명나라 조정은 병부우시랑 양호(楊鎬·?~1629)를 요동경략에 임명했다. 그는 조선 임진왜란(王辰倭亂·1592~1598) 때 울산성에서 명군이 왜군에게 대패한 사실을 숨기고 전공을 허위로 보고했다가 파직당한 인물이다. 이런 패장(敗將)에게 다시 중책을 맡긴 것은 그가 요동 지방의 사정을 잘 안다는 이유에서였다.

양호는 장수들에게 네 갈래 방향을 택하여 혁도아랍으로 진격하게 했다. 이에 따라 좌익중로는 총병 두송(杜松·?~1619), 좌익북로는 총병 마림(馬林·?~1619), 우익중로는 총병 이여백(李如柏·1553~1620), 우익남로는 총병 유정(劉綎·1558~1619)이 각각 지휘했다.

이 총병 4명 가운데 조상이 조선 출신인 이성량의 아들, 이여백과 유정이 임진왜란 때 명군을 이끌고 참전한 백전노장이었다. 양호는 심양(瀋陽)에서 지휘부를 구축하고 사로(四路)의 총지휘관이 되었다. 이때 명나라 조정의 원군 요청에 어쩔 수 없이 참전한 강홍립이 이끈 조선군 1만여 명이 유정의 부대에 소속된 역사적 사실도 있다.

명나라는 총 47만 대군을 동원했다고 허풍을 떨며 누르하치를 협박했지만, 사실은 총 8만8천여 명이었다. 그들은 누르하치를 얕잡아보고 단숨에 협도아랍으로 진격할 기세였다. 특히 두송은 서북 변방에서 수많은 전과를 올린 맹장이었지만, 사람 됨됨이가 경솔하고 평생 동안 몸에 무수히 난 칼자국을 남에게 자랑이나 하는 술주정뱅이였다.

누르하치는 대군을 동시에 상대하기에는 병력이 부족했다. "적이 여러 갈래로 오면 나는 단 한 길로만 가겠다."는 전략을 폈다. 쉽게 말해서 명군의 병력이 아무리 많아도 분산된 명군의 한 곳만을 집중 공격하면 승리할 수 있다는 생각이었다. 지략이 부족하고 쉽게 흥분하는 두송을 먼저 상대하기로 결심했다.

아니나 다를까, 전황을 충분히 숙지하지 못한 두송은 무리하게 3만 대군을 이끌고 살이호(薩爾湖: 지금의 요녕성 무순 대화방·大伙房 저수지 동쪽)에서 군영을 구축했다. 병사 1만여 명으로 혁도아랍으로 가는 길목에 있는 계범성(界凡城)을 공격하게 했다. 누르하치는 두 아들 대선(代善)과 황태극(皇太極)에게 방어를 맡기고 살이호로 진격했다. 두송의 좌익중로가 양분된 틈을 노린 것이다.

당시 명군은 가공할 만한 위력을 가진 화포를 보유하고 있었다. 누르하치는 날이 어두워지기를 기다렸다. 마침 사방을 분간할 수 없을 정도로 안개가 자욱하게 끼었을 때 공격 명령을 내렸다. 허를 찔린 명군은 화포를 쏘며 격렬하게 대항했지만 포탄은 빗나가기 일쑤였다. 두송과 부하 장수들은 후금 군사들이 쏜 화살에 벌집이 되어 죽었다.

"명군의 시체가 산야를 덮고 흘린 피가 도랑을 이루었다. 혼하(渾河)에서 무기와 시체가 엉켜 솟구치는 모습이 마치 거대한 얼음덩어리가 빙빙 돌며 흘러가는 것과 같았다."

누르하치의 대승이었다. 다음 상대는 좌익북로를 지휘하는 마림이었다. 마림은 무장이라기보다는 시문(詩文)을 좋아하고 명사들과 교류를 즐기는 장수였다. 그의 부친 마방(馬芳·1517~1581)이 몽골 달단부(韃靼部)를 여러 차례 격퇴한 명장이었던 덕분에 아들도 군문(軍門)에 들어가 부친의 직위를 세습한 것이다.

누르하치는 상간애(尚間崖)에서 진을 치고 있는 좌위북로를 급습했다. 명군은 조총과 화포를 쏘며 대항했지만 신출귀몰한 기병들이 휘두르는 칼날에 목이 먼저 달아났다. 명군은 조총, 화포 등 '첨단 무기'를 보유하고 있었지만 기동성이 떨어지는 중화기의 약점을 극복하지 못하고 대패했다. 마림은 두 아들을 잃고 개원(開原)으로 도망갔다가 죽었다.

　이때 유정은 동악로(董鄂路)를 수비하고 있는 후금군을 격파하고 혁도 아랍을 향해 진군했다. 그런데 두송의 군대가 전멸 당했다는 사실을 까맣게 모르고 있었다. 누르하치는 위계(僞計)를 쓰기로 했다. 항복한 명나라 병사에게 두송의 영전(令箭)을 유정 군영으로 가지고 가게 했다. 좌익중로가 대승을 거두고 혁도아랍으로 진격하고 있으니 신속하게 진군하라는 두송의 재촉이었다.

　유정은 두송에게 수훈(首勳)을 빼앗길까 걱정했다. 서둘러 아포달리강(阿布達里岡: 지금의 요녕성 신빈만주자치현)에 이르렀을 때는 이미 누르하치 진영에 깊숙이 들어온 형국이었다. 명나라의 서남 지방과 조선에서 수많은 전투를 승리로 이끌어 '유대도(劉大刀)'라는 찬사를 받았던 유정도 이 싸움에서 최후를 맞이했다.

　양호는 삼로(三路)의 대군이 전멸을 당했다는 소식을 듣고 경악했다. 이제 남은 군사는 우익중로뿐이었다. 그는 아골관(鴉鶻關: 지금의 신빈현 위자곡진·葦子峪鎭)에서 주둔하고 이여백에게 심양으로 퇴각하게 했다. 이여백은 심양으로 퇴각하다가 후금군에게 대패했다.

　그 후 이여백은 탄핵을 당하고 자살했다. 요동 지방의 지배자였던 이성량의 두 아들 이여백과 이여송을 누구보다도 잘 알고 있었던 누르하치는 이여백이 자살했다는 소식을 듣고 "이제 요동 지방에서는 더 이상 나의 적수가 없구나."라고 말하며 크게 기뻐했다.

　누르하치에게 전멸을 당한 이 싸움이 중국역사에서 유명한 '살이호 전투'이다. 명나라는 관리와 장수 300여 명, 병사 4만5천여 명을 잃는 참패를 당했다. 반면에 후금은 명군이 오합지졸이라는 것을 간파하고 중원 진출의 자신감을 얻었다.

　천명 5년(1620) 누르하치는 성문 밖에 장대 두 개를 세워놓게 하고 이렇게 말했다.

"아랫사람의 어려운 사정이 윗사람에게 전달되지 않으면 그 내용을 써
서 장대에 걸어놓게 해라! 내가 직접 처리하겠다."

민심을 정확하게 파악하기 위한 방법이었다. 신하들은 백성의 사소한
일이라도 관심을 가지고 처리하지 않을 수 없었다. 이른바 '만기친람(萬機
親覽)'의 통치술이 신하들을 긴장하게 하고 부패를 원천적으로 차단했다.

또 백성들이 살이호성을 쌓을 때의 일이다. 누르하치는 그들을 위로
할 생각으로 소를 상으로 내리라고 명령했다. 하지만 한 신하가 명군을
무찌르고 난 뒤에 그들의 소를 노획하여 상으로 주자고 하며 반대했다.
이때 마침 부장(副將) 박이진(朴爾晉)이 숨을 헐떡거리며 들어왔다. 그에게
어디서 오는 길이냐고 물었다. 그는 성을 쌓는 공사장에서 오는 길이라고
말했다.

누르하치가 말했다.

"너는 몸에 아무 것도 지니지 않은 채로 다녀왔는데도 이처럼 숨을 헐
떡거리며 피곤해 하는데, 하물며 성을 쌓느라 기둥을 세우고 돌을 나르
는 인부들이야, 더 말할 나위가 있겠느냐?"

누르하치는 이런 방식으로 민심을 사로잡은 것이다. 그가 살이호에서
대승을 거둔 후 개원(開原), 철령(鐵嶺) 등 변경 도시를 연이어 공략하며 요
동의 수부(首府) 요양(遼陽)과 군사 요충지인 심양(瀋陽)을 호시탐탐 노렸다.
이 두 도시가 그의 수중으로 들어가면 명나라는 요동 전역의 지배권을 완
전히 상실하는 치명상을 입을 수밖에 없었다.

이처럼 명나라가 누란지위에 처해있을 때 신종(神宗) 황제가 48년의 통치를 마감하고 붕어했다. "명나라는 실제로 신종 때 망했다."고 폄하할 정도로, 그는 어리석은 군주였다. 황위를 계승한 광종(光宗) 주상락(朱常洛)도 단약을 상복하다가 재위 한 달 만에 급사했다.

그의 아들 희종(熹宗) 주유교(朱由校)는 더욱 가관이었다. 황제라는 자가 낫 놓고 기역자도 모를 정도로 무식했으며, 국정은 내팽개치고 목공예와 '귀뚜라미 싸움'만을 즐겼다. 황제의 이런 약점을 파고들어 실제로 황제 노릇을 한 자가 희대의 간신, 환관 위충현(魏忠賢·1568~1627)이었다. 그는 이른바 '엄당(奄黨: 고자들이 만든 당)'을 결성하여 양심 세력인 동림당(東林黨) 인사들을 철저하게 탄압했다. 누르하치 군사가 요동 지방을 유린하는데도 명나라 조정은 당파 싸움에 피로 물들었다.

누르하치는 첩자를 통해 명나라 조정을 훤히 들여다보고 출정을 결정했다. 한편 명나라 조정은 살이호 패전 이후 웅정필(熊廷弼·1569~1625)을 요동경략에 임명했다. 그는 과거에 급제한 문관이었으나 병법에 밝고 지략이 뛰어났으며 요동 지방의 현황을 꿰뚫고 있었다. 요양으로 부임하는 도중에 목격한 민가는 곳곳이 비어있었고 군영은 엉망진창이었다. 이대로 두었다가는 싸우기도 전에 전멸할 것 같았다.

임지로 부임하자마자 먼저 군기부터 세워야 했다. 적과 싸우다가 달아난 장수 3명을 체포하여 참수하고 병사의 훈련을 강화했다. 또 달아난 백성들은 위로하고 어루만져 돌아오게 하였으며 성곽을 증축하고 각종 무기를 정비했다. 이렇게 1년 동안의 노력 끝에 무너진 방어선을 다시 구축할 수 있었다.

웅정필은 공격보다는 방어 전략을 짰다. 누르하치가 공격하면 성안에서 효과적으로 응전했다. 누르하치도 그의 주도면밀한 방어를 돌파할 수 없었다. 다시 요동에는 불안한 평화가 찾아왔다. 양군이 감히 공격하지 못하고 있을 때, 뜻밖에도 웅정필이 당파 싸움에 휘말려 파직을 당했다. 그를 대신하여 원응태(袁應泰·?~1621)가 부임했다. 그도 진사 출신 문관이다. 다음은 그가 희종에게 올린 상소문의 일부 내용이다.

> "맹세컨대 신(臣)은 요동 지방과 운명을 함께 하겠사옵니다. 문무백관도 모두 두 마음을 품지 않고 신과 생사를 함께 하기를 간절히 원하옵니다."

부임에 앞선 충성과 결기의 표현이다. 하지만 그는 군사 분야에서는 웅정필에 비해서 하수였다. 더구나 성격이 치밀하지 못한 약점이 있었다. 웅정필이 짠 방어 전략을 대폭 수정하고 반격 계획을 세웠다. 마침 이 시기에 몽골 지역에서 큰 재난이 발생하여 몽골 유랑민들이 대거 요동으로 몰려왔다. 부하 장수들은 그들 가운데 첩자가 있을 수도 있으니 받아들여서는 안 된다고 주장했다. 원응태가 대답했다.

> "내가 저들을 구하지 않으면 저들은 적에게 투항할 것이오. 저들을 거두어들여 우리 병력을 늘이겠소."

이렇게 그의 결정에 따라 많은 몽골인들이 몰려들었다. 그들을 요양성과 심양성, 두 곳에 분산 배치했다. 첩보를 접한 누르하치는 천우신조의 기회가 왔다고 생각했다. 강적 웅정필이 쫓겨나고 자신에게 우호적인 몽골인들이 성안에 시글시글하니 이보다 더 유리한 조건은 없었다.

천명 6년(1621) 그는 대군을 거느리고 심양을 공격했다. 총병 하세현(賀世賢), 우세공(尤世功) 등이 심양성을 지키고 있었다. 심양성은 곳곳에 화포가 포진되어 있고 높고 단단한 성곽으로 둘러싸여 있어서 난공불락이었다. 그런데 하세현은 용감하지만 지략이 부족하고 더구나 술을 좋아하고 충동적인 성격을 가진 장수였다.

그의 약점을 간파한 누르하치는 일부러 선발대를 보내 싸움을 걸다가 패한 척하고 후퇴하다가 매복으로 기습했다. 하세현은 뒤늦게 함정에 빠진 것을 깨닫고 퇴각했지만, 해자(垓字)의 다리는 이미 몽골인 첩자들에게 끊긴 상태였다. 원응태가 그들을 성안으로 들여보낸 것이 결정적 실수였다. 하세현은 후금 병사들이 쏜 화살에 즉사했다. 이때 우세공이 구원하러 왔지만 그도 피살되고 심양성은 마침내 함락되었다.

누르하치가 장수들에게 말했다.

"심양성은 이미 공략했고 적병은 대패했소. 승세를 틈타 진격하면 요양성도 취할 수 있소."

명군이 대패한 틈을 타서 파죽지세로 계속 공격하면 요동의 수도나 다름없는 요양도 점령할 수 있다는 판단이었다. 원응태도 응전을 준비하고 있었다. 태자하(太子河)의 물을 요양성의 해자로 끌어들이고 성곽과 해자 주위에 화포 수십 문을 배치했다. 후금 병사들은 빗발치는 총포탄 세례를 받으면서도 갑문(閘門)을 파괴했다. 해자의 물이 새어나가는 틈을 이용하여 토석으로 해자를 메우고 벌떼처럼 성벽으로 기어 올라갔다.

명군은 이리처럼 사나운 후금 병사들의 칼날에 목이 떨어져나갔다. 요양성 진원루(鎭遠樓)에서 지휘하고 있던 원응태는 명군이 도륙을 당하는 참상을 보고 분신자살했다. 유능한 장수는 아니었지만 사대부로서 절개를 지키고 죽었다.

누르하치는 두 성을 함락한 이후에도 고삐를 늦추지 않았다. 해주(海州), 개주(蓋州), 금주(金州), 복주(復州) 등 무려 70여 개 성이 그의 수중에 들

청나라 역대 황제 평전

어왔다. 이 심요대첩(瀋遼大捷)으로 후금은 요하 동쪽 지방을 완전히 장악하고 요서 지방으로 진출할 수 있었다.

누르하치는 도성을 요양으로 천도하고자 했다. 하지만 장수들은 혁도아랍으로 돌아가기를 바랐다.

누르하치가 장수들에게 이렇게 말했다.

"우리 군사가 혁도아랍으로 돌아가면 명나라는 다시 요양을 탈환하여 방비를 굳건히 할 것이며, 성안의 백성들이나 산속으로 달아난 자들을 모두 버리고 가는 꼴이 되오. 이미 확보한 강토를 버리고 환국하면 훗날 다시 토벌해야 하는 번거로움이 생기오. 더구나 요양은 명나라, 조선, 몽골 등 세 나라의 중심에 있으므로 도성으로 삼아 거주하기에는 천혜의 지역이오."

유목민 근성이 있는 후금 장수들은 전리품을 챙기고 즐기는 일에만 관심이 있었을 뿐, 국가 경영과 외교에 도성의 위치가 얼마나 중요한지 몰랐다.

오늘날 누르하치를 위대한 전략가로 평가하는 이유 가운데 하나는, 바로 그가 이 점을 깊이 깨닫고 있었기 때문이다. 천명 6년(1621) 혁도아랍성에 거주하는 친족과 주민을 모두 요양성으로 옮겼다. 요양성은 태자하 동쪽 연안에 위치하므로 동경성(東京城)이라고 불렀다.

요하(遼河) 이동 지역을 후금에게 내준 명나라 조정은 공포의 도가니에 빠졌다. 쫓겨난 웅정필을 다시 요동경략으로 기용하고, 왕화정(王化貞·?~1632)을 광녕순무(廣寧巡撫)로 임용했다. 왕화정은 군사에는 문외한이자 허풍쟁이였다. 장수들의 의견을 무시하기 일쑤였고 가장 중요한 군사 문제를 놓고 웅정필과 심각한 마찰을 빚었다. 웅정필이 그의 상관이었으나 웅정필 휘하의 병력은 4,000여 명에 불과한 반면에 왕화정은 6만 대군을 거느리고 있었으므로, 왕화정은 웅정필을 노골적으로 얕잡아보았다.

천명 7년(1622) 누르하치가 광녕성(廣寧城: 지금의 요녕성 북진·北鎮)을 침공했을 때, 왕화정은 웅정필의 방어 전략을 무시하고 무리하게 공격하다가 궤멸되었다. 두 사람은 가까스로 산해관(山海關) 이남으로 탈출했다.

천계(天啓) 5년(1625) 웅정필은 희대의 간신 위충현의 미움을 사서 살해당했다. 그의 수급은 북방의 9개 진영(鎭營)에서 돌아가며 효시되는 치욕을 당했다. 왕화정은 위충현의 앞잡이 노릇을 하다가 위충현이 자살한 후인 숭정(崇禎) 5년(1632)에 처형당했다. 두 사람의 반목이 병사들을 사지로 몰아넣었으며 결국은 그들도 비참한 최후를 맞이했다.

누르하치는 동경성에서 3년 남짓 거주하면서 또 도성을 심양으로 옮길 결심을 했다. 신하들은 백성들의 고통이 수반되는 천도를 반대했으나 누르하치의 결심을 꺾을 수 없었다.

"심양은 사통팔달의 요지이다. 서쪽으로 명나라를 정벌하려면 도아비(都兒鼻)에서 요하(遼河)를 건너 진격하면 빠르게 다다를 수 있다. 북쪽으로 몽골을 정벌하려면 2~3일이면 이를 수 있다. 남쪽으로 조선을 정벌하려면 청하로(淸河路)에서 곧장 진격할 수 있다. 심양의 혼하(渾河)는 소소하(蘇蘇河)와 연결되어 있으며, 소소하 상류에서 벌목한 나무를 물길을 따라 하류로 흘려보내면 궁궐을 짓는 데 필요한 목재를 다 쓸 수 없을 만큼 많이 얻을 수 있다. 또 심양은 산이 가깝고 짐승이 많아서 수렵을 하는 데 더 없이 좋은 지역이며, 혼하가 가져다주는 이로운 점도 얻을 수 있다. 짐은 이미 충분하게 고려한 끝에 천도를 결정했다. 그런데도 너희들은 어찌하여 따르지 않는가?"

누구도 누르하치의 탁월한 식견에 더 이상 이의를 제기하지 못했다. 천명 10년(1625) 누르하치는 심양으로 천도했다. 요동 지방의 한 가운데에 자리 잡은 심양은 후금이 사방으로 진출하는 데 교통이 편리하고 물자를 운반할 수 있는 강물이 흐르는 지리적 요건을 갖추고 있었다. 이때부터 오늘날까지 심양은 누르하치의 혜안 덕분에 동북 3성의 중심지로서 발전해오고 있다.

7. 영원성 싸움: 원숭환의 벽을 넘지 못하다고 죽다

명나라가 부패할 대로 부패하여 쇠망의 길을 걷고 있을 때, 원숭환(袁崇煥(1584~1630)이라는 걸출한 인물이 나타난다. 그가 태어난 곳은 지금의 광동성 동완(東莞)이다. 동완은 요동에서 만리나 떨어진 너무도 먼 곳이다. 기후와 풍습이 다르고 누르하치가 요동에서 아무리 큰 세력을 떨쳤더라도 전쟁의 참상이 미치지 못한 안전한 지역이었다.

원숭환은 과거에 급제한 뒤 복건성 소무지현(邵武知縣)에 임용되었다. 복건성도 요동과는 만리 길이었다. 그런데 그는 사람들과 병법을 논하는 일을 아주 좋아했다. 북방에서 종군한 병사를 만나면 변방의 사정을 집요하게 묻고 나름대로 대비책을 세우기도 했다. 풍요로운 남방의 관직 생활을 접고 스스로 요동의 변방 지역으로 가서 장수가 되기를 희망했다.

그의 재능을 알아본 어사 후순(侯洵)의 천거로 그는 병부직방주사(兵部職方主事)에 임명되었다. 그는 혼자 산해관 밖으로 나가 변경 지역의 사정을 직접 살피고 기록했다. 때로는 맹수가 득실거리는 곳을 두려움 없이 다니다가 밤늦게 돌아오곤 했다. 광녕이 함락되었다는 소식이 조정 대신들을 충격에 빠트렸을 때, 원숭환이 지도를 펴고 아뢰었다.

"신(臣)에게 병마와 군량, 군자금을 하사하시면 신이 혼자 산해관을 지킬 수 있사옵니다."

누구도 '호랑이굴'에 들어가기를 두려워했던 터라, 명나라 조정은 그를 파격적으로 병부첨사(兵部僉事)로 기용하고 내탕금 20만 냥을 내어주었다.

원숭환은 산해관 밖의 영원성(寧遠城: 지금의 요녕성 흥성·興城) 중축에 심혈을 기울였다. 계요경략(薊遼經略) 손승종(孫承宗·1563~1638)이 그를 적극 후원했다. 두 사람이 한 마음으로 협력하여 금주(錦州), 대릉하(大凌河), 송산(松山) 등의 지역에서 다시 성곽을 보수하여 400여 리의 버려진 땅을 되찾았다.

그리고 "요(遼) 지방 사람이 요 지방을 지키고, 요 지방 땅이 요 지방 사람을 먹여 살린다."는 방침 아래 병사 10만여 명을 훈련시켰다. 두 사람의 헌신적인 노력 덕분에 산해관 밖의 변경 지역은 어느 정도 안정을 찾았다. 하지만 얼마 후 손승종이 조정을 장악한 위충현 엄당(奄黨: 환관들의 세력 집단)의 모함으로 파직을 당했다. 또 고질적인 당파 싸움이 충신 손승종의 손발을 묶은 것이다.

손승종을 대신한 인물은 엄당 출신 고제(高第)였다. 그는 부임하자마자 금주 등의 성채를 버리고 산해관 이남으로 철수하라는 명령을 내렸다. 누르하치를 너무 두려워한 나머지 산해관 이북의 땅을 포기하는 소극적인 전략을 채택했다.

하지만 원숭환은 그의 명령을 거부하고 영원성과 생사를 함께 하겠다고 맹세했다. 누르하치는 계요경략이 당파 싸움으로 바뀐 틈을 놓치지 않았다. 천명 11년(1626) 2월 금주성, 송산성 등을 연이어 공략하고 영원성을 겹겹이 포위했다. 누르하치는 원숭환에게 사자를 보내 항복을 권유했다.

"짐은 30만 대군을 거느리고 와서 공격하니 영원성은 반드시 함락될 것이오. 그대가 항복하면 높은 관직을 수여할 것이오."

실제로는 30만 대군이 아니고 군사 13만 명을 동원했다. 명군에게 공
포를 안겨 주기위해 과장했다. 원숭환의 대답은 이러했다.

"나는 이 성을 끝까지 사수할 것이니 어찌 항복하겠는가. 네가 30만
대군을 이끌고 왔다고 하는데 나 또한 어찌 병력이 적겠는가."

사실은 영원성의 병력이 2만여 명에 불과했지만, 원숭환은 기세 싸움
에서 조금도 밀리지 않았다. 성안의 군민은 그의 지휘 아래 일사불란하게
움직였다. 마침내 팔기병이 돌격하고 석포(石砲)가 성벽을 때렸으며 거대
한 운제(雲梯)가 성벽을 향해 질주했다.

명군의 홍이대포(紅夷大砲)도 불을 품었다. 원래 홍이대포는 서양인이
함선에 장착하여 사용하던 장사정포였다. 명나라 말기에 수입되어 성곽
에서 사용하는 방어용 대포로 개량했다. 원숭환은 이 포를 성곽 곳곳에
설치하여 실전에 투입했다. 홍이대포의 위력은 엄청났다. 비호같은 팔기
병도 추풍의 낙엽처럼 굴러 떨어졌다. 이틀 동안의 맹공에도 계속 사상자
만 늘어났다.

누르하치도 부상을 당했다. 포위망을 풀고 철수하는 수밖에 없었다.
원숭환의 승리로 돌아간 영원성 싸움은 병사가 아무리 용맹하더라도 '첨
단무기' 앞에서는 속수무책으로 당할 수밖에 없다는 교훈을 주었다. 천하
의 누르하치도 홍이대포의 위력에 놀라 큰 충격을 받았다.
『청태조무황제실록·권4』에서 당시의 사정을 이렇게 기록했다.

"황제께서는 25세 때부터 정복 전쟁을 벌인 이래 싸워서 이기지 못한

싸움은 없고 성을 공격하여 함락을 시키지 못한 성은 없었지만, 오직 영원성은 끝내 공략하지 못하고 울분을 품은 채 심양성으로 회군하셨다."

사실이다. 누르하치와 싸워 이긴 명나라 장수는 원숭환, 단 한 사람뿐이다. 누르하치는 산해관을 돌파하여 명나라를 멸망시키고 중원의 주인이 되려는 원대한 야망을 품었다. 영원성을 격파하고 산해관만 넘으면 그의 꿈은 현실이 될 수 있었다.

하지만 뜻밖에도 원숭환이라는 거대한 '장벽'을 넘지 못했다. 결국 누르하치는 천명 11년(1626) 울적한 기분을 달래고자 청하온천에서 요양하고 심양으로 돌아오던 중 애계보(靉雞堡: 지금의 심양시 애금향·埃金鄉)에서 68세를 일기로 파란만장한 삶을 마감했다.

누르하치는 중원 진출을 목전에 두고 죽었지만 오랜 세월 동안 분열되었던 여진족을 통일하여 강력한 세력으로 키웠다. 명나라와 몽골에 멸시당하고 짓밟혔던 여진족은 누르하치에 의하여 비로소 힘을 결집하고 통일 국가를 이룰 수 있었다. 훗날 그들이 중원을 정복하고 거대한 청나라를 건설할 수 있었던 원동력은 누르하치가 닦아놓은 기반에서 나왔다.

8. 국가의 기반을 다지기 위해서 큰아들도 죽이다

누르하치는 한평생 처첩 16명을 거느리고 아들 16명을 두었다. 큰아들 저영(褚英·1580~1615)은 정실부인 동가씨(佟佳氏)의 소생이다. 만력 11년(1583) 누르하치가 처음 군사를 일으켰을 때, 저영은 4세에 불과한 철부지 아이였다. 그의 어머니는 저영을 낳고 젊은 나이에 세상을 떠났다. 어머니의 사랑을 받지 못한 저영은 아버지를 따라다니면서 살육의 싸움터에서 피비린내를 맡으며 어린 시절을 보냈다. 아버지와 함께 죽을 고비를 넘긴 게 한 두 번이 아니었다.

하루는 자객이 한밤중에 누르하치를 죽이려고 기습했다. 누르하치는 큰아들을 나무궤짝 안에 숨기고 민첩하게 싸우기도 했다. 저영은 약육강식의 비정한 세계에서 억세고 용감한 전사로 성장했다. 아버지는 자기를 닮은 큰아들을 무척 총애했다.

만력 26년(1598) 누르하치는 19세가 된 저영에게 안초랍고(安楚拉庫: 동해 여진 와이부·瓦爾喀의 거주지)를 토벌하게 했다. 장성한 큰아들의 능력을 시험하기 위한 조치였다. 저영은 소수의 기병을 이끌고 신속하게 공격하여 성채 20여 곳을 공략하고 사람과 가축을 대량으로 노획하여 돌아와 아버지를 기쁘게 했다. 누르하치는 저영에게 '홍파도로(洪巴圖魯: 만주어로 용감하고 싸움을 잘하는 영웅)'라는 호칭을 하사하고 패륵(貝勒: 만주 귀족의 칭호)에 봉했다.

만력 35년(1607) 저영은 또 오갈암(烏碣岩: 지금의 북한 함경도 종성 부근)에서 오랍부 군사와 접전을 벌였다. 중과부적의 불리한 조건이었는데도 오랍부 병사 3천여 명을 참살하고 말 5천여 필과 갑옷 3천여 벌을 노획하는 대승을 거두었다.

누르하치는 기쁨에 겨워 덩실덩실 춤을 추었다. 큰아들에게 '아이합도도문(阿爾哈圖圖門)'이라는 존호를 하사했다. 만주어로 지혜가 많고 계략이 풍부하다는 뜻이다. 저영은 그 후에도 여러 전투에서 혁혁한 전과를 올려 아버지의 사랑을 독차지했다.

원래 여진족은 장자 계승의 원칙을 굳이 따지지 않는 전통이었다. 아들 가운데 능력이 뛰어난 자가 후계자가 되면 그만이다. 또 아들이 무능하면 형제에게 대권을 넘겨주기도 했다. 하지만 한족 문화의 영향을 받은 누르하치는 장자 계승의 원칙을 중시했다. 저영은 적장자일 뿐만 아니라 전공을 많이 쌓았으므로 누르하치의 후계자가 되는 것은 시간 문제였다.

저영은 29세 때 아버지의 명을 받들어 직접 국정을 맡기 시작했다. 하지만 그에게는 치명적인 약점이 있었다. 성격이 조급하고 도량이 좁았으며 부하 장수들을 개 취급했다. 인정이라고는 눈곱만큼도 없는 사람이었다. 싸움만 잘했을 뿐이지 제왕의 덕목은 조금도 갖추지 못했다.

누르하치도 큰아들이 성격적으로 문제가 있다는 것을 알고 있었지만 언젠가는 잘못을 뉘우치고 진정한 통치자로 성장하기를 기다렸다. 하지만 저영은 아버지의 깊은 뜻을 헤아리지 못하고 더욱 오만방자하게 행동했다.

누르하치에게는 액역도(額亦都), 비영동(費英東), 하화례(何和禮), 호이한(扈爾漢), 안비양고(安費揚古) 등 개국공신 5명이 있었다. 그들은 한평생 전장에서 누르하치와 생사고락을 함께 한 장수였다. 그들의 헌신적인 도움이 없었다면 누르하치는 칸으로 등극할 수 없었을 것이다. 하지만 저영은 그들을 능멸했다. 하루는 그들에게 이렇게 위협했다.

"내 뜻을 거스르는 자가 있으면 칸을 계승한 이후에 절대로 용서하지 않겠다."

동생들도 그의 의심 대상이었다. 그들을 경쟁자로 간주하고 학대했다. 하루는 그들을 소집하고 경고했다.

"내 말을 듣지 않는 놈이 있으면, 아버지가 너희들에게 준 재물을 내가 즉위한 뒤 모조리 빼앗겠다. 나와 잘 지내지 못하는 놈은 즉위 후에 죽여 버리겠다."

저영의 협박에 두려움을 느낀 개국공신들은 탈출구를 찾아야 했다.

따지고 보면 그들이 누르하치를 따라서 전장을 누빌 때, 저영은 강보(襁褓)에 쌓인 어린아이가 아니었던가. 젊은 놈이 전과를 올렸다고 해서 마치 칸처럼 행동하면서 군대의 기율을 무시하고 자신들을 업신여기는 꼴을 더 이상 볼 수 없었다.

저영의 동생과 사촌들도 그에게 큰 불만을 품고 있었다. 개국공신들은 '4대 패륵'과 접촉했다. 누르하치의 둘째아들 대선(代善), 다섯째아들 망고이태(莽古爾泰), 여덟째아들 황태극(皇太極) 그리고 조카 아민(阿敏)이 당시 가장 강력한 4대 패륵이었다.

두 집단은 저영을 제거하기로 합의했다. 하지만 무력 충돌은 피해야 했다. 차라리 누르하치에게 저영의 죄를 낱낱이 고하는 편이 낫다고 판단했다.

그들의 보고를 받은 누르하치는 큰아들을 불러 친국했다. 하지만 그는 오히려 당당한 태도를 보이며 조금도 반성하지 않았다. 누르하치는 깊은 고민에 빠졌다. 잘못을 저지른 큰아들을 옹호하면 군심 이반이 명약관화했다. 국가의 기반을 쌓아가는 중요한 형국에서 '법도'와 '감정' 사이에서 갈피를 잡지 못하다가, 일단 큰아들의 병권을 박탈하고 집에 머물면서 반성의 시간을 가지게 했다.

하루아침에 권력의 중심부에서 멀어진 저영은 눈이 뒤집혔다. 하지만 자기에게 해코지한 자들에게 보복을 하려고 해도 그를 따르는 병사가 없었다.

누르하치가 오랍부로 원정을 떠났을 때, 동생들과 충신들의 이름을 종이에 적어놓고 저주를 퍼부으며 불에 태웠다. 그래도 분이 안 풀렸던지 아버지에게도 저주의 화살을 쏘았다.

"출정한 군사가 패배하기를 바란다. 패배해서 돌아오면 아버지와 동생들이 성안으로 들어오지 못하게 하겠다."

저영의 시종이 그 광경을 목도하고 두려움에 떨었다. 자칫하다간 자신도 억울하게 누명을 쓸 수 있었다. 차라리 누르하치에게 이실직고하는 편이 살길이라고 생각했다. 누르하치는 큰아들을 감옥에 가두고 개과천선의 기적이 일어나기를 기다렸다. 하지만 저영은 감옥에서도 미친 듯 울부짖으며 여전히 저주를 퍼부었다. 결국 누르하치는 눈물을 흘리며 결단을 내릴 수밖에 없었다. 저영이 36세의 나이에 형장의 이슬로 사라진 후 반년도 못되어, 누르하치는 혁도아랍에서 대금을 건국했다.

누르하치는 정말로 놀라운 인물이다. 사사로운 감정에 얽매여 큰아들을 후계자로 삼았다면 그의 사후에 청나라 건국도 불가능했을 것이다. 큰아들을 죽이라는 명령을 내렸을 때 가슴이 찢어지는 고통을 느꼈을 것이다. 그렇지만 대국을 정확히 판단하고 국가 건설의 주춧돌을 세우는 데 창자가 끊어지는 고통을 참은 것이다.

9. 누르하치의 심복: 개국 5대신

사람이 신이 아닌 이상 혼자의 힘으로 대업을 이룰 수 없다. 영웅의 인품과 능력에 마음이 홀린 자들이 몰려들어 각자 그를 위해 직분을 다하고 헌신했을 때, 그는 비로소 그들의 힘을 결집하여 새로운 세상을 연다. 누르하치가 후금을 건국할 수 있었던 배경에는 액역도, 비영동, 하화례, 안비양고, 호이한 등 개국공신 5명의 헌신이 있었다.

액역도(1562~1621)는 백두산의 영악욕(英鍔峪)에서 태어났다. 부모가 부족 간 갈등의 와중에 피살되었다. 13세 때 부모를 죽인 자를 살해하고 고

모집으로 도망갔다. 가목호채(嘉木瑚寨: 지금의 요녕성 신빈현 경내)의 주인이자 고모부인 목통아(穆通阿)가 그를 친아들처럼 보살폈다. 젊은 누르하치가 요동 지역을 전전할 때, 목통아의 성채에서 잠시 머무른 적이 있었다.

액역도는 누르하치와 며칠 동안 함께 생활하면서 그가 비범한 인물임을 직감했다. 산발을 하고 남루한 옷을 입었지만 풍채가 늠름하고 영웅적 기질이 좌중을 압도했다. 누르하치도 강인한 액역도에게 호감을 느꼈다. 두 사람은 의기투합했다.

액역도가 고모에게 말했다.

"고모! 사내대장부가 한 세상을 살면서 거창한 사업을 이루어야하지,
평범한 일을 하다가 아무런 업적도 남기지 못하면 안 된다고 생각해요.
누르하치를 따라 넓은 세상으로 나가려고 합니다. 고모를 실망시키는 일
은 결코 하지 않겠으니 안심하세요."

이렇게 액역도는 19세 때 자기보다 세 살 더 많은 누르하치를 따라갔다. 만력 11년(1583) 5월 누르하치가 도륜성을 공격했을 때, 선봉에 서서 성벽을 기어올라 싸움을 승리로 이끈 자가 액역도였다. 만력 15년(1587) 그가 파이달성(巴爾達城)을 공격할 때도 비처럼 쏟아지는 화살을 맞으며 제일 먼저 성벽을 넘었다. 성을 함락하고 난 뒤 몸을 살펴보니 상처가 무려 50여 군데였다. 누르하치는 그의 공적을 높이 평가하고 '파도로(巴圖魯)'라는 호칭을 하사했다. 만주어로 '영웅'이라는 뜻이다.

누르하치가 여진족을 통일하고 명나라와 싸워 승리한 전투에서 액역도가 전공을 세우지 않은 적은 거의 없었다. 그는 누르하치의 분신이나 다름없었다. 누르하치는 집안 누이를 그에게 시집을 보냈을 뿐만 아니라 나중에는 아예 그를 사위로 삼았다. 액역도는 언제나 절대 충성으로 보답

했다. 또 액역도의 둘째아들 달계(達啓)가 누르하치의 딸을 아내로 맞이했으므로 누르하치와 액역도는 사돈 관계이기도 했다.

그런데 달계는 아주 교만했다. 어렸을 적부터 누르하치의 총애를 받았고 또 사위였으므로 세상에 무서울 것이 없었다. 심지어 누르하치의 친아들에게도 오만방자하게 굴었다. 누르하치는 그가 액역도의 아들인지라 그의 무례를 눈감아주었다. 하지만 액역도는 그렇지 않았다.

하루는 아들들을 불러놓고 함께 술을 마시다가 달계 앞으로 다가가서 말했다.

"천하의 어떤 부모도 자식을 사랑하지 않는 사람은 없고, 부모가 자식을 죽인 적은 없다. 하지만 너는 너무 오만방자하니 훗날 국가에 위해를 가할 놈이다. 오늘 내가 너를 처리해야겠다."

달계를 내실로 끌고 가서 칼로 찔러 죽였다. 소식을 접한 누르하치는 너무 놀라 망연자실했으나 한편으로는 액역도의 충성심에 감탄했다.

천명 6년(1621) 액역도는 요양성을 함락한 후 61세의 나이로 병사했다. 누르하치는 40여 년 동안 자신을 위해 분골쇄신했던 액여도가 임종 직전이라는 소식을 듣고 친히 찾아가 눈물로 이별을 고했다. 또 액역도 사후에는 영정 앞에서 친히 세 차례나 통곡했다. 훗날 액역도의 아들 알필룽(遏必隆)이 성군 강희제(康熙帝)를 보필한 보정대신(輔政大臣) 4명 가운데 한 명이 된다. 후손들은 대를 이어 청나라 황실에 충성하여 청나라 제일의 명문가문이 되었다.

비영동(1562~1620)은 소완부(蘇完部)의 족장 색이과(索爾果)의 아들로 태어났다. 만력 16년(1588) 색이과가 부족민 500호를 거느리고 누르하치에게 귀부한 뒤에 아들도 자연스럽게 누르하치의 수하로 들어갔다. 비영동은 명궁(名弓)이었으며 성격이 충직하여 누르하치에게 직언을 아끼지 않았다. 누르하치는 그를 곁에 두고 정사를 보필하게 했다. 나중에는 그를 손녀사위로 삼고 신임했다.

비영동도 여진족의 통일 과정에서 누르하치의 명을 받들어 혁혁한 전공을 세웠다. 천명 3년(1618) 4월 누르하치는 '칠대한'의 격문을 선포한 직후 8기군을 거느리고 명나라 정벌에 나섰다. 그의 공격 목표는 요동의 전략적 요충지인 무순이었다. 명군의 화살이 빗발치고 고막을 찢는 포성이 진동하는 가운데 비영동이 선봉에 서서 돌진했다. 그런데 그가 탄 말이 포성에 놀라 진격하지 못하고 미친 듯 날뛰었다. 그 광경을 보고 당황한 병사들은 후퇴하기 시작했다.

비영동은 말고삐를 억세게 휘어잡고 다시 진격하며 소리쳤다.

"우리 건주(建州)는 싸움에 패한 장수는 없고, 오직 전사한 장수만 있을 뿐이다."

승리 아니면 죽음뿐이라는 사생결단의 각오였다. 병사들도 그의 뜻에 호응하며 일거에 무순성을 공략했다. 이 전투에서 명나라 총병 장승음(張承蔭)이 지휘한 1만여 명이 전멸 당했다. 후금군은 말 9천여 필, 갑옷 7천여 벌 그리고 많은 무기들을 노획했다.

누르하치는 비영동을 찬양했다.

"비영동은 정말로 1만 명의 군사도 대적할 수 없는 용장이구나!"

이때부터 비영동은 '만인적(萬人敵)'이라는 영예로운 칭호를 얻었다. 천명 4년(1619) 섭혁부를 공격할 때는 예기치 못한 강력한 저항에 부딪쳤다.

누르하치는 잠시 회군을 결정하고 선봉에 선 비영동에게 철군 명령을 내렸다.

후퇴할 생각이 조금도 없었던 비영동은 망설이지 않고 말했다.

"지금 우리 군사가 섭혁성 앞까지 진격했는데 어찌 물러나라고 하십니까?"

누르하치가 재차 철군 명령을 내리자, 그는 또 보고했다.

"조금만 더 공격하면 섭혁성은 함락할 수 있습니다. 절대 물러날 수 없습니다."

결국 비영동은 누르하치의 세 번째 명령이 전해지기도 전에 섭혁성을 함락했다. 그도 액역도처럼 주군 누르하치보다 먼저 세상을 떠났다. 천총(天聰) 10년(1636)에는 누르하치가 잠든 태묘(太廟)에 배향되는 사후 영광을 누렸다.

하화례(1561~1624)는 동악부(棟鄂部: 지금의 요녕성 환인·桓仁) 족장의 아들로 태어났다. 만력 14년(1586) 26세 때 족장이 되었다. 당시 병사를 일으켜 세력 확장에 열중했던 누르하치는 하화례를 자기 세력으로 끌어들이고 싶었다.

만력 16년(1588) 누르하치가 혼인동맹의 일환으로 합달부의 패륵 호이간(扈爾干)의 딸, 납라씨(納喇氏)를 아내로 맞아들일 때 하화례에게 신부 일행의 호송을 부탁했다. 부족 간의 반목과 전쟁이 치열 했던 때라, 신부 일행의 안전을 위한 조치였다. 평소에 누르하치에게 호감을 가지고 있었던 하화례는 기쁜 마음으로 수행했을 뿐만 아니라 아예 부족을 이끌고 그에게 귀부했다. 누르하치는 그를 맏사위로 삼고 예우했다.

　일부다처제가 상식이었던 봉건 시대에 권력자는 많은 자식들을 거느리고 있었다. 일반적으로 그들의 혼인은 아버지의 정략적 이해관계에 따라 이루어졌다. 혼인동맹이야말로 상대방에게 강한 믿음을 줄 수 있었다. 설사 적이라 할지라도 정치적으로 안전을 담보하기 위해서 자식은 '도구'에 불과했다.

　오늘날에도 이 과거의 유풍이 정도의 차이는 있지만 여전히 있다고 본다. 권력자나 재벌의 혼인 행태를 보면 그런 생각이 든다.

　그런데 하화례의 본처는 이런 악습에 정면으로 대항했다. 남편이 누르하치의 딸 동과격격(東果格格)을 아내로 맞이한다는 소문을 들었다. 화가 머리끝까지 치민 그녀는 즉시 병마(兵馬)를 이끌고 남편이 있는 불아랍성(佛阿拉城: 지금의 요녕성 신빈현 영릉진·永陵鎭)으로 쳐들어갔다. 남편을 죽여 버리겠다는 무서운 투지였다.

　누르하치가 중재에 나서 부부간의 혈전이 벌어질 사태를 겨우 수습했다. 훗날 그녀를 미워한 누르하치는 그녀가 난 자식에게는 작위를 물려 주지 못하게 했을 뿐만 아니라, 사람들에게 그녀를 '재수 없고 무서운 아주머니'라고 부르게 하여 부덕이 없는 여자라고 비난했다. 하지만 그녀는 오늘날의 관점에서 볼 때는 여권 신장의 기수가 아니었나 싶다.

　만력 29년(1601) 누르하치가 황(黃), 홍(紅), 백(白), 흑(黑)의 4기(旗)를 조직했을 때, 하화례를 홍기의 패륵에 임명한 것을 보면 그를 얼마나 신임했는지 알 수 있다. 하화례의 전공은 액역도나 비영동과 비견할만했으며 죽는 순간까지 누르하치에게 충성을 다했다. 그도 주군보다 먼저 병사했다.

　누르하치는 하늘을 우러러보며 통곡했다.

　"하늘은 전장에서 짐과 생사를 함께 했던 네 충신을 데려가더니, 어찌

하여 마지막 남은 한 명을 또 데려가는가."

청태종 황태극이 황위를 계승한 뒤에 하화례는 삼등공(三等公)에 추서
되었다.

안비양고(1559~1622)는 호제채(瑚濟寨)에서 태어났다. 어린 시절에 아버지
완포록(完布祿)을 따라 누르하치에게 귀부했다. 그도 팔기병 가운데 양람기
(鑲藍旗)의 패륵으로서 수많은 전공을 세웠다.

『청태조무황제실록·권2』에 이런 기록이 있다.

"천하의 모든 나라가 서로 정복 전쟁을 벌이는데 하늘의 뜻에 합치하
는 나라는 승리하여 번영하고, 거역하는 나라는 패망한다고 안비양고가
주장했다."

안비양고는 천심(天心)에 따라 싸웠다는 말이다. 사실 천심이란 없다.
하늘은 무정(無情)하기 때문이다. 하지만 옛날 사람들은 폭군을 죽여서 도
탄에 빠진 백성을 구하여 그들의 삶을 안락하게 하는 정치적 행위를 '하
늘의 마음'이라고 표현했다. 그래서 부패하고 무능한 왕조를 전복하고 새
왕조를 건국한 자는 천명에 따라 대업을 이루었다고 주장한다. 천명이 곧
역성혁명의 정당성을 확보해주기 때문이다.

안비양고가 천심을 운운한 것을 보면 누르하치를 따르는 장수들 가운
데 그의 지적 수준이 가장 높았던 것 같다. 그는 팔기병의 군기를 확립하
는 데 결정적 역할을 했다.

"죄를 지은 자는 가까운 친척이라도 용서하지 않고 법으로 다스리며,
공을 세운 자는 원수라도 모두 직위를 높이고 상을 준다.

청나라 역대 황제 평전

군사를 통솔할 때 신상필벌만이 가장 효과적인 방법이다. 오늘날 이 원칙을 누가 모르겠는가. 하지만 자기 자식에게 '무한 사랑'을, 친척이나 뇌물을 준 자에게는 비리를 눈감아주고 오히려 직급을 더 올려주는 실례가 비일비재하다.

누르하치는 이런 부하가 있었기 때문에 천하의 대권을 잡았다. 안비양고는 병법에도 여느 장수와는 다르게 조예가 깊었다. 적군이 강하고 아군이 약할 때를 벌목에 비유하여 이렇게 말했다.

"거대한 나무를 자르려면 어찌 한 번에 꺾을 수 있겠는가. 도끼로 조금씩 세세하게 자른 후에야 비로소 절단할 수 있다. 이와 마찬가지로 대국은 일거에 공격하여 멸망시킬 수 있겠는가?"

그는 또 "평상시에는 정법(正法)을 상책으로 삼고, 군중(軍中)에서는 지모와 모략 그리고 자신을 고생시키지 않고 병사를 우둔하게 하지 않는 것을 상책으로 삼는다."라고 했다. 싸울 때는 임기응변이 얼마든지 가능하다는 뜻이다. 천명 4년(1619) 명나라 대군과 일대 격전을 벌여 승리한 살이호 전투가 그의 이런 전술이 성공을 거둔 예이다.

안비양고가 사망한 지 91년이 지난 강희(康熙) 52년(1713)에 강희제는 그에게 삼등아달합합번(三等阿達哈哈番)의 작위를 추증하고 자손들이 세습하게 했다. 아달합합번은 공신에게 수여하는 27개 작위 가운데 6등이다.

호이한(1576~1623)은 아이고채(雅爾古寨)에서 태어났다. 아버지 호라호(扈喇虎)가 부족 사람과 원수를 진 일로 가솔을 거느리고 누르하치에게 귀부했다. 누르하치는 어린 호이한을 양자로 받아들였다. 호이한은 은혜에 보답하기 위해 적과 싸울 때마다 선봉에 서서 많은 전공을 세웠다.

누르하치는 그에게 양백기(鑲白旗)를 지휘하게 하고 '달이한(達爾漢)'이라는 호칭을 하사했다. 살이호 전투 때는 여러 패륵과 함께 총병 유정(劉綎)이 거느린 명군 5만여 명을 섬멸했다. 또 심양 전투에서는 총병 하세현(賀世賢)의 명군을 격파했다. 비교적 젊은 나이인 48세를 일기로 죽었으며, 세습 직책이 삼등총병관(三等總兵官)에 이르렀다.

개국 5대신 모두 장수 출신이다. 그들 가운데 굳이 책사를 꼽으면 안비양고가 해당되지만, 그도 장량(張亮), 제갈량(諸葛亮) 등과 같은 천하의 대국을 결정하는 전형적인 책사는 아니다. 이는 누르하치의 수하에 싸움을 잘하는 장수는 많았으나 국가를 설계하고 경영하는 지식인 집단이 없었다는 의미이다.

그의 아들 청태종 황태극에 이르러 비로소 한족 출신의 사대부들이 청나라 건국에 이바지한다. 청태종은 아버지가 건국한 후금을 넘어 중원으로 진출하여 제국을 건설하려면 지식인 집단의 역할이 대단히 중요하다고 본 것이다.

제 **2** 장

황태극 태종 숭덕제

제2장

황태극 태종 숭덕제

1. 젊은 시절의 활약과 칸위 계승 과정

청태종 황태극(皇太極·1592~1643)은 누르하치의 여덟째아들로 태어났다. 생모는 해서여진 섭혁부 족장 양길로(楊吉努)의 딸, 맹고철철(孟古哲哲·1575~1603)이다.

누르하치가 처음 병사를 일으켜 동분서주하고 있을 때의 일이다. 하루는 섭혁부로 가서 양길로를 만났다. 양길로는 젊은 누르하치의 행색이 초라했지만 그가 비범한 인물임을 금방 알아차리고 말했다.

"나에게 어린 딸이 있는데 나이가 들면 자네를 남편으로 섬기게 하고 싶다네."

사위를 삼고 싶다는 얘기였다. 누르하치의 대답은 이러했다.

"어르신께서 혼인 동맹을 원하시면 다 자란 딸을 내 아내로 삼게 하는 게 어떻겠습니까."

누르하치는 하루라도 빨리 양길로와 연합하여 세력을 확장해야 했기 때문에 기다릴 여유가 없었다. 양길로의 대답은 이러했다.

"나에게 다 자란 장녀가 있지만 자네의 배필이 될 만한 여자는 아니네. 어린 딸은 용모가 단정하고 선량하므로 자네의 배필로는 적격일세."

그 후 누르하치는 몇 년을 기다린 끝에 만력 16년(1588)에 맹고철철과 혼인 의식을 거행했다. 이때 그는 30세, 그녀는 겨우 14세였다. 처음으로 혼인 동맹을 통해 기반을 다진 것이다.

당시 누르하치는 많은 처첩과 자식을 거느리고 있었다. 처첩들 가운데 누르하치의 다섯째아들 망고이태(莽古爾泰·1587~1632)를 낳은 부찰씨(富察氏·?~1620)의 지위가 가장 높았다. 첫 번째 부인 동가씨(佟佳氏)는 이미 사망했고, 부찰씨가 두 번째 부인이자 '대복진(大福晉)'이었기 때문이다. 대복진은 만주어로 정실부인 중에서 지위가 가장 높은 여자를 뜻한다.

부찰씨는 남편이 위기에 처할 때마다 지혜를 발휘하여 그를 구해냈다. 그런데 그녀는 정치적 야망이 남편 못지않았다. 누르하치는 정사에 깊숙이 간여하는 그녀를 부담스러워했다.

그녀가 둘째아들 대선(代善·1583~1648)과 '은밀한 정'을 나누고 있다는 소문이 돌았다. 대선의 생모는 아니었지만, 어쨌든 두 사람은 법적으로는 모자 관계가 아닌가. 누르하치는 차마 그 진상을 밝히지 못하고 그녀가 "황금과 비단을 훔쳐 숨겨놓았다."라는 죄명으로 그녀를 죽였다.

누르하치는 남편을 잘 받들고 정치적 야욕이 없는 맹고철철을 총애했다. 황태극도 어머니의 현명한 처신 덕분에 아버지의 총애를 받고 자랐다. 더구나 그는 총명하고 용모가 수려했으며 행동거지가 침착했을 뿐만 아니라 독서를 아주 좋아했다. 누르하치 수하의 장수들 가운데 오직 그만이 문자를 깨우치고 박학다식했다. 아버지가 형들을 데리고 원정을 나가면, 나이 어린 그가 집안일을 꼼꼼하게 챙겼다. 아버지의 어떤 지시도 항상 정확하게 처리하여 아버지의 사랑을 독차지했다.

만력 31년(1603) 맹고철철이 젊은 나이인 29세 때 병사했다. 비통에 빠진 누르하치는 아내의 죽음을 애도하기 위해 여자 시종 4명을 산 채로 순장시키고 소와 말 200마리를 잡아 제사를 지냈으며 1개월 동안 술과 고기를 먹지 않았다.

당시 조선은 말할 것도 없고 명나라도 황제가 붕어했을 때, 후궁이나 시종을 순장하는 잔인한 제도는 이미 폐지되었다. 이런 만행은 누르하치가 다스린 여진족이 아직도 야만의 수준에서 벗어나지 못했음을 증명한다.

이때 황태극은 12세였다. 아버지는 아들을 강인한 전사로 키우고 싶었다. 기마술과 활쏘기를 익히게 하고 수렵을 나가면 선두에 서게 했다. 아들들을 데리고 싸움터에 나갈 때도 황태극을 빼놓지 않았다. 어린 나이지만 생과 사가 한 순간에 교차하는 싸움판에서 불굴의 의지를 기르고 승리를 쟁취할 수 있기를 바란 마음에서였다.

훗날 황태극은 황제로 등극한 후 어린 시절을 이렇게 회고했다.

"태조 황제 시절에 다음 날 사냥을 나간다는 말을 들으면, 미리 송골매를 훈련시키고 격구(擊毬) 등 수렵 활동에 필요한 여러 물건을 준비하였소. 그런데 막상 사냥을 나갈 때 태조께서 못나가게 하면, 따라가야겠다고 울면서 매달렸소. 예전에는 노인과 젊은이를 막론하고 모두 다투어 조직을 결성하여 사냥 나가는 일을 큰 즐거움으로 삼았소. 그때는 시중을 드는 하인이 거의 없었으므로 각자 알아서 말을 조련하고 안장을 말 등에 올렸으며 장작을 패어 밥을 해먹었소. 그런 생활이 힘들었지만 즐거운 마음으로 지도자를 따라서 최선을 다했소. 그때 있는 힘을 다하여 노력한 까닭에 오늘날 국가가 융성하고 있는 것이오."

만력 40년(1612) 황태극은 아버지를 따라 해서여진 오랍부를 정벌하여 6개 성을 함락했다. 아들이 자신을 닮아 지모가 뛰어나고 싸움을 잘하는 것을 확인한 누르하치는 크게 만족했다. 만력 41년(1613) 누르하치는 큰아들 저영(褚英)을 유폐시켰으며 2년 후에 죽였다. 대업을 이루기 위해서는 악행을 저지른 장남도 처단해야 했다. 큰아들을 죽인 후 황태극을 더욱 신임했다.

만력 43년(1615) 누르하치는 8기 제도를 완성한 후 황태극을 정백기(正白旗)의 패륵에 임명했다. 천명 원년(1616) 대금을 건국한 후 '대칸'을 칭하고 둘째아들 대선(代善)을 대패륵, 조카 아민(阿敏)을 이패륵(二貝勒), 다섯째아들 망고이태(莽古尔泰)를 삼패륵, 여덟째아들 황태극을 사패륵에 각각 임명했다. 이로써 후금의 군사 조직이자 권력의 중추인 4대 패륵이 결성되었다. 천명 3년(1618) 누르하치가 명나라를 공격하기로 결정했을 때, 먼저 어느 성을 공격해야할지 몰랐다.

황태극이 나서서 계책을 냈다.

"무순은 우리가 출입하는 곳이므로 반드시 먼저 쟁취해야 하옵니다."

무순성을 지키고 있는 이영방(李永芳)이 마시(馬市)를 여는 기간에, 황태극은 병사 50명을 상인으로 위장시켜 성안으로 들여보낸 후, 아군이 공격할 때 그들이 호응하는 전술을 건의했다. 무순성은 피 한 방울 흘리지 않고 접수했다. 황태극은 아버지의 곁에서 장량(張良)이나 제갈량(諸葛亮)처럼 전략을 짜고 지모를 발휘했다. 천명 4년(1619) 살이호 전투에서도 혁혁한 공을 세웠다.

천명 11년(1626) 8월 11일 누르하치가 영원성 전투에서 패한 뒤 울적한 기분을 달래고자 청하 온천에서 요양하고 심양으로 돌아오던 중, 애계보(靉鷄堡: 지금의 심양시 애금향·埃金鄕)에서 후계자를 지명하지 못한 채 68세를 일기로 파란만장한 삶을 마감했다. 융마(戎馬) 43년의 기나긴 세월이었다.

누르하치는 생전에 명나라의 적장자 계승의 원칙을 모방하여 큰아들 저영(褚英)을 후계자로 삼으려고 했다. 하지만 저영은 싸움만 잘했을 뿐이지 성격이 모질고 오만방자한 자였다. 심지어 아버지에게도 저주를 퍼붓는 패륜아였다. 큰아들의 악행에 질린 누르하치는 결국 눈물을 흘리며 그를 죽이라는 명령을 내릴 수밖에 없었다.

둘째아들 대선(代善·1538~1648)이 자연스럽게 후계자의 물망에 올랐다. 그런데 그도 성품이 친형 저영과 크게 다르지 않았다. 아버지의 두 번째 부인 부찰씨와 '수상한' 관계였다. 더구나 천명 5년(1620)에 아버지의 네 번째 부인 아파해(阿巴亥·1590~1626)와의 '은밀한 관계'가 발각되어 후계 구도에서 배제되었다. 여자를 가리지 않고 색정을 분출한 것이 그의 발목을 잡은 것이다.

천명 7년(1622) 누르하치는 팔화석패륵(八和碩貝勒)이 함께 국정을 다스려야 한다는 제도를 만들었다. 그가 사망하기 4년 전 일이다. 그의 아들 5명, 손자 1명 조카 2명 등 모두 8대 패륵이 함께 국가를 통치해야 한다는 것이다. 이것을 '팔왕공치(八王共治)'라고 칭하기도 한다.

누르하치는 자기가 죽고 난 뒤에 8대 패륵이 피비린내 나는 권력 투쟁을 벌이지 않을까 두려워했다. 그들 가운데 절대 권력자가 나타나면 권력의 속성상 나머지 7대 패륵은 살아남을 수 없다고 생각했다. 그래서 이른바 '집단지도체제'를 구축하여 후손들의 갈등을 미연에 방지하고자 했다. 누르하치가 살아있을 때는 이것이 원만하게 시행되었다.

하지만 권력은 부자지간에도 공유할 수 없는 법이다. 누르하치가 사망한 직후, 8대 패륵 가운데 대선과 황태극이 권력의 양대 축이었다. 적통(嫡統)과 서열을 따지면 대선이 우위를 점하고 있었다. 하지만 그는 문무를 겸비하고 지략이 뛰어난 황태극의 적수가 되지 못했다. 황태극이 먼저 선수를 치고 나왔다.

대선의 큰아들 악탁(岳托)과 셋째아들 살합렴(薩哈廉)은 섣불리 도전했다가는 가족이 몰살당할 수 있다고 생각했다.

'차라리 서둘러 숙부를 칸으로 추대하면 부귀영화를 누릴 수 있는 게 아닌가.'

또 인품과 능력에서 아버지를 압도하는 숙부를 지지하는 일이 국가 발전을 위한 올바른 길이라고 생각했다. 두 아들은 아버지를 찾아가 이렇게 말했다.

"아버님! 국가는 하루도 임금의 자리를 비워둘 수 없습니다. 대패륵 황태극의 재능과 덕은 세상에서 으뜸입니다. 더구나 백성의 열렬한 지지를 받고 있습니다."

묵묵히 아들의 말을 듣고 있던 아버지가 대답했다.

"그래. 나도 평소에 그렇게 생각했다. 너희들의 말은 내 뜻에 완전히 부합하는구나."

세 사람은 즉시 황태극을 칸으로 추대하는 공문을 작성하고 대패륵들을 소집했다. 대선은 그들의 장형(長兄)이 아닌가. 누구도 감히 이의를 제기하지 못하고 그의 결정에 복종했다. 하지만 대복진 아파해가 걸림돌이었다. 그녀는 누르하치의 세 아들, 아제격(阿濟格·1605~1651), 다이곤(多爾袞·1612~1650), 다탁(多鐸·1614~1649)의 생모이자, 누르하치가 늘그막에 가장 의지한 여자였다. 그녀는 남편을 설득하여 세 아들 가운데 한 명을 후계자로 삼으려고 했다.

하지만 남편은 이미 이 세상 사람이 아니었다. 황태극을 지지하는 대패륵들은 누르하치의 유서를 들고 후궁으로 가서 그녀에게 순장을 강요했다.

『태조무황제실록』에서 이때의 사정을 이렇게 기록했다.

"후비(后妃: 아파해를 지칭)는 자태가 아름답고 풍만하게 생겼으나 투기가 심해 황제를 불쾌하게 한 적이 한두 번이 아니었다. 그녀가 권모술수를 부렸지만 결국은 황제의 영명한 판단에 의해 제지되었다. 황제께서는 사후에 그녀를 남겨두면 국난을 일으키지 않을까 두려워하여 미리 여러 왕들에게 유언을 남기셨다. '내가 죽으면 반드시 후비를 순장시키시오.' 황제 사후에 그들은 후비에게 유언을 알렸지만, 후비는 이런저런 핑계를 대면서 따르지 않았다."

"그들이 말했다. '선제(先帝)께서 내린 어명이니 후비는 따르고 싶지 않겠지만 거역할 수 없소.' 마침내 후비는 진주와 보석으로 장식한 예복으로 갈아입고 나와서 슬퍼하며 말했다. '내가 12세 때부터 선제를 섬긴 이래 호의호식을 한 지가 26년이나 되었소. 나는 차마 선제와 이별할 수 없으므로 차라리 지하에서 선제를 모시겠소. 내 두 아들, 다이곤(多爾袞)과 다탁(多鐸)은 그대들이 은혜를 베풀어 길러주기 바라오.' 그들은 울면서 대답했다. 우리가 두 어린 동생을 돌보지 않는다면, 이는 아버님의 뜻을 저버리는 행위이오. 어찌 성의를 다해 돌보지 않겠소."

이때 다이곤은 15세, 다탁은 13세였다. 결국 아파해는 두 어린 아들을 살리기 위해 37세의 젊은 나이에 순장을 당했다. 그런데 정말로 누르하치가 그녀를 죽이라는 유언을 했을까. 사실이 아닐 가능성이 아주 높다. 그와 그녀의 나이 차이는 무려 31세이다. 그녀가 대선과 정분을 나누고 있다는 소문이 누르하치의 귀에 들어가 후궁에서 쫓겨난 적이 있었지만, 누르하치는 그녀를 다시 궁궐로 불러들여 대복진으로 책봉했다. 그녀에 대한 총애가 식지 않았다는 증거이다.

대선은 한 때 '연인'이었던 그녀에게 앞장서서 순장을 강요했다. 황태극이 이미 실권을 장악한 상황에서 그녀가 죽어야 만이 자신의 추문을 덮고 후환을 제거할 수 있었다. 아버지가 죽은 후에 동생들과 공모하여 유언을 조작하는 일은 식은 죽 먹기였다. 그들 모두 황태극에게 충성을 맹세했으므로 그가 가장 경계하는 그녀를 죽이는 일이었기 때문이다.

훗날 아파해의 둘째아들 다이곤이 황태극의 아홉째아들, 여섯 살배기 복림(福臨·1638~1661)을 황제로 옹립하고 실권을 장악했다. 그는 서둘러 억울하게 죽은 생모 아파해를 황후로 추봉하고 태묘에 모셨다.

아파해는 아들에 의해 사후의 영광을 누렸다. 하지만 섭정왕 다이곤이 국정을 다스린 지 4개월 만에 병사하자, 순치제(順治帝) 복림은 아파해의 봉호를 폐지했다. 이때부터 아파해는 역사의 '금기어'가 되었다. 여자의 운명은 죽어서도 남편과 아들에 의해 결정되는 것이다.

이렇게 아파해가 스스로 목숨을 끊은 직후, 대선, 아민, 망고이태 등 대패륵들은 황태극을 누르하치의 후계자로 추대했다.

『청태종실록·권1』에 황태극이 칸위를 계승하기 전에 그들에게 말한 내용이 있다.

"황고(皇考: 누르하치를 지칭)께서 나를 군주로 세우라는 명령을 내리시지 않았소. 만약 내가 형님들을 제쳐 두고 황위를 계승한다면, 선황제의 유지를 잘 받들지 못하는 두려움이 있을 뿐만 아니라, 천심(天心)에도 부합하지 못할까 걱정이오. 더구나 군신(群臣)을 통솔하고 백성을 보살피는 것은 대단히 어려운 일이오."

자신은 황위를 계승할 자격이 없다고 사양했다. 하지만 이는 어디까지나 황제로 등극하는 승자의 상투적 겸손에 불과했다. 사실은 그가 막후에서 오랜 세월 동안 형제, 숙부들과 암투 끝에 얻어낸 승리의 결과였다.

천명 11년(1626) 9월 1일 황태극은 35세의 나이에 칸으로 등극하고 다음 해부터 연호를 천총(天聰)으로 정했다. 황제로서 치국평천하의 원대한 이상을 펼치는 데 적절한 나이였다.

2. 대패륵 망고이태와 아민을 제거하고 여동생 망고제를 능지처참하다

천명 7년(1622) 누르하치는 팔화석패륵(八和碩貝勒)이 함께 국정을 다스려야 한다는 제도를 만들었다. 그가 사망하기 4년 전 일이다. 그의 아들 5명, 손자 1명 조카 2명 등 모두 8대 패륵이 함께 국가를 통치해야 한다는 것이다. 이것을 '팔왕공치(八王共治)'라고 칭하기도 한다.

그런데 이 8대 패륵 가운데 누르하치의 둘째아들 대선(代善·1583~1648), 조카 아민(阿敏·1586~1640), 다섯째아들 망고이태(莽古爾泰·1587~1632) 그리고 황태극을 포함한 이른바 '4대 대패륵'이 후금의 실질적 지배자였다. 이들은 동등한 지위를 누리면서 국정을 공동 운영했다.

누르하치 사후에 칸위 계승 서열을 따지면 대선이 가장 유리했다. 하지만 그는 자질 부족, 근친상간 등 여러 약점을 가지고 있었기 때문에 여러 왕공들의 신망을 얻지 못하고 후계 구도에서 일찌감치 배제되었다. 그는 누르하치의 실질적인 장남임에도 불구하고 '대권' 욕심을 버리고 동생 황태극을 부친의 후계자로 적극적으로 추대함으로써 황태극의 의심을 피할 수 있었다. 그는 또 황태극 청태종 사후에 황실의 어른으로서 청태종의 아홉째아들 복림(福臨·1638~1661) 순치제(順治帝)를 황제로 추대하는 데 일조하여 부귀영화를 누리고 죽었다.

망고이태는 대선의 압력에 굴복하여 이복동생 황태극의 칸위 계승을 인정했지만, 자신이 후계자가 되지 못한 것에 울분을 품고 있었다. 망고이태의 생모는 누르하치의 두 번째 대복진 부찰씨(富察氏)이며, 황태극의 생모는 측복진 맹고철철(孟古哲哲·1575~1603)이다. 대복진은 정실부인, 측복진은 측실부인이라는 뜻이다. 따라서 정실부인에게서 태어난 망고이태가 황태극보다 신분이 높았다.

더구나 망고이태는 부친 누르하치와 함께 전장을 누비면서 수많은 전공을 세운 맹장이었다. 천명 4년(1619) 후금과 명나라가 국운을 걸고 싸운 살이호(薩爾滸) 전투에서 명나라 장수 유정(刘綎)의 4만 대군을 전멸시킨 장수가 바로 그였다. 신분과 전공 그리고 나이 순서를 따지면 황태극이 그보다 유리한 게 하나도 없었기 때문에, 망고이태는 겉으로는 복종했지만 속으로는 불만이 가득했다.

황태극은 칸으로 등극한 후에도 이복형 망고이태에 대한 경계심을 늦추지 않았다. 이복형의 야망을 잠재우기 위해서는 그의 약점을 파고 들어야 했다. 망고이태에게는 죽은 생모 문제가 있었다. 그의 생모 부찰씨가 누르하치의 둘째아들 대선과 '부적절한' 관계를 맺은 것이 발각된 일이 있었다. 그녀가 대선의 생모는 아니었으나 어쨌든 법적으로는 모자 관계였다. 누르하치는 차마 그 진상을 밝히지 못하고 그녀가 "황금과 비단을 훔쳐 숨겨놓았다."라는 죄명으로 그녀를 죽였다.

그런데 이때 망고이태가 부친의 눈 밖에 나지 않기 위해 생모를 칼로 찔러 죽였다는 소문이 돌았다. 누르하치는 아들의 충성심에 감동하고 그를 총애했다고 한다. 하지만 정사(正史)에 망고이태가 패륜을 저질렀다는 기록은 없다. 아마 황태극이 그를 모함할 목적으로 지어낸 얘기였을 것이다. 어쨌든 당시 망고이태가 칸위 계승 투쟁에서 밀려난 원인 가운데 하나는 자식이 어머니를 죽였다는 천인공노할 소문이었다.

이런 이유 때문에 황태극과 망고이태는 앙숙 관계로 변했다. 망고이태는 황태극이 누르하치의 후계자가 된 후에도 언제나 선봉에 서서 명군을 무찔렀다. 천총 5년(1631) 황태극은 대군을 거느리고 명군의 요새인 대릉하(大陵河)를 공격했다. 망고이태도 친동생 덕격류(德格類·1592~1635)와 함께 참전했다.

황태극은 두 사람에게 대릉하성의 남문을 공격하게 했다. 남문 성곽에는 홍이포가 즐비했다. 망고이태는 빗발치는 포격에도 굴하지 않고 남문을 맹렬하게 공격했으나, 사상자가 늘어나자 잠시 공격을 멈추고 전열을 정비했다. 마침 황태극이 그의 군영으로 시찰을 왔다. 망고이태는 황태극을 보자마자 다짜고짜 말했다.

"어제 우리 병사들의 사상자가 많았소. 당장 병사들을 보충해주시오."

그는 황태극이 일부러 가장 공략하기 어려운 남문을 공격하게 했다는 것에 불만을 품고 그런 말을 했다. 황태극은 그가 아무리 이복형이지만 황제인 자신 앞에서 단도직입적으로 말하는 그의 태도에 기분이 상했다.

두 사람은 장수들 앞에서 설전을 벌였다.

"어떤 공격이든 어려움이 따르기 마련이다. 패배의 원인을 규명하지도 않고 무조건 병사를 보충해달라는 게 말이나 되는가?"

"황상이 나에게 다른 장수가 하는 것보다 몇 배나 어려운 일을 시켰기 때문이오."

"다른 장수들은 네가 작전을 잘못 세워서 패배했다고 짐에게 아뢰었다. 만약 그들이 너를 모함했으면 당장 그들을 처단하겠다. 하지만 그들의 말이 사실이면 너에게 죄를 묻겠다."

황태극이 말을 마치고 말에 올라타려고 했을 때, 화가 난 망고이태가 그의 앞을 가로막으며 소리쳤다.

"황상은 어찌하여 항상 나를 괴롭히는가. 내가 황상에게 충성을 하지 않은 적이 있었는가. 그런데도 황상은 나를 죽이려고 하지 않는가?"

망고이태는 황태극에 불만을 토로하면서 허리에 찬 칼집을 손으로 잡았다. 일순간 분위기가 얼어붙었다. 황상 앞에서 칼을 꺼내려는 행위는 상상도 할 수 없었기 때문이다. 망고이태의 친동생 덕격류는 너무 놀란 나머지 순간적으로 그에게 달려가 욕설을 퍼부었다.

"감히 황상 앞에서 칼을 빼려고 하다니, 이건 대역죄야!"

덕격류는 후환이 두려워 그런 행동을 했다. 두 사람이 엉켜 싸우는 모습을 본 황태극은 아무 말도 하지 않고 군영을 떠났다. 장수들 앞에서 망신을 당했지만 한편으로는 망고이태가 어전 앞에서 칼을 빼려고 했던 불손한 행위는 나중에 그를 제거하기 위한 빌미가 되었다.

천총 5년(1631) 겨울 황태극은 대릉하성을 함락하고 성경으로 돌아왔다. 왕공 대신들은 망고이태의 대역죄를 다스려야 한다고 이구동성으로 말했다. 황태극은 차마 망고이태를 죽이지 못하고 정남기(正藍旗) 대패륵의 직위를 박탈하고 우록(牛錄) 5개를 빼앗았으며, 속죄금으로 은자 1만 냥을 내게 했다.

과격하고 참지 못하는 성격 때문에 하루아침에 권력을 잃은 망고이태는 조금도 반성하는 기미를 보이지 않고 매일 왕부에서 술을 마시며 울분을 달랬다.

하루는 그의 처지를 안타깝게 여긴 친누나 망고제(莽古濟·1588~1635)와 자형 쇄낙목(瑣諾木)이 개원(開原: 지금의 요녕성 개원)에서 그를 위로하러 달려왔다. 망고제는 누르하치의 셋째 딸이자 황태극의 이복누나였으므로 황태극도 함부로 할 수 없는 공주 신분이었다.

혼자 고립무원의 처지에 있었던 망고이태는 친누나와 자형을 만나자마자 눈물을 흘리며 울분을 토로하기 시작했다. 누구도 감히 그를 만나려고 하지 않는 상황에서 위험을 무릅쓰고 찾아온 두 사람에게 깊은 애정을 느꼈다.

술을 마시며 혈육의 정을 나눌 때 망고이태가 두 사람에게 갑자기 이렇게 말했다.

"지금 나는 황태극의 버림을 받아서 언제 죽을지 몰라요. 어차피 죽을 목숨이라면 차라리 그놈을 제거하고 칸위를 차지하고 싶어요. 만약 실패하면 개원으로 달아나 그곳에서 국가를 세우고 독립하고 싶어요."

그의 말에 깜작 놀란 누나 부부는 그에게 자중하라고 권했지만 그는 단호하게 말했다.

"내가 먼저 그를 죽이지 않으면 그는 반드시 나를 죽일 거예요. 나는 선택의 여지가 없습니다."

망고이태의 굳은 결심을 확인한 망고제는 잠시 고민했다.

'만약 어떤 이유에서든 친동생이 살해되면 그 불행이 나에게 미칠게 분명하다. 이래도 죽고 저래도 죽을 운명이라면 차라리 친동생과 함께 운명을 같이 하는 게 낫다.'

마침내 세 사람은 의기투합했다. 적당한 기회를 잡아 황태극을 왕부로 초청하여 독살하자는 음모를 꾸몄다. 평소에 망고이태를 따르던 부하 장수 둔포록(屯布禄)과 애파례(愛巴禮) 그리고 망고제의 심복 냉승기(冷僧機)도 뜻을 같이 했다. 하지만 음모가 진행될 무렵에 쇄낙목의 마음이 흔들리기 시작했다.

원래 쇄낙목은 몽골 오한부(傲漢部)의 패륵이었다. 천총 원년(1627) 후금에 귀부한 이후 황태극이 그를 포섭하기 위하여 이복누나 망고제를 그에게 시집보내고 두 사람에게 개원 지방을 영지로 주었다. 황태극 배려 덕분에 개원성의 성주가 되었던 쇄낙목은 그의 은혜를 저버릴 수 없었다.

망고제는 망고이태의 친누나이므로 그와 생사를 같이 할 수 있지만, 자신
은 망고제와 헤어지면 남남이 아닌가. 만약 음모가 발각되면 자기 부족은
멸족될 게 분명했다.

어느 날 불안한 마음을 떨칠 수 없었던 쇄낙목은 황태극을 찾아갔다.
황태극은 주연을 베풀고 그를 극진하게 대접했다.

쇄낙목은 술기운에 의지하여 이렇게 말했다.

"황상께서는 형제들을 너무 믿어서는 안 됩니다. 불행한 일이 생길 수
있으므로 방비를 철저하게 하셔야 합니다. 황상께서 저희 몽골족에게 은
혜를 베풀어주신 덕분에 저희들은 안락하게 살고 있습니다. 만약 황상께
서 무슨 변고라도 당하시면 저희들은 어떻게 편히 살 수 있겠습니까?"

쇄낙목이 망고이태가 음모를 꾸미고 있다고 직접 말하지 않았지만,
눈치 빠른 황태극은 그의 말뜻을 금방 알아차렸다. 하지만 명백한 물증이
없는 상황에서 망고이태를 잡아들여 죽이는 일은 쉽지 않았다. 만약 어
설프게 나섰다가는 황제가 권력욕에 집착하여 동생들을 죽였다는 비난을
들을 수 있었다. 황태극은 쇄낙목의 말에 아무런 반응도 보이지 않았다.

이런 일이 있고 난 후인 천총 6년(1632) 12월에 망고이태가 사망했다.
역사서에서는 그의 죽음을 '폭망(暴亡)'이라고 기록했다. 갑자기 죽었다는
뜻이다. 그가 황태극의 은밀한 핍박을 받아 죽었는지 아니면 급병에 걸려
죽었는지는 알 수 없다. 어쨌든 그의 갑작스러운 죽음으로 인해 황태극을
암살하려고 했던 음모는 유야무야되었다.

그런데 이 사건은 천총 9년(1635)에 다시 후금 조정을 발칵 뒤집어 놓았
다. 이것의 이면에는 황태극과 망고제 그리고 그녀의 남편 쇄낙목의 복잡
한 근친 관계가 얽혀 있었다. 망고제는 황태극의 이복누나이다. 그런데

황태극의 큰아들 호격(豪格·1609~1648)이 쇄낙목의 전처가 낳은 딸을 아내로 취했다. 따라서 망고제는 호격의 고모이자 장모가 된다.

천총 8년(1634) 황태극은 몽골제국의 제35대 대칸 임단한(林丹汗·1592~1634)의 군대를 섬멸했다. 그때 임단한의 대복진 8명을 포로로 잡았다. 8명 가운데 가장 예쁜 대복진 2명은 자기가 후궁으로 삼았고 1명은 큰아들 호격에게 주었으며 나머지는 다른 패륵들에게 나누어주었다. 여자를 전리품 취급하던 시대에는 흔한 일이었다.

하지만 망고제는 황태극의 이런 처사에 분개했다. 즉시 말을 타고 황태극에게 달려가 거칠게 항의했다.

"호격에게 몽골 여자를 주었다는 게 사실인가. 그러면 내 딸은 어찌 하란 말이오?

망고제가 말한 딸은 사실은 쇄낙목의 전처가 낳은 딸이었다. 하지만 망고제는 그녀를 친딸처럼 여겼기 때문에 황태극에게 항의한 것이다. 황태극은 그녀에게 자초지종 설명했으나, 그녀는 들은 척도 않고 말을 타고 개원으로 떠나버렸다.

황태극도 그녀의 당돌한 행위에 무척 분노했다. 적국의 왕을 죽이면 그의 부인들을 후궁으로 취하는 게 당연한데도, 감히 여자가 남자의 일을 간섭할 수 있겠냐는 분노였다. 더구나 망고제는 친누나가 아니었으며 자신과 권력 다툼을 벌였던 망고이제와 친남매간이었기 때문에 그녀를 더욱 괘심하게 생각했다. 하지만 그 후에도 망고제는 그를 무시하기 일쑤였다.

두 사람 사이의 긴장감이 날로 높아지자, 망고제의 심복 냉승기는 좌불안석이었다. 황태극이 망고제를 제거하기로 결정하면 그 불행이 반드시 자기에게 미칠 수밖에 없었다. 냉승기는 3년 전에 있었던 황태극 암살 음모를 밝히기로 결심했다.

냉승기의 고발을 통해 사건의 진상을 파악한 황태극은 관련자 모두를 색출하게 했다. 성경(盛京)의 감옥은 일시에 대역죄인들으로 넘쳤다. 결국 망고제, 둔포록, 애파례 등 주모자들은 모두 능지처참을 당했다. 청조 역사에서 공주가 능지처참을 당해 죽은 경우는 망고제 단 한 사람뿐이었다. 또 이미 죽은 망고이태도 사후의 불행을 피할 수 없었다. 그의 큰아들 액필륜(額必倫)은 사형을 당했고, 나머지 아들 5명은 모두 노예로 전락했다.

쇄낙목은 반란 음모를 황태극에게 암시했다는 것을 참작하여 죽음을 면했다. 냉승기는 삼등갑라장경(三等甲喇章京)의 직책을 제수 받았으며 아울러 둔포록와 애파례의 가산을 모두 차지했다. 이 사건으로 1천여 명이 처벌을 받았으며, 망고이태 아들들이 장악했던 정남기(正藍旗)가 한때 해체되기도 했다.

아민은 누르하치의 친동생 서이합제(舒爾哈齊·1564~1611)의 둘째아들이다. 서이합제는 어렸을 적에 친형과 함께 요동 지방의 실질적 통치자였던 요동총병 이성량(李成梁·1526~1615) 수하에서 머슴살이를 했다. 그도 누르하치처럼 싸움을 잘해 이성량의 총애를 받았다. 훗날 누르하치가 여진 부족들을 통일하는 전쟁을 벌일 때, 서이합제는 형의 뜻을 받들어 수많은 전공을 쌓았다. 누르하치는 그를 패륵으로 임명하고 명실상부한 2인자로 인정했다. 그런데 서이합제는 형에 뒤지지 않는 야심가였다. 자신도 '칸'이 될 자격이 있다고 생각했다. 두 사람은 친형제였음에도 권력에 대한 집착이 무척 강했기 때문에 종종 마찰을 빚었다.

한편 누르하치는 여진 부족들을 통일하고 난 뒤 점차 명나라로 진격할 야망을 품었다. 누르하치의 군사가 수시로 명나라 요동 지방을 유린하자, 명나라 조정은 만력 29년(1601)에 파면을 당해 고향에 은거하고 있

청나라 역대 황제 평전

던 이성량을 다시 요동총병으로 기용했다. 이성량은 막강한 군사력을 보유한 누르하치를 제거하기 위해서 이간계로 여진 부족을 와해시키고자 했다.

이성량은 예전에 자기가 머슴으로 부렸던 서이합제에게 접근했다. 그에게 후한 예물을 보내 친교를 쌓았을 뿐만 아니라, 그의 딸을 며느리로 받아들이기도 했다. 그래서 이성량의 아들 이여백(李如柏)이 서이합제의 사위가 된 것이다. 만력 33년(1605) 서이합제의 부인이 사망했을 때, 이성량은 또 그에게 많은 예물을 보내 조의를 표했다.

이성량의 후의에 감동한 서이합제는 그의 세력을 등에 업고 형의 그늘에서 벗어나 독자적인 세력을 구축하려고 했다. 누르하치도 동생이 명나라 세력을 이용하여 자신을 제거하려는 음모를 꾸미고 있다고 판단했다. 두 사람의 충돌은 불가피했다. 만력 35년(1607) 누르하치가 먼저 손을 썼다. 전격적으로 동생의 군권을 박탈했다.

하루아침에 실권을 잃은 서이합제는 큰아들 아이통아(阿爾通阿), 셋째아들 찰살극(紮薩克) 등과 세력을 구합하여 누르하치에게 대항하려고 했다. 하지만 그들의 모의는 사전에 발각되고 말았다. 누르하치는 조카 아이통아와 찰살극을 역모죄로 죽였다. 서이합제는 빛 한 줄기 들어오지 않는 깜깜한 방에 갇혀 있다가 굶어죽었다.

이때 서이합제의 둘째아들 아민도 살해당할 운명이었지만 직접 모의에 가담하지 않았고 아울러 황태극의 적극적인 변호 덕분에 가까스로 목숨을 건질 수 있었다. 아민은 누르하치가 아버지와 두 형을 죽인 원수였지만 살아남기 위해 백부에게 충성을 다해야 했다. 그도 누르하치를 따라 전장을 누비면서 많은 전공을 세웠다.

누르하치는 조카의 불쌍한 처지를 동정했다. 동생은 여진족의 분열을 막기 위하여 어쩔 수 없이 죽였지만, 자신을 위해 목숨을 아끼지 않는 조카는 친아들처럼 느껴졌다. 누르하치가 그를 4대 대패륵 가운데 한 명으로 임명한 것도 이런 이유에서였다.

하지만 아민은 싸움만 잘했을 뿐 교만하고 무식한 인물이었다. 황태극 면전에서도 오만방자하게 굴었다. 천총 4년(1630) 황태극은 아민에게 군사 6천여 명을 이끌고 가서 새로 점령한 영평성(永平城) 등 4개 성을 지키게 했다. 하지만 4개 성 가운데 하나인 란주성(灤州城)이 명군의 포위 공격을 받고 있다는 첩보를 들었다. 아민은 병력 부족을 핑계로 싸우지 않고 회군했다.

중원 진출의 전략적 요충지인 4개 성이 명군의 수중으로 넘어갔다는 소식을 듣고 황태극은 멋대로 회군을 단행한 아민에게 분노했다. 더구나 아민은 회군하면서 "무고한 양민은 절대 죽이지 말라."는 황태극의 어명을 어기고 성안의 백성들을 대량으로 학살했기 때문에 황태극의 선무 정책에 큰 타격을 입혔다.

아민이 성경으로 돌아오자 황태극은 즉시 대신들을 소집하고 아민의 죄를 추궁하게 했다. 무려 16가지 죄상이 밝혀졌는데 그 가운데 11가지가 황제를 능멸한 죄였다. 결국 아민은 감옥에 갇혀 지내다가 숭덕 5년(1640)에 옥사했다.

정사(正史)의 기록에 의하면 망고이태, 아민, 망고제 등 황태극에게 제거당한 인물들은 모두 인격적 결함이 있고 반역한 인물로 묘사된다. 따라서 황태극이 어쩔 수 없이 제거했다는 논리를 펴고 있다. 그런데 그들은 모두 황태극의 권력이 불안한 집권 초기에 죽었다. 황태극은 집권 초반의 권력을 강화하기 위하여 자신에게 가장 위협적인 인물들을 숙청한 것이지, 그들이 정말로 그를 시해하려고 했기 때문에 죽임을 당한 것은 아니었을 것이다.

3. 대외 정복 전쟁: 조선(정묘·병자호란), 몽골, 명나라를 침략하다

청태종 황태극은 공개적으로 이런 말을 한 적이 있다.

"옛날에 만주(滿洲)와 몽고(蒙古)는 타국의 재물을 빼앗아 살았다."

솔직한 얘기이다. 부족하면 약탈하고 초원으로 사라지는 게 유목민의
특징이다. 황태극이 칸으로 등극했을 때, 후금은 누르하치 시대의 부족
국가 수준이 아니었다. 포로로 잡힌 수많은 한족, 몽골족 등이 후금의 백
성으로 편입되면서 인구가 폭발적으로 늘어났다. 칸은 그들의 생계를 책
임져야 했다. 또 정치, 군사적인 면에서는 사나운 야수와 같은 팔기병들
의 병기를 무디게 할 수 없었다. 이웃 나라를 침략하면 이런 내부 모순을
쉽게 해결할 수 있었다.

황태극의 궁극적인 목표는 명나라를 멸망시키고 중원에 거대한 제국
을 세우는 일이었다. 당시 후금은 서북쪽으로는 몽골, 남쪽으로는 명나
라, 동쪽으로는 조선에 포위된 형국이었다. 몽골은 누르하치 때부터 후금
에 복종하는 태도를 취했지만, 후금은 몽골 전역을 완전히 통제하지는 못
했다.

황태극은 명나라와 조선의 '끈끈한 동맹'을 가장 두려워했다. 조선은
군사력에서 몽골보다 하수였지만 이념적으로 명나라와 한몸이나 다름이
없었다. 더구나 임진왜란 때 명나라의 구원으로 간신히 종묘사직을 지킨
조선 조정은 명나라를 이른바 '재조지은(再造之恩)'의 천조(天朝)로 받들고 있
었기 때문에 후금을 오랑캐들이 세운 야만국으로 간주했다. 만약 후금이
명나라를 정벌하다가 배후에서 조선의 공격을 받으면 낭패가 아닐 수 없
었다.

황태극은 먼저 조선을 침략하여 명나라와 조선의 우호 관계를 끊고 난 뒤에 명나라를 치기로 결심했다. 천총 원년(1627) 압록강이 결빙하는 시기인 1월에 아민(阿敏), 제이합랑(濟爾哈朗), 악탁(岳托) 등에게 3만 병사를 거느리고 도강하게 했다. 조선의 반신(叛臣) 한윤(韓潤)과 살이호 전투에서 포로로 잡힌 강홍립(姜弘立)이 후금군의 앞잡이가 되었다.

후금군은 1월 13일 압록강을 건너 의주(義州)를 취한 뒤, 세 갈래 길로 진격했다. 일로(一路)에서는 철산(鐵山)에 주둔하고 있는 명나라 장수 모문룡(毛文龍)을 공격하고, 이로(二路)에서는 선주(宣州)에서 곽산(郭山), 정주(定州)를 거쳐 평양(平壤)으로 향하고, 삼로(三路)에서는 압록강을 따라 북상하여 창성(昌城)으로 진출했다.

파죽지세로 밀려오는 후금군에 조명 연합군은 제대로 한 번 싸워보지도 못하고 궤멸되었다. 백성을 송두리째 불구덩이에 밀어 넣은 임진왜란이 끝난 지 불과 30년 만에, 조선은 또 후금의 침략에 속수무책으로 당했다.

조선 조정은 여전히 정신을 차리지 못하고 천조로 섬긴 명나라의 황제가 또 구원해줄 걸로 착각했다. 명나라는 이미 붕괴의 길로 접어들었는데도 말이다. 사대부들은 허구한 날 이념 논쟁이나 벌이고 당파 싸움에 여념이 없었다. 후금군이 공략한 지역마다 살해를 당한 민초들의 시체가 거리를 가득 메웠다. 어리석은 군주와 무능한 지도자들이 국가를 다스리면, 그 참혹한 결과는 모두 백성에게 나타나는 것이다.

천총 원년(1627) 1월 20일 청천강(淸川江)을 도강한 후금군이 안주성(安州城)을 공략하자, 안주절제사 남이흥(南以興)과 방어사 김준영(金浚嬰)은 불구덩이에 뛰어들어 자살했다. 사대부들의 절개는 높이 평가할 만하지만, 임진왜란 때 그렇게 혹독하게 당하고도 정신을 차리지 못한 통한의 아쉬움이 남는다.

청나라 역대 황제 평전

후금군은 압록강을 도강한 지 한 달도 안 지난 2월 7일에 조선의 도성, 한성(漢城)에서 멀지 않은 평산(平山)에 이르렀다. 인조(仁祖)는 소현세자를 전라도 전주로 피신시키고 강화도로 몽진했다. 그도 임진왜란 때 선조가 그랬던 것처럼 백성을 버리고 도망가기 급급했다. 강화도에서 명나라에 원병을 요청했지만 소식이 없었다. 고립무원의 상황에 처한 조선 조정은 후금과 강화를 시도했다. 후금은 조선이 명나라와 단교하고 후금을 '형'으로 섬기라고 강요했다. 아울러 후금군을 위로하는 명목으로 막대한 재화를 요구했다.

명나라와의 절연을 절대 받아들일 수 없었던 조선 조정은 "성심으로 대국을 섬기고, 화목으로 이웃나라와 사귄다."는 외교 정책을 폈다. 쉽게 말해서 명나라는 대국이므로 종속 관계를 끊을 수 없으며, 이웃나라인 후금에게는 후한 예물을 주어 친하게 지내겠다는 주장이다. 오늘날의 관점에서 보면 정말로 어리석은 판단이었지만, 당시 현실(후금)과 이념(명나라) 사이에서 고민한 조선 조정의 고육지책이었다.

명나라 출신의 사신 유흥조(劉興祚)의 중재 끝에 양국 간의 협의가 이루어졌다. 후금은 조선과 명나라의 관계를 인정하고, 조선은 왕실 종친 1명을 인질로 보냄으로써 화의(和議)를 보증한다는 내용이었다. 또 조선은 매년 세폐(歲幣)를 바치고 양국이 서로 국경을 침범하지 않는다는 것도 포함되었다.

이 협정에 따라 2월 14일에 원창군(原昌君)은 말 1백 필, 호표피(虎豹皮) 1백 장, 비단 4백 필, 삼베 1만5천 필 등을 가지고 평산에 주둔하고 있는 후금 진영에 바쳤다. 3월 3일 양국은 강화도에서 다시 강화를 맺었다. 조선은 병마를 조련하지 않으며 성곽도 보수하지 않는다는 굴욕이 첨가되었다. 후금은 조선의 군사와 방비를 완전히 무력화시킬 속셈이었다. 그 후 평양에서도 한 차례 더 강화를 맺었다.

천총 원년(인조 5년·1627) 4월 8일 후금군은 피도(皮島: 지금의 평안북도 철산군 가도·椵島)로 달아난 명나라 모문룡의 군사를 제압한다는 명목으로 의주에 병사 3천여 명을 남겨두고 철군했다. 이때 인조의 족제(族弟) 이각(李覺)이 인질로 끌려갔다.

후금군이 철수한 후, 피도에 숨어있던 명나라 장수 모문룡은 10만 대군을 거느리고 있다고 허풍을 떨며 조선 조정에 끊임없이 군수품을 요구했다. 심지어 후금의 강요에 의해 변발을 한 조선인들을 대량으로 학살하고 난 뒤 후금군을 무찔렀다고 헛소리를 늘어놓기도 했다. 문약한 왕조, 조선의 비극이었다.

우리 역사에서는 이 후금의 침략을 정묘호란(丁卯胡亂)이라고 칭한다. 정묘년(1627)에 후금의 오랑캐들이 난을 일으켰다는 뜻이다.

후금군이 철수한 후 후금과 조선은 다시 '불안한 평화'를 유지했다. 정묘호란이 끝난 직후인 천총 2년(인조 6년·1628)에 황태극은 명나라를 정벌한다는 구실로 조선에 사신을 보내 병선(兵船) 징발을 요구했다. 인조는 3일 동안 시간을 끌다가 사신을 만나 말했다.

"명나라는 나의 아버지와 같소. 다른 사람이 내 아버지의 나라를 공격
하는 일에 협조하는 게 말이나 되는 소리인가? 더구나 병선으로 빌려줄
만한 배는 거의 없소이다."

지독한 사대주의에서 나온 말이었으나, 인조가 후금에 대해서 아직도 강한 반감을 가지고 있음을 알 수 있다. 황태극은 조선의 이런 강경한 입장에 분노했다. 하지만 화의를 맺은 지 1년 밖에 안 된 상황에서 대의명분을 목숨처럼 여기는 '의리'의 나라, 조선을 다시 침략할 수 없었다.

어쨌든 조선을 굴복시켰다고 생각한 황태극은 그 여세를 몰아 대외

정벌에 더욱 박차를 가했다. 몽골의 고비사막 이남이 모두 그의 수중으로 들어왔다. 천총 7년(1633) 6월에 황태극은 장졸들에게 새로 귀부하는 백성들에게는 절대 해치지 말라는 특명을 내렸다.

명나라 장수 공유덕(孔有德), 경중명(耿仲明), 상가희(尙可喜) 등이 분분히 후금에 투항했다. 황태극은 친히 혼하(渾河)로 나가 예를 갖추고 그들을 맞이했다. 공유덕과 경중명은 병사 1만2천여 명을 데리고 왔을 뿐만 아니라 홍이포도 가지고 왔다. 서양 대포를 모방하여 만든 홍이포는 '호랑이(후금)'에게 날개를 달아준 격이 되었다.

이 시기에 황태극은 여진(女眞)을 만주(滿洲)로 개칭하고 자신을 만주족뿐만 아니라, 한족, 몽골족, 조선족 등 여러 민족을 통치하는 황제로 생각했다. 천총 10년(1636) 4월 11일 마침내 그는 성경(盛京: 지금의 심양)에서 황제를 칭하고 국호를 대청(大淸), 연호를 숭덕(崇德)으로 바꾸었다. 이때부터 만주족, 대청(大淸) 등의 명칭이 공식적으로 사용되었다.

청태종 황태극은 황제로 등극하기 전에 만주 대패륵, 몽골 패륵, 한족 출신의 관리 등으로 구성된 대규모 사절단을 조선으로 파견했다. 자신이 위세를 과시하고 황제 즉위식을 축하하는 사절단을 보내라는 명령이었다.

당시 조선 조정은 척화파(斥和派)와 주화파(主和派)로 분열되어 극심한 갈등을 빚었다. 김상헌, 홍익한, 윤집, 오달제 등 대의 명분을 중시하는 성리학 계열의 대신들은 오랑캐에게 절대 굴복할 수 없다는 입장이었다. 이와 반면에 명분보다는 실리를 택해 국난을 피해야 한다는 최명길 등 양명학 계열의 대신들은 후금과의 협상을 주장했다.

평소 후금에 반감을 가지고 있었던 인조는 척화파의 손을 들어주었다. 척화파가 득세한 배경에는 명나라에 대한 의리를 저버릴 수 없다는 이념적인 이유뿐만 아니라, 후금의 가혹한 경제적 수탈도 있었다. 강요에 의해 바치는 세폐가 해마다 늘어나 재정에 막대한 부담이 되었다. 또 후금은 호시(互市)를 열어 교역의 규칙을 깨고 조선의 물건을 싼값에 강제로 빼앗다시피 했다. 조선 민중도 후금의 만행에 분노하지 않을 수 없었다.

청태종의 대관식이 성대하게 열리는 날, 만족, 몽골족, 한족 등으로 구성된 모든 신하들은 그에게 삼궤구고(三跪九叩)의 예를 올렸다. 하지만 조선에서 축하 사절로 참석한 나덕헌(羅德憲·1573~1640)은 청나라는 형제의 나라이므로 청태종을 황제로 예우해줄 수 없다고 버텼다.

만족 대신들이 그를 개 패듯 때리고 죽이려고 했으나 청태종의 만류로 사태가 겨우 수습되었다. 청태종의 입장에서 보면 성대하고 장엄한 대관식에 찬물을 끼얹은 조선 사신의 도발적 행동은 참기 어려운 분노였다. 하지만 그는 이런 의식을 따지는 형식적인 일로 나덕헌을 죽이면 황제가 옹졸하다는 비난을 받을 수 있다고 생각했다. 더구나 조선은 의리를 숭상하는 나라가 아닌가. 조선이 자신을 무시해도 조선 사대부들의 정신만큼은 그가 마음속으로 높이 평가한 게 아닌가 한다.

하지만 아직도 현실을 모르고 썩어빠진 명나라에 '신하의 예'를 갖추는 조선을 그대로 놓아두었다간 화근이 될 수 있었다. 청태종은 황제로 등극한 지 8개월만인 12월 초에 친히 군사 12만 명을 거느리고 조선 침략을 단행한다.

또 조선은 병화에 휩싸이게 되는데 이른바 '병자호란(丙子胡亂)'이다. 청군이 또 압록강을 건너 신속하게 한양으로 진격하고 있다는 첩보를 접한 인조와 조정 대신들은 아연실색했다.

> "백성들 모두 벌벌 떨며 어찌해야 할 바를 몰랐으며, 도성의 사대부들
> 은 노인과 어린아이를 데리고 피난길에 나서면서 통곡을 했는데 그 소리
> 가 길에 가득 찼다."

인조는 정묘호란 때처럼 강화도로 피신하려고 했다. 하지만 길은 이미 눈치를 챈 청군에게 막힌 상태였다. 인조는 한성에서 가장 가깝고 천혜의 요새인 남한산성으로 황급히 피신할 수밖에 없었다.

청태종은 12월 29일에 한성을 접수한 후 남한산성을 겹겹이 포위했다. 엄동설한에 남한산성에서 고립된 인조와 군민(軍民)의 상황은 비참했다. 성안에는 임금을 따라 피난 온 군민이 수만 명이나 되었다. 날이 갈수록 비축한 식량이 바닥나기 시작했다. 군마(軍馬)도 잡아먹었지만 굶어죽는 사람들이 속출하고 인조조차 죽 한 그릇으로 하루를 버티는 지경에 이르렀다. 하지만 신하들은 여전히 척화파와 주화파로 분열되어 언쟁을 벌였다.

공격보다는 포위 작전으로 인조가 투항하기를 기다렸던 청태종은 더 이상 기다리지 못하고 화포로 성벽을 공격했다. 또 다이곤에게 강화도를 공략하게 했다. 그곳에는 봉림대군(鳳林大君: 훗날의 효종·孝宗), 세자빈 등 종친들이 피신해 있었다. 76명이 포로로 잡혀 남한산성 아래로 끌려왔다.

청태종은 그들을 이용하여 인조에게 거듭 투항을 권유했다. 1월 30일 더 이상 버틸 수 없던 인조는 청의(靑衣)로 갈아입고 삼전도(三田渡)에서 치욕의 항복 의식을 치렀다. 청태종은 인조에게 아량을 베풀어 조선의 종묘사직을 지키게 했지만, 승자의 일반적인 요구를 했다.

양국 간에 체결한 조약의 핵심은 조선이 명나라와의 관계를 완전히 단절하고 신하의 나라로서 청나라를 섬기라는 것이었다. 이때부터 조선의 '상국(上國)'은 명나라에서 청나라로 바뀌었다. 조선의 사대부들은 미개한 족속으로만 알았던 여진족에게 그런 치욕을 당하리라고는 상상도 못했다. 대의명분을 중시하고 탁상공론만 일삼았던 그들은 청군의 팔기병 앞에서는 허수아비에 불과했다.

소현세자와 봉림대군은 인질로 끌려가고, 삼학사(三學士: 홍익한·윤집·오달제)는 성경(盛京)에서 참형을 당했다. 또 청나라로 끌려가 노예로 팔린 백성은 이루 다 헤아릴 수 없을 정도로 많았다.

청태종은 인조에게 항복을 받아낸 직후 서둘러 북상하여 성경으로 돌아갔다. 조선에 머물렀다가는 명나라의 협공을 당할 수 있었기 때문이다. 사실 그는 조선을 속방(屬邦)으로 삼기를 원했지 멸망시킬 의도는 없었다. 다만 명나라를 침략할 때 명나라와 조선의 동맹을 완전히 차단하여 조선이 후방에서 교란하지 못하게 할 목적이었다.

어쩌면 이 점이 조선이 임진왜란에 버금가는 참화를 당하고도 종묘사직을 지킬 수 있었던 원인이 아닌가 한다.

후금군이 조선 정벌을 마치고 성경으로 돌아온 직후인 천총 원년(1627) 5월에, 청태종은 친히 대군을 거느리고 명나라 정벌에 나섰다. 선친 누르하치가 끝내 함락하지 못한 영원성이 그의 목표였다. 영원성의 수장은 여전히 원숭환이었다. 천하의 누르하치도 결국 그를 굴복시키지 못하고 우울증에 시달리다가 죽었지 않은가.

원숭환은 후금의 재침에 대비하여 영원성을 홍이포로 무장한 철옹성으로 구축했다. 그런데 그는 화포의 위력에만 의지하는 수성 작전을 펴지 않고 과감하게 성 밖 곳곳에 진지를 구축했다. 명나라 장수 대부분이 전광석화처럼 빠른 후금의 기병이 너무 두려운 나머지 성문을 굳게 걸어 잠그고 싸우는 전술과는 확연히 달랐다.

5월 28일 새벽 후금군의 총공세가 시작되었다. 성곽에 포진한 화포가 일제히 불을 뿜기 시작했다. 성 밖에서는 총병 만계(滿桂), 부장 우세위(尤世威) 등의 장졸들이 후금의 기병과 치열한 백병전을 벌였다. 쌍방은 일진일퇴를 거듭했으나 화포의 지원을 받고 싸운 명군이 승기를 잡았다. 청태종이 머물고 있는 장막에 포탄이 떨어져 장수들이 큰 부상을 당했다. 시간이 갈수록 사상자가 속출했다. 청태종은 황급히 철군 명령을 내렸다. 그도 아버지 누르하치처럼 원숭환의 '벽'을 넘지 못했다.

통한의 일격을 당한 청태종은 다음 날 군사를 돌려 금주성(錦州城)으로 진격했다. 금주성은 원숭환이 구축한 '영금(寧錦) 방위선'의 한 축이었다. 후금군은 그곳에서도 포탄 세례를 받았다. 마침 무더위가 기승을 부릴 때라 들판에서 한 달 남짓 싸운 병사들이 일사병에 쓰러지기 시작했다. 청태종은 또 포위를 풀고 철군하지 않을 수 없었다.

이 명군의 승리를 '영금대첩(寧錦大捷)'이라고 부른다. 원숭환의 원대한 지략과 치밀한 준비가 성공을 거둔 싸움이다. 이제 백척간두의 위기에 빠진 명나라의 존망은 원숭환, 단 한 사람의 어깨에 달려있다고 해도 과언은 아니었다.

성경으로 돌아온 청태종은 깊은 고민에 빠졌다. 후금이 명나라를 정벌하려면 반드시 '영금 방위선'을 돌파하고 산해관을 통하여 북경으로 진격해야 했다. 하지만 영원성을 지키고 있는 원숭환과 다시 싸워 승리할 자신이 없었다. 그는 고민 끝에 중대한 결심을 했다. 원숭환이 장악한 요서 지방을 피해 몽골의 고비사막으로 들어간 뒤 남하하여 북경을 공략하기로 했다.

하지만 후금군이 수천 리 길을 우회하여 사막을 가로지르는 행군은 위험한 모험이었다. 더구나 고비사막으로 진출하려면 명나라와 동맹을 맺고 있는 몽골의 찰합이부(察哈爾部)와 일전을 겨루어야 했다. 찰합이부는 몽골의 여러 부족들 가운데 가장 강력했다.

천총 2년(1628) 2월 청태종은 동생 다이곤, 다탁 등을 대동하고 먼저 찰합이부와 동맹을 맺은 다라특부(多羅特部)를 공격했다. 오목륜(敖木倫: 지금의 대릉하·大凌河 일대) 전투에서 후금군이 대승을 거두었다. 청태종이 몽골 정벌에 나섰다는 첩보가 몽골의 다른 패륵들에게 신속하게 전해졌다. 그들은 저항보다는 후금과의 동맹을 원했다.

같은 해 9월 객라심(喀喇沁), 오한(敖漢), 내만(柰曼), 차로특(剳魯特), 객이객(喀爾喀) 등 여러 부족의 패륵들이 병사를 이끌고 후금 군영으로 모여들어 청태종에게 충성을 다짐했다. 청태종은 여세를 몰아 찰합이부를 공격했다. 석이합(席爾哈), 석백도(席伯圖), 영(英), 탕(湯) 등의 지역이 모두 그의 수중에 들어왔으며, 흥안령(兴安岭) 전투에서는 이루 다 헤아릴 수 없는 포로와 가축을 노획했다.

청태종은 몽골 출정을 성공리에 마치고 성경으로 회군했다. 이때부터 자기에게 귀부한 몽골 부족에 대한 지배권을 강화했으며, 향후 명나라 정벌을 도모하는 데 후방에서 몽골이 명나라와 연합하여 협공할 수 있는 가능성을 원천적으로 차단했다.

천총 3년(1629) 10월 청태종은 10만 대군을 거느리고 영원성과 금주성의 방어선을 피하여 몽골 내륙으로 진출했다. 사막과 초원을 가로질러 용정관(龍井關), 홍산구(洪山口), 대안구(大安口) 등 세 곳을 통하여 경기 지방으로 진격했다. '경기 지방 제일의 성(城)' 준화(遵化: 지금의 하북성 준화시)가 함락되고, 후금군이 북경성 외곽에 이르렀다는 소식은 명나라 조정을 경악하게 했다.

영원성과 금주성 그리고 개미새끼 한 마리도 통과할 수 없다는 '천하제일관'인 산해관만을 사수하면 후금군이 아무리 강하더라도 감히 북경을 넘볼 수 없다고 생각했는데 북쪽의 사막을 가로질러 쳐들어 올 줄은 꿈에도 생각하지 못했기 때문이다.

명나라 조정은 전국 각지에 파발마를 띄워 근왕병을 징집했다. 또 국방의 최고 직책인 병부상서를 맡고 있으며 아울러 계요(薊遼: 북경과 요하 일대) 지역의 방위를 책임진 독사(督師) 원숭환에게 병권을 위임했다.

그런데 이보다 앞서 원숭환은 청태종과 싸워 승리한 '영금대첩' 직후에 후한 상을 받기는커녕 오히려 환관 위충현에게 밉보여 고향으로 쫓겨난 적이 있었다. 교활한 위충현의 손아귀에 놀아난 희종(熹宗)의 무관심이 당대 제일의 충신을 초야에 묻히게 했다.

천계(天啓) 7년(1627) 8월 지독하게도 무능했던 희종이 죽고, 숭정제(崇禎帝) 주유검(朱由檢·1611~1644)이 황위를 계승했다. 그는 위충현 일당을 타도하고 원숭환을 중용하여 병권을 맡겼다. 청태종이 10만 대군을 거느리고 북경을 침략하기 2년 전의 상황이었다.

천총 3년(1629) 11월 후금군과 명군은 북경성 밖에서 조우했다. 대승은(戴承恩), 조대수(祖大壽), 왕승윤(王承胤) 등 명나라 장수들은 원숭환의 지휘 아래 일사불란하게 움직였다. 양군의 치열한 접전 끝에 청태종이 또 원숭환에게 패하여 북경성 포위를 풀고 철수하는 수밖에 없었다. 원숭환에게 번번이 당한 청태종은 반간계를 쓰기로 결심했다.

한편 숭정제는 집권 초기에 희종이 남긴 적폐를 일소하고 쇠퇴하는 국운을 다시 일으키는 데 진력했다. 하지만 그에게는 치명적인 약점이 있었다. 조급증과 의심증이다. 후금에 귀부한 한족 출신의 신하들을 통해 이런 약점을 파악한 청태종은 숭정제의 의심증을 이용하여 눈엣가시인 원숭환을 제거하기로 마음먹었다.

청태종은 철수하기 전에 부장 고홍중(高鴻中)과 포승선(鮑承先)에게 포로로 잡은 명나라 환관을 이용하여 이간책을 쓰게 했다. 두 사람은 일부러 환관이 있는 곳에서 귀엣말로 말했다.

"이번에 우리 군대가 철수하는 것은 황상의 계책이오. 얼마 전에 황상께서 말을 타고 원순무(袁巡撫) 군영 앞까지 가서 그가 보낸 밀사와 한참 동안 밀담을 나누는 모습을 보았소. 원순무가 우리와 밀약을 나누었으니 일이 조만간 성사될 것이오."

두 사람은 비밀리에 귀엣말을 나누는 척하면서 옆에 있는 환관이 자연스럽게 엿듣게 했다. 마침 성이 양씨(楊氏)인 환관이 그 내용을 듣고 북경으로 달아났다. 숭정제는 그가 황급히 아뢴 이야기를 듣고 처음에는 반신반의했다.

그런데 평소에 원숭환을 시기한 신하들이 그가 후금과 밀약을 맺고 일부러 변경 방어를 소홀히 하여 후금군을 입관(入關)하게 했다고 비난했다. 위충현의 잔당(殘黨) 왕영광(王永光) 등도 원숭환이 후금과 멋대로 화의를 맺으려고 하고 모문룡(毛文龍)을 죽였다는 죄명으로 탄핵했다.

사실은 조선에서 동강진(東江鎭: 지금의 평양시 단도·椵島)을 구축하고 후금과 싸운 모문룡은 사람됨이가 아주 방자했다. 또 사치가 워낙 심해 조선 조정의 근심거리였다. 원숭환은 숭정 2년(1629) 그가 군량미를 낭비하고 군법을 어긴 죄명으로 참살했다. 그런데 뜻밖에도 이 사건이 그를 궁지에 몰은 것이다.

원숭환은 사방에서 거친 입으로 공격하는 '내부의 적'과 싸울 힘이 없었다. 오직 숭정제의 현명한 판단을 기다릴 뿐이었다. 하지만 숭정제는 간신들의 말을 믿고 숭정 3년(1630) 8월에 그를 능지처참으로 다스렸다. 가족은 3천리 밖으로 유배를 가고 가산은 모조리 몰수당했다.

훗날 『명사』에서는 그의 죽음을 이렇게 평가했다.

"원숭환이 누명을 쓰고 죽은 뒤, 명나라에는 더 이상 변경 지방의 일을 처리할 인재가 없었다. 사실상 이때부터 명나라는 패망의 길을 걷게 되었다."

숭정제도 충신 원숭환을 죽인 지 14년 후인 숭정 17년(1644)에 망국의 군주라는 오명을 뒤집어 쓴 채 목을 매고 자살했다. 충신을 알아보지 못한 어리석은 군주의 비극적인 최후였다.

원숭환이 사라진 명나라의 강토와 백성은 청태종의 먹잇감으로 전락했다. 후금군은 만리장성을 여러 차례 돌파하여 경기 지방을 유린했다. 그들이 공략한 성들은 폐허로 변했으며 금은, 비단, 양식 등 수 많은 재화가 수레에 산더미처럼 쌓인 채 성경으로 실려 갔다. 포로로 끌려간 사람과 가축은 그 숫자를 이루 다 헤아릴 수 없을 정도로 많았다. 청태종이 청나라를 건국한 후인 숭덕 3년(1638)에는 하북성과 산동성을 유린하여 성 50여 곳을 함락하고 백성 46만여 명과 금은 100여만 냥을 약탈하고 돌아갔다.

이처럼 청나라가 변경 지방을 수시로 공격하여 사람과 재물을 약탈했지만 아직은 중원으로 깊숙이 진출하지 못했다. 그 이유는 난공불락의 요새인 산해관과 전략적 요충지인 금주성과 영원성을 공략하지 못했기 때문이다. 청태종은 일찍부터 "산해관을 열어 우리의 후방과 통하게 하여 중원의 내지로 천도한다."는 야심찬 계획을 세우고 있었다.

청태종은 과거의 실패를 교훈삼아 금주성과 영원성을 신속하게 함락하는 전술보다는 외부와의 길을 완전히 차단하고 고립시켜 항복을 받아내는 작전을 펼쳤다. 명군이 성안에서 화력이 막강한 홍이포로 방어하는 싸움은 그런대로 효과가 있었지만, 벌판에서 기병으로 청군을 대적할 수 없었다. 양군은 신속성과 기동성에서 비교가 되지 않았기 때문이다. 그래서 명군은 성을 중심으로 수비 전략을 짰지만, 시간이 흐를수록 성이 고립되는 치명적인 약점이 있었다.

청군은 1년여 동안 금주성 포위 작전에 들어갔다. 숭덕 6년(1641) 3월 금주성의 수장 조대수(祖大壽)가 조정에 보낸 보고한 내용을 보면, 당시 상황을 짐작할 수 있다.

"지금 금주성에 남아있는 쌀은 겨우 한 달 분량이며 콩은 한 달 분량도 안 됩니다. 교활한 오랑캐가 기세를 떨쳐 다시 침략하여 영금(寧錦) 방어선이 끊기면, 송산(松山), 행산(杏山), 금주(錦州) 등 세 성(城)은 지극히 위태로운 상황에 처하여 하루아침에 망할 수 있습니다."

영금 방어선이 무너지면 산해관 방어도 장담할 수 없었다. 산해관이 뚫리면 명나라는 망하는 것이다. 명나라 조정은 선택의 여지가 없었다. 싸울 수 있는 장정은 모두 징집하고 황실의 내탕금을 풀어 전비를 마련했다.

계요총독 홍승주(洪承疇·1593~1665)는 숭정제의 간절한 당부를 받들어 13만 대군을 이끌고 금주성을 향해 떠났다. 그의 수하 장수로는 오삼계(吳三桂) 등 총병 8명이 있었다.

홍승주는 후방을 안정시키고 난 뒤에 전진하며 싸우는 전략을 택했다. 보급로를 확고하게 장악하고 곳곳에 방어 진지를 구축하며 영원성에 주둔했다. 그곳에서 형세를 관망하고 있을 때 조정에서 급보가 계속 날아들었다. 숭정제는 홍승주가 속전속결로 진격하여 금주성의 포위망을 뚫기를 바랐다. 그의 조급증이 또 발작한 것이다. 병부상서 진신갑(陳新甲)도 지구전이 되면 군량미 조달에 어려움이 있으므로 전투를 빨리 치르라고 다그쳤다.

홍승주는 조정의 압력을 견딜 수 없었다. 어쩔 수 없이 그 동안 비축해 놓은 군량을 영원성, 행산성 및 탑산(塔山) 밖의 필가강(筆架崗)에 쌓아두고 금주성으로 진격했다. 숭덕 6년(1641) 7월 금주성 남쪽 유봉산(乳峰山) 일대에서 양군은 치열한 혈전을 벌였다. 홍승주의 치밀한 작전이 명군의 승리를 이끌었다.

청군이 패했다는 소식을 들은 청태종은 분노했다. 당시 그는 병세가 완연한 몸이었다. 친히 정벌하지 않으면 중원 진출은 무위로 끝날 수 있었다. 아픈 몸을 이끌고 밤낮을 가리지 않고 5백여 리를 행군하여 홍승주가 주둔하고 있는 송산성을 포위했다. 이때 청태종이 얼마나 다급했으면 행군 도중 코피가 그치지 않았다고 한다.

청태종은 홍승주를 공격하면서 탑산의 군량을 탈취했다. 또 행산성과 송산성의 통로에 큰 해자를 파서 군량미의 수송 통로를 차단했다. 총병 오삼계가 이끄는 명군이 포위망 돌파를 시도했다. 청태종은 미리 그의 계책을 알아차리고 일부러 포위망을 풀었다. 일단 성 밖으로 끌어내어 섬멸할 작전이었다. 명군은 괴멸되고 오삼계는 가까스로 영원성으로 달아났다. 이 싸움에서 명군 5만3천여 명이 죽었는데 행산과 탑산 일대의 들판을 시체로 덮었다. 청태종은 큰아들 호격(豪格)에게 지휘권을 넘기고 성경으로 돌아갔다.

한편 반년 동안 송산성에서 고립된 홍승주는 몇 차례 돌파를 시도했으나 번번이 실패하고 말았다. 군량이 바닥나고 추위가 닥치자 병사들은 전의를 상실했다.

숭덕 7년(1642) 2월 18일 부장 하승덕(夏承德)이 몰래 청군 군영에 밀사를 보내 항복을 청했다. 당일 밤중에 호격(豪格)이 거느린 청군이 하승덕의 호응으로 성벽을 넘어 성을 함락했다. 하승덕은 홍승주, 총병 조대락(祖大樂) 등의 장수들을 생포하여 청군에 넘겼다. 목숨을 부지하기 위해 명나라를 배반한 한간(漢奸)이 된 것이다.

송산성이 함락되자 금주성의 수장 조대수도 더 이상 기댈 곳이 없었다. 성안은 이미 아비규환의 생지옥으로 변했다. 사람이 사람을 잡아먹는 참극이 벌어지자, 조대수는 3월 8일에 성문을 개방하고 항복했다. 조대수가 투항하여 금주성에 무혈 입성했다는 소식을 접한 청태종은 예상 밖의 전과에 흥분을 감출 수 없었다. 즉시 조대수를 성경으로 압송하게 했다. 조대수가 성경의 숭정전(崇政殿)에서 엎드려 죄를 청할 때, 뜻밖에도 청태종이 옥좌에서 내려와 그를 일으키며 위로했다.

"그대가 예전에 짐을 배반한 까닭은 그대의 군주, 처자식, 친족을 위해 서였소. 짐은 대신들에게 이렇게 말한 적이 있소. '조대수는 절대로 죽지 않을 것이오. 다시 투항하면 짐은 그를 죽이지 않을 것이오.' 지나간 일 은 더 이상 신경 쓰지 마시오. 앞으로 짐에게 충성을 다하면 그만이오."

천총 5년(1631) 청태종은 대군을 이끌고 대릉하(大凌河)를 공격하기 전에 여러 신하와 장수들에게 이런 말을 한 적이 있었다.

"오늘 천심의 향배를 어찌 예측할 수 있겠는가. 짐은 오직 인의를 실천 함으로써 적을 제압하고 백성을 부양할 따름이다. 너희들은 법도를 밝히 고 병사들을 올바르게 가르치며 엄격하게 군율을 지키는 일을 마음속에 깊이 새겨야 한다."

강한 무력뿐만 아니라 이념과 군율에서도 후금군은 명군에 훨씬 앞서 있었다. 양군의 교전은 결국 명군의 대패로 끝났다. 이때 조대수가 거짓 으로 항복한 뒤 금주성으로 달아난 적이 있었다. 청태종은 이 일을 거론 하며 조대수의 처지를 이해했다. 물론 인재를 아끼는 그의 용인술에서 나 온 말이다. 어쨌든 그를 한군(漢軍)으로 구성된 정황기(正黃旗) 총병에 임명 하고 우대했다.

숭덕 7년(1642) 4월 청군은 노획한 홍이포로 행산성을 공격했다. 부장 여품기(呂品奇)도 성문을 열고 투항했다. 이로써 송산성, 금주성, 행산성이 모두 청군의 수중으로 들어갔다.

숭덕 5년(1640)부터 숭덕 7년(1642) 동안 벌어진 송금대전(松錦大戰)은 명나라를 회복 불능의 상태로 만들었다. 이제 명나라는 산해관 밖에서 오직 영원성만이 외로운 섬처럼 남게 되었다.

금주성과 송산성을 빼앗긴 명나라 조정은 공포에 떨었다. 그런데 불행은 쌍을 이루어 온다고 했던가. 역졸(驛卒) 출신의 이자성(李自成·1606~1645)을 우두머리로 하는 농민군이 반란을 일으켜 명나라의 통치 기반을 뿌리 채 뒤흔들었다. 뜻밖에도 숭정제는 청나라와 결탁하여 먼저 농민군을 진압하려고 했다. 청나라가 수십 년 동안 명나라를 괴멸 상태로 몰아넣었는데도 오히려 청나라보다는 농민 반란이 더 위협적이라고 본 것이다.

숭정제는 비밀리에 병부상서 진신갑에게 청나라와 화의를 진행하게 했다. 하지만 이 비밀이 들통나자 일부 신하들이 결사적으로 반대했다. 숭정제는 책임을 모면하기 위해 진신갑을 속죄양으로 삼아 죽였다.

청태종은 화의가 성사되지 않자, 숭덕 7년(1642) 10월에 이복형 아파태(阿巴泰)를 봉명대장군으로 삼고 하북성, 산동성 등의 지방을 공격하게 했다. 청군은 18개 주, 67개 현, 88개 성을 점령하고 금은 수십만 냥, 백성 36만여 명, 가축 55만 두를 약탈했다.

이 침략이 청태종이 생전에 내린 최후의 출정 명령이었다. 누르하치의 뒤를 이어 중원 통일의 원대한 야망을 꿈꾸었던 그도 수많은 전투를 치르면서 쇠약해졌다. 숭덕 8년(1643) 성경의 황궁에서 재위 17년 만에 52세를 일기로 숨을 거두었다.

청태종은 부친 누르하치가 닦아놓은 기반 위에 청제국을 건설했지만 부친보다 지혜와 도량이 넓은 인물이었다. 황제로서 문무를 겸비하고 적장을 과감하게 포용할 줄 알았으며 아울러 민심이 천심이라는 사실을 한시도 잊지 않았기 때문에, 그의 후손들이 동북 지방에서 벗어나 중원의 주인이 될 수 있었다.

또 청태종은 우리 민족에게는 병자호란을 일으킨 침략의 '원흉'이었다. 하지만 그 자신의 능력과 인품은 어느 영웅에게도 뒤지지 않았으며, 인간적 매력이 물씬 풍기는 호걸이었다. 만약 그가 살육을 일삼고 무식쟁이 군주였다면 조선은 멸망했을 것이다. 그런데 그는 조선이 의리와 명분을 중시하는 '동방의 예의 국가'임을 잘 알고 있었다. 조선의 군주가 자신을 황제로 섬기면 조선의 국체를 인정하겠다는 기본적 입장을 견지하고 있었기 때문에, 삼전도에서 인조의 항복 의식을 받고 군마를 북쪽으로 돌려 철수한 것이다.

4. 청나라 건국과 만한문화의 융합을 통한 문물제도를 정비하다

황태극은 천총 10년(1636) 초에 이르러 중대한 결심을 한다. 이미 조선을 굴복시키고 명나라의 요동 지방과 몽골의 고비사막 이남을 수중에 넣었으므로 자신은 더 이상 후금의 최고 지도자 '칸'이 아니라, 여진족, 한족, 몽골족, 조선족 등 모든 민족을 다스리는 위대한 '황제'가 되어야 한다고 생각했다. 하지만 후금의 군권을 장악한 패륵들이 반대하면 자신의 계획이 물거품으로 돌아갈 수 있었다. 누르하치의 손자이자 자신을 칸으로 추대한 패륵 살합렴(薩哈廉·1604~1636)에게 넌지시 의견을 물었다.

황태극의 야망을 눈치 챈 살합렴은 패륵들을 만나 충성의 서약을 받았다. 포승선(鮑承先), 범문정(范文程) 등 한족 출신의 신하들도 이른바 '조정존호(早正尊號: 존호를 빠른 시일 내에 바로 잡는다)'의 문제에 대하여 적극 지지했다.

몽골 부족장들도 사신을 보내 충성을 다짐하고 황제로 등극하기를 바랐다. 황태극 본인은 원치 않았지만 만민이 기꺼이 자신을 황제로 추대하고 천명에 순응하고자 어쩔 수 없이 윤허할 수밖에 없다고 선포했다. 이른바 "위로는 하늘의 뜻에 부합하고, 아래로는 민심에 순응한다.(上合天意, 下順民情.)"라는 주장이다.

황태극은 천명사상을 정당성 확보에 적극적으로 이용했다. "천하의 모든 나라는 하늘의 명령에 의하여 건국되었다." 또 "국가를 흥하게 하고, 발전시키고, 안정시키는 모든 일은 하늘에 달려있는 것이지 사람이 억지로 할 수 있는 일이 아니다."고 말했다. 이는 그가 하늘의 뜻에 따라 황제가 되어 사해만방을 다스린다는 일종의 책무를 표현한 것이다. 천총 원년(1627) 조선 국왕 인조와 명나라 장수 원숭환에게 보낸 서찰에도 이런 내용이 나온다.

"오직 하늘만이 지극히 공정하다. 하늘은 국가의 크고 작음을 보지 않고, 일의 옳고 그름만을 볼 뿐이다. 하늘은 내가 하늘의 이치에 합당하고 명나라는 어긋난다고 보고 있다."

황태극의 천명사상은 그가 황제로 등극하는 필요충분조건이 되었다. 그는 천명사상을 이용하여 권력을 강화했지만 아울러 그것을 경외하고 선정을 베푸는 이론적 근거가 되었다.

『청태종실록·권21』에 그의 사상을 이해할 수 있는 중요한 내용이 있다.

"사관들이 그 임금을 칭한 것을 보면 도(道)의 유무를 논하지 않고서 일괄적으로 천자라고 말한다. 하늘은 무정(無情)하고 덕행(德行)만이 임금을 돕는다는 사실을 그들은 전혀 모르고 있다. 반드시 덕을 베푸는 자만이 비로소 천자의 칭호를 얻을 수 있다. 오늘날 짐은 하늘의 도움으로 국가의 군주가 되었다. 하지만 어찌 감히 명실상부한 천자가 되었고 하늘의 총애를 받았다고 할 수 있겠는가. 만약 선도(善道)를 행하지 않고 천심(天

心)을 체득하지 못하면 천명은 한결같지 않을 것이다. 그래서 어찌 하루라도 안락하게 지낼 수 있겠는가. 짐은 하루 종일 삼가 근신하며 성실하게 정사를 돌봄으로써 하늘의 경계(警戒)를 우러러 맞이할 뿐이다."

황제가 되었다고 모두 '천자'라는 호칭을 붙이면 안 된다. 오직 백성들에게 덕행과 선정을 베푸는 임금만이 천자의 칭호를 얻을 수 있는 자격이 있다는 주장이다. 한 국가의 주인인 임금이 되었다고 무소불위의 권력을 행사하고 사치와 방탕을 일삼는다면 하늘이 반드시 벌을 내릴 것이라는 무서운 경고를 스스로 내렸다. 오늘날의 관점에서 볼 때도 그의 천명관(天命觀)은 대단히 진보적이고 뛰어난 사상이다.

천총 10년(1636) 4월 11일 황태극은 성경(盛京)의 황궁에서 문무백관과 외번(外藩)의 수장들이 도열한 가운데 황제를 칭했다. 아울러 국호를 '대청(大淸)'으로 정하고 4월 이후부터 연호를 숭덕(崇德)으로 정했다.

황태극이 즉위 당일 만주어, 몽골어, 한어 등 세 종류의 문자로 쓴 표문(表文)으로 제천(祭天) 의식을 치른 것을 보면, 몽골, 명나라를 포함하는 거대 제국을 다스리겠다는 의지를 강하게 드러냈음을 알 수 있다. 또 즉위식에 앞서 여진(女眞)이라는 호칭을 '만주(滿洲)'로 바꾸었다.

만주의 유래와 의미에 대해서는 누르하치의 조상 이만주(李滿住)의 만주(滿住)에서 유래한다는 얘기, 오덕(五德)의 순환으로 왕조가 교체된다는 중국의 고대 음양오행설에 따라서 명나라가 화덕(火德)이므로 물 수(氵=水)자가 들어간 만주(滿洲)로 명나라를 이기고 왕조를 대체한다는 얘기, 퉁구스어에서 나온 '만추리아(Manchuria)'의 의미가 상서롭고 행복하며 평안한 토지라는 얘기 등 여러 가지 주장이 있다.

또 황태극이 국호를 대금(大金)에서 대청(大淸)으로 바꿀 때 명확한 이유를 설명하지 않았기 때문에, 오늘날까지도 청(淸) 자를 국호로 쓴 것에 대해 의견이 분분하다.

음운학의 관점에서 볼 때 만주어에서 청(淸) 자와 금(金) 자의 발음이 비슷하다는 학설, 중국의 역대 왕조 가운데 어느 왕조도 '청' 자를 국호로 쓰지 않았기 때문에 중복을 피하기 위해서 그랬다는 학설, 음양오행으로 해석하면 명(明) 자의 날 일(日) 자는 불 화(火)에, 청(淸) 자는 물에 해당하므로 물이 불을 이기듯 청나라가 명나라를 이긴다는 의미를 담은 학설 등이 있다. 모두 자기 관점에 따라 견강부회식의 해석을 한 것이다.

황태극은 황제로 등극하기 훨씬 이전부터 국가는 무력으로만 통치할 수 없다는 사실을 알았다. 어쩌면 여진족과 가장 유사한 문화를 가진 몽골족이 건국한 대원(大元) 제국의 멸망 사례에서 그것을 깨달았는지도 모른다. 또 그의 아버지 누르하치가 "온갖 악행은 모두 유생놈 집단에 있다."고 여기고 포로로 잡힌 한인들 가운데 유생을 색출하여 '모조리 죽인' 만행을 기억하고 있었다.

천총 3년(1629)에 이런 조서를 내렸다.

"짐이 생각하건대 자고이래로 문무(文武)를 병용하여 국가를 통치했도다. 무위(武威)로 적을 이기고 문교(文敎)로 세상을 다스렸다. 오늘 짐은 문교를 일으키고자 생원(生員)들에게 시험을 치르게 하겠다."

당시 한족 출신의 유생들은 학살을 모면하기 위하여 신분을 속이고 팔기(八旗) 패륵 가문에서 노예로 살고 있었다. 황태극은 패륵들에게 노예들 가운데 유생들을 찾아내어 시험장에 나오게 하라는 엄명을 내렸다. 만약 노예 주인이 명령을 따르지 않으면 엄벌에 처하겠다고 했다.

이렇게 하여 시험장에 나온 생원 300명 가운데 200명을 선발하여 관리로 임용했다. 이때부터 청나라도 과거(科擧)를 통한 관리를 임용하기 시작했다. 한족 출신의 관리들은 주로 문관(文館)에서 황제의 칙령을 반포하고 문서를 관장하는 일을 맡았다.

천총 10년(1636) 3월 문관은 내삼원(內三院)으로 개편되었다. 내국사원(內國史院)과 내비서원(內秘書院) 그리고 내홍문원(內弘文院)으로 구성된 내삼원은 황태극의 황제 즉위식에 필요한 각종 의식을 전담했다. 황태극은 한족 출신 관료들의 도움을 받아 중국의 고대 황제들처럼 의전을 완벽하게 갖춘 장엄한 즉위식을 통해 황제로 등극하기를 원했다.

황태극은 만주의 귀족 자제들 가운데 8세부터 15세에 해당하는 연령은 모두 책을 읽게 했다. 싸움만 잘하고 학식이 없는 자들은 결코 국가를 다스릴 수 없다고 보았기 때문이다. 사실 옛날에 문자도 없었던 만주족이 무슨 서적을 남겼겠는가. 황태극은 한족의 방대한 경전과 역사서에서 지혜를 기르고 학식을 쌓고자 했다. 『맹자』, 『자치통감』, 『삼국연의』 등 주옥 같은 명저들이 그의 통치 기간에 만주어로 번역되었다.

황태극은 즉위 직후에 도찰원(都察院)을 설치했다. 이 기관은 황제에게 간언하고 아울러 조정 대신과 대패륵들의 불법 행위를 감찰하는 막강한 권력 기관이었다.

청나라 말기의 학자 왕선겸(王先謙·1842~1917)이 편찬한 『동화록(東華錄)·숭정6』에 이런 기록이 있다.

"짐이 과도하게 사치하거나, 공신을 잘못 죽이거나, 수렵을 지나치게 즐기거나, 주색에 빠져 지내거나, 국정을 돌보지 않거나, 충신을 내쫓고 간신을 임용하거나, 승진과 파면을 공정하게 처리하지 않으면 조금도 숨기지 말고 낱낱이 직간(直諫)해야 하오."

황제도 자신에게 이처럼 엄격했는데 신하들에게 요구한 도덕적 책무는 더 말할 나위가 있었겠는가. 그는 도찰원의 관리에게 패륵과 대신들을 철저하게 감찰하게 했다. 사실 8기(旗) 가운데 대패륵들은 그와 피를 나눈 관계였다. 얼마든지 불법과 악행을 저질러도 혈연의 튼튼한 울타리 안에서 두려울 게 없었다.

황태극은 칸의 지위를 계승한 뒤에도 국정을 논할 때면 대선(代善), 아민(阿敏), 망고이태(莽古爾泰) 등 세 대패륵과 같은 높이의 의자에 앉았다. 이른바 '사존불(四尊佛)'이다. 이는 네 사람이 동등한 입장에서 의견을 내고 권력을 행사하는 상징적 좌석 배치였다. 권력이 한 사람에게 집중되는 것을 막기 위한 조치였다. '집단지도체제'의 성격이 강했다.

하지만 황태극은 황제로 등극한 뒤에 '남면독좌(南面獨坐)' 체제를 관철시켰다. 황제는 반드시 남쪽을 바라보고 앉아야 하며, 신하는 북쪽을 보고 앉아야 한다는 중국 고대의 예법이다. 신하가 황제를 배알할 때 남쪽을 바라보면 그것은 곧 반역이자 대역죄였다. 황태극은 그들을 법 테두리 안에 가두었다. 이는 그가 '시스템'으로 국가를 운영하고 법치주의에 어떤 성역(聖域)도 인정하지 않겠다는 뜻이다.

그런데 또 다른 면에서는 여진족이 세운 청나라가 황태극의 적극적인 한족문화 수용 때문에 한족 중심의 세계관에 편입되는 결과를 낳았다. 오늘날 중국에서 만주족은 유명무실한 존재로 전락했다. 명칭만 남아있을 뿐 이미 한족에 동화되고 말았다.

한족이 황태극을 '성군'으로 떠받드는 이유 가운데 하나가 그가 자발적으로 한족 문명에 들어와 동화되었기 때문이 아닌가 한다. 한족이 세운 명나라가 청나라에게 망했지만, 만주족이 끝내는 한족에 동화된 것은 역사의 아이러니이다.

물론 황태극은 만주족의 전통 문화를 절대로 소홀히 하지 않았다. 오히려 열렬한 수호자였다. 천총 6년(1632) 달해(達海·1595~1632)에게 누르하치

때 만든 '노만문(老滿文)'의 결점을 보완하여 권점(圈點)이 있는 '신만문(新滿文)'을 만들게 했다. 이것은 비교적 짜임새 있는 자모 체계로 이루어진 까닭에 의미 전달이 쉽고 쓰기에 편했다. 황태극은 한족 출신의 관리들에게 반드시 만주어를 읽히게 했다. 만주어를 모르는 관리는 불이익을 당했다. 『청태종실록·권10』에 이런 내용이 있다.

"많은 한족 출신의 관리들은 단지 만주어를 암기하지 못한다는 이유만으로 조소거리가 되었다. 때로는 능욕을 당하여 상심한 끝에 눈물을 흘리는 자도 있었다."

공문은 만주어와 한자를 병기(併記)했으며, 한자로 쓴 도읍의 명칭이나 지명도 만주어로 바꾸었다. 한족 모두 변발을 하지 않으면 목이 달아났고 복장도 만주족 의복을 입어야 했다. 오늘날 중국의 전통 의상을 상징하는 '치파오(旗袍)'는 사실은 만주족의 전통 복장이지 한족과는 아무 관련이 없다. 오히려 한족의 전통 복장은 우리의 한복(韓服)과 비슷하다.

5. 청태종에게 충성한 명나라 장수: '삼순왕', 범문정, 홍승주

이른바 '삼순왕(三順王)' 가운데 한 명인 상가희(尚可喜·1604~1676)는 원래 피도(皮島: 지금의 평안북도 철산군 가도·椵島)에서 수군 진영을 구축하고 후금과 싸운 명나라 장수 모문룡 수하의 장수였다. 숭정 4년(1631) 10월 경중유(耿仲裕), 왕응원(王應元) 등이 피도에서 병란을 일으켜 동강총병(東江總兵) 황룡(黃龍)을 구금한 일이 있었다. 평안도 해안의 여러 섬에서 수군을 조련하고 있었던 상가희가 수군을 이끌고 와서 병란을 진압하고 황룡을 구했다. 황룡은 그를 유격(遊擊)으로 발탁했다.

그런데 이 시기에 모문룡의 양손자(養孫子)이자 부장(副將)이었던 공유덕(孔有德)은 모문룡이 원숭환에게 살해당한 데 분노하여 오교(吳橋: 지금의 하북성 창주·滄州 오교현)에서 병란을 일으켰다. 공유덕과 경중명(耿仲明)은 산동성 등주(登州)를 점령하고 1년여 동안 명군에 저항했다. 황룡은 상가희와 김성환(金聲桓)을 압록강 하구와 평안도 해안의 여러 섬으로 보내 주민들을 진무하게 하고, 아울러 여순(旅順)에서 명나라에 반기를 든 고성우(高成友) 일당을 몰아내게 했다.

황룡은 상가희가 고성우의 반군(叛軍)을 소탕한 후 여순에 주둔했다. 숭정 6년(1633) 2월 명군이 등주를 수복했다. 공유덕과 경중명의 반란군은 해상으로 달아났다. 상가희는 또 황룡의 명을 받들어 함선을 이끌고 반란군이 주둔하고 있는 섬을 봉쇄하러 항해하다가 폭풍을 만났다. 함선이 침몰되어 수군 대부분이 수장되었다. 그는 가까스로 등주에 상륙했지만 명나라 장수 조대필(祖大弼)에게 반역의 수괴로 오인을 받고 감옥에 갇혔다. 다행히 황룡의 구명 덕분에 여순으로 돌아올 수 있었다.

숭정 6년(1633) 7월 후금에 이미 투항한 공유덕과 경중명이 후금군의 앞잡이가 되어 여순성을 공격했다. 성이 함락되자 황룡은 자살하고 상가희는 탈출했으나, 그의 가솔 수백 명은 바다에 투신하여 자살했다. 황룡 사후에 심세괴(沈世魁)가 동강총병의 직책을 이어받았다. 그는 상가희가 피도에서 병란을 진압할 때 병권을 빼앗긴 원한을 품고 있었다. 상가희를 피도로 유인하여 죽이려고 했다.

음모를 눈치 챈 상가희는 피도로 가지 않고 해상에서 수군을 조련하면서 형세를 관망하다가 황태극에게 귀부하기로 결심했다. 허이현(許爾顯), 반지부(班志富) 등 부하 장수들을 성경으로 보내 자신의 뜻을 전했다. 황태극은 소식을 듣고 너무 기쁜 나머지, "하늘이 나를 도와주는구나."라고 소리쳤다. 그래서 상가희의 부대를 '천조병(天助兵)'이라고 명명했다.

천총 9년(1634) 상가희는 휘하 장수들과 그가 통치하는 여러 섬에 거주하는 군민 1만여 명을 거느리고 바다를 건너 후금에 귀부했다. 또 그가 가지고 온 홍이포, 조총 등 각종 무기는 후금의 전력 증강에 큰 보탬이 되었다. 그가 성경에 이르렀을 때 황태극은 도성 30리 밖까지 친히 마중을 나와 극진하게 예우했다. 그에 대하여 "명나라의 국운이 이미 서산에 기울고 있음을 알았고 시세의 향배를 정확하게 인식하였다."고 칭찬했다.

청나라 숭덕 원년(1636) 청태종은 국호를 '대청(大淸)'으로 바꾸고 황제로 등극했다. 이때 청태종은 공유덕을 공순왕(恭順王), 경중명을 회순왕(懷順王), 상가희를 지순왕(智順王)에 각각 봉했다.

이 세 사람이 청초에 이른바 '삼순왕(三順王)'이다. 그 후 상가희는 청태종이 조선을 침략한 병자호란 때 인조를 압박하여 항복을 받아냈다. 숭덕 7년(1642)에는 송금(松錦) 전투에서 전공을 세운 공로로 한군(漢軍) 양람기(鑲藍旗)의 패륵이 되었다.

상가희는 청태종이 죽은 뒤에도 청군이 중원을 정벌하는 데 일등공신이 되었다. 순치 3년(1646) 호남(湖南) 지방을 공략했으며, 순치 6년(1649)에는 봉호(封號)가 평남왕(平南王)으로 개칭되었다. 순치제가 그에게 남방을 평정하라는 의미였다. 순치제의 어명을 받든 상가희는 청군을 거느리고 무창(武昌), 악양(嶽陽), 남웅(南雄), 소주(韶州) 등 남방의 도시들을 유린했다.

순치 7년(1650)에는 마침내 서남방 최대의 도성인 광주성(廣州城)에 이르렀다. 남명(南明) 정권 최후의 황제, 주유랑(朱由榔·1623~1662)은 광서성 오주(梧州)로 달아났으나, 양광총독 두영화(杜永和)는 청군에 맞서 싸웠다. 청군은 광주성을 10개월 동안 봉쇄한 끝에 함락하고 대학살을 자행했다. 주민 40여만 명 가운데 8만여 명이 희생된 참극이었다. 한편 두영화는 광주성이 함락된 후 경주(瓊州: 지금의 해남도)로 도망갔다가 항복한 뒤 청나라의 관직을 제수 받았다.

광동 지방을 평정한 상가희는 동남의 해안 지방에서 활동하는 반청(反淸) 세력을 철저하게 탄압했지만, 청조에 순응하는 백성에게는 생업을 권장하여 살길을 열어주었다. 26년 동안 광동 지방의 실질적인 왕 노릇을 하면서 막대한 부를 쌓았다. 해마다 거두어들이는 은자(銀子)가 수백만 냥을 넘지 않은 적이 없었다. 당시 사람들은 "평남왕의 부유함은 천하제일이다."고 말하곤 했다.

상가희는 강희제(康熙帝)에게도 변함없는 충성을 했다. 그런데 평서왕(平西王) 오삼계(吳三桂)가 반란을 일으켜 운남(雲南), 귀주(貴州), 복건(福建), 강서(江西), 광서(廣西) 등 광대한 지역을 장악했다. 강희 15년(1676) 오삼계의 반란군이 광동성을 압박하자, 상가희의 큰아들 안달공(安達公) 상지신(尙之信·1636~1680)은 오삼계에게 호응했다. 대세가 오삼계에게 기울었다고 판단한 상지신은 아버지를 구금하고 병권을 빼앗았다. 자기 한몸의 부귀영화를 위해서 아버지의 안위 따위는 관심이 없는 패륜아였다. 나이가 이미 고희를 넘긴 상가희는 죽음을 앞두고 이렇게 말했다.

> "나는 삼조(三朝: 숭덕, 순치, 강희)의 두터운 은혜를 입었도다. 시세(時勢)가
> 이 지경에 이르렀는데도 도적들을 죽일 수 없으니 죽어서도 남은 죄가
> 있구나!"

청태종이 하사한 관복을 입고 북쪽을 향해 절을 하고는 73세를 일기로 죽었다. 얼마 후 상지신은 청조에 반역한 죄를 뉘우치고 귀부했다. 강희제는 그에게 아버지의 평남친왕(平南親王)의 작위를 물려받게 하고 광동지방을 지키게 했다. 그가 충신 상가희의 큰아들이므로 은전을 베푼다는 이유였으나, 사실은 오삼계의 반란을 평정하기 위해서는 광주에서 막강

한 권세를 행사한 상씨 집안의 영향력을 무시할 수 없었기 때문이다.

그런데 다시 병권을 장악한 상지신은 여전히 좌고우면하는 태도를 보였다. 또 성격이 난폭하고 언행이 불손하여 백성의 원성이 자자했다. 강희 19년(1680) 강희제는 상지신을 북경으로 압송하게 했다. 결국 상지신은 어명에 따라 스스로 목숨을 끊었다. 그의 가족은 모두 사면되었다. 강희제가 삼조(三朝)에 걸쳐 충성한 상가희에게 마지막으로 은혜를 베푼 것이다.

공유덕(孔有德·1602~1652)은 요동 철령(鐵嶺)의 광산 노동자 출신이다. 활과 말을 잘 다루었지만 일자무식이었다. 젊었을 적에 절친한 친구 경중명(耿仲明)과 함께 조선의 피도(皮島)로 들어가 명나라 장수 모문룡의 부하가 되었다. 그는 "용감하고 싸움을 잘해 출전할 때면 항상 선두에 서서 전공을 세웠으므로 여러 장수들 가운데 으뜸이었다." 모문룡은 그를 양손자(養孫子)로 받아들이고 총애했다.

만력 47년(1619) 후금군이 살이호 전투에서 대승을 거둔 이후, 요동 지방은 점차적으로 후금의 수중에 들어갔다. 모문룡은 요동반도 연해 섬 지역과 피도 일대에서 군영을 구축하고 후금의 후방을 여러 차례 습격했다. 모문룡이 해상에서 후금의 뒷덜미를 잡고 있었기 때문에, 후금군은 바다를 건너 산동반도로 진출할 수 없었다. 하지만 모문룡은 성격이 오만방자하고 사치가 심하여 군용 물자를 멋대로 사용했다. 또 툭하면 조정의 지시를 거부하여 대신들의 불만을 샀다.

원숭환은 숭정 2년(1629) 그가 군량미를 낭비하고 군법을 어긴 죄명으로 참살했다. 공유덕은 자신을 친손자처럼 돌봐준 모문룡이 아무런 죄도 없었는데도 누명을 쓰고 잔혹한 죽음을 당했다고 분노했다. 마침 우첨도어사 손원화(孫元化·1581~1632)가 후금의 산동 지방 침입을 막기 위해 등주(登州)와 내주(萊州) 지방을 순무하고 있을 때, 그의 수하로 들어갔다.

청나라 역대 황제 평전

숭정 4년(1631) 8월 황태극이 친히 군사를 거느리고 대릉하성(大凌河城: 지금의 요녕성 능해·凌海 일대)을 공격했다. 대릉하성의 수장(守將) 조대수(祖大壽)의 다급한 구원병 요청을 받은 명나라 조정은 손원화와 공유덕에게 대릉하성을 구원하게 했다. 공유덕의 부대가 오교(吳橋: 지금의 하북성 창주·滄州 오교현)에 이르렀을 때, 세찬 눈바람이 몰아쳐 더 이상 행군할 수 없었다. 더구나 군량이 부족하여 병사들의 고생이 이만저만이 아니었다.

굶주림에 지친 한 병사가 오교의 명문거족 왕상춘(王象春) 저택에 몰래 들어가 닭 한 마리를 훔쳐 먹었다가 하인에게 발각된 일이 있었다. 왕상춘의 세도를 두려워한 공유덕은 그 병사에게 귀에 화살을 꼽고 병영을 돌아다니며 죄를 뉘우치게 하는 형벌을 받게 했다. 하지만 그 병사는 굶어 죽지 않으려고 닭 한 마리를 잡아먹었을 뿐인데 너무 가혹한 형벌을 당했다고 분노했다. 밤중에 몰래 왕상춘의 저택에 잠입하여 자기를 고발한 하인을 때려죽였다. 또 처우에 불만을 품은 병사들이 저택에 불을 질렀다.

예기치 않게 사건이 확대되자 공유덕도 긴장하지 않을 수 없었다. 군심을 수습하는 중에 예전에 동강대장(東江大將)이었던 이구성(李九成)이 찾아왔다. 명나라는 이미 패망의 길로 접어들었으니 함께 군사를 일으키자고 선동했다. 경중명도 그와 뜻을 같이했다. 오교에서 병란을 일으킨 공유덕과 경중명은 먼저 산동성 등주(登州)와 황현(黃縣)을 점령했다.

숭정 5년(1632) 공유덕은 내주성(萊州城)을 포위 공격했다. 하지만 산동 순무 서종치(徐從治)와 사련(謝璉)을 중심으로 일치단결한 군민들의 강력한 저항에 부딪쳤다. 서종치가 성곽에서 병사들을 지휘하다가 화포에 맞아 장렬하게 전사하자, 군민들은 그의 충절을 기리며 더욱 필사적으로 저항했다.

성을 공격한지 넉 달이 지났는데도 공방전만 지속될 뿐이었다. 조정에서 파견한 반란 진압군이 속속 내주성을 향해 진군해오고 있었다. 시간을 끌면 끌수록 불리하다고 생각한 공유덕은 등주성으로 회군했다. 등주성을 두고 명군과 반란군 사이에 치열한 접전이 벌어졌다. 명군의 화포가 성벽을 파괴했다.

숭정 6년(1633) 2월 공유덕은 1만여 명의 군사를 이끌고 성을 탈출했다. 배를 타고 요동반도의 여순 해안에 상륙한 뒤 명군의 복병에 기습을 당해 대패했다. 공유덕과 경중명은 패잔병을 수습하고 요녕성 개주(蓋州)로 달아났다. 이제 두 사람은 선택의 여지가 없었다. 황태극이 다스리는 후금에 투항하기로 결심했다. 항복을 구걸하는 상소문 「걸항소(乞降疏)」를 황태극에게 바쳤다. 그 내용의 일부는 이렇다.

"위대한 대칸이시여! 영명한 대칸께서는 온 나라의 영웅, 호걸들을 거두어들이시고 요임금, 순임금, 탕왕, 무왕처럼 한없이 넓은 마음과 도량을 품고 계시고 있음을 오랫동안 우러러보았습니다. 갑옷 한 벌, 화살 한 개도 없는 사람들도 대칸에게 투항하여 마음속의 위대한 포부를 펴고자 하옵니다. 하물며 병사 수만 명을 거느리고 함선 100여 척, 대포, 화기 등 각종 무기를 갖춘 저희들이야 더 말할 나위가 있겠사옵니까? 저희들이 이러한 무기로 영명하신 대칸과 한 마음으로 협력하여 바다와 육지에서 파죽지세로 진격한다면, 천하에서 누가 감히 대칸과 자웅을 겨룰 수 있겠사옵니까? 저희들의 계획은 대칸을 향한 뜨거운 충정에서 나왔으며 반드시 실천하겠사옵니다. 대칸께서 저희들의 충언을 받아주시면 대업은 반드시 이루어지며, 주씨(朱氏) 왕조의 천하가 순식간에 대칸의 천하로 바뀔 것이옵니다."

한족은 요임금, 순임금, 탕왕, 무왕을 공자보다도 위대한 성인 중의 '성인'으로 숭배한다. 황태극을 그들과 동급으로 치켜세웠으니 참으로 낯

뜨거운 아부가 아닐 수 없다. 사실 그들이 황태극에게 투항한 결정적 이유는 명나라 조정에 반기를 들었다가 실패하여 궁지에 몰렸기 때문이지만, 황태극이 도량이 넓고 인재를 중시하며 출신 국가를 따지지 않고 한족 출신의 문무백관을 우대한다는 소문도 크게 작용했다.

천총 4년(1630) 황태극이 영평부(永平府: 지금의 진황도·秦皇島, 당산·唐山, 요녕·遼寧 서남 지역)를 공략했을 때, 명나라 호부랑중(户部郎中) 진차심(陳此心)이 투항했다. 하루는 진차심이 연로한 부모님을 돌봐야한다는 이유를 대고 황태극에게 고향으로 보내달라고 청했다. 황태극은 그렇게 하도록 윤허했다. 두 달 후 고향에서 돌아온 그가 달아날 생각을 했다. 먼저 가족에게 귀중품을 가지고 몰래 도망가게 했다가 가족이 체포된 일이 있었다. 신하들은 당장 그를 죽여야 한다고 아뢰었다. 황태극이 말했다.

"짐은 이미 은혜를 베풀어 백성을 다스리기로 결정했는데 그를 죽일 필요가 있겠소? 그가 이곳에 남아있기를 원치 않은 바에는 차라리 고향으로 돌려보내는 게 좋겠소."

오히려 진차심에게 말 두 필, 당나귀 다섯 필, 은자(銀子) 20냥 등을 하사하며 가족을 데리고 고향으로 돌아가게 했다. 황태극은 도망자를 죽이거나 억지로 잡지 않았다. 덕을 베풀고 선정을 펴면 언젠가는 도망 간 자도 다시 돌아오리라는 확신이 있었다.

대릉하 전투에서 거짓으로 항복했다가 달아난 조대수(祖大壽)를 10여 년 동안 기다려 준 끝에 결국 자기 사람으로 만든 것이 좋은 예이다. 이런 소문은 한족 관리들에게 깊은 인상을 심어주었다. 황태극은 여진족임에도 한족 문명의 우수성을 이해하고 적극적으로 수용하는 태도를 보였다. 이 점이 부친 누르하치의 한계를 뛰어넘어 제국의 통치자가 되는 발판이 되었다.

숭정 6년(1633) 4월 공유덕과 경중명의 군사는 압록강 하구에 도착하여 후금에 투항했다. 그들은 후금의 요구에 따라 모두 머리를 변발하고 성경으로 향했다. 황태극은 그들이 당시로서는 최첨단 무기인 홍이포 등 많은 장비를 가지고 오고 있다는 소식을 듣고 너무 기쁘고 흥분한 나머지 잠시 정신을 잃을 정도였다. 서둘러 패륵들을 대동하고 도성 밖으로 나가 극진한 예를 갖추고 그들을 맞이했다.

황태극은 공유덕이 반란을 일으켰을 때 스스로 도원수(都元帥)라고 칭한 것을 알고서 그 호칭을 그대로 인정했다. 그리고 공유덕을 동경(東京: 지금의 요녕성 요양·遼陽)으로 보내 병사를 거느리게 하고 그가 거느린 군사를 '천우병(天佑兵)'으로 명명했다.

항복한 장수를 파격적으로 예우하는 이유는 아주 간단하다. 자신의 이익을 지켜줄 '충견'이 필요하기 때문이다. 공유덕도 황태극을 위해 견마지로의 공을 아끼지 않아야 살아남을 수 있었다. 황태극이 조선, 명나라 등을 침략할 때 그는 앞잡이 노릇을 마다하지 않았다. 때로는 선봉에 서서 많은 전과를 올리기도 했다.

청태종 사후 순치(順治·1644~1661) 연간에 이르러서도 공순왕 공유덕은 여전히 충성을 다했다. 순치 3년(1646)에는 평남대장군(平南大將軍)을 제수받고 난 뒤 남명(南明)의 영력(永曆) 정권을 토벌했다. 순치 6년(1648) 이후에는 정남왕(定南王)에 책봉되고 군사 2만여 명을 거느리고 광서 지방을 다스렸다.

순치 9년(1652) 영력 정권의 항청(抗淸) 명장, 이정국(李定國·1621~1662)이 호남성 지역 대부분을 수복하고 광서 계림(桂林)으로 진격해왔다. 공유덕은 계림성에서 이정국과 맞서 싸우다가 머리에 화살을 맞았다. 자신의 운명이 다했음을 직감한 그는 처첩들을 자살하게 하고 북쪽을 향해 절을 하고

청나라 역대 황제 평전

난 뒤에 자결했다. 그의 아들 공정훈(孔廷訓)은 포로로 잡혀 참수를 당했다. 순치제는 그에게 시호(諡號)를 하사하고 추모했지만 후손이 끊기는 불행을 당했다. 조국 명나라를 배반한 장수의 최후였다.

경중명(耿仲明·?~1649)은 젊었을 적에 절친한 친구 공유덕과 비슷한 행보를 걸었다. 일찍이 후금에 투항하여 천총(千總)이 되었다. 명나라 총병 모문룡이 피도에서 세력을 떨치고 있다는 얘기를 듣고 수하들을 거느리고 피도로 도망가 그의 부하가 되었다. 그는 사람됨이 교활하고 잔꾀를 잘 부리는 단점이 있었지만, 싸움뿐만 아니라 지략도 뛰어나 모문룡의 휘하에서 두각을 나타냈다. 모문룡은 그를 양손자로 받아들이고 군영의 재무를 맡겼다.

숭정 2년(1629) 모문룡이 원숭환에게 살해당하자, 공유덕과 함께 우첨도어사 손원화(孫元化·1581~1632)의 수하로 들어갔다. 손원화는 경중명을 중군(中軍)의 참장(參將)에 임명했다. 이때부터 경중명과 공유덕은 정치적으로 운명을 함께 했다.

숭정 4년(1631) 8월 두 사람은 오교(吳橋)에서 병란을 일으키고 산동성 등주(登州)와 황현(黃縣)을 점령했다. 숭정 6년(1633) 2월 등주성 싸움에서 명군에게 대패한 뒤에는 해상으로 탈출하여 황태극에게 귀부했다.

그런데 두 사람 사이에 알력이 전혀 없었던 것은 아니다. 경중명은 공유덕보다 조금 적은 병사를 거느리고 있었다. 하루는 경중명이 몰래 공유덕의 병사 일부를 자기 휘하에 복속시켰다. 그 사실을 알게 된 공유덕은 노발대발했다. 경중명을 탄핵하는 상소를 올리자, 황태극이 중재에 나섰다. 경중명은 병사들을 돌려보내고 잘못을 사과했다. 황태극은 그들을 궁궐로 불렀다. 연회를 베풀어 술과 고기를 하사하면서 이렇게 말했다.

"명나라 관리와 장수들은 가끔 훈련장에서 활쏘기 시합을 한다고 들었소. 오늘 특별히 연회를 베풀어 그대들을 환대하는 까닭은 그대들이 국가를 위해 진력하기를 바라는 마음 때문이오. 그대들의 고향은 아주 멀리 떨어져 있어 고향 생각이 간절할 것이오. 이 연회 장소를 훈련장으로 삼아 활쏘기 시합을 하여 짐이 베푼 연회에 감사의 마음을 표현하는 게 좋겠소."

황태극은 이렇게 명나라 출신 장수들의 마음을 꿰뚫고 아량을 베풀었다. 두 사람의 갈등을 군법으로 다스렸다면 경중명은 형벌을 면치 못했을 것이다. 하지만 황태극은 두 사람 모두 절실하게 필요한 장수라고 생각했다. 갈등을 중재하여 자기에게 충성을 유도하는 방법이 훨씬 더 현명한 용인술이었다. 황태극이 황제를 칭한 이후에 회순왕(懷順王) 경중명도 공순왕(恭順王) 공유덕처럼 전선을 누비며 전공을 쌓았다.

숭덕 7년(1642) 청태종은 한군(漢軍)을 팔기(八旗)로 나누고 경중명의 군사를 정황기(正黃旗)에 배치했다. 청태종 사후 순치(順治·1644~1661) 연간에 이르러서 경중명도 공유덕과 함께 남방 정벌에 여러 차례 나섰다. 순치 6년(1649) 경중명이 병사 1만여 명을 거느리고 광동 지방으로 출정을 준비하고 있을 때, 뜻밖에도 형부(刑部)에서 경중명의 부하 매륵장경(梅勒章京: 청나라 관직명. 부장·副將의 의미) 진소종(陳紹宗)을 탄핵했다. 진소종의 부하들이 죄를 짓고 달아난 자들을 몰래 숨겨주었는데도 진소종이 방관했다는 죄명이었다. 당시 도망자를 숨겨 준 자는 참형으로 다스렸다.

섭정왕 다이곤은 경중명에게 진상을 파악하게 했다. 무려 300여 명이 사건에 연루된 사실을 알게 된 경중명은 자신의 죄를 청하는 상소를 올렸다. 부하들을 제대로 통솔하지 못한 죄였다. 대신들은 경중명을 삭탈관직해야 한다고 주장했지만, 남방 정벌이 시급했고 더구나 청나라에 충성한 삼순왕(三順王) 중의 한 명인 그를 숙청하면 명나라 출신 장졸들의 불만

청나라 역대 황제 평전

을 살 수 있었으므로 조정은 그의 죄를 불문에 부치기로 결정했다. 하지만 순치 6년(1649) 11월 조정의 사면 통보를 아직 받지 못했던 경중명은 처벌을 두려워하여 강서성 길안(吉安)에서 스스로 목매어 자살했다.

상가희, 공유덕, 경중명 등 이른바 '삼순왕'은 조국 명나라를 배신하고 청태종에게 충성한 대표적 인물이다. 청태종은 죽을 때까지 그들을 왕으로 책봉하고 우대했다. 하지만 그가 죽은 뒤에 세 사람의 말로는 모두 비극으로 끝났다.

앞서 이야기한 삼순왕이 모두 무장 출신으로서 청나라 건국에 무공을 세웠다면, 범문정(范文程·1597~1666)은 문인으로서 누르하치, 청태종, 순치제, 강희제 등 무려 4대에 걸쳐 청나라의 건국과 문물제도를 완성한 일등공신이다. 지금의 요동 심양에서 태어난 그는 어렸을 적부터 학문에 매진하여 18세 때 수재(秀才)로 선발되었다.

만력 46년(1618) 누르하치가 무순을 점령했을 때, 형 범문채(范文寀)와 함께 자발적으로 누르하치에게 투항했다. 당시 누르하치의 수하에는 용감한 장수들은 많았으나 장량이나 제갈량처럼 천하의 대세를 읽고 전략을 짜는 책사는 없었다. 누르하치는 정벌을 나갈 때마다 곁에서 병법을 조언한 범문정을 총애했다.

범문정은 이론에만 밝은 문약한 유생이 아니었다. 천총 3년(1629) 10월 황태극이 명나라를 정벌할 때, 범문정은 직접 전투에 참가하여 반가구(潘家口), 마란욕(馬欄峪), 산둔영(山屯營), 마란관(馬欄關), 대안구(大安口) 등 5개 성 수장들의 항복을 받아내는 전과를 올렸다. 서방관(書房官)을 맡으며 행정 업무를 완벽하게 처리할 뿐만 아니라, 싸움터에서도 책략을 발휘하여 전공을 쌓는 범문정을 황태극은 무척 총애했다. 그에게 유격(遊擊)의 직책을 하사하고 대대로 세습하게 했다. 후금 건국 초기에 문무를 겸비한 장수는 그가 유일했다.

청나라 숭덕 원년(1636) 황태극은 국호를 '대청(大淸)'으로 바꾸고 황제로 등극했다. 청나라를 명실상부한 제국으로 거듭나기 위해서 명나라 제도를 모방한 행정 조직을 정비했다. 범문정은 내비서원(內秘書院)의 대학사에 임명되었다. 외교 문서, 관아의 공문, 황제의 칙유, 제문(祭文) 등 어느 한 가지도 그의 손을 거치지 않은 것이 없었다.

청태종은 국가의 대사를 처리할 때마다 그의 의견을 전적으로 신뢰했다. 대신들이 국사를 아뢰면, 언제나 "범장경(范章京: 장경은 청나라 무관의 칭호)은 알고 있는 일인가?" 또 신하들이 개진한 내용 가운데 자기 의견과 맞지 않는 것이 있으면, "범장경은 뭐라고 말했는가?"라고 물어보았다. 그들이 범장경도 그렇게 생각한다고 아뢰면, 황태극은 두말없이 수긍했다.

하루는 범문정이 몸이 아파 조회에 나오지 못했다. 그 사실을 보고받은 황태극은 유명한 말을 남겼다.

"범장경이 조회에 나오지 않으면, 짐도 정사를 처리하지 않겠소."

절대적인 신임이 없이는 나올 수 없는 말이다. 두 사람이 함께 식사할 때의 일이다. 황태극은 범문정에게 산해진미를 권했다. 그런데 범문정은 주저하며 젓가락을 대지 않았다. 그 연유를 물으니 집에 계신 연로한 아버지 생각이 나서 그랬다고 말했다. 황태극은 시종에게 즉시 음식을 싸서 가져다주게 했다. 황제의 마음씀씀이가 이러하니, 어찌 신하된 자가 몸을 바쳐 충성하지 않겠는가.

그런데 청태종의 이복동생이자 예친왕(豫親王) 다탁(多鐸)이 범문정의 예쁜 아내를 강탈한 사건이 일어났다. 당시 다탁은 8기(旗) 가운데 일기(一旗)의 주인이었고, 범문정은 그 기에 소속되어있었다. 기주(旗主)가 부하의 아내를 빼앗은 행위는 결코 위법이 아니었다.

하지만 범문정은 중신 중의 중신이 아닌가. 사건의 전모를 알게 된 청 태종은 고민했다. 범문정이 당한 치욕을 모르는 척 할 수 없었다. 그렇다 고 해서 다탁에게 중벌을 내릴 수도 없는 형편이었다. 심사숙고 끝에 여 러 왕과 대신들의 의견을 따랐다. 다탁이 은자 일천 냥, 우록(牛錄) 15개를 벌금으로 내는 것으로 사건을 마무리했다.

봉건 시대에 사대부가 아내를 빼앗긴 치욕은 부모를 죽인 원수를 죽 이지 못한 치욕에 버금갔다. 하지만 범문정은 굴욕을 참았다. 청태종 사 후에 다탁의 친형 다이곤이 집권하면 멸문의 화를 당할 수 있다는 두려움 때문이었다.

훗날 호사가들이 범문정을 명나라를 배반한 제일의 한간(漢奸)으로 매 도하는 이유 가운데 하나가 자기 아내를 빼앗긴 능욕을 당하고서도 청나 라를 위해 헌신했다는 것이다.

아니나 다를까, 숭덕 8년(1643) 8월 청태종이 붕어했다. 그의 아홉째아 들 복림(福臨·1638~1661)이 황위를 계승했다. 그가 곧 순치제(順治帝)이다. 겨 우 6세 때 등극했으므로 그의 숙부 섭정왕 다이곤이 실제로 국정을 다스 렸다.

순치 원년(1644) 4월 범문정은 중원 정벌의 계책을 다이곤에게 올렸다. 청군 10만 대군이 산해관을 향해 진격했을 때 뜻밖에도 산해관을 지키고 있던 명나라 평서백(平西伯) 오삼계(吳三桂)가 사신을 보냈다. 사신이 전한 말 은 너무 충격적이었다. 이자성(李自成)의 농민군이 이미 북경성을 점령했고 숭정제가 자살했으므로 투항하겠다는 얘기였다.

원래 북경성 점령이 목표였던 다이곤은 범문정에게 계책을 물었다. 오삼계를 받아들이고 농민군과 결전을 벌여야 한다고 주장했다. 아울러 북경에 진군하면 무고한 농민들을 절대로 해쳐서는 안 된다고 했다.

양군은 산해관 일대에서 충돌했다. 청군의 대승으로 끝나자 공포에 질린 수많은 백성들이 필사적으로 달아났다. 예전에 청군의 학살과 약탈을 한두 번 겪은 것이 아니었기 때문이다. 범문정은 서둘러 곳곳에 격문을 띄웠다.

"의병(義兵)이 온 까닭은 너희들을 위해 명나라 군주에게 복수하기 위해서이지 무고한 백성을 죽이려고 한 것이 아니다. 지금 이자성의 도적떼를 주살할 뿐이다. 관리는 업무에 복귀해야 하며, 백성은 생업에 종사해야 한다. 우리 군사의 군율은 아주 엄격하므로 너희들을 절대 해치지 않을 것이다."

그의 선무 공작 덕분에 민심이 빠르게 안정되었다. 순치 원년(1644) 5월 2일 마침내 다이곤이 북경의 자금성을 접수하였으니 누르하치 때부터 꿈꾸어왔던 오랜 소망이 이루어진 것이다. 범문정이 민심을 수습하는 계책을 내놓지 않았다면 대학살을 피할 수 없었을지도 모른다. 자금성에 입성한 지 바로 다음 날 그는 다이곤에게 건의했다.

"일부 백성들이 반란을 일으킨 자들을 생포한다는 핑계를 대고 평소에 원한을 품었던 자들을 다투어 고발하고 서로 해치는 일을 벌이지 않을까 두렵습니다. 엄격한 군령을 선포하여 사달을 미연에 방지해야 합니다."

범문정은 무법천지의 혼란기에 흔히 일어날 수 있는 폐단을 정확하게 파악했다. 또 자살한 숭정제를 황제의 예우로 장례를 치르도록 건의했다. 순치제의 명의로 반포한 조서의 일부 내용은 이렇다.

"원래 이자성은 이전에 명나라의 백성이었다. 그런데도 감히 임금을 시해하고 시체를 난도질하였다. 이는 천인공노할 범죄이며 절대로 주살(誅殺)을 면할 수 없다. 오늘 천하의 모든 관민(官民)들은 3일 동안 복상(服喪)하며, 예부와 태상시에서는 제왕의 법도에 맞게 성대하게 장례를 치른다."

명나라 관리, 일반 백성 대부분은 이런 파격적 조치에 감동했다. 특히 사대부들이 청나라에 적극적으로 귀부하는 데 결정적인 영향을 끼쳤다. 오직 민심을 얻기 위해서는 적국의 자살한 황제마저도 얼마든지 극진하게 예우하는 융통성을 발휘했다. 유가 경전에 정통한 범문정이 아니면 생각할 수 없는 지략이었다.

순치 10년(1653) 8월 범문정은 소보(少保) 겸 태자태보(太子太保)를 제수 받았다. 제국의 미래를 짊어질 태자를 교육시키는 막중한 자리였다. 강희 원년(1662) 어명을 받들고 청태종 황릉에 가서 제사를 지냈다. 자신을 알아주고 끝까지 신임한 청태종을 엎드려 추모하면서 눈물을 하염없이 흘렸다. 강희 5년(1666) 70세를 일기로 세상을 떠났다. 강희제는 친히 제문을 지어 그의 죽음을 추모했다. "범문정의 계책은 가히 100만 웅병(雄兵)을 막을 수 있었다."고 극찬했지만, 명나라를 배반한 반역자라는 꼬리표는 떨어지지 않았다.

복건성 천주(泉州) 출신 홍승주(洪承疇·1593~1665)는 만력 44년(1616)에 진사 급제한 당대 최고의 지식인 가운데 한 사람이다. 유가 사상을 숭배하는 관료로서 범문정과 더불어 청나라 개국 초기에 한족의 전통적인 관료 제도에 바탕을 둔 국가 조직을 완성했다. 하지만 그는 범문정과는 다르게 명나라 조정에서 막중한 직책을 수행하면서 청나라의 침략에 대항하다가 변절한 인물이다.

명나라의 마지막 연호인 숭정(崇禎·1628~1644) 연간에는 전국 각지에서 농민 반란이 하루가 멀다 하고 끊이질 않았다. 특히 섬서(陝西) 지방은 해마다 반복된 자연 재해가 농민들을 기아에 허덕이게 했는데도, 조정은 적절하게 대응하지 못했으며 오히려 지방 관리들은 가렴주구를 일삼았다. 이판사판의 심정으로 반란을 일으킨 농민군은 섬서 지방의 전역을 휩쓸었다.

숭정 2년(1629) 홍승주는 왕좌괘(王左挂)와 묘미(苗美)의 농민군을 한성(韓城: 지금의 섬서성 위남·渭南)에서 격퇴하여 일시에 명성을 얻었다. 숭정 4년(1631) 섬서성 삼변총독(三邊總督)으로 승진한 뒤로는 농민 반란군을 철저하게 진압하여 숭정제의 신임을 얻었다.

숭정 7년(1634) 숭정제는 홍승주를 오늘날의 '국방부장관'에 해당하는 병부상서에 임명하고 전국 각지에서 일어난 반란군을 진압하게 했다. 당시 장헌충(張獻忠)과 이자성(李自成)이 각각 거느린 농민군이 중원을 휩쓸었다. 하지만 그들도 홍승주에게 패하여 세력이 크게 위축되었다.

홍승주가 중원에서 농민 반란을 진압하느라 여념이 없을 때인 숭정 11년(1638)에 청태종이 대군을 거느리고 남침했다. 사면초가에 빠진 숭정제는 황급히 홍승주를 불러들여 계요총독(薊遼總督)에 임명하고 청군에 대항하게 했다. 숭정 14년(1641) 청군이 금주성을 포위하자, 홍승주는 13만 대군을 이끌고 금주성을 향해 떠났다.

숭정 15년(1642) 홍승주는 송산성(松山城)에서 반년 동안 고립되어 있었다. 그런데 하승덕(夏承德)의 배반으로 성이 함락되고 홍승주는 포로로 잡히는 신세가 되었다. 인재라면 출신을 따지지 않고 우대한 청태종은 성경으로 끌려와 감옥에 갇힌 홍승주의 재능을 아깝게 생각하여 그를 신하로 삼고 싶었다. 측근을 보내 그를 여러 차례 설득했다.

하지만 홍승주는 번번이 빨리 죽여 달라고 고래고래 소리를 질렀다. 또 며칠째 음식을 먹지 않고 충신은 절대 두 임금을 섬기지 않는다는 말만 반복할 뿐이었다. 정말로 그는 숭정제를 향한 일편단심이 조금도 흔들리지 않았다. 그의 죽음을 두려워하지 않는 결연한 태도는 오히려 청태종의 마음을 더욱 사로잡았다.

안달이 난 청태종은 자기가 가장 총애하는 신하, 이부상서 범문정에게 반드시 홍승주를 투항하게 하라는 특명을 내렸다. 같은 한족의 문관 출신이 설득하면 효과가 있을 거라 생각해서 범문정을 감옥으로 보냈다. 홍승주는 그를 보자마자 매국노라고 욕설을 퍼부었다.

범문정은 '투항'이라는 말은 감히 꺼내지도 못했다. 하지만 태연자약한 모습을 보이며 세상의 이치에 대해 조심스럽게 말했다. 마침 먼지 덩어리가 홍승주의 옷에 떨어졌을 때, 그가 먼지를 여러 번 툭툭 털었다. 그 모습을 본 범문정은 회심의 미소를 지었다. 청태종에게 이렇게 아뢰었다.

"승주는 죽지 않고 굴복할 것이옵니다. 지금 언제 처형당할지 모르는 중죄인의 신분인데도 옷에 묻은 먼지를 털어낼 정도로 옷을 소중하게 생각하고 있사옵니다. 하물며 자기 목숨이야 더 말할 나위가 있겠사옵니까?"

정말로 예리한 관찰력이다. 범문정은 홍승주의 지극히 사소한 행동을 보고 그의 마음을 꿰뚫었다. 청태종은 홍승주의 마음을 사로잡을 계책을 냈다. 효장문황후(孝莊文皇后)에게 인삼탕을 가지고 홍승주에게 가게 했다. 청태종의 정비(正妃)가 찾아왔는데도 홍승주는 눈길 한 번 주지 않고 벽만 바라보고 앉아있었다.

그녀가 애교 섞인 목소리로 말했다.

"홍 장군님! 명나라를 위해 이렇게 일편단심의 충정을 보이시니 존경하는 마음을 억누를 수 없습니다. 지금 장군께서 단식하시지만 물 한 모금 마신 후에 의리를 택해도 명예에 손상을 입히지 않겠지요?"

의리를 위해 단식하다가 죽더라도 죽기 전에 물 한 잔 마시는 게 무슨 대수냐는 얘기이다. 홍승주는 그녀가 내민 잔을 받아 마셨다. 그런데 어찌 알았으랴. 물이 아닌 인삼탕을 마시니 갑자기 몸이 뜨거워졌다. 더구나 효장문황후는 절세의 미인이 아닌가. 홍승주는 정신이 몽롱해졌다.

다음 날 청태종은 친히 그를 만났다. 홍승주는 무릎을 꿇지 않고 서 있었다. 항복하지 않겠다는 무언의 의사 표현이었다. 청태종은 자기가 입고 있던 담비가죽으로 만든 털옷을 벗어 홍승주의 어깨에 걸쳐주면서 말했다.

"홍 선생! 춥지 않은가요?"

느닷없이 황제가 입는 털옷을 입게 된 홍승주는 한참 동안 말이 없다가 탄식했다.

"아. 이 분이 진정으로 하늘의 명을 받은 천자이시구나!"

홍승주는 즉시 변발을 하고 청태종에게 엎드려 충성을 맹세했다. 청태종은 그에게 진귀한 보물을 하사하고 아울러 광대들을 불러 유희를 열게 했다. 이런 광경을 지켜 본 대신들이 불만을 토로했다.

"홍승주는 포로에 불과한데도 어찌 폐하께서는 후하게 성은을 베푸십니까?"

청나라 역대 황제 평전

청태종이 그들에게 반문했다.

"지금 우리가 온갖 고생을 마다하지 않는 이유가 무엇이오?"

다들 이구동성으로 대답했다.

"중원을 취하기 위해서입니다."

그는 웃으면서 말했다.

"이는 길을 걷는 것과 같은 이치이오. 짐이나 그대들 모두 눈먼 소경이
니 어디로 가야할지 모르고 있소. 지금 길을 안내할 수 있는 사람을 얻었
으니 어찌 기쁘지 않겠소?"

신하들은 그의 말을 듣고 모두 탄복했다. 한편 숭정제는 홍승주가 절
개를 지키고자 자살했다고 생각했다. 그의 충정을 기리기 위하여 3일 동
안 조정의 업무를 보지 않고 제사를 지내 천하의 웃음거리가 되었다.

청태종은 홍승주를 극진히 예우하고 그의 의견을 청취했지만, 그에게
어떤 벼슬도 내리지 않았고 그의 일거수일투족을 감시한 걸로 보아 그에
대한 경계심을 끝까지 풀지 않았던 것 같다. 하지만 순치 연간에 이르러
순치제는 홍승주를 병부상서로 중용했다. 홍승주도 범문정처럼 청나라를
위해 견마지로의 공을 아끼지 않았다. 강희 4년(1665) 향년 73세를 일기로
세상을 떠났다. 그가 죽은 지 1년 후에 범문정도 타계했다.

청나라 개국 초기의 단단한 대들보 역할을 했던 두 사람은 '삼순왕'과
는 다르게 편안한 임종을 맞이했다. 어쩌면 그들은 임금이 무능하고 조정

이 부패한 명나라는 더 이상 희망이 없다고 보고 청나라에 귀부했는지도 모른다. 사대부들의 '치국평천하'는 삶의 목표이자 의미였다. 설령 '야만족'이 세운 국가일지라도 천명사상에 부합하고 국태민안의 이상을 실천할 수 있다면, 출사(出仕)가 결코 의리에 위배되지 않는다고 두 사람은 생각했을 것이다.

6. 사랑하는 신비의 죽음을 따라가다

청태종은 아내 15명, 아들 11명, 딸 14명을 두었다. 그의 아내들은 대부분 아버지 누르하치와 그가 통일 전쟁을 벌일 때 동맹을 맺기 위한 정략결혼의 산물이거나 정복당한 부족의 여자들이었다. 이를테면 청태종의 원비(元妃) 뉴호록씨(鈕祜祿氏)는 누르하치의 수하 장수 액역도(額亦都)의 딸이다. 누르하치는 액역도의 충성을 이끌어내기 위해 그의 딸을 며느리로 삼았다.

또 후금의 가장 강력한 경쟁자였던 몽골 찰합이부(察哈爾部)의 대칸 임단한(林丹汗·1592~1634)이 천총 8년(1634)에 청태종에게 패하여 청해(靑海)의 대초원 지대로 달아나 죽었다. 임단한의 대복진(大福晉) 나목종(娜木鍾)은 청태종의 후궁이 되었고, 임단한의 여동생 태송공주(泰松公主)는 황태극의 이복형 대선(代善)이, 백기태후(伯奇太后)는 황태극의 큰아들 호격(豪格)이 각각 후처로 삼았다. 패망한 찰이합부의 궁중 여자들을 전리품으로 나누어 가진 것이다.

청태종이 가장 사랑한 여자 해란주(海蘭珠·1609~1641)는 몽골 과이심부(科爾沁部)의 패륵 채상(寨桑)의 딸이다. 청태종의 두 번째 부인 효단문황후(孝端文皇后)가 그녀의 고모가 된다. 그녀도 후금과 과이심부의 동맹의 일환으로 당시로서는 혼기를 놓친 나이인 26세 때 청태종에게 시집갔다.

해란주는 절세가인이었다. 그녀의 아버지는 아름다운 딸을 정략적으로 활용하려고 딸의 혼사를 일부러 늦추었다. 마침 청태종이 몽골의 여러 부족을 통일하여 강력한 패자(霸者)로 떠올랐을 때 그에게 딸을 주었다.

청태종은 그녀를 보자마자 첫눈에 반했다. 여러 아내를 거느렸지만 그의 마음을 완전히 뒤흔들어 놓은 여자는 그녀뿐이었다. 두 사람은 한시라도 떨어질 수 없는 관계가 되었다.

숭덕(崇德) 원년(1636) 황제로 등극하자마자 그녀를 신비(宸妃)로 책봉했다. 당시 청태종의 원비 뉴호록씨가 요절했기 때문에, 후비들 가운데 신비의 고모 효단문황후의 서열이 가장 높았다. 신비는 두 번째 지위였다.

청태종은 특별히 그녀를 위해 궁궐을 짓고 '관저궁(關雎宮)'이라고 명명했다. 『시경』의 「관저편(關雎篇)」에서 따온 명칭이다. 「관저편」에는 "요조숙녀는 군자의 좋은 배필이네."라는 유명한 시구가 있다. 남녀 간의 진솔한 사랑을 표현한 명시(名詩)이다. 청태종은 이 시를 통해 그녀를 향한 애정을 우아하게 표현했다.

정복 전쟁과 약탈로 청나라를 세운 만주족의 황제가 『시경』의 시구로 연정(戀情)을 표현한 것은 아주 생소한 일이지만, 한족 문화에 심취하였고 그것을 자신의 통치 기반을 강화하는 수단으로 사용했음을 짐작할 수 있다.

신비는 남편의 뜨거운 사랑에 보답이나 하듯 아들을 낳았다. 청태종은 흥분을 감추지 못했다. 그녀를 위해서라면 모든 것을 다 해주고 싶었다. 아직 갓난아이에 불과한 그녀의 소생을 즉시 후계자로 결정하고 대사면령을 내렸다.

"자고이래로 임금의 아들이 탄생한 경사가 있으면 반드시 온 나라에 대사면을 반포하였다. 이는 고대 제왕의 위대한 법도이다. 오늘 짐이 하늘의 은총을 입은 덕분에 관저궁의 신비가 황제의 후계자를 낳아 기르게 되었다. 짐은 전례(典禮)를 자세히 살펴보았으며 정교(政敎)가 미치는 지역에서 사는 모든 백성들은 은택을 입기를 바라노라."

다만 열 가지 중대 범죄를 저지른 자는 사면에서 제외되었다. 종묘, 능묘, 궁전 등 황실 관련 시설물을 파괴한 죄, 황실의 물건을 훔친 죄, 조부모나 부모를 때린 죄, 형제를 팔아먹은 죄, 아내가 죄 없는 남편을 고발한 죄, 소요를 일으킨 죄, 무리를 지어 대낮에 사람을 위협한 죄 등이다. 지극히 봉건적인 발상이다. 하지만 직계존속을 때린 죄를 절대 용서하지 않은 것은 '금수의 세상'으로 변한 오늘날 타산지석으로 삼아야 한다.

사실 신비가 낳은 아이는 황태극의 여덟째아들이고 더구나 돌도 안 지난 젖먹이인데도 그를 태자로 책봉하려는 시도는 어불성설이었다. 하지만 그가 신비를 얼마나 사랑했으면 그런 결정을 내렸겠는가. 신비의 어머니를 화석현비(和碩賢妃)에 책봉하고 의장(儀仗)을 하사한 것도 그녀에 대한 애정 표현이었다. 그런데 갓난아이가 돌잔치도 못하고 죽게 될지 누가 알았으랴. 두 사람은 마른하늘에 날벼락을 맞는 듯했다. 청태종은 비통을 가누지 못하며 서럽게 우는 신비를 달래고 또 달랬다.

"자식은 또 낳으면 되는 게 아닌가."

애써 마음을 진정시켰으나 그도 우울한 기분을 떨칠 수 없었다. 정복자는 정복으로써 스트레스를 푸는 법이다. 숭덕 6년(1641) 9월 청태종은 철기(鐵騎)를 이끌고 금주성을 공격했다. 명나라 계요총독 홍승주의 13만 대군과 일대 격전을 벌일 때, 성경에서 사자가 급하게 왔다. 신비의 병세가 위중하다는 얘기였다.

청태종이 신비를 아무리 사랑했더라도 병든 그녀가 후금과 명나라의 운명을 결정하는 전투보다는 중요하지 않았다. 하지만 그는 그녀의 곁으로 당장 달려가지 않고서는 도저히 견딜 수 없었다. 부하 장수들은 전장에서 언제나 냉정하고 주도면밀했던 그가 감정에 휩싸인 모습을 처음 보았을 정도였다.

청태종은 그들에게 작전 지시를 내리고 난 뒤 즉시 말을 타고 쏜살같이 성경으로 달려갔다. 하지만 밤낮을 가리지 않고 날듯이 달려가 관저궁에 도착했을 때 신비는 이미 세상 사람이 아니었다. 시신을 부여잡고 통곡했다. 이제 그녀를 위해 장엄하고 성대한 제사를 지내는 일만 남았다. 친히 제문을 읽고 그녀의 영전에 술잔을 올리며 통곡했다.

그런데 청태종은 제사를 한두 번 지낸 게 아니었다. 월제(月祭), 대제(大祭), 동지제(冬至祭) 등 온갖 명목으로 제사를 지냈다. 심지어 신비가 죽은 지 다음 해 설날 아침에는 문무백관의 하례를 거절하고 새해를 축하하는 연회를 베풀지 못하게 했다. 그는 몇 달 동안 황궁에서 눈물만 흘리고 있으면서 조정에 나오지 않았다.

그녀 때문에 국정이 제대로 돌아가지 않을 지경이었다. 대신들의 걱정이 이만저만이 아니었다. 청태종에게 교외로 나가 수렵을 하면 비통한 마음을 달랠 수 있을 거라고 아뢰었다. 그런데 그가 수렵을 나갈 때마다 신비의 능묘에 들러 통곡했다. 오히려 역효과가 난 것이다.

신비의 죽음에 충격을 받은 청태종은 몸이 날로 쇠약해졌다. 정사를 돌보는 일도 귀찮았다. 하루는 처첩과 자식들을 불러놓고 말했다.

"산이 험준하면 무너지고 나무가 높게 자라면 끊어지며 해마다 부귀 영화를 누리면 쇠퇴하는 법이다. 이는 하늘이 특별히 짐에게 경고한 것이다.”

천명(天命)을 숭배하면서도 두려워했던 그가 유언과 같은 말을 남겼다. 후손들이 더욱 근신하고 백성들을 잘 섬겨서 하늘의 뜻에 어긋나지 않아야만이 천벌을 피할 수 있다는 무서운 경고였다. 신비가 죽은 이후 우울증을 앓다가 숭덕 8년(1643) 8월에 성경의 황궁에서 향년 52세를 일기로 급사했다.

후세 사람들의 청태종에 대한 평가는 대체적으로 후하다. 2018년에 타계한 홍콩의 유명한 무협소설가 김용(金庸)의 평가가 가장 타당하다고 생각한다.

> “중국의 역대 황제들 가운데 황태극의 지모와 전략에 비견할만한 인물은 별로 없다. 황태극의 재능과 식견은 한고조 유방(劉邦), 한광무제 유수(劉秀), 당태종 이세민(李世民), 명태조 주원장(朱元璋) 등에 결코 뒤지지 않는다. 중국 역사학자들은 그가 만청(滿淸)의 황제이며 아울러 종족에 대한 편견이 있었기 때문에 그를 높게 평가하지 않았던 것 같다. 사실 그가 인재를 알아보고 적재적소에 배치한 일, 활달하고 도량이 넓은 인품, 멀리 앞을 내다보는 능력, 과감한 결단력 등에서는 당태종 이후 중국의 역대 황제 가운데 그와 견줄만한 인물은 몇 명 안 된다. 황태극의 군사적 재능은 아버지 누르하치보다 못하지만, 정치적 재능은 오히려 아버지보다 훨씬 뛰어나다.”

한족의 관점에서 보면 청태종은 ‘굴러온 복’이다. 그가 자발적으로 한족 문명에 편입되었기 때문이다. 오늘날 중국 영토가 세계에서 세 번째로 거대한 까닭은 만주족이 건국한 청나라의 영토 확장과 이민족 문화에 대한 적극적인 수용 덕분이다. 몽골족이 건국한 대원 제국은 인류 역사상 유래 없는 광대한 지역을 다스렸지만 무력으로 통치하고 한족을 탄압했기 때문에 100여 년 만에 소멸되었다.

청태종은 몽골족의 한족 통치를 타산지석으로 삼았다. 고도의 문명을 영위하는 한족은 결코 무력으로 통치할 수 없다고 보았다. 더구나 제국을 통치하기 위해서는 몽골의 통치 방법은 전혀 맞지 않다고 생각했다. 오히려 한족의 문물제도를 적극적으로 수용함으로써 중국 역사의 주역이 되기를 바랐다.

바로 이 점이 김용이 청태종을 한족이 가장 존경하고 성군으로 생각하는 당태종과 어깨를 나란히 할 수 있는 인물이라고 극찬한 중요한 이유라고 생각한다. 하지만 동아시아 역사의 관점에서 보면 청태종은 만주족의 정체성을 버리고 한족에 동화된 과오를 범했다. 물론 그는 만주족이 훗날 소멸되리라고는 꿈에도 생각하지 못했을 것이다.

제 **3** 장

복림 세조 순치제

복림 세조 순치제

1. 6세의 나이에 황제로 등극하다

순치제 복림(福臨·1638~1661)은 3대 황제이다. 청태종의 아홉째아들로 태어났다. 생모는 효장문황후(孝莊文皇后·1613~1688) 박이제길특씨(博爾濟吉特氏)이다. 몽골 과이심부(科爾沁部)의 패륵 포화(布和)의 딸이다. 후금과 과이심부의 정치적 결속을 다지기 위해 황태극에게 시집가서 측복진(側福晋: 측실부인)이 되었다. 숭덕 원년(1636) 황태극이 성경(盛京)에서 황제를 칭한 이후, 그녀를 영복궁(永福宮) 장비(莊妃)로 책봉했다.

숭덕 8년(1643) 8월 청태종은 후계자를 지명하지 않고 갑자기 향년 52세를 일기로 붕어했다. 당시 박이제특씨는 황후가 아니었고 청태종의 총애를 독차지하지 못했으며 더구나 그녀가 낳은 복림이 겨우 6세에 불과했으므로 아들의 황위 계승은 거의 불가능했다.

하지만 그녀는 여걸의 풍모가 있는 야심가였다. 남편이 큰일을 앞두고 주저할 때면 자기 의견을 거침없이 말하는 당찬 여자였다. 완강하게 투항을 거부하던 명나라 장수 홍승주에게 미인계로 인삼탕을 먹여 항복을 받아낸 그녀가 아니었던가.

청태종의 갑작스러운 죽음은 황실과 조정을 일시에 혼란의 소용돌이로 몰아넣었다. 과연 누가 황위를 계승할 것인가. 권력 투쟁의 피비린내 나는 먹구름이 서서히 몰려오고 있었다. 황위 계승의 영순위는 청태종의 큰아들 숙친왕 호격(豪格·1609~1647)이었다. 부친을 따라다니면서 전공을 많이 세웠고 추종 세력도 막강했다.

당시 황실의 최고 어른은 청태종의 둘째 형 예친왕 대선이었다. "황제의 장자(長子)가 대통을 이어야 한다."고 그는 생각했다. 그의 말 한마디에 후계 문제가 정리되는 듯했으나, 청태종의 이복동생 다이곤이 강하게 반발했다. 한평생 전장에서 잔뼈가 굵은 그는 전공은 말할 것도 없고 그를 따르는 장수들도 호격에 뒤지지 않았다.

숙부와 조카의 충돌은 불가피하게 보였다. 왕공과 대신들은 모두 숨을 죽이며 사태의 추이를 관망했다.

'과연 누구의 편에 서야 만이 멸문의 화를 피할 수 있을까.'

그런데 오배(鰲拜) 등 양황기 대신들이 몸에 칼을 차고 과감하게 나섰다.

"선제(先帝)께서 우리들에게 하해와 같은 은총을 베풀었소. 선제의 황자 (皇子)를 추대하지 않으면 차라리 죽어서 지하에 계신 선제를 모시겠소."

마침내 절묘한 타협이 이루어졌다. 황제의 아들을 후계자로 추대하되 세력이 막강한 호격 대신에 6세에 불과한 복림을 황제로 옹립하여 '완충지대'로 삼고 권력을 나누기로 합의했다.

이에 따라 호격의 세력을 등에 업은 누르하치의 조카 제이합랑(濟爾哈朗·1599~1655)과 형제들의 지지를 받은 다이곤이 섭정하기로 결정했다. 사실 이 절충안이 성사된 이면에는 박이제길특씨의 지략이 있었다. 이미 늙어버린 대선은 황위 계승에 욕심이 없었으므로 그녀가 그를 집중적으로 설득했다.

만약 호격이 '대권'을 쟁취하면 다이곤과 골육상잔의 비극이 일어나 종묘사직이 위태로워질 수 있다고 주장했다. 자기 아들을 추대해야 만이 호격과 다이곤의 싸움을 막을 수 있다고 했다. 또 야사에서는 박이제길특씨가 아들을 보호하기 위하여 다이곤의 첩이 되었다는 얘기가 있다. 만주족의 이른바 '형사취수(兄死娶嫂)'의 전통에 따르면 그럴듯하지만 근거가 없는 얘기이다.

다이곤은 대신들이 황자만이 황위 계승권을 가져야 한다는 주장에 한발 물러 설 수밖에 없었다. 자신에게 가장 위협적인 호격만 아니라면 다른 황자의 황위 계승에 굳이 반대할 이유가 없었다. 더구나 여섯 살배기 복림이 황제로 등극하면 얼마든지 황제를 꼭두각시로 부리면서 실권을 행사할 수 있었다. 이와 반면에 호격은 지략이 부족했다. 장남임에도 숙부 다이곤의 모략에 말려들어 결국은 순치 5년(1648)에 옥사했다.

숭덕 8년(1643) 8월 26일 복림은 성경의 독공전(篤恭殿)에서 황제로 등극하고 다음 해부터 연호를 순치(順治)로 정했다. 6세에 불과했지만 만주족의 상무정신을 이어받아 호전적이고 승부욕이 강했다. 숭덕 7년(1642) 청 태종이 그를 데리고 사냥을 나갔을 때, 복림이 쏜 화살이 사슴에 명중했다. 겨우 5세의 나이에 사슴을 잡았을 정도로 용감했다.

성대한 황제 즉위식이 거행될 때 그의 유모가 어가에 동승하려고 했다. 나이가 너무 어린지라 혹시 무슨 실수를 할까봐 곁에서 도와주려고 그랬다.

그런데 뜻밖에도 어린 황제가 말했다.

"어가는 네가 탈 수 있는 수레가 아니다."

아주 어린 나이임에도 황제로서 위엄과 품위를 드러낸 것이다. 하지만 실권을 쥔 숙부섭정왕(叔父攝政王) 다이곤의 면전에서는 고양이 앞의 쥐 신세였다. 다이곤은 어린 황제가 글을 깨우치지 못하도록 교묘하게 방해했다. 형식상이나마 황제의 결재가 필요한 상주문도 다이곤이 중간에서 가로챘다.

하지만 순치제는 언제, 어떻게 살해당할지 모르는 두려움 속에서도 침착함을 잃지 않고 조금씩 글을 깨우쳐나갔다. 어머니 박이제길특씨의 헌신이 없었다면, 그는 폐위를 당했을지도 모른다. 그녀는 아들을 지키기 위해 다이곤에게 굴종했다. 심지어는 그를 유혹하여 '연인 관계'를 맺었다는 소문도 있었다.

다이곤은 호색한이었다. 호격을 제거한 후 그의 대복진(大福晋: 정실부인)을 첩으로 삼았다. 마음에 드는 여자가 있으면 유부녀든, 처녀든 가리지 않고 닥치는 대로 취했다. 조선 처녀도 그의 관심 대상이었다. 조선 효종 1년(1650) 3월 다이곤이 조선에 사신을 보내 왕실 귀족의 딸을 계비(繼妃)로 삼겠다고 했다. 효종은 고심 끝에 금림군(錦林君) 이개윤(李愷胤)의 딸을 양녀로 삼아 공주로 책봉하고 다이곤에게 보냈다.

그녀가 바로 "조선을 위하여 대의(大義)에 순종했다."는 의순공주(義順公主)이다. 다이곤은 사냥을 핑계로 수행원 6만여 명을 이끌고 산해관 부근 연산(連山)으로 마중 나와 그녀를 취했다. 그런데 다이곤은 조선 처녀 한 명으로는 부족했던지 효종에게 다시 미녀들을 선발하여 보내라고 재촉했다. 조선 조정도 다이곤이 사실상 황제라는 사실을 알고 있었기 때문에 그의 명령을 거역할 수 없었다. 그런데 미녀 16명이 북경으로 가는 도중에 다이곤이 사망했다는 소식을 듣고 가까스로 돌아올 수 있었다.

다이곤은 여러 여자를 거느렸지만 아들을 얻지 못했다. 그의 유일한 혈육 동아공주(東莪公主)가 바로 의순공주의 소생이다. 다이곤이 죽은 후 신왕(信王)의 노비로 전락하여 비참하게 살았다고 한다. 아버지가 부관참시를 당했으니, 딸도 그 운명의 굴레를 짊어져야 했다. 다이곤은 여색을 지나치게 밝혔기 때문에 39세의 젊은 나이에 죽은 게 아닌가 한다.

정사(正史)에 다이곤과 순치제의 생모 박이제길특씨가 '불륜'을 맺었다는 기록은 없지만, 다이곤이 호색한이고 박이제길특씨의 아들을 지키고자 하는 마음과 정치적 야망을 고려하면 두 사람의 관계가 간단하지는 않았을 것이다.

한편 의순공주는 효종 7년(1656) 4월에 조선으로 환국했다. 순치제가 그녀의 처지를 동정하여 귀국을 윤허했다. 의순공주는 오랑캐에게 몸을 더럽히고 청나라에서 재가(再嫁)했다는 이유로 사람 취급을 받지 못하고 죽었다. 조선 사람들은 청나라에 대한 반감을 그녀를 통해 해소한 것이다. 의정부시 금오동에 그녀의 묘소가 있다.

2. 숙부 다이곤의 섭정과 북경 입성

원래 다이곤과 함께 섭정을 했던 신의보정숙왕(信義輔政叔王) 제이합랑은 순치 4년(1647)에 왕부(王府)를 규정에 어긋나게 호화롭게 지었고 청동으로 만든 사자, 거북, 학 등을 멋대로 사용했다는 죄명으로 은자 2천 냥을 벌금으로 내고 보정왕(輔政王) 직책을 박탈당했다. 순치제의 든든한 후원자였고 다이곤을 유일하게 견제할 수 있었던 그가 다이곤과 권력 암투에서 밀려나자 조정은 완전히 다이곤 일파에 의해 좌지우지되었다.

순치제는 꼭두각시에 불과했다. 왕공과 대신들은 황제에게 형식상의 예의를 지켰을 뿐이었고, 국정을 논의할 때는 모두 왕부(王府)에서 무릎을 꿇고 다이곤의 하명을 기다렸다. 다이곤은 아예 황제의 옥새를 왕부로 가져오게 하고 황제의 의장(儀仗)을 마음대로 사용했다. 봉건 시대에 이런 참람(僭濫)은 역린(逆鱗)을 건드리는 대역죄였는데도 말이다.

순치 4년(1647)에는 숙부섭정왕(叔父攝政王)의 봉호에 황(皇) 자를 더하여 황숙부섭정왕(皇叔父攝政王)으로 부르게 했다. 순치제가 대신의 건의를 받아들여 한 단계 높은 봉호를 하사했다고 하지만 사실은 다이곤의 위세를 두려워하여 그렇게 했다. 심지어 다이곤에게는 삼궤구고두례(三跪九叩頭禮)를 행하지 않아도 되는 특권이 주어지기도 했다. 사실상 황제와 동급이 된 것이다.

다이곤이 실권을 장악하고 본격적으로 통치를 시작할 무렵인 순치 원년(1644) 3월에 이자성의 농민군이 북경성을 함락하여, 숭정제는 자살했고 명나라는 망했다는 충격적인 소식이 성경에 전해졌다. 천하의 영웅 누르하치와 황태극도 이루지 못했던 북경성 함락을 놀랍게도 서안(西安)에서 일어난 이자성의 농민군이 해냈다. 청나라 문무백관의 시선은 온통 다이곤에게 쏠렸다.

범문정은 다이곤에게 중원 정벌의 계책을 올렸다.

"지금 중원 지방에 거주하는 백성은 큰 난리를 당하여 수많은 사람들이 죽었으며 굶주림에 시달리며 이루 다 형용할 수 없는 고통을 겪고 있습니다. 그들은 의지할 곳이 없기 때문에 어진 군주를 선택하여 편안한 삶을 도모하려고 합니다. 백성들 가운데 명나라 성(城)을 사수하려는 자들이 몇 명 있긴 합니다. 하지만 그들은 자기 집안의 생계를 유지하기 위해서 그렇게 할뿐이지 결코 임금을 위해 충성을 다하고 죽으려는 자들이 아닙니다.……명나라는 온갖 병폐를 안고 있습니다. 그것을 고치기에는 이미 늦었습니다."

천하대란의 와중에서 신음하는 백성들은 강력한 지도력을 가진 군주가 나타나 난세를 평정하고 그들이 예전처럼 생업에 종사할 수 있기를 바랐다. 범문정은 그들의 마음을 정확하게 읽고 명나라가 곧 망할 거라는 확신을 가졌다. 그의 정세 판단에 공감한 다이곤은 즉시 팔기(八旗)를 소집하여 남침을 결정했다. 하지만 청군이 북경으로 진격하려면 '천하제일관(天下第一關)'으로 유명한 산해관(山海關)을 돌파해야 했다. 명나라가 망해가는 와중에도 산해관은 적에게 한 번도 뚫린 적이 없는 난공불락의 요새였다. 명나라 요동총병 오삼계가 지키고 있었다. 그와의 일전은 불가피했다.

그런데 누가 알았으랴. 오삼계가 사신을 보내 투항 의사를 밝히고 함께 농민군을 진압하자고 제의했다. 당시 이자성은 단순히 농민 반란군의 지도자가 아니라, 어쨌든 대순(大順)을 건국하고 연호를 영창(永昌)으로 정한 황제였다. 이미 망한 명나라의 장수 오삼계의 입장에서는 불구대천의 원수이자 이민족이 건국한 청나라로 투항하는 것보다는 한족 이자성에게 투항하는 게 불행 중 다행일 수도 있었을 것이다. 그는 왜 동족을 배반하고 청나라를 끌어들여 훗날 '천고의 한간(漢奸)'이라는 치욕을 자초하였을까.

오삼계에게는 진원원(陳圓圓·1623~1695)이라는 애첩이 있었다. 어려서 어머니를 여의고 이모부 전홍우(田弘遇) 집에서 성장했다. 타고난 미모에다가 시문(詩文)은 말할 것도 없고 거문고 연주에도 능했던 그녀는 강남 지방의 소주(蘇州)에서 아주 유명한 기녀가 되어 귀공자들의 애간장을 녹였다.

숭정 15년(1642) 무렵 그녀는 북경으로 와서 이모부 전홍우 집안의 가기(歌妓)가 된다. 그런데 숭정제의 애첩 전귀비(田貴妃)가 전홍우의 딸이다. 전홍우가 숭정제의 장인인 셈이다. 그는 진원원을 숭정제에게 바쳐 부귀영화를 누리고자 했지만, 여색을 밝히지 않았던 숭정제에게 거절을 당했다. 전귀비가 죽은 뒤, 숭정제는 전홍우를 냉대했다. 전홍우는 권력을 유지하기 위하여 군권을 장악한 오삼계에게 접근했다. 예나 지금이나 '미인계'는 사내를 한 순간에 무너뜨리는 계책이다.

전홍우는 오삼계를 초청하여 성대한 연회를 열었다. 연회가 한창 무르익을 무렵 진원원이 거문고를 연주했다. 오삼계는 아름다운 그녀가 연주하는 거문고 소리에 너무 흥분한 나머지 정신줄을 놓을 정도였다. 오삼계는 그녀를 후처로 맞이했다. 두 사람은 운우지정을 나누며 백년해로를 맹세했다. 오삼계는 하루라도 그녀의 곁을 떠나기 싫었지만 숭정제가 자신을 요동총병 겸 평서백으로 책봉하고 산해관을 사수하라는 어명을 거역할 수 없었다.

한편 이자성이 북경을 점령했을 때 오삼계의 가족을 인질로 잡고 그에게 화의를 제의했다. 물론 가족 중에는 진원원도 있었다. 오삼계는 일단 이자성의 제의를 받아들였다. 하지만 이자성의 위계에 걸려들지 않을까 하는 두려운 마음을 떨칠 수 없었다. 만약 일이 잘못되면 다이곤에게 귀부할 생각도 했다. 양다리를 걸치고 사태를 관망하고 있을 때, 이자성의 부하 장수 유종민(劉宗敏)이 오삼계의 아버지 오양(吳襄)의 가택을 급습하고 진원원을 겁탈했다. 아버지는 포로로 잡히고 진원원은 유종민에게 끌려갔다는 소식을 들은 오삼계는 눈이 뒤집혔다.

오삼계에게는 더 이상 선택의 여지가 없었다. 다이곤에게 투항하여 철천지원수를 갚을 생각뿐이었다. 오삼계의 사적인 원한 때문에 다이곤은 천혜의 요새 산해관을 피 한 방울 흘리지 않고 접수했다. 다이곤은 오삼계를 앞잡이로 삼아 산해관 밖에서 이자성과 대접전을 벌였다. 농민군은 청군의 철기(鐵騎)에 대패를 당하고 섬서 지방으로 퇴각했다.

순치 원년(1644) 5월 2일 마침내 청군이 북경을 접수했다. 북경을 접수하자마자 천도 문제가 현안으로 떠올랐다.

영군왕(英郡王) 아제격(阿濟格)은 이렇게 주장했다.

"애초에 우리가 요동 지방을 취했을 때 명나라 백성을 다 죽이지 않았기 때문에, 나중에 우리 청나라 사람들이 그들에게 살해당하는 일이 벌어졌소. 지금 우리가 강력한 군사력으로 북경을 점령한 틈을 타서 명나라 백성을 모조리 살해하고 난 뒤에 여러 왕들에게 북경을 지키게 해야하오. 우리 청나라 대군은 심양으로 회군하거나 산해관으로 철수하여 지켜야 만이 후환이 없을 것이오."

다이곤은 반대 의견을 냈다.

"북경을 취하면 즉시 그곳으로 도성을 옮겨서 중원 진출을 도모하라고 선황제께서 말씀하시지 않았는가? 더구나 민심이 아직 안정이 안 되었는데도 북경을 포기하고 동쪽으로 돌아갈 수는 없소."

대국(大局)의 판세를 읽는 능력을 비교하면 아제격은 다이곤의 상대가 되지 못했다. 아제격은 살인과 약탈에 익숙한 장수라면, 다이곤은 어떻게 인심을 안정시키고 대세를 장악할 수 있는지 알고 있는 전략가였다. 대신들은 이구동성으로 다이곤을 지지했다. 같은 해 9월 다이곤은 수도를 성경에서 북경으로 옮기고 순치제를 황궁의 무영전(武英殿)에서 거주하게 했다.

　이때부터 청나라는 명실상부한 중원의 주인이 되기 시작했다. 청군이 북경에 입성하는 데 결정적인 공을 세운 오삼계는 평서왕(平西王)에 책봉되었다. 북경에 입성하자마자 진원원부터 찾았다. 이자성이 후퇴하면서 그녀는 다행히 빠져나올 수 있었다. 두 사람은 재회의 기쁨을 누렸다. 그녀는 평서왕 오삼계의 후궁이 되어 영화를 누렸다. 하지만 늘그막에는 남편의 눈 밖에 났다. 그의 주변에는 젊은 미인들이 넘쳐났기 때문이다.

　인생의 허무함을 느낀 진원원은 궁궐에서 나와 머리를 깎고 비구니가 되었다. 명말청초의 혼란기 속에서 미모와 예능으로 명성이 자자했던 그녀는 수많은 이야깃거리를 남기고 사찰에서 조용히 임종을 맞이했다. 어떤 이는 그녀가 경국지색이어서 명나라가 망했다고 혹평한다. 하지만 미모가 죄가 될 수 없다. 그것을 이용하여 권력을 쟁취하려는 남자들의 '속물 근성'이 문제인 것이다.

　청나라가 수도를 북경으로 옮긴 후, 다이곤은 범문정 등 한족 출신 관리들의 건의에 따라 연이어 민심 수습책을 내놓았다. 혼란에 빠진 천하를 안정시키려면 무엇보다도 민심을 얻어야 했다. 명나라에서 관리로 일했던 자들은 그들의 지위를 그대로 인정하고 업무에 복귀하게 했으며, 백성들은 편안하게 생업에 종사할 수 있게 했다.

　또 한족의 마음을 얻기 위하여 자살한 숭정제의 장례를 황제의 예우로 치르게 하고 아울러 변발을 강요하지 않았다. 숭정제를 황제로 예우한 것은 청나라가 적법한 절차에 따라 명나라를 계승했음을 의미한다. 한족은 전통적으로 '신체발부수지부모(身體髮膚受之父母: 신체의 모발과 피부는 부모님으로부터 받은 것)'이므로 절대 훼손할 수 없다는 의식이 아주 강했다. 따라서 만주족처럼 변발을 하는 행위는 불효의 극치이자 치욕이었다. 다이곤은 한족의 환심을 사기위하여 이런 조치를 취한 것이다. 그의 선무 정책은 큰 효과를 발휘했다.

또 「관리와 백성을 타이르는 글(諭衆官民)」을 반포했다.

"명나라가 망한 까닭은 경향(京鄕)의 모든 관리들이 뇌물을 공공연하게
주고받았으며, 공로와 과오가 분명하지 않았고 옳고 그름이 제대로 가려
지지 않았기 때문이다. 관리를 등용하는 일에서도 돈이 많은 사람은 무
능해도 임용되었으며, 돈이 없는 사람은 유능해도 임용되지 못했다.……
정치가 혼란에 빠지고 국가를 망친 일들은 모두 이러한 부정부패에서 시
작되었다. 이것보다 더 큰 죄는 없다."

다이곤은 투항한 한족 관리들의 예전 직책을 인정하겠으나 앞으로 뇌
물을 받는 자들에게는 경중을 가리지 않고 엄벌에 처하겠다고 경고했다.
북경과 경기 지방에 거주하는 한족은 예전에 약탈과 살인을 일삼아 그들
에게 공포심을 안겨주었던 만주족에 대한 의구심을 떨치고 새 왕조의 체
제에 순응하기 시작했다. 오히려 만명(晚明) 시기에 황제들의 일탈 행위와
관리들의 가렴주구에 치를 떨었던 백성들은 다이곤과 순치제를 성군으로
여기고 찬양했다.

사실 다이곤은 범문정의 계책에 따르지 않을 수 없었다. 이제 겨우 북
경을 중심으로 하는 지역만을 수중에 넣었을 뿐, 중원의 전 지역과 남부
지방을 통일하려면 아직 갈 길이 멀었다. 당시 이자성의 대순 정권은 섬
시 지방에서 권토중래를 노리고 있었다.

또 명나라 유민들이 남경에서 신종(神宗)의 손자 복왕(福王) 주유숭(朱由
崧·1607~1646)을 새 황제로 추대하고 세운 남명 정권을 중심으로 하는 세력
이 강력한 반청(反淸) 투쟁을 전개하고 있었다. 다이곤은 북방을 하루빨리
안정시켜야 이자성을 격퇴하고 남방으로 진격할 수 있었던 것이다.

3. 중원 통일 전쟁을 시작하다: 이자성의 패망과 '양주십일'의 대학살

순치 원년(1644) 12월 다이곤의 명령을 받든 정국대장군(定國大將軍) 다탁(多鐸)의 청군과 이자성의 대순군이 섬서성 동관(潼關)에서 대치했다. 옛날부터 동관은 병가(兵家)가 반드시 쟁취해야 하는 군사 요충지이다. 동관이 뚫리면 서북 지방의 중심 도시 서안(西安) 함락은 시간 문제였다.

이자성은 동관을 사수하지 못하면 자신의 세력 근거지인 서안을 내줄 수밖에 없는 절박한 상황이었다. 마침내 보름 동안 양군의 치열한 공방전이 벌어졌다. 대순군은 홍이포로 선제공격을 가한 뒤 철기(鐵騎)로 유린하는 청군의 상대가 되지 못했다. 이자성은 가까스로 서안으로 탈출했지만, 동관의 수장 마세요(馬世堯)는 병사 7천여 명을 거느리고 항복했다.

순치 2년(1645) 5월 이자성은 서안을 포기하고 호광(湖廣) 지방으로 퇴각하다가 토호의 습격을 받고 구궁산(九宮山)에서 죽었다. 숭정 17년(1644) 1월 서안에서 대순(大順)을 건국하고 황제를 칭한 지 2년 만에 역사의 무대에서 사라진 것이다.

순치 2년(1645) 3월 다이곤은 이자성을 격파한 다탁에게 군사를 돌려 남방을 정벌하게 했다. 당시 명나라는 양경제도(兩京制度)를 운영하고 있었으므로 남경에도 북경과 같은 육부(六部)가 있었다. 청군은 파죽지세로 강소성 양주성(揚州城)을 포위했다.

양주성의 수장은 사가법(史可法·1601~1645)이었다. 숭정 원년(1628)에 과거급제하여 서안부(西安府) 추관(推官)에 임용되었다. 숭정 초기에 섬서성 각지에서 일어난 농민 반란을 여러 차례 진압한 공로로 남경부(南京府)의 병부상서를 제수 받았다.

숭정 17년(1644) 사가법은 이자성이 북경을 공격한다는 첩보를 들었다. 황급히 군사를 거느리고 북상하던 도중에 북경이 함락되고 숭정제가 자살했다는 충격적인 소식을 들었다. 황제를 지키지 못한 죄책감에 시달린 사가법은 통한의 눈물을 흘리면서 기둥에 머리를 박았다. 머리가 깨져 흘러나온 피가 온몸을 적셨다. 하지만 정신을 차리고 한시라도 빨리 새 황제를 추대해야 했다. 마침 그와 정치적 이념을 공유했던 호부상서 장신언(張慎言·1578~1644), 병부우시랑 여대기(呂大器·1598~1650) 등이 그에게 서찰을 보냈다.

> "복왕(福王) 주유숭(朱由崧)은 신종의 손자이오. 서열에 따르면 마땅히 그를 임금으로 추대해야 하오. 하지만 그는 탐욕, 음욕, 주사(酒邪), 불효 그리고 아랫사람을 학대하고, 경전을 읽지 않으며, 관리의 업무를 간섭하는 일 등 일곱 가지 큰 결점이 있소. 노왕(潞王) 주상방(朱常淓·1607~1646)은 신종의 조카이오. 인품이 어질고 머리가 총명하므로 마땅히 그를 새 임금으로 추대해야 하오."

사가법도 그들의 견해에 동조했다. 하지만 봉양총독(鳳陽總督) 마사영(馬士英·1591~1646)이 명분론을 들고 나왔다. 신종의 조카보다는 손자가 황위를 계승해야 대의에 부합한다는 논리였다.

명나라가 망했는데도 남경부의 대신들은 또 두 파로 나뉘어 옥신각신했다. 마사영은 조강제독(操江提督) 유공소(劉孔昭), 진장(鎭將) 유택청(劉澤淸) 등의 지원을 받아 주유숭을 황제로 추대하는 데 성공했다. 주유숭이 곧 남명 정권의 홍광제(弘光帝)이다. 마사영이 주유숭을 호위하고 양주에 이르자, 사가법도 마중 나와 신하의 예를 갖추지 않을 수 없었다.

홍광제가 남경으로 돌아간 뒤, 사가법은 양주성에서 청군의 남침을 필사적으로 막아야 했다. 양주성이 무너지면 청군의 철기가 1~2시간 만에 남경성에 다다를 수 있었기 때문이다.

순치 2년(1645) 4월 다탁은 10만 대군을 이끌고 항복한 장수 이성동(李成棟)을 앞세워 양주성을 겹겹이 포위하고 난 뒤, 이우춘(李遇春)을 성 아래로 보내 투항을 재촉했다. 다탁이 출정하기 전에 다이곤은 그에게 남명 정권에 대하여 이른바 '선례후병(先禮後兵)'의 책략을 지시했다. 쉽게 말해서 먼저 예의를 갖추고 투항을 권하되, 말을 듣지 않으면 무력으로 진압하라는 명령이었다.

다탁의 선무 공작에 넘어간 총병 이서봉(李棲鳳)과 감군부사(監軍副使) 고기봉(高歧鳳)은 사가법에게 투항하자고 했다. 하지만 사가법은 불같이 화를 내며 성을 끝까지 사수하겠다고 말했다. 두 사람은 몰래 성을 빠져나와 투항했다. 고립무원의 처지가 된 사가법은 다급하게 혈서를 써서 홍광제에게 구원병을 요청했지만 아무런 반응도 없었다.

다탁은 항복한 남명의 장수들을 거듭 보내 투항을 권했지만, 사가법은 결사항전의 의지를 조금도 굽히지 않았다. 이번에는 다탁이 친히 성 앞으로 나와 편지를 화살에 묶어 성안으로 날렸다. 연이어 다섯 통이나 날렸는데도 사가법은 그것들을 뜯어보지도 않고 횃불로 태워버렸다. 사가법이 적장일지라도 그의 의기(義氣)에 감탄한 다이곤은 어떻게 해서든 그에게 항복을 받아내어 부하로 삼고자했다.

「치사가법서(致史可法書): 사가법에게 보내는 편지」를 보냈다. 그 일부 내용은 이렇다.

"틈적(闖賊) 이자성이 반란을 일으켜 궁궐을 침범하였소. 그가 임금을 핍박하여 죽게 했는데도 중국의 신민(臣民)들은 수수방관하며 화살 한 개도 쏘지 않았소. 하지만 평서왕 오삼계는 산해관을 지키고 있으면서 초(楚)나라의 신하 신포서(申包胥)의 통곡을 본받고자 했소. 청나라 조정은 그의 충의에 감동하고 양국 간의 여러 세대에 걸친 우호를 고려하여, 근래에 일어났던 사소한 갈등을 문제 삼지 않기로 결정했소."

"이에 따라 비휴(貔貅: 중국 고서에 나오는 맹수)처럼 사나운 병사를 동원하여 대역죄인을 몰아냈소. 북경에 입성한 후 먼저 숭정제를 회종단황제(懷宗端皇帝)로, 주후(周后)를 열황후(烈皇后)로 추증하였고, 길일을 택하여 황제의 전례(典禮)에 따라 황릉에 안장하였소. 또 황실의 종친, 친왕들은 모두 명나라에서 받은 작위를 박탈하지 않고 그대로 이어받게 했소."

"청명한 가을 날씨에 장수들에게 서쪽 지방을 정벌하라는 명령을 내렸을 때, 강남에서 격문(檄文)이 돌았소. 그래서 내가 황하 이북에 주둔하고 있는 병사들을 동원하여 출전을 선포하였소. 우리 군대는 힘을 합하고 마음을 함께 하여 너희 임금의 원수를 갚고 청나라 조정의 덕행을 만천하에 드러내고자 하였소. 그런데 어찌하여 남방의 여러 군자들은 구차하게 조석(朝夕)의 안전만을 꾀하고 정세를 자세히 살펴보지 않으면서 허황된 명성만을 흠모하는가? 너희들이 실제로 당할 위해를 잠시 망각하고 있음을 나는 참으로 이해할 수 없소."

이자성이 황제를 칭하기 전에 틈왕(闖王) 고영상(高迎祥 · ?~1636)의 수하 장수였으므로 그를 '틈적'이라고 칭했다. 춘추 시기에 오(吳)나라가 초(楚)나라의 수도 영(郢)을 함락한 적이 있었다.

초나라 신하 신포서가 진(秦)나라로 들어가 애공(哀公)에게 구원병을 요청하면서 7일 동안 아무 것도 먹지도 마시지도 않고 울었다. 마침내 그의 절박한 호소에 감동한 애공이 병사를 파견하여 초나라를 구했다. 다이곤은 이 고사에 빗대 오삼계를 국가를 구한 충신으로 묘사했다.

다이곤은 청나라가 명나라를 계승한 정통 왕조이므로 강남 지방의 군자들은 허황된 망상을 버리고 귀부하라고 했다. 귀부하면 예전의 관직을 인정하고 우대하겠으며 그렇지 않으면 토벌하겠다는 의지를 밝혔다.

사실 이 편지는 다이곤이 직접 쓰지 않았을 것이다. 평생 싸움판에서 전전한 그가 난해한 한자를 알았을 리가 없다. 범문정 같은 한족 출신의 관리가 다이곤의 명의로 썼을 것이다. 편지의 내용은 완곡하면서도 오만함이 엿보인다.

사가법은 「부다이곤서(復多爾袞書): 다이곤에게 보내는 답신」을 보냈다. 다음은 그것의 일부 내용이다.

"대명국 독사(督師), 병부상서 겸 동각대학사(東閣大學士) 사가법은 대청국 섭정왕 전하에게 삼가 머리를 조아리고 아뢰옵니다.……지금 우리 황상께서는 대단히 영명하시고 뛰어난 무용을 타고나셨으며, 선황제를 위해 틈적(闖賊) 이자성에게 복수하려는 생각을 한시도 잊은 적이 없습니다. 조정의 문무백관은 모두 일치단결하여 국가의 대계를 논의하고 있으며, 병사들은 뜨거운 눈물을 삼키며 창을 베개 삼아 훈련하고 있습니다. 충성스럽고 절개가 곧은 군민(軍民)은 국가를 위해 장렬하게 희생하기를 원하고 있습니다."

"제 생각에는 하늘은 반드시 시기를 놓치지 않고 이자성을 망하게 할 것이옵니다. '덕행은 많이 쌓을수록 좋고, 악행은 철저히 뿌리 뽑을수록 좋다.'는 속담이 있습니다. 지금 이자성은 아직 하늘의 벌을 받지 않았습니다. 첩보에 의하면 이자성이 서진(西秦) 지방에서 권토중래하여 보복을 노리고 있다고 합니다. 그는 명나라의 불구대천의 원수일 뿐만 아니라 귀국이 아직 그의 악행을 완전히 제거하지 못한 근심이기도 합니다. 귀국이 우리나라와 공동의 적을 토벌하는 의리를 굳건히 지키고 시종일관

덕행을 행하기를 삼가 엎드려 바라옵니다. 양국의 군대가 함께 역적을 토벌하여 진(秦) 지방에서 죄를 묻고 역적의 머리를 효수함으로써 온 세상을 뒤덮은 분노를 씻기를 바랍니다. 이렇게 하면 귀국은 의리를 실천하기 위해 출병한 명성이 천추만대에 길이 빛날 것이옵니다. 우리나라도 귀국의 은혜에 보답하기 위해 모든 역량을 쏟을 것이옵니다."

사가법은 다이곤에게 황제에게 아뢰는 상소문 '수준'의 서찰을 보냈다. 겉으로는 다이곤에게 '대청국 섭정왕 전하'라는 극존칭을 썼지만, 사실은 다이곤의 위장(僞裝)을 교묘하게 파헤친 내용이다.

원래 다이곤은 이자성의 반란군을 진압하기 위해 군사를 일으킨다는 명분을 내세웠다. 하지만 이자성의 세력이 급속하게 약화되자 군사를 돌려 강남 지방으로 출병했다. 명나라를 정복하고 중국 천하를 통일하기 위해서였다. 사가법도 이 점을 모를 리가 없었다. 그렇지만 다이곤이 내건 대의명분을 구실로 삼아 공동의 적인 이자성을 함께 토벌하자고 제안했다.

아울러 명나라는 온 백성이 일치단결하여 청나라의 위협에 절대 굴복하지 않을 거라는 점도 은근히 밝혔다. 사실 홍광제 주유숭은 어리석은 군주였으며 대부분의 신하들은 청나라에 투항하고 백성들은 각자도생했는데도, 사가법은 그런 문제점들을 숨기고 적장에게 당당하게 대응했다. 그는 청군과 연합하여 이자성을 토벌하고자 했으나, 청나라의 목표는 이자성이 아니라 명나라 정벌이었다.

마침내 청군의 홍이포가 불을 뿜었다. 1만여 명의 수비병으로 막강한 화력을 보유한 10만 대군을 도저히 대적할 수 없었다. 사가법은 눈에 핏발이 선 병사들을 독려하며 이를 악물고 버텼다. 하지만 성벽이 깨지자 청군이 물밀듯 들어왔다.

훗날 청대의 유명한 역사학자이자 문인 전조망(全祖望·1705~1755)은 「매화령기(梅花嶺記)」에서 사가법의 최후를 이렇게 기록했다.

"순치 2년(1655) 4월 강도(江都: 양주를 지칭)가 포위되어 전황이 급박하게 돌아갔다. 충렬공(忠烈公)은 이미 대세가 기울었음을 알고 장수들에게 말했다. '나는 양주성과 함께 순절하기로 맹세했소. 하지만 전세가 촉박하게 돌아가는 와중에 적의 손에 떨어져 죽을 수는 없소. 내가 순절하여 절개를 지키는 일을 누가 도와줄 수 있겠소?' 부하 장수 사덕위(史德威)가 슬퍼하며 그 일을 맡겠다고 했다. 충렬공은 기뻐하며 말했다. '나는 아직 아들이 없구나. 너는 나와 성이 같으므로 내 뒤를 이을 수 있구나. 모친에게 편지를 써서 너를 우리 집안의 족보에 손자의 항렬로 올리라고 하겠다.' 25일에 성이 함락되자 충렬공은 칼을 뽑아 자결하려고 했다. 그 순간을 목격한 장수들이 달려와 저지했다. 충렬공은 소리를 질렀다. '덕위야, 빨리 칼을 가지고와라!' 사덕위는 눈물을 흘리며 차마 칼을 건네주지 못했다."

"장수들은 그를 둘러싼 채 소동문(小東門)으로 나갔다. 청군이 숲처럼 빽빽한 대오를 이루고 들이닥쳤다. 병마부총사 마영록(馬鳴騄), 양주태수 임민육(任民育), 도독 유조기(劉肇基) 등 많은 장수들이 모두 죽었다. 충렬공은 눈을 부릅뜨고 말했다. '내가 바로 사각부(史閣部)이다.' 남문(南門)으로 끌려온 그에게 화석예친왕(和碩豫親王) 다탁은 그를 선생으로 부르며 투항을 권했다. 충렬공은 그에게 욕설을 퍼부었다. 분노한 다탁은 그를 참수형으로 다스렸다. 당초 충렬공은 유언을 남겼다. '내가 죽으면 시신을 매화령(梅花嶺)에 묻어주기 바란다.' 그가 죽은 뒤 사덕위는 그의 시체를 백방으로 찾아보았지만 끝내 찾지 못했다. 어쩔 수 없이 그의 의관(衣冠)을 매화령에 매장했다."

사가법은 또 모친과 아내에게 유언을 남겼다.

"북병(北兵)이 18일에 양주성을 포위했습니다. 아직은 함락되지 않았지만 인심이 이미 이반하여 수습할 수 없는 지경에 이르렀습니다. 가법은 조만간에 죽을 것입니다. 부인도 나를 따라 순절할지 모르겠습니다. 이런 세상에서 구차하게 살아남아도 무익할 뿐이니 조금이라도 일찍 결단을 내리는 게 좋겠습니다."

옛날에 유가를 숭상하는 올곧은 사대부들은 국가가 망하면 스스로 목숨을 끊음으로써 대의와 절개를 지킬 수 있다고 생각했다. 가족도 생사를 같이해야 만이 충절이 더욱 드러난다고 보았다. 사가법의 부인도 그를 따라 자결을 했는지는 알 수 없으나, 당시 부녀자들에게 강요한 부덕(婦德)이 있었다면 아마 남편을 따라갔을 것이다.

어쨌든 사가법과 그의 부하 장수들이 양주성에서 청군에게 죽는 순간까지 저항한 후과는 너무나 비참했다. 중국 역사상 전례를 찾아볼 수 없을 정도로 잔혹한 대학살이었던 이른바 '양주십일(揚州十日)'의 비극이 이때 일어났다.

홍광(弘光) 원년(1645) 5월 25일부터 열흘 동안 청군이 양주성 일대에서 대학살을 자행했다고 하여 '양주십일'이라고 부른다. 다탁은 한 명도 남겨두지 말고 모조리 살해하라는 명령을 내렸다. 휘주(徽州) 상인 왕씨(汪氏) 형제가 그에게 거금 30만 냥을 주고 무고한 사람은 살해하지 말라고 애원했다. 하지만 다탁은 뇌물만 챙기고 명령을 거두지 않았다.

양주성은 순식간에 도살장으로 변했다. 성안 곳곳을 흐르고 있는 운하는 산처럼 쌓인 시체더미로 메워졌으며, 호수는 수면이 보이지 않을 정도였다. 성벽 아래에 쌓인 시체는 물고기 비늘처럼 촘촘했다. 얼마나 많은 사람을 죽였으면 대학살을 자행한 청나라 병사들조차도 피비린내와 악취 때문에 밥을 제대로 못 먹을 정도였다. 다탁이 학살 중지 명령을 내린 이후에 한 스님이 남긴 기록에 따르면 무려 80여만 명이 학살되었다고 한다.

왜 다탁은 이성을 잃고 중국 역사상 유례를 찾기 힘든 대학살을 명령했을까. 첫 번째 이유는 청군이 양주성에서 강력한 저항에 부딪쳤기 때문이다. 사가법과 관리들은 말할 것도 없고 부녀자들도 분연히 일어나 창칼을 들었고 병기가 없으면 돌이나 벽돌을 던지며 저항했다. 심지어 성이 함락된 후 소년 200여 명이 청군과 싸우다가 모두 전사하기도 했다.

두 번째는 청군도 적지 않은 병력 손실을 입었기 때문이다. 특히 패륵 1명과 장수 3명의 전사는 다탁의 보복 심리를 더욱 부추겼다. 세 번째는 양주 군민이 청나라의 변발 명령을 따르지 않았기 때문이다. 당시 청나라 조정은 "머리를 남기려면 머리카락을 남기지 말고, 머리카락을 남기려면 머리를 남기지 말라!(留頭不留髮, 留髮不留頭)"는 그 유명한 '체발령(剃髮令)'을 선포했다. 살고 싶으면 머리카락을 자르고 죽고 싶으면 머리카락을 자르지 않아도 된다는 얘기이다.

사가법은 군민들에게 변발할 바에는 차라리 죽어서 절개를 지키는 게 낫다고 호소했다. 양주 사람들은 양주가 강남의 중심이며 문화 수준이 아주 높다는 자부심이 있었다. 북방 '오랑캐'의 풍습을 도저히 받아들일 수 없었다. 이것도 청군의 분노를 자극했다.

네 번째는 아직 함락하지 못한 성에 거주하는 한족에게 항복하지 않으면 양주 성민들처럼 모조리 살해당할 수 있다는 공포심을 심어주기 위해서였다.

「남경 등 여러 성에 거주하는 문무 관리들을 타이르는 포고문(諭南京等處
文武官員人等)」을 읽어보면, 다탁의 이런 생각을 알 수 있다.

"어제 우리 대군이 양주성에 이르렀다. 성안의 관리, 군민, 어린아이
등 모두 성을 굳건히 지키고 있었다. 나는 백성의 목숨을 아깝게 여겼기
때문에 차마 무력으로 진압할 수 없었다. 그래서 먼저 저항하면 불행이
닥치고, 항복하면 복을 받을 수 있다는 뜻을 알아듣도록 타일렀다. 하지
만 며칠이 지나도 관리들이 투항을 거부했기 때문에 병사들에게 성을 공
략하게 했다. 병사들은 군민을 도륙하고 그들의 처자를 포로로 잡았다.
이는 어찌 나의 본심이겠는가. 어쩔 수없이 한 행동이다. 앞으로 우리 대
군이 가는 곳마다 관리와 군민이 항복하지 않으면 양주에서 일어난 일을
본보기로 삼을 만 할 것이다."

항복하면 살려주고 저항하면 모조리 죽이겠다는 명백한 협박이다. 양
주성의 지도자들은 저항을 택했다. 그들의 선택은 대의명분에서 나왔지
만 무고한 양민이 희생되는 참극을 막지 못했다. 오늘날 중국의 한족은
사가법을 국가를 위해 장렬하게 희생한 위대한 영웅으로 기리고 있다. 그
들은 사가법이 민족의 자존심을 지키기 위해 불요불굴의 의지를 드러낸
수호신으로 격상했다.

이는 한족이 이민족의 침략을 당했을 때 사가법과 같은 인물이 또 나
타나 결사항전하기를 바라는 마음에서 나왔을 것이다. 당연하게도 대학
살의 책임은 다탁과 청군에게 있다. 그럼에도 사가법에게 면죄부를 쉽게
줄 수는 없다. 전세가 완전히 기운 상황에서 오직 충절을 드러내기 위해
서 양민들을 어쩔 수 없이 희생양으로 삼은 과오가 없다고 할 수 있을까.
훗날 청나라의 전성기를 이끌었던 건륭제(乾隆帝)는 사가법에게 '충정(忠

표)'이라는 시호를 추증했다. 사가법이 그토록 증오한 청나라 황제에게 사후에 충신으로 예우를 받았다. 건륭제도 사가법이 청나라에 격렬하게 항거한 적장이지만 태평성대를 구가하는 마당에 그의 충정을 높이 평가함으로써 그와 같은 충신이 나타나 '짐(朕)의 국가'를 위해 헌신하기를 바라는 마음에서 그렇게 한 것이다.

순치 2년(1645) 5월 하순 양주성을 유린한 청군은 잠시도 쉬지 않고 남경성을 향해 질풍노도처럼 진격했다. 양주에서 대학살이 자행되었다는 소식을 들은 명나라 장수들은 저항을 포기했다. 음주가무에 빠져 지내던 홍광제 주유송은 황급히 대신들을 소집하여 대책을 논하게 했다. 하지만 그들은 눈만 멀뚱멀뚱 뜨고 아무 말도 하지 않았다. 마음속으로는 빨리 다탁에게 항복하여 목숨을 부지하고픈 생각뿐이었다.

황제가 측근들을 데리고 도망가자 위국공(魏國公) 서문작(徐文爵), 보국공(保國公) 주국필(朱國弼), 예부상서 전겸익(錢謙益) 등 남명 정권의 핵심 인사들이 변발을 하고 다탁에게 항복했다. 홍광제는 무호(芜湖)에서 다탁에게 항복한 명나라 장수들에게 잡혔다. 그가 남색 베옷을 입고 얼굴은 부채로 가린 채 작은 가마에 실려 끌려가는 도중에, 성난 백성들은 그를 향해 침을 뱉고 욕설을 퍼부었으며 기와장과 돌을 던지기도 했다. 망국의 군주가 당하는 치욕이었다. 북경으로 압송된 후 40세의 나이에 주씨(朱氏) 왕족 17명과 함께 저잣거리에서 참수형을 당했다.

청군이 양주, 남경 등 강남 지역을 공략한 후 다이곤은 더욱 기고만장했다. 어린 순치제는 여전히 꼭두각시에 불과했다. 이때부터 다이곤은 황제에게 무릎을 꿇고 머리를 조아리는 신하의 예를 갖추지 않았다.

4. 다이곤 세력을 숙청하고 친정 체제를 확립하다

순치 3년(1646) 1월 한때 다이곤의 가장 강력한 경쟁자였던 호격(豪格)이 정원대장군(靖遠大將軍)을 제수 받고 사천 지방으로 출병했다. 당시 이자성과 쌍벽을 이루었던 장헌충(張獻忠·1606~1647)이 사천성 성도(成都)에서 대서(大西) 정권을 세우고 황제를 칭했다. 호격은 대서 정권을 무너뜨리고 순치 5년(1648)에 북경으로 개선했다.

순치제는 자금성 태화전에서 성대한 연회를 베풀어 그의 공로를 치하했다. 호랑이처럼 무서운 다이곤보다는 자신의 처지를 이해하는 호격이 다이곤을 견제해주기를 바라는 마음에서였다. 호격이 순치제의 어명을 받들어 다이곤을 공격하면, 다이곤도 앞날을 장담할 수 없었다.

호격의 세력 확장을 두려워한 다이곤이 선수를 쳤다. 부하 장수의 공로를 가로채고 죄인의 아우를 기용했다는 죄명으로 호격을 옥에 가두었다. 결국 호격은 고문을 이기지 못하고 옥사했다. 순치제는 이복형의 억울한 죽음을 눈치 챘지만 눈물을 머금고 모르는 척 할 수밖에 없었다.

순치 6년(1649) 3월 강남 평정의 일등공신이었던 보정숙덕예친왕(輔政叔德豫親王) 다탁이 비교적 젊은 나이인 36세 때 천연두에 걸려 죽었다. 다이곤의 친동생으로서 형과 함께 청나라 조정을 장악한 실력자였다. 동생의 죽음은 다이곤에게도 적지 않은 충격을 주었다.

다음 해 8월 다이곤이 사냥을 나갔다가 말에서 떨어져 큰 부상을 당했다. 같은 해 12월 고북구(古北口) 밖의 객라성(喀喇城)에서 39세를 일기로 사망했다. 순치제는 친히 대신들을 거느리고 출궁하여 그의 시신을 맞이했다. 그를 성종의황제(成宗義皇帝)로 추존하고 황제의 예법에 따라 장례식을 치르게 했다.

하지만 다이곤을 황제로 예우한 것은 순치제의 본심이 아니었다. 오

청나라 역대 황제 평전

히려 황제를 능멸하고 국정을 장악했던 다이곤과 다탁이 천수를 다하지 못하고 죽었으니 얼마나 기뻤겠는가. 이때 순치제는 13세였다. 여전히 어린 나이였으나 숙부의 전횡에 숨을 죽이고 지내면서 철이 일찍 들었다. 다이곤 세력의 반발을 우려하여 그를 황제로 예우했을 뿐이다.

눈치가 빠른 대신들은 이구동성으로 순치제의 친정을 주장했다. 권력의 공백기에 줄을 잘못서면 멸족을 당할 수 있었기 때문이다. 마침내 순치제는 명실상부한 황제로 등장했다. 집권하자마자 다이곤의 모든 작위를 박탈했다. 또 그의 능묘를 훼손하고 시체에 매질을 가했다. 다이곤 사후에 섭정을 노렸던 그의 친형 아제격(阿濟格·1605~1651)이 먼저 타도의 대상이 되었다. 그는 감옥에 유폐된 후 살해당했다.

다탁은 다이곤의 친동생이라는 이유만으로 사후에 군왕(郡王)으로 강등되었다. 강림(剛林), 냉승기(冷僧機), 담태(譚泰) 등 다이곤의 측근들도 다이곤에 아부하고 국정을 농단한 죄로 처형당했다.

순치제는 친정 체제를 강화하기 위하여 다이곤에게 박해를 당한 황족을 끌어들였다. 누르하치의 조카 제이합랑(濟爾哈朗·1599~1655)을 숙화석정친왕(叔和碩鄭親王)으로 책봉했다. 그는 아제격의 병변 음모를 사전에 차단했으며 다이곤 사후에는 그의 죄상을 낱낱이 밝혀 순치제의 친정을 도운 인물이었다. 순치 12년(1655) 정친왕 제이합랑이 병석에서 일어나지 못한다는 얘기를 들은 순치제는 친히 그의 왕부로 행차했다. 임종을 앞둔 그를 보고 눈물을 흘리며 말했다.

"숙왕(叔王)께서는 무슨 남기실 말이 있습니까?"

"신은 삼조(三朝)에 걸쳐 두터운 은혜를 입었는데도 아직 보은하지 못했으니 비통한 마음을 금할 길 없사옵니다. 다만 하루라도 빨리 운남(雲南)

과 귀주(貴州)를 취하시고 계왕(桂王) 오삼계를 죽여서 사해(四海)를 통일하시기를 진정으로 바랄 뿐이옵니다."

순치제는 하늘을 우러러보며 절규했다.

"하늘이시어! 어찌하여 짐의 숙부를 이렇게 일찍 데려가시려 합니까."

순치제는 정친왕이 사망하자 무려 7일 동안 조회를 열지 않고 그를 추모했다. 다이곤의 살해 위협 속에서 그의 보호 덕분에 살아남을 수 있었다고 생각해서 그랬을 것이다. 다이곤의 핍박으로 죽은 호격도 누명을 벗고 사후 복권되었다. 순치 13년(1656) 숙무친왕(肅武親王)으로 추증되었다.

그런데 순치제가 친정을 시작했는데도 대량의 토지와 군사를 보유한 황실 종친과 팔기 패륵들은 여전히 어린 황제를 얕잡아보았다. 순치제는 그들의 세력을 약화시키기 위하여 과감하게 '권지령(圈地令)'을 철폐했다.

순치 원년(1644) 청군이 북경성을 점령한 뒤, 친왕, 패륵, 훈구대신들을 중심으로 하는 만주의 귀족 집단이 대규모로 청군을 따라와 북경에 정착했다. 다이곤은 그들에게 경기 지방의 광활한 땅을 분배한다는 명령을 내렸다. 이것이 권지령이다.

순치제는 자존심이 센 황제였다. 어린 나이에 다이곤의 견제를 받아 제왕의 도를 제대로 배울 수 없었다. 하지만 친정을 단행한 이후로는 유가 경전, 역사서, 제자백가, 문학작품 등 섭렵하지 않은 분야가 없었다. 당대 최고의 지식층인 조정 대신들과 토론을 벌이려면 황제 스스로가 그들에 뒤지지 않는 실력이 있어야 했다. 그림과 서예도 일가를 이루었다. 오늘날 자금성 건청궁(乾淸宮) 안에 걸려있는 편액 「정대광명(正大光明)」이 바로 그의 친필이다.

순치 9년(1652) 순치제는 황권을 강화하기 위해 조정 육부(六部)의 사무는 정식으로 선발된 관리들에게 맡기고 친왕과 패륵이 조정의 일을 관여하지 못하게 했다. 또 예부의 건의를 받아들여 황제가 한 달에 세 번 친히 조회에 참여하고 봄과 여름에 한번 씩 경연(經筵)을 열게 했다. 순치 10년(1653)1월 내삼원(內三院)에 조서를 내렸다.

"앞으로 주장(奏章: 천자에게 올리는 공문)을 올릴 때는 만주족 시랑(侍郎)과 한족 시랑이 함께 참여하여 작성한 공문을 상주(上奏)해야 한다."

만주족 관리와 한족 관리의 동등한 정치 참여를 보장한 내용이다. 순치제는 명나라가 당파싸움 때문에 망했다고 생각했다. 관리들이 붕당(朋黨)을 결성하거나 사적으로 연회를 여는 일을 엄격하게 금지했다. 또 명나라 때부터 시행한 '경찰(京察)' 제도를 부활하여 도성에서 일하는 관리들의 업무 실적을 일일이 점검하고 일거수일투족을 감시했다.

하루는 순치제가 내원(內苑)에 행차하여 『자치통감』을 읽고 신하에게 하문했다.

"한고조, 한문제, 광무제, 당태종, 송태조, 명태조 가운데 어느 황제가 가장 뛰어난가?"

비서원대학사(秘書院大學士) 진명하(陳名夏)가 아뢰었다.

"그들 가운데 당태종이 가장 뛰어난 것 같사옵니다."

순치제가 말했다.

"그렇지 않소. 명태조는 각종 법률을 제정하여 후대에 영원히 전해지게 했소. 역대 어느 군주도 그에게 미치지 못하오."

순치제도 아버지 청태종처럼 한족의 문물제도를 적극 수용했다. 『자치통감』은 제왕이 어떻게 국가를 다스려야 하는 지에 대해 다양한 역사적 사건을 예로 들어 기술한 '제왕학'의 경전이다.

순치제는 이 책을 통해 치국의 도를 배우고자 했다. 명태조 주원장은 엄격한 법률로 국가를 통치한다는 이른바 '중전치국(重典治國)' 사상을 바탕으로 명나라를 통치한 황제이다. 황제로 등극한 후 『대명률(大明律)』 등 많은 법률서를 펴내 법으로 국가를 통치하겠다는 확고한 의지를 드러냈다.

특히 관리의 부정부패에 대해서는 잔혹하기 그지없는 형벌로 다스렸다. 이를테면 관리가 은자 60냥 이상을 뇌물로 받으면 효수형(梟首刑)에 처하고, 지방 관리가 현지 백성들에게 해를 끼치면 백성들이 그를 포박하여 경사(京師)로 끌고 와서 고소할 수 있게 했다.

순치제가 만민이 중국 제일의 성군(聖君)으로 평가한 당태종 이세민보다도 명태조 주원장을 더 높이 평가한 이유는 그도 법으로써 국가를 다스리겠다는 결연한 의지 때문이다. 『순치대훈(順治大訓)』, 『자정요람(資政要覽)』 등을 편찬하게 하고, 궁내 십삼아문(十三衙門)에 철패(鐵牌)를 세워 환관의 정치 참여를 엄격하게 금지한 조치도 모두 명태조를 '따라하기'였다.

5. 황후를 쫓아내고 동악비만을 총애하다

24세의 젊은 나이에 죽은 순치제는 한평생 황후 4명, 정비(正妃) 7명, 서비(庶妃) 8명을 거느렸다. 순치 8년(1651) 순치제는 생모 효장문황후(孝莊文

皇后)의 조카딸 박이제특씨(博爾濟特氏)를 황후로 맞이했다. 당시 두 사람은 근친 관계였지만 황실의 혈통을 중시하는 근친혼은 조금도 문제되지 않았다. 또 두 사람의 결합은 만주족과 몽골족의 혼인 동맹의 산물이기도 했다.

원래 효장문황후는 몽골 과이심부(科爾沁部)의 패륵 포화(布和)의 딸이다. 그녀가 천명 10년(1625)에 황태극에게 시집오게 된 동기도 청나라 황실이 몽골 패륵의 딸을 정비(正妃) 또는 후궁(後宮)으로 받아들임으로써 몽골 지역의 지배권을 다지기 위해서였다.

다이곤은 순치제가 6세의 나이에 황제로 등극했을 때 몽골 출신 박이제특씨를 황후로 내정했다. 효장문황후의 몸과 마음을 통제할 수 있었고 더구나 박이제특씨가 그녀의 조카딸이었으므로 미리 박이제특씨를 철부지 순치제의 배필로 결정한 것이다. 이는 만주족과 몽골족의 융화를 위한다는 명분에서 나왔지만, 사실은 다이곤이 황실과 조정의 권력을 장악하기 위한 수단이었다.

다이곤이 죽은 뒤 순치제는 숙부가 정략적으로 결정한 대혼(大婚)을 아주 못마땅하게 생각하여 몽골에서 신부를 맞이하는 일을 차일피일 늦추었다. 하지만 효장문황후의 성화가 그치지 않았고 대신들도 양국의 우호 관계를 위해 빨리 대혼을 치르라고 재촉했다.

순치제는 어쩔 수없이 14세의 나이에 16세의 신부를 황후로 맞이하는 수밖에 없었다. 두 사람은 신혼 첫날밤부터 어긋나기 시작했다. 역사서에서는 "합환주(合歡酒)를 마시는 첫날밤에 뜻이 맞지 않았다."고 완곡하게 표현했다. 몽골에서 귀하게 자란 황후는 소성황태후(昭聖皇太后: 효장문황후)의 위세를 믿고 교만하게 굴었다. 미모가 뛰어나고 총명했지만 건방진 그녀에게 순치제는 애정을 느끼지 못했다. 두 사람의 갈등은 날이 갈수록 깊어졌다.

그녀는 황후에 책봉된 지 2년만인 순치10년(1653)에 황후의 자리에서 쫓겨났다. 사치와 허영에 빠지고 투기가 심했기 때문이라고 한다. 사실은 그 이유 때문만은 아니었다. 다이곤이 생전에 그녀를 황후로 결정해놓은 것에 대한 불만이었다. 순치제가 황족, 조정 중신, 생모 소성황태후 등의 반대를 무릅쓰고 기어이 그녀를 쫓아낸 까닭은 다이곤의 망령에서 벗어나기 위해서였다.

순치 11년(1654) 순치제는 몽골 과이심부 출신의 또 다른 박이제길특씨를 황후로 책봉했다. 그녀가 순치제의 두 번째 황후 효혜장황후(孝惠章皇后)이다. 이번 대혼도 정략적 혼인에 불과했다. 그녀는 품성에 무슨 결함이 있는 황후가 아니었다. 성격이 온순하고 남편 앞에서는 어쩔 줄 모를 정도로 조심성이 있었다. 하지만 순치제는 그녀를 냉대했다. 꼬투리를 잡아 그녀를 내치려고 했으나 소성황태후의 꾸지람을 듣고 포기했다.

어쨌든 순치제는 정략적으로 부부의 연을 맺은 두 몽골 여자를 아주 싫어했다. 국모인 황후의 자리는 자기 마음이 끌리는 여자가 앉아야 한다고 생각했는지도 모른다. 이런 면에서 순치제는 황제의 결혼을 정치적으로 결정할 수밖에 없는 시대 상황에서 남녀 간의 진정한 사랑을 추구한 게 아닌가 한다. 순치제가 동악(董鄂·1639~1660)을 맹목적으로 사랑한 것을 보면 그의 마음을 어느 정도 짐작할 수 있다.

동악은 만주 정백기(正白旗) 출신이다. 그녀의 아버지 악석(鄂碩)은 정백기의 무관이다. 어머니는 강남 소주(蘇州) 출신의 기녀였다고 한다. 그녀가 산동성 제남(濟南)에서 거주할 때 청군이 남침하여 제남을 유린했다. 악석은 포로로 잡힌 그녀의 미모에 반해 첩으로 삼으려고 했다. 싸움에서 패배한 남자는 죽임을 당하거나 정복자의 노예가 되고, 얼굴이 반반한 여자는 첩이 되는 세상이었다. 하지만 그녀는 만주족 '야만인'에게 몸을 더럽힐 바에는 차라리 절명시(絕命詩)를 남기고 죽으려고 했다.

어렸을 때부터 비취처럼 아름다운 삶을 살았는데

어찌 다난한 세월을 만나 막다른 길에서 눈물만 흘리겠는가.

나도 모르게 허약한 몸이 되어 포로가 되었으니

혼백이라도 두견새가 되어 붉은 피를 토하며 울부짖으리라.

그런데 악석은 싸움만 잘하는 무인이 아니었다. 평소에 시문에 능한 문인들과 어울리는 낭만이 있었다. 우연히 그녀의 시를 읽고 감탄을 금치 못했다. 그는 가까스로 목숨을 건진 그녀를 성경으로 데리고 갔다. 남자의 완력이 아닌 따뜻한 마음으로 그녀의 처지를 동정했고 귀빈을 모시듯 섬겼다. 그의 극진한 배려에 감동한 그녀는 그에게 몸과 마음을 열었다.

사랑의 열매가 동악이었다. 그녀는 부모를 따라 강남 지방에 거주하면서 강남의 고상하고 우아한 문화에 흠뻑 젖었다. 남자의 혼을 빼는 미모뿐만 아니라 마음씨도 비단결처럼 고왔다. 더구나 어머니를 닮아 시문과 가무에도 능했다. 그녀에 대한 소문은 장안에 쏜살같이 퍼졌다.

몽골에서 시집온 두 여자에게 정이 떨어져 방황하던 순치제도 소문을 듣고 그녀를 황궁으로 불러들였다. 과연 명불허전이었다. 그녀를 보자마자 마음을 빼앗긴 순치제는 어떻게 해서든 그녀를 곁에 두려고 했다.

하지만 그녀는 불과 몇 달 전에 순치제의 이복동생 박목박과이(博穆博果爾·1642~1656)에게 시집을 간 유부녀였다. 아무리 무소불위의 권력을 가진 황제라도 동생의 아내를 아무런 명분도 없이 빼앗을 수는 없었다. 당장 그녀를 처첩으로 맞이할 수 없는 상황이라면 황궁에서 자주 볼 수 있는 기회라도 만들어야 했다.

순치제는 13세에 불과한 박목박과이를 화석양친왕(和碩襄親王)으로 책봉했다. 친왕이 되면 아내 동악과 함께 수시로 황궁에 들어와 황태후와 태후에게 문안을 올리고 황실의 대소사에 참석해야 했다. 이런 이유로 순치제는 동악을 한 번이라도 더 만나기 위해 그녀의 남편을 파격적으로 친왕으로 책봉한 것이다. 그는 온갖 구실을 대어 양친왕의 복진(福晉)을 황궁으로 불러들여 정담을 나누었다. 그녀를 만나지 못하는 날에는 하루 종일 멍하니 앉아있으면서 입맛조차 잃었으며 밤잠을 설치기 일쑤였다. 단단히 상사병에 걸린 것이다.

두 사람의 은밀한 만남이 지속될수록 추문은 꼬리에 꼬리를 물고 퍼졌다. 아내의 불륜을 눈치 챈 양친왕은 그녀를 감금하고 한 발짝도 움직이지 못하게 했다. 동악이 감금되었다는 소식을 들은 순치제는 자기 잘못은 모른 채 분노했다. 당장 양친왕을 소환하여 따귀를 때렸다.

양친왕은 너무도 분했지만 감히 황제의 역린을 건드릴 수 없었다. 하지만 아내를 빼앗긴 모멸감을 도저히 참을 수 없었다. 결국 순치 13년(1656)에 사춘기 소년 시절이나 다름없는 15세의 나이에 자살이라는 극단적 선택을 했다. 이제 두 사람의 애정행각은 고삐 풀린 망아지 같았다. 양친왕의 사십구재(四十九齋)가 끝나지 않았는데도 순치제는 동악을 현비(賢妃)로 책봉했다. 또 두 달 후에는 황귀비(皇貴妃)로 책봉하여 품계를 올려주었다.

순치제의 과분한 사랑을 한몸에 받은 동악비는 아주 현명한 여자였다. 만약 그녀가 황제의 총애를 믿고 위세를 부리면 다른 후궁들이 질투할 게 뻔했다. 영수궁(永壽宮)에 거주하는 각비(恪妃)가 세상을 떠났을 때, 3일 동안 잠을 자지 않고 빈소를 지켰으며 그녀가 낳은 두 어린 아들의 양육을 책임졌다. 또 순치제의 적모 모후황태후와 생모 소성황태후 두 분을 지극정성으로 섬겼다. 원래 동악비의 입궁을 탐탁지 않게 여겼던 소성황태후도 그녀의 효성과 애교에 마음을 열었다. 황궁에서 그녀에 대한 칭찬이 자자했다. 순치제는 그런 동악비에게 더욱 빠져들었다.

순치 14년(1657) 10월 동악비가 아들을 낳았다. 순치제는 너무 기쁜 나머지 조서를 반포하여 대사면령을 내렸다. 동악비가 낳은 아들은 순치제의 네 번째 아들임에도 조서에 '짐(朕)의 첫째아들'이라고 썼다. 아들이 장성하면 그에게 황위를 물려주겠다는 의도였다. 하지만 그 아이는 태어난 지 100일 무렵에 사망했다.

동악비는 이름도 없이 죽은 아들을 부여잡고 하염없이 울었다. 순치제는 아들의 죽음보다 비탄에 빠진 동악비를 위로하느라 더욱 괴로웠다. 그녀를 달래기 위해 죽은 아들을 화석영친왕(和碩營親王)으로 추증하고 난 뒤 황금으로 만든 관(棺)에 넣고 안장했다. 정말로 전례가 없는 일이었다. 동악비는 더 이상 자식을 낳을 수 없을 정도로 몸이 날로 쇠약해졌다.

순치제는 그녀에게 이렇게 위로했다.

> "부부 간의 두터운 정의(情誼)는 오래 사귄 친구와 같은 법이오. 어찌 밤을 함께 보낸다고 해서 화목하다고 할 수 있겠소?"

당신이 몸이 쇠약해서 밤에 운우지정을 나누지 못해도 당신을 사랑하는 마음은 절대 변할 수 없다는 '사랑의 맹세'였다. 그녀를 얼마나 사랑했으면 이런 말을 했을까.

그런데 불행은 가끔 쌍으로 온다고 했던가. 순치 17년(1660) 8월 동악비는 22세의 꽃다운 나이에 요절했다. 황제의 영혼을 지배한 그녀가 세상을 떠난 뒤, 순치제는 혼수상태에 빠진 적이 한두 번이 아니었다. 심지어 자살을 기도했다가 가까스로 살아남기도 했다. 그는 황태후의 반대를 무릅쓰고 동악비를 효헌황후(孝獻皇后)로 추증했다. 죽은 비(妃)를 황후로 책봉하는 전례가 없었는데도 말이다. 또 동악비를 모시던 환관, 궁녀 30명에게 사약을 내렸다. 저승 세계에서도 동악비를 섬기라는 미친 짓이었다. 다행히도 황태후의 만류로 목숨을 건질 수 있었다. 황귀비가 죽으면 조정의 업무를 5일 동안 보지 않는 것이 예법에 맞았으나, 무려 4개월 동안 조정을 철폐했다. 청나라 역사상 황귀비의 죽음을 추모하기 위한 이런 파격적 예우는 그녀 이외에는 단 한 번도 없었다.

동악비 사후에 순치제는 사실상 제정신이 아니었다. 매일 통곡하며 실성을 반복하다가 순치 18년(1661) 1월에 당시에는 불치병이었던 천연두에 걸려 24세의 나이에 붕어했다. 동악비가 타계한 지 5개월만이었다.

동악비도 순치제를 진정으로 사랑했는지 아니면 황제의 권력을 사랑했는지는 알 수 없다. 그렇지만 그녀가 순치제의 영혼마저도 지배할 정도로 매력적인 여자였음은 분명하다. 순치제는 신경이 예민했다고 한다. 6세 때 황제로 등극한 이후에 숙부 다이곤의 눈치를 보느라 그렇게 변했는지도 모른다. 그는 어린 나이임에도 군주의 품위를 잃지 않고 백성들에게 어진 정치를 펴고자 노력한 황제이다. 하지만 그가 시도한 일련의 개혁조치는 성공을 거두지 못했다. 노회한 친왕과 패륵들을 상대하기에는 나이가 너무 어렸기 때문이다.

순치제가 정치적으로 방황할 무렵에 동악비를 만났다. 그녀는 그에게 '사막의 오아시스'와 같은 존재였다. 두 사람은 나이가 비슷하고 생각이 같았으며 취미도 다르지 않았다. 순치제는 자신의 속마음을 꿰뚫고 어루만져주는 그녀의 모든 것을 사랑했다. 그녀 없이는 하루도 버티기 힘들었던 그는 결국 그녀를 따라간 것이다.

6. 천주교를 이해하고 불교를 숭배하다

대체적으로 인생의 우여곡절을 충분히 경험한 나이에 종교에 귀의하는 경향을 염두에 두면, 24세에 요절한 순치제가 종교에 깊은 관심을 가진 것은 뜻밖이다. 더구나 종교는 '편향적 교리'가 아주 강해서 특정 종교에 깊은 신앙심을 가지면 타 종교를 인정하지 않는 경우가 대부분인데도, 순치제는 천주교를 이해하고 불교를 숭배하는 독특한 신앙관을 가졌다.

독일 출신의 예수회 선교사이자 로마 가톨릭교회 사제였던 요한 아담 샬 폰 벨(Johann Adam Schall von Bell · 1592~1666)이 명나라 천계(天啓) 3년(1623)에 북경에 도착했다. 중국어 이름은 탕약망(湯若望)이며 우리나라에서는 아담 샬이라 부른다. 훗날 아담 샬은 청나라에 포로로 끌려와 북경에 머물고 있었던 조선의 소현세자와 친교를 맺고 그에게 천주교와 천문 역법을 소개했다. 따라서 아담 샬은 중국 천주교뿐만 아니라 조선의 천주교 역사에서도 대단히 중요한 인물이다.

애초 천주교가 명나라에 전파되었을 때 우상 숭배를 금했으므로 조상신을 섬기는 제사를 아주 당연하게 생각한 명나라 사람들과 적지 않은 마찰을 빚었다. 특히 사대부들은 유가의 창시자 공자에게 제사를 지내는 일을 신성하게 여겼기 때문에 천주교를 배척했다.

그런데 명나라 말기에 이르러 조정 대신들은 서양 화포가 아니면 누르하치의 강병을 도저히 격퇴할 수 없음을 깨달았다. 서양 상인들은 광동성 오문(澳門: 지금의 마카오)에서 서양에서 가지고 온 홍이포를 명나라 정부에 팔았다. 이 시기에 선교사들도 오문에 상륙하여 포교 활동을 벌이기 시작했다.

선교사들은 단순히 선교 활동만 하면 배척을 당하기 일쑤였으므로 명나라 조정의 환심을 살만한 화포 제조 기술, 천문 역법 등 서양의 앞선 과학 기술에 일가견이 있는 사람들이었다. 명나라 조정은 천주교의 교리를 따지는 일보다 당장 홍이포로 누르하치를 무찌르는 일이 시급했다. 이런 이유로 홍이포를 제작할 수 있고 천문 역법에 능통한 아담 샬을 북경에 들어오게 했다.

아담 샬은 포교를 위해 철저하게 중국인이 되기로 결심했다. 한자와 유가 경전에 능통했으며 이름을 탕약망(湯若望)으로 바꾸고 중국인의 복장을 입었다. 황제와 대신들의 환심을 사기 위해서는 서양 과학기술의 우수성과 천문 역법이 얼마나 정확한지 보여주어야 했다. 그가 가지고 온 각종 계측기들의 성능을 확인한 대신들은 찬탄을 금하지 못했다. 또 개기월식을 정확하게 예측하여 수천 년 동안 군주가 실정하면 하늘이 노하여 그런 재앙을 내린다는 미신에 사로잡혔던 대신들에게 엄청난 충격을 주었다.

숭정 3년(1630) 아담 샬은 예부상서 서광계(徐光啟·1562~1633)의 추천으로 천문, 역법을 관장하는 부서인 흠천감(欽天監)에서 정식 관리로 일하게 되었다. 그는 그곳에서 천문을 관찰하고 역서(曆書)를 펴냈으며 다양한 계측기를 제작했고, 서양의 앞선 채광(採鑛)과 야금(冶金) 기술을 소개한 『곤여격치(坤輿格致)』라는 번역서를 내기도 했다. 숭정 9년(1636)에는 숭정제의 어명을 받들어 서양의 화포 제작법에 따라 홍이포 20문을 완성했다.

오늘날 중국에서 서양인 가운데 중국의 과학기술 발전에 가장 큰 공로를 세운 사람을 꼽으라면, 이구동성으로 아담 샬을 거론할 정도로 그의 업적은 탁월했다.

순치 원년(1644) 명나라가 망하고 청군이 북경성에 입성하는 대혼란의 와중에서 아담 샬은 살아남았다. 따지고 보면 그가 명나라를 위해 제작한 화포가 청군에게 막대한 피해를 입혔으므로 다이곤은 그를 적군에게 협력한 '양귀(洋鬼)'로 몰아 당장 죽여야 했다.

하지만 다이곤은 그렇게 어리석은 사람이 아니었다. 오히려 홍이포의 위력을 절감한 까닭에 그것을 만든 서양인이 누구인지 무척 궁금했다. 아담 샬이 『서양신법역서(西洋新法曆書)』와 『성경(聖經)』을 들고 그를 찾아왔다. 서양 출신 신하로서 명나라 숭정제에게 충성을 다했는데도 쉽게 다이곤에게 귀부한 이유는 한족의 명나라든 만주족의 청나라든 관계없이 천주교의 복음을 전파할 수 있으면 된다는 신념 때문이다. 자살한 숭정제나 섭정왕 다이곤이나 모두 그에게는 선교 대상일 뿐이었다.

다이곤은 아담 샬을 흠천감에서 계속 일하게 했다. 순치 2년(1645) 아담 샬이 『서양신법역서·103권』을 다이곤에게 바치자, 다이곤은 그를 태상시소경(太常寺少卿)에 책봉했다.

만주족의 청나라는 한족의 명나라에 비하여 상대적으로 이념보다는 실질을 숭상하는 국가였다. 명나라는 유가 사상을 국가의 이념으로 삼았기 때문에 그것에 맞지 않는 사상은 이단으로 간주하고 배척했다. 이와 반면에 수렵과 유목 생활을 하는 사람들이 세운 청나라는 국가에 도움이 되는 일이라면 이념을 따지지 않고 적극적으로 받아들였다.

아담 샬은 다이곤의 승인을 받고 북경에 거대한 천주교당을 짓고 포교를 활발히 할 수 있었다. 천문학 분야에서는 서양이 중국보다 월등하게 앞서있음을 알고 있었던 다이곤은 선교사들에게 천체를 관측하고 역법을 관장하라는 특명을 내렸다. 흠천감 감정(監正) 아담 샬의 지휘 아래 선교사 50여 명이 지금의 북경 고관상대(古觀象臺)에서 업무를 보았다.

순치제는 친정을 단행한 후 신기한 자연 현상을 과학적으로 설명하는 아담 샬에게 큰 호기심을 느끼고 그를 자주 황궁으로 불러들였다. 두 사람의 나이 차이는 무려 54세이다. 마치 할아버지가 손자에게 들려주는 정다운 이야기는 그칠 줄 몰랐다. 아담 샬이 조정의 시무(時務)에 대하여 어린 순치제에게 올린 상주문이 300여 통이나 된 걸 보면, 두 사람의 관계가 얼마나 끈끈했는지 짐작할 수 있다.

어느 날 천주교를 믿는 궁녀 3명이 황급히 아담 샬을 찾아왔다. 어떤 친왕(親王)의 딸이 급병에 걸려 위독하니 빨리 치료해달라는 부탁이었다. 사실 아담 샬은 의술에 대해서는 아는 게 별로 없었다. 하지만 황궁에서 그가 불가사의한 일을 잘 해결하는 능력이 있는 사람으로 소문이 났던 터라 궁녀들이 다급한 마음으로 찾아온 것이다. 일단 병세를 자세히 들어보니 독감에 걸린 게 분명했다. 독감은 약을 먹지 않아도 며칠 충분히 휴식을 취하면 낳는 병이다.

아담 샬은 궁녀에게 십자가를 건네주고 4일 동안 가슴에 품고 있으면 나을 거라고 말했다. 며칠 후 궁녀가 찾아와 사례를 하고 돌아갔다. 또 얼마 후 한 귀부인이 찾아와 거금을 주려고 했다. 아담 샬은 출처가 분명하지 않은 돈은 절대 받을 수 없다고 말했다. 그 귀부인은 사실대로 말하는 수밖에 없었다.

> "사실은 황태후의 조카딸이 병에 걸렸어요. 어의가 치료해도 낫지 않아 신부님에게 부탁한 거예요. 신부님이 주신 십자가를 품고 있었는데 정말로 나흘 만에 감쪽같이 완쾌되었어요. 그래서 황태후께서 특별히 거금을 하사하신 거예요."

황태후의 조카딸은 나중에 순치제의 황후가 되는 박이제길특씨이다. 순치제의 생모 소성황태후는 아담 샬이 건네준 십자가 덕분에 병이 나았다고 생각했다. 아담 샬이 만물을 주재하는 하느님의 '종'으로 확신하고 천주교에 귀의했다. 이때부터 그를 '의부(義父)'로 섬기고 충실한 신자가 되었다.

그녀는 아들도 신자가 되기를 희망했다. 다이곤이 섭정할 때 순치제와 아담 샬이 흠천감에서 우연히 만난 적이 있었다. 순치제는 수염이 덥수룩하게 자란 아담 샬을 보고 호기심을 느꼈다. 측근들을 잠시 물러나게 하고 그를 곁으로 오게 했다.

아담 샬은 그에게 귓속말로 속삭였다.

"황상께 아뢸 말씀이 있사옵니다. 교만한 섭정왕이 국정을 농락하고 위해를 끼치지 않을까 걱정이옵니다. 하지만 신이 그의 안색을 살펴보니 몸이 이미 쇠약해져서 얼마 못살 것 같사옵니다."

어린 황제는 의아하게 생각했다. 기세등등한 다이곤이 머잖아 죽을 수 있다는 말에 기쁘기도 했지만 한편으로는 과연 그럴까 하는 의구심이 들었다. 순치 7년(1650) 12월 다이곤은 고북구(古北口) 밖의 객라성(喀喇城)에서 39세를 일기로 사망했다. 신통한 점쟁이처럼 다이곤의 죽음을 예언한 아담 샬이 순치제에게는 구세주나 다름이 없었다. 어린 황제는 그를 '마법(瑪法)'이라 칭했다. 만주어로 '존경받는 할아버지'라는 뜻이다.

순치제는 조정의 대소사를 처리할 때 조금이라도 의문이 생기면 언제나 아담 샬에게 자문을 구했다. 아담 샬은 때로는 인자한 할아버지처럼, 엄격한 스승처럼, 친한 친구처럼 그를 보살폈다. 순치제도 황제의 체면에도 불구하고 그에게는 사사로운 감정도 거리낌 없이 토로했다.

황제가 신하의 집으로 행차하면 사방에 휘장을 두르고 바닥에 황금색의 비단을 깔아 놓아야 했다. 황제는 남쪽을 바라보며 옥좌에 앉고 신하는 엎드린 채로 머리를 조아리는 게 법도였다. 신하가 황제와 함께 앉아 있는 행위는 상상조차 할 수 없었다. 하지만 순치제가 아담 샬과 대화를 나눌 때면 이런 의전을 완전히 무시했다. 서로 편안하게 앉아서 이야기하면 그만이었다.

하루는 아담 샬이 어린 황제에게 농담했다.

"황상 폐하! 황상께서는 신이 앉을 수 있는 자리는 모두 앉게 했사옵니다. 앞으로 신은 어디에 앉아야 하옵니까?"

두 사람은 황제와 신하 간의 격식을 따지지 않고 어느 곳에서나 자유롭게 앉았다는 얘기다. 순치제가 손사래를 치며 말했다.

"마법! 짐의 할아버지와 같은 분을 세속의 격식으로 구속하는 것은 참으로 온당치 못하오. 마법은 앉기 편안한 곳에 앉으면 그만이오."

순치제는 두 몽골 출신 황후와 부부의 뜨거운 애정을 느끼지 못했다. 그런데 한창때의 젊은 나이인지라 성욕이 발동하면 억제하기가 쉽지 않았다. 한번은 유부녀와 불륜을 저지르고 말았다. 아담 샬은 강한 어조로 황제의 처신을 조목조목 비판하는 상소를 올렸다. 순치제는 얼굴이 홍당무가 되었지만 자신의 방사(房事)까지 간섭하는 그에게 분노했다. 황제가 진노했다는 얘기를 들은 아담 샬은 더 이상 황궁에 머무를 수 없었다. 짐을 수레에 싣고 도성 밖으로 나가는 도중에 황제가 급히 찾는다는 전갈이 왔다. 순치제는 그에게 자신의 과오를 인정하고 용서를 구했다.

그 후 또 여자 문제로 황제의 체면이 손상되는 일이 발생했다. 이번에도 아담 샬의 고언을 피할 수 없었다. 잘못을 뉘우치기는커녕 변명을 늘어놓기에 급급한 순치제를 안절부절 못하게 할 정도로 사정없이 나무랐다. 얼굴이 벌겋게 달아오른 순치제는 내전으로 들어가 버렸다. 잠시 안정을 찾은 뒤 돌아와 아담 샬에게 하문했다.

"마법! 인색함과 음란함 가운데 어떤 것이 더 큰 죄인가?"

"말할 것도 없이 음란함이지요. 특히 지위가 높은 사람에게는 이것 때문에 생기는 화근이 아주 많지요."

순치제는 자기에게 고언을 아끼지 않는 아담 샬을 진심으로 존경하고 따랐다. 외국인 선교사 출신의 신하가 황제의 총애를 한 몸에 받게 되자 그를 시기하는 신하들도 있었다. 하루는 순치제가 대신들에게 이렇게 말했다.

"너희들은 짐에게 허황된 욕망만을 심어주는 말만 할 뿐이오. 탕약망은 그렇지 않소. 그가 올린 상소문의 내용은 자상하기 이를 데 없어서 읽으면 나도 모르게 눈물이 나오."

또 이런 얘기도 했다.

"마법은 인품이 더 비할 바 없이 훌륭하오. 다른 사람들이 짐을 좋아하는 이유는 오로지 복록을 얻고 출세하려는 생각 때문이오. 그들은 언제나 성은을 추구하고 있을 뿐이오. 짐은 항상 마법에게 바라는 것이 있으면 말해보라고 하였소. 하지만 마법은 짐의 총애를 받는 것만으로도 충분하다고 말했소. 이는 이른바 이익과 복록을 탐하지 않고 진정으로 군주를 사랑하는 사람이 아니겠소."

사실이 그랬다. 아담 샬은 성직자의 본분에 충실한 사람이었다. 애초에 순치제는 그가 어떤 사람인가 알아보기 위해 몰래 뒷조사를 한 적이 있었다. 아담 샬은 북경 교당에서 수도 생활을 하면서 어명을 받들어 서양의 앞선 과학 기술을 중국에 소개하는 일에 몰두했다. 특히 금전 문제에서는 결벽증이 있을 정도로 깨끗했다.

어린 황제가 괜히 그에게 빠져든 게 아니었다. 순치제는 그에게 '통현교사(通玄敎師: 현묘한 이치에 통달한 스승)'라는 호칭을 하사하고 태상시경(太常寺卿)

으로 책봉했다.

태상시(太常寺)는 황궁의 예악(禮樂), 의례(儀禮) 등을 관장하는 기구이다. 태상시경이 최고 책임자이며 정삼품(正三品)에 해당하는 고위직이다. 일반적으로 중국인이 아니면 맡을 수 없는 관직을 외국인 선교사에게 제수한 것은 아담 샬이 중국의 전통 문화에 정통했고 아울러 순치제는 그의 가르침에 따라 국가의 의례를 거행했다는 얘기이다.

황제가 이렇게 아담 샬을 총애한 덕분에 중국의 천주교는 순치 연간(1643~1661)에 교세를 확장한다. 천주교당이 전국에 걸쳐 30여 곳이 있었으며, 순치 7년(1650) 한 해의 통계 자료를 보면 신자가 15만여 명에 달했다.

순치제의 적극적인 비호로 포교 활동을 했던 아담 샬은 순치제 사후, 강희제(康熙帝·1654~1722) 시대에 들어와 수난을 겪는다. 강희 3년(1664) '은밀히 반란을 도모한 죄', '사악한 말로 민중을 미혹에 빠뜨린 죄', '서양 역법이 황당무계한 죄' 등 세 가지 죄명으로 다른 선교사들과 함께 사형 선고를 받았다. 하지만 나중에 아담 샬의 역법이 옳다는 것이 증명되어 복권되었다.

강희 5년(1666) 아담 샬은 중국에서 47년 동안의 활동을 마감하고 조용히 눈을 감았다. 강희제는 친히 제문을 지어 그의 죽음을 애도했다. 강희제는 부친 순치제가 그렇게 좋아했고 따랐던 아담 샬을 극진히 예우한 것이다.

순치제는 아담 샬을 통해 서학과 천주교를 이해했다. 그렇다고 해서 그가 천주교 신자는 아니었다. 그의 후반부 인생을 살펴보면 불교가 그의 정신 세계를 지배했음을 알 수 있다. 순치 14년(1657) 순치제는 남해자(南海子: 지금의 북경 남원·南苑)로 순행을 가던 도중에 도성 남쪽 해회사(海會寺)에서 임제종(臨濟宗)의 저명한 고승 감박성총선사(憨璞性聰禪師)의 법문을 듣고 귀의하기로 결심했다.

청나라 역대 황제 평전

두 사람이 서원(西苑)의 만선전(萬善殿)에서 나눈 대화 내용은 이렇다.

"자고이래로 천하를 다스리는 방법은 모두 조상 대대로 내려온 것이오. 짐은 날마다 온갖 정사를 친히 보살펴야 하므로 한가할 겨를이 없구려. 이제 불법(佛法)을 좋아하게 되었는데 누구를 스승으로 모시고 배워야 하겠소?"

"황상께서는 금륜왕(金輪王)의 화신이옵니다. 아주 오래 전부터 황상의 마음속에는 참으로 큰 선근(善根), 위대한 지혜, 선천적으로 어진 본성 등이 가득하옵니다. 불법을 믿으시면 교화를 받지 않아도 스스로 선량해지며, 배우지 않아도 스스로 깨닫게 되옵니다. 그래서 황상께서는 천하의 지존이옵니다."

감박성총선사는 '정치적 스님'이었던 것 같다. 황제의 비위를 맞추기 위해 아부를 늘어놓았다. 그의 말을 진심으로 믿고 기뻐한 순치제는 그를 '명각선사(明覺禪師)'로 책봉하고 수시로 황궁으로 불러들였다. 이때부터 불도의 길을 걷기 시작했다.

순치 16년(1659) 호주(湖州) 보은사(報恩寺)의 주지 옥림통수선사(玉林通琇禪師·1614~1675)를 황궁으로 초청하여 설법을 들었다. 옥림통수선사는 강남 지방에서 가장 명망이 높은 고승이었다.

하루는 순치제가 그에게 이렇게 말했다.

"짐은 일국의 군주이지만 재물은 그다지 마음에 두고 있지 않소. 처자식도 바람이 불면 흩어지는 것과 같은 존재인지라 별로 신경을 쓰지 않소. 다만 어머님만은 마음을 쓰지 않을 수 없구려. 짐도 스님처럼 속세의 모든 인연을 떨쳐버리고 싶은 마음뿐이오."

옥림통수선사는 깜작 놀라 정신이 멍했다. 천하의 백성을 보살펴야 할 대청 황제가 출가하겠다고 하니 기가 막혔다. 황제의 불심이 깊은 것은 더 말할 나위 없이 좋으나, 황제는 황제의 길이 있고 스님은 스님의 길이 따로 있다고 간곡하게 아뢰었다.

순치제는 오히려 옥림통수선사를 상좌로 모시고 불문에 귀의하겠다고 했다. 출가하지 않는 대신에 '재가 불자'로서 불도를 닦는 선에서 타협을 했다. 순치제는 의미가 좋지 않은 글자들을 뽑아서 자신의 법명을 결정하게 했다. 옥림통수선사는 글자 몇 개를 뽑아 올렸다. 순치제는 '어리석을 치(痴) 자'를 선택하여 법명을 행치(行痴)로 정했다.

일반적으로 법명은 의미가 심오하고 좋은 글자를 택하기 마련이다. 순치제는 부정적인 의미를 지닌 법명으로써 오히려 경계를 삼고자 한 게 아닌가 한다.

동악비가 세상을 떠나기 직전에 순치제는 홍각도민선사(弘覺道忞禪師) 도민(道忞 · 1596~1674)에게 이런 말을 했다.

"스님께서는 짐이 30세가 될 때 짐을 위해 축수(祝壽)를 해준다고 했지요. 아마 그때까지는 기다릴 수 있을 것 같소. 40세가 되면 옥림통수선사가 축수를 해주신다고 했소. 30세는 모르겠으나 40세까지는 짐이 절대 기다릴 수 없을 것 같소."

순치제는 선천적으로 성격이 예민한데다가 친정을 단행한 후 혁신 정치를 펴고 싶었지만 번번이 좌절을 맛보았기 때문에 몸이 쇠꼬챙이처럼 말라비틀어져 있었다. 그래서 30세를 넘기기 어려울 거라는 생각을 한 것이다.

순치 17년(1660) 8월 동악비가 사망한 이후에는 삶의 의욕을 상실했다. 오직 불교만이 그의 허무한 마음을 달래주었다. 옥림통수선사의 제자 행삼(行森)에게 탁발 의식을 부탁했다. 어명을 받고 달려온 옥림통수선사는 순치제가 탁발했다는 얘기를 듣고 분노했다. 제자들에게 장작더미를 쌓게 하고 행삼을 불에 태워죽이겠다고 했다.

황궁으로 들어가 순치제에게 아뢰었다.

"만약 세간(世間)의 법으로 논하면 황상께서는 영원히 황제의 옥좌에 앉아 있으셔야 하옵니다. 위로는 성모(聖母: 순치제 어머니)의 마음을 안정시켜야 하며, 아래로는 백성들이 편안하게 생업에 종사할 수 있게 해야 하옵니다. 출세간(出世間)의 법으로 논하면 황상께서도 영원히 제왕이 되시어 밖으로는 불법(佛法)을 수호하는 사람이 되어야 하고, 안으로는 보살의 지혜가 머무는 곳을 다스려야 하옵니다."

순치제가 다시 머리카락을 기르고 더 이상 출가하지 않겠다는 약속을 한 후에야, 행삼은 가까스로 죽음을 면할 수 있었다. 이 소동이 일어난 지 얼마 안 된 순치 18년(1661) 1월에 24세의 젊은 나이에 천연두를 앓다가 붕어했다.

그가 지은 「승려를 찬양하는 시(贊僧詩)」에 이런 시구가 있다.

"나는 본래 서방 정토세계의 승려였다네, 도대체 무슨 인연으로 제왕가에 떨어졌을까"

순치제는 6세의 나이에 황위를 계승한 후 궁중에서 끊임없이 벌어지는 암투가 그에게 깊은 상처를 주었다. 그도 피비린내 나는 권력 투쟁의 와중에서 살아남았지만 마음 한 구석은 언제나 공포와 외로움이 엄습했다. 또 백성을 위하여 선정을 펴고자 해도 친왕, 패륵 등 권문세가의 반발에 부딪쳐 좌절의 고통을 맛보았다.

친어머니인 소성황태후와도 불편한 관계였다. 어머니가 권력을 유지하기 위하여 다이곤을 유혹한 게 아닌가 하는 의구심을 떨치지 못했다. 아니면 호색한 다이곤의 협박에 어머니가 정절을 지키지 못했다고 생각하기도 했다. 아들의 대혼(大婚)도 정략적으로 결정한 어머니가 원망스러웠다. 그래서 어머니의 반대에도 불구하고 몽골 출신 황후 두 명을 끝내 폐위시킨 것이다. 동악비가 그의 유일한 안식처였지만 그녀가 사망한 후에는, 불교가 삶의 의미를 상실한 그에게 최후의 희망이었다. 그는 황제보다는 승려가 어울리는 사람이었다.

청나라 역대 황제 평전

제 **4** 장

현엽 성조 강희제

제4장

현엽 성조 강희제

1. 8세의 나이에 황위를 계승하다

중국 역사상 재위 기간(61년)이 가장 길었고 이른바 '천고일제(千古一帝)'로서 태평성태를 연 현엽(玄燁·1654~1722) 강희제(康熙帝)는 순치제의 셋째아들이다. 생모는 효강장황후(孝康章皇后·1640~1663) 동가씨(佟佳氏)이다. 청조의 일등공(一等公) 동도뢰(佟圖賴·1606~1658)의 딸인 그녀는 순치 10년(1653)에 입궁하여 순치제의 서비(庶妃)가 되었으며, 순치 11년(1654)에 현엽을 낳았다.

순치제는 동가씨를 그다지 총애하지 않았다. 친어머니 소성황태후의 정략적인 결정으로 얻은 배필이었기 때문이다. 셋째아들에 대한 관심도 미지근했다.

현엽은 두 살 때 천연두에 걸려 언제 죽을지 모르는 운명이었다. 당시 황자(皇子)가 천연두를 앓으면 도성 밖으로 보내 일정 기간을 지내게 했다. 유모 손씨(孫氏)가 사가(私家)에서 그를 지극정성으로 돌보아 목숨을 건질 수 있었다. 궁궐로 돌아온 현엽은 여전히 아버지의 관심 밖에 있었다.

훗날 현엽은 부모의 사랑을 받지 못하고 자란 게 얼마나 한이 되었던지 이런 말을 했다.

"어렸을 때 부모님의 슬하에서 두 분이 기뻐하시는 모습을 한 번도 본 적이 없었소."

하지만 할머니 소성황태후는 현엽을 가엽게 여기고 그의 교육을 책임졌다. 훗날 현엽은 할머니 사후에 쓴 제문에서 이렇게 회고했다.

"짐의 어린 시절을 회고하면 부모님을 일찍 여의었다. 할머님의 슬하에서 30여 년을 지내면서 할머님이 친히 짐을 키우고 교육을 시킨 덕택에 어른이 될 수 있었다. 태황태후께서 안 계셨다면 오늘날의 짐은 결코 없었을 것이다."

현엽은 부모의 사랑을 받지 못했지만 할머니 소성황태후의 보살핌과 교육을 받고 성장할 수 있었다. 타고난 머리도 우수한데다 하루라도 책을 읽지 않으면 답답한 마음을 해소할 수 없었다. 날로 쌓이는 학식은 타의 추종을 불허할 정도였다.

훗날 남쪽 지방으로 순행을 나갔을 때 신하들에게 학문에 매진하던 시절을 이렇게 술회했다.

"짐은 5세 때부터 독서의 즐거움을 알기 시작했소. 8세 때 황위를 계승한 후 『대학』과 『중용』을 읽으면서 모르는 내용이 있으면 언제나 주변 사람들에게 물어보아 그 뜻을 정확하게 파악하고 난 뒤에야 비로소 만족했소. 날마다 읽은 문장은 철저하게 암기했으며 여태껏 거짓으로 공부하여 내 자신을 속인 적이 한 번도 없었소. 이렇게 면학에 열중한 덕분에 『논어』, 『맹자』, 『대학』, 『중용』 등 유가의 경전을 모두 통달할 수 있었소. 또 『상서』를 공부하면서 「요전(堯典)」, 「대우모(大禹謨)」, 「탕고(湯誥)」, 「이훈(伊訓)」 등 여러 편에서 옛날에 제왕들이 치국의 도(道)를 깨닫기 위해 얼마나 성실하게 노력을 했는지 이해할 수 있었소.”

정말로 강희제는 지독한 '공부벌레'였다. 책을 읽으면 침식을 잊을 정도로 몰두했다. 젊었을 때 책을 너무 많이 본 까닭에 피를 토하기도 했지만 독서를 중단하지 않았다.

『청성조실록·권1』에 이런 기록이 있다.

“제왕학, 성현의 심학(心學), 육경(六經)의 요지(要旨) 등 어느 학문 분야도 통달하지 못한 것이 없었다. 이는 절대 지나친 찬양이 아니다.”

이는 강희제가 한족의 전통 유가 사상에 매료되었음을 의미한다. 그는 더 이상 만주족의 야만적 풍습이 남아 있는 황제가 아니라 유가에서 말하는 '성군(聖君)의 도'를 실천하는 황제로 변모했다.

순치 18년(1661) 1월 순치제는 천연두를 앓았다. 지금은 주사 한 대 맞으면 깨끗이 낫는 전염병이지만, 옛날에는 인류를 죽음의 공포에 떨게 한 병이었다. 사람은 누구나 평생을 통하여 한 번은 천연두 또는 홍역에 걸렸으며 치사율이 아주 높았다. 병석에서 일어나지 못한 순치제는 24세의 젊은 나이였지만 목숨이 거의 다했음을 직감했다. 친어머니 소성황태후보다 먼저 세상을 떠나게 되었으니 참으로 큰 불효이자 불행이 아닐 수 없었다. 더구나 그는 황태자를 책봉하지 않았기 때문에 사후에 황위 계승을 두고 변란이 일어나지 않을까 두려워했다. 대청제국 황제의 옥좌는 하루라도 비워둘 수 없는 절박한 상황이었다.

소성황태후는 아들의 병석을 지키며 깊은 고뇌에 빠졌다.

'황손자들 가운데 과연 누구를 황제로 추대해야 하는가.'

순치제의 장남 우뉴(牛鈕)는 태어난 지 석 달 만에 죽었으므로, 서열대로라면 둘째아들 복전(福全·1653~1703)이 황위를 계승해야 했다. 순치제도 은연중에 복전을 후계자로 염두에 두고 있었다. 하지만 어머니와의 보이지 않는 갈등이 결정을 미루게 했다. 다행히도 모자 사이에는 아담 샬이라는 '연결고리'가 있었다. 두 사람은 그를 진심으로 존경하고 좋아했다.

순치제는 임종 직전에 아담 샬을 불러들여 의견을 물었다. 아담 샬은 황자들 가운데 천연두에 걸려 면역력이 생긴 황자는 셋째아들 현엽뿐이고 더구나 성군의 자질을 타고났으며 독서를 좋아하므로 그에게 황위를 계승하게 해야 한다고 말했다. 아직 천연두를 앓지 않은 다른 황자를 황제로 추대했다가 천연두에 걸려 죽으면 엄청난 혼란이 올 수 있다는 우려에서였다. 현엽을 키운 소성황태후도 그의 의견에 적극 동조했다.

마침내 순치 18년(1661) 1월 순치제의 유언에 따라 현엽은 8세의 나이에 황태자로 책봉되었으며, 며칠 후 자금성 태화전에서 황제로 등극했다. 대사면령을 반포하고 다음 해부터 연호를 강희(康熙)로 정했다. 중국 역사에서 당태종 이세민과 더불어 가장 위대한 군주로 칭송을 받는 강희제가 뜻밖에도 독일 출신의 서양 선교사 아담 샬의 건의에 의해 황제로 등극한 것이다.

2. 고명대신 4명이 국정을 맡다

순치제가 임종 직전에 삭니(索尼), 소극살합(蘇克薩哈), 알필륭(遏必隆), 오배(鰲拜) 등 4명을 고명대신으로 지명했다. 먼저 강희제 이전 그들의 행적을 살펴보자.

삭니(1601~1667)는 만주 정황기(正黃旗) 출신이다. 청태조 누르하치 시절에 만주어, 몽골어, 한자 등 여러 문자를 이해하고 있었던 까닭에 문관(文館)에 들어가 칙령, 법령, 외교 문서 등 공문을 작성하고 반포하는 업무를 맡아 황제의 총애를 받았다.

천총 3년(1629) 청태종 황태극이 대군을 이끌고 중원을 침략했을 때, 그의 큰아들 호격(豪格)이 북경성 근처에서 명군에게 포위된 적이 있었다. 이때 삭니가 기병을 이끌고 적진에 뛰어들어 호격을 구했다. 그 후에도 황태극 휘하에서 여러 차례 전공을 쌓아 '삼등갑라장경(三等甲喇章京)'에 책봉되었다. '갑라장경'이란 청나라의 관직명이다. 1등과 2등은 명나라의 참장(參將)에, 삼등은 유격(遊擊)에 해당한다.

숭덕 8년(1643) 청태종이 붕어한 뒤 황위 계승 문제를 놓고 그의 장남 호격과 예친왕 다이곤이 충돌했다. 이때 삭니가 중재에 나서 청태종의 아홉째아들 복림을 황제로 추대하고 다이곤이 섭정을 맡는 것으로 극적인 타협을 보았다.

다이곤이 조정의 실권을 장악하고 통치할 때 대다수의 대신들은 그에게 빌붙었지만, 삭니는 조정의 기강을 바로세우고 오직 어린 순치제를 충심으로 보좌했다. 순치 5년(1648) 다이곤 일파의 눈엣가시가 된 그는 숙친왕(肅親王) 호격을 황제로 추대하려고 했다는 음모를 꾸몄다는 모함을 받고 삭탈관직 당했다.

순치 8년(1651) 순치제가 친정을 시작한 후 삭니를 다시 조정으로 불러들여 중용했다. 다이곤의 섭정 기간에 그가 억울하게 누명을 썼고 아울러 그의 충정을 높이 평가했기 때문이다. 삭니는 순치제가 선정을 베풀 수 있도록 견마지로의 공을 아끼지 않았다.

순치 17년(1660) 순치제에게 상소문을 올렸다.

"개국에 참여한 신하들 가운데 배타라포륵합번(拜他喇布勒哈番: 만주어 관직 명으로 종사품에 해당한다) 이상의 관작을 하사받은 신하들은 모두 공적이 있으므로 관작을 세습하게 하는 것은 당연하옵니다. 하지만 그 후에 성은을 입어 관작을 하사받은 신하들은 전공을 세우지 않았기 때문에 그들에게는 세습을 윤허하는 칙서를 내리시면 아니 되옵니다.……친왕, 패륵, 대신 등 권력자들은 옥천산(玉泉山)의 샘물을 몰래 저택에 대어 사용하고 있습니다. 그래서 샘물이 고갈되는 지경에 이르렀습니다. 또 변경 밖의 나무들은 모두 상인들이 백성을 고용하여 벌목하고 있습니다. 그런데 대신들이 벌목 사업을 강탈하여 그들의 생계를 위협하고 있습니다."

"대신들은 공무에 최선을 다하지 않고 오직 그들의 저택을 호화롭게 치장하는 일에만 신경을 쓰고 있습니다. 이런 불법 행위들은 엄금해야 하옵니다. 도성에서 법을 집행하는 관리들은 권문세가와 가난한 백성이 소송을 벌였을 때 반드시 가난한 백성에게만 죄를 묻습니다. 그들은 사실을 곡해하고 사사로운 감정으로 일을 처리하면서 법을 공정하게 집행할 생각을 하지 않습니다. 백성이 억울한 누명을 쓰거나 권력자가 뇌물로 법망을 빠져나오는 일은 절대 없어야 하옵니다."

순치제는 그가 건의한 내용을 즉시 시행하게 했다. 이로써 법을 엄격하게 집행하여 황족과 대신들에게 작위를 남발하는 일을 차단했으며, 그들이 백성의 생업을 빼앗는 행위를 엄금했다. 순치제는 그에게 일등백(一等伯)의 작위를 하사하고 대대로 세습하게 했다. 순치제가 붕어한 직후에 세 왕조에 걸쳐 충성한 삭니는 보정(輔政)의 우두머리로서 어린 강희제를 보필해야 하는 막중한 책무를 맡게 되었다.

소극살합(蘇克薩哈·?~1667)은 만주 정백기(正白旗)의 패륵이었다. 별다른 무공을 쌓지 못했으나 다이곤에게 아부하여 그의 심복이 되었다. 다이곤 휘하에서 위세를 부리다가, 다이곤이 사망하자 뜻밖에도 그를 타도하는 데 앞장섰다. 다이곤을 증오한 순치제가 그의 세력을 발본색원하면 자신도 숙청의 칼날을 피할 수 없다고 생각한 소극살합은 황급히 다이곤의 죄상을 낱낱이 고발했다. 한때 자신의 주군이나 다름이 없었던 다이곤을 철저하게 짓밟아서 친정을 시작한 순치제의 환심을 샀다. 다이곤의 핵심 측근들은 대부분 몰락했으나 변신에 성공한 소극살합은 순치제의 총애를 받고 승승장구할 수 있었다.

알필륭(遏必隆·?~1673)은 후금의 5대 개국공신 가운데 한 명인 액역도(额亦都)의 16번 째 아들이다. 만주 양황기(鑲黃旗) 패륵이었다. 숭덕 7년(1642) 봉명대장군 아파태(阿巴泰)를 따라 중원을 침략했을 때, 혁혁한 공을 세워 우록장경(牛錄章京)을 제수 받았다. 순치 2년(1645)에는 호북성 무창(武昌)에서 대순 황제 이자성(李自成)의 조카 이금(李錦)을 참살한 공로로 이등갑라장경(二等甲喇章京)에 책봉되었다. 그 후 의정대신(議政大臣), 영시위내대신(領侍衛内大臣), 소부(少傅) 겸 태자태부(太子太傅) 등 주요 관직을 역임했다. 영시위내대신은 오늘날의 '대통령 경호실장'과 같고, 태자태부는 태자의 교육을 담당한 직책이므로 알필륭이 순치제의 최측근이었음을 알 수 있다.

오배(鰲拜·?~1669)는 후금의 5대 개국공신 가운데 한 명이었던 비영동(費英東)의 조카이다. 만주 양황기(鑲黃旗) 패륵이었다. 청태종이 조선을 침략할 때 선봉에 섰으며, 청나라의 눈엣가시였던 명나라 장수 모문룡의 근거지

피도(皮島)를 공략한 전과를 올렸다. 또 명나라를 회복 불능의 상태로 만들고 청나라가 중원으로 진출하는 데 결정적 싸움이었던 송금대전(松錦大戰)에서 혁혁한 전공을 세웠다. 청태종이 출정을 명하면 반드시 이기고 돌아왔으므로 '만주 제일의 용사'라는 영예를 얻었다.

청태종이 붕어한 직후, 그의 큰아들 숙친왕 호격과 청태종의 이복동생 예친왕 다이곤이 조정의 권력을 양분하고 있었다. 그런데 다이곤의 두 명의 친동생 영친왕 아제격과 예친왕 다탁은 다이곤이 황위를 계승해야 한다고 주장했다.

다이곤이 주저하자 다탁이 말했다.

"형님이 황제로 등극하지 않으면 내가 등극하겠소. 선황제 태조의 유조(遺詔)에 내 이름이 있지 않습니까."

다이곤이 대답했다.

"너뿐만 아니라 호격의 이름도 있다."

친형의 거부 의사를 확인한 다탁은 차라리 태조의 둘째아들 예친왕 대선을 황제로 추대하자고 했다. 다이곤과 다탁 그리고 아제격, 삼형제는 그들과 대립각을 세우고 있는 조카 호격이 황위를 계승하는 것보다는 이복형 대선이 그들의 권력을 지켜줄 것으로 보고 그를 지지했다.

하지만 대선은 나이가 많은 이유를 들어 그들의 뜻을 따르지 않았으며 오히려 황자들 가운데 한 명을 추대하기를 바랐다. 황위 계승 문제를 놓고 황궁에 전운이 감돌았을 때, 오배(鰲拜)를 중심으로 하는 양황기 대신들이 황자를 추대하지 않으면 안 된다고 강력하게 반발했다.

명분에서 밀린 다이곤은 한발 물러날 수밖에 없었다. 두 세력 간 타협의 산물이 바로 순치제였다. 강력한 군권을 쥔 오배가 죽음을 무릅쓰고 다이곤에게 저항하지 않았다면 순치제는 없었을 것이다. 순치 연간에도 오배의 무공은 그치지 않았다. 이자성의 대순 정권, 장헌충의 대서 정권 등이 모두 그의 공격으로 몰락의 길을 걸었다.

다이곤은 실권을 쥐자마자 자신에게 반기를 들었던 오배를 온갖 핑계를 대며 죽이려고 했다. 하지만 '만주 제일의 용사'를 제거하기가 쉽지 않았다. 순치제가 친정을 시작한 이후 오배는 황제의 총애를 받고 그를 보필했다. 순치제의 집권 기간에 승승장구한 대신들은 대체적으로 예전에 다이곤에게 핍박을 받은 인사들이었다. 순치제는 다이곤 세력을 일소하기 위하여 그에게 불만을 품었던 인사들을 중용함으로써 친정 체제를 강화했다.

순치 18년(1661) 1월 순치제가 붕어한 직후 그의 유조(遺詔)를 받든 삭니는 친왕, 패륵 등 황실 종친들에게 무릎을 꿇고 말했다.

"오늘 황상께서 우리 네 사람(삭니·소극살합·알필륭·오배)에게 어린 주상을 잘 보필하라고 유조를 내리셨습니다. 자고로 국정은 오직 황족만이 다스릴 수 있습니다. 성이 다른 신하들이 어찌 대업을 맡을 수 있겠습니까. 친왕과 패륵들이 함께 국정을 다스려야 합니다."

황실 종친들이 그에게 말했다.

"대행황제(大行皇帝)께서 너희 네 사람을 잘 알고 국가의 대사를 맡겼는데 누가 감히 간여할 수 있겠는가."

선황제가 붕어하기 전에 새로 등극할 황제가 어리면 고명대신을 지정하여 국정을 위임하는 게 역대 한족 왕조의 관례였다. 청나라 황족들도 이 전통을 따른 것이다. 고명대신 네 사람은 소성황태후에게 순치제의 유조를 알리고 순치제의 영전 앞에서 맹세했다.

"선황제께서는 우리 네 신하를 용렬하다고 여기시지 않고 유조를 내리시어 어린 주상을 보좌하게 하였사옵니다. 저희들은 생과 사를 함께 하며 충심으로 정무를 보좌할 것을 맹세합니다. 친척을 사적으로 우대하지 않겠으며 사사로운 원한을 따지지 않겠으며, 측근이나 형제, 아들, 조카 등이 선동하는 말을 듣지 않겠으며 부정한 방법으로 부귀영화를 추구하지 않겠으며 황족과 사적으로 왕래하면서 그들이 주는 물건을 절대 받지 않겠습니다. 또 당파를 결성하지 않겠으며 뇌물을 받지 않겠습니다. 오직 충심으로 선황제의 크나큰 은혜에 보답하겠습니다. 만약 저희 네 명이 각자 자신의 이익을 도모하는 일을 저질러 오늘 맹세한 내용에 위배되면, 하늘이 잔혹한 형벌을 내리고 저희들을 모조리 멸족시킬 것이옵니다."

사실 고명대신 4명이 조정의 실권을 장악한 배경에는 소성황태후의 놀라운 지략이 숨어있었다. 황제가 어리면 황태후가 일정 기간 섭정을 맡는 것도 문제가 되지 않았다. 그녀가 섭정을 맡아야 한다는 여론이 있었지만 그녀는 냉정하게 거절했다. 섭정하면 기세등등한 황족을 통제하기가 어려웠기 때문이다.

그렇다고 해서 황족 가운데 한 명이 섭정왕이 되면 황권의 약화는 명약관화했다. 아들 복림이 6세의 나이에 황제로 등극한 뒤 섭정왕 다이곤의 전횡에 하루라도 마음을 졸이지 않은 적이 있었던가. 차라리 대의명분에 의거하여 고명대신을 통해 정치적 영향력을 행사하는 게 훨씬 안전하다고 보았다.

실제로 "사보대신(四輔大臣)이 국사를 담당한 후 각종 업무는 소성황태후의 재가를 받았다."는『조선왕조실록』의 기록이 그것을 증명한다. 그녀가 순치제의 '유훈'을 근거로 고명대신에게 힘을 실어주고 그들을 적절하게 통제하는 정치적 고단수에 황족이 당한 것이다.

삭니를 좌장으로 하는 고명대신들은 어린 강희제를 대신하여 충심으로 국정에 전념했다. 남명 정권의 잔여 세력과 전국 각지에서 일어난 농민 반란을 진압하여 중국 통일의 대업을 이루었다. 그들은 백성들에게 황무지를 개간하게 하고 그들의 생업을 위해 필요한 법령들을 반포하여 큰 호응을 얻었다.

강희 초기에 그들의 헌신적인 노력 덕분에 전국의 부고(府庫)에는 재화가 넘쳐났으며 해마다 풍년이 들어 양식이 산더미를 이루었다. 또 환관들이 장악한 십삼아문(十三衙門)을 철폐하여 그들의 국정 농단을 사전에 막았으며, 내무부(內務府)를 중심으로 국정을 운영했다. 관리는 업무 능력에 따라 적재적소에 배치하고 신상필벌의 기준을 철저하게 지켰다.

하지만 그들이 힘을 합쳐 보정(輔政)을 수행한 지 몇 년 안 되어 그들 간에 알력이 생기기 시작했다. 네 명의 권력 구도는 이러했다. '사조원로(四朝元老)' 삭니가 가장 나이가 많고 존경을 받는 인물이었다. 하지만 몸이 쇠약하여 적극적으로 국정에 참여할 형편이 못되었다. 오배와 의견이 맞지 않으면 병을 핑계로 자신의 뜻을 철회하기도 했다. 소극살합은 원래 다이곤의 일파였는데 그를 배신하고 순치제에게 아부하여 총애를 받은 인물이었다. 세 사람은 마음속으로는 변절한 전력이 있는 그를 조소했다. 알필륭은 줏대가 없는 인물이었다. 넷 중에 오배의 지위가 가장 낮았으나 막강한 군권을 쥐고 있었던 까닭에 그에게 빌붙었다.

오배는 성격이 괄괄하고 거침이 없었다. 순치제 때 섭정왕 다이곤에게 대들고 어린 황제에게 충성을 다한 '의리의 사나이'였다. 또 전장에서 수많은 전공을 세워 누구도 감히 그를 무시할 수 없었다. 그도 처음에는 어린 강희제를 충심으로 보좌했다. 하지만 시간이 흐를수록 초심을 잃고 교만에 빠지기 시작했다. 그가 볼 때 삭니는 언제 죽을지 모르는 늙은이이고, 소극살합은 배신한 전력이 있으므로 언젠가는 숙청해야 할 놈이며, 알필륭은 자기에게 알랑방귀를 뀌는 하수인이나 다름이 없었다. 더구나 황제는 아직 어린아이에 불과하므로 대청 제국의 천하가 자기 손아귀에 들어온 것 같았다.

삼등백(三等伯) 비양고(費揚古)는 순치제가 그토록 사랑한 동악비(董鄂妃)의 남동생이다. 비양고의 아들 왜혁(倭赫)이 강희제의 호위무사가 되었다. 강희 3년(1664) 어느 날 왜혁이 어전에서 오배에게 무례하게 굴었다. 분노한 오배는 강희제의 만류에도 불구하고 그가 황제만이 사용할 수 있는 어물(御物)을 멋대로 사용했다는 죄명으로 죽였다. 또 호부상서 소납해(蘇納海)가 정백기(正白旗)의 둔전 일부를 자신이 관장하는 양황기(鑲黃旗) 소유로 바꾸라는 지시를 거절하자 상관의 명령을 거부했다는 죄명으로 그를 죽였다. 오배의 전횡을 지적한 직예총독 주창조(朱昌祚)와 순무 왕등(王登)도 황제에게 거짓으로 상소했다는 죄명으로 죽임을 당했다. 강희제는 그들의 억울한 죽음을 알았지만 속수무책이었다. 아직은 오배의 전횡을 막을 힘이 없었기 때문이다.

강희 6년(1667) 6월 그나마 오배를 견제할 수 있는 대신이었던 삭니가 병사했다. 조정의 권력은 완전히 오배의 수중으로 들어갔다. 삭니는 평소에 오배의 국정 농단을 막지 못한 책임을 통감하고 있었다. 임종 직전에 상소를 올려 선황제 순치제가 14세 때부터 친정한 사례를 들어, 황제의 보령(寶齡)이 14세가 되었으므로 친정을 시작해야 한다고 아뢰었다. 같은 해 8월 친정이 시작되었다. 하지만 오배는 여전히 권력을 움켜쥐고 어린 황제의 어명을 따르지 않았다.

삭니가 사망한 후 세 고명대신 가운데 소극살합이 형식상이나마 가장 원로였다. 양황기의 패륵 오배는 정백기의 패륵 소극살합의 둔전을 갈취하려고 했다. 소극살합이 그 부당함을 여러 차례 항의하자, 오배는 그를 죽이려고 했다. 신변의 위협을 느낀 소극살합은 막 친정을 시작한 강희제에게 하소연했다.

하지만 강희제는 적극적으로 그를 변호할 수 없었다. 그도 오배의 눈치를 보지 않을 수 없는 처지였기 때문이다. 소극살합은 강희제와 오배의 보이지 않는 갈등 속에서 어떻게 처신해야 살아남을 수 있을 지 고심했다. 오배의 눈치를 보며 근근이 살 바에는 차라리 은퇴하는 게 낫다고 판단했다. 상소를 올려 보신(輔臣)의 임무를 거두어달라고 청원했다. 준화(遵化)로 가서 순치제의 능묘를 지키며 여생을 보내겠다고 아뢰었다. 강희제는 그의 청원을 윤허하고 아울러 오배와 알필륭도 물러나기를 바랐다. 황제가 친정을 시작했으니 고명대신들이 물러나는 것은 당연했다.

하지만 오배는 황제에게 권력을 돌려 줄 생각이 전혀 없었다. 분노의 화살을 소극살합에게 쏘았다. 무려 24가지 죄명을 붙여 그를 능지처참해야 한다고 주장했다.

강희제가 윤허하지 않자 오배는 분기탱천하여 어전으로 들어가 황제를 협박했다.

"내가 죽이겠다고 하면 죽이는 것이지, 어린 황제 따위가 뭘 알아!"

어느 신하도 감히 그의 반역에 가까운 행동을 제지하지 못했다. 강희제는 이번에도 눈물을 머금고 소극살합을 처형하라는 어명을 내리지 않

청나라 역대 황제 평전

을 수 없었다. 오히려 '간신' 소극살합을 제거한 오배와 알필륭의 공적을 인정하여 두 사람에게 일등공(一等公) 작위를 하사해야 했다. 힘이 없는 어린 황제로서는 어쩔 수 없는 선택이었다.

3. 오배와 알필륭을 제거하고 친정을 단행하다

강희제는 오배의 전횡에 가슴앓이를 했으나 14세의 어린 나이에도 불구하고 위엄과 침착한 태도를 잃지 않았다. 만약 조금이라도 틈을 보이면 오배에게 황위를 찬탈당할 수 있었다. 그를 접견할 때면 언제나 온화한 미소를 띠었으며, 그가 협박을 해도 흥분하지 않고 냉정하게 대처했다. 하지만 오배를 제거하지 않으면 대청제국도 끝장이라는 생각을 한시도 잊지 않았다.

어느 날 강희제의 작은 고모가 찾아왔다. 그녀는 그보다 세 살 연상이었다. 머리가 총명하고 무예에 능한 여걸이었다. 두 사람은 어렸을 적부터 함께 어울리며 자랐다. 강희제는 그녀를 무척 좋아했으며 그녀도 황제를 친동생처럼 보살폈다.

그녀는 의기소침해 있는 그를 보고 말했다.

"황상! 그 눈을 부라리며 화를 내는 영감탱이 때문에 고민하고 있는 게 아닌가요. 고모 말을 듣고 걱정하지 말아요. 그를 잡아 죽이면 해결되지 않겠어요?

"고모! 말은 쉽게 할 수 있지만 오배의 하수인들이 사방에 깔려 있는 상황에서 그를 생포하려다가 오히려 반란이 일어나지 않을까 두려워요."

"그 놈을 잡아 죽이는 데 무슨 소란이 필요하겠어요? 대전 밖을 보세
요. 오배를 죽이는 칼이 있지 않은가요?"

강희제는 무슨 뜻인지 몰라 밖을 이리저리 두리번거렸다. 마침 어린
환관들이 무술을 연마하고 있는 광경을 보고 고모의 의도를 알아차렸다.
청나라에는 '포고(布庫)'라는 무술 시합이 있었다. 두 사람이 한 팀을 이루
어 두 팀이 원 안에서 상대팀을 쓰러뜨리거나 원 밖으로 밀어내어 승부를
결정하는 시합이다. 강희제는 황궁에서 자신을 호위하는 어린 환관들에
게 이것을 자주 하게 했다. 시합 자체가 재미있을 뿐만 아니라 체력도 단
련할 수 있었기 때문이다.

오배는 소극살합 일족을 모조리 살해하고 난 뒤 더욱 기고만장했다.
황제도 자기 손바닥 안에서 움직이는 꼭두각시에 불과했다. 하루는 강희
제가 바둑이나 한 판 두자고 오배를 불러들였다. 오배는 아무런 무장도
하지 않은 채 황제의 처소로 갔다. 강희제는 어린 환관들과 포고를 즐기
면서 말했다.

"오늘 너희들과 재미난 놀이를 하겠다. 조금 이따가 오배 영감이 오면
내 구령 소리에 맞춰 그를 꼼짝 못하게 포박해라. 놀이가 끝나면 너희들
에게 후한 상을 내리겠다."

어린 환관들은 오배가 들어오자마자 그에게 달려들어 밧줄로 꽁꽁 묶
었다. 그들은 단순히 놀이로 생각하고 그렇게 했다. 느닷없이 포박을 당
한 오배가 그들을 호되게 꾸짖으며 빨리 밧줄을 풀게 했다.
강희제가 정색을 하고 말했다.

"오배, 이놈! 죽을 때가 된 것을 아직도 모르느냐."

오배는 졸지에 감옥에 갇혔다. 강희제는 대신들에게 오배의 죄를 낱낱이 밝히게 했다. 대신들은 그에게 30가지 죄상을 물어 참수해야 한다고 아뢰었다. 오배는 형이 집행되기 전에 엎드려 통곡하며 참회했다. 마침 강희제가 모습을 보이자 가슴을 열고 청태종과 순치제 시절에 용감하게 싸우다가 생긴 무수한 상처를 보여주었다. 강희제의 조부와 부친을 위해 충성을 다한 자신을 한 번만 용서해달라는 간절한 호소였다.

강희제는 차마 개국공신인 그를 죽일 수 없었다. 대신에 그는 위리안치(圍籬安置)하고 그의 일파는 모조리 숙청했다. 한때 황권을 위협했던 오배가 제거된 직후, 알필륭도 탄핵을 당하고 쫓겨났다. 강희 9년(1670) 강희제는 알필륭을 복권시켰다. 알필륭의 딸이 강희제의 두 번째 황후인 효소인황후(孝昭仁皇后)였기 때문이다.

4. 삼번의 난을 평정하다

요동 지방에서 일어난 만주족이 소수의 병력으로 종족과 문화가 다른 서남부 지역을 직접 통치하거나 그곳에서 일어난 농민 반란을 진압하기가 쉽지 않았다. 이런 이유로 청나라 건국에 공을 세운 한족을 번왕으로 책봉하고 그들에게 통치권을 위임함으로써 관할 지역의 통치와 반란 진압의 책임을 지게 했다. 이는 중국인의 대다수를 차지하는 한족을 청나라로 끌어들이는 유화책이었으며 아울러 '한족으로 한족을 통제'하는 수단이기도 했다.

강희제가 친정을 시작한 후에도 운남 지방은 평서왕(平西王) 오삼계(吳三

桂), 광동 지방은 평남왕(平南王) 상가희(尙可喜), 복건 지방은 정남왕(靖南王) 경정충(耿精忠) 등 한족 출신 번왕(藩王)들이 대리 통치를 하고 있었다. 이들을 '삼번(三藩)'이라 칭한다.

삼번은 자신이 관할하는 지역에서 어명에 따라 정무를 관장했지만 독자적으로 지방관을 임면(任免)하고 백성에게 세금을 징수하는 권한을 가지고 있었다. 더욱이 자신의 휘하에 수만 대군을 두고 병권을 행사할 수 있는 권력은 그들의 지위를 더욱 강화시켰다. 그들은 황실의 친왕처럼 작위를 아들에게 세습할 수 있는 특권도 가지고 있었다.

일례로 경정충은 조부 경중명(耿仲明)과 부친 경계무(耿繼茂)의 정남왕 작위를 물려받았다. 청나라 황족의 성, 애신각라씨(愛新覺羅氏)가 아닌 한족의 다른 성(姓)이 이처럼 3대째 번왕을 세습하는 경우는 경중명 일족이 유일했다.

삼번은 농민 반란을 진압하면서 세력을 날로 확장했으며 급기야는 청나라 영토의 거의 절반을 다스렸다. 그들 가운데 오삼계의 세력이 가장 강했다. 그는 마치 독립국가의 왕처럼 행세했다. 번부(藩府)를 한 나라의 왕성(王城)과 같은 규모로 확장하고 국경 무역, 광산 개발, 화폐 발행 등 사업을 독자적으로 벌임으로써 막대한 이득을 취했다. 당시 그가 주조한 화폐를 '서전(西錢)'이라 칭했다.

또 사병을 조련하고 무기를 제작했으며 포탄을 만드는 데 반드시 필요한 원료이므로 조정에서 철저하게 통제한 염초와 유황을 몰래 비축했다. 이뿐만이 아니라 서장(西藏) 지역의 실질적 통치자인 달라이라마에게 사신을 파견하여 차를 수입하고 해마다 몽골 지역의 말을 수천 필씩 사들였다.

오삼계는 사실상 조정의 통제에 벗어나 독자적 세력을 구축했다. 조정에서도 그의 참칭(僭稱) 행위를 알고 있었으나 묵인하는 수밖에 없었다.

왜냐하면 그는 수십만 대군을 거느리고 있었고 수하에는 백전노장들이 많았을 뿐만 아니라 운남, 귀주 일대의 요충지는 모두 심복들이 장악하고 있었기 때문이다.

더구나 그의 아들 오응태(吳應熊)가 청태종의 14번째 딸 화석각순장공주(和碩恪純長公主·1641~1703)의 남편이므로 어쨌든 오삼계와 청태종은 사돈 관계였다. 강희제는 오삼계가 변심하지 않을까 두려워하여 오응태에게 소부(少傅) 겸 태자태부(太子太傅)의 직책을 제수했다. 오삼계에 대한 유화책이었다.

경정충은 오삼계에게는 크게 미치지 못했지만 복건 지방에서 상인에게는 폭리를 취하고 농민에게는 가혹한 세금을 징수하여 막대한 부를 쌓았다. 또 하수인들을 곳곳에 풀어 천하에 정변이 일어나면 복건 지방을 근거로 중원을 취하여 천자가 되겠다는 유언비어를 퍼뜨렸다.

상가희는 두 번왕과는 다른 행보를 걸었다. 그도 광동 지방에서 병권을 쥐고 외국과의 통상 무역을 독점하여 해마다 은자 수백만 냥을 거두어들였다. "평남왕 상가희의 부유함은 천하제일이다."는 말이 유행할 정도로 엄청난 부자였다. 그는 이심을 품지는 않았다. 나이가 들자 병권을 아들 상지신(尚之信)에게 넘겨주었다.

그런데 상지신은 성격이 포악하고 교만했다. 술에 취하면 사람을 기분 내키는 대로 죽였으며 심지어 아버지 앞에서 칼을 휘두르기도 했다. 또 정상적 관료 조직을 무시하고 사당을 조직하여 가렴주구를 일삼아 관리와 백성의 원성을 샀다. 강희 연간에 이르러 삼번의 할거는 청나라에 심각한 위협이 되었다.

『청성조실록·권154』에 이런 기록이 있다.

"짐(朕)이 친정(親政)을 시작한 이래 삼번과 황하의 물길을 바로잡는 일

그리고 조운(漕運)을 국정의 세 가지 중대한 과제로 삼았다. 이 현안을 궁
궐의 기둥에 걸어놓고 새벽부터 밤늦게까지 어떻게 처리할지 고심했다."

황하의 물길을 바로잡아 범람을 예방하고 실핏줄처럼 연결된 운하를
정비하여 전국 각지의 산물들이 뱃길로 순조롭게 운반될 수 있게 하는 일
은 역대 어느 왕조도 소홀히 할 수 없는 국가의 기간 사업이었다. 강희제
가 삼번을 통제하는 일을 이것들과 함께 거론한 것을 보면 삼번 문제로
얼마나 심각하게 고민했는지 짐작할 수 있다.

강희 12년(1673) 3월 상가희는 몸이 노쇠하여 더 이상 번왕의 책무를 다
할 수 없으므로 아들 상지신에게 병권을 위임하고 고향 요동 지방으로 돌
아가기를 간절히 바랐다. 강희제는 그의 간청을 윤허했다. 하지만 조정
대신들은 상지신이 병권을 장악하면 반란을 일으킬 우려가 있으므로 차
라리 이 기회에 번왕의 제도를 폐지하여 삼번의 권력을 빼앗는 게 낫다고
주장했다.

강희제도 그들의 주장을 받아들여 '철번령(撤藩令)'을 내려 평남왕의 작
위를 회수했다. 상가희가 자발적으로 철번(撤藩)을 요청했기 때문에 오삼
계와 경정충도 관례에 따라 조정에 철번을 요청하지 않을 수 없었다. 하
지만 오삼계는 강희제가 자신의 세력을 두려워하여 감히 윤허하지 못할
거라고 판단했다. 만약 윤허하면 반란을 일으키겠다고 결심했다. 강희제
와 오삼계 사이에 미묘한 힘겨루기가 벌어졌다.

강희제는 조정 대신들에게 이렇게 말했다.

"오삼계는 오래 전부터 역모를 획책하고 있는 자이오. 서둘러 그를 제
거하지 않으면 큰 우환이 될 것이오. 철번을 윤허해도 반란을 일으킬 것
이며, 윤허하지 않아도 역시 반란을 일으킬 것이오. 차라리 지금 선수를

청나라 역대 황제 평전

쳐서 제압하는 편이 낫소.”

강희제는 운남으로 사신을 보내 철번의 업무를 신속하게 처리하게 했다. 같은 해 11월 오삼계는 운남순무 주국치(朱國治)를 살해했다. '천하도초토병마대원수(天下都招討兵馬大元帥)'를 자칭하고 반란을 일으켰다. 그가 내건 기치는 “망한 명나라를 다시 일으키고 오랑캐를 토벌한다.”였다. 명나라를 망하게 하는 데 앞잡이 노릇을 한 그가 우습게도 이번에는 '반청복명(反淸復明)'의 명분을 들고 나왔다. 반란군 세력이 운남, 귀주, 호남 일부 지역까지 확장되자 정남왕 경정충과 평남왕 상지신도 그에게 호응하여 반란을 일으켰다. 이른바 '삼번의 난'이 시작된 것이다.

반란 초기에 오삼계의 반란군은 호남 지방으로 진격하면서 풍주(澧州), 상덕(常德), 악주(岳州), 장사(長沙) 등 요충 도시들을 연이어 공략하는 대승을 거두었다. 청군은 중국을 통일한 후 10여 년 동안 강남 지방에서 향락에 젖어 지내면서 예전처럼 막강한 전투력을 발휘하지 못한 게 패인이었다. 청군은 형주(荊州), 무창(武昌), 의창(宜昌) 등 장강 유역 도시에 집결하여 오삼계가 장강을 건너 중원으로 진출하는 길을 차단했다. 하지만 강남 각지에서 일어난 반란은 걷잡을 수 없이 번져 나갔다.

강서 지방에서는 손연령(孫延齡), 사천 지방에서는 나삼(羅森), 정교린(鄭蛟麟), 오지무(吳之茂) 등이 연이어 반란을 일으켰다. 또 대만에 웅거하고 있던 정경(鄭經)도 정남왕 정경충의 요청으로 함선을 이끌고 복건성과 광동성에 있는 남부 해안 도시로 진격했다. 반란의 심각성을 뒤늦게 깨달은 청나라 조정은 전국에 걸쳐 병력, 무기, 전마 등 전쟁에 필요한 모든 물자를 끌어모았다.

반란군 세력 중에 가장 강했던 오삼계는 지략과 웅지가 부족한 인물이었다. 그는 중원으로 진출할 계획을 포기하고 청나라와 협상을 통해 장강을 경계로 이남 지역을 수중에 넣고자 했다. 그가 주춤하는 동안 청군은 대규모로 토벌 작전을 벌였다.

한편 경정충도 복건 지방에서 반청복명(反淸復明)의 기치를 내걸고 반란을 일으켰다. 명나라의 관습과 제도에 따라 관민들에게 변발을 자르고 머리를 기르게 했으며 한복(漢服)을 입게 했다. 또 유민통보(裕民通寶)를 발행하여 어설프게나마 지역의 패왕(覇王) 행세를 했다. 경정충은 '총통병마대장군(總統兵馬大將軍)'을 자칭하고 절강성 온주, 태주, 처주, 금화 등과 강서성 광신(廣信), 건창(建昌), 요주(饒州) 등으로 진격했다.

정경충이 반란을 일으켰다는 소식은 청나라 조정 대신들을 일시에 긴장하게 했다. 그들은 서남 지방의 오삼계를 토벌하는 데 진력했기 때문에 동남 지방의 경정충에게 허를 찔린 것이다. 강희제는 토벌군을 복건 지방으로 파견하면서도 한편으로는 정경충에게 어명에 복종하고 정경의 수군을 진압하면 예전의 작위를 인정해주겠다고 달랬다.

하지만 정경충은 어명을 무시하고 계속 진격하여 안휘성 휘주(徽州), 기문(祁門) 등 도시까지 진출했다. 그런데 이 시기에 경정충과 정경 사이에 알력이 생겼다. 원래 두 사람은 연합 작전을 펴서 동남의 연해 지역을 공략하기로 했다. 정경은 함선을 이끌고 복건성 하문(廈門)에 상륙한 뒤 경정충에게 장주(漳州)와 천주(泉州)에 대한 통치권을 넘겨달라고 요구했다. 정경충이 거절하자 정경은 해징(海澄), 동안(同安) 등 해안 도시들을 점령하였다. 이때부터 두 사람은 원수지간이 되었다.

강희 13년(1674) 강희제는 강친왕(康親王) 걸서(傑書)를 봉명대장군에 임명하고 경정충의 반란군을 토벌하게 했다. 걸서는 신속하게 복건 지방으로 진격하여 경정충을 복주성(福州城)에서 고립무원의 처지에 빠지게 했다.

경정충은 탈출을 시도했으나 그의 심복 서문환(徐文煥)의 방해로 성 밖으로 달아나지 못했다. 서문환은 이미 청군에 몰래 투항하여 청군의 지시

청나라 역대 황제 평전

를 받고 있었다. 경정충은 웃통을 벗고 성문을 열어 걸서에게 항복했다. 정남왕의 작위를 그대로 유지시켜주면 정경의 수군을 섬멸한 공으로 속죄하겠다고 간청했다.

강희제는 삼번의 난을 진압하기 시작할 때부터 오삼계를 주적으로 간주하고 그를 집중 공격했다. 이와 반면에 다른 이번(二藩)에게는 유화 정책을 폈다. 오삼계를 죽이면 이번은 저절로 소멸된다고 보았기 때문이다. 강희제는 또 이이제이(以夷制夷) 전법에 아주 능숙한 황제였다. 강친왕 걸서에게 토벌 명령을 내릴 때 경정충이 항복하면 죽이지 말고 그의 요구를 들어주게 했다. 경정충을 이용하여 정경을 제압하려는 의도였다.

기사회생한 정경충은 강희제의 의도대로 정경을 격퇴했으며 또 조주(潮州)로 진격하여 평남왕 상지신의 군대를 격파했다. 강희제는 그에게 조주를 지키게 했다. 강희 21년(1682) 삼번의 난이 평정된 후 경정충도 모반을 획책했다는 죄명으로 능지처참을 당했다. 사실은 모반을 꾸민 게 아니라 토사구팽당한 것이다.

한편 광동 지방의 평남왕 상가희는 아들 상지신에게 병권을 위임하고 고향 요동 지방으로 돌아가 여생을 보내려고 했다. 오삼계가 반란을 일으켰을 때, 상가희는 반란군에 가담하지 않고 광주성을 굳건히 지켰다. 하지만 광동성 동부 10개 군(郡) 가운데 4개 군을 반란군에게 빼앗기는 참패를 당했다. 오삼계는 늙고 병든 상가희보다는 그의 아들 상지신에게 포섭 공작을 폈다. 투항하면 왕으로 책봉하고 광동 지방의 통치권을 위임해주겠다고 약속했다.

강희 15년(1676) 2월 상지신은 아버지 상가희의 저택을 봉쇄하고 평남왕의 자리를 강탈했으며 아울러 오삼계에게 초토대장군(招討大將軍)의 직책을 하사받았다. 아들의 반란에 충격을 받은 상가희는 결국 병세가 악화되어 죽는 순간까지 청나라에 충성을 다하고 유명을 달리했다.

그런데 오삼계는 자기에게 귀부한 상지신을 약속과는 다르게 우대하지 않았다. 오히려 자금과 군량을 요구하고 수하 장수들을 파견하여 광동 지방의 요충지를 점령하게 했다. 상지신은 그에게 의심을 품기 시작했다. 마침 감숙(甘肅) 지방에서 반란을 일으킨 왕보신(王輔臣)이 청조에 투항했고, 경정충도 복건성에서 항복했다는 첩보가 전해졌다.

상지신은 불안했다. 오삼계에게 의지할 수 없다면 하루라도 빨리 항복하여 사면을 받는 게 유리하다고 생각했다. 오삼계를 토벌하기 위하여 강서 지방에 주둔하고 있는 화석간친왕(和碩簡親王) 라포(喇布)에게 사신을 보내 항복을 구걸했다.

강희제는 그에게 평남왕의 작위를 물려받게 하고 계속 광동 지방을 지키게 했다. 상지신이 충신 상가희의 장남이므로 은전을 베푼다는 이유였으나, 사실은 오삼계의 반란을 평정하기 위해서는 광주 지방에서 막강한 권력을 행사한 상씨 집안의 영향력을 무시할 수 없었기 때문이다. 그런데 청군이 오삼계를 토벌할 때 상지신은 전세를 관망하며 좌고우면하는 태도를 보였다.

강희 16년(1677) 강희제는 상지신에게 호남 지방으로 진격하여 오삼계를 토벌하라고 여러 차례 어명을 내렸지만, 상지신은 온갖 구실을 대어 군사를 움직이지 않았다.

강희 17년(1678) 오삼계는 호남성 형주(衡州: 지금의 형양·衡陽)에서 대주(大周)를 건국하고 황제를 칭했다. 이때 그는 중국 서남부 지방을 장악한 패자(覇者)였으나 중원으로 진출하지 못하고 우울증에 시달리고 있었다. 자신의 목숨이 얼마 남지 않았음을 직감한 그는 하루라도 자기가 세운 국가의 황제 노릇을 하고 싶었던 것이다. 같은 해 8월 병사하자, 그의 손자 오세번(吳世璠·1666~1681)이 황위를 계승했다.

전세가 이미 청나라로 기울었다고 판단한 상지신은 비로소 광서 지방으로 진격하여 오삼계의 잔여 세력을 토벌하겠다고 상주했다. 강희제는 그를 분무대장군(奮武大將軍)에 임명하고 오세번을 토벌하게 했다. 강희 19년(1680) 광서성 무선(武宣)에서 대패한 오세번은 운남성 곤명(昆明)으로 달아났다.

삼번의 반란이 막바지에 이르렀다. 이제 반란과 투항을 반복한 '기회주의자' 상지신의 문제가 청나라 조정의 현안이 되었다. 그를 살려두면 반란의 불씨가 다시 살아나지 않을까 고민했다. 장영상(張永祥), 장사선(張士選) 등 상지신의 측근들은 그가 모반죄를 꾸미고 있다고 밀고했다. 조정의 분위기를 제일 먼저 감지한 그들은 '주군'을 타도하지 않으면 살아남을 수 없다고 생각했기 때문에 모반죄를 꾸몄다.

주군이 궁지에 몰리면 측근들이 가장 먼저 배신하는 게 권력의 속성이다. 결국 상지신은 북경으로 압송되어 사약을 마시고 죽었다. 강희제는 그의 가족은 모두 사면했다. 충신 상가희에게 마지막 은총을 베푼 것이다.

강희 20년(1681) 강희제는 정원평구대장군(定遠平寇大將軍) 조량동(趙良棟)에게 곤명으로 달아난 오세번을 토벌하게 했다. 오세번은 하국상(夏國相), 호국주(胡國柱), 마보(馬寶) 등 장수들에게 청군의 침략을 저지하게 했으나 대패하고 말았다. 청군이 곤명성을 겹겹이 포위한 뒤 밤낮을 가리지 않고 맹공을 퍼부었다. 시체가 성안을 가득 메우고 식량이 바닥났다. 장수와 대신들은 몰래 성 밖으로 달아나 투항하거나 오세번을 사로잡아 청군에게 바치려고 했다.

오세번은 측근들이 자신을 생포하러 온다는 얘기를 듣고 칼로 목을 찔러 자살했다. 강희 12년(1673) 11월 오삼계가 반란을 일으켰을 때부터 20년(1681) 10월에 오세번이 자살할 때까지 8년에 걸쳐 일어난 삼번의 난은 이렇게 평정되었다.

사실상 삼번의 난은 만주족의 중앙 권력과 한족의 지방 권력 간 투쟁의 산물이었다. 소수의 만주족이 다수의 한족을 제압함으로써 청나라의 통치권이 중국 전역에 미쳤다. 강희제는 영명한 황제였다. 반란을 진압할 때 만주족의 수적 열세를 극복하기 위하여 한족 출신 장수들을 적극 활용했다. 항복한 장수들에게는 그들의 전력을 따지지 않고 파격적으로 대우했다.

또 그는 민심이 천심임을 잘 알고 있었다. 민심을 얻지 못하면 무력이 아무리 강해도 결국은 굴복시킬 수 없었다. 무력으로 진압하기보다는 가능한 한 유화 정책을 펴고 백성들이 편안하게 생업에 종사할 수 있는 획기적 조치를 병행했다. 삼번의 난을 평정하는 데 8년이라는 긴 세월이 걸린 이유는 강희제가 우유부단해서가 아니라 민심을 얻는 데 많은 시간이 필요했기 때문이다.

5. 대만을 병탄하다

대만의 원주민은 고산족이다. 그들의 언어 체계가 인도네시아어족에 속하므로 중원의 한족과는 전혀 다른 정체성을 가지고 있으며 오히려 인도네시아, 필리핀 등 남방 해양 계통의 종족과 뿌리가 같다.

남송과 원나라 시대에 한족이 복건성과 대만 해협 사이에 있는 팽호 열도(澎湖列島)에 많이 거주하고 있었다. 원세조 쿠빌라이는 팽호에 팽호순 검사(澎湖巡檢司)를 설치하여 주민들을 다스렸다. 이 시기에 원나라는 팽호 만을 통치했을 뿐이지 대만 본섬은 통치권이 미치지 못했다.

명나라 홍무(洪武) 20년(1387) 명태조 주원장은 왜구의 침략을 막기 위하여 팽호에 거주하는 한족을 복건성 장주(漳州), 천주(泉州) 일대로 이주시키고 해금 정책을 실시했다. 이때부터 대만은 중앙 정부의 관심 밖으로 벗어났다.

서구 열강이 이른바 '대항해시대'를 열며 동방으로 진출하고 있을 때인 1624년에 네덜란드 동인도회사가 중국, 일본과 무역하기 위한 거점을 확보할 목적으로 당시 무주공산이나 다름이 없었던 대만 남부를 점령하여 식민지를 개척했다.

네덜란드 무역상들은 지금의 대남(臺南)에 '오렌지(Orange)성'과 '프로빈티아(Provintia)성'을 쌓고 38년 동안 대만을 통치했다. 그들은 복건성 해안지역에 거주하는 한족들을 대만으로 이주시켜 쌀, 사탕수수 등 농작물을 재배하게 하고 세금을 받았다. 또 도자기, 비단 등 중국 특산물을 중계 무역하여 막대한 이득을 챙겼다.

네덜란드 식민주의자들이 한창 대만을 경영하고 있을 때, 중국 대륙에서는 명나라가 망하고 청나라가 흥하는 엄청난 변화가 일어났다. 이 시기에 정성공(鄭成功·1624~1662)이라는 걸출한 인물이 나타났다. 그의 아버지 정지룡(鄭芝龍·1604~1661)은 명말청초에 중국 동남 해안, 대만, 일본 등을 연결하는 해상 무역의 거상이자 해적이었다. 대규모의 선단과 사병들을 거느리고 해상 무역을 장악했으며 대만 일부 지방에 관아를 설치하여 원주민을 다스리기도 했다.

'해상왕' 정지룡을 토벌할 능력이 없었던 명나라 조정은 그에게 회유책을 썼다. 숭정 원년(1628) 정지룡은 도독동지(都督同知)를 제수 받고 숭정제에게 충성을 맹세했다.

정성공은 일본 구주(九州)의 평호번(平戶藩)에서 태어났다. 아버지가 일본을 드나들며 무역을 할 때 일본여자 전천씨(田川氏)를 후처로 삼은 인연으로 일본여자를 어머니로 두고 일본에서 태어난 것이다.

아버지가 명나라에 귀부하여 고위 관리가 된 후, 정성공도 아버지를 따라 귀국했다. 숭정 17년(1644)년 남경의 국자감에 들어가 당대의 석학들을 스승으로 모시고 향학열에 불탔다. 한창 젊은 나이에 입신양명의 꿈을 품고 있을 때 숭정제가 북경에서 자살했다는 비보가 남경 조정을 뒤흔들었다.

당시 명나라는 양경제도(兩京制度)를 운영했다. 북경에 설치한 육부(六府), 도찰원(都察院) 등 중앙의 행정 기구를 남경에도 설치하여 수도를 이원화했다. 북경 정부가 붕괴하여 사실상 명나라가 망했지만, 남경 정부의 대신들은 남경에서 신종황제의 손자, 복왕(福王) 주유송(朱由崧)을 황제로 추대하고 청군의 침략에 대항했다.

하지만 주유송의 홍광정권(弘光政權)은 1년도 못 버티고 망했다. 홍광제가 북경에 끌려가 피살되자 정지룡, 황도주(黃道周) 등 명나라의 유민 세력은 복건성 복주(福州)에서 당왕(唐王) 주율건(朱聿鍵·1606~1646)을 황제로 추대했다. 주율건의 융무정권(隆武政權)도 1여년 만에 망했다. 이때 청군에 투항한 정지룡은 북경으로 끌려갔으나, 정성공은 복건성 남부 하문(廈門)의 금문도(金門島)로 달아났다.

융무정권이 망한 후 신종황제 주익균(朱翊鈞)의 직계 손자는 주유랑(朱由榔·1623~1662), 한 명만 남았다. 양광총독 정괴초(丁魁楚), 광서순무 구식사(瞿式耜) 등 유민 세력은 또 광동성 조경(肇慶)에서 주유랑을 황제로 추대했다. 중국 역사에서는 주유랑을 영력제(永曆帝)라고 칭하며 남명 정권(1644~1683) 최후의 황제가 된다.

정성공은 하문을 반청 활동의 근거지로 삼고 아버지가 남긴 수군을 대대적으로 정비하여 다시 세력을 키웠다. 영력제는 그를 연평왕(延平王)으로 책봉하고 그에게 최후의 희망을 걸었다.

영력 12년(1658) 정성공은 병부상서 장황언(張煌言·1620~1664)과 연합하여 수륙 양군 17만여 명을 거느리고 장강 연안을 거슬러 올라가 남경을 공격했다. 다음 해에도 파죽지세로 진강(鎮江), 과주(瓜洲) 등 장강의 연안 도시

청나라 역대 황제 평전

들을 점령하고 남경을 포위했다. 이 싸움이 남명 정권 역사상 청군과 싸워 이룬 가장 큰 승리였다.

하지만 정성공의 해상 부대는 청군에게 기습을 당한 후 하문으로 퇴각하였다. 청나라 조정은 정성공에게 투항하지 않으면 북경에 있는 아버지 정지룡을 죽이겠다고 여러 차례 협박했다. 정성공이 끝내 투항을 거부하자 정지룡은 피살당했다.

남경 탈환이 실패로 끝난 후 정성공은 더 이상 내륙으로 진출할 수 없었다. 그가 하문을 중심으로 복건성의 남부 해안 도시들을 장악하고 있었지만 육전에 능한 청나라 기병이 언제 질풍노도처럼 공격해올지 모르는 위험한 상황이었다. 그의 군사는 수군이 주력이었으므로 육지에서 청군과 백병전을 벌여 승리할 자신이 없었다.

더구나 하문으로 퇴각한 후에는 병사들의 사기가 떨어지고 군량미가 부족한 문제에 직면했다. 그에게는 새로운 활로가 필요했다. 아버지가 구축한 해상 거점을 통해 무기를 사들이고 군량미를 확보해야 했다. 만약 해상 거점마저 청군의 수중에 들어가면 그는 독 안에 든 쥐와 같은 처지로 전락할 게 뻔했다.

만주족도 몽골족처럼 바다와는 거리가 먼 민족이었다. 몽골족이 고려를 침략했을 때 고려 왕조가 도성을 강화도로 옮기고 대몽 항쟁을 벌인 이유도 바다를 두려워하는 그들의 약점을 알고 있었기 때문이다. 또 청나라 초기에 명나라 장수 모문룡이 발해만 연안의 섬과 조선 피도(皮島)에서 끈질기게 저항한 것도 이런 이유에서였다.

정성공은 중국 대륙에서 멀리 떨어진 대만을 주목했다. 그곳으로 근거지를 옮기면 수전에 약한 청군의 침공을 피할 수 있으며 아울러 동서 해상 무역의 길목을 장악할 수 있었다. 대만을 통치하고 있었던 네덜란드와의 일전은 불가피했다.

영력 15년(1661) 3월 정성공은 아들 정경(鄭經)에게 하문과 금문의 방위를 맡긴 뒤 병사 2만5천여 명과 함선 수백 척을 거느리고 대만 정벌에 나섰다. 정성공은 수적 우위를 앞세워 오렌지성을 포위한 뒤 네덜란드 총독 프레데릭 코예트(Frederik Coyett)에게 투항을 요구하는 서찰을 보냈다.

"지금 집사(執事)는 수백 명을 거느리고 성안에서 힘겹게 버티고 있소. 그처럼 적은 병력으로 어찌 우리 군사에 대항할 수 있겠소? 집사가 현명하지 못하게 처신하는 행동을 나는 더욱 괴이하게 생각할 따름이오. 무릇 천하의 모든 사람들은 타국에서 비명횡사하는 것을 원치 않는 법이오. 나는 귀국 인민의 생명을 지키기 위하여 그들을 해치지 않겠다고 집사에게 여러 차례 알렸소. 지금 다시 사자를 보내 내 뜻을 전하니 집사는 심사숙고하기를 바라오. 만약 집사가 중과부적임을 깨닫고 성을 바치고 항복하면 나는 성의를 다해 대우할 것이오. 하지만 저항한다면 우리 군사가 성을 공격할 것이오."

"집사가 백기를 걸고 항복하면, 나도 싸움을 중지시키고 당신의 후속 조치를 기다리겠소. 우리 군사가 성안으로 들어가면 귀국 인민을 해치는 어떤 불법 행위도 절대 용납하지 않겠다는 엄격한 군령을 장졸들에게 내리겠으며 아울러 귀국 인민이 원하는 바를 모두 들어주겠소. 그들 가운데 이곳에 계속 남아있기를 원하는 자가 있으면 내가 그의 신변을 철저하게 보호하고 중국인과 함께 살게 하겠소. 싸움에 패한 뒤 화의를 청하는 일에 대해, '중대한 일에 직면하여 결단을 내리지 못하는 어리석음은 지혜로운 자가 비웃는 바이다.'라는 옛사람의 훈계가 있소."

"귀국 인민은 아주 먼 곳에서 대양을 건너와 대만을 경영하면서 세력이 쇠퇴해지자 부득이하게 스스로 지키는 길을 도모하고 있소. 나도 당신들이 어려움을 극복하려는 의지를 대단하게 생각하고 있소. 하지만 대만은 중국의 토지인데도 오랫동안 귀국이 무단으로 점거하고 있소. 지금 내가 땅을 찾으러왔으니 당장 돌려주시오. 진귀한 보물, 당장 필요 없는 물건 등은 모두 당신들이 가지고 돌아가시오. 만약 당신이 끝까지 내 충고를 따르지 않는다면 붉은 기를 걸고 싸움을 청하시오. 나도 말을 타고 싸울 준비를 하겠소. 우물쭈물하지 않기를 바라오. 이제 생사의 권한은 내 손안에 있소. 적절한 때가 되면 더 이상 기다리지 않고 행동에 옮기겠소. 집사는 귀국 인민을 살리고 싶으면 현명하게 결정하기를 바라오.

총독을 '집사'로 표현했다. 집사는 주인을 대신하여 일을 처리하는 사람이므로 틀린 표현은 아니다. 정성공은 완곡하게 투항을 권유했다. 투항을 요구하는 서찰치고는 예의를 갖추고 상대방을 배려하는 분위기가 물씬 풍긴다. 투항하면 네덜란드 사람의 생명과 재산권을 보장해주겠다고 했다.

프레데릭 코예트는 중과부적의 상황에서 투항을 하지 않을 수 없었다. 정성공이 대만 정벌을 단행한 지 거의 1년만인 영력 16년(1662)년 2월에 대만은 네덜란드의 38년 통치를 마감하고 정성공의 수중에 들어갔다. 훗날 프레데릭 코예트는 지금의 인도네시아 반다군도(Banda Islands)에서 정성공에게 항복했다는 죄명으로 10여 년의 유형 생활을 하다가 풀려나 암스테르담(Amsterdam)으로 돌아가 여생을 마쳤다.

오늘날 대만에 사는 한족은 말할 것도 없고 중국 대륙의 한족이 정성공을 민족 영웅으로 추앙하는 까닭은 정성공이 대만에서 네덜란드 세력을 몰아내고 한족 정권을 세웠으며 이때부터 대만은 한족의 통치 영역으로 들어갔기 때문이다.

정성공이 대만에서 네덜란드의 식민 통치자들을 몰아낼 무렵에 북경에서는 순치제가 붕어하고 강희제가 황위를 계승했다. 권신 오배는 원래 정성공의 수하 장수였다가 항복한 황오(黃梧)의 정성공을 토벌하는 계책을 받아들였다. 산동반도에서 광동성 연안에 이르는 해안 지역을 봉쇄하고 모든 선박을 불태우게 했다. 정성공을 하문과 대만에 고립시켜 압살하려는 의도였다. 또 그의 아버지 정지룡을 살해하고 정씨 조상의 묘를 파헤쳐 황무지로 만들었다.

강희 원년(1662) 5월 정성공은 39세의 나이에 병사했다. 죽기 전에 손톱으로 얼굴을 쥐어뜯으며 "내가 지하에서 선황제를 뵐 면목이 없구나!"라고 소리쳤다. 일설에는 독살을 당했다고 한다.

정성공 사후에 그의 아들 정경(鄭經)이 연평왕(延平王)을 자칭하고 대만을 통치했다. 명나라 조정의 관제(官制)를 대만에 이식하고 내치에 심혈을 기울였다. 학교를 곳곳에 세우고 인재를 양성하여 국정에 이바지하게 했다. "대만 사람들은 이때부터 학문을 깨우치기 시작했다."

정경은 내치뿐만 아니라 외국과의 통상에도 적극적으로 나섰다. 영국, 스페인 등 서구 열강과 무역을 했으며, 일본의 덕천막부(德川幕府)는 그의 가장 큰 무역 상대국이었다. 정씨 왕조의 세력이 날로 커지자 청나라 조정은 그를 회유하기로 결정했다. 강희 6년(1667)에서 8년(1669)에 이르는 동안 사신을 대만에 두 차례 파견했다. 정경은 예전부터 청나라 조정에 조선처럼 청나라를 상국으로 섬기고 조공을 바치겠으니 자치권을 인정해달라고 여러 차례 요구했다.

강희제는 그의 요청에 이렇게 회답했다.

"조선은 원래부터 중국 밖에 있는 외국이다. 하지만 정경은 중국인이다."

조선은 청나라의 속국이지만 사실상 민족과 언어가 다른 독립국가인 반면에, 정경은 중국인이므로 그가 통치하는 대만을 별개의 국가로 인정할 수 없다는 주장이다. 정경은 자신의 요구가 받아들여지지 않자 담판을 깼다.

강희 20년(1681) 정경은 대만의 승천부(承天府)에서 향년 40세를 일기로 세상을 떠났다. 그의 둘째아들 정극상(鄭克塽·1670~1707)이 왕위를 계승했다. 강희제는 대만 통일의 가장 큰 장애였던 정경이 죽었다는 소식을 듣고 뛸 듯이 기뻤다. 12세 소년 정극상을 농락하는 일은 식은 죽 먹기였다.

강희 22년(1683) 청나라 수사제독 시랑(施琅)이 거느린 함대가 팽호해전에서 정군(鄭軍)을 대파했다. 풍석범(馮錫範) 등 대신들은 어린 군주에게 투항을 권유했다. 같은 해 8월 시랑이 대만으로 건너와 정식으로 정극상의 항복을 받았다. 이때 정씨 일가의 대만 통치 23년이 막을 내리고 대만은 대청제국의 판도로 흡수되었다.

정극상은 북경으로 압송된 후 강희제의 사면을 받고 가덕관(嘉德官)으로 책봉되었다. 강희제는 대만을 통일하는 데 20년이 넘는 세월을 보내야 했다. 무력보다는 협상으로써 대만 문제를 해결하고자 했기 때문이다. 그는 때를 기다릴 줄 알고 아울러 때를 놓치지 않는 뛰어난 전략가였다. 시간이 걸리더라도 국면을 유리하게 전환하고 분위기가 성숙되었을 때 통일 대업을 이룬 것이다.

6. 러시아와 국경을 확정하고 외몽골을 정벌하다

러시아는 1238년부터 1480년까지 242년 동안 몽골 타타르의 지배를 받았다. 모스크바 대공국을 건국한 이반 1세(Ivan I·1288~1340)가 몽골의 신임을 받아 러시아의 여러 공국(公國)을 통제했다. 1480년에 이르러 이반 3세(Ivan Ⅲ · 1440~1505)가 몽골의 지배에서 벗어나 '루시(Rus)'라는 국명을 러시아(Russia)로 개정했다.

이때부터 러시아는 외교문서 등에 '차르(황제)'라는 칭호를 사용하기 시작했다. 그 후 이반 3세의 손자, 이반 4세(1530~1584)가 전제 왕권을 확립하고 명실상부한 차르로 군림했다. 그는 동토의 땅, 시베리아로 군대를 파견하여 영토를 개척하게 했다. 당시 러시아 사람들은 시베리아 특산의 모피를 유럽에 수출하여 막대한 이득을 챙겼다. 처음에는 모피를 얻기 위해 시베리아로 진출했으나 금, 은 등 광물이 발견되자 광산을 대규모로 건설하고 정착하기 시작했다.

이반 4세 이후 모스크바 공국의 시대(1480~1613)가 끝나고, 로마노프 왕조(1613~1917) 초기인 1630년에는 러시아인들이 레나 강 기슭의 야쿠츠크에 도달했고, 1639년에는 시베리아 동북부 끝을 돌아 베링 해협을 통과했다. 또 베링 해협에서 남하하여 아무르 강(흑룡강) 유역에 이르게 되었다.

그들은 그곳에 성을 쌓고 무역 거점으로 삼았다. 원래 흑룡강 유역은 만주족의 생활 터전이었다. 이 시기에 청나라는 중원으로 진출하여 명나라의 잔존 세력을 토벌하느라 여념이 없었으므로 러시아의 남진에 적극적으로 대처할 수 없었다. 하지만 러시아인들이 송화강(松花江) 유역으로 세력을 확장하자, 청나라는 군대를 파견하여 그들의 남진을 저지하려고 했으나 재래식 무기로는 최신식 총과 대포로 무장한 그들을 격퇴할 수 없었다.

청나라 조정은 임진왜란 이후 조총을 사용하는 조선에 총수병(銃手兵)을 요청했다. 이는 조선이 효종 5년(1654)과 9년(1658)에 두 차례 '나선정벌'에 나서게 된 계기가 되었다. 나선정벌은 청군과 조선군의 승리로 끝났으나 효종은 결코 기뻐하지 않았다. '라선(羅禪: 러시아)'이 어떤 나라인지조차 모르고 청나라의 강요에 의한 참전이었기 때문이다.

1차 파병 때는 총수병 100명과 초관(哨官) 50명, 2차 파병 때는 총수병 200명과 초관 60명, 파병이라고 말하기에는 너무 적은 병력을 보낸 걸로 보아 생색을 내는 정도였던 것 같다. 오히려 효종은 청나라를 정벌하려는 정책을 비밀리에 펴고 있었을 정도로 반청(反淸) 의식이 강한 왕이었다.

청나라 순치 15년(1658) 7월 러시아의 총독 오노프리오 스테파노프가 이끄는 코사크 선단이 송화강 하구에서 청나라와 조선의 연합군에게 격퇴를 당한 후에도, 러시아인들은 흑룡강 북쪽 기슭에 위치한 알바진(아극살·雅克薩)에 요새를 쌓았다. 그들은 원주민 색륜(索倫: 퉁구스족의 일파)을 노예로 삼고 색륜이 생산한 담비 가죽을 강탈했다. 색륜은 청나라 관리에게 러시아인들의 만행을 호소했으나, 청나라 조정은 삼번을 토벌하는 데 집중했으므로 북방 지역을 돌아볼 겨를이 없었다.

강희제는 삼번의 난을 평정하고 대만을 통일한 직후인 강희 22년(1683) 9월에 알바진을 점거하고 있던 러시아군에게 성을 비우고 떠나라고 했다. 러시아군은 강희제의 요구를 거절하고 오히려 흑룡강 유역의 아이혼(애혼·愛琿)을 공격했다. 강희 24년(1685) 1월 강희제는 도통(都統) 팽춘(彭春)에게 토벌을 명했다. 팽춘은 대군을 이끌고 알바진성을 포위한 뒤 밤낮을 가리지 않고 포격을 가했다.

러시아 장수 톨푸친은 결국 백기를 들고 투항했다. 팽춘은 러시아 군대와 불필요한 마찰을 원하지 않았기 때문에 톨푸친이 병사를 거느리고 러시아의 국경 도시 네르친스크로 돌아가게 했다. 러시아 군대가 철수하자, 팽춘은 알바진성을 불태우고 철수했다.

청군이 알바진성에서 철수한 것은 전략상 실수였다. 강희 24년(1685) 가을 러시아군이 다시 알바진성을 점령했다. 러시아의 재침에 분노한 강희제는 강희 25년(1686) 7월에 부도통 살포색(薩布索)에게 알바진성을 공략하게 했다. 러시아군은 수장 톨푸친은 탄환에 맞아 전사하고 수비군 826명 가운데 66명이 살아남은 참패를 당했으나, 성문을 굳게 닫고 구원병을 기다리며 끝까지 저항했다. 알바진성이 풍전등화의 위기에 빠졌다는 첩보를 접한 러시아 정부는 황급히 북경에 사신을 보내 강화를 요청했다.

강희제는 러시아군이 알바진성에서 네르친스크로 철수하는 조건으로 협상에 응했다. 강희 28년(1689) 7월 황제를 대리하는 흠차대신 색액도(索額圖)와 러시아 전권공사 육군대장 골로빈(Golovin)이 네르친크스에서 국경 확정 협상을 시작했다. 양측은 우여곡절 끝에 「네르친크스조약」을 체결했다.

액이고납하(額爾古納河)와 격이필제하(格爾必齊河) 그리고 외흥안령(外興安嶺)으로 이어지는 지역을 양국의 국경 지대로 삼고, 아울러 흑룡강 이북과 외흥안령 이남 그리고 우수리강 이동 지역은 모두 청나라의 영토로 한다는 내용이 조약의 핵심이었다.

액이고납하는 오늘날 내몽골자치구 호륜패이(呼倫貝爾) 지역을 흐르는 강으로 중국과 러시아의 경계선이 되는 하천이자 흑룡강의 발원지이다. 격이필제하는 흑룡강의 북쪽 발원지인 석륵객하(石勒喀河)의 지류이다. 외흥안령은 흑룡강 이북을 가로지르는 산맥이며 지금은 러시아 영토이다.

「네르친크스조약」은 중국 역사에서 대단히 중요한 의미를 지닌다. 대체적으로 한족이 세운 왕조는 외국과 조약을 체결할 때 중화사상에 입각하여 이른바 '천조국(天朝國)'으로서 외국을 속국으로 간주하고 조공무역을 통해 외국에게 특혜를 제공하고 통제하는 외교적 방침을 고수했다. 쉽게 말해서 천조국은 땅이 넓고 인구가 많아 없는 게 없으니 교역하고 싶으면 신하의 예를 갖추고 황제에게 복종하라는 오만이었다.

외국의 입장에서는 이러한 상하 관계를 바탕으로 하는 외교에 불만을 가지고 있었지만 경제적 이득을 얻기 위해 받아들이지 않을 수 없었다. 조선이 그 대표적 예가 된다. 그런데 강희제는 러시아도 황제국임을 인정하고 「네르친크스조약」을 통해 러시아와 동등한 관계를 맺었다. 따라서 이는 중국의 역대 왕조가 외국과 맺은 최초의 평등 조약이 된다. 강희제는 무력으로 러시아의 동진을 저지할 힘이 없었기 때문에 이런 현실적 조치를 취한 것이다. 어쨌든 청나라와 러시아의 국경 확정 조약은 북방의 방대한 토지를 중국에 귀속하게 했다. 역대 한족 왕조는 감히 꿈도 꾸지 못한 일이었다.

몽골 지역도 강희제에 의하여 중국에 편입되었다. 오늘날 몽골은 외몽골과 내몽골로 분리되어 있다. 외몽골은 울란바토르를 수도로 하는 몽골(Mongolia)이며, 내몽골은 중국 내몽고자치구이다. 청나라 때는 고비사막을 경계로 내몽골을 막남(漠南), 외몽골을 막북(漠北)으로 불렀다. 막남 지역은 청태종 때 이미 청나라에 흡수되었다. 객이객(喀爾喀) 부족의 통치 지역인 막북 지역은 여전히 독자 세력을 구축하고 있었다.

청나라 조정은 청나라에 편입된 몽골 부족들을 팔기(八旗)를 본떠 만든 맹기(盟旗)에 편입시키고 철저하게 통제했다. 정해진 구역을 벗어나 목축 활동을 할 수 없었으며 기와 기 사이의 왕래도 금지했다. 그리고 몽골인들에게 우민 정책을 실시하여 한자를 배우지 못하게 하고 한족 문화가 전파되는 것을 막았으며, 라마교를 적극 지원함으로써 라마교가 그들의 정신세계를 지배하게 하여 몽골인 특유의 강인한 전투력을 상실하게 했다. 또 혼인 정책을 통해 몽골 귀족을 청나라 황실의 혈연으로 만들어 충성을 유도하고 이탈을 방지했다.

청나라는 내몽골 지역을 병합한 후 외몽골 지역에는 별다른 관심을 두지 않았다. 강희제 때는 너무나 광대해진 영토를 다스리기에도 벅찬 상황이었기 때문이다.

그런데 뜻밖의 사건이 생겼다. 강희 27년(1688) 지금의 신강성 이리(伊

犁)에 기반을 둔 준갈이한국(准噶爾汗國)의 통치자, 갈이단(噶爾丹·1644~1697)이 기병 3만여 명을 이끌고 외몽골의 객이객 부족을 침략했다. 객이객 부족은 영토의 대부분을 빼앗기고 쫓기는 신세가 되었다.

객이객 부족장들은 러시아 또는 청나라에 귀부하는 문제를 놓고 다툼을 벌였다. 라마교의 지도자 짜나바잘(Zanabazar·1635~1723)이 중재에 나섰다. 불교를 믿지 않는 러시아보다는 불교를 믿는 청나라에게 의지해야 활로를 개척할 수 있다고 주장했다. 그가 강희제와 친분이 아주 두터웠던 것도 청나라를 선택하게 된 결정적 계기가 되었다. 객이객 부족장들은 그의 뜻에 따라 10여 만 군민을 거느리고 내몽골 지역으로 들어갔다.

예전에 강희제는 대신들에게 이런 말을 했다.

"옛날에 진(秦)나라는 토석(土石)의 공법을 일으켜 장성(長城)을 쌓았소. 우리 청나라는 객이객 부족에게 은혜를 베풀어 그들로 하여금 북쪽 변방을 지키게 하면 만리장성보다 더 단단한 방어책이 될 것이오."

진시황제가 북방 흉노족의 중원 침략을 막기 위해 수많은 백성을 강제로 동원하여 장성을 쌓았다는 것은 유명한 얘기이다. 진시황제뿐만 아니라 역대 한족 왕조의 황제들도 수천 년 동안 장성을 쌓는 데 심혈을 기울여 급기야는 장성의 길이가 만리(萬里)나 되어 '만리장성'이라는 이름이 생겼다.

그런데 성을 축조하기 위하여 얼마나 많은 백성들이 고통 속에서 죽어갔는가. 사실 그것은 백성의 고혈을 짜낸 끔찍한 흉물이었다. 강희제는 물리적 장애물인 장성은 아무리 높게 쌓아도 방어 효과가 크지 않다고 생각했다. 오히려 변방의 소수 민족에게 덕을 베풀어 그들을 감화시키면 변방의 수비 문제는 저절로 해결된다고 보았다.

객이객 부족이 내몽골로 밀려오고 있다는 소식을 들은 강희제는 그들에게는 목초지를 제공하고 정착을 도운 반면에, 갈이단에게는 당장 동진을 멈추고 회군하라고 꾸짖었다. 하지만 갈이단은 그의 충고를 무시하고 내몽고의 깊숙한 지역까지 동진하여 북경을 위협했다.

강희제가 친정에 나서지 않을 수 없는 상황이었다, 황자 윤제(胤禵)가 선봉에 섰다. 윤제는 오란포통(烏蘭布通)에서 갈리단의 주력군과 조우했다. 갈리단은 네 발을 묶은 낙타들을 땅바닥에 눕히고 그 위에 나무상자와 물을 적신 양탄자를 덮어 만든 '타성(駝城)'을 구축했다. 낙타 수만 마리로 성을 쌓아 기병의 돌진을 막겠다는 의도였다. 화포가 없었던 시대에는 타성은 효과적인 방어 수단이었다. 하지만 청군의 맹폭 앞에서 타성은 쉽게 무너졌다. 갈이단은 대패하고 달아났다.

하지만 갈이단은 내몽골 진출의 욕망을 포기하지 않았다. 강희 30년(1691) 기병 6천여 명을 이끌고 또 내몽골 지역을 유린했다. 강희 35년(1696) 2월 강희제는 다시 군사를 일으켜 세 방면에서 갈이단을 협공했다.

같은 해 11월 강희제는 악이다사(鄂爾多斯)에서 갈이단이 보낸 사신 격루고영(格壘沽英)을 만나 이렇게 훈계했다.

"너는 돌아가서 갈이단에게 짐의 말을 전해라! 무릇 사무(事務)는 반드시 서로 만나 대화를 통해 해결해야 한다. 그렇지 않으면 일이 끝나지 않는 법이다. 그가 오지 않으면 짐은 그를 끝까지 토벌하여 설욕할 것이다. 짐은 이곳에서 수렵을 하면서 너를 기다릴 것이다. 7일 안에 돌아와 보고해야 한다. 기간을 넘기면 짐은 반드시 공격할 것이다."

강희제는 대화로 문제를 해결하려고 했다. 하지만 갈이단은 협상을 거부하고 계속 동진했다. 같은 해 5월 서로(西路)의 무원장군(撫遠將軍) 비양고는 소막다(昭莫多: 지금의 울란바토르 이남 쭌모드·zuunmod)에서 갈이단 부대를 대파했다. 갈이단은 겨우 기병 수십 명을 이끌고 과포다(科布多: 지금의 몽골 홉드·Khovd)로 달아났다. 과포다에서 재기 불능의 상태에 빠졌지만 끝내 항복하지 않았다.

강희 36년(1697) 2월 강희제는 친히 군사를 거느리고 영하(寧夏) 지방으로 가서 비양고 등 장수들에게 갈이단의 잔여 세력을 토벌하게 했다.

청군이 출정을 떠났을 때 갈이단이 사망했다는 소식이 전해졌다. 독약을 마시고 자살했다. 또 일설에는 복상사했다고 한다.

갈이단은 소수의 병력으로 강희제의 간담을 서늘케 한 인물이었다. 그의 선조 야선(也先·?~1455)은 명나라 영종(英宗) 황제를 포로로 잡고 북경성을 공포로 몰아넣은 몽골족의 영웅이었다. 갈이단도 감히 대청제국에 도전하여 몽골족의 영광을 재현하고자 했던 대단한 야심가였다.

갈이단이 죽었다는 소식을 접한 강희제는 너무 기쁜 나머지 황하의 제방에 올라가 무릎을 꿇고 천지신명에게 감사의 예를 올렸다. 강희제가 친정을 세 차례나 단행할 만큼 갈이단의 세력을 두려워했기 때문이다. 이때부터 광활한 외몽골 지역도 청나라의 영토에 편입되었다.

중국 역사상 원나라를 제외하고 중국은 강희제 때 가장 넓은 영토를 차지했다. 오늘날 중국의 국토가 세계에서 세 번째로 넓은 까닭은 한족이 아닌 만주족 출신 강희제의 공로이다. 그래서 오늘날 한족은 그를 '천고일제(千古一帝)'로 입에 침이 마르도록 찬양하고 있다. 한족은 자신들의 터전인 중원을 소수 민족에게 빼앗기면 오히려 중국 영토가 더 넓어지는 횡재를 만났다. 왜 그랬을까. 한족은 소수 민족에게 무력으로 정복당했지만 세월이 흐르면 소수 민족이 오히려 한족의 우수한 문명에 동화되었기 때문이다.

7. 강희성세: 천고 제일의 황제가 되다

　　왕조 시대에 백성의 삶은 그들을 통치하는 군주에 의해 결정되었다. 백성을 위한 법과 제도가 있었지만, '짐이 곧 국가'라는 사고가 지배했던 그 시대에 백성은 성군을 만나면 행복한 삶을 영위할 수 있었으며, 폭군을 만나면 불행해질 수밖에 없었다. 청나라 백성이 강희제 시대에 이르러 안락한 삶을 누릴 수 있었던 이유는, 강희제의 자질이 워낙 뛰어난데다가 그가 다문화의 환경 속에서 성장하면서 백성을 위한 제왕학을 충분히 익힌 덕분이었다.

　　강희제는 "5세 때부터 독서의 즐거움을 알기 시작했다."고 고백한 걸로 보아, 어렸을 때 유가 경전을 강요가 아닌 자발적으로 학습했음을 짐작하게 한다. 그는 '다문화 가정' 출신이었다. 아버지 순치제는 만주족, 할머니 소성태황태후(昭聖太皇太后)는 몽골족 출신이다. 어머니 자화황태후(慈和皇太后)는 만주족 출신으로 알려졌지만, 그녀의 할아버지 동양정(佟養正·?~1621)이 한군(漢軍)의 양황기(鑲黃旗) 소속이었으므로 한족 출신으로 보기도 한다.

　　만주족의 용감하고 굳센 기상, 몽골족의 원대한 도량, 한족의 인의 사상과 책략 등은 그의 머리와 가슴에 물이 스펀지에 빨려 들어가듯 했다. 더구나 그는 아담 샬 등 서양 선교사들을 통해 서구 문명을 이해하고 받아들이는 자세를 취했다. 중국의 역대 황제들 가운데 그처럼 서양의 과학 기술에 매료되고 이해한 황제는 단 한 명도 없었다.

　　강희제는 친정을 시작한 지 1년 만인 강희 9년(1670)에 예부(禮部)에 「성유십육조(聖諭十六條)」를 내려주고 훈시했다.

　　"태평성대는 법령으로 조급하게 이루어지는 것이 아니라 교화를 우선으로 해야 이루어진다고 짐은 생각한다. 법령은 한 시대의 악행을 막을 수 있지만, 교화는 악행을 영원히 막을 수 있다. 단지 법령에 의지하고 교화를 우선하지 않는 것은 근본을 버리고 말단을 추구하는 행위이다. 짐은 고대의 위대한 제왕들을 본받아 덕을 숭상하고 형벌을 완화하며 백성들을 교화하여 미풍양속을 이루고자 하는 마음으로 훈시한다."

"효도와 공경에 힘쓰게 하여 인륜을 중시하고, 종족을 돈독하게 하여 화목을 드러나게 한다. 향당(鄕黨)을 화목하게 하여 분쟁을 그치게 하고, 농사를 중시하여 의식을 풍족하게 한다. 근검절약을 숭상하여 재화의 사용을 아끼고, 학교를 흥성하게 하여 선비의 기풍을 바로잡는다. 이단을 몰아내어 바른 학문을 숭상하고, 법률을 강론하여 우매함과 완고함을 경계한다."

"예의와 양보를 밝혀 풍속을 두텁게 하고, 본업에 힘써 백성의 뜻을 편안하게 한다. 젊은이를 잘 가르쳐 비행을 저지르지 못하게 하고, 무고를 근절하여 모두 선량한 사람이 되게 한다. 범인을 숨기거나 달아나게 방조하는 것을 경계하여 죄에 연루되는 일을 면하게 하고, 세금을 제때 내게 하여 납세 기한이 닥쳐오는 일을 줄인다. 각 지방의 자치 활동을 연결하여 도적을 막으며, 원한을 해소하여 목숨을 중하게 여기게 한다."

유가의 가장 이상적인 통치 철학이 고스란히 담겨있는 문장이다. 이는 강희제가 법과 형벌보다는 교화와 덕으로 백성을 다스리겠다는 의지를 강하게 보여주고 있다. 이미 한족 문명의 세례를 흠뻑 받은 그는 역대 왕조의 성군들을 본받아 그들처럼 되고자 했으며, 한평생 이 「성유십육조」를 몸소 실천했다.

강희제는 한족의 전통 문화를 서적으로 집대성하는 일에 박차를 가했다. 중국 최대의 자전인 『강희자전(康熙字典)』을 완성하고, 중국 최대의 백과사전이라고 할 수 있는 『고금도서집성(古今圖書集成)』을 편찬하게 했다. 그 자신도 『어제문집(御製文集)』, 『어제시집(御製詩集)』 등을 편찬하여 수많은 시문을 남겼다.

강희제는 40세 때 말라리아(학질)를 앓았다. 어의가 처방한 한약을 먹어도 효과가 없었다. 프랑스에서 온 예수회 선교사 장드 퐁타네(Jean de Fontaney·홍약한·洪若翰)가 진상한 키니네(kinine)를 복용하자 병이 씻은 듯 나았다.

강희제는 지적 호기심이 많은 황제였다. 키니네의 약효를 체제적으로 알고 싶었다. 서양 선교사들을 친히 접견하여 설명을 들은 뒤 도성에 제약 공장을 만들게 했다. 또 궁궐에 실험실을 만들어 수시로 참관했다. 이때부터 키니네는 '성약(聖藥)'으로 명명되고 널리 보급되었다. 강희제가 편견을 가지고 서양 의학을 인정하지 않았다면 불가능한 일이었다.

프랑스에서 온 선교사이자 번역가였던 도미니크 파레냉(Dominique Parrenin·巴多明·1633~1741)은 강희제의 어명을 받들어 서양의 『인체해부학』을 만주어와 한어로 번역했다. 강희제는 동면하는 곰을 해부하게 하여 친히 관찰할 정도로 해부학에 깊은 관심을 가졌다.

조아심 부베(Joachim Bouve·백진·白晉·1556~1730), 제르비용 쟝 프랑수아 (Gerbillon Jean Franois·장성·張誠·1654~1707) 등 선교사 6명은 프랑스의 '태양왕' 루이(Louis) 14세(1638~1715)의 선교 명령을 받들고 강희 27년(1688) 11월에 강희제를 알현하기를 청했다. 그들의 방문 목적은 당연하게도 천주교 선교였다. 천주교 교리와 상반되는 유가 사상과 불교가 수천 년 동안 중국인의 의식 세계를 지배하고 있는 상황에서 선교 활동을 펼치기가 대단히 어려웠다.

하지만 그들은 강희제가 서양 문명에 강한 호기심을 가지고 있으며 아울러 과학을 숭상하는 황제라는 사실을 알고 있었다. 그를 배알하기 위해서는 천문 계측기, 망원경, 자명종, 과학 서적 등 그의 호기심을 자극할 만한 물건들을 진상해야 했다. 강희제는 그들이 바친 양물(洋物)을 보고 기쁜 빛이 얼굴에 가득했다. 즉시 그들을 궁궐로 불러들여 황제의 과학 고문으로 임명했다.

훗날 프랑스로 돌아간 조아심 부베가 1698년에 파리에서 펴낸 『중국 황제 강희전』에 이런 내용이 있다.

"강희제는 서방의 과학 기술에 지대한 관심을 가진 황제이다. 매일 우리 선교사들과 함께 지내면서 수시로 자문을 구했으며 밤늦게까지 학습에 몰두하지 않은 적이 거의 없었다. 황제는 빈둥거리며 게으름을 피우는 생활을 좋아하지 않았으며, 항상 아침 일찍 일어나서 집무를 시작하고 밤늦게야 비로소 침실에 들었다. 우리가 약속 시간보다 조금 빨리 황궁에 도착했을 때도, 황제는 언제나 우리가 도착하기 전에 학습할 준비를 끝내고 기다리고 있었다. 이미 실험한 내용에 대하여 우리에게 자문을 구하거나 새로운 문제를 제기하기도 했다."

"때로는 황제께서 친히 기하학으로 거리, 산의 높이, 연못의 넓이 등을 측정했다. 자신이 위치를 정해놓고 각종 계측기를 사용하여 계산한 연후에 다른 사람에게 똑같이 측정하게 했다. 자신이 계산한 결과와 다른 사람이 계산한 것이 일치하면 기쁨을 감추지 못했다."

강희제가 통치한 시기인 17세기 후기부터 18세기 초기는 서구 열강의 '대항해 시대'가 절정을 이루고 동시에 그들의 과학 문명이 폭발적으로 성장한 시기이다. 청나라가 아무리 방대한 영토를 다스리고 엄청난 부를 쌓았더라도, 프랑스 선교사들의 눈에 비친 중국인은 여전히 인습에 사로잡히고 무지몽매한 사람들이었다.

하지만 그들은 강희제에 대해서는 찬사를 아끼지 않았다. 강희제의 타고난 천재성과 성군의 자질이 그들로 하여금 편견을 버리고 그를 객관적으로 평가하게 했다. 조아심 부베와 제르비용 쟝 프랑수아는 강희제의 총애와 후원을 받고 천문, 역법, 수학, 기하학 등 서양의 선진 학문을 황궁에서 강의했다. 또 그 내용을 만주어와 한어로 쓴 책으로 편찬하면, 강희제가 친히 서문을 써주었다. 그들이 펴낸 책은 중국의 과학 기술 발전에 지대한 공헌을 했다.

그렇지만 그들은 역시 종교 본연의 임무에 충실한 선교사였다. 조아심 부베는 보다 확실한 선교를 위하여 천주교 교리와 유가 경전의 공통점을 찾는 데 혼신의 노력을 했다. 그가 펴낸『고금경천감(古今敬天鑑)』이 이 분야의 결정판이다.

강희제는 그의 노력을 적극 지지했다. 천주교는 강희제 때 별다른 제약을 받지 않고 교세를 더욱 확장할 수 있었다. 그도 한때는 천주교 신자가 되기를 원했으며 백성들이 천주교로 개종하기를 바랐다. 하지만 천주교는 중국에서 끝내 유가와 불교의 벽을 넘지 못했다.

강희제가 서양 문물을 적극적으로 받아들이고 활용했는데도, 왜 중국은 강희제 사후에 과학이 오히려 쇠퇴의 길을 걸었을까. 첫째는 강희제를 계승한 황제들의 과학에 대한 관심이 점차 약해졌기 때문이다. 서양 선교사들이 가지고 온 각종 기구는 황제의 오락물에 불과했으며, 그것의 작동 원리와 제작법에 대해서는 별다른 관심을 두지 않았다.

둘째는 관료조직의 반발 때문이다. 과학과 관련이 없는 유가 경전을 달달 외워서 과거에 급제한 후 요직을 차지한 고위 관리들은 서방의 과학

기술을 혹세무민하는 '괴물'로 생각했다. 그것을 받아들여 혁신을 꾀하려는 관리가 있으면 관료 집단이 그를 집중적으로 공격하여 좌절하게 했다. 그들에게 중요한 것은 녹봉과 무사안일이지 개혁이 아니었다.

셋째는 서방의 과학 기술이 일부 지식층에게만 전파되었을 뿐 일반 백성에게는 확산되지 않았기 때문이다. 그들은 여전히 황제의 신민(臣民)으로서 인습의 두꺼운 벽에 갇혀 살아가는 '객체'였다. 더구나 과학과 인권은 정비례하는 경향이 있으므로 관리들은 그들이 과학적 사고로 시시콜콜 따지는 것을 원치 않았으며 시키는 대로 순종하기를 바랐다. 결과적으로 사회적 분위기가 성숙되지 않고 민중의 수준이 낮으면, 어떤 선진 문물도 화중지병에 불과한 것이다.

강희제가 국정에 임하는 자세는 '근(勤: 부지런함)'과 '신(愼: 신중함)'이었다. "국정을 부지런히 돌보는 일은 군주의 크고 중요한 본분이며, 나태하고 주색에 빠지는 일은 망국의 근본 원인"이라는 인식을 가지고 있었다. 명나라가 망한 원인을 황제의 무능, 황음, 게으름, 사치 등에 있었다고 진단하고 그것을 타산지석으로 삼아 철저하게 경계했다.

강희제는 거의 매일 황궁의 건청문(乾淸門) 앞에서 친히 어전 회의를 주재하였, 때에 따라서는 북경의 중남해(中南海), 열하(熱河)의 피서산장 등 별궁에서도 황제와 대신들 간의 토론이 끊임없이 이어졌다. 황제가 주재하는 회의에는 대학사, 6부(部) 9경(卿) 등 고위 관리들이 반드시 참석했다.

황제의 일거수일투족을 기록한 『기거주(起居注)』에 의하면 매일 아침 8시 쯤 대신들의 보고를 받고 국정을 살폈다. 이를 '조조(早朝: 아침 조회·朝會)'라고 칭했는데 날씨가 아주 더울 때나 추울 때도 조회를 한 번도 거르지 않았다. 강희 18년(1679) 북경에 대지진이 일어났을 때도 마찬가지였다. 강희제가 친정을 시작한 이래 임종하기 전까지 병이 나거나 명절을 쇠거나 국가의 중대한 변고가 일어났을 때를 제외하고는 언제나 대신들과 더불어 토론하고 만기친람을 했다.

강희제는 민생과 관련된 일을 처리할 때는 즉흥적으로 판단하지 않고 신중을 기했다. 강희 45년(1706) 황하의 물길을 다스리는 일로 조정 대신들이 격론을 벌였다. 황하는 중국인의 '모친하(母親河)'이자 '해하(害河)'였다. 오곡백화를 살찌워 백성들에게 풍요를 안겨주지만, 미친 듯 범람하면 수많은 사람들이 익사하고 삶의 터전을 파괴하는 양면성이 있다.

중국 고대의 통치자들은 황하의 물길을 바로 잡는 사업을 국정의 가장 중요한 과제로 여길 정도로 중시했다. 하지만 치수 사업은 엄청난 노동력과 재원이 필요했으므로 대신들이 갑론을박을 벌인 것이다. 강희제는 시간이 걸리더라도 황하의 물줄기를 철저하게 분석하고 어떻게 효과적으로 제방을 쌓아야 하는 지 충분히 검토하고 난 이후에야 치수 사업을 시작했다. 백성의 고통을 덜어주고 재원 낭비를 막기 위한 조치였다.

강희제에게 치수(治水)는 한평생의 과제였으며 아울러 그것에 대해서는 전문가 수준이었다. 집권 기간에 남방으로 순행을 여섯 차례 떠난 주요 목적도 치수 사업을 독력하기 위해서였다.

강희 23년(1684) 고우호(高郵湖: 지금의 강소성 고우에 있는 담수호)를 지나갈 때, 백성의 가옥과 전답이 물에 잠긴 것을 보고 친히 제방에 올라가 10여 리를 순행하면서 재해 현장을 살피고 마을의 노인들을 불러 수해의 원인을 자세히 물었다. 강희 38년(1699)에는 황하와 홍택호(洪澤湖: 지금의 강소성 서부 회하·淮河 하류에 있는 담수호)의 수위를 직접 측정하기도 했다.

강희 43년(1704) 납석(拉錫)과 서란(舒蘭)에게 황하의 발원지를 탐사하게 하면서 이렇게 말했다.

"황하의 발원지는 고이반색라모(古爾班索羅謨: 세 줄기의 강이라는 뜻의 몽골어) 라고 하지만, 사실은 지금까지 누구도 그곳을 가본 적이 없다. 너희들은 발원지를 직접 탐사하여 그곳의 물이 어느 곳에서 설산(雪山) 경내로 흘러 들어오는지 자세히 관찰해야 한다. 그리고 황하가 흐르는 지역을 낱낱이 조사해야 한다."

조사단은 험난한 여정을 극복하고 성숙해(星宿海: 지금의 청해성 마다현·瑪多縣)에 이르러 황하의 발원지를 찾았으며 물줄기를 따라 내려오면서 본류와 지류를 파악했다. 강희제는 그들이 수집한 자료를 근거로 『성숙하원도(星宿河源圖)』를 제작하게 했다. 오늘날 대만국립중앙박물관에 소장되어 있는 「황하도(黃河圖)」도 강희제 때 만든 것이다. 그의 황하 치수에 대한 열정과 노력의 산물이 아닐 수 없다.

강희제는 황하의 물길을 수십 년 동안 다스린 내용을 친히 글로 정리했다. 하도총독(河道總督) 장붕핵(張鵬翮)은 황하에 관한 황제의 유지(諭旨)를 서적으로 편찬하여 치수 사업의 영원한 금과옥조로 삼자고 건의했다.

뜻밖에도 강희제는 이렇게 말했다.

"옛날에 편찬한 황하를 다스리는 책들 가운데 짐이 안 읽어본 책은 없소. 범론(泛論)은 쉽지만 실행(實行)은 어려운 법이오. 황하의 물길은 일정하지 않으므로 치수도 한 가지 방법으로는 불가능하오. 지금 황하를 다스리는 방법을 후대 사람들에게 따르게 해서는 절대 안 되오."

자기가 터득한 방법은 어디까지나 하나의 방법에 불과할 뿐이지, 물줄기가 복잡하고 강수량에 따라 수시로 변하는 황하를 제대로 다스리려면 보다 과학적이고 체계적이며 다양한 방법으로 연구해야 한다는 주장이다. 황하에 대한 자신의 견해보다 후대에 더 뛰어난 연구 성과가 나오길 바란 것이다. 학자도 하기 어려운 생각을 황제가 했다는 게 정말로 놀라울 따름이다.

강희제는 인정이 많은 황제였다. 강희 16년(1677) 변경 지방으로 순행을 나갔을 때 길에서 꿈쩍 않고 누워있는 어떤 사람을 발견했다. 친히 그에게 다가가 이름을 물었다. 이름이 왕사해(王四海)이며 며칠을 굶은 끝에 쓰러진 사실을 알았다. 그에게 죽을 먹여 기력을 회복하게 한 뒤 행궁으로 데려가서 여비를 주고 돌려보냈다.

강희 18년(1679) 북경에 대지진이 일어났을 때는 창고의 비축미를 풀어 백성들을 구휼하게 하고 태의원(太醫院)의 약품을 부상자들에게 나누어주게 했다.

극형도 가급적이면 내리지 않았다. 일례로 강희 22년(1638)에 전국에 걸쳐 사형을 언도받은 죄인은 40명이 채 되지 않았을 정도로 적었다. 당시 인구가 거의 2억 명에 육박한 사실을 고려하면 가히 태평성대라고 할 수 있었다.

청나라 황족이 백성들의 토지를 무단 점유하여 장원(莊園)으로 만드는 '권점(圈占)'은 청나라가 중국을 통일하는 과정에서 공을 세운 황족에게 주는 전리품으로 불가피한 측면이 있었다. 하지만 시간이 지날수록 권점의 폐해가 심각해지자, 강희제는 여러 차례 그것을 폐지하는 개혁을 단행했다. 권문세가들이 백성들을 착취하는 악행을 근절시키기 위한 조치였다.

청나라 때 16세부터 60세까지의 남자를 '정(丁)'이라고 칭했다. 정은 인두세(人頭稅) 납부의 의무가 있었다. 강희 51년(1712) 강희제는 중대한 조치를 반포했다. 인두세는 강희 50년(1711)까지 정으로 등록된 남자에게만 부과하고, 그 이후에 정으로 편입된 남자에게는 영원히 인두세를 거두어들이지 않겠다는 법령이었다. 기존의 '정책(丁册)'에 등록된 인원만으로도 세금을 충분히 거두어들일 수 있었으므로 백성들에게 더 이상 과세하지 않겠다는 혁신적 조치였다. 이는 중국 인구가 강희제 때부터 폭발적으로 증가하는 기폭제가 되었으며, 그의 손자 건륭제 때는 인구가 무려 3억 명에 달했다.

강희제는 사치와 낭비를 배격하고 몸소 근검절약을 실천했기 때문에 백성들에게 과세 부담을 줄여주는 일이 가능했다. 강희 24년(1685) 3월 황실의 제사를 주관하는 부서인 광록시(光祿寺)의 예산 집행 항목이 엉터리로 작성되었음을 발견했다. 다른 황제라면 광록시를 관장하는 관리는 형벌을 면치 못했을 것이다. 하지만 강희제는 책임을 추궁하기 보다는 대학사 왕희(王熙)에게 항목을 일목요연하게 정리하여 불필요한 예산을 삭감하게 했다.

강희 45년(1706) 6월 각 부서에서 호부(戶部)에 자금을 청구할 때 2~30만 냥이나 되는 거금을 황제의 윤허를 받지 않고 공문서 한 장으로 쉽게 수령하는 폐단을 또 발견했다. 향후 호부와 공부(工部)에서 지출하는 모든 자금 내역을 매월 말에 황제에게 보고하게 했다. 강희제는 지출한 금액과 용도를 자세히 살펴서 국고의 낭비를 막았다. 순행을 나갈 때도 지방 관리들이 황제를 위하여 도로를 정비하거나 행궁을 멋대로 수리하지 못하게 했다. 행여 관리들이 황제의 순행을 핑계로 백성들에게 가렴주구를 하지 않을까 걱정했기 때문이다.

강희제는 명나라의 멸망 원인을 꿰뚫고 있었다. 황제는 말할 것도 없고 대소 신료 모두 분에 넘치는 향락을 즐겼으며 또 황궁을 지나치게 호화롭게 꾸며 막대한 재정을 낭비했다.

일례로 명나라 때 황궁 안의 궁전, 누각 등 건물은 무려 786개나 되었다. 강희제는 그 건물 숫자를 10분의 1로 줄이게 했다. 또 명나라 때는 궁녀가 9천여 명, 환관이 10여만 명이나 달했다. 그들에게 줄 양식조차 부족하여 매일 아사자가 나올 정도로 심각했다. 강희제 때는 궁녀와 환관의 숫자가 4~5백 명에 불과했다.

강희제가 붕어하기 1년 전인 강희 60년(1721)에 신하들은 황제의 존호를 올리고 아울러 즉위 60년을 축하하는 성대한 기념식을 거행하기를 간절히 바랐지만, 그는 자연 재해를 입은 지역의 백성들이 아직도 힘겹게 생활하고 있음을 이유로 들어 그들의 간청을 들어주지 않았다. 또 그의 은총을 입은 지역의 백성들은 황제의 공덕을 찬양하는 정자를 짓고 비석을 세우기를 원했으나 모두 거절당했다. 조금이라도 민폐를 끼치는 일을 원치 않았기 때문이다.

강희제는 백성에게 부과된 과세를 가능한 한 줄여주고 재해를 당하여 굶주리는 자들에게는 국고에 비축해 놓은 양식과 재화를 아낌없이 방출했음에도, 국고에는 언제나 양식과 재화가 넘쳐났다. 강희 후기에 이르러서는 국고에 비축한 은자(銀子)가 5천만 냥을 넘었다. 양식은 너무 많아 북경 근처의 여러 창고에 분산 보관해도 공간이 부족하여 강남의 여러 도시로 보내 보관할 수밖에 없었다.

양식을 수시로 방출해도 분량이 줄지 않아 양식이 부패하여 거름으로 쓰기도 했다. 황무지를 개간하고 농민들에게는 세금을 줄여주어 생산 의욕을 높이고 상인들에게는 공정한 상업 활동을 보장해주며 관리들에게는 투명한 행정을 펼치게 하고 부패를 원천적으로 차단한 것이 선순환이 되어 청나라를 천하 제일의 부국으로 만들었다. 강희제가 황제로서 매사에 모범을 보이고 말과 행동이 일치하는 정책을 폈기 때문에 가능한 일이었다.

강희 61년(1722) 11월 강희제는 향년 68세를 일기로 북경의 창춘원(暢春園)에서 붕어했다. 산해진미를 좋아하지 않고 음식을 적게 먹었으며 불노장생을 추구하는 어떤 단약도 복용하지 않았다. 그가 장수한 까닭은 중국의 역대 황제들 가운데 가장 '과학적인 삶'을 살았기 때문이 아닌가 한다.

프랑스 출신 선교사 조아심 부베는 루이 14세(1638~1715)에게 강희제를 이렇게 소개했다.

"2~3년 전에 폐하께서 예수회 선교사들을 청나라로 파견하셨습니다. 다행히도 저희들은 프랑스 이외의 국가에서 꿈에도 만나 본 적이 없는 위대한 인물을 접촉했습니다. 그는 폐하와 마찬가지로 고상한 인격과 비범한 지혜를 가지고 있으며 아울러 제왕의 품격에 맞는 넓은 도량을 품고 있습니다. 백성을 다스리고 수신(修身)을 하는 데 빈틈이 없으므로 자국민과 이웃 국민의 존경을 한몸에 받고 있습니다. 그가 이룬 위대한 업적을 평가해보면 위엄과 명성이 빛날 뿐만 아니라 실력이 출중하고 덕망이 높은 제왕이기도 합니다. 동방의 머나먼 땅에서 이처럼 위대한 군주를 만날 수 있는 것은 실로 놀라운 일입니다."

'왕권신수설(王權神授說)'을 신봉한 루이 14세(1638~1715)는 프랑스의 왕정(王政) 역사상 가장 절대적 권력을 휘둘러 프랑스를 유럽에서 강력한 국가로 발전시킨 황제이다. 그 유명한 "짐이 곧 국가다."는 말은 그의 입에서 나왔으며, '태양왕'이라는 극존칭도 그의 절대 권력을 미화하기 위해 생겼다.

그는 예수회 선교사들을 청나라에 여러 차례 보냈다. 천주교를 전파하기 위한 목적이었지만, 그 이면에는 자신이 전 세계에서 가장 위대한 황제임을 과시하는 의도도 있었다. 공교롭게도 루이 14세와 강희제는 같은 시대에서 활동했다. 프랑스가 루이 14세 때 전성기를 구가했다면, 청나라도 강희제 때 그랬다.

조아심 부베는 강희제를 루이 14세와 비견할 만한 위대한 황제로 평가했다. 그는 어쨌든 루이 14세의 신하였으므로 타국의 황제를 태양왕과 동급으로 간주하고 찬양하는 일은 쉽지 않았을 것이다. 하지만 강희제와 함께 지내면서 황제의 어진 인품과 성군의 자질을 직접 목도했다. 어쩌면 마음속으로는 호화로움이 극에 달한 베르사유 궁전에서 매일 밤 파티를 열고 향락에 빠져 지내는 태양왕보다는 선정을 베풀고자 혼신의 노력을 다하고 몸소 근검절약을 실천하는 강희제를 더 높이 평가하고 존경했는 지도 모른다. 더구나 선민의식(先民意識)이 강하고 문화적 우월감이 대단히 강한 프랑스 사람의 '입'에서 이런 얘기가 나온 것은 강희제가 동서고금을 막론하고 얼마나 위대한 황제였는지 증명해 주고 있다.

조선『숙종실록』숙종 11년(1685)에는 이런 기록이 있다.

"3월에 사은사(謝恩使)가 돌아와 주상에게 아뢰었다. '청나라 군주(강희제) 는 사냥을 좋아하고 옳은 말을 하는 신하를 배척하옵니다.' 또 8월에 사 은사가 돌아와 아뢰었다. '황제는 황음무도하고 뇌물을 공공연하게 받으 며 법령을 멋대로 집행하고 종잡을 수 없는 행동을 하옵니다. 순행을 나 갈 때는 구경나온 여자를 겁탈하여 백성들의 원성이 자자하옵니다.'"

사은사들은 왜 숙종에게 강희제에 대하여 그토록 심하게 험담했을까. 당시 조선 사대부들은 청나라에 원한을 품고 있었다. 정묘호란과 병자호 란을 겪으면서 '오랑캐'가 건국한 청나라에 굴복한 일을 치욕으로 여기고 적개심을 품었다. 효종의 북벌 계획도 결국은 실행되지 못했지만 이런 굴 욕과 분노의 일환에서 추진되었다. 그래서 그들은 '오랑캐의 황제', 강희 제를 객관적으로 평가할 마음의 여유가 없었다.

『숙종실록』숙종 23년(1697) 10월에는 이런 기록이 있다.

"이 해(1697) 조선 팔도에 대기근이 들었는데 경기도와 전라도가 더욱 심각했다. 시체가 도성 안에서 산처럼 쌓였다."

숙종은 자존심을 굽히고 '천조(天朝)' 청나라에 구원을 요청할 수밖에 없었다. 사신을 보내 중강(中江: 평안북도 의주 이북의 난자도·蘭子島와 검동도·黔同島 사이의 압록강)에서 무역 시장을 열어달라고 간청했다. 청나라에서 미곡을 수입하여 기아에 허덕이는 백성을 구휼하기 위한 목적이었다.

강희제는 즉시 호부시랑 패화낙(貝和諾)을 성경(盛京: 지금의 요녕성 심양)으로 파견하여 창고에 비축해 놓은 양식 5만 석을 선박으로 운반하여 조선 백성을 구제하게 했다. 대체적으로 이 시기 이후부터 조선 국왕과 사대부들은 강희제의 진면목을 제대로 알게 된다. "강희제는 천고의 영걸이다.", "강희제는 천하의 성군이다." 등의 찬사가 조선 후기의 그에 대한 일반적 견해였다.

물론 강희제도 흠결이 전혀 없는 황제는 아니다. 이른바 '문자옥(文字獄)'을 일으켜 지식인을 탄압한 사례가 있다. 문자옥이란 통치자가 지식인이 쓴 서적의 내용을 문제 삼아 옥사(獄事)를 일으켜 그를 탄압하는 행위이다. 오늘날의 '필화(筆禍) 사건'과 비슷하다. 중국의 어느 왕조도 문자옥을 일으키지 않은 적은 없었으며 조선도 예외가 아니었다. 강희제 때 대표적인 문자옥은 『남산집(南山集)』 사건이다.

한림원편수 대명세(戴名世·1653~1713)는 청나라 조정이 명나라 역사를 편찬하면서 사실을 왜곡한 내용에 큰 불만을 품었다. 명나라 말기에 관리를 지냈던 한족 원로들을 직접 찾아가 그들의 증언을 채록하고 각종 자료를 참고하여 명나라 말기의 역사를 서술한 『남산집』을 출간했다. 이 책이 세상에 나온 지 10여 년 만에, 어사 조신교(趙申喬·1644~1720)가 책 내용을 문제 삼아 대명세를 탄핵했다. 남명 정권의 연호를 사용하고 섭정왕 다이곤을 비난했다는 이유에서였다.

명나라는 숭정 17년(1644)에 망했다. 하지만 남명 정권(1644~1683)도 명나라 역사에 포함하면, 명나라 역사는 홍무 원년(1368)을 기준으로 276년이 아니라 315년이 된다. 오늘날 학계에서는 공식적으로 숭정 17년에 명나라가 망했다고 본다.

그런데 대명세는 남명도 명나라 역사의 일부분으로 간주하고 남명의 연호를 사용했다. 또 청나라가 중원을 통일하는 데 가장 큰 공을 세운 다이곤의 실정(失政)을 비판하기도 했다. 그의 이런 판단이 춘추필법에 부합하는지는 모르겠으나, 청나라 조정의 입장에서는 그는 도저히 용서할 수 없는 대역죄인이었다.

평소에 어질고 너그러운 태도로 일관했던 강희제도 격노했다. 대명세는 저잣거리에서 능지처참을 당하고 그의 가족 가운데 16세 이상의 남자들은 모두 참수를 당했다. 여자들과 16세 이하의 남자들은 모두 공신의 노예로 삼았다.

또 대명세에게 자료를 제공한 방효표(方孝標)는 사후에 부관참시를 당하고, 『남산집』에 서문을 쓴 방포(方苞)는 사형을 언도받고 복역했다. 대명세의 제자, 우운악(尤雲鶚)은 스승의 문집을 정리했다는 죄명으로 삭탈관직을 당하고 변방으로 쫓겨났다. 이 문자옥으로 3백여 명이 피해를 입었다.

강희제가 이성을 잃고 많은 문인들을 죽인 이유는 명약관화하다. 대명세가 청나라에게 망한 명나라의 잔존 세력을 왕조로 인정했으며 아울러 그와 가까이 지내는 문인들도 그에게 동조했다는 이유에서였다. 중국 역사에서 황제가 아무리 성군이어도 신하들이 왕조의 정통성에 갑론을박하면 가장 잔혹한 형벌로 그들을 다스렸다. 또 지식인들의 사상의 자유를 결코 인정하지 않았기 때문이기도 했다.

그들은 어디까지나 '짐이 곧 국가'라는 인식의 테두리 안에서 왕권을 옹호하고 봉건 질서를 수호하는 책무가 있었다. 지식인들에게 자유로운 사고를 보장하면 결국 신권(臣權)이 왕권을 능멸하는 '권력의 역전' 현상을 초래할 수 있으므로, 강희제도 문자옥을 일으켜 그들을 짓밟음으로써 다른 지식인들에게 황제의 권력에 저항하면 가문의 씨가 마를 수 있다는 무서운 경고를 간접적으로 했다.

오늘날 중국에서 필화 사건이 끊임없이 일어나고 올곧은 지식인들이 박해를 받는 이유도 최고 권력자가 자신을 황제로 생각하기 때문이다. 사회주의 국가에서 황제는 '인민'의 피를 빨아먹는 타도의 대상이었다. 하지만 일당독재를 통해 권력을 잡은 통치자는 은연중에 황제를 닮아간다. 인민의 민주 의식이 낮고 그를 견제할 세력이 없으면 여의봉 같은 권력에 도취되어 자신만이 국가를 부국강병으로 만들고 모든 인민을 행복하게 할 수 있는 전지전능의 능력을 가졌다고 착각하는 것이다.

8. 황태자 책봉을 둘러싼 갈등

강희제는 한평생 황후 4명과 후궁 58명을 거느렸다. 그들 사이에서 아들 35명, 딸 20명을 두었다. 청나라 역대 황제들 가운데 가장 많은 자식을 둔 셈이다. 그런데 여자 62명을 거느렸다고 해서 그들과 모두 정상적인 부부 관계를 맺었다는 얘기는 아니다.

『청사고·후비열전』에 이런 기록이 있다.

"황후는 중궁전(中宮殿)에 거주한다. 황제는 황후 이외에도 황귀비 1명, 귀비 2명, 비 4명, 빈 6명 그리고 상재(常在)와 답응(答應)은 숫자에 관계없이 얼마든지 거느릴 수 있다. 그들은 모두 동서(東西) 12개 궁에 분산되어 거주했다."

강희제의 후궁들 가운데 상재(常在)는 8명, 답응(答應)은 10명이다. 팔기(八旗) 출신 처녀인 수녀(秀女)가 입궁하면 상재에 책봉했는데 후궁들 가운데 지위가 가장 낮은 답응보다 한 등급 높은 후궁이다. 답응은 황제의 측근에서 일하는 궁녀를 말한다.

사실 상재와 답응은 황제의 '성총'을 입기가 '하늘에서 별 따기만큼'이나 어려웠다. 어쩌다가 혹시 황제의 눈에 띄어 성총을 입어 '용의 아들'을 낳으면 품계가 높아지고 팔자가 바뀌었지만, 평생을 통하여 황제의 성총을 애타게 기다리다가 음침한 궁궐에서 불행한 삶을 마감했다.

강희제의 원배(元配)는 효성인황후(孝誠仁皇后·1654~1674) 혁사리씨(赫舍里氏)이다. 강희제의 보정대신(輔政大臣) 색니(索尼)의 손녀이다. 강희제의 할머니 효장태황태후(孝莊太皇太后)가 권신 오배(鰲拜)의 전횡을 견제할 목적으로 강희 4년(1665)에 색니의 손녀를 손자의 황후로 삼았다. 강희제와 혁사리씨는 정략결혼으로 맺어진 사이였으나 동갑내기였고 부부 관계가 아주 좋았다. 그녀는 강희제의 적장자 승우(承祜)를 낳았다. 승우가 3세 때 요절한 후, 강희 13년(1674) 5월에 둘째아들 윤잉(胤礽·1674~1725)을 낳다가 난산으로 21세의 나이에 요절했다.

강희제는 그녀의 죽음에 크게 상심했다. 황제가 살아있을 때는 황태자를 책봉하지 않는 만주족 황실의 관례가 있었음에도, 그는 강희 14년(1675) 6월에 겨우 한 돌이 지난 윤잉을 황태자로 책봉했다. 당시 강희제는 삼번의 난을 평정하느라 여념이 없었고 나이도 22세에 불과했으므로 후계자를 결정하는 일이 급하지 않았다. 그럼에도 언제 죽을지 모르는 두 살배기 어린 아들을 황태자로 책봉한 까닭은 요절한 황후에 대한 애정과 그리움의 표현이었다.

윤잉은 어렸을 적부터 부친의 사랑을 독차지하며 제왕학 교육을 철저하게 받았다. 황태자의 자질이 뛰어나지 못하면 당대 최고의 학자들을 동원하여 아무리 열심히 가르치더라도 성군이 될 수 없는 법이다. 그런데 윤잉은 부친의 기대에 조금도 어긋나지 않았다. 제자백가의 경전, 시문 등 문사철(文史哲) 분야에 통달하지 못한 것이 없었을 뿐만 아니라 궁술, 기마 등 만주족의 전통 무예에도 일가견을 이루어 부친을 기쁘게 했다.

강희제는 태묘(太廟)에서 제사를 지낼 때면 언제나 황태자를 대동했으며, 국가의 경축일을 맞이하여 문무백관이 황제에게 하례를 올리고 난 뒤에는 반드시 동궁으로 가서 황태자에게도 축하 인사를 하게 했다. 황태자의 위신을 높여주고 훗날 황위 계승자는 의심할 여지없이 윤잉임을 천하에 알리려는 목적이었다.

강희 35년(1696) 강희제가 준갈이한국(准噶爾汗国)의 통치자, 갈이단(噶爾丹·1644~1697)을 토벌하러 떠나기 전에 윤잉에게 북경에 남아 국정을 돌보게 했다. 황제가 도성을 비웠을 때 황태자가 국정을 대신 다스리는 이른바 '감국(監國)'은 황제의 황태자에 대한 절대적인 신임의 증거였다. 아울러 황태자에게 미리 국정을 다스리게 하는 기회를 부여하여 경험을 쌓게 함으로써 후계자의 입지를 강화하고 황제 사후에 국정 혼란과 공백을 피할 수 있는 장점이 있었다.

강희제가 갈이단을 토벌하고 북경으로 돌아오자, 윤잉은 그에게 그동안 처리한 감국의 업무를 소상하게 아뢰었다. 어느 일 한 가지도 빈틈없이 진행된 것을 확인한 강희제는 아들을 더욱 신뢰했다. 조정 대신들도 이구동성으로 황태자가 성군의 자질을 타고났다고 칭송했다.

황태자의 일에 대한 열정과 뛰어난 능력은 매사에 만기친람의 자세로 일관했던 강희제의 부담을 크게 덜어주었다. 강희제는 아들에게 내치를 맡기고 외치에 더욱 주력할 수 있었다. 친정(親征)과 순행(巡幸)을 자주 나갈 수 있었던 배경에는 아들의 부친을 대신한 간접 통치가 있었기 때문이다.

그런데 시간이 흐를수록 조정의 분위기가 이상하게 돌아갔다. 권력의 향배에 예민한 사람들이 미래의 확고부동한 황제인 황태자 주변으로 몰려들기 시작했다. 급기야는 황태자의 권력이 황제를 능가한다는 소문이 돌았다. "권력은 부자지간에도 나눌 수 없다."는 권력의 비정한 속성을 강희제는 간과했다.

『청사고 · 권220 · 열전7』에 이런 기록이 있다.

"강희 36년(1697) 황상께서 대군을 이끌고 영하(寧夏)로 떠날 때 황태자에게 도성에 남아 지키게 했다. 그런데 어느 날 유언비어가 영하에 머무르고 있는 황상의 귀에 들어왔다. 태자가 불량배와 친하게 지내 평소의 행동이 변했다는 소문이었다. 황상께서 경사(京師)로 돌아와 태자 주변에서 권력을 남용한 자들을 모조리 색출하여 처벌했다. 이때부터 태자에 대한 총애가 점차적으로 사라졌다."

사실은 이 일이 터지기 전에 부자지간 갈등의 전조가 있었다. 강희 29년(1690) 강희제가 갈이단을 토벌하고 북경으로 돌아오는 도중에 심한 몸살을 앓았다. 황태자와 셋째아들 윤지(胤祉)를 행영(行營)으로 불러들였다. 그런데 황태자는 부친의 병을 간호하면서 걱정하는 낯빛을 띠지 않았다. 강희제는 아들의 이런 무성의한 태도에 크게 실망했다. 윤잉이 정말로 그랬는지는 알 수 없으나, 어쩌면 아들의 권력이 나날이 강화되는 것을 경계하는 마음에서 아들의 사소한 부주의에 아버지의 감정이 증폭되었는지도 모른다. 어쨌든 강희제는 황태자에게 당장 북경으로 돌아가게 했다. 꼴도 보기 싫다는 얘기였다.

또 이런 일도 있었다. 강희 33년(1694) 예부에서 봉선전(奉先殿)의 제사 의식을 입안할 때, 황태자는 전각 안에서 절을 하게 결정했다. 초안을 검토한 강희제는 버럭 화를 냈다. 황제와 황후만이 전각 안에서 제사를 지내는 것이지, 황태자는 밖에서 예의를 갖추어야 한다는 어명이었다. 이 일은 예부상서 살목합(薩穆哈)이 파직을 당하는 것으로 마무리되었지만, 강희제가 황태자의 월권을 은근히 걱정했음을 알 수 있다.

강희제는 황태자에게 집중된 권력을 분산시키기로 결심했다. 그에게는 아들이 여러 명 있었다. 그들에게 권력을 나눠주어 황태자를 견제하려고 했다. 강희 37년(1698) 서얼아들들 가운데 장남인 윤시(胤禔·1672~1735)는 직군왕(直郡王), 셋째아들 윤지(胤祉)는 성군왕(誠郡王), 넷째아들 윤진(胤禛), 다섯째아들 윤기(胤祺), 일곱째아들 윤우(胤祐), 여덟째아들 윤사(胤禩·1681~1726) 등은 모두 패륵으로 책봉하고, 모두 국정에 참여하게 했다.

황태자가 마음에 들지 않으면 언제라도 폐위하고 다른 아들을 후계자로 삼겠다는 명백한 의도였다. 황자들은 부친의 총애를 받으면 후계자가 될 수 있다는 야망을 품고 물밑에서 충성 경쟁을 벌였다.

강희 42년(1703) 황태자의 심복, 영시위내대신(領侍衛內大臣) 색액도(索額圖·1636~1703)가 사당(私黨)을 조직하여 황태자 윤잉이 은밀히 대사를 도모하는 데 도움을 주었다는 대역죄인으로 몰아 그를 종인부(宗人府)에 가두고 굶어 죽게 했다.

색액도가 누구인가. 강희제가 어렸을 때 그에게 충성을 다한 보정대신(輔政大臣) 색니의 아들이자, 권신 오배를 제거할 때 결정적인 공을 세운 공신이 아닌가. 더구나 강희제가 사랑한 효성인황후의 숙부이기도 했다. 색액도가 그의 심복 중의 심복이었기 때문에 황태자의 곁을 지키게 했다.

그런데 느닷없이 강희제는 색액도를 '본조(本朝) 제일의 죄인'이라고 비난하고 제거했다. 황권에 조금이라도 위협적인 인물이면 아무리 측근이라도 무자비하게 죽였다. 마이도(麻爾圖), 액고리(額庫里), 온대(溫代) 등 황태자의 측근들도 모조리 관직에서 쫓겨났다.

윤잉은 자신의 수족을 자른 부친에게 큰 불만을 품었다.

"고금을 막론하고 천하에 40년 동안 태자 생활을 한 자가 어디 있단 말인가."

황태자로서 40년 동안 제왕의 수업을 지겹도록 쌓았으니 이제 황위를 넘겨달라는 항변이었다. 윤잉은 부친을 모시고 변방 지방으로 순행을 나갔을 때, 밤마다 부친이 머물고 있는 천막 안을 몰래 엿보다가 그만 들키고 말았다. 아들이 모반을 일으키지 않을까 두려워한 강희제는 마침내 강희 47년(1708) 여름에 그를 폐위하고 함안궁(咸安宮)에 유폐시켰다.

같은 해 11월 강희제는 조정 대신들에게 황자들 가운데 누구를 황태자로 옹립해야 되는지 상의하게 했다.

직군왕 윤시가 선수를 쳤다. 사실은 그가 강희제의 장남이다. 하지만 그의 생모가 후궁 출신 혜비(惠妃) 납라씨(納喇氏)였으므로 서얼 취급을 받아 법적으로는 적장자가 될 수 없었다. 윤시는 평소에 이복동생 윤잉이 부친에게 미움 받기를 간절히 바랐다. 윤잉이 폐위되거나 죽으면 나이가 가장 많은 자신이 황태자로 책봉될 수 있다고 생각했다. 매일 몽골의 라마교 주술사를 동원하여 황태자를 저주하는 주문(呪文)을 퍼붓게 했다. 황태자가 폐위된 후에는 강희제에게 이렇게 말했다.

"지금 윤잉을 주살해야 하는데 굳이 아버님의 손으로 죽일 필요는 없사옵니다."

자기가 부친을 대신하여 윤잉을 죽이겠다는 섬뜩한 말이었다. 강희제는 폐위시킨 윤잉이 아무리 미워도 윤시가 그를 직접 죽이겠다는 말을 듣고 진노했다. 평소에 황자들에게 서로 우의를 다지고 화목하게 지내라고 얼마나 강조했던가. 황자들이 반목하면 대청제국의 미래는 없다고 생각했기 때문에 35명이나 되는 황자들의 교육에 심혈을 기울였는데도, 윤시의 입에서 형제가 형제를 살해하는 끔찍한 얘기가 튀어나올 줄은 전혀 몰랐다.

강희제는 윤시를 '난신적자(亂臣賊子)'로 규정하고 유폐시켰다. 흔히 역모를 꾀한 대역죄를 저지른 자를 난신적자라고 한다. 강희제의 분노가 얼마나 컸는지 짐작하게 한다. 훗날 윤시는 26년 동안 높은 담장 안에서 갇혀 지내다가 옹정(雍正) 13년(1735)에 죽었다.

한편 강희제의 아홉째아들 윤당(胤禟), 열넷째 아들 윤제(胤禵), 영시위대신(領侍衛大臣) 아령아(阿靈阿), 산질대신(散秩大臣) 악륜대(鄂倫岱), 패륵 소노(蘇努), 대학사 마제(馬齊) 등 황자와 황족 그리고 대신들은 여덟째아들 윤사를 추천했다. 윤사가 어질고 선량하며 문무를 겸비하여 황태자로서 손색이 없다는 이유를 들었다. 강희제도 윤사를 총애했지만 그들이 이구동성으로 윤사를 천거한 것에 대하여 의심을 품었다. 왜냐하면 당시 윤사를 따르는 무리가 많아 그를 중심으로 사당을 결성하지 않았나 하는 우려가 있었기 때문이다. 실제로 윤사는 황족들과 끈끈한 우호 관계를 유지했을 뿐만 아니라 조정 대신들에게도 성의를 다했다. 심지어 저명한 학자, 서예가 등 당대를 풍미한 인물들과도 친하게 지냈다.

강희제는 "윤사가 황권에 도전할 위험성이 윤시에 비해 백배나 높다."고 생각했다. 윤사는 결국 태자로 책봉되지 못했다. 태자 책봉 문제를 놓고 국론이 분열하자, 강희제는 강희 48년(1709)에 윤잉을 다시 황태자로 책봉했다. 다른 아들들에게도 작위를 한 등급 높여 수여했다. 황태자를 중심으로 서열을 명확하게 정하고 일치단결하기를 바라는 마음이었다.

하지만 윤잉은 때를 기다리지 못하고 또 사당을 결성했다. 보군통령(步軍統領) 탁합제(托合齊), 병부상서 경액(耿額) 등 병권을 쥔 자들이 그의 든든한 지지 세력이 되었다. 그들은 강희제 사후에도 계속 부귀영화를 누리고자 윤잉을 은근히 지원했다. 다른 조정 대신들도 황제와 황태자 사이에 애매모호한 태도를 취했다. 괜히 황태자에게 밉보였다가 그가 황제로 등극하는 날에는 멸문의 화를 당할 수 있는 두려움 때문이었다.

청나라 역대 황제 평전

강희제는 또 깊은 고민에 빠지지 않을 수 없었다. 윤잉이 폐출된 후 미치광이처럼 행동한다는 얘기를 듣고 마음이 너무 아파, 하루도 눈물을 흘리지 않은 적이 없었고 침식(寢食)도 즐겁지 못하여 고심 끝에 그를 다시 복위시켰는데도 여전히 아버지의 진심을 모르는 자식이었다.

강희 50년(1711) 탁합제 등 황태자에게 빌붙은 대신들을 엄벌에 처하고 윤잉을 꾸짖는 조서를 내렸다.

"온갖 악행은 모두 윤잉 때문에 생겼다. 윤잉은 어질지 않고 불효하면 서 한낱 언어와 재화로 사악한 무리를 포섭하여 자기에게 아부하는 자들 을 끌어 모았다. 그들은 은밀하게 소식을 내통하면서 조금도 치욕을 느 끼지 않았다."

황태자 일당이 거의 모반을 꾸몄다는 것이다. 사실은 역모를 획책한 게 아니라 강희제가 황권을 강화하기 위해 황태자를 따르는 무리를 처단 했다. 다음 해(1712) 9월 윤잉은 다시 황태자의 자리에서 쫓겨났다. 그 후 대신들은 강희제에게 윤잉을 복권시켜야 한다고 여러 차례 상주했지만 강희제는 끝내 윤허하지 않았다. 그렇다고 해서 다른 아들을 황태자로 책 봉하지도 않았다.

강희제는 신하들에게 이런 말을 한 적이 있다.

"송(宋)나라 인종이 30년 동안 태자를 책봉하지 않았고, 짐의 태조와 태 종도 미리 책봉하지 않았다."

황태자를 책봉할 마음이 없음을 간접적으로 표현했다. 역대 왕조에서 는 황제가 젊었을 적에 황태자를 미리 책봉하는 게 관례였다. 태자는 충분한 시간을 가지고 제왕의 수업을 받을 수 있으며 아울러 황제에게 유고가 생겼을 때는 황태자가 즉시 황위를 이어받아 권력의 공백기를 피할 수 있었다. 더구나 황태자는 황제 사후에 황위 계승의 영순위이므로 즉시 즉위해도 법적으로 아무런 문제가 없으며 오히려 황위 계승을 둘러싼 권력 투쟁을 미연에 방지하는 장점이 있다.

하지만 강희제는 황권의 약화를 우려해 황태자 책봉을 차일피일 미루었다. 황태자의 권한을 어디까지 인정해야 하는지 판단이 서지 않았던 것 같다. 대학사, 구경(九卿) 등 조정 중신들에게 황태자의 의장(儀仗)을 제정하라는 어명을 내린 것을 보면, 황태자의 권한과 그에 대한 예우를 법률로 확정함으로써 월권 행위를 차단하려고 했던 것 같다.

그런데 '국본(國本)'을 하루빨리 정하지 않으면 큰 혼란이 오지 않을까 두려워한 조정 대신들은 환갑을 넘긴 강희제에게 거듭 태자 책봉을 주장했다.

강희제는 그들에게 이렇게 말했다.

"짐은 만년 후에나 너희들이 주인으로 섬길만한 군주를 반드시 선택하겠소. 그때가 되면 너희들은 짐의 결정에 진심으로 탄복할 것이오. 짐은 여러 신하들에게 손해를 입히는 행동을 결코 하지 않을 것이오."

강희제가 살아생전에는 황태자를 절대 책봉하지 않겠다는 강력한 의지였다. 자기가 아니면 안 된다는 생각이 그를 61년 동안 황제의 옥좌에 앉게 했다. 그처럼 기나긴 집권 기간에 수많은 업적을 쌓아 '천고 제일의 제왕'이 되었으나, 인생 말년에는 권력에 집착하는 모습을 보였다.

결국은 임종 직전에 넷째아들 윤진에게 황위를 계승하게 했다. 윤진이 바로 5대 황제 옹정제(雍正帝)이다.

제 **5** 장

윤진 세종 옹정제

제5장

윤진 세종 옹정제

1. 성장 배경과 황위 계승 과정

옹정제(雍正帝) 윤진(胤禛·1678~1735)은 강희제의 넷째아들로 태어나 5대 황제가 된다. 생모는 덕비(德妃) 오아씨(烏雅氏·1660~1723)이다. 만주 정황기(正黃旗) 출신으로 자금성의 치안을 담당하는 호군참령위무(護軍參領威武)의 딸이다. 그런데 그녀의 할아버지 액참(額參)이 '포의(包衣: 황실의 노예)'였으므로 신분이 아주 미천했다. 훗날 옹정제가 즉위 직후에 생모를 인수황태후(仁壽皇太后)로 추존하면서 외조부의 신분을 철저히 숨긴 까닭은, 생모가 미천한 집안의 출신임이 드러나지 않을까 두려워했기 때문이다.

오아씨는 14세 때 궁녀로 뽑혀 강희제의 신변에서 수발을 들었다. 황제 시중을 드는 궁녀가 어찌 수십 명에 불과했겠는가. 여색을 그다지 밝히지 않았던 강희제와 오아씨 사이에 3남 3녀를 둔 것을 보면, 강희제가 그 많은 궁녀들 가운데 오아씨를 가장 총애했음을 짐작할 수 있다.

윤진은 태어나자마자 서자 취급을 받았으나, 강희제의 세 번째 황후 효의인황후(孝懿仁皇后) 동가씨(佟佳氏)의 슬하에서 자라는 행운이 따랐다. 궁녀는 황제의 아들을 키울 권한이 없었고, 효의인황후는 아들딸이 한 명도 없는 외로운 처지였기 때문에 윤진을 친아들처럼 여기고 친히 양육했다.

효의인황후의 아버지 동국유(佟国維·1643~1719)는 강희제의 외삼촌이 된다. 따라서 강희제와 효의인황후는 부부이자 이종사촌 관계였다. 이는 효의인황후가 황실에서 위상이 대단히 높았음을 의미한다. 강희제도 그녀를 총애한 까닭에 그녀에 손에서 자란 윤진은 어렸을 적부터 양어머니의 보살핌과 강희제의 주목을 받으면서 성장했다.

강희 22년(1638) 윤진은 6세 때 상서방(尚書房)에 들어가 한문 경전과 만문(滿文)을 학습했다. 상서방은 황자와 황손들의 교육을 전담한 일종의 '황실학교'였다. 윤진은 어린 나이에 「춘일독서(春日讀書)」, 「하일독서(夏日讀書)」 등 시가를 창작하여 부친을 기쁘게 했다. 다음은 「하일독서」 한 수(首)이다.

「한 여름에 책을 읽노라」

한 여름 서재는 고요하기 그지없는데   夏日書齋靜

연꽃향 머금은 바람은 난간을 스쳐지나가네   荷風拂檻來

꽃다운 향기는 안석과 돗자리에 가득 한데   芬芳盈幾席

향기 머금은 비취색 책을 열어 본다네   翠帙帶香開

2련에 불과한 시이지만 시의 풍격이 문아하고 은은한 맛이 있다. 어린 아이가 지은 시치고는 빼어난 작품이다. 그가 16세 때 공자의 고향 곡부(曲阜)로 가서 공자에게 제사를 지낸 일, 19세 때 부친이 갈이단(噶爾丹)을 토벌할 때 그를 따라가서 정홍기(正红旗)의 군영을 관장한 일 등은 모두 강희제가 넷째아들 윤진을 국정에 참여시키고 다양한 경험을 쌓을 수 있게 한 배려였다.

강희제가 갈이단 정벌을 마치고 북경으로 돌아올 때, 윤진은 부친의 위대한 업적을 칭송하는 시를 지어 헌상했다.

다음은 「공성회란공송이수(功成回鑾恭頌二首)」 가운데 두 번째 시이다.

「대업을 성취하시고 개선하시는 천자를 칭송하네」

천자의 군사는 만리 원정을 마치고 개선하고	翠華旋萬里
천자는 적 토벌 후 비로소 갑옷을 벗으셨네	即日解征袍
백성은 천자의 신묘한 계책을 우러러보고	共仰神機邃
천자의 옥체가 피로하지 않을까 걱정이네	深維聖體勞
승전가는 후발대를 떠들썩하게 하고	凱歌喧後隊
거리의 춤은 선발대를 성대하게 맞이하네	巷舞迓前旄
영토 개척은 국가의 안팎이 없으며	拓土無中外
천자는 천하의 모든 백성에게 은혜를 베푸시네	皇猷協覆幬

넷째아들이 이렇게 자신을 떠받들고 있었으니, 강희제가 어찌 그를 총애하지 않았겠는가. 아무리 황제의 아들이라도 재능이 뛰어나지 못하고 학문이 깊지 못하면 시를 지어 아부하는 일은 쉽지 않았을 것이다. 윤진은 서자로서 황위를 계승할 가능성이 적었지만, 적장자에게 문제가 생기면 황권을 이어받을 수 있는 자질과 소양을 충분히 쌓았다.

강희 37년(1698) 윤진은 21세의 나이에 패륵으로 책봉되었으며 이때부터 본격적으로 '지도자 수업'을 받기 시작했다. 강희제가 치수 현장을 시찰할 때면 윤진을 데리고 가서 현장 경험을 쌓게 했다. 윤진은 26세 때 강희제를 모시고 남방 순행에 참여하여 강소성과 절강성 일대를 시찰한 뒤 북상 도중에 황하(黃河)와 회하(淮河)의 치수 현장을 점검하기도 했다.

강희 14년(1675) 강희제는 두 살배기 둘째아들 윤잉(胤礽·1674~1725)을 황태자로 책봉했다. 윤잉은 어렸을 적에는 부친의 사랑을 독차지했으나 성년이 되어서는 부친에게 황위 찬탈의 의심을 받았다. 강희 47년(1708) 강희제는 "조상의 은덕을 본받지 않고 짐(朕)의 훈계에 순종하지 않으면서 오로지 악행을 자행하고 백성을 학대하며 포악하고 음란하다."는 이유를 들어 황태자를 폐위했다.

서얼 아들들 가운데 장남인 윤시(胤禔·1672~1735)가 후계자 자리를 노렸으나 부친의 미움을 받아 실패했고, 조정 대신들의 지지를 받은 여덟째 아들 윤사(胤禩·1681~1726)도 부친의 의심을 받아 뜻을 이루지 못했다. 강희 48년(1709) 윤잉이 황태자로 복권되었으나, 강희 51년(1712)에 사당을 조직하여 황권을 찬탈하려는 음모를 꾸몄다는 이유로 또 폐위 당했다. 황자들은 다시 황태자의 자리를 놓고 세력을 은밀히 규합하기 시작했다.

원래 윤진은 윤잉을 지지했다. 하지만 윤잉이 두 번째 폐위된 뒤에는 그에게 희망이 없음을 깨닫고 스스로 독자 세력을 구축했다. 황자들은 넷째아들 윤진을 우두머리로 하는 '사야당(四爺黨)'과 여덟째아들 윤사를 우두머리로 하는 '팔야당(八爺黨)'으로 분열되었다. 윤사는 이미 후계 구도에서 밀려났기 때문에, 열넷째 아들 윤제(胤禵·1688~1755)를 은근히 밀었다. 윤제는 어렸을 때부터 뛰어난 재능을 드러냈다. 아홉째아들 윤당(胤禟·1683~1726)이 이런 말을 한 적이 있다.

"윤제는 머리가 지극히 명석하고 재능과 덕행을 모두 갖추었다. 우리
형제들 모두 그보다 못하다."

강희제는 윤제를 끔찍이 아꼈다. 당시 황자들에게는 황실의 물건과 음식물이 지급되는 특권이 있었다. 1년을 단위로 지급했는데 매년 연말이면 황제가 친히 연장 여부를 결정했다. 마음에 들지 않는 황자에게는 특권을 회수했다. 윤제는 강희 54년(1715)부터 61년(1722)까지 7년 동안 한 해도 거르지 않고 이 특권을 누린 걸로 보아, 강희제가 그를 얼마나 총애했는지 짐작할 수 있다.

윤제는 윤진의 친동생인데도 친형보다는 이복형 윤사와 친했다. 강희 47년(1708) 9월 강희제는 여덟째아들 윤사가 딴마음을 품고 있다고 꾸짖고 아울러 황태자 윤잉을 폐위하려고 했을 때, 윤제가 갑자기 어전(御前)으로 뛰어나와서 무릎을 꿇고 아뢰었다.

"여덟째 형 윤사는 절대 딴마음을 품고 있지 않사옵니다. 저희들이 그를 보증하겠사옵니다."

윤제의 돌출 행동에 분노한 강희제는 보검을 빼들고 그를 죽이려고 했다. 여러 황자들이 강희제 앞으로 달려들어 무릎을 꿇고 용서를 구했다. 윤제는 곤장 20대를 맞고 가까스로 목숨을 건졌다. 그런 일이 있고 난 후 강희제는 윤제가 형제간의 우의를 중시하고 매사에 언행이 일치하는 모습을 보고 그를 총애하기 시작했다. 윤사와 윤제는 도량이 넓고 의리를 중시하는 공통점이 있었다. 이런 이유로 윤사의 입장에서는 이복형 윤진보다는 자신과 성격이 비슷하고 뜻이 통하는 이복동생 윤제가 부친의 후계자가 되는 게 훨씬 유리했다.

강희 57년(1718) 몽골 준갈이한국의 왕 책망아라포탄(策妄阿喇布坦·?~1727)이 군사를 파견하여 청나라의 속국 화석특한국(和碩特汗国: 오늘날의 청장고원 일대)을 공격했다. 화석특한국의 왕 납장한(拉藏汗)은 강희제에게 구원병을 요청했다. 강희제는 윤제를 대장군왕(大將軍王)으로 책봉하고 청해(靑海) 지역으로 진군하여 준갈이한국의 군대를 토벌하게 했다. 같은 해 12월 윤제는 대군을 거느리고 서정(西征)을 떠나기 직전에 황궁에서 성대하고 장엄한 환송식을 받았다.

"출정하는 왕, 고산패자(固山貝子: 제후에 해당하는 관작), 공(公) 등과 장졸들은 모두 융복(戎服)을 입고 태화전(太和殿) 앞에서 집합했다. 출정하지 않는 왕, 패륵, 고산패자, 공 그리고 2품 이상의 대신들은 모두 황제가 하사한 망의(蟒衣)를 입고 오문(午門) 밖에서 대기했다. 대장군 윤제는 무릎을 꿇고 칙인(敕印: 황제가 하사한 조서와 인장)을 받았다. 황제의 은총에 감사하는 의식을 마친 뒤 칙인에 따라 오문을 나와 말을 타고 천안문(天安門)과 덕승문(德勝門)을 지나 황궁 밖으로 나왔다. 여러 왕, 패륵, 고산패자, 공 등 2품 이상 대신들은 모두 장졸들의 출정을 환송했다. 윤제는 황궁을 향해 머리를 조아리며 예를 갖추고 난 뒤 군사를 거느리고 출정을 떠났다."

강희제가 이처럼 천자의 친정(親征)과 같은 규모로 군사를 조직하게 하고 그에 따른 의식을 치르게 한 까닭은 출정을 떠나는 윤제의 위엄과 사기를 높여주면서 다른 한편으로는 문무백관들에게 자신의 후계자는 윤제임을 은근히 암시하는 목적이었다.

옹친왕(雍親王) 윤진도 부친의 뜻이 친동생 윤제에게 있음을 직감했다. 윤제가 황위를 계승하는 날에는 자신은 죽은 목숨이나 다름이 없었다. 정통성을 중시하는 왕조 시대에 동생이 왕권을 계승하면 형은 살아남기가 어려웠다. 목숨이라도 부지하려면 광인(狂人)을 자처하고 도성에서 머리 떨어진 외딴 곳에서 폐인처럼 살면서 형으로서 정권 탈취 욕심이 전혀 없음을 보여주어야 했다.

그가 왕부(王府)에서 은인자중하고 있을 때, 책사 대탁(戴鐸)이 이런 계책을 올렸다.

"지금은 임금과 신하의 이해관계가 첨예하게 대립되는 중요한 시기이자 한평생의 영욕을 결정하는 때이기도 하옵니다. 저는 진언(進言)을 올려 죽임을 당하더라도 저를 알아 준 주군을 위해 조금이라도 보탬이 될 수 있으면 영광스럽게 생각하겠사옵니다. 삼가 주군을 위해 계책을 말씀드리옵니다."

"황상께서는 천부적인 재능을 타고나신 불세출의 군주이시옵니다. 지금 황상께서는 여러 왕들 가운데 아직 태자를 선정하지 않았으며, 그들은 각자 다른 생각을 품고 있사옵니다. '평범한 백성의 아버지와 아들은 서로 잘 지내지만, 황실의 아버지와 아들은 잘 지내기가 어렵다. 형제 1～2명은 서로 화목하게 지내지만 형제가 많으면 다툼이 일어난다.'는 옛말이 있사옵니다. 왜 이런 말이 있겠습니까. 영명한 황상의 아들로서 능력을 발휘하지 못하면, 황상께서는 아들을 무시하고 결국은 버릴 것이며 그렇다고 해서 능력을 충분히 발휘하면 오히려 황상의 의심을 받을 수 있사옵니다. 이는 참으로 어려운 문제이옵니다."

"형제가 많으면 서로 추구하는 바가 다르므로 결국은 다툼이 일어나 승패를 결정하는 일이 생길 수 있사옵니다. 이것도 해결하기 어려운 일이옵니다. 황상에게 효도를 다하며 진실한 마음으로 자신을 바로 잡으며 화목으로 단결을 도모하며 인내심으로 자기와 뜻이 다른 사람을 포용하는 일을 모르는 사람이 있사옵니다. 하지만 부자와 형제지간에는 이렇게 해야 만이 서로 공존할 수 있사옵니다."

"우리 주군께서는 천성이 인자하고 효성이 지극하여 황상 앞에서 조금도 실수한 적이 없사옵니다. 여러 왕과 형제들을 모두 넓은 도량으로 품어야 하옵니다. 그렇게 하면 그들 가운데 재능이 있는 자는 주군을 꺼리지 않으며, 재능이 없는 자는 주군에게 의지할 것이옵니다."

윤진은 대탁이 쓴 글을 읽고 바들바들 떨었다. 그의 계책이 너무나 노골적이어서 자칫하다간 엄청난 화를 불러올 수 있었다. 윤진은 그의 문장이 금과옥조이지만 자신하고는 아무런 관계가 없다고 발뺌했다. 또 태자 책봉의 경쟁에 뛰어들 생각이 없으며 아울러 그에게 마음속에 담아둔 생각을 절대 표현하지 말라고 신신당부했다. 하지만 윤진은 그의 계책대로 처신하며 조용히 때를 기다렸다.

훗날 대탁은 옹정 3년(1725)에 "행동거지가 간사하고 권력에 빌붙어 막대한 이익을 취하고 몰래 패거리를 결성하고 허무맹랑한 이야기를 날조하고 대중을 미혹에 빠뜨리고 짐의 명성을 훼손했다."는 죄명으로 관직에서 쫓겨난 뒤에 처벌을 받고 죽었다. 윤진이 자기에게 고언을 아끼지 않고 충성을 다한 그를 죽인 이유는, 그가 자신의 비밀을 너무 많이 알고 있었기 때문이 아닌가 한다. 토사구팽의 전형적인 예이다.

한편 강희 58년(1719) 3월 윤제가 거느린 10만 대군은 청해성 서녕(西寧)에 진주했다. 윤제는 청해 지역 소수민족의 민심을 사로잡고 그들의 종교 지도자인 달라이라마를 포섭하고 난 뒤, 평역장군(平逆將軍) 연신(延信)과 정서장군(定西將軍) 갈이필(葛爾弼)에게 준갈이한국의 도성, 라싸를 공략하게 했다. 같은 해 9월 윤제는 라싸에서 달라이라마를 새로 추대하는 의식을 거행하여 민심을 안정시켰다. 또 납장한을 죽이고 정권을 탈취한 대책릉돈다포(大策凌敦多布)의 반란군을 진압하여 위명(威名)을 떨쳤다.

강희 60년(1721) 5월 윤제는 군사를 이끌고 감주(甘州: 지금의 감숙성 장액·張掖)

으로 진군했다. 책망아라포탄의 근거지 이리(伊犁: 지금의 신강성 이리합살극자치구·伊犁哈薩克自治州)를 기습할 의도였다. 같은 해 11월 윤제는 북경으로 돌아와 강희제와 책망아라포탄을 토벌할 계획을 상의하고 난 뒤 다시 서역 전선으로 달려갔다.

그런데 윤제는 불운한 황자였다. 강희 61년(1722) 11월 그가 도성을 떠나 서북의 변방에 있을 때 강희제가 갑자기 붕어했다는 충격적인 소식을 들었다. 부친의 총애를 어느 형제보다도 많이 받았던 그가 황궁에 없었기 때문에 황위 계승의 대업이 어떻게 진행되는지 알 수 없었다.

반면에 윤진은 황궁에 머물며 부친의 임종을 지켜볼 수 있었다. 강희제가 임종하기 전에 황위 계승자를 분명하게 정했다면 문제될 것이 없으나, 급서했기 때문에 정말로 어느 아들을 후계자로 삼으려고 했는지는 '천고의 수수께끼'가 되고 말았다.

윤진에게는 실로 천우신조의 기회였다. 가장 강력한 경쟁자 윤제가 변방에 나가있는 틈을 타서 자신을 지지하는 대신들과 짜고 부친의 유조(遺詔)를 얼마든지 날조할 수 있었다. 아니나 다를까, 강희제가 붕어한 직후 이번원(理藩院) 상서와 보군통령(步軍統領)을 겸직하고 있었던 융과다(隆科多)는 조정 대신들에게 윤진을 황제로 추대하라는 황제의 유지를 받들게 했다.

"황제의 넷째 아들 윤진은 인품이 고귀하고 짐을 빼닮아 대통을 계승할 수 있으니 황제로 등극하게 하라!"

그런데 강희제는 왜 윤진에게 직접 유지를 내리지 않고 융과다에게 내렸는지 의문이다. 또 융과다는 강희제의 붕어 직후에 황궁의 모든 성문을 6일 동안 폐쇄하여 황자와 왕들의 출입을 철저하게 막았다. 설사 강희제가 임종 직전에 유언을 했더라도 그것은 얼마든지 조작될 수 있었을 것이다.

보군통령은 황궁의 수비와 안전을 총괄하는 직책이다. 오늘날 '수도방위사령관'과 '청와대 경호실장'의 직무를 겸할 정도로 막강한 권력이다. 더구나 융과다는 강희제의 세 번째 황후 효의인황후의 남동생이므로 황제의 처남이기도 했다. 윤진은 어렸을 적에 효의인황후의 보살핌을 받고 자랐다. 그녀가 윤진의 생모는 아니었지만 그를 친아들처럼 여기고 키웠다. 융과다는 누나를 친어머니처럼 생각하는 윤진이 황위를 계승해야 자신의 정치적 미래가 있다고 판단했다. 윤진은 융과다가 강희제 서거 직후 황궁을 장악한 덕분에 마침내 황제로 등극할 수 있었다.

그런데『조선왕조실록·경종 2년 12월』에 강희제의 유언과 관련하여 아주 흥미로운 기록이 있다.

"원접사(遠接使) 김연(金演)이 청나라 칙사를 영접하고 돌아와서 역관에게 들은 얘기를 호조판서 이태좌(李台佐·1660~1739)에게 말했다. '강희제가 창춘원(暢春苑)에서 요양하고 있을 때 병세가 극심해지자 자신의 운명이 다했음을 직감했다. 내각의 원로 마제(馬齊·1652~1739)를 불러 넷째아들 옹친왕 윤진이 가장 현명하므로 그에게 황위를 계승하게 하고, 그의 넷째아들 홍력(弘歷: 훗날의 건륭제)은 영웅의 기상이 있으므로 반드시 황태자로 책봉하라고 유언했다고 합니다.' 그리고 군주를 쉽게 바꿀 수 없는 도리와 천하를 태평하게 하는 요체를 윤진에게 훈계했다고 합니다. 또 강희제는 목에 걸었던 염주를 윤진에게 주고 이렇게 말했다고 합니다. '이것은 순치제가 임종하실 때 짐에게 준 귀중한 물건이다. 지금 내가 너에게 주는 것은 뜻한 바가 있어서이다. 너는 짐의 뜻을 잘 헤아려야 한다."

경종 2년(1722)은 강희제가 사망한 강희 61년에 해당한다. 청나라 조정은 강희제 붕어 직후에 조선에 칙사를 보내 황제의 죽음을 알렸다. 이때 조선 조정은 원접사 김연을 보내 칙사 일행을 맞이하게 했다. 김연은 역관에게 들은 얘기를 이태좌에게 말했다.

청나라 칙사 일행이 조선에 당도했을 때는 이미 강희제가 사망하고 옹정제가 등극한 뒤였다. 역관은 옹정제의 황위 계승의 정당성을 설명하기 위해 그렇게 얘기했을 것이다. 정말로 강희제가 내각의 언로 마제에게 그런 유지(遺旨)를 내렸는지 알 수 없다.

하지만 오늘날 강희제의 뜻에 따라 옹정제가 정당하게 황위를 계승했다고 주장하는 중국학자들은 이 얘기를 주요 근거로 삼고 있다. 『조선왕조실록』의 정확성과 객관성을 신뢰하기 때문이다. 더구나 그들은 이 기록을 근거로 훗날 옹정제의 아들 건륭제 홍력이 이미 조부 강희제에 의해 미래의 황제로 낙점을 받았다고 주장하기도 한다. 강희제가 손자를 너무나 총애한 까닭에 그에게 황권을 물려주기 위하여 아들 윤진을 '징검다리' 역할을 하는 황제로 삼았다고 주장하는 사람도 있다.

옹정제는 다음 해(1723)부터 연호를 옹정(雍正)으로 정했다. 옹정제는 즉위 직후에 융과다에게 일등공(一等公)의 작위를 세습하게 하고 이부상서에 임명했다. 집권 초기에는 그를 '외삼촌'이라고 부르며 총애했지만, 옹정 3년(1725)에 그가 "사당을 조직하여 국정을 농락하고 여러 가지 일들을 속이고 숨겼다."는 죄명으로 그의 작위를 박탈했다.

옹정 5년(1727)에는 융과다가 또 사당을 조직하고 옥첩(玉牒)을 몰래 감춘 일 등 무려 41가지 대죄를 범했다는 이유를 들어 그의 가산을 몰수하고 그를 창춘원(暢春園)에 유폐시켜 죽게 했다. 권력 기반을 다진 옹정제는 융과다가 황위 계승의 비밀을 알고 있었기 때문에 그를 죽였는지도 모른다. 아니면 그와 같은 권신이 더 이상 필요하지 않았기 때문일 것이다.

청나라 역대 황제 평전

권력자는 권력을 장악하기 전에는 견마지로의 공을 아끼지 않는 측근들에게 자기 몸의 간과 쓸개라도 빼줄 듯이 호의를 베풀지만, 일단 권력을 잡으면 자신의 약점과 일거수일투족을 훤히 꿰뚫고 있는 그들에게 염증을 느끼기 시작한다. "새 술은 새 부대에 담아야 한다."는 논리를 내세워 그들을 숙청한다. 물론 모든 권력자가 다 그런 것은 아니지만, 왕조 국가에 가까울수록 이런 현상은 비일비재하게 나타난다.

옹정제는 강희제가 붕어한지 이틀 만에 평역장군(平逆將軍) 연신(延信)을 제후에 해당하는 관작인 고산패자(固山貝子)에 책봉했다. 윤제를 제거할 의도로 그의 측근, 연신을 자기편으로 끌어들인 것이다. 옹정제는 연신에게 윤제가 머물고 있는 감주(甘州)로 가서 대장군의 관인을 회수하게 했다. 윤제의 군대 지휘권을 박탈할 목적이었다.

또 연신이 떠난 후 그에게 밀지(密旨)를 내렸다.

"너는 감주에 도착한 즉시 상주문, 황제가 친히 재가한 조서, 가족 사이에 왕래한 편지 등 대장군 윤제가 가지고 있는 모든 서찰을 회수하여 밀봉한 후 짐에게 보내야 한다. 만약 윤제가 그것들을 직접 가지고 오겠다고 하면, 너는 그가 그렇게 주장하는 이유를 신속하게 파악하여 그의 가신(家信)이 북경에 도착하기 전에 짐에게 비밀리에 아뢰어야 한다. 만약 네가 우유부단한 태도로 일관하여 서찰의 내용이 공개되고 짐이 그것을 모두 회수할 수 없게 되면 절대로 용서하지 않겠다."

이는 옹정제가 황위를 계승할 무렵에 심리적 압박감을 심하게 받고 있음을 보여준다. 만약 윤제가 강희제가 자신을 후계자로 지명한 유조(遺詔)를 가지고 북경에 와서 황위 계승의 정통성을 주장하면 엄청난 혼란이 일어나지 않을까 두려워했다. 심지어 윤제의 사신(私信)도 조정 대신들과 밀담을 나눈 내용이 있을 수 있으므로 그것을 회수하여 외부에 유출되지 않게 했다. 혹시라도 있을지 모르는 윤제와 강희제의 연결고리를 철저하게 끊고 아울러 윤제의 손발을 묶음으로써 윤제를 완전히 배제시키려는 의도였다.

연신은 섬서성 유림(楡林) 부근에서 북경으로 돌아오는 윤제를 만났다. 그런데 윤제의 소복진(小福晉)들이 이미 북경으로 떠났다는 얘기를 듣고 옹정제에게 그들의 행로를 상세하게 보고했다. 그들이 무슨 '밀서'를 가지고 갔는지 알 수 없었기 때문에 북경에 도착하기 전에 차단해야 했다. 얼마후 소복진들이 옹정제의 측근들에게 수색을 당했다는 얘기를 들은 윤제는 분노했다. 북경에 도착한 후 수황전(壽皇殿)에서 부친의 영구(靈柩)를 배알할 때 옹정제를 만났지만 무릎을 꿇지 않았다. 시위(侍衛) 납석(拉錫)이 그를 끌어당겨 무릎을 꿇리려고 하자, 윤제는 버럭 화를 내며 말했다.

"신은 황상의 친동생입니다. 납석은 포로로 잡혀 관리가 된 천한 놈입니다. 신에게 잘못이 있으면 황상께서는 당장 신을 처벌하시고, 잘못이 없으면 납석을 처벌하시어 국체(國體)를 바로 잡으시오."

윤제는 몽골 정백기(正白旗) 출신 납석이 자신에게 무례하게 구는 행동을 보고 화가 났지만, 사실은 옹정제에게 왜 자신의 수족을 묶고 일언반구의 상의도 없이 황제로 등극했냐는 불만의 표출이었다. 윤제는 어쩔 수 없이 옹정제에게 무릎을 꿇고 복종했다. 하지만 옹정제는 친동생 윤제를 끝내 용서하지 않았다.

옹정 4년(1726) 윤제는 삭탈관직을 당하고 유폐되었다. 옹정제가 통치한 13년 동안, 그는 황궁의 음습한 곳에서 숨을 죽이고 살았다. 건륭제(乾隆帝)가 황제로 등극한 후에야 윤제는 복권되어 다라순군왕(多羅恂郡王), 정

청나라 역대 황제 평전

황기(正黃旗) 한군도통(漢軍都統) 등 요직에 책봉되었다. 건륭 20년(1755) 윤제가 사망했을 때 건륭제는 은자 1만 냥을 하사하여 장례비용으로 쓰게 했다. 제왕의 재목감이었지만 끝내 웅지를 펴지 못하고 죽은 숙부에 대한 마지막 배려였다.

옹정제는 통치 기반을 다진 후 조금이라도 의심이 가는 형제들을 숙청했다. 이복형 윤지(胤祉·1677~1732)는 폐위된 황태자 윤잉(胤礽)과 친하게 지냈다는 이유로 유폐되어 죽었다. 한때 태자의 자리를 노렸던 이복동생 윤사(胤禩·1681~1726)도 옹정제의 의심을 받아 구금을 당한 채 쓸쓸하게 죽었다. 또 다른 이복동생 윤당(胤禟·1683~1726)은 윤사를 지지했기 때문에 무려 28가지 죄상을 뒤집어쓰고 죽었다.

옹정제 형제들의 이름은 모두 윤(胤) 자 항렬이다. 훗날 황제의 이름자를 피하기 위하여 윤(胤) 자를 윤(允) 자로 바꾸었다. 오로지 이복동생 이친왕(怡親王) 윤상(胤祥·1686~1730)만이 사후에 윤(胤) 자를 다시 얻었다. 옹정제가 그를 가장 총애했기 때문이다.

훗날 옹정제는 황자들이 황위 계승을 놓고 싸우는 참극을 막기 위하여 생전에 후계자를 결정하는 조서를 비밀리에 작성하고 난 뒤, 그것을 건청궁(乾淸宮)에 걸려있는 「정대광명(正大光明)」 편액에 넣어두고 황제 사후에 그것을 꺼내 황위 계승자가 누구인지 알 수 있게 했다. 황제의 통치 기간에 황태자를 책봉하자니 그에게 권력이 쏠리는 것을 두려워했으며, 그렇다고 해서 임종 직전까지 후계자를 결정하지 못하면 분쟁이 날 수 있었기 때문에 자신이 결정한 후계자를 사후에 확인하라는 궁여지책이었다

옹정 13년(1735) 8월 옹정제의 넷째 아들 보친왕(寶親王) 홍력(弘曆)이 이러한 방법으로 추대된 첫 번째 황제였으며, 그 후 가경(嘉慶)부터 함풍(咸豊) 연간에 이르기까지 황위 계승자들은 모두 이렇게 결정되었다.

2. 민생을 위한 개혁을 단행하다

옹정제는 황제로 등극한 직후에 신하들에게 이렇게 말했다.

"짐은 번왕의 저택에서 40여 년을 보냈소. 신하들이 사당을 조직하여 사악한 마음을 품는 일, 연줄을 대어 청탁하는 일, 군왕을 속이고 사실을 은폐하는 일, 공적인 명의를 빌려서 자기 잇속을 채우는 일, 겉으로는 복종하는 체하면서 내심으로는 배반하는 일 등 온갖 사악한 행위를 짐은 불을 보듯 훤하게 알고 있고 손가락으로 일일이 나열할 수 있소. 옛날에 번왕의 신분으로 황위를 계승한 한문제(漢文帝) 등과 같은 황제들의 상황에 비교해보면, 짐이 알고 있는 폐단이 그들이 알고 있는 것보다 훨씬 많소."

옹정제는 강희제의 집권 후반기에 나타난 관리들의 부패상을 크게 우려했다. 조정 대신뿐만 아니라 지방 관리들도 각종 이권을 챙기며 막대한 부를 쌓았다. 강희제 시대가 아무리 성세(聖世)였을지라도 관리들의 부패는 서민들의 고통을 가중시키는 문제를 야기했다. 또 그들은 사당을 조직하여 동당벌이(同黨伐異)를 일삼았기 때문에 국정이 원활하게 돌아가지 않았다.

일반적으로 왕조의 창업 시기에는 개국 군주를 따르는 무리는 일치단결한다. 하지만 왕조의 기반이 공고해지고 평화가 오랫동안 지속되면 공신들 사이에서 더 높은 관직과 더 많은 이익을 차지하기 위하여 파벌이 생기고 갈등을 빚게 된다. 그것은 곧 '적폐(積弊)'로 드러난다. 청나라도 예외는 아니었다. 옹정제는 관리들에게 개혁을 끊임없이 요구했다. 즉위 직후에 대학사, 상서, 시랑 등 조정 중신들에게 하명했다.

"정사(政事)를 돌볼 때 시행하고 혁신함으로써 국책(國策)과 민생(民生)에 도움이 되는 것이 있으면, 너희들은 그것의 유익함과 폐단을 깊이 알아야 하며 아울러 각자 그 내용을 비밀리에 짐에게 아뢰어야 한다."

옹정 원년(1723) 설날 아침에도 지방 관리들에게 "백성에게 유리한 생업을 흥하게 하고 각종 폐단을 제거하며, 진실한 마음으로 성실한 정치를 해야 한다."고 훈시했다.

또 직예총독에게 이렇게 훈시했다.

"오늘날 관리들은 관직을 편취하는 일을 명예로 삼고 집안을 부유하게 하는 일을 실무로 삼으면서 명실상부하게 성공했다고 말한다. 하지만 그들은 이른바 '명예와 실무'가 무슨 뜻인지 전혀 모르고 있다."

관리들이 명예와 재물을 동시에 추구하는 폐단을 따끔하게 지적한 내용이다. 관리는 민생을 위해 공무에 헌신하면 자연스럽게 명예를 얻을 것이며, 관직을 이용하여 재물을 긁어모으면 부정부패가 만연하여 결국은 민생이 도탄에 빠진다고 생각했다. 옹정제는 민생 문제를 아주 중시했다. 그것을 해결하기 위해서는 지방 관리들의 품행을 바로세우고 치적을 공정하게 평가해야 한다고 보았다.

옹정제는 '붕당(朋黨)이 가장 심각한 악습'이라고 판단했다. 원래 붕당은 정치적으로 뜻을 함께하는 관리들의 당파이다. 송(宋)나라 때 구양수(歐陽脩·1007~1072)는 그 유명한 「붕당론(朋黨論)」을 지어 "군자들이 결성한 참된 붕당을 활용하면 천하가 잘 다스려진다."고 주장했다. 소인배의 붕당은 배격해야지만 군자의 붕당은 국가에 큰 도움이 된다는 논리였다. 하지만 중국의 관료 사회에서 구양수가 말한 군자의 붕당은 거의 없었으며 대체적으로 정치적 이익을 공유하고자 붕당을 결성했다.

옹정제는 관리들이 가문, 출신 지역, 과거 급제, 사제지간 등의 인연으로 붕당을 결성하는 것을 배격했다. 붕당은 천고의 세월에 걸쳐서 굳어진 폐단이므로, "당·송·원·명에 이르는 동안 쌓인 분당의 악습을 모조리 쓸어 없애야 한다."고 말했다. 옹정 원년(1723) 7월 어사 탕지욱(湯之旭)이 옹정제에게 법률 조항의 재가를 주청했다.

옹정제가 말했다.

> "천하의 일을 살펴보면 세상을 잘 다스리는 사람은 있어도, 세상을 잘 다스리게 하는 법(法)은 없소. 현자를 얻어 그에게 국정을 보살피게 하면 제대로 다스려지지 않는 일이 없소. 현자를 얻지 못하면 소인배가 나타나 글로 장난을 치고 법을 희롱하는 일이 적지 않게 생기는 법이오. 법률을 일률적으로 제정하더라도 그것의 폐단은 피할 수는 없는 법이오."

"세상을 잘 다스리는 사람은 있어도, 세상을 잘 다스리게 하는 법은 없다.(有治人, 無治法.)"라는 말은, 사실은 전국시대의 사상가 순자(荀子·BC313~238)가 주장한 것이다.

『순자』의 「군도(君道)」에 이런 글이 있다.

> "세상을 어지럽히는 임금은 있어도 저절로 혼란에 빠지는 국가는 없다. 세상을 잘 다스리는 사람은 있어도 세상을 잘 다스리게 하는 법은 없다."

법치(法治)보다는 인치(人治)가 중요하다는 뜻이다. 성악설로 유명한 순자는 법이 아무리 완벽해도 그것을 시행하는 자의 성품과 능력에 문제가 있으면 효과가 없다고 주장했다.

"따라서 좋은 법률이 있는데도 천하가 혼란에 빠진 경우는 있다. 이와
반면에 군자가 있는데도 천하가 혼란에 빠진 경우는 자고이래로 들어 본
적이 없다."『순자·왕제(王制)』

군주이든 관리이든 백성을 다스리는 자는 수양을 통하여 탐욕을 억눌
러야 하며, 교육을 통하여 어진 정치를 펼 수 있는 능력을 배양해야 한다.
옹정제는 순자의 사상을 그대로 받아들였다. 그에게는 촘촘하게 짜인 법
률 조항보다는 인격이 훌륭하고 능력이 뛰어난 관리가 절실하게 필요했
다. 부패한 관리들은 인치의 가장 큰 장애물이었다.
옹정제는 권력을 장악한 직후에 전국 각지의 부고(府庫)에 보관한 양식
과 재물을 모두 조사하게 했다.

"각 성(省)의 총독과 순무들은 부고에 비축한 재화와 곡식을 철저하게
조사해야 한다. 만약 장부(帳簿)의 기록과는 다르게 전곡(錢穀)이 부족하
면, 관리가 그것에 관여했든 상관없이 모두 3년 안에 장부의 기록에 맞
게 전곡을 채워놓아야 한다. 부족한 전곡을 채우려고 백성들에게 가혹한
세금을 징수하거나 핑계를 대어 속이려는 행위는 절대 안 된다. 기한 내
에 임무를 마치지 못한 자는 엄벌로 다스리겠다."

강희제의 통치 말기에 이르러 부패한 지방 관리들이 국고의 전곡을
몰래 빼돌려 치부하고 있음을 옹정제는 잘 알고 있었다. 그들을 처벌하지
않으면 날이 갈수록 국고는 비어가고 결국은 백성에 대한 가렴주구로 나
타난다.

옹정 원년(1723) 1월 전국의 부고에 저장한 전곡을 파악하는 특별 기관인 회고부(會考府)를 설치했다. 회고부는 옹정제가 전국의 부고에 저장한 전곡을 정확하게 파악하기 위해 설립한 특별 기구였다.

이친왕(怡親王) 윤상(允祥), 외삼촌 융과다(隆科多), 대학사 백황(白潢) 등 측근들에게 이 업무를 맡기고 윤상에게 말했다.

"네가 철저하게 조사하지 못하면 다른 대신을 파견할 것이다. 대신도 철저하게 조사하지 못하면 짐이 친히 조사할 것이다."

옹정제의 확고한 의지를 확인한 측근들은 그의 뜻대로 엄격하게 조사하지 않을 수 없었다. 이에 따라 재화와 양식을 빼돌린 지방 관리들은 모두 삭탈관직을 당하고, 국고는 다시 장부의 기록에 맞게 재화와 양식으로 채워졌다.

최고 통치자의 부패 척결 의지가 확고하고 그것을 실천에 옮기면 아랫사람들은 절대 꼼수를 펼 수 없는 법이다. 왕조 시대에는 어명이 국법보다 중요했으므로 임금의 말 한마디에 개혁을 일사천리로 진행할 수 있었다.

옹정제는 귀족과 중앙 부처의 고위 관리들에게도 부정한 방법으로 재물을 취하는 행위를 엄단하겠다고 훈시했다.

"그들이 탐욕을 부려 재물을 갈취하여 자신과 집안을 부유하게 함으로써 자손 대대로 부귀영화를 누리게 한다는 얘기를 짐이 또 들으면, 어찌 국법이 필요하고 백성이 그것을 본보기로 삼아 경계하겠는가? 귀족과 고위 관리라도 법을 어긴 자는 재산을 몰수하고 가족까지 처벌하는 사례가 있다. 짐은 탐욕을 부리고 백성에게 가렴주구를 일삼는 관리는 반드시 그의 재산을 몰수하여 공적인 업무를 성실히 수행하는 자에게 상으로 하사하겠다."

옹정제는 또 탐관오리를 발본색원하기 위하여 옹정 2년(1724) 7월에 이른바 '화모귀공(火耗歸公)' 제도를 시행했다. 백성이 깨진 은제품 또는 은자(銀子)를 지방 관리에게 세금으로 바치면, 지방 관리는 그것을 녹여 다시 원래의 모양으로 주조하여 관아의 창고에 비축했다. 그런데 깨진 것을 원래의 모양으로 다시 주조하면 은이 조금 더 들어가기 마련이다. 이 부족한 분량을 '화모(火耗)'라고 한다. 관리는 이것도 백성에게 일종의 '부가세'로 거두어들였다.

이를테면 은자 1냥을 세금으로 낸다면 2~3전(錢)을 화모의 명목으로 더 내야했다. 그런데 관리가 실제의 부족한 분량보다 더 많이 거두어들여 차액을 고스란히 착복하는 데 문제가 있었다. 명나라 때부터 내려온 폐단을 청나라의 지방 관리도 답습했다. 옹정제는 화모를 법으로 엄격하게 정하여 관리들이 멋대로 징수하지 못하게 했다. 백성들의 조세 부담을 경감시켜주기 위한 조치였다.

옹정제는 지방 관리들의 낮은 봉록도 부패의 원인이 된다고 보았다. 쉽게 말해서 그들이 박봉에 시달리기 때문에 백성을 착취한다는 것이다. 이른바 '양렴은(養廉銀)' 제도를 시행하여 이런 구조적 악순환을 끊고자 했다. 이는 지방 관리에게 안정된 생활을 보장해줌으로써 청렴한 마음을 기르게 한다는 뜻이다. 화모를 통해 합법적으로 징수한 세금의 일부를 그들에게 일종의 '특별 수당' 형태로 지급했다.

옹정제의 이러한 개혁 조치는 관리의 부패를 방지하고 민생을 도모하는 데 큰 효과를 보았다. 하지만 옹정제 이후에 양렴은 제도는 지방 관리들의 가렴주구를 근절시키지 못했다.

이를테면 대만 순무 유명전(劉銘傳·1836~1896)은 매년 봉록이 155냥에 불과했지만 양렴은은 1만 냥이나 달했다. 그 많은 돈은 모두 대만 백성들의 세금에서 나온 것이다.

원래 중국 서남 지방은 한족의 영역이 아니라 다양한 소수 민족들의 생활 터전이었다. 당나라 때부터 중원의 한족 왕조가 본격적으로 그 지방을 다스리기 시작했다. 그런데 그곳은 중원에서 너무 멀리 떨어져 있었기 때문에 관리를 파견하여 직접 통치하는 하는 방법보다는 토호들에게 자치권과 조세권을 부여함으로써 간접 통치를 했다.

이를테면 명나라 만력 26년(1598) 서남 지방의 파주(播州: 지금의 귀주성 준의·遵義)에서 파주선위사(播州宣慰司) 양응룡(楊應龍·1551~1600)이 반란을 일으켰다. 명나라의 역대 조정은 그곳에 거주하는 소수 민족을 효과적으로 통치하기 위하여 파주에 선위사(宣慰司)의 관직을 설치했다. 일반적으로 선위사의 우두머리, 선위사(宣慰使)는 소수 민족의 족장을 임명했다. 이는 소수 민족을 회유하기 위한 수단이었다.

파주의 선위사는 지역 추장 양씨(楊氏) 일족이 대대로 세습했다. 원래 그들이 중앙정부를 대신하여 파주 지방을 다스리기 시작한 시기는 당나라 말기까지 거슬러 올라간다. 당나라 대력(大曆) 5년(770) 산서성 태원(太原) 출신 양단(楊端)이 파주에서 할거한 이래, 양씨 일족이 무려 송나라, 원나라, 명나라에 이르는 29 대(代) 800여 년 동안 관직을 세습하며 지역 패자로 군림했다. 명나라는 만력 28년(1600)에 이르러서야 가까스로 양응룡의 반란군을 토벌하여 양씨 일족의 800년 파주 통치를 종식시켰으나, 토벌에 막대한 재정을 소모했기 때문에 망국의 길로 접어들었다.

원나라와 명나라 때 양응룡 같은 서남부 지방 소수민족의 우두머리에게 '토사(土司)'라는 관직을 제수하여 관할 지역을 다스리게 했다.

토사는 자손대대로 토지를 소유하며 백성을 다스리고 군사를 통솔하며 직위를 세습할 수 있는 특권을 누렸다. 그런데 명나라 말기에 토사들의 권력 남용과 횡포가 심각한 지경에 이르자, 그들의 세력을 억제할 목적으로 토사 제도를 폐지하고 중앙정부에서 유관(流官)을 파견하여 소수민족을 다스리게 했다. 이 제도를 '개토귀류(改土歸流)'라고 한다.

청나라도 건국 초기에는 이것을 답습했으나 아직은 서남 지방의 방방곡곡까지 통치권이 미치지 않았기 때문에 유명무실했다. 그런데 토사들은 지역민에게 과중한 세금을 부과하여 반발을 사거나 사람을 함부로 죽이거나 관직을 세습하는 문제를 놓고 싸우는 일이 비일비재했다.

일례로 강희 38년(1699) 운남성 동천(東川: 지금의 곤명 동천구)의 토호 세력 이족(彝族)의 녹씨(祿氏) 형제들은 토부(土府) 계승권을 놓고 골육상쟁을 벌였다. 형제지간의 피비린내 나는 싸움으로 토부를 계승할 남자가 없자, 녹씨 집안의 여자들이 청나라 조정에 토부인(土府印)을 바치고 유관을 파견해 달라고 청원했다. 이 사건을 '녹씨헌토(祿氏獻土)'라고 한다.

옹정 4년(1726) 운귀총독(雲貴總督) 악이태(鄂爾泰)가 옹정제에게 상소문을 올렸다.

> "토사 제도를 폐지하고 유관을 파견하여 다스리는 방법으로는, 토사들을 사로잡아 회유하는 계책은 상책(上策)이며 군사를 동원하여 토벌하는 계책은 하책(下策)이옵니다. 또 그들로 하여금 스스로 투항하여 바치게 하는 계책은 상책이며, 칙령을 반포하여 그들의 특권을 강제로 박탈하는 계책은 하책이옵니다."

가능한 한 지역 토호들을 구슬리고 달래서 토사의 세습 제도를 폐지하고 유관을 보내 직접 통치해야 한다는 건의였다. 옹정제는 그의 건의를 즉시 수용한 뒤, 서남부 지역에 부현(府縣)을 설치하고 유관을 파견했다. 유관들은 호구 조사와 토지 측량을 통하여 파악한 자료를 바탕으로 세금을 합리적으로 징수하고 성곽과 학교를 곳곳에 지어 민생 안정을 도모했다.

이 '개토귀류' 정책은 옹정 9년(1731)에 이르러서 서남 지방 전역에 실시되었다. 이에 따라 토착민들은 토사의 착취에서 벗어날 수 있었으며 중원의 백성들과 마찬가지로 중앙 정부의 통제를 받았다. 이는 정부의 변방 지배를 강화했을 뿐만 아니라 서남 지방에서 빈번하게 일어난 민란을 억제하는 효과도 있었다.

중국의 역대 왕조는 대체적으로 장정(壯丁)과 토지에 세금을 부과하는 이중과세 정책을 썼다. 모든 장정은 토지 소유 여부와 관계없이 세금 납부의 의무가 있었다. 그들에게 징수한 세금을 인두세(人頭稅)라고 한다. 그들은 세금뿐만 아니라 노역, 징병 등 국가에서 필요한 노동력을 제공해야 했다. 장정이 소작인이라면 또 지주에게 수확한 곡물의 대부분을 바쳐야 했으므로 그들의 처지는 노예와 다를 바 없었다.

국운이 번창했던 강희 연간에도 후기에 이르러서는 "한 고을에서 전답을 소유한 자는 열 명에 한 명, 그렇지 않은 자는 열 명에 9명이나 되었다." 백성 대다수가 2중, 3중의 과세 부담에 시달렸다는 얘기이다.

가렴주구를 피해 떠도는 유랑민들이 날이 갈수록 불어나자 사회가 불안해지고 조정의 재정 수입에도 부정적인 영향을 미쳤다. 강희 51년(1712) 강희제가 인두세 납부는 강희 50년(1711)까지 정으로 등록된 남자에게만 부과하고, 그 이후에 정으로 편입된 남자에게는 영원히 인두세를 거두어들이지 않겠다는 법령을 반포한 이유도 이런 사회 불안을 해소하기 위해서였다.

옹정제는 즉위 원년(1723)부터 이른바 '탄정입무(攤丁入畝)'를 전국적으로 실시하기 시작했다. 이는 그 동안 장정에게 징수한 정세(丁稅)의 평균을 산출하여 토지세에 포함시킴으로써 더 이상 인두세를 거두지 않는 혁신적인 조치였다. 수천 년 동안 백성의 삶을 짓눌렀던 인두세가 옹정 연간에 이르러 폐지되기 시작했다. 인두세에서 해방된 사람들은 비교적 자유롭게 거주지를 옮겨 다니면서 생산 활동에 종사할 수 있었다. 이는 자연스럽게 인구 증가로 이어졌다.

도광(道光) 연간(1821~1850)에 중국 인구가 4억 명을 돌파할 수 있었던 까닭은 인두세 폐지에 따른 활발한 경제 활동과 거주 이전의 자유가 어느 정도 가능했기 때문이다. 먹고사는 문제가 해결되어야 자식을 낳을 생각을 하는 것은 인지상정이다.

옹정제는 '인권' 문제에도 관심이 많은 황제였다. 중국의 전통적인 계급제도인 사농공상에도 속하지 않는 천민이 있었다. 대체적으로 그들은 조상이 중죄를 저질렀기 때문에 천민으로 전락했다. 명문가 출신이라도 대역죄를 저지르면 자손은 살해를 당하거나 천민이 되었다. 조상이 천민이면 자손도 천민의 신분을 벗어날 수 없었다. 한평생 천한 일을 하면서 남의 손가락질을 받으며 살아야 했다. 심지어 결혼조차도 마음대로 할 수 없었다. 천민은 천민끼리만 통혼(通婚)할 수 있었다. 옹정제가 황제로 등극했을 때 천민 집단이 전국 각지에 있었다.

명나라 연왕 주체가 조카 건문제를 죽이고 황위를 찬탈했을 때 산서성, 섬서성 등지에서 그에게 끝까지 저항한 관리들이 있었다. 그들은 모두 대역죄로 처형당하고 문중의 살아남은 여자들은 '악호(樂戶)'에 편입되었다. 악호는 관리들의 노리개인 관기(官妓)이다.

절강성 소흥(紹興)에는 '타민(惰民)'이 있었다. 그들의 천민 역사는 천년이 넘도록 지속되었다.

명나라 때 문인 심덕부(沈德符·1578~1642)가 쓴 『폐추헌잉어(敝帚軒剩語)·개호(丐戶)』에 이런 내용이 있다.

"타민은 마을의 골목에서 점을 치거나 거간 노릇을 하는 일 등 천한 잡역을 도맡았다. 그들의 아내는 명문대가의 집안에 들어가 안주인의 머리카락을 빗어주는 하인 노릇을 했다. 때에 따라서는 명문가의 혼사(婚事)에 중매쟁이 노릇을 하거나 집안의 잡일을 했다.……남자는 책을 읽을 수 없고, 여자는 전족(纏足)을 할 수 없었다. 그들은 양민과 통혼할 수 없었기 때문에 자기들끼리 배우자를 찾아야 했다. 설사 그들이 거부가 되어도 돈을 바쳐 관리가 되는 일은 법으로 엄격하게 금했다."

옹정제는 자신의 연호를 반포한 후에 악호와 타민의 천민 관적을 없애고 그들의 호적을 민호(民戶)에 편입시키게 했다. 악호는 조상이 충절을 지켰는데도 후손은 오히려 박해를 당한 사실을 인정했으며, 타민은 오랜 세월 동안 억울하게 천민으로 지낸 것을 안타깝게 생각하여 그런 조치를 내렸다.

동남부의 연해 지역에는 수상 생활을 하는 무리가 있었다. 그들은 배에서 생활하면서 물고기를 잡거나 진주를 채취하는 일로 생계를 꾸렸다. 역대 왕조는 그들을 천민으로 간주하고 아예 호적에도 기록하지 않았다. 백성 취급을 하지 않았다는 얘기이다. 육지에 거주하는 것도 불허했다. 하지만 납세의 의무가 있었다. 명나라 건국 초기에 천민 호적인 '단호(蛋戶)'를 만들어 그들을 관리하고 조세를 징수했다. 그들은 옹정 5년(1727)에 이르러서야 옹정제의 은덕을 입어 비로소 민호(民戶)에 편입될 수 있었다.

옹정제가 개혁을 이룰 수 있었던 원동력은 황제로서 만인의 모범이 되었기 때문이다. 근검절약하고 호화로운 순행을 나가지 않고 수렵을 즐기지 않았으며 사소한 일이라도 공평무사하게 처리했다.

다음의 글을 통해 그가 얼마나 사치를 배격했는지 잘 알 수 있다.

"외부에서 진상하는 향낭(香囊) 중에는 장식이 화려하고 조각이 정교한 것들이 있다. 이러한 것들은 모두 사치 풍조의 시초가 되기 때문에, 짐은 그것을 몹시 싫어하여 취하지 않는다."

향낭은 향을 넣어서 차는 주머니이다. 향낭 중에 사향(麝香)이 들어있는 사향낭이 가장 진귀하다. 사향은 사향노루의 수컷 사향낭 속에 들어 있는 분비물이다. 향기가 진하고 특별하여 약재로 쓰였을 뿐만 아니라 황실에서 최음제로도 사용했다. 호화롭게 장식한 사향낭은 사치를 배격한 옹정제에는 무용지물에 불과했다.

이와 반면에 옹정제는 실용적인 물건은 아주 좋아했다. 이를테면 서양에서 건너온 안경의 효능에 감탄하여 다양한 형태의 안경을 즐겨 썼다. 또 망원경을 '천리안(千里眼)'이라고 명명하여 먼 곳을 관찰할 때 사용했다. 중국의 역대 황제들 가운데 최초로 양복을 착용한 황제가 바로 옹정제였다. 실용성과 편리성을 중시하지 않았다면 있을 수 없는 일이었다. 그의 생각의 단면을 보여주는 상징적인 일화이다.

옹정제의 통치 기간은 정확하게 말하면 12년 8개월이다. 오늘날 남아 있는 상주문(上奏文)은 41,600여 건이다. 하루에 평균 10여 건을 처리한 셈이다. 상주문을 읽고 친히 비답(批答)을 내렸다. 어떤 것은 글자 숫자가 1,000여 자에 달한다. 만기친람을 한 단적인 증거이다.

옹정제가 단행한 개혁은 실적으로 나타났다. 강희 말년에 국고에 비축한 은자(銀子)가 3,200여만 냥이었다. 옹정 7년(1729)에는 이미 6,000여만 냥에 달했다. '강건성세(康乾盛世)'라는 표현이 있다. 중국의 봉건왕조 역사에서 국력이 가장 강하고 태평성대를 구가한 시기를 말한다. 옹정제는 강희제의 위업을 계승하여 청나라를 부강하게 만들었다. 그의 아들 건륭제가 성세를 연이어 이어나갈 수 있었던 힘은 바로 부친에게서 나온 것이다.

3. 옹정제의 용인술: 업무 능력을 가장 중요하게 생각하다

광서순무 악이태(鄂爾泰·1677~1745)가 옹정 4년(1726)에 옹정제에게 상소문을 올렸다. 다음은 그 내용의 일부이다.

"정사(政事)에는 천천히 해도 되는 일과 급하게 처리해야 하는 일 그리고 어려운 일과 쉬운 일이 있사옵니다. 사람은 강함과 유약함 그리고 장점과 단점이 있는 법이옵니다. 그런데 사람의 재능에 어긋나게 등용하면 능력자도 자신의 재능을 다 발휘할 수 없으며, 현자도 공무를 그르칠 수 있사옵니다. 이와 반면에 사람을 적재적소에 쓰면 중인(中人)도 성과를 낼 수 있으며, 소인(小人)마저도 맡은 일을 해낼 수 있사옵니다. 사람의 재능, 지역의 사정, 업무의 조건, 시기의 현황 등에 따라 사람을 등용하면, 관직에 필요 없는 사람이 없으며 정사를 망치는 일은 없을 것이옵니다."

"큰일은 일사분란하게 처리하여 조금의 혼란도 있어서는 안 되지만, 작은 일은 큰일을 하다보면 약간의 혼란이 생기게 마련이옵니다. 만약 작은 일을 철저하게 처리하면 오히려 큰일에서 반드시 문제가 생기옵니다."

"충직하고 성실하지만 재능을 갖추지 못한 자는 믿을 수는 있어도 등용해서는 안 되옵니다. 총명하고 재주가 뛰어나지만 직분을 벗어나기를 좋아하는 자는 등용할 수는 있어도 믿어서는 안 되옵니다. 하지만 맡은 업무를 완벽하게 수행할 수 있는 자라면 누구든지 등용할 수 있사옵니다. 소인이라도 업무를 성취할 능력이 있으면 그를 아끼고 가르쳐서 등용해야 하옵니다. 하지만 업무 능력이 떨어지는 자라면 등용해서는 안 되옵니다. 설령 착한 사람이라도 배제해야 하옵니다."

악이태는 옹정제가 무척 아끼는 측근이었다. 두 사람은 한 가지 주제를 놓고 논쟁하기를 좋아했다. 유가의 도덕관이 관리의 임용에 적지 않은 영향을 끼쳤던 시대에, 오로지 능력 한 가지만으로 관리를 평가해야 한다는 악이태의 용인술은 정말로 파격적이다. 인품에 흠결이 있어도 일을 잘하는 자를 써야한다는 주장이다.

그렇지만 그가 가장 강조한 것은 사람을 적재적소에 배치하는 일이다. 국가를 다스릴만한 능력이 있으면 국가를 다스리게 하고, 지방 관아의 문지기 수준이면 문지기 업무를 맡기면 된다. 유가에서 '소인'은 경멸과 질시의 대상이다. 하지만 악이태는 소인이라도 능력이 뛰어나면 활용해야 한다고 보았다. 무능한 선인(善人)보다는 차라리 유능한 소인(小人)이 낫다는 주장이다.

옹정제는 그의 상소문을 읽고 크게 기뻐했다. 자신이 평소에 품은 뜻을 그가 대신 말해주는 것처럼 느꼈다. 그의 상소문에 이런 비답(批答)을 내렸다.

> "천하는 참으로 크고 넓어서 신기한 일들이 없는 게 없다. 그런데 오직 사람을 쓰는 일만이 천하의 근본이 된다. 천하에서 쓸 수 있는 인재는 전부 활용하고, 그 나머지 일들은 모두 하찮은 것에 불과하도다."

국가를 잘 다스리려면 수많은 일들을 빈틈없이 처리해야 한다. 하지만 모든 일을 완벽하게 수행하기는 어렵다. 악이태는 '일은 천천히 해도 되는 일과 급하게 처리해야 하는 일'이 있다고 하여, 일의 경중(輕重)에 따라 우선순위를 결정해야 한다고 주장했다.

옹정제는 사람을 잘 선별하여 적재적소에 배치하는 일이 국정의 근본이라고 보았다. 이른바 '인사는 만사'라는 주장과 일맥상통한다. 다시 말해서 사람만 잘 쓰면 나머지 일들은 걱정할 필요가 없다는 뜻이다. 하지만 인재를 구하는 일이 어찌 손바닥 뒤집듯 쉬운 일이겠는가.

옹정제는 이렇게 말했다.

"용인술에는 두 가지 어려움이 있도다. 믿을 만하지만 능력이 부족한 자는 중용할 수 없고, 믿을 만하지도 않고 능력이 부족한 자는 더욱 쓸 수 없도다. 이 이치를 모르는 자는 용인술을 말해서는 안 된다."

황제의 신임 여부와 관계없이 능력이 부족한 자는 어쨌든 쓰지 않겠다는 생각이다.

옹정제가 생각한 인재는 흠결은 있어도 일을 잘하는 사람이다.

"재능이 뛰어난 관리는 아끼고 교육시켜서 능력을 발휘하게 해야 한다. 짐이 생각해보면 사람을 해치는 악인들도 나의 통제 밖으로 벗어날 수 없으므로 그들을 두려워할 이유가 있겠는가. 짐이 훈계해도 따르지 않는 자들은 범법 행위를 했을 때 법으로 처벌하면 된다. 그들이 처벌을 받는 것은 자업자득이므로 무슨 문제가 있겠는가. 경(卿)과 같은 변방을 다스리는 대신들은 매사에 신중하고 힘써 일하는 것을 막중한 책무로 삼고 있음을 짐은 잘 알고 있도다. 그런데 아무런 포부도 없고 안분지족하며 청빈한 척하면서 명예를 추구하는 자들은 짐이 그들을 부리는 데 힘은 덜 들지만 그들이 나랏일을 그르칠까 두려울 따름이다. 이와 반면에 지모(智謀)가 뛰어난 자들은 그들을 부리는 데 신경을 써야하고 힘들지만, 잘 조종하여 부리면 그들이 큰일을 해낼 수 있도다."

옹정제는 아무런 포부도 없고 안분지족하는 관리를 아주 싫어했다.

그들은 봉록과 명예에만 관심을 가지고 있을 뿐, 어떤 혁신적이고 어려운 일을 하지 않기 때문이다. 지모가 뛰어난 자들은 다루기가 쉽지 않지만 그들로 하여금 자신의 재능을 마음껏 펼칠 수 있게 하면 나랏일에 크게 도움이 된다는 것이다.

오늘날에도 그대로 적용할 수 있는 용인술이다. '복지부동'하는 공무원보다는 옳은 일이라면 상관과 마찰을 빚더라도 '자기주장'을 끝까지 관철하고 업무를 수행하는 당찬 공무원이 훨씬 낫다. 상관의 입장에서는 자기에게 굽실거리고 아부하는 부하를 편하게 생각한다. 자기보다 업무 능력이 뛰어난 부하는 미리 싹수를 잘라버린다. 이런 상관은 조직의 발전을 저해하는 장애물이다.

옹정제는 총신 전문경(田文鏡·1662~1733)에게 인재 추천을 부탁하면서 이렇게 말했다.

"짐은 지금까지 사람을 쓰면서 그의 자격을 따지지 않았다. 계급이 현저하게 낮거나 만주족이 아니더라도 능력이 출중하면 소속을 가리지 않고 등용했다."

청 왕조는 엄연하게도 만주족이 세운 국가이다. 역대 황제들이 아무리 한족 문화를 적극적으로 받아들이고 한족을 관리로 등용했더라도, '일등 국민'은 역시 만주족이었으며, 한족은 그들을 보좌하는 역할을 맡았을 뿐이었다. 하지만 만주족과 한족을 차별하지 않고 개인의 능력에 따라 인재를 등용한 황제는 옹정제 단 한 사람뿐이었다. 사실 그는 과거 급제 출신 관리들에게 호감을 가지고 있지 않았다.

"국가에서 사람을 쓸 때 그가 현명하고 능력이 있는지를 따져야지 출

신 성분으로 제한해서는 안 □□□. □□□·자고이래로 □□을 날린 신하와 어
진 재상들은 과거 급제 출신이 □□□ 자가 아주 많았다. 오히려 과거 급제
출신 관리들 가운데 직무를 소홀히 하고 방탕함에 젖어 지낸 자들이 자
주 보인다.”

옹정제는 이런 인식을 바탕으로 과거에 급제하지 않은 자도 능력이
뛰어나면 주저하지 않고 중용했다. 이위(李衛·1687~1738)는 강희 56년(1717)에
과거 급제를 통하지 않고 원외랑(員外郞)이 되었다. 맡은 일마다 탁월한 성
과를 내어 그가 일을 잘한다는 소문이 자자했다. 평소에 그의 능력을 눈
여겨본 옹정제는 옹정 2년(1724)에 그를 포정사(布政使)로 발탁하고 전국의
재정(財政)과 조세 업무를 관장하게 했다. 옹정 3년(1725) 절강순무로 승진했
고 다음 해에는 양절염정사(兩浙鹽政使)를 겸임하여 국가의 주요 수입원이었
던 소금의 밀매를 철저하게 단속함으로써 유통 질서를 바로잡아 재정 확
충에 큰 공을 세웠다.

이위는 옹정 5년(1727) 절강총독으로 승진했다. 관계(官界)에 발을 내딛
은 지 10여 년 만에 한직인 종5품의 원외랑에서 총독으로 승진할 수 있었
던 까닭은 옹정제가 그의 출신 배경을 따지지 않고 오직 그의 업무 능력
만을 높이 평가했기 때문이다. 이위가 병부상서, 태자태보, 형부상서 등
고위직을 역임하다가 51세의 나이에 타계했을 때, 옹정제의 황위를 계승
한 건륭제는 그에게 '민달(敏達)'이라는 시호를 내려 그의 죽음을 애도했다.

옹정제는 공리공담만을 일삼는 유생들을 아주 싫어했다. “그들이 쓴
문장은 천언(千言)이지만, 가슴속에는 쓸 만한 계책이 한 가지도 없다.”고
폄하했다. 이런 이유로 옹정 연간에 인품은 그런대로 훌륭했으나 재능이
뛰어나지 못한 관리들은 황제의 총애를 받지 못했다.

옹정제는 순무(巡撫)의 책무를 논하면서 이런 말을 했다.

청나라 역대 황제 평전

"순무는 원래 참으로 복잡하고 어려운 직책이다. 청빈, 신중, 근면 등이 세 글자의 의미를 충실히 이행한다고 해서 순무의 직책을 감당할 수 있는 것은 아니다. 사람을 쓸 때 모든 능력을 평가하는 것은 아니지만, 총독과 순무만큼은 반드시 완벽한 인재를 등용해야 일을 그르치지 않는다."

청나라 때 총독은 관할 지역의 행정, 경제, 군사 등을 관장하는 최고 책임자이며, 순무는 각 지방의 군정(軍政)과 민정(民政)을 살피는 대신이다. 총독이 순무보다 조금 높은 직책이다. 그들은 황제를 대신하여 지방의 백성을 다스리는 권력자이다. 백성을 직접 다스리는 총독과 순무는 모든 면에서 뛰어난 능력을 발휘해야 한다고 옹정제는 생각했다. 청빈하고 신중하며 근면해도 민생을 보살피고 산업을 일으키며 치안 유지에 만전을 기하지 못하는 자는 필요 없다는 뜻이다. 백성은 국가의 근간이며 물과 같아서 배를 띄울 수 있지만 때로는 전복시킬 수 있는 무서운 존재이므로 그들을 하늘처럼 섬겨야하기 때문에, 그들을 다스리는 자들은 모든 면에서 완벽한 능력을 발휘하지 않으면 안 된다는 인식이다.

옹정제는 호남순무 왕국동(王国棟·?~1735)을 이렇게 평가했다.

"마음 씀씀이는 넉넉하지만 실력이 부족하다. 그가 청빈과 신중 그리고 근면 이 세 글자에 충실한 사람임을 짐도 인정한다. 하지만 식견이 좁아서 지방을 다스리는 데 조금도 유익하지 않고 업무를 감당할 능력이 없다."

왕국동은 과거에 급제한 정통 관료 출신이고 인품도 괜찮았지만 호남 지방을 제대로 관리하지 못했다. 옹정제는 그에게 호남순무의 직책을 거두어들이고 북경으로 소환했다. 능력이 부족하면 인품이 훌륭해도 요직을 박탈한 것이다.

운남성 개화총병(開化總兵) 구원정(仇元正)은 사람됨이가 성실하고 평소에 과오를 저지른 적이 없었다. 그런데 환갑이 지나자 업무에 집중력이 떨어졌다. 그가 관장하는 병영은 그럭저럭 돌아갔으나, 옹정제는 그를 은퇴하게 하고 건장한 장수를 보내 병영을 관리하게 했다. 국방은 나이든 장수에게 맡길 수 없다는 이유에서였다.

옹정 2년(1724) 옹정제는 지방의 현령도 업무 능력 평가를 받으라는 조서를 내렸다. 직예(直隷)의 오교현령(吳橋縣令) 상삼락(常三樂)은 직예순무 이유균(李維鈞)의 평가를 받아야 했다. 이유근은 오교현의 공문서를 전부 조사했을 뿐만 아니라 지역 유지들을 방문하여 현령의 업무 능력과 품행을 알아보았다.

그가 내린 평가는 이러했다.

"상삼락은 청렴결백한 관리이지만, 성격이 지나치게 유약하여 백성을 위해 사업을 도모할 능력이 없다."

청렴하고 공정한 관리이나 현령의 막중한 책무를 수행하기에는 능력이 부족하다는 뜻이다. 상삼락의 장단점을 파악한 이유근은 그를 교육을 담당하는 부서로 파견하는 게 좋겠다고 이부(吏部)에 건의했다. 상삼락의 장점을 살려 그를 적재적소에 배치할 생각이었다.

그런데 이부의 고위 관리들은 의문을 제기했다. 상삼락이 복지부동하는 관리라는 점은 인정하겠으나 거두어들여야 할 세금은 모두 거두어들이고 치안도 문제가 없으며 무슨 큰 과오를 범하지 않았는데도, 그를 인사 조치하는 것은 사유가 불충분하고 관례에도 맞지 않는다고 판단했다. 이유근과 이부 사이에 뜨거운 논쟁이 벌어졌다. 이유근은 청렴보다는 실적을 중시했다면, 이부는 실적이 부족해도 청렴하면 관리를 함부로 내쳐서는 안 된다고 주장했다. 이 논쟁의 결말은 옹정제의 판단에 맡겨야 했다. 그는 단호했다.

"당장 파면하라!"

이유는 간단했다. 오교현은 사직(社稷)의 초석이며 아울러 현령의 책무는 막중한데도 상삼락은 책임감이 없다는 것이다.

산동성 조현(曹縣)은 도적떼가 창궐하여 민심이 흉흉했다. 지현(知縣) 왕석개(王錫玠)는 부임한지 1년여 동안 20여 건의 사건이 발생했지만 한 건도 해결하지 못했다. 분노한 옹정제는 즉시 그를 잡아들이고 5년 형을 언도하게 했다. 현령의 가장 기본적인 책무인 '치안'을 유지하지 못하는 자에게는 엄벌로 다스린 것이다.

황제의 실적 중심의 용인술은 관리들에게 백성을 위해 열심히 일하지 않으면 오사모(烏紗帽)를 빼앗길 수 있다는 긴장감을 느끼게 했다. 그런데 아직도 황제의 의중을 제대로 파악하지 못한 장수가 있었다.

호광제독 악초룡(岳超龍·?~1732)이 옹정제에게 표문을 올려 아뢰었다.

"황상의 성은에 보답하고자 신은 청렴결백하게 생활하면서 어떠한 탐욕도 추구하지 않겠사옵니다."

뜻밖에도 옹정제는 이렇게 훈계했다.

"경은 추구하는 바가 너무 보잘 것 없구나. 관리가 된 자는 원래 탐욕을 바라서는 안 되는데도, 경은 어찌하여 그것을 높은 목표로 삼았는가.

경이 청빈한 관리라는 명성에 만족하면 기름병을 엎어버리고 기름을 담
지 못하는 기름장수와 같다. 이는 어찌 겉모습만 번지르르하고 실속이
없는 것이 아니겠는가."

악초룡은 부정부패가 판을 치는 관료 사회에서 관리의 가장 중요한
덕목인 '청렴'을 강조함으로써 황제의 비위를 맞추려고 했을 것이다. 하지
만 청렴은 관리가 지켜야 하는 당연한 덕목이므로 더 말할 나위가 없다.
오히려 실적이 없으면 빛 좋은 개살구에 불과하다고 훈계했다.
옹정제가 말하는 치국의 도(道)는 명약관화하다.

"국가를 다스리는 도는 실무에 있는 것이지 허명(虛名)을 숭상하는 것에
있지 않다."

옹정 4년(1726) 4년 여름 감숙(甘肅) 지방에 가뭄이 들어 농작물이 타들어
갔다. 하루는 적은 양이지만 단비가 내렸다.
감숙순무 석문작(石文焯)이 즉시 황제에게 기쁜 소식을 알렸다.

"올해는 풍년이 들것 같사옵니다. 이는 모두 우리 황상께서 하늘을 공
경하고 백성을 위하여 부지런히 일하신 결과이옵니다."

옹정제가 비답(批答)을 내렸다.

"단비 한 번 내렸다고 해서 어찌 풍년을 바라는가. 짐은 미사여구로 꾸
민 과장된 말은 읽어보기도 싫도다."

과장된 표현으로 황제에게 아부하려고 하지 말고 정말로 풍년이 들 때까지 실무에 충실하라는 따끔한 충고이다. 옹정제는 청빈하지만 일을 못하는 관리를 '용관(庸官)'으로 간주했다. 용관은 탐관(貪官)보다는 조금 낫지만 역시 무용지물이므로 중용해서는 안 된다고 보았다.

옹정 6년(1728) 정월대보름 밤에 이런 일화가 있다. 내각에서 잡일을 하는 소람(小藍)이 남을 대신하여 야근을 하고 있을 때 키가 큰 중년 남자가 불쑥 들어왔다. 대소 신료들 모두 집에서 연등을 달고 달구경을 하고 있을 때, 두 사람은 차를 마시며 한담을 나누었다.

중년 남자가 소람에게 물었다.

"자네는 무슨 일을 맡은 관리인가?"

"저는 관리가 아니라 문서 수발을 담당하고 대신 어르신들에게 차를 공급하는 일을 하는 사환이옵니다."

"다른 사람들은 모두 어디 갔는가?"

"다들 연등을 보러 집으로 돌아갔사옵니다."

"자네는 연등 감상을 좋아하지 않는가?"

"그건 아니옵니다. 하지만 오늘 밤 황상께서 정사를 돌보느라 밤잠을 못 이루고 있다고 들었습니다. 만일 급한 일이 발생하여 심부름할 사람조차 없으면 대사를 그르치게 될까 두려워하여 제가 자리를 지키고 있습니다."

중년 남자는 고개를 끄덕이며 소람에게 장래의 희망이 무엇이냐고 물었다. 소람이 대답했다.

"저에게 행운이 찾아온다면 선박을 관리하는 관아로 가서 일을 하고 싶사옵니다. 제 자식들이 많지만 그런 일을 할 수 있으면 기근이 들어도 굶어죽지는 않겠지요."

그 중년 남자는 웃으며 자리를 떠났다. 다음 날 아침 옹정제는 신하들에게 선박을 관리하는 전국의 관아 가운데 어느 곳에 공석이 있냐고 물었다. 광동 지방에 공석이 있다고 아뢰었다. 옹정제는 즉시 소람을 광동으로 보내 선박 관리를 맡게 했다. 신하들은 일개 사환에게 중책을 맡긴 황제에게 아무런 이의도 제기하지 못했다. 왜냐하면 황제가 신분을 따지지 않고 성실한 사람을 중용하는 일을 여러 번 보았기 때문이다. 소람과 허심탄회하게 대화를 나누었던 그 중년 남자는 다름 아닌 옹정제였다.

옹정 원년(1723) 산서성에 재해가 발생하자, 무원대장군(撫遠大將軍) 연갱요(年羹堯·1679~1726)가 재해민 구제를 요청하는 상소를 올렸다. 옹정제는 산서순무 덕음(德音)에게 현황 파악을 지시했다. 자기가 관할하는 지역에서 일어난 재해 때문에 문책을 당하지 않을까 두려워한 덕음은 재해가 발생하지 않았다고 허위 보고했다.

마침 어명을 받들어 오악(五嶽) 가운데 서악(西嶽)에 해당하는 화산(華山)에서 하늘에 제사를 지낸 전문경(田文鏡·1662~1733)은 귀경길에 재해를 당한 산서 지방 백성들의 비참한 생활을 목도했다. 그는 입궐하자마자 옹정제에게 재해 현황을 낱낱이 아뢰었다. 그를 통하여 사태의 심각성을 파악한 옹정제는 전문경을 높이 평가했다. 사실을 조금도 숨기지 않고 정확하게 보고했기 때문이다.

청나라 역대 황제 평전

그는 신하들에게 이런 말을 했다.

"짐의 절묘한 기량은 너희들이 올린 상주문의 내용에 근거하여 공평하
게 정사를 처리한 것에 불과하다."

신하들이 사실을 은폐하지 않고 낱낱이 아뢰어야 그것을 근거로 정확
한 판단을 내릴 수 있다는 뜻이다. 예나 지금이나 아랫사람의 허위 보고
는 통치자의 판단을 흐리게 한다. 아랫사람은 통치자의 비위를 맞추거나
자신의 과오를 숨기려고 허위로 보고한다. 통치자가 그에게 놀아나면 결
국은 그의 꼭두각시로 전락한다. 주객이 전도되는 셈이다.

명나라가 망한 결정적 이유도 사실은 황제들이 권신과 환관들에게 농
락을 당했기 때문이다. 옹정제는 이 점을 반면교사로 삼았다. 자기의 귀
를 즐겁게 하는 신하보다는 듣기에는 거슬리는 말이라도 사실을 아뢰는
신하를 총애했다.

옹정제는 전문경을 산서포정사(山西布政使)에 임명하여 재해를 수습하고
민심을 다독이게 했다. 전문경은 단기간에 민심을 안정시켰다. 또 그 동
안 쌓인 관아의 적폐를 일소하고 혁신을 추구했다. 지방 관리들은 그의
혁신적 조치에 불만을 품었지만 말을 듣지 않으면 엄벌에 처했으므로 따
르지 않을 수 없었다. 양민들은 이구동성으로 그를 칭송했다.

옹정제는 그의 공적을 보고받고 감격에 겨워 말했다.

"이처럼 능력이 뛰어난 자인데도 어찌하여 지금까지 나에게 그를 칭찬
하는 자가 단 한 명도 없었는가."

전문경을 늦게 알아서 유감이라는 얘기이다. 당시 전문경은 환갑을

넘긴 노인이었다. 강희 연간에는 강희제의 주목을 받지 못했지만 인생 말년에 이르러 그의 능력을 알아본 옹정제에게 발탁되어 출세의 가도를 달렸다. 옹정 2년(1724) 전문경을 하남순무에 임명했다.

하남성은 황하가 관통하는 중원의 곡창 지대이다. 하남성에 풍년이 들면 중원의 백성은 굶주릴 염려가 없었으므로, 역대 황제들은 그 지방의 통치와 황하 치수에 심혈을 기울였다. 전문경은 하남성으로 부임한 뒤 3년 만에 혁혁한 성과를 이루었다.

옹정제는 그의 업적을 이렇게 평가했다.

"전문경은 하남순무의 중책을 맡은 후 3년 만에 하천 바닥을 정비하고 제방을 견고하게 쌓아 황하의 물길을 바로잡아서 해마다 풍년이 들게 하였다. 그가 법을 엄격하게 집행한 까닭에 지방의 세도가들은 법을 두려워했으며 먼저 자신을 바르게 하고 가족을 이끌었다. 이에 따라 하남 지방은 크게 안정되었다. 또 그는 모든 일을 공정하게 처리하고 청렴하게 생활하면서 사적인 교류를 사절하였다. 참으로 순무들 가운데 으뜸이다."

전문경은 오늘날의 표현으로는 이른바 '비고시 출신'인지라 '고시 출신' 고위 관료들의 견제를 심하게 받았다. 더구나 그는 비리를 저지른 자는 출신 배경과 지위고하를 막론하고 엄벌로 다스렸다. 하남순무로 부임한 지 2년 안에 그에게 파면을 당한 고위 관리가 22명이나 달했을 정도였다. 하루는 그의 혁신적 조치에 불만을 품은 조정 대신들이 연이어 그를 탄핵했다. 전문경은 너무 억울한 나머지 황제에게 상소를 올려 울분을 토로했다.

옹정제가 말했다.

청나라 역대 황제 평전

"큰일을 하다보면 모함을 받기 마련이오. 이는 하늘이 경을 큰 인물로 만들기 위하여 시험하는 것이니 너무 억울하게 생각하지 마오."

주군이 이렇게 충신의 마음을 헤아려 따뜻한 말로 위로하고 지지한다면, 충신은 어찌 견마지로의 공을 아끼지 않겠는가. 지도자는 자기를 위해 헌신하는 부하가 없다고 한탄할 게 아니라, 스스로 헌신하는 부하를 곁에 두려면 그를 인격적으로 어떻게 대우해야 하는지를 먼저 깨달아야 한다.

옹정 6년(1728) 옹정제는 하남산동총독 관직을 특별히 설치하여 전문경에게 제수했다. 하남성과 산동성의 총독을 겸직하는 막중한 직책이었다. 그 후 전문경은 옹정제 시대를 대표하는 명신(名臣)이 되었다. 71세의 나이에 세상을 떠날 때 가산을 조금도 남기지 않았다고 한다. 옹정제가 그를 총애하고 중용한 까닭은 그가 '능력'과 '청빈'을 겸비했기 때문이다. 이 두 가지는 옹정제의 확고부동한 인사 원칙이었다.

옹정제의 13년 통치 기간에 대하여 "옹정왕조 시대에는 청빈하지 않은 관료가 없었다."라는 극찬이 따라다닌다. 이는 중국 봉건왕조 시대의 기적이 아니라고 할 수 없다. 사실 우리나라의 역대 왕조도 중국처럼 임금의 무능과 관리의 부정부패 때문에 망하지 않았던가.

옹정제 용인술의 또 다른 특징은 신하들에게 재량권을 부여한 점이다.

"짐은 백성을 잘 다스리는 일을 한시도 고민하지 않은 적이 없다. 천하에 이로운 일이 있으면 신하들에게 유지(諭旨)를 내려 간곡하게 타일렀으며, 신하들이 올린 상소문 가운데 올바른 내용이 있으면 또한 기쁜 마음으로 받아들였다. 하지만 짐 한 사람의 생각은 결코 완벽할 수 없으며 하물며 천하의 각지 사정이 모두 다른 것을 감안하면 더 말할 나위가 없다.

따라서 짐이 평소에 반포한 어명과 신하들의 주청을 통하여 내린 명령에
따라 일을 처리할 때 각 지방의 현황 및 지방 관아의 사정과 맞지 않은
부분이 있으면, 관리들은 재량권을 가지고 현실에 맞게 처리하라! 일을
완수한 후 왜 그렇게 처리할 수밖에 없었던 이유를 짐에게 아뢰면 된다."

봉건 왕조 시대에는 어명보다 더 중요한 것은 없었다. 어명이 곧 법이
며 설령 잘못된 어명이라도 신하들은 그것을 따르지 않을 수 없었다. 이
른바 '성지(聖旨)'는 법을 초월하는 성역이었다.

옹정제는 자기도 천하의 모든 일을 다 알지 못하는데도 신하들이 어
명을 받드는 일에만 급급하여 현실에 맞지 않는 시정(時政)을 펴지 않을까
우려했다. 백성을 위하는 실질적인 일을 처리해야 한다면 어명을 따르지
않아도 된다는 파격적인 발상이다.

옹정 3년(1725) 옹정제는 소주(蘇州)와 송강(松江) 지역의 농민이 내야하는
전부(田賦) 가운데 은자 45만 냥을 감면해주는 은총을 베풀었다.

감찰어사 항혁록(杭奕祿·?~1748)이 황제의 조치에 이의를 제기했다.

"이번 조치는 황상의 특별한 은총이라고 볼 수 없사옵니다. 세금을 매
기는 전답을 보유한 농민들은 이미 감면 혜택을 누렸사옵니다. 하지만
전답이 없는 소작농들은 지주에게 수확량의 일부를 바쳐야 하옵니다. 그
들에게도 조세를 감면해주어서 빈농과 부농 모두 실질적인 혜택을 누릴
수 있게 해야 하옵니다."

옹정제는 그의 주장에 전적으로 동조하고 대신들에게 조세 감면 조치
를 다시 의논하게 했다. 이에 따라 지주는 1전(錢), 소작농은 곡식 3승(升)을
감면 받았다. 지방의 사정을 잘 아는 신하의 판단을 존중하여 그런 결정

을 내린 것이다.

옹정 연간의 명장 악종기(岳鍾琪·1686~1754)가 어명을 받들어 서북 지방에서 일어난 소수 민족의 반란을 평정할 때, 용병 등 토벌 방법에 대하여 황상의 하명을 기다렸다.

뜻밖에도 옹정제는 그를 이렇게 꾸짖었다.

"수천 리 밖에 있는 짐이 어찌 현지 사정을 자세히 알 수 있겠는가. 토벌은 모두 대장군인 네가 시기와 지형 그리고 현지 사정에 맞게 결정하면 되는 일이다. 짐이 무슨 신묘한 계책이 있어서 너에게 명령을 내린 게 아니다."

오늘날에도 최고 통치자의 말이라면 시시비비를 가리지 않고 무조건 복종하는 풍조에 비추어 볼 때, 옹정제는 봉건 시대의 황제였지만 그의 용인술은 시대를 초월하는 진리이다.

4. 문자옥을 일으켜 황권을 강화하다

옹정제는 신하들의 주청이 옳으면 설령 자신의 생각과 다르더라도 기꺼이 받아들여 정사에 반영한 '귀가 열린' 황제였다. 하지만 군주는 군주다워야 하고 신하는 신하다워야 한다는 원칙을 한시도 망각한 적이 없었다. 군주와 신하 사이에는 절대 범접할 수 없는 위계질서가 존재한다는 것이다.

강희 49년(1710) 강희제가 순행을 마치고 패주(霸州: 지금의 하북성 낭방·廊坊)에서 귀경하는 도중에 외종사촌 악륜대(鄂倫岱·?~1726)의 사당(私黨) 결성을 문제 삼아 그를 심하게 꾸짖었다. 악륜대는 평소에 성격이 직선적이고 태도가 오만방자하여 황제를 불편하게 한 적이 한두 번이 아니었다.

마침 강희제를 수행하고 있었던 윤진이 아뢰었다.

"저들은 반역죄를 저지른 자들이옵니다. 어찌 감히 황상의 진노를 여러 차례 일으킬 수 있겠사옵니까. 나라를 어지럽히는 불충한 무리는 국법으로 다스려야 하옵니다. 신에게 임무를 맡겨주시면 저들을 모조리 참형으로 다스리겠사옵니다."

악륜대가 어쨌든 황제의 외척인지라 무사할 수 있었지만, 윤진의 눈에는 난신적자로 보였다. 훗날 옹정제 시대에 이르러 악륜대는 패가망신했다. 신하의 본분을 지키지 못하고 역린을 건드렸기 때문이다.

옹정 2년(1724) 옹정제는 청해(青海) 지방에서 일어난 반란을 평정했다. 문무백관 모두 황제의 위업을 찬양하는 하례를 올렸다. 그런데 형부 원외랑 이건훈(李建勳)과 나식(羅植) 두 사람은 황제에게 하례를 올리지 않고 좌석에 앉았다. 축하연의 들뜬 분위기에 그만 불경죄를 저지른 것이다.

언관들이 즉시 그들을 탄핵하자 옹정제는 이렇게 비답을 내렸다.

"국가에는 대전(大典)이 있고 군신에게는 정해진 명분이 있는 법이다. 그들이 본분을 지키지 않은 행위는 군주를 무시하고 불경죄를 저지른 것이다. 국법에 따라 참수형으로 다스려야 하지만, 짐이 즉위한지 얼마 안되었기 때문에 함부로 사람을 죽일 수는 없다. 먼저 그들을 감옥에 가두고 죄를 추궁하라!"

다행히도 두 사람은 은전을 입어 화를 면했지만 신하가 신하답지 못하면 살아남을 수 없다는 무서운 경고였다. 군신간의 확고한 주종관계 아래에서 신하의 능력 발휘를 기대하지, 황제의 권력에 조금이라도 장애가 되는 신하는 무자비하게 죽였다. 황제의 의심을 산 신하도 마찬가지였다.

옹정 연간에는 문자옥이 빈번하게 일어났다. 거인(擧人) 왕경기(汪景祺·1672~1726)는 무원대장군(撫遠大將軍) 연갱요(年羹堯·1679~1726)에게 그의 무공을 칭송한 서찰을 보냈다. 그에게 잘 보여 벼슬 한자리 얻을 요량이었는데 그것을 자신의 저서 『서정수필(西征隨筆)』에 수록했다. 그에게 호감을 느낀 연갱요는 그를 막료로 삼고 곁에 두었다. 왕경기는 연갱요를 따라 서쪽 지방을 두루 돌아다니면서 또 『독서당서정수필(讀書堂西征隨筆)』을 저술했다.

그런데 이 저서에서도 연갱요를 극찬한 글을 썼다.

"각하께서는 온 세상에서 제일가는 위인이옵니다.……곽자의(郭子儀), 배도(裴度) 등 당나라 때의 위대한 정치가들도 각하의 위명(威名)에 비교하면, 일월과 반딧불, 바다와 한 국자의 물 관계이옵니다. 천지가 생긴 이래 기책(奇策)으로 적을 제압하고 신속하게 무공을 쌓아 조정에 아뢴 일을 생각해보면, 오늘날 대장군보다 더 위대한 업적을 이룬 사람이 어찌 있겠습니까."

극찬과 과장이 지나치다 못해 현실감을 완전히 상실하고 말장난을 치는 것 같다. 봉건왕조 시대에 일월에 비교될 수 있는 사람은 오로지 군주뿐이다. 자칫하다간 두 사람 모두 대역죄인으로 몰릴 수 있는 아주 위험한 글이다. 사실 연갱요는 강희 연간부터 서북 지방에서 일어난 반란을 여러 차례 평정하여 옹정제의 총애를 한 몸에 받는 장수였다.

하지만 그의 세력이 지나치게 커지는 것을 두려워한 옹정제는 옹정 4

년(1726)에 그에게 무려 92가지 죄명을 씌워 죽였다. 이때 연갱요의 저택에서 『서정수필』이 나왔다.

그것을 읽어본 옹정제는 분노로 치를 떨었다.

"황당무계하고 미쳐 날뜀이 극에 달했구나! 이 요서를 이제야 본 것이 정말로 애석할 뿐이다. 사건의 진상을 철저하게 파헤쳐 훗날까지 남겨놓아 대역죄를 저지른 놈들이 법망에서 빠져나가지 못하게 하라!"

그가 얼마나 진노했던지 왕경기의 수급을 사람들이 많이 모이는 시장 입구에 10년 동안 내걸게 했다. 연갱요는 황권에 위협이 될 만큼 세력이 강대했고, 왕경기는 그에게 빌붙었다는 이유 때문에 결국은 비참한 최후를 마쳤다.

내각학사 사사정(査嗣庭·?~1727)은 옹정 4년(1726)에 어명을 받들어 강서성 향시(鄕試)를 주관했다. 그가 출제한 시험문제 중에 이런 문구가 있었다.

"군자는 언어로 사람을 천거하지 않으며 사람으로 언어를 버리지 않는다.(君子不以言擧人, 不以人廢言)"

"산속의 좁은 길도 사람들이 계속 다니면 넓은 길이 되고, 잠시라도 다니지 않으면 잡초가 무성하게 자라 길을 막는다.(山徑之蹊間, 介然用之而成路, 爲間不用, 則茅塞之矣.)"

전자는 『논어』에 나오는 구절이다. 단순히 사람의 말만을 듣고 그를 등용해서는 안 되며, 사람의 행실이 나쁘다고 하여 그의 말을 완전히 무시해서도 안 된다는 공자의 말이다. 후자는 『맹자』에 나오는 구절이다. 사람의 마음도 닦지 않으면 그 착한 본성을 잃고 만다는 맹자의 주장이다. 전혀 문제될 게 없는 문구였다.

하지만 옹정제는 사사정이 공자의 말을 빗대어 조정에서 인재를 직접 천거하라는 어명에 불만을 품었고 또 맹자의 말에 음흉한 속셈을 숨겼다고 보았다.

또 시험문제 중에 '유민소지(維民所止)'라는 글귀를 문제 삼았다. 이는 『시경·상송』의 "경기 땅 천리는 백성들이 머물러 사는 곳일세(邦畿千里, 惟民所止)."에서 나온 시구로 전혀 문제될 게 없었다. 하지만 유(維)자와 지(止)가 옹정(雍正)이란 두 글자의 윗머리를 뗀 것이라면서 옹정제를 참수하려는 음모를 꾸몄다고 했다. 정말로 상상을 초월하는 견강부회였지만 사사정은 아무리 결백을 호소해도 그의 말을 들어주는 자는 아무도 없었다. 또 어떤 이가 사사정의 비리를 고발한 일을 빌미로 가택을 샅샅이 수색하게 했다. 매관매직의 내용이 담긴 서신이 발견되었다. 그가 쓴 글은 엄격한 검열을 받고 불순한 내용은 모조리 적시되었다.

결국 사사정은 "패악하고 불순한 말로 시사(時事)를 풍자하고 마음속에는 원망으로 가득 차 있다."는 죄명으로 하옥되었다. 옹정 5년(1727) 고문을 견디다 못해 자살했다. 시신은 저잣거리에 내걸리고 16세 이상 되는 아들들은 모조리 참수를 당했다.

옹정제는 사사정을 패가망신시킨 이유를 이렇게 설명했다.

"사사정은 오래 전부터 융과다에게 빌붙어 있었다. 융과다는 그를 짐에게 천거했다. 짐은 그를 내각학사에 책봉하여 조정에서 일할 수 있게 은총을 베풀었다. 그 후 그가 쓴 글을 읽어보니 허황되고 사술로 가득 차 있었으며 의심이 많았다. 그의 음흉한 속셈을 헤아릴 수 없었기 때문에 더 이상 그를 믿지 않았다."

"짐은 신하를 지극한 정성으로 우대했는데도 짐의 은혜를 저버리고 악행을 저지른 자가 있다. 천하의 백성들은 모두 조정의 은택을 입은 자들이다. 따라서 신하는 임금과 신하 사이의 대의를 알아서 한마음으로 임금의 은혜를 고맙게 생각해야 한다. 만약 조금이라도 딴마음을 품으면 하늘의 뜻을 거역하는 자이다. 어찌 그가 죽임을 당하지 않을 수 있겠는가."

"당송(唐宋) 이래로 옛날의 법도는 아득하게 멀어지고 풍습은 각박해졌으며 인심은 날로 거칠어졌다. 이에 따라 미쳐 날뛰는 무리는 종종 마음속으로 조정의 정치를 비난하며 심지어는 글을 써서 헐뜯고 비방하기도 한다. 왕경기, 사사정 같은 대역죄를 저지른 자들은 어찌 천벌을 피할 수 있겠는가."

융과다가 누구인가. 옹정제를 황제로 추대하는 데 결정적인 공을 세운 일등공신이 아닌가. 그는 옹정제의 집권 초기에 명실상부한 2인자였다. 옹정제는 겉으로는 그를 '외삼촌'이라고 부르며 따랐지만 속으로는 그의 세력이 날로 커지는 것에 대한 경계심을 늦추지 않았다. 그를 제거하기 위해서는 그의 측근부터 처단해야 했다. 옹정제가 문자옥을 일으켜 사사정을 죽인 까닭은 그가 융과다의 측근이었기 때문이다.

일반적으로 2인자는 주군을 위해 죽음을 불사하고 견마지로의 공을 아끼지 않은 끝에 주군을 권력의 정점에 올려놓은 인물이다. 주군은 그의 공적을 잊지 않고 2인자 대접을 해주며, 그도 권력의 일정 지분을 가지고 있다고 생각한다. 하지만 시간이 흐를수록 주군은 그를 의심하기 시작한다. 그가 자신의 장단점을 너무 많이 알고 있기 때문에 어떤 음모를 꾸미지 않을까 두려워한다. 그를 제거하지 않고서는 편한 잠을 이룰 수 없다.

2인자가 편안한 여생을 보내기 위해서는 한나라 때 장량(張良)처럼 부

청나라 역대 황제 평전

귀영화를 헌신짝처럼 버리고 낙향하거나 아니면 주군의 뜻에 철저하게 복종하며 자신을 낮추고 숨을 죽이며 살아야 하는 게 권력의 비정한 속성이다. 물론 이런 일은 봉건 시대에 비일비재했지 오늘날은 꼭 그런 것만은 아니다. 하지만 지금도 권력의 구도에서 2인자가 갑자기 밀려난 경우가 어찌 없다고 하겠는가.

옹정 시대에 가장 잔혹했던 문자옥은 여유량(呂留良·1629~1683) 사건이다. 여유량은 명말청초의 문인이자 사상가이다. 순치(順治) 10년(1653) 제생(諸生)이 되었지만 명나라 망국의 한을 품고 고향 절강성 숭덕현(崇德縣)에서 은거했다.

강희 19년(1680) 청나라 조정은 명나라 유민(遺民)을 포섭하기 위하여 전국 각지의 산중에서 은거하고 있는 한족 지식인들을 특별히 등용하는 정책을 반포했다. 가흥군수가 그에게 출사를 끈질기게 권유하자, 그는 머리를 깎고 승려가 되었다. 절강성 오흥현(吳興縣)에 있는 묘산(妙山)으로 들어가 강학에 열중하면서 많은 제자들을 양성했다. 인품이 훌륭하고 학식이 뛰어나 명성이 동남 지방에서 자자했다.

그가 지은 시문에는 망국의 한이 짙게 배어 있었으며 은연중에 반청복명(反淸復明) 투쟁을 두둔했다. 세상을 떠난 후에는 그를 추종한 제자들과 반청(反淸) 사상을 가진 유생 증정(曾靜·1679~1735)이 그의 뜻을 기리는 활동을 했다.

증정은 옹정제가 등극한 후 형제들을 죽였다는 애기를 듣고 청나라도 머지않아 망국의 길로 접어드는 게 아닌가 생각했다. 당시 천섬총독(川陝總督) 악종기(岳鍾琪·1686~1754)는 많은 군사를 거느리고 있었다. 옹정 6년(1728) 그가 북경으로 가서 옹정제를 배알하고자 했으나 거절을 당했다는 소문을 증정이 들었다. 그런데 악종기는 송(宋)나라의 명장이자 충신 악비(岳飛)의 후손이었다. 악비는 여진족이 건국한 금나라가 송나라를 침략할 때 억울한 누명을 쓰고 죽었다.

증정은 옹정제를 배알하지 못한 악종기가 황제의 신임을 잃어 전전긍긍하고 있을 거라고 판단했다. 충신의 피가 흐르고 있는 그를 포섭하여 반청복명 투쟁에 가담시키고자 했다.

증정은 서안(西安)에서 군사를 거느리고 있는 악종기에게 인편으로 서찰을 보냈다.

"송나라 무목왕(武穆王) 악비의 후예이신 천리원수(天吏元帥)께서는 지금
막강한 군대를 거느리고 요충지를 차지하고 있사옵니다. 기회를 틈타 병
사를 일으켜 송나라와 명나라를 위해 복수해야 하옵니다."

반란을 일으키라는 명백한 선동이었다. 악종기는 서찰을 읽고 기절초풍했다. 그렇지 않아도 악비의 후손인지라 반란을 일으킬지도 모른다는 의심을 받고 있었던 처지였기 때문에, 만약 이 서찰의 내용이 세상에 알려지게 되면 멸문의 화를 피할 수 없었다. 평소에 모반을 일으킬 생각이 전혀 없었던 그는 즉시 옹정제에게 변고를 상세히 아뢰고 아울러 관련자들을 잡아들였다.

옹정 7년(1729) 옹정제는 증정을 잡아 문초하게 했다. 증정은 이실직고하지 않을 수 없었다. 그런데 그의 진술서에는 36년 전에 사망한 여유량의 저서가 언급되었다. 옹정제는 여유량이 저술한 서적과 관련자들을 북경으로 압송하게 했다. 『여만촌선생문집(呂晚村先生文集)』, 『동장시존(東莊詩存)』 등 그의 저서에는 중원의 주인은 한족이지 만주족이 아니라고 주장했다. 중원이 대청(大淸) 강산이 된 지 이미 200년 가까운 세월이 흘렀는데도 아직도 청나라를 인정하지 못하고 명나라의 부활을 꿈꾼 사대부가 있었다는 사실을 확인한 옹정제는 진노했다.

여유량 사건을 '대역(大逆)'으로 규정하고 친히 편찬한『대의각미록(大義
覺迷錄)』에서 여유량을 이렇게 비난했다.

"무릇 천하의 토지 가운데 천자의 토지가 아닌 곳은 없으며, 사해의 백
성들 가운데 천자의 신하가 아닌 자는 없도다. 여유량은 청조의 토지에
서 농사를 짓고 먹고 살면서 집안을 보존하고 자손을 양육한지 수십 년
이 지났는데도 청조가 중국을 통일하여 모든 민족이 하나가 된 의미를
모르고 있다."

전통적으로 한족은 이른바 '화이지변(華夷之辨)' 사상을 가지고 있었다.
중원에서 조상 대대로 살고 있는 한족의 선조, 화하족(華夏族)이 문명의 중
심을 이루고, 주변의 만이족(蠻夷族)은 미개한 족속이라는 것이다. 따라서
세상은 언제나 한족을 중심으로 돌아가야 하며, 만이족은 한족이 끊임없
이 교화시켜야 할 대상이다. 한족 지식인들의 이러한 선민의식은 만주족
이 세운 청나라를 마음속으로 도저히 받아들일 수 없었다. 문명적으로 우
월한 민족이 야만족에게 통치를 받고 있는 현실이 너무나 부끄럽고 참담
했던 것이다.

옹정제는『대의각미록』에서 한족의 동떨어진 현실 인식을 비판했다.

"우리 청조가 천명을 받들어 온 세상 신민(臣民)의 주인이 된 까닭은 백
성의 삶을 편안하게 하고 그들을 사랑으로 양육하기 때문이다. 따라서
어찌 화하와 만이가 본질적으로 다르겠는가. 또 온 세상 신민이 우리 청
조를 임금의 국가로 받드는 까닭은 진실한 마음으로 순종하여 신민의 도
(道)를 다하기 때문이다. 따라서 화하와 만이를 구분하여 딴마음을 품어
서는 절대 안 된다."

청나라는 천명에 순응하여 만주족뿐만 아니라 사해의 모든 백성들을 다스리는 정통성을 가지고 있다. 옹정제는 여유량 등 청조의 통치에 불만을 품은 한족 인사들은 도저히 용서할 수 없었다. 여유량을 부관참시한 뒤 해골을 저잣거리의 장대에 걸어놓았고, 그의 일족 가운데 16세 이상의 남자들을 모조리 살해했다. 심재관(沈在寬), 엄홍규(嚴鴻逵) 등 여유량을 추종한 반청 사상가들도 멸족을 당했다.

한편 반란의 주모자였던 증정은 뜻밖에도 목숨을 부지할 수 있었다. 변절한 뒤 반청 활동에 가담한 지식인들을 앞장서서 색출했기 때문이다. 옹정제는 증정과 여유량의 차이를 이렇게 구분했다.

"증정은 단지 짐을 비난했을 뿐이다. 하지만 여유량은 짐뿐만 아니라 성조(聖祖: 강희제)의 성덕(盛德)도 사악한 말로 왜곡했다. 증정은 유언비어를 잘못 듣고 비방했지만, 여유량은 가슴속에서 우러나오는 말로 황당무계하게 조작했다. 따라서 여유량은 극악무도한 죄를 범했으며 그의 죄를 증정과 비교하면 훨씬 더 심각하다."

옹정제는 왜 증정을 살려주었을까. 표면적으로는 그가 '화이지변' 사상을 버리고 청조의 정통성을 인정했기 때문이라지만, 사실은 그를 앞잡이로 삼아 반청 세력을 잠재우려는 의도였다. 증정은 전국 각 지방을 순회하면서 자신의 잘못을 뉘우치는 연설을 하고 한족 인사들을 만나 황제가 얼마나 위대한 제왕인지 침이 마르도록 칭찬했다. 또 「귀인설(歸仁說)」을 지어 청나라 왕조의 정통성을 주장하고 모든 한족들은 청나라에 기쁜 마음으로 귀의해야 한다고 했다. 그는 옹정제의 의도대로 청나라의 충실한 '개'가 되었다.

옹정제는 황제의 권위에 도전하거나 반청 사상을 품은 인사들은 문자옥을 일으켜 무자비하게 탄압했다. 문자옥은 가장 강력한 일종의 '사상 탄압'이었다. 지식인들의 자유로운 사유 활동을 제한하고 그들이 통치자의 뜻에 따라 생각하지 않으면 멸문의 화를 당할 수 있다는 공포감을 심어주었다.

중국 역대 왕조에서 문자옥이 없었던 시대는 거의 없었다. 문자옥은 황제 통치술의 어두운 단면이었다. 옹정제는 성군의 자질이 있었지만 그도 결국은 문자옥의 유혹에서 벗어나지 못하고 역사의 오점을 남겼다.

오늘날 흔히 일어나는 필화(筆禍) 사건이 문자옥의 또 다른 모습이다. 독재 국가에서는 사상 통제가 봉건 시대에 결코 뒤지지 않기 때문에 지식인들은 스스로 자기 검열을 통하여 정형화된 사고를 한다. 하지만 목숨을 걸고 독재 정권의 사상 탄압에 저항하는 지식인들이 없었던 시대는 없다. 역사는 그들에 의해 동력을 얻고 발전했으며 후대 사람들에게 사상의 자유라는 고귀한 선물을 안겨준 것이다.

5. 죽음에 대한 의혹

옹정 13년(1735) 8월 23일 옹정제는 원명원의 구주청안전(九州淸晏殿)에서 58세를 일기로 갑자기 붕어했다. 붕어하기 3일 전까지만 해도 평소와 마찬가지로 국정을 직접 돌보다가 급사했다. 그의 갑작스러운 죽음에 대하여 정사(正史)에서는 어떤 기록도 없었기 때문에 훗날 사인(死因)을 두고 여러 의혹이 일어났다.

민간에서 떠도는 얘기들을 채록하는 관리인 패관(稗官)들이 쓴 야사, 『청궁십삼조(淸宮十三朝)』, 『청궁유문(淸宮遺聞)』 등에서는 여사랑(呂四娘)이 칼로 찔러 죽였다는 기록이 있다. 여사랑은 여유량의 딸이라고 한다. 여유량 집안이 문자옥으로 멸문의 화를 당할 때, 그녀는 극적으로 탈출하여 신분을 숨기고 살았다. 산속으로 들어가 스승에게 무술을 배웠는데 특히 검술에 능했다. 몇 년 후 무술이 입신의 경지에 오르자 아버지의 원한을 갚기 위해 옹정제를 시해하기로 결심했다.

어느 날 밤 그녀는 변장을 하고 황궁에 잠입했다. 자고 있던 황제의 목을 따서 바람처럼 사라졌다. 순식간에 황제가 시해되고 수급이 사라졌으니 환관들은 얼마나 놀랐겠는가. 그들은 대신들과 함께 황제가 급서했다고 입을 맞추고 장례 절차에 들어갔다고 한다. 민간에서 200여 년 동안 떠돌던 얘기이다.

1981년 학자들이 옹정제의 태릉(泰陵)을 발굴 조사한 적이 있었다. 발굴 도중에 조사를 멈추고 봉분을 다시 덮었다. 사실은 관을 열어보니 머리가 없는 시신이 나와서 그랬다고 사람들은 믿고 있다. 지금도 여사랑이 시해했다고 주장하는 사람들이 있다. 하지만 이는 황당무계한 얘기이다. 황제가 어떻게 사망했는지 조정에서 구체적으로 밝히지 않았기 때문에, 호사가들은 황제에게 가장 큰 원한을 품은 여유량 일가를 끌어들여 이야기를 그럴듯하게 엮어 사람들의 호기심을 자극한 것에 불과하다. 예나 지금이나 정부에서 사건을 투명하게 밝히지 않으면 유언비어가 난무하는 법이다.

옹정제가 단약(丹藥)에 중독되어 죽었다는 얘기도 있다. 명나라가 중엽 이후에 역대 황제들이 단약을 먹고 불노장생을 간절히 바랐기 때문에 몸을 망치고 정신이 혼미해져서 결국은 망한 역사적 교훈이 있었다.

청나라 황실에서는 단약 제조를 엄금했다. 옹정제는 황제로 등극한 후 국가의 대소사를 만기친람하면서 몸이 많이 쇠약해졌다. 자금성이 아닌 황실의 정원인 원명원에서 거주하면서 정사를 돌본 이유도 피폐해진 몸을 치유하기 위해서였다. 전대(前代)의 황제들과는 다르게 도사들이 제조한 단약을 먹고 기력 회복을 꾀하였다.

옹정제는 이미 황자(皇子) 시절에 단약에 흥미를 느끼고 「소단(燒丹)」 한 수(首)를 짓기도 했다.

〈단약을 제조하네〉

단사는 약물을 조화롭게 하고	鉛砂和藥物
송백은 구름 낀 단을 휘감고 있구나	松柏繞雲壇
화로는 음양의 불꽃을 돌게 하고	爐運陰陽火
효능은 내단과 외단을 겸했구나	功兼內外丹
영롱한 빛은 다투어 발산하고	光芒沖韜耀
영험한 기운은 땅에 서려 있는 용을 보위하네	靈異衛龍蟠
신선의 태아가 무르익음을 자각하고	自覺仙胎熟
천부는 자주 빛 난새를 내려 보내주네	天符降紫鸞

1~2련은 단약을 제조하는 과정을 표현했다. 도가에서 말하는 단약은 내단(內丹)과 외단(外丹)으로 나뉜다. 전자는 몸 안의 정(精)과 기(氣) 그리고 신(神)을 단련시켜서 스스로 신선이 되는 방법이다. 후자는 주사, 수은, 납, 비소 등 독성이 강한 광물질로 제조한 단약이다. 3~4련은 단약을 먹고 신선이 되는 모습을 나타냈다.

이 시를 통하여 옹정제가 얼마나 불노장생을 간절히 바랐는지 짐작할 수 있다. 황제로 등극한 후에는 도교 남종(南宗)의 조사(祖師), 장백단(張伯端·983~1082)을 숭배했다. 장백단은 북송 때 활동한 도사였는데도, 옹정제는 그를 '자양진인(紫陽眞人)'으로 책봉하고 그가 단약의 요체를 발명했다고 찬양했다. 옹정제가 얼마나 도교의 신선술을 숭배했으면 660여 년 전의 도사에게 시호를 내려 주었겠는가.

옹정제는 평소에 먹던 단약 '기제단(旣濟丹)'을 악이태(鄂爾泰), 전문경(田文鏡) 등 측근들에게 하사했다. 측근들이야 효과가 없어도 황제에게는 큰 효험을 보았다고 말했을 것이다. 옹정제는 그들의 얘기를 들을 때마다 단약을 더욱 맹신했다.

옹정 8년(1730) 옹정제는 중병에 걸렸다. 신하들에게 전국 각지에서 명의와 도사를 찾으라는 밀지를 내렸다. 사천 지방에서 은거하는 공륜(龔倫)이라는 자가 불노장생의 비법을 터득하여 86세 때 아들을 얻었다는 얘기를 사천순무 헌덕(憲德)이 아뢰었다. 옹정제는 그를 즉시 입궁하게 했다. 하지만 관리들이 그를 찾아 나섰을 때는 그가 이미 세상을 떠난 뒤였다. 옹정제는 그를 만나지 못한 아쉬움에 눈물을 글썽였다.

절강총독 이위(李衛)는 하남 지방에 가사방(賈士芳)이라는 도사가 있는데 신의(神醫)로 유명하다고 황제에게 아뢰었다. 옹정제는 하남총독 전문경에게 그를 찾아 입궐하게 했다. 가사방은 도교의 신비로운 술법으로 황제를 치료했다.

며칠 후 병이 씻은 듯 나아지자, 기쁨을 감추지 못한 옹정제는 이위에게 이렇게 말했다.

"짐의 병은 완전히 치유되었소. 짐이 완쾌한 까닭은 모두 경이 추천한 가사방이 효험을 발휘한 덕분이오."

가사방은 하루아침에 '이인(異人)'이라는 칭송을 받으며 특별대우를 받았다. 하지만 한 달이 지난 후에 옹정제는 가사방의 죄를 문초하라고 했다. 자신의 병을 낫게 한 그를 왜 갑자기 배척했을까. 원래 가사방은 안마(按摩)와 주문(呪文)으로 옹정제의 병을 치료했다. 처음에는 효과가 있었지만 시간이 지날수록 괴상한 일이 벌어졌다. 가사방이 주문을 걸면 옹정제의 몸은 그 주문대로 반응했다. 이를테면 아프라고 하면 아프고 아프지 말라고 하면 신기하게도 아프지 않았다. 자존심이 강한 옹정제는 그에게 심신이 지배를 당하고 있음을 뒤늦게 깨달았다. 결국 가사방은 '짐의 면전에서 요술을 부린 죄'로 처형당했다.

옹정제는 이 일을 겪고 난 뒤 단약만이 효험이 있다고 확신했다. 그가 거주하던 원명원에는 단약을 제조하는 도사들이 득실거렸다. 그들 가운데 장태허(張太虛)와 왕정건(王定乾)의 실력이 가장 뛰어났다. 옹정제는 그들이 제조한 금단(金丹)을 상복했다.

옹정 연간에 궁중에서 필요한 물건들을 항목별로 기록한 문서인 『활계당(活計檔)』의 기록에 의하면, 옹정 8년(1730)부터 13년(1735)까지 어명에 따라 단약 제조에 필요한 각종 물건을 원명원에 157차례나 보냈다. 수은, 흑연, 유황, 백은 등 광물질은 말할 것도 없고 석탄도 234톤이나 공급되었다. 옹정제가 붕어하기 12일 전에는 흑연 200근이 원명원으로 들어갔다. 흑연은 단약을 제련하는 데 필요한 원료이지만 독성이 강한 물질이다. 대량으로 섭취하면 오히려 안 죽는 게 이상할 정도이다.

옹정제가 급사한 까닭은 단약에 중독되었기 때문이라고 본다. 옹정제 사후에 황위를 계승한 건륭제는 원명원에서 거주하던 도사들을 모조리 쫓아냈다. 또 원명원에서 일어난 일을 발설하면 죽음을 면치 못할 거라고 강하게 경고했다. 부친이 단약 때문에 죽은 사실을 숨기고 싶었을 것이다. 옹정제는 중국 역사에서 단약을 상복하다가 죽음을 맞이한 최후의 황제가 아닌가 한다.

제 **6** 장

홍력 고종 건륭제

제6장

홍력 고종 건륭제

1. 성장 과정과 순조로운 황위 계승

옹정제는 형제간의 치열한 권력 투쟁을 통해 황제가 되었다. 부친 강희제가 미리 황태자를 책봉했다면 골육상쟁의 비극은 없었을 것이다. 옹정제는 부친의 실수를 반복하지 않기 위하여 옹정 원년(1703) 8월에 후계자를 비밀리에 정한다고 반포했다. 그리고 자신이 선정한 후계자의 이름이 적힌 밀지(密旨)를 상자 안에 넣어 자금성 건청궁의 「정대광명(正大光明)」이라고 쓰인 편액 뒤에 놓아두게 했다.

황제가 붕어한 뒤에 그것을 열어보고 황위 계승자가 누구인지 확인하라는 조치였다. 또 밀지 한 부를 황제의 어탑(御榻) 안에 두게 했다. 환관과 대신들에게 편액 뒤에 놓아 둔 것과 어탑 안의 것을 대조하여 후계자가 확실히 맞는지 최종적으로 확인한 후에 반포하게 했다. 이런 독특한 후계자 선정 방식은 황위 계승을 두고 싸우는 문제를 해결했다. 옹정제 사후에는 하나의 관례로 굳어졌다.

홍력(弘歷 · 1711~1799) 건륭제(乾隆帝)는 60년을 재위했다. 건륭 60년(1795) 열다섯째아들 옹염(顒琰 · 1760~1820)에게 선위(禪位)한 후에도 3년 동안 아들에게 훈수를 둔 시기를 포함하면 무려 63년을 통치했다. 중국 역사상 가장 오랜 세월 동안 집권한 황제인 셈이다. 할아버지 강희제와 아버지 옹정제가 닦아놓은 기반 위에 청나라 역사의 황금기를 이끌었다.

강희 50년(1711) 8월 홍력은 북경 옹친왕부에서 옹친왕 윤진의 다섯째 아들로 태어났다. 생모는 만주 양황기(鑲黃旗) 출신으로 전의관(典儀官) 능주(凌柱)의 딸, 뉴호록씨(鈕祜祿氏 · 1692~1777)이다. 13세 때 옹친왕부에 들어가 옹친왕의 측실이 되었다. 옹정제가 즉위한 후에는 희귀비(熹貴妃)로 책봉되었으며, 아들 홍력의 황제 등극 직후에는 황태후로 추존되었다.

건륭제는 생모 숭경황태후(崇慶皇太后) 뉴호록씨의 고희연과 팔순 잔치를 국가적 경축 행사로 치르면서 수많은 백성을 동원하고 엄청난 재화를 아낌없이 썼다. 뉴호록씨는 아들의 극진한 효도에 부담을 느끼고 자신의 생일에 관한 모든 의례는 최대한 검소하게 치르라고 당부했지만, 건륭제는 이렇게 말했다.

"지금은 국태민안이옵니다. 천하의 백성들 가운데 어머님의 은혜에 감격하지 않은 사람은 없사옵니다. 어머님의 탄신을 축하하는 행사는 국가의 위엄과 관련이 있으므로 조금도 소홀히 할 수 없사옵니다."

그녀는 측실이었으나 아들 덕분에 온갖 부귀영화를 누리고 천수를 다했다. 중국의 역대 황태후들 가운데 그녀보다 행복하게 살았던 여자는 아마 없을 것이다.

홍력이 태어난 직후에는 홍휘(弘暉), 홍분(弘昐), 홍윤(弘昀) 등 이복형들이 모두 요절한 뒤였다. 또 다른 이복형 홍시(弘時·1704~1727)도 옹정 5년(1727)에 요절했기 때문에, 홍력이 사실상 장남이었다. 홍력은 5세 때부터 글을 읽기 시작했다. 머리가 영특하고 외모가 준수하여 아버지의 사랑을 독차지했다.

강희 61년(1722) 봄 강희제는 심신이 날로 피곤해지자 그만 우울증을 앓았다. 60여 년이라는 기나긴 세월 동안 수많은 난관을 극복하고 청나라를 반석 위에 올려놓았지만, 어느덧 늙어버린 육신에는 허무의 그림자와 죽음의 공포가 다가오고 있었다. 그의 허전한 마음을 꿰뚫은 아들은 옹친왕 윤진이었다.

마침 원명원에는 모란이 만개하여 요염함을 다투고 있었다. 원명원은 강희제가 강희 48년(1709)에 아들 윤진에게 특별히 하사한 황실의 정원으로 부자간의 돈독한 감정이 배어있는 곳이다. 윤진은 부친에게 원명원으로 행차하시기를 간청했다. 꽃을 감상하며 지친 심신을 달래시라는 얘기였다.

봉건 시대에 황제의 행차는 엄청난 정치적 함의를 지닌다. 더구나 살날이 얼마 남지 않은 황제의 일거수일투족은 후계 구도와 밀접한 관련이 있었기 때문에, 강희제의 반응은 대단히 중요했다. 강희제는 흔쾌히 윤허했다. 황제를 태운 어가가 원명원에 당도하자 윤진은 기쁨을 감추지 못했다.

다른 황자들도 윤진과 마찬가지로 부친을 그들의 원림(園林)으로 모시고 싶었다. 하지만 강희제는 원명원의 풍광을 가장 좋아했다. 『청성조실록』의 기록에 의하면 강희제가 말년에 원명원을 11번 행차했다. 이는 다른 아들보다도 넷째아들 윤진에게 마음을 두고 있음을 보여준다.

사실 윤진이 아버지를 자신의 원림으로 초대한 까닭은 단순히 흐드러지게 핀 꽃을 보여주기 위한 게 아니었다. 그에게는 아버지의 마음을 한 순간에 사로잡을 '신무기'가 있었다. 바로 손자이다. 인생의 황혼기에 접어든 사람이 가장 애착을 느끼는 대상이 손자라는 사실을 그는 잘 알고 있었다. 강희제는 한 평생 아들 35명을 두었으며, 그들 가운데 어른이 되어 책봉을 받은 아들은 20명이었다. 손자는 무려 97명이나 되었으니 이름을 일일이 기억하기조차 힘들었다. 할아버지의 얼굴을 못 본 손자도 적지 않았을 것이다.

그렇지만 윤진은 부친이 홍력을 만나보면 크게 기뻐할 거라고 확신했다. 영특하고 자신을 빼닮은 손자를 좋아하지 않을 할아버지가 어디 있겠는가.

강희제가 한창 흥에 겨워있을 때 윤진이 넌지시 말했다.

"황상의 두 손자가 태어난 이래 황상의 용안을 뵌 적이 아직 없사옵니다."

"좋아. 지난번에 너의 두 아들이 열심히 공부한다고 들었다. 당장 데리고 오너라!"

강희제는 홍력을 보고 깜짝 놀랐다. 홍력의 동생 홍주(弘晝·1712~1770)는 특별한 인상을 주지 못했지만, 홍력은 너무나 잘생긴 아이였다. 키가 크고 용모가 수려했을 뿐만 아니라 수정처럼 맑은 눈에는 비범한 기운이 넘쳤다. 강희제의 질문마다 홍력은 막힘없이 대답했다.

청태조 누르하치의 둘째아들 대선(代善)의 후손, 소련(昭槤·1776~1829)이 지은 『소정잡록(嘯亭雜錄)』에 이런 내용이 있다.

"천부적인 재능을 타고난 건륭제는 6세 때 송(宋)나라의 문인 주돈이(周敦頤 · 1017~1073)가 지은 유명한 산문 「애련설(愛蓮說)」을 한 글자도 빼먹지 않고 완벽하게 암송하여 주위 사람들을 놀라게 했다. 강희제가 옹친왕부의 목단대(牧丹臺)에서 그를 처음 보고서는 기뻐하며 말했다. '이 아이의 복은 나보다 많겠구나!' 이에 그를 황궁으로 데려가 가르치게 했다. 그는 아침저녁으로 학습에 매진했는데 여러 황자들 가운데 으뜸이었다."

훗날 홍력도 할아버지와의 만남을 이렇게 술회했다.

"강희 61년(1722) 봄 황고(皇考: 옹정제)께서 황조(皇祖: 강희제)를 모시고 원명원에서 꽃을 감상하셨는데 황조의 자애로운 용안에는 기쁨이 넘쳐났다. 성대한 연회가 한창 무르익어가고 있을 때, 황고께서 내 이름을 아뢰었다. 황조께서 나를 만난 후로는 남달리 귀여워하고 사랑하셨다. 지금 생각해보면 그때부터 황조의 성은을 입기 시작했다."

강희제는 이 해(1722) 11월에 붕어했으므로 손자 홍력과 함께 지낸 시간은 7~8개월에 불과했다. 하지만 이 짧은 시간에 손자는 할아버지의 마음을 완전히 사로잡았다. 강희제가 윤진에게 황위를 계승하게 하라는 유언을 내린 것도, 훗날 손자 홍력의 황위 계승을 염두에 두었기 때문이라는 얘기가 있을 정도로 손자 사랑이 지극했다. 이는 윤진을 여러 형제들 가운데 황위 계승 투쟁에서 가장 유리한 입장에 서게 했을 뿐만 아니라, 홍력에게도 3대에 걸친 정통성을 바탕으로 어떤 시시비비도 없이 황권을 계승하게 하는 원동력이 되었다.

옹정제는 즉위한 직후 후계자를 미리 선정하기로 결심했다. 당시 그에게는 홍시, 홍력, 홍주 등 세 아들이 있었다. 홍시는 놀기를 좋아하고 학습을 게을리 했기 때문에 부친의 눈 밖에 난지 오래였다. 옹정제는 홍력이 성군의 자질을 타고났다고 생각했다. 비밀리에 홍력을 후계자로 결정한 뒤 그의 이름이 적힌 밀지를 상자 안에 넣어 자금성 건청궁의 「정대광명(正大光明)」이라고 쓰인 편액 뒤에 놓아두게 했다.

옹정제가 어느 황자를 후계자로 정했는지 아무도 몰랐으며 알았다면 천기누설이나 다름이 없어 멸문의 화를 당할 수 있으므로 감히 알려고 하지 않았지만, 홍시가 요절한 뒤에는 신하들은 대체적으로 홍력이 황위를 계승하지 않을까 하는 추측을 조심스럽게 할 따름이었다.

옹정제는 건청궁 부근에 상서방(尙書房)을 설치하여 황자 교육을 전담하게 했다. 복민(福敏·1673~1756), 주식(朱軾·1665~1736), 채세원(蔡世遠·1682~1733) 등 당대의 저명한 문신들이 홍력에게 유가 경전과 제자백가를 가르쳤다. 만주족이었으나 성리학에 정통한 복민은 어린 홍력에게 가장 큰 영향을 미쳤다.

훗날 건륭제는 그를 스승으로 모시고 공부한 시절을 이렇게 회상했다.

"내가 어렸을 때 날마다 용한복(龍翰福: 복민을 지칭) 선생을 모시고 가르침을 받았다. 배운 내용은 쉽게 암기했으므로 학습은 언제나 예정 시간보다 일찍 끝났다. 선생께서는 나에게 이렇게 말씀하셨다. '오늘 학습이 다 끝났다고 해서, 어찌 내일의 학습 내용을 오늘 배우지 말라는 법이 있겠는가.' 내일이 되면 또 똑같은 말씀을 하셨다. 그런데 내 동생 화친왕(和親王) 홍주(弘晝)는 머리가 좀 우둔하여 하루에 배워야할 내용을 언제나 제 시간에 맞게 익히지 못했다. 선생께서는 이렇게 말씀하셨다. '동생은 아직도 서재에 있는데도 형이라는 자가 어찌 동생을 돌보지 않고 먼저 자리를 뜰 수 있겠는가.' 그리고는 다시 나에게 과제를 내주셨다. 동생이 배운 내용을 다 암기할 때까지 기다렸다가 비로소 함께 나올 수 있었다.

그때는 철없는 어린아이였던지라 선생의 그러한 조치에 원망하지 않을 수 없었다. 하지만 지금 생각해보니 실제로 나에게 많은 도움이 되었다. 내가 많은 서적을 읽을 수 있었던 까닭은 선생께서 나를 잘 인도한 덕분이었다."

한족 출신 주식은 홍력을 엄격하게 가르쳤다. 사소한 잘못을 해도 무서운 추궁이 뒤따랐다. 하루는 주식이 홍력을 심하게 다룬다는 얘기를 들은 옹정제가 그를 초치하여 말했다.

"선생께서 홍력을 잘 가르쳐도 그 아이는 왕의 신분이오, 안 가르친다고 해도 역시 왕이오. 그런데도 어찌 그를 심하게 다루는가."
"황자를 잘 가르치면 훗날 요순(堯舜) 같은 성군이 될 것이며, 그렇지 않으면 황자는 하나라 걸왕(桀王)이나 상나라 주왕(紂王) 같은 폭군이 되지 않을까 두렵습니다."

말문이 막힌 옹정제는 그 후 더 이상 자식 교육에 이러쿵저러쿵하지 않았다. 한림편수 채세원은 홍력에게 시문(詩文)을 집중적으로 가르쳤다. 홍력이 일생 동안 한유(韓愈·768~824)의 문장을 작문의 전범(典範)으로 삼은 것은 그의 가르침 덕분이었다.

"황고(皇考: 옹정제)께서는 선생(채세원)에게 상서방으로 들어가 황자들을 가르치게 했다. 내가 선생에게 고문을 배울 때, 그는 항상 이렇게 말씀하셨다. '창려(昌黎: 한유를 지칭)의 문장을 근본으로 삼아야 합니다. 그리고 언사(言辭)는 이치에 맞아야 만이 도(道)를 담을 수 있고, 문기(文氣)가 왕성해야 만이 문사(文辭)를 완벽하게 표현할 수 있습니다.' 지금 짐이 문장을 지

청나라 역대 황제 평전

을 때 선생께서 말씀하신 유익한 내용에 많은 도움을 얻는다."

당송팔대가의 한 명인 한유(韓愈)는 이른바 '문이재도(文以載道)'사상을 주장하여 후대의 문단에 엄청난 영향을 끼쳤다. 글을 쓰는 목적은 도덕, 윤리, 교화 등을 선양하기 위해서이지 음풍농월이나 허황된 생각을 미사여구로 꾸미면 안 된다는 것이다. 정통 유가의 문학에 대한 관점을 단적으로 표현한 이론이다. 홍력은 어린 시절부터 경전(經典)의 세례를 듬뿍 받았다.

"짐은 궁중에서 나고 자라면서 황제로 등극하기 전까지 20년 동안 강송(講誦)을 하지 않은 적이 거의 없었다. 사실상 공부만 한 서생이었다."

홍력은 자신이 공부만 한 서생임을 자랑스럽게 생각했다. 옹정 2년(1724) 그는 부친을 대신하여 경릉(景陵)에 가서 강희제의 제사를 주관했다. 부친을 대신하여 선황제의 제사를 모시는 일은 아주 중요한 의미를 지닌다. 후계자가 될 황자가 아니면 절대 제사를 주관할 수 없었다. 옹정제가 14세에 불과한 홍력에게 제사를 주관하게 한 것은 그를 후계자로 삼겠다는 강한 암시였다.

옹정 5년(1727) 홍력은 부친의 뜻에 따라 만주 양황기(鑲黃旗) 찰합이총관(察哈爾總管) 이영보(李榮保)의 딸, 부찰씨(富察氏: 훗날의 효현순황후·孝賢純皇后·1712~1748)와 대혼을 치렀다. 이 해에 이복형 홍시가 방종에 빠지고 매사에 신중하지 못했다는 이유로 이름이 종적(宗籍)에서 삭제되었다. 몇 달 후 홍시가 요절한 뒤에는 홍력과 경쟁을 벌일만한 황자는 사실상 없었다.

옹정 8년(1730) 홍력의 둘째아들이 태어났다. 원래 홍력은 시첩(侍妾)이자 또 다른 부찰씨(富察氏) 사이에 장남 영황(永璜·1728~1750)을 두었다. 하지만 부찰씨가 홍력의 정부인이 아니었기 때문에 영황은 법적으로 장남 대우를 받지 못했다. 앞서 말한 이영보의 딸, 부찰씨가 홍력의 정부인이며, 그녀에게서 얻은 아들이 법적으로 장남이 된다.

옹정제는 적손(嫡孫)의 탄생을 누구보다도 기뻐했다. 청태조 누르하치 이후 황권을 계승한 청태종, 순치제, 강희제, 옹정제 등은 모두 적장자 출신이 아니었다. 만주족은 서열에 관계없이 능력이 가장 뛰어난 아들을 후계자로 선정하는 전통이 있었다. 하지만 청나라가 한족 문명의 영향을 강하게 받은 뒤에는 황실은 유가의 적장자 계승의 원칙을 중시하기 시작했다.

옹정제는 이미 이념적으로 유가 사상에 동화된 황제였기 때문에 자신이 서자 출신이라는 것에 일종의 열등감을 느끼고 있었다. 옹정제가 아들의 대혼을 서두른 이유도 아들이 하루라도 빨리 적손을 낳아 적장자와 적손으로 이어지는 황통을 세우려는 목적이었다.

옹정제는 친히 적손의 이름을 영련(永璉·1730~1739)이라고 지었다. 연(璉)자는 종묘의 제기(祭器)라는 의미이자 종묘를 잇는다는 뜻이기도 하다. 홍력은 부친이 지은 아들의 이름을 보고 부친의 뜻이 자신에게 있고 아들이 대를 이어가길 바라고 있다고 확신했다.

옹정 11년(1733) 옹정제는 홍력을 화석보친왕(和碩寶親王)으로 책봉하고, 준갈이(准噶爾) 반란과 귀주의 묘민(苗民) 반란을 평정하게 했다. 그에게 군사적 경험을 쌓게 하려는 의도였다. 홍력은 부친이 맡긴 업무는 철저히 완수하여 두터운 신임을 받았다. 이때부터 부친을 대신하여 국가의 각종 의례를 도맡았다. 이제 그에게는 옹정제가 붕어하면 황제의 대관식만 남아 있을 뿐이었다.

2. 아버지의 실정을 바로잡고 선정을 펴다

옹정 13년(1735) 8월 22일 옹정제가 급사했다. 환관과 대신들은 건청궁의 「정대광명(正大光明)」이라고 쓰인 편액 뒤에 놓인 상자를 개봉했다. 예상대로 홍력에게 황위를 잇게 한다는 밀지였다. 홍력은 동생이 아닌 자기가 황위를 계승하게 되었다는 소식을 듣고 즉시 엎드려 대성통곡을 하다가 쓰러졌다. '준비된 황제'였지만 조금도 흥분하지 않고 부친의 죽음에 혼절할 정도로 비통한 모습을 보여주었다.

그에게는 타고난 정치적 감각이 있었다. '효자'로서 부친의 죽음을 지극히 슬퍼하는 모습을 보여줌으로써 백성들에게 자신이 얼마나 인륜과 도덕을 중시하는지 보여주고 싶었다. 시신을 입관할 때 몸부림을 치며 관 뚜껑을 덮지 못하게 했을 뿐만 아니라, 이틀 동안 아무 것도 먹지 않고 통곡만 했다. 황제의 옥체가 상할까 두려워한 황족, 대신들이 그를 부축이고 음식을 권했지만 요지부동이었다.

황제의 상례(喪禮)에 따르면 황여(黃輿)가 자금성을 돌 때, 새 황제는 정궁의 대문인 건청문 안에서 영접하는 게 법도였다. 하지만 건륭제는 황여를 친히 호송하겠다고 말했다.

대신들이 반대하자 그는 특별히 조서를 내렸다.

"짐은 차마 건청문에서 선황제의 영구를 영접하지 못하겠소. 짐이 조금이나마 효심을 다할 수 있도록 경들은 더 이상 법도에 따라 해야 한다고 권하지 마오."

황여를 호송하면서 자금성을 돌 때 건륭제의 곡소리가 끊이질 않았다. 건청문 앞에 진입하는 순간 또 신하들에게 하명했다. 자신은 새 황제의 신분이지만 황제만이 입출입하는 건청문을 통해 들어가지 않고 건청문의 서쪽에 있는 내우문(內右門)으로 들어가겠다고 했다.

내우문은 관리들이 출입하는 문이다. 돌아가신 부친에게 최대한 예의를 갖추겠다는 뜻이었다. 장례 기간 중에 건륭제의 일거수일투족을 지켜본 대신들은 감격해마지 않았다. 황궁 안팎에서 이구동성으로 성군이 나왔다는 칭송은 단시간에 꼬리에 꼬리를 물고 전국에 퍼졌다.

같은 해 9월 홍력은 25세의 나이에 자금성 태화전에서 즉위했으며, 다음 해부터 연호를 건륭(乾隆)으로 정했다. 건륭제는 아버지 옹정제보다는 할아버지 강희제를 더 숭배하고 그의 통치 철학을 계승했다. 아버지가 황권을 장악하는 과정에서 많은 사람들을 죽인 것에 대해 반감을 느끼고 있었다. 아버지의 잔혹한 통치술을 버리고 할아버지의 어진 정치를 본받기로 결심했다.

건륭제는 옹정제가 붕어한지 3일 만에 장태허(張太虛), 왕정건(王定乾) 등 도사들을 궁궐에서 쫓아냈다.

『청고종실록』에 이런 기록이 있다.

"황고(皇考: 옹정제)께서 국정을 만기친람하시면서 한가한 시간이 생겼을 때, 밖에서 단약을 제조한다는 얘기를 들었다. 단약이 무용지물에 불과한 사실을 알고 계셨지만 그 제조 과정을 관찰함으로써 여가를 즐기는 도구로 삼고자 했다. 그래서 장태언, 왕정건 등 도사들을 서원(西苑)의 한 구석에 거주하게 했다. 황고께서는 그들을 광대 취급했으며 그들의 말을 들을 적이 없고, 그들이 만든 단약을 복용한 적도 없었다. 또 그들은 시정잡배와 같은 자들이라 거짓말을 지어내 사단을 일으키기를 좋아함을 잘 알고 계셨다. 황고께서는 짐과 친왕들의 면전에서 여러 차례 그들의 잘못을 지적했다. 지금 짐은 그들을 모두 궁궐에서 쫓아내니 각자 고향으로 돌아가라!"

장태언과 왕정건은 옹정제가 총애한 도사들이다. 건륭제는 부친이 단약에 중독되어 죽은 사실을 차마 밝힐 수 없었다. 그래서 부친이 오락거리로 좋아한 것이지, 진심은 그렇지 않았다고 억지 주장을 폈다. 건륭제는 부친의 허물을 덮고 대신에 그것을 도사들을 쫓아내는 것으로 해결했다. 물론 도사들을 죽이지 않고 관용을 베풀었다.

옹정제는 일생 동안 단약뿐만 아니라 상서로운 것이나 기이한 현상을 아주 좋아했다. 전국 각지에서는 가화(嘉禾)와 기린(麒麟)이 나타나고, 밤하늘에는 오성연주(五星連珠)의 천문 현상이 생겼다고 관리들이 끊임없이 아뢰었다. 심지어는 황하의 물이 맑아지고 봉황이 나타났다고 허풍을 떨기도 했다.

'가화'란 낟알이 많이 달린 벼이삭을 뜻하며 풍요를 상징한다. '기린'은 전설속의 상서로운 동물이다. 옛사람들은 기린이 출현하면 반드시 상서로운 일이 생긴다고 믿었다. 수성, 금성, 화성, 목성, 토성 등 오성이 한 방향에서 동시에 출현하는 천문 현상을 '오성연주'라고 한다. 이것도 국운 흥성의 조짐으로 간주했다.

옹정제가 어진 정치를 펴서 하늘이 감동했기 때문에 그런 것들을 나타나게 했다고 미화했으나, 사실은 형제들을 죽이고 황위를 차지한 그의 정통성 문제를 덮기 위한 수단이었다.

만인의 축복 속에 적법한 절차에 따라 황위를 계승한 건륭제는 그런 '조작'은 쓸모없었다. 즉위하자마자 신하들에게 엄명을 내렸다.

"앞으로는 오색구름, 낟알이 많이 달린 벼이삭 등 상서로운 것들이 나타났다고 짐에게 아뢰는 일은 모두 불허한다."

황제에게 아부하기 위해 조작한 어떤 길상(吉祥)도 인정하지 않겠다는 뜻이다. 백성들이 행복한 삶을 누리면 상서로운 것들이 나타나지 않아도 태평성대에 아무런 장애가 없으며, 국가가 혼란에 빠지면 그것들이 날마다 나타나도 아무 쓸모도 없는 것으로 보았다. 부친과는 정반대의 생각을 한 것이다.

옹정제는 궁중에서 암투를 벌이면서 이복형제들을 죽이거나 유폐시켰다. 심지어 친동생 윤제(胤禵)마저도 옹정 4년(1726)에 삭탈관직을 당하고 유폐되었다. 옹정제가 통치한 13년 동안, 그는 황궁의 음습한 곳에서 숨을 죽이고 살았다.

부친에게 박해를 당한 황숙들을 동정한 건륭제는 즉위한지 한 달 만에 신하들에게 성지(聖旨)를 내렸다.

> "아기나(阿其那: 윤사·允禩)와 색사흑(塞思黑: 윤당·允禟)은 스스로 죄를 저지르고 죽었기 때문에, 그들을 불쌍하게 여길 필요는 조금도 없다. 하지만 그들의 자손은 성조인황제(聖祖仁皇帝: 강희제)의 지손(支孫)이 아닌가. 만약 그들을 황실의 족보에서 지금처럼 계속 삭제한 채로 두면, 그들의 처지는 일반 백성과 다를 바 없을 것이다. 원래 이는 여러 왕과 대신들이 여러 차례 간청하여 결정한 일이었지, 실제로는 황고(옹정제)의 본의가 아니었다. 이 사안을 어떻게 처리해야 하는지 여러 왕과 문무백관은 각자 의견을 내어 상의한 뒤 짐에게 아뢰어라!"

옹정제가 황위를 차지하기 위하여 그들을 죽였지만, 건륭제는 부친의 뜻이 아니었다고 둘러대고 그 책임을 신하들에게 전가했다. 아들로서 아버지의 잘못을 차마 밝힐 수 없었기 때문이다. 그의 이런 파격적인 조치에 힘입어 옹정제의 박해를 당하고 죽은 윤사와 윤당은 종적을 회복하고 그들의 자손은 다시 귀족의 특권을 누리게 되었다.

또 유폐된 윤제를 복권시키고 다라순군왕(多羅恂郡王)에 책봉했으며, 정황기(正黃旗) 한군도통(汉军都统) 등 요직에 등용했다. 새 시대를 맞이하여 부친이 남긴 구원(舊怨)을 정리하고 종친간의 화목을 도모할 목적이었다. 이로써 오랫동안 황실을 우울하게 했던 보이지 않는 불화는 눈 녹듯 사라졌다.

건륭제는 억울하게 피해를 입은 종친들만을 구제한 게 아니었다. 옹정 연간에 서북 지방을 평정한 명장, 악종기(岳鍾琪)는 "국가의 대사를 그르치게 하고 임금의 은혜를 배반했다."는 죄명으로 삭탈관직을 당했다. 그의 무공을 높이 평가한 건륭제는 그를 다시 중용했다.

또 강희 연간의 명장, 부이단(傅爾丹)도 옹정제 때 투옥되어 있다가 건륭제에 의해 복권되었다. 기사회생한 악종기와 부이단은 그 후 늙은 몸에도 불구하고 서북 지방에서 일어난 침략과 반란을 평정하여 건륭제의 성은에 보답했다.

옹정제는 황무지 개간 사업에 심혈을 기울였다. 그것은 백성들의 양식 확보를 용이하게 했을 뿐만 아니라 세수 증대에도 효과가 있었다. 하지만 지방 관리들은 실적을 쌓기 위해 허위로 보고하기 일쑤였다. 그들의 범법 행위는 뜻하지 않게 백성들의 조세 부담을 가중시켰다.

건륭제는 지방 관리들에게 실제로 개간한 토지를 정확하게 파악하여 보고하게 했다. 사실에 부합하지 않으면 엄벌에 처했으며 조세를 납부하지 못한 백성들에게는 감면 혜택을 주었다.

소련(昭槤·1776~1829)은 『소정잡록(嘯亭雜錄)』에서 당시의 상황을 이렇게 묘사했다.

　"순황제(純皇帝: 건륭제)께서 즉위할 때 헌종황제(宪宗皇帝: 옹정제)의 엄격한 통치술을 물려받았지만, 선황제와는 다르게 관용과 인의로 국가를 다스리기 시작했다. 오랫동안 백성들을 괴롭혔던 개간 사업을 폐지하고 매관매직을 금지했으며 또 농업 생산을 독려하고 궁궐에서 거주하던 승려와 도사들을 모조리 쫓아냈다. 순황제의 이러한 파격적인 조치에 백성들은 감격해마지 않았으며 그를 칭송하는 소리가 우레와 같았다."

건륭제가 즉위 초기에 부친과 다른 정책을 펴서 만백성의 칭송을 받았다는 얘기이다. 건륭제가 어진 군주라는 소문은 조선에까지 전해졌다. 『조선왕조실록·영조 15년』의 기록을 보면, 영조가 진위사은부사(陳慰謝恩副使)의 자격으로 청나라를 다녀온 서종옥(徐宗玉·1688~1745)에게 청나라 황실의 사정을 하문한 적이 있었다.

서종옥은 이렇게 아뢰었다.

"옹정제는 가혹하고 각박한 군주로 유명했으나, 건륭제는 관대한 정치를 행하고 있사옵니다. 황제가 신하의 의견을 물어보는 조서(詔書)를 읽어보면, 대간(臺諫)이 황제의 잘못과 대신들의 시비(是非)를 제대로 논하지 않았다는 이유로 처벌을 받았사옵니다. 이처럼 자신의 과오를 감추려고 하지 않았던 건륭제는 어진 임금이라 할 수 있사옵니다."

영조 15년(1739)은 건륭 4년에 해당한다. 20대 후반의 건륭제가 정치 개혁에 몰두할 시기이다. 조선 왕실과 사대부들은 마음속으로는 만주족을 야민인 취급을 하고 청나라 황실에 대한 뿌리 깊은 편견을 가지고 있었지만, 건륭제에 대해서는 객관적 평가를 내린 셈이다.

사실 옹정제는 청나라를 부국강병으로 이끌었고 크게 나무랄 데 없는 황제였다. 건륭제는 아들의 입장에서 부친의 정책을 그대로 답습해도 별

문제가 없었다.

『논어·학이편』에 이런 내용이 있다.

"부친이 살아 계실 때는 그분의 뜻을 잘 살피고, 돌아가셨을 때는 그분
의 행적을 잘 살펴야 한다. 3년 동안 부친의 도(道)를 바꾸지 않으면 효도
를 다했다고 할 수 있다."

공자의 유명한 말이다. 쉽게 말해서 부친의 3년 상(喪)을 치르는 동안
에는 아버지의 평소 생각과 행동을 따라야 만이 효자라는 뜻이다. 공자
는 청나라 황실에서도 성인으로 추앙을 받았다. 건륭제도 이 구절의 의미
를 모르지는 않았을 것이다. 하지만 아버지가 붕어하자마자 그의 통치 기
간에 행해졌던 사소한 실정(失政)이라도 덮어두지 않고 바로잡았다. 건륭
제는 대청제국의 황제로서 국가의 번영과 백성의 안녕을 위해서라면 과
감한 개혁 조치를 단행했다. 설사 그것이 아버지의 뜻에 위배되고 유가의
예법에 맞지 않는다고 해도 말이다.

3. 관용과 엄격함을 병행하는 통치술을 완성하다

건륭제는 황제로 등극하기 전부터 어떤 평지풍파도 겪지 않고 제왕
교육을 철저하게 받았다. 그의 통치 철학은 이미 젊은 황자 시절에 완성
되었다고 해도 과언이 아니다. 황제로 등극하기 전인 22세 때 그 동안 쓴
문장들을 모아 『낙선당문초(樂善堂文鈔)』를 편찬했다.

이 문집에 이런 글이 있다.

"천하는 덕(德)으로 다스려야 하지 무력으로 다스려서는 안 된다. 따라서 덕행이 뛰어난 사람은 성공하고, 그렇지 못한 자는 실패한다."

유가에서 말하는 성군(聖君)의 치세에 대한 기본 인식을 반영한 글이다. 그는 역대 제왕들 가운데 당태종(唐太宗·685~762) 이세민(李世民)을 자신의 우상으로 삼았다.

"당태종은 삼대(三代: 하나라·상나라·주나라) 이후에 출현한 위대한 현군이다.……그는 남을 겸허하게 상대했는데 윗사람에게는 이익을 적게 주고 아랫사람에게는 이익을 많이 주었으므로 천하의 융성함을 이룰 수 있었다. 황제로 즉위한 후에는 온힘을 다하여 나라를 다스렸는데 자신의 이익은 줄이고 남의 이익은 늘려주었으며, 백성을 사랑하고 신하의 간언을 따랐으며 몸소 인의를 실천했다. 방현령(房玄齡), 위징(魏徵) 등 충신들의 간언을 활용하여 임금과 신하가 서로 의기투합하고 감히 태만하지 않았으므로 정관(貞觀)의 성세를 이룰 수 있었다."

오늘날에도 중국인이 가장 존경하는 군주는 역시 당태종이다. 그는 순자(荀子)가 주장한 "군주는 배이며 백성은 물이다. 물은 배를 띄울 수 있지만 뒤집을 수도 있다."는 인식을 바탕으로 백성에게 어진 정치를 펴지 않으면 왕조가 망한다는 신념을 가지고 있었다. 또 인재를 어떤 편견도 없이 등용하고 임금과 신하간의 원활한 소통을 장려하여 언로를 창달했다. 건륭제는 20대 초반의 젊은 나이에 반드시 당태종처럼 성군이 되겠다는 의지를 표명했다.

다음의 「관즉득중론(寬則得衆論)」도 젊은 시절에 쓴 문장이다.

청나라 역대 황제 평전

"태산은 작은 흙더미도 마다하지 않았기 때문에 거대한 산을 이룰 수 있었으며, 황하와 바다는 가느다란 물줄기도 가리지 않았기 때문에 깊은 수심을 이루었으며, 훌륭한 임금은 백성을 물리치지 않았기 때문에 그 덕행을 이룰 수 있었다.……진실한 마음을 품고 관용으로 타인의 잘못을 감싸주어 자신의 넓고 큰 인덕을 이룰 수 있으면, 사람들 또한 그 은혜에 감격하여 진심으로 복종한다. 만약 임금이라는 자가 자신의 좁은 소견에만 집착하고 각박하게 행동한다면, 진시황(秦始皇)이 산더미같이 쌓인 문서를 일일이 읽어보고, 수문제(隋文帝)가 친히 하찮은 일까지 살피는 것처럼 국정을 부지런히 다스린다고 해도 국가에 무슨 이득이 있겠는가."

"관대하면 군중의 마음을 얻을 수 있다."는 이른바 '관즉득중(寬則得衆)'은 공자의 유명한 말이다.
『논어·양화편』에 이런 내용이 있다.

"자장(子張)이 공자에게 인(仁)에 대하여 물었다. 공자가 대답했다. '천하에서 다섯 가지를 행할 수 있는 것이 인이다.' 그 다섯 가지가 무엇이냐고 묻자 대답했다. '공손함, 관용, 신의, 민첩함, 은혜가 바로 그것이다. 공손하면 모욕을 당하지 않고 관대하면 대중의 마음을 얻고, 신의가 있으면 남의 신임을 받고 민첩하면 공을 세우고 은혜로우면 남을 잘 부릴 수 있다.'"

건륭제는 이 다섯 가지 가운데 '관용'을 자신의 관점으로 부연 설명했다. 백성을 다스리는 군주는 항상 모든 것을 다 포용할 수 있는 하해와 같은 도량이 있어야 한다. 설사 신하와 백성들이 잘못을 저질러도 관용으로 감싸주고 은혜를 베풀면, 그들은 강요하지 않아도 진심으로 복종한다. 하지만 진시황이나 수문제처럼 사소한 일까지 시시비비를 따지고 법망으로 백성을 옭아매려고 한다면, 설사 그들이 국정을 부지런히 다스린다고 해도 실제로는 국가에 아무런 도움이 안 된다. 만백성의 어버이인 군주는 군주다운 도량이 있어야 한다. 그것이 곧 관용이라는 것이다.

건륭제는 아버지가 촘촘하게 짜인 법률로써 신하들을 엄격하게 통제한 것을 은연중에 비판했다. 훗날 자신이 황제로 등극하면 관용과 인의의 정치를 펴겠다는 포부를 밝힌 문장이다. 그가 집권하자마자 대사면 조치를 취한 배경에는 그의 이런 관용 정신이 있었다.

하지만 건륭제는 마냥 관용만 베푼 황제는 결코 아니었다. 젊었을 때 지은 『한원제론(漢元帝論)』을 읽어보면 그가 미래의 황제로서 어떤 통치술을 펼지 짐작할 수 있다.

"자고이래로 국가를 망친 군주는 두 부류가 있다. 난폭한 군주와 유약한 군주이다. 난폭한 군주는 빨리 망하고, 유약한 군주는 천천히 망한다. 빨리 망하는 자는 위기가 닥쳤음을 깨닫고 늦게나마 관용과 화합으로 국가를 구하려고 하지만, 이는 궁지에 몰려서 발버둥치는 것과 같다. 천천히 망하는 자는 신하들과 함께 고통을 감수하지만, 날이 갈수록 사태가 악화되기 때문에 현명한 신하가 있더라도 상황을 반전시킬 수 없다."

"따라서 난폭한 군주가 국가를 망칠 때는 수탈과 살육이 극에 달하여 민심이 이반한다. 그런데 조종(祖宗)의 은택이 아직 남아있으면 자신의 몸은 망쳐도 국운은 이어질 수도 있다. 유약한 군주는 권신(權臣), 외척, 환관, 절세미인 등에게 놀아나 권력을 잃고 허수아비가 된다. 몸은 한때 편안할 수 있으나 자손에 이르러 망하지 않는 경우는 없다. 따라서 유약한 군주가 국가를 망치는 것은 난폭한 군주보다 더 심하다."

서한(西漢)의 원제(元帝) 유석(劉奭·BC74~33)은 유가 경전에 능통하고 예술을 사랑한 황제이다. 하지만 사람됨이가 유약하고 결단력이 부족하여 권신과 환관들에게 놀아났다. 그가 황제로서 권력을 제대로 행사하지 못했기 때문에, 서한은 망국의 길로 접어들었다.

건륭제는 유석 같은 유약한 군주를 가장 경계했다. 난폭한 군주와 유약한 군주 모두 국가를 망치는 자이지만, 굳이 두 사람의 우열을 비교하면 유약한 군주가 더 문제라는 인식이다. 이는 그가 아무리 관용과 인의를 바탕으로 한 정치를 하겠다고 해도, 기본적으로는 강력한 통치력을 발휘하여 국가를 다스리겠다는 의지를 피력한 것이다.

그의 통치 철학은 이른바 '관엄상제(寬嚴相濟)'로 완성된다. 그는 이것을 이렇게 설명했다.

"관용과 엄격함 사이에서 중도(中道)를 취해야 한다. 정치가 지나치게
엄격하면 가혹하게 되고, 지나치게 관대하면 기강이 문란해진다. 이 두
가지는 모두 관용과 엄격함을 잘 조화시켜 행하는 도(道)가 아니다."

관대해야 할 때는 관대해야 하고, 엄격해야 할 때는 엄격해야 한다. 또 엄한 가운데 관용이 있으며 관용을 베푸는 가운데 엄격함이 있어야 한다. 요컨대 상황에 맞게 관용과 엄격함의 조화를 이루게 해야 한다는 주장이다. 사실은 이 주장도 공자의 말을 응용한 것이다.

『춘추좌전·소공 20년』에 이런 내용이 있다.

"공자가 말했다. '참으로 옳은 말이오! 정치가 지나치게 관대하면 백성
은 게을러지고, 게을러지면 엄격함으로 백성을 바로잡아야 하오. 정치가
지나치게 엄격하면 백성은 사나워지고, 사나워지면 관용으로 백성을 대

해야 하오. 관용으로 엄격함을 보완하고 엄격함으로 관용을 보완하면 정치는 조화를 이루게 되오.'"

공자도 백성은 '다스림을 당하는' 대상으로 생각했다. 먹을거리를 하늘로 삼는 백성은 스스로 깨닫는 주체가 아니므로 관용과 엄격함을 적절하게 운용하여 다스려야 한다는 주장이다. 유가의 전형적인 통치술의 한 가지이다. 오늘날의 관점에서 보면 비민주적인 사고이지만, 봉건 시대에 군주가 '민(民)'의 의식주를 책임지고 왕조를 유지하기 위하여 선택한 통치 방법이었다.

'강건성세(康乾盛世)'라는 말이 있다. 청나라 강희 연간부터 건륭 연간까지 태평성대였다는 것이다. 이는 당나라 때 '정관(貞觀)의 치(治)'에 비견될 만큼 중국 역사의 황금기였다. 할아버지 강희제, 아버지 옹정제, 아들 건륭제에 이르는 이 세 사람은 모두 뛰어난 정치력을 발휘한 영명한 황제이지만 각자 다른 점이 있다.

강희제는 '관용'으로 민심을 사로잡아 성공했지만, 강희 후기에 이르러서는 기강이 해이해지는 문제를 야기했다. 옹정제는 '엄격함'으로 기강을 바로잡아 국가를 반석 위에 올려놓았지만, 가혹한 법률에 지나치게 의존하여 관민의 피로감을 누적시켰다. 건륭제는 할아버지와 아버지의 통치 경험에서 교훈을 얻어 '관엄상제'가 가장 합리적인 통치술이라고 생각했다.

건륭제는 관리가 은자 천 냥 이상을 뇌물로 받으면 반드시 사형에 처했으며 유가족이 대납해야 했다. 혜현황귀비(慧賢皇貴妃·?~1745) 고가씨(高佳氏)는 건륭제의 총애를 받았다. 그녀의 남동생 고항(高恒)은 누나 덕분에 양회(兩淮: 회남·淮南과 회북·淮北) 지방에서 생산되는 소금을 관장하는 직책을 맡았다. 소금은 국가의 가장 중요한 수입원이었으므로 그가 맡은 직책은 막중했다. 건륭제는 고황이 은자 13만 냥을 뇌물로 받은 사실을 보고받고 즉시 그를 처형했다. 아무리 측근이라도 뇌물을 받은 자는 용서하지 않았다. 중대한 범죄를 저지른 자에게는 관용이 아니라 엄한 형벌로 다스린 것이다.

4. 이른바 '무공십전'의 진실과 허상

건륭제는 60년이 넘는 통치 기간에 무공(武功)을 열 번이나 세웠다고 자화자찬했다. 건륭 57년(1792)에 친히 쓴 「어제십전기(御制十全記)」에서 이렇게 주장했다.

"열 번의 공을 세운 것을 구체적으로 설명하면 몽골족 준갈이(准噶爾)의 침략을 두 번 격퇴했고, 회부(回部)의 반란을 한 번 평정했고, 금천(金川) 지역 토사(土司)의 반란을 두 번 토벌했고, 대만을 한 번 평정했고, 면전 (緬甸)과 안남(安南)의 항복을 각각 받았고, 지금 또 곽이객(廓爾喀)의 항복을 접수했다. 이 모든 무공을 합치면 열 번이 된다."

실제로는 아홉 번이지만 곽이객을 두 차례 토벌했으므로 열 번이라고 했다. 건륭제의 무공을 찬양하는 이른바 '십전무공(十全武功)'이라는 말이 여기서 나왔다. 이 내용을 통하여 건륭 연간에 군사를 대규모로 동원하여 소수 민족의 반란을 진압하거나 외국과 전쟁을 벌인 횟수가 열 번임을 짐작할 수 있다. 하지만 열 번 모두 청나라가 승리한 싸움은 아니다.

금천은 오늘날의 사천성 대도하(大度河) 상류 지역이다. 소수민족 장족 (藏族)의 터전이다. 건륭 12년(1747) 금천의 토사(土司: 중앙정부에서 임명한 소수민족의 우두머리) 사라분(莎羅奔·?~1760)이 반란을 일으켰다. 금천은 산세가 무척 험준하여 외부인의 접근이 어려웠다. 청조는 사라분에게 토사 세습의 권한을 주고 간접 통치를 했으나 영향력이 거의 미치지 않았다.

건륭제는 천섬총독 장광사(張廣泗)에게 금천을 토벌하게 했으나 청군이 대패를 당했다. 그 후 여러 차례 대군을 파견한 끝에 건륭 41년(1776)에 이르러서야 겨우 금천 지역에 대한 통치권을 확보할 수 있었다. 청나라는 인구가 10만 명도 안 되는 금천을 정복하는 데 60만 대군을 투입하여 사상자가 수만 명에 달하고 은자 7천만 냥을 전비로 낭비했으므로 진정한 승리로 보기 어렵다.

건륭 10년(1745) 몽골제국의 부활을 꿈꾸었던 준갈이한국(准噶爾汗國)의 통치자 갈이단책령(噶爾丹策零·1695~1745)이 병으로 사망하자, 통치 집단 내부에서 권력 투쟁이 일어났다. 후계자 자리에서 밀려난 아목이살랍(阿睦爾撒納·1723~1757)이 청나라로 귀부했다. 건륭제는 그에게 대군을 이끌고 준갈이한국의 수도 이리(伊犁)를 점령하게 했으며, 그를 쌍친왕(雙親王)으로 책봉하고 준갈이한국을 분할 통치했다. 그런데 아목이살랍은 청나라의 힘을 이용하여 준갈이한국의 통치자가 되려고 했기 때문에 청조와 갈등을 빚었다.

건륭 20년(1755) 8월 아목이살랍이 반란을 일으켰다. 건륭제는 만주족과 몽골족으로 편성된 대군을 동원하여 그를 토벌하게 했다. 대패한 아목이살랍은 제정러시아로 달아나 그곳에서 죽었다. 이 시기부터 준갈이한국의 광대한 영토는 청나라에 편입되었다. 건륭제의 책략이 돋보인 승리였다.

회부는 오늘날 신강성의 천산(天山) 이남 지역에 거주하는 위구르족을 지칭한다. 건륭 22년(1757) 위구르족의 수령, 파라니도(波羅尼都), 곽집점(霍集占) 형제가 반란을 일으켰다. 곽집점은 고차(庫車: 오늘날의 신강성 고차현·庫車縣)에서 파도이한국(巴圖爾汗国)의 기치를 내걸고 '파도이한(巴圖爾汗)'을 자칭했다. 파도이한이란 영웅 중의 영웅이라는 뜻이다.

건륭 24년(1759) 만주 정황기의 패륵 오아조혜(鳥雅兆惠·1708~1764)에게 대패한 형제는 파달극산(巴達克山: 지금의 아프가니스탄 동부)으로 달아났다. 파달극산의 수령은 그들을 죽이고 시신을 청나라 조정에 바쳤다. 이 반란을 평정한 후에 서역 지방은 전부 청나라의 영토에 편입되었다.

건륭제는 이 지역을 '신강(新疆)'으로 명명했다. 새로 개척한 변방의 영토라는 뜻이다. 오늘날 끔직한 소요 사태가 가장 빈번하게 발생하고 소수민족의 독립 열기가 가장 뜨거운 '신강위구르족자치구'가 이 시기에 중국 영토가 된 것이다.

면전은 오늘날의 미얀마이다. 건륭 30년(1765) 면전의 국왕 맹박(孟馭·?~1776)이 섬라(暹羅: 오늘날의 태국), 남장(南掌: 오늘날의 라오스) 등 동남아 국가를 침공하여 영토를 확장했다. 건륭 30년(1765) 면전의 군사가 운남성 보이(普洱) 지역까지 진출하자, 건륭제는 운귀총독 유조(劉藻)에게 토벌을 명했다.

유조는 대패했는데도 승리했다고 허위 보고한 사실이 들통 나 자살했다. 그 후 건륭제는 20여 년 동안 양응거(楊應琚·1696~1766), 부찰명서(富察明瑞·?~1768), 부찰부항(富察傅恒·1720~1770) 등 장수를 파견하여 면전과 싸우게 했으나 모두 패배하고 말았다.

청군은 남방의 열대 기후와 풍토병에 적응하지 못했고 또 코끼리 부대의 위력에 무기력했다. 무력으로 면전을 정복할 수 없음을 깨달은 건륭제는 유화 정책을 썼다. 마침 이 시기에 태국의 톤부리(Thon Buri) 왕조(1767~1782)를 세운 국왕, 프라야 딱신(Phraya Taksin·1734~1782)이 면전을 공격했다.

그는 조상이 광동성 조주(潮州) 사람으로 화교 출신이었다. 면전은 북방과 남방에서 동시에 전쟁을 벌일 수 있는 병력과 물자가 부족했다. 청나라와 섬라가 협공하면 궁지에 몰릴 수밖에 없었다. 차라리 대국 청나라와 주종 관계를 맺어 섬라의 침략에 대항하는 전략이 유리했다.

이런 전략적 판단에 따라 면전의 왕 맹운(孟雲)은 건륭 55년(1790)에 건륭제의 80세 생신을 축하한다는 명목으로 사절을 보내 화의를 청했다. 건륭제는 맹운을 왕으로 책봉하고 조공을 허락했다. 싸움에는 졌지만 외교 수완을 발휘하여 면전에 경제적 이익을 주고 황제의 체통을 지켰다.

안남은 오늘날의 베트남이다. 건륭 52년(1787) 광남왕국(廣南王国: 오늘날의 베트남 남부)의 친왕(親王) 완광평(阮光平·1753~1792)이 대월(大越: 오늘날의 베트남 남북부)의 수도 동경(東京: 오늘날의 하노이)을 점령했다. 완광평은 1788년에 황제를 칭하고 다음 해부터 연호를 광중(光中)으로 정했다. 한편 대월의 25대이자 마지막 황제였던 여유기(黎維祁·1765~1793)는 완광평에게 패한 뒤 청나라 광서성으로 달아나 건륭제에게 구원병을 간청했다.

대월과의 우호 관계를 고려한 건륭제는 양광총독 손사의(孫士毅·1720~1796)에게 여유기를 구원하게 했다. 손사의가 이끈 청군과 대월 잔병의 연합군은 완광평을 몰아내고 동경을 수복했다. 여유기는 청나라 세력을 끌어들여 황제로 복위하는 데 성공했다.

1789년 새해 첫날 여유기는 새해를 축하하는 성대한 연회를 베풀었다. 그런데 군신과 청나라 장수들이 한데 어울려 만취했을 때, 완광평의 기습을 받았다. 연회장은 순식간에 아수라장으로 변하고 방심한 청군은 대패했다. 여유기와 손사의는 가까스로 탈출했다.

완광평은 청군의 침략을 격퇴하고 200여 년 동안 남북으로 분열되어 있던 안남을 통일했다. 그런데 안남의 숙적, 섬라가 청나라 세력을 끌어들여 자신을 공격하지 않을까 두려워했다. 하루라도 빨리 청나라와 우호 관계를 수립하는 것이 정권의 안정에 도움이 된다고 판단한 그는 조카 완광현(阮光顯), 대신 무휘진(武輝瑨) 등으로 구성된 사절단을 건륭제에게 보내 공물을 바쳤다.

완광현은 견륭제를 배알할 때 완광평이 적절한 시기에 친히 북경으로

청나라 역대 황제 평전

입조하여 신하의 예를 갖추겠다고 아뢰었다. 허영심이 강한 건륭제는 흥분을 감추지 못했다. 안남 정벌을 완전히 실패하여 황제의 체면이 말이 아닌 상황이었는데도, 완광평이 스스로 신하를 자처하고 배알하겠다고 하니 얼마나 기뻤겠는가.

건륭제는 먼저 청나라의 보호를 받고 있던 여유기를 처리해야 했다. 하늘이 그를 버렸다는 이유를 들어 폐위시켰다. 사실은 이용 가치가 더이상 없었기 때문이다. 다만 그를 죽이지 않고 대월의 유신(遺臣)들과 함께 북경에서 여생을 마치게 했다.

건륭제는 완광평을 안남국왕으로 책봉하고 그가 하루빨리 입조하기를 학수고대했다. 하지만 완광평이 도성을 비우고 만리 길을 떠나는 것도 간단한 일이 아니었다. 아들 완광수(阮光垂)를 대신 보내려고 했지만, 건륭제가 윤허하지 않았다.

청나라 조정의 재촉에 지친 완광평은 건륭제를 속이기로 결심했다. 건륭 55년(1790) 자신을 빼닮은 신하를 왕으로 분장시키고 건륭제의 80세 생일을 축하하는 사절단을 파견했다. 건륭제는 열하(熱河)의 행궁에서 '가짜 안남국왕'을 접견했다. 각종 보물과 코끼리 두 마리를 공물로 받고 기뻐 어쩔 줄을 몰라 했다. 그는 정말로 완광평이 만리 길을 마다하지 않고 찾아왔다고 생각했는지는 모르겠으나, 안남왕을 수행하고 온 청나라 관리들은 그가 '가짜'임을 알고 있었을 것이다. 어쩌면 80세나 된 황제의 허영심을 만족시켜주기 위해 모른 척했거나 아니면 양국의 불필요한 마찰을 피하기 위해서 그랬을 것이다. 중국인 특유의 '정신 승리법'이 유감없이 발휘된 사건이었다. 어쨌든 안남에서는 황제를 칭한 완광평이 청나라 속국의 왕을 자처한 일도 건륭제는 자신의 무공으로 생각했다.

대만은 강희 22년(1683) 8월에 청나라에 복속된 이래 조정에서 파견한 관리들이 다스렸다. 건륭 후기에 이르러 탐관오리들의 부패가 극심했다.

손경수(孫景燧·?~1786)는 대만지부(臺灣知府)였을 때 부고(府庫)에 비축한 은자를 10여 만 냥이나 빼돌렸다. 대만총병 시대기(柴大紀·1730~1788)는 2년 동안 은자 5만 냥을 착복했으며 저택 지하에 금은을 대량으로 숨겨놓기도 했다. 항구와 선박을 관장하는 관리들도 상인들에게 온갖 명목으로 금전을 뜯어냈다.

이 시기에 대만 장화현(彰化縣)에서 농사를 짓던 임상문(林爽文)이 관리들의 수탈에 불만을 품은 농민들을 은밀히 규합하여 천지회(天地會)라는 비밀 결사체를 조직했다.

건륭 51년(1786) 11월 포고문을 반포하고 반란을 일으켰다.

"지금 대만을 점거하고 있는 청나라 관리들은 모두 탐관오리이다. 그들은 무고한 백성을 착취하고 있다. 나는 그들의 만행을 더 이상 참을 수 없다. 의병을 일으켜 그들을 모조리 죽여서 나의 백성을 구제함을 하늘에 맹세한다."

농민 반란군은 일시에 장화현을 장악하고 대만 전역으로 세력을 확장했다. 농민 반란에 놀란 건륭제는 섬감총독(陝甘總督) 복강안(福康安·1754~1796)을 파견하여 1년여 만에 가까스로 반란을 진압할 수 있었다. 포로로 잡힌 임상문은 북경으로 끌려가 능지처참을 당했다. 시대기도 막대한 재화를 착복한 죄로 저잣거리에서 효수되었다.

곽이객은 오늘날의 네팔이다. 1768년 정복 군주로 유명한 프리트비 나라얀 샤(Prithvi Narayan Shah·1723~1775)가 네팔을 최초로 통일하고 샤 왕조(Shah Dynasty)를 건국했다. 그 후 샤 왕조는 대외 정벌을 단행하여 오늘날의 부탄, 인도 북부의 쿠마온, 시킴, 펀자브, 카슈미르 등 광대한 지역을 통치했으며, 동쪽으로는 청나라의 서장자치구까지 영향력을 확대했다. 당시 서장 지방은 판첸 라마(Panchen Lama)가 건륭제에게 통치권을 위임받아 대리 통치하고 있었다.

샤 왕조의 3대 왕 라나(Rana)는 판첸 라마와 무역 문제로 갈등을 빚었다. 건륭 53년(1788) 라나는 판첸 라마가 빚을 갚지 않았다는 것을 구실로 삼아 군사를 일으켰다. 섭랍목(聶拉木), 제롱(濟嚨: 오늘날의 서장 길룽현·吉隆縣 남부) 등 지역이 점령당했다는 첩보를 들은 건륭제는 분노했다. 한낱 산중의 보잘것없는 소국으로만 알았던 곽이객이 감히 대청제국을 상대로 싸움을 걸어왔으니 기가 막힐 따름이었다.

건륭제는 사천성에 주둔하고 있는 군사를 파견하여 격퇴하게 하고, 주장대신(駐藏大臣) 파충(巴忠)에게 서장 지방에 대한 통치권을 회복하게 했다. 그런데 전황이 불리하게 돌아가자 황제의 문책을 두려워한 파충은 건륭 54년(1789)에 샤 왕조에게 해마다 은자 1만5천 냥을 주겠으니 철수하라고 요구했다. 라나는 그의 말을 믿고 군대를 철수시켰다. 파충은 건륭제에게 외교 수완을 발휘하여 그들을 몰아냈다고 허위 보고했다.

그 후 샤 왕조는 청나라 조정으로부터 아무런 배상도 받지 못하자, 건륭 56년(1791)에 다시 침입하여 각지의 라마교 사원에 보관한 재물들을 약탈해갔다. 황제를 속인 파충은 더 이상 살 가망이 없음을 깨닫고 우물에 뛰어들어 자살했다.

건륭제는 복강안, 해란찰(海蘭察·?~1793) 등 당대 최고의 명장들을 파견했다. 청군은 매일 18시간씩 강행군한 끝에 히말라야 산맥을 넘어 샤 왕조의 수도, 양포(陽布: 오늘날의 카트만두) 외곽까지 진격했다. 하지만 청군은 양포 근교에서 일대 반격을 당하여 쫓기는 처지가 되었다.

복강안이 패잔병을 수습하고 군영을 재정비하고 있을 때, 뜻밖에도 샤 왕조의 사신이 찾아왔다. 청나라를 천조(天朝)로 섬기고 5년마다 조공을 바치겠다는 국왕의 뜻을 전했다. 복강안은 즉시 건륭제에게 보고했다.

건륭제는 청군이 대첩을 거두었기 때문에 샤 왕조가 어쩔 수 없이 복종했다고 착각했다. 그는 바로 이 시기에 친히 「어제십전기」를 지어 자신의 위대한 무공을 과시한 것이다.

어쨌든 샤 왕조는 이때부터 청나라의 속국이 되었다. 샤 왕조가 승리했는데도 신하국을 자처한 이유는 훗날 밝혀졌다. 당시 인도 캘커타(Calcutta)에 주둔하고 있던 영국군에게 도움을 요청했지만, 청나라와의 갈등을 원치 않았던 영국이 거절했기 때문이다. 샤 왕조로서는 영국의 도움 없이 청나라와 계속 적대 관계를 유지할 수 없었던 것이다.

상술한 바와 같이 건륭제가 주변국들과의 싸움에서 모두 승리한 것은 아니다. 무력으로 진압할 수 있는 반란은 서슴지 않고 무력으로 진압했으나, 주변국의 외침을 격퇴하지 못하면 '책봉'과 '조공 무역'이라는 당근책으로 그들에게 이익을 주고 황제의 체면을 지켰다. 이는 건륭제가 유연한 대외 정책을 폈음을 증명한다.

그는 이런 말을 한 적이 있다.

"천하의 이치는 오직 중(中)만이 있다. 중은 지나치거나 모자람이 없음이며 관용과 엄격함을 조화롭게 행하는 도(道)이다."

사실은 이 말도 송(宋)나라 주희(朱熹)의 『중용장구(中庸章句)』의 "중(中)은 한쪽으로 치우치거나 기대지 않아서 지나치거나 모자람이 없음을 말한다."는 문장을 응용한 것이다. 건륭제는 천조(天朝)의 황제로서 이웃나라들과 외교 관계를 맺으면서 힘으로 상대를 굴복시키는 전략이 통하지 않을 때는 서로 만족할 수 있는 타협안을 제시하여 위기를 극복했다. 이는 대외 관계에서 긴장 국면을 해소할 수 있었을 뿐만 아니라 백성들이 전쟁의 고통에 신음하지 않고 생업에 종사할 수 있는 유리한 환경을 조성하게 했다.

5. 청나라와 영국의 만남: 매카트니 사절단을 접견하다

건륭제는 통치 기간에 수많은 외국 사절들을 접견했다. 건륭 연간에 청나라를 천조로 인정하고 신하국을 자처한 국가는 조선, 유구, 안남, 면전, 섬라, 곽이객 등의 국가이다. 이 국가들은 대체적으로 경제적 이익을 얻고 아울러 국가 안보를 담보하기 위해 대국을 섬겼다. 사신들이 건륭제에게 삼궤구고(三跪九叩: 황제에게 세 번 무릎 꿇고 절하고 아홉 번 머리를 조아리는 의식)의 예의를 갖추고 그의 존엄함을 한껏 찬양한 후에는, 건륭제는 반드시 그들의 국가에 은전을 베풀어야 했다.

이른바 '조공(朝貢)'이라는 것은 소국이 대국을 섬김으로써 대국이 소국에게 경제적 이익을 주는 구조이다. 따라서 때에 따라서는 조공 무역은 강제적인 면보다는 자발적인 면이 강했다.

청나라와 주종 관계가 아닌 국가들도 사신을 파견하여 조공을 통한 무역을 강력하게 요청했다. 건륭제는 조공을 통해 황제의 권력과 위엄을 만천하에 떨쳤다. 그가 접견한 수많은 외국 사절 가운데 영국의 조지 매카트니(George Macartney · 1737~1806)만큼 훗날 중국과 서구 열강의 교류와 갈등 역사를 이해하는 데 중요한 사절은 없다.

청나라는 18세기 중반에 이르러 중국 역사상 전무후무한 전성기를 맞이했다. 강희 연간부터 옹정, 건륭 연간에 이르기까지 동아시아의 명실상부한 대제국으로 자리매김했다. 청나라의 경제 규모는 전 세계의 삼분의 일을 차지했으며, 제국의 영토는 오늘날 중국 면적의 1.5배에 해당할 정도로 넓었다. 이른바 "땅은 넓고 생산물은 풍부하다(地大物博)"라는 말이 허언은 아니었다.

이 시기에 영국에서는 산업혁명이 일어나 사회와 경제 구조에 엄청난 변화를 일으켰다. 획기적인 기술 혁신을 통하여 탄생한 방적기, 증기기관 등 기계 설비는 모직물, 광물, 각종 물건 등을 대량으로 생산할 수 있게 했다. 더구나 영국은 이미 16세기부터 전 세계 곳곳에 식민지를 개척하여 전 세계의 경제권을 영국을 중심으로 운영했다. 영국에 의해서 촉발된 산업혁명은 먼저 유럽 각국을 휩쓸었으며 이때부터 자본주의가 싹트기 시작했다.

중국은 명나라 때인 15세기 후반부터 서구 열강과 교역을 본격적으로 시작했다. 하지만 명나라는 서양 대포인 홍이포(紅夷砲) 이외에는 서구의 물건에 별다른 관심을 가지지 않았다. 서구 열강과의 교역도 조공 무역의 일환으로 황제 국가가 그들에게 시혜를 베푸는 차원에서 진행되었다. 서구 열강은 명나라에서 차, 도자기, 비단 등 생활필수품을 절실하게 필요했기 때문에 막대한 은화를 지불하고 그것들을 수입했다. 무역 역조 현상이 날로 심각해지자 그들은 명나라에 통상의 자유와 확대를 요청했지만, 명나라 조정은 오히려 수시로 해금 정책을 펴서 상인들의 자유로운 통상 활동을 제한했다.

강희, 옹정, 건륭 연간에 이르러 유럽에서는 중국 문명에 대한 동경과 공자를 숭배하는 열풍이 불었다. 독일의 철학자이자 수학자인 라이프니츠(Leibniz · 1646~1716)는 이렇게 말했다.

"그들은 윗사람에게 복종하고 노인을 존경한다. 자녀들은 나이에 관계없이 모두 부모를 종교 섬기듯 하며 언행은 의젓하고 신중하다. 특히 우리 선교사들을 놀라게 한 것은 중국 농부와 노비들마저도 우리와 매일 대화를 나누거나 다음 날 만날 때마다 언제나 깍듯이 예의를 지킨 일이다. 그들의 예의 바른 행동은 유럽의 귀족보다도 낫다."

수학의 미적분을 발견한 라이프니츠는 중국에 간 적은 없지만, 인생 말년에 마지막 저술로 『신중국학』을 저술할 만큼 중국학에 심취했다. 로마에서 예수회 선교사들을 만나 중국 선교를 계획할 때 그들에게 들은 얘기를 기록했다. 언젠가는 반드시 중국에 가보겠다는 계획을 세웠으나 그의 소망은 끝내 이루어지지 못했다.

프랑스의 유명한 계몽주의 사상가 볼테르(Voltaire · 1694~1778)는 공자의 사상에 매료되었다.

> "공자는 용서, 사은(謝恩), 인애, 겸손을 촉구한다. 공자의 제자들은 온
> 세상 사람들이 모두 동포임을 과시한다. 지구상에서 가장 행복하고 가장
> 존경할 만한 시대는 바로 사람들이 공자의 도를 따르던 시대였다."

심지어 "유럽인은 도덕적인 면에서 중국인의 제자가 되어야 한다."고 역설했다. 독일의 계몽주의 철학자 크리스티안 볼프(Christian Wolff · 1679~1754)는 공자를 예수의 반열에 올리는 연설을 했다가 파문을 당하고 조국에서 쫓겨난 일도 있었다.

중국을 향한 막연한 동경은 유럽인들의 발길을 청나라로 향하게 했다. 영국 상인들은 이미 광동성 오문(澳門: 오늘날의 마카오)에서 교역을 했다. 하지만 청나라 정부의 통제를 받고 있었기 때문에 무역은 제한적일 수밖에 없었다. 영국 정부는 청나라와 무역 적자를 해소하고 중국이라는 엄청나게 넓은 시장을 개척하기 위해 통상 확대를 간절히 원했다.

1792년 영국왕 조지 3세(George Ⅲ · 1738~1820)는 조지 매카트니를 정사(正使)로 하는 사절단을 청나라로 파견하기로 결정했다. 건륭제의 83세 생일을 축하하기 위한 방문이라고 했지만, 사실은 청나라와 정식으로 외교 관계를 수립하고 통상을 확대하는 목적이었다. 이뿐만이 아니라 영국 정부는 사절단의 방문을 통해 청나라의 정치, 사상, 종교, 경제 등을 정확하게

파악하려는 의도도 있었다. 어쨌든 이는 유럽 국가들 가운데 영국이 최초로 중국에 정식 사절단을 파견한 일대 사건이었다.

같은 해 9월 26일 영국 남부의 항구 도시 포츠머스(Portsmouth)에서 사절단의 청나라를 향한 대항해가 시작되었다. 과학자, 수학자, 의사, 선교사, 예술가, 상인 등 수행 인원이 80여 명이었으며, 항해를 책임진 수병은 95명이었다.

영국 정부는 국왕의 위세와 국력을 과시하기 위해 증기기관, 방적기, 대포, 시계, 지구본, 계측기, 서적, 모직물 등 최첨단 제품들을 선물로 준비했다. 그것들을 담은 상자가 무려 600여 개나 되었다. 그런데 아이러니한 일은 청나라 조정에서는 당시에는 최첨단 제품인 것들을 황제에게 바치는 조공품으로 생각한 것이다. 청나라의 오만과 편견이 얼마나 심했는지 짐작할 수 있다.

영국 정부는 사절단이 출발하기 전에 동인도회사를 통해 광동성 광주(廣州)에 주재하고 있던 청나라의 양광총독에게 서신을 보내 방문 의사를 밝혔다. 그 내용은 건륭 57년(1792) 11월에 건륭제에게 보고되었다. 건륭제는 수만리 밖의 영국 국왕이 자신의 생일을 축하하기 위하여 항해의 어려움을 무릅쓰고 사절단을 보낸다는 소식을 듣고 기쁨을 감추지 못했다. 영국 사절단이 도착하는 지역마다 그들에게 필요한 음식물들을 무상으로 제공하고 성대한 연회를 베풀어 그들의 노고를 치하하게 했다. 아울러 그들을 태운 선단이 북경의 관문이라고 할 수 있는 천진(天津)에 정박할 수 있게 했다.

천진 정박은 대단히 중요한 의미를 지닌다. 청나라는 외국인의 입국과 출국을 아주 엄격하게 통제했다. 서양 상인들은 광동성의 광주(廣州), 오문(澳門) 등에서만 거주할 수 있었으며, 지정된 도시를 벗어나면 엄한 형벌을 받았다. 외국의 선단도 광동성 연안의 항로 이외에는 절대 항해할 수 없었다.

원래 영국 사절단도 광동성에 상륙하여 내륙을 통해 북경으로 들어가야 했다. 여간 힘든 일이 아니었다. 하지만 건륭제는 특별히 그들에게는 해안을 따라 천진까지 들어오게 하는 특전을 베풀었다. 사실 그는 영국에 대하여 아는 것이 거의 없었다. 영국 국왕이라는 자가 천조 황제의 은덕에 감동하여 스스로 신하의 나라를 자처하고 사절단을 파견하여 조공을 오는 걸로 착각했다.

사절단을 태운 라이언(Lion) 호는 대포 60여 문을 장착한 최신 전함이었다. 아프리카 희망봉과 말라카 해협을 지나 남중국해 연안을 따라 북상했다. 항해 도중에 질병에 걸려 죽은 사람도 적지 않았다. 시신을 바다에 던지고 거친 파도와 싸우며 계속 항해했다. 다음 해 7월 1일 출항한지 10개월 만에 마침내 양자강 하구, 주산(舟山) 열도에 상륙했다. 이때 라이언 호 이외에도 동인도회사 소속의 대형 화물선 힌더스탄(Hindustan)호도 합류했다.

사절단이 해안 도시들을 통과할 때마다 지방 관리들의 융숭한 대접을 받았지만, 영국인의 자존심을 상하게 하는 일이 있었다. 청나라 관리들은 그들을 '영국에서 공물을 바치러 온 사절단'으로 칭하고 그들이 가지고 온 선물도 '공물'이라고 표현했다.

매카트니는 영국과 청나라는 동등한 '제국'이므로 그런 불평등한 표현에 거부감을 느꼈다. 그렇지만 양국 간의 국교를 수립하고 통상을 확대해야 하는 책무를 지니고 있었기 때문에 묵과할 수밖에 없었다.

건륭 58년(1793) 7월 말 사절단이 천진에 당도하자 흠차대신 징서(徵瑞)가 그들을 맞이했다. 당시 건륭제는 열하(熱河)의 행궁(오늘날 하북성 승덕·承德의 피서산장)에서 요양 중이었다. 사절단은 북경에서 며칠 머무른 뒤 피서산장으로 떠났다. 그런데 피서산장으로 가는 도중에 마찰이 빚어졌다.

징서는 매카트니에게 황제를 배알할 때 반드시 세 번 무릎 꿇고 절하고 아홉 번 머리를 조아려야 한다고 말했다. 청나라는 '천조(天朝)'이므로 어떤 외국 사신도 신하의 신분으로서 황제에게 예의를 갖추어야 한다는 논리를 폈다. 더구나 영국 사절단은 황제가 초청해서 방문한 게 아니라 그의 생신을 축하하기 위해서 많은 공물을 가지고 찾아온 '불청객'이므로 영국이 청나라를 섬기겠다는 뜻이 아니냐고 몰아붙였다.

청나라는 임금과 신하 모두 영국이 얼마나 막강한 국력을 가지고 있는지 알지 못했다. 세상의 중심은 오로지 청나라이며 나머지 나라들은 모두 주변국에 지나지 않는다고 생각했다. 그들의 관점에서 볼 때 '외교'는 천조가 속국에게 조공의 방법으로 시혜를 베풀고 속국은 천조를 어버이로 섬겨야 하는 것이었다.

따라서 그들의 눈에는 영국도 천조의 위세와 황제의 위엄에 감복하여 스스로 찾아온 속국에 불과하고, 사절단이 황제에게 예의를 갖추는 일은 지극히 당연했다. 사절단이 관례에 따라 했을 때 황제는 용안에 자애로운 미소를 머금고 그들에게 은총을 베풀어주면 그만이었다.

매카트니는 청나라의 그런 의례를 도저히 받아들일 수 없었다. 영국은 이미 본토 면적의 백배가 넘는 광활한 지역을 식민지로 거느리고 있는 대제국이 아닌가. 만약 청나라의 관례대로 건륭제를 배알하면, 이는 엄청난 굴욕이었다. 청나라의 무지에 통탄했지만 항해의 수많은 어려움을 이겨내고 가까스로 도착했는데도 아무런 실적도 내지 못하고 돌아가는 것도 괴로운 일이었다.

건륭제는 소식을 듣고 분노했다. 당장 그들을 쫓아내고 싶었지만 각국의 사절단들이 속속 피서산장에 도착하는 상황에서 황제의 도량이 좁다는 얘기를 듣고 싶지 않았다. 일단 격식을 낮추어 그들을 접대하게 했다. 쌍방 간에 설전을 벌인 끝에 애매한 합의를 보았다. 사절단은 영국 국왕을 배알할 때처럼 한쪽 무릎을 꿇고 머리를 살짝 숙여 인사하는 의식을 치르기로 했다. 어쨌든 무릎을 꿇는다고 했으니 건륭제도 윤허하지 않을 수 없었다.

건륭 58년(1793) 8월 13일, 건륭제의 83세 탄신일에 사절단은 마침내 피서산장 만수원(萬樹園)에서 건륭제를 배알했다.

매카트니는 그와의 첫 만남을 이렇게 기록했다.

"우리 사절단은 자리에 앉은 후 황제와 대화를 나누기 시작했다. 황제가 물었다. '너희 영국 국왕은 금년에 나이가 몇 살인가?' 황제는 우리 얘기를 듣고 말했다. '짐은 올해 83세이오. 너희 국왕도 짐처럼 장수하기를 바라오.' 황제는 이야기를 하면서 득의양양한 모습이었고, 표정은 감히 범접할 수 없는 위엄이 서려있었지만 자애로운 미소를 띠고 있었다. 우리 눈앞에 앉아있는 이 나이든 어른은 영국의 노신사와 같았다. 신체가 건강하고 원기가 넘쳤는데 80세가 넘는 노인이라지만 실제로는 60세 남짓 보였다."

매카트니는 건륭제에게 조지 3세의 친서를 전하고 예물들을 바쳤다. 건륭제도 정교하게 조각한 사문석(蛇紋石)을 답례품으로 하사했다. 사절단 중에는 조지 토마스 스톤튼(George Thomas Staunton · 1781~1859)이라는 어린아이가 있었다. 매카트니의 친구이자 사절단의 부사(副使), 조지 토마스 스톤튼 준남작(Sir GeorgeStaunton, 1stBaronet · 1737~1801)의 아들이었다. 아버지가 아들의 견문을 넓혀주기 위하여 데리고 왔다.

그런데 열세 살 먹은 조지 토마스는 아주 영리했다. 기나긴 여정 동안 역관에게 한어(漢語)를 배워 어느 정도 말하고 쓸 줄 알았다. 건륭제는 귀여운 서양 아이가 한어를 구사하고 자기 말을 알아듣자 기분이 무척 좋았다. 오히려 역관보다는 그에게 통역하게 했다. 황제만이 지닐 수 있는 노란색의 향주머니를 친히 건네주기도 했다. 황제와 사신들 간의 불편한 긴장이 뜻밖에도 그에 의해서 말끔히 해소되었다. 훗날 그는 영국 최초의 중국 전문가가 되었다.

매카트니는 성대한 연회가 진행되는 도중에 방문의 또 다른 목적을 말하려고 했다. 하지만 각국 사신들이 황제의 위세에 눌려 말 한 마디도 못하는 상황에서 감히 나설 수 없었다. 연회가 끝난 다음 날 관리들에게 영국 국왕의 뜻을 다시 간곡하게 전했다. 먼저 북경으로 돌아가 어명을 기다리라는 연락을 받았다. 건륭제는 천조의 위업과 자신의 위세를 각국 사신들에게 마음껏 뽐냈으며, 사신들도 푸짐한 선물을 받고 귀국길에 올랐으므로 영국 사절단도 돌아가기를 바랐다.

건륭제의 총신, 화신(和珅·1750~1799)이 황제의 뜻을 전하자, 매카트니는 국교를 맺는 일은 실패로 끝났음을 직감했다. 하지만 그대로 물러날 수는 없었다. 외교 관계는 맺을 수 없더라도 통상 조약은 가능하다고 생각했다.

다음은 그가 청나라 조정에 요구한 6개 항이다.

"첫째, 영국 상인은 영파(寧波), 주산(舟山), 천진(天津) 등에서 교역을 할 수 있다. 둘째, 영국 상인도 러시아 상인처럼 북경에 양관(洋館)을 설치할 수 있다. 셋째, 주산 부근의 섬 한 곳을 영국 상인이 거주하고 화물을 보관하는 장소로 이용할 수 있다. 넷째, 광주(廣州) 부근의 일부 지역을 영국인에게 할양하여 영국인의 자유 왕래를 보장한다. 다섯째, 오문에서 광주로 가는 영국 화물은 면세 또는 감세 혜택을 준다. 여섯째, 영국 선박에 대한 관세는 청 정부의 규정에 따라 부과하며 별도의 세금을 징수하지 않는다."

매카트니의 무리한 요구에 분개한 건륭제는 즉시 영국 국왕에게 보내는 칙유(勅諭)를 반포했다.

"천조(天朝)의 좁은 땅도 모두 국가의 영토에 귀속되어 있다. 영토를 관리하는 일은 참으로 엄격하므로, 도서(島嶼)와 사주(沙州)도 반드시 경계를 분명하게 정하여 각각 소속된 곳이 있다.……천조는 산물이 풍부하여 없는 것이 없다. 이런 까닭에 원래부터 외국의 물건을 빌려 천조에 없는 것을 보충한 적은 없었다. 다만 차, 도자기, 비단 등 천조의 특산물이 서양 각국과 너희 나라에서 절실히 필요한 물건임을 특별히 고려하여 은혜를 베풀었다. 이에 짐은 오문에 양행(洋行)을 설치하여 너희들에게 윤택한 생활을 누리게 했다. 지금 너희들의 요구는 천조의 법도에 어긋나기 때문에 절대 윤허할 수 없다."

자신의 요청 사항을 한 가지도 관철시키지 못한 매카트니는 낙담한 채 물러나지 않을 수 없었다. 귀국길은 내륙 운하를 따라 이어졌으며 건륭 59년(1794) 3월에 광주에서 배를 타고 영국으로 떠났다. 매카트니 사절단은 막대한 자금을 쓰고도 국교 수립에 실패했다. 하지만 그들은 방문 도중에 목도한 청나라의 정치, 경제, 군사 등의 사정을 낱낱이 기록했다.

황제와 신하들은 세상 물정을 모른 채 자만에 빠져있고, 지방 관리의 부정부패가 만연하여 뇌물을 주지 않으면 되는 일이 없었다. 군사는 아직도 창칼을 휘두르고 화승총, 대포 등의 무기도 낡고 조잡하기 이를 데 없었다. 또 백성 모두 공자의 도를 숭상하여 예의가 바르고 화목하게 지내는 문명 대국인 줄만 알았는데 막상 와보니 사기와 거짓말이 난무하고 사는 모습은 초라하기 그지없는 '반야만인'의 생활과 크게 다를 바 없었다.

매카트니는 청나라의 허상을 정확하게 관찰하고 조지 3세에게 보고했다. 이때부터 영국 정부는 '동방 대국'에 대한 두려움을 버리고 언젠가는 식민지로 개척할 수 있다는 자신감을 가지기 시작했다.

훗날 매카트니는 청나라를 이렇게 평가했다.

> "다행히 유능하고 방심하지 않는 항해사가 키를 잡으면 무사히 항해할 수 있지만, 무능한 자가 키를 잡으면 서서히 표류하다 해안에 부딪쳐 산산조각 나는 낡은 거대한 전함과 같다."

매카트니의 역사적 방문이 있은 뒤 47년만인 도광(道光) 20년(1840)에 영국과 청나라 간의 제1차 아편전쟁이 발발했다. 이때부터 중국은 기나긴 역사의 암흑기 속으로 들어간다. 1949년 10월 1일 모택동이 중화인민공화국을 선포할 때까지 100여 년이 넘은 세월 동안 중국은 서구 열강의 반식민지로 전락했으며 또 일본의 침략을 받아 엄청난 고통을 겪었다. 중국의 쇠퇴는 중국만의 문제가 아니었으며 동아시아 세력 균형을 파괴하여 중국과 가장 친했던 조선이 망국의 길을 걷는 단초를 제공했다.

만약 건륭제가 조부 강희제처럼 서양 문명을 이해하고 적극적으로 개방 정책을 폈다면 동아시아의 근대역사가 그처럼 비극으로 점철되지 않았을 것이다. 건륭제 시대의 청나라는 외형적으로는 황제와 신하 모두 자만에 빠질 정도로 국력이 막강했다. 하지만 유가의 보수적 이념에서 벗어나지 못하고 과학 기술을 중시하지 않았으며 쇄국 정책을 폈기 때문에, 3억 인구 모두 눈뜬장님이 되어 서구 열강에게 처절하게 당한 것이다.

6. 문자옥을 일으켜 청나라의 정통성을 강화하다

건륭제는 관용과 인정을 베푼 군주로 유명하지만 사실은 아버지 옹정제보다 더 많은 문자옥을 일으켜 지식인을 탄압했다. 문자옥은 어느 왕조에서도 있었으나 청나라 때 유독 빈번했다. 소수민족 만주족이 세운 왕조인지라 한족에 대한 열등감의 표출이었다.

역사학자 등지성(鄧之誠·1887~1960)이 작성한 「청대문자옥간표(清代文字獄簡表)」의 통계에 따르면, 건륭 연간에 일어난 문자옥은 무려 130여 건이나 되었고 한다. 청나라 때 일어난 문자옥이 160여 건임을 감안하면 80%에 해당한다.

건륭제가 황제로 등극한 직후에는 아버지 옹정제에게 살해를 당한 지식인들을 동정했다. 10년 동안 시장 한복판에 내걸렸던 왕경기(汪景祺)의 수급을 수습하여 매장하게 하고, 사사정(查嗣庭)의 노예가 되거나 변방으로 쫓겨난 친족을 모두 사면했다. 민심을 얻기 위한 조치였다. 또 무고로 문자옥에 연루되어 억울하게 죽는 사람이 없도록 했다.

> "앞으로 남의 시문, 서찰 등에 패역무도하거나 조정을 비방한 내용이 있다고 고발하는 자가 있으면 반드시 사건을 사실에 맞게 규명해야 한다. 만약 진상을 제대로 밝히지 않고 허위로 보고하면 모두 무고죄로 처벌하겠다. 또 법관이 억지로 사건을 조작하여 옥사(獄事)를 일으키면 고의로 무고한 사람을 처벌한 죄로 다스리겠다."

옹정 연간에 글자 한 자 때문에 목이 달아난 자가 적지 않았다. 문인들은 시문을 지으면서 사시나무 떨듯 했다. 조정을 비방할 의도가 전혀 없었는데도 이현령비현령으로 걸려들면 패가망신을 당했다. 이런 공포

분위기에서 창작 활동은 위축되기 마련이었다.

그런데 건륭제가 등장하자마자 아버지가 일으킨 잔혹한 문자옥을 청산하고, 앞으로는 법을 공정하게 집행하겠다고 선포했으니 문인들은 말할 것도 없고 무식한 백성들도 황제를 칭송하지 않는 자가 없었다. 더구나 건륭제는 "짐은 여태껏 언어와 문자를 문제 삼아 사람을 처벌하지 않았다."는 말을 입에 달고 살았기 때문에, 문인들은 별다른 걱정 없이 창작 활동을 할 수 있었다.

하지만 건륭 15년(1750)에 이르러 손가감(孫嘉淦·1683~1753) 사건이 터지면서 피바람이 불기 시작했다. 손가감은 강희 52년(1713) 과거 급제하여 출사한 후 옹정, 건륭 3조(朝)에 걸쳐 요직을 역임하고 직언을 서슴지 않은 신하로 유명했다. 당시 공부상서 손가감이 썼다는 상소문 초고가 전국에 은밀히 퍼진 일이 있었다. 그런데 그 내용이 너무나 충격적이었다. 건륭제의 실정(失政)을 신랄하게 비판했는데 이른바 '다섯 가지 의혹과 열 가지 큰 잘못(五不解, 十大過)'이었다.

건륭제의 치부를 적나라하게 나열한 글이라 당시 모두 소각되어 오늘날 그것의 전체 내용은 남아있지 않다. 단편적인 자료에 의하면 건륭 12년(1747) 금천에서 일어난 사라분의 반란을 진압하지 못했는데도 건륭제가 대승을 거두었다고 허풍을 떨었고, 천섬총독 장광사(張廣泗)의 공적을 가로채고 그를 죽였으며, 남방을 순행할 때 막대한 재원을 낭비하고 현지 백성들의 생업을 파괴했다는 비난이었다.

사실 틀린 주장은 아니었다. 금천 반란은 건륭 41년(1776)에 이르러서야 가까스로 진압했으며, 인구가 10만 명도 안 되는 금천을 진압하는 데 60만 대군을 투입하여 사상자가 수만 명에 달하고 은자 7천만 냥을 전비로 낭비한 까닭에 백성들의 불만이 없지 않았다. 소를 잡는 칼로 닭 한 마리 잡은 꼴이었다. 건륭 연간의 명장 장광사도 금천 반란을 신속하게 진압하지 못했다는 죄로 참수형을 당했다.

건륭제는 재위 기간 동안 남방을 여섯 차례 순행했다. 그의 할아버지 강희제도 여섯 차례 순행했는데 순행 목적은 주로 치수(治水) 공사를 독려하고 백성들의 생업을 보살피기 위한 것이었다. 순행할 때마다 황제의 행차라고 보기 어려울 정도로 소박했으며 수행원도 꼭 필요한 인원만 수행하게 했다. 때에 따라서는 미복(微服)을 입고 친히 민가에 들어가 그들의 어려운 생활을 파악하고 은혜를 베풀었다.

하지만 건륭제는 민생을 돌보는 남방 순행이 아니라 황제의 위세를 마음껏 과시하고 아름다운 풍광을 만끽하기 위한 목적이었다. 순행을 나설 때면 호화찬란한 행차가 10여 리에 이어졌으며 무려 1만여 명의 수행원이 동원되었다. 황제가 지나가는 도시마다 황제를 위한 행궁이 새로 들어서고, 강을 건널 때는 수십 척의 거대한 누선(樓船)들이 강물을 메웠다. 지방 관리들은 황제에게 아부하기 위하여 각종 특산물을 바치고 광대와 무희를 동원하여 성대한 연회를 열었다. 이런 행사 모두 현지 백성들의 고혈을 짜내지 않고서는 불가능한 일이었다.

"발 없는 말이 천리 간다."고 했던가. 건륭 15년(1750)에 이르러서는 건륭제를 비난한 요서가 중원 지방의 17개 성(省)에 퍼졌다. 지방 관리, 유생은 말할 것도 없고 심지어 상인, 승려들도 그것을 몰래 베껴 읽어보았다. 같은 해 6월 중원 지방에서 멀리 떨어진 서남 지방 귀주(貴州)에서 현지 관리에게 발각되었다. 운귀총독 석색(碩色)은 즉시 밀절(密折)로 건륭제에게 보고했다.

건륭제는 총신 손가감이 그것을 작성할리가 없다고 확신했다.

"조정 중신의 명의를 가탁하여 대담하게 짐과 조정을 헐뜯고 심지어는 짐의 주비(朱批: 붉은 글씨로 쓴 황제의 비답·批答)를 날조했다. 대역죄를 저지른 사악한 무리가 미쳐 날뛰고 있음이 분명하니 불법이 이미 극에 달했다."

건륭제가 손가감을 의심하지 않은 이유가 있었다. 손가감은 건륭제가 즉위했을 때, 「삼습일폐서(三習一弊書)」라는 상소문을 올려 건륭제가 폐단을 바로잡고 법률을 개정하는 데 큰 도움을 주었다. 또 수리 사업을 성공적으로 수행하여 민생을 안정시키는 데 지대한 공을 세웠으며 아울러 청렴한 관리의 표본이었다. 요서 사건이 터지기 직전에는 고희를 바라보는 나이였으며 건륭제에게 몇 차례 은퇴의 뜻을 밝혔지만, 그의 재능과 인품을 높이 평가한 건륭제는 그를 계속 중용했다.

건륭제는 손가감이 워낙 강직하고 청렴한 인물이었기 때문에 어떤 자가 그의 명의를 도용하여 가짜 상소문을 만든 걸로 보았다. 그래서 이 사건을 '위손가감주고안(偽孫嘉淦奏稿案)'이라고 칭한다. '가짜 손가감이 꾸민 상소문 사건'이라는 뜻이다. 손가감은 누명을 벗었지만 이 사건이 한창 파문을 일으킬 때 사망한 걸로 보아 정신적으로 큰 고통을 받았을 것이다.

건륭제는 이 요서가 자신의 과오를 지적한 것이었기 때문에 처음에는 비밀리에 범인을 색출하라고 지시했다. 하지만 시간이 흐를수록 연루자가 늘어나자 사건을 감출 수 없었다.

전국에 걸쳐 고발과 생포 열풍이 불었다. 요서를 몰래 읽어 보거나 유통시킨 자들은 지위 고하를 막론하고 모조리 체포되었다. 그런데 이 사건은 엉뚱한 방향으로 비화되었다. 관리들은 책임을 모면하기 위해 허위로 보고하기 일쑤였고, 백성들은 원한을 갚는 수단으로 악용하여 도대체 진범이 누구인지 알 수 없었다. 급기야 사법 체계가 혼란에 빠지는 지경에 이르렀다. 건륭제는 사태를 진정시켜야 했다. 평지풍파를 가라앉히기 위해서는 희생양이 필요했다.

건륭 17년(1752) 12월 강서순무 악용안(鄂容安·1714~1755)이 천총 노로생(盧魯生)이 진범이라고 상주했다. 다음 해 2월 북경으로 끌려온 노로생은 능지처참을 당했다. 요서를 베껴서 읽어 본 일반 백성들은 사면했지만 지방관리들은 엄벌에 처했다.

건륭제는 이 사건을 처리하면서 큰 충격을 받았다. 청나라의 통치에 불만을 품고 있는 한족 유생과 겉으로는 복종하는 체하면서 내심으로는 배반하는 관리들이 아직도 전국에 산재해 있다고 생각했다. 또 재위 초기에 인의와 관용으로 백성을 다스리고 언로를 열어주었기 때문에, 감히 신성불가침의 황제와 조정을 비난하는 지경에 이르렀다고 분노했다.

"그 간악한 무리가 유언비어를 전파하고 거짓으로 남을 속이는 악행이 풍습과 민심에 미치는 영향이 심대하므로 어쩔 수 없이 무력으로 바로잡겠다."

앞으로는 청나라와 자신의 통치에 조금이라도 불만을 품은 자들에게는 철권을 휘두르겠다는 엄포였다. 이때부터 그는 유생들이 지은 시문이나 저서에 극도로 민감한 반응을 보였다.

건륭 18년(1753) 호남순무 범시수(範時綬)가 무과(武科) 시험을 주관할 때, 무주부(撫州府)의 생원 유진우(劉震宇)가 찾아왔다. 그는 한평생 과거에 응시했지만 번번이 낙방한 70세 노인이었다. 치국에 대한 자신의 견해를 피력한 『좌리만세신평신책(佐理万世治平新策)』이라는 책을 범시수에게 주고 황제에게 바치기를 간청했다. 행여나 황제가 그것을 읽고 감동하면 자신도 벼슬길에 나가지 않을까 하는 바람이었다.

범시수는 그것을 읽고 깜작 놀랐다. 내용이 엉터리였을 뿐만 아니라 한족의 전통 복장이 만주족 복장으로 바뀐 일도 감히 언급했기 때문이다.

사실은 황제의 성은을 찬양했지, 청조를 비방한 내용은 전혀 없었다. 다만 유진우가 인용한 경전의 주석(注釋)이 일부 틀리고 신분에 맞지 않는 표현이 있었을 뿐이었다.

범시수는 그것을 침소봉대하여 '광탄(狂誕)'으로 결론지었다. 미치고 거짓을 늘어놓았다는 것이다. 즉시 유진우를 잡아 문초했다. 우물쭈물하다가는 자신에게 불똥이 튈 게 분명했다. 건륭제에게 전말을 보고하자 그의 비답은 이러했다.

"그자는 학당의 생원이고 더욱이 무지몽매한 백성이 아닌데도 감히 거짓을 늘어놓고 국가의 제도를 헐뜯었다. 마음속으로 패악하고 불순한 생각을 품고 있음이 분명하다.……당장 참수형에 처하고 서적과 판본은 모조리 불태워라!"

유진우는 인생 말년에 그토록 바라던 출사의 길이 황천길로 바뀐 것이다.

신건현(新建縣) 출신 호중조(胡中藻)는 내각학사를 지낸 조정 중신이었다. 건륭 20년(1755) 그의 시집 『견마생시초(堅磨生詩鈔)』 가운데 "온 세상에는 해와 달이 없다네(一世無日月)"라는 시구는 청나라가 암흑세계이며, "또 한 세상의 여름, 가을, 겨울이 내려온다네(又降一世夏秋冬)"는 청나라가 망하고 새로운 왕조가 탄생하기를 바라는 모반의 마음이며, "오직 한마음으로 더러움과 깨끗함을 논하리라(一把心腸論濁淸)"에서는 흐릴 탁(濁)자를 감히 국명인 청(淸)자 앞에 놓았다고 건륭제가 분노했다.

호중조는 대역죄를 뒤집어쓰고 참수형을 당했다. 사실 그가 비참하게 죽은 까닭은 붕당(朋黨)을 결성했기 때문이다. 건륭제는 평소에 그의 행보를 예의주시하고 있다가 시구를 문제 삼아 제거한 것이다.

거인(擧人) 왕석후(王錫侯·1713~1777)는 고향 신창현(新昌縣)에서 17년 동안 각고의 노력 끝에, 건륭 40년(1775)에 『자관(字貫)』이라는 자전을 완성했다. 그가 이것을 집필한 목적은 강희제의 칙명으로 편찬한 『강희자전(康熙字典)』에서 수록한 글자가 4만7천여 개나 되었지만, 글자의 의미를 체계적으로 나열하지 않은 약점을 보완하기 위해서였다.

이를테면 『자관』에서는 나무 목(木) 자를 풀이한 뒤 목판, 목재, 벌목 등 목 자와 관련이 있는 단어를 설명했다. 또 전서(全書)를 천문, 지리, 인사, 물류 등 네 가지 부류로 나누고 40권(卷)으로 편찬했다. 이는 『강희자전』보다 내용이 일목요연하고 간단한 장점이 있었다.

그런데 반평생 심혈을 기울여 쓴 책이 비수가 되어 자신을 찌를지 어찌 상상이나 했겠는가. 왕롱남(王瀧南)이라는 고향 사람이 왕석후가 감히 『강희자전』을 비평하고 멋대로 고쳐 『자관』을 출간했다고 강서순무 해성(海成)에게 고발했다.

해성은 즉시 건륭제에게 사건의 전말을 보고하고 증거물로 『자관』을 바쳤다. 건륭제는 그것의 서문 뒤에 수록한 범례(凡例)를 보고 분노가 폭발했다. 강희제, 옹정제의 시호(諡號)와 자신의 이름에 들어간 글자가 다른 글자들과 나란히 나열되어 있었다.

봉건왕조 시대에는 군주의 시호나 이름에 들어간 글자는 절대 쓸 수 없었다. 이를 어기면 대역죄에 해당했다. 건륭제의 이름은 홍력(弘曆)이다. 홍력이 황제로 등극한 후에는 이미 홍(弘) 자와 역(曆) 자를 이름자로 쓴 사람들은 반드시 개명해야 했다.

건륭제는 왕석후를 대역죄로 다스리게 했다. 왕석후는 참수형을 당하고 자손 6명도 사형에 처해졌으며, 친족 21명은 연좌제에 걸려 처벌을 받았다. 부녀자와 미성년자들은 모두 노예로 전락했다. 한자를 익히는 자들에게 도움을 줄 목적으로 펴낸 책 때문에, 왕석후 집안은 멸족을 당한 것이다.

병다진(姘茶鎭) 사람, 거인(擧人) 서술기(徐述虁·1701~1763)가 병으로 사망했다. 그의 아들 서회조(徐懷祖)는 부친이 남긴 시를 정리하여 『일주루시집(一柱樓詩集)』을 출간했다. 아버지의 뛰어난 문학적 재능을 기리고 입신양명하지 못한 울분을 풀어주기 위해서였다. 서회조도 건륭 42년(1777)에 병사했다. 그런데 서씨 일가가 거주하는 병다진에는 남생(監生) 채가수(蔡嘉樹)라는 자가 있었다. 서씨와 채씨는 병다진의 토호였는데 평소에 사이가 좋지 않았다.

어느 날 채가수와 서회조의 아들 서식전(徐食田)이 토지를 거래하는 일로 심하게 다투었다. 건륭 43년(1778) 채가수는 서식전이 자신의 요구를 끝내 거절하자 『일주루시집』이 청조를 비방한 내용으로 가득하다고 관가에 고발했다. 서식전의 할아버지가 남긴 시의 불순한 내용을 들추어내어 서씨 집안을 멸족시킬 의도였다.

『일주루시집』에는 이런 시구가 있었다.

1) "맑은 바람은 글자를 모르는데도 어찌 책장을 어지럽히는가(淸風不識字 何故亂翻書)"

2) "술을 마시면서 영명한 천자를 홀연히 만나니 잠시 술병을 옆자리에 치운다네(擧杯忽見明天子 且把壺兒拋半邊)"

3) "내일 아침 새처럼 훨훨 날아 단번에 천궁(天宮)으로 가고 싶다네(明朝期 振翮 一擧去淸都)"

1)은 서술기가 독서를 하고 있는데 자꾸 바람이 불어 책장이 넘어가

는 모습을 재미있게 표현 한 것이다. 하지만 건륭제는 '청풍불식자(淸風不識字)'는 청나라 사람들은 글자도 모르는 야만족이라고 비난한 것으로 생각했다.

2)는 술을 마시다가 홀연히 영명한 천자를 만나 감읍하여 잠시 술병을 치우고 천자를 배알한다는 뜻이다. 천자에 대한 일편단심을 표현했지만, 건륭제는 '명천자(明天子)'는 명나라 천자이며 '호아(壺兒)'는 '호아(胡兒: 오랑캐)'와 발음이 같으므로, 서술기가 망한 명나라 군주를 흠모하면서 자신을 오랑캐로 비난했다고 분노했다.

3)은 사대부들이 속세를 떠나 이상향으로 가고 싶어 하는 마음을 표현했다. 하지만 건륭제는 이것을 언젠가는 명조(明朝)가 부활하여 일거에 청조의 도성을 쓸어버리겠다는 뜻으로 해석했다. 아직도 반청복명(反淸復明) 사상을 가진 무리를 뿌리 채 뽑지 않으면, 이런 반역의 시는 언제든 나타날 수 있으며 청 왕조의 정통성에 심각한 훼손을 끼칠 수 있다고 보았다.

건륭제의 분노는 극에 달했다. 이미 사망한 서술기와 서회조의 시신을 무덤에서 꺼내 부관참시하고 수급을 저잣거리에 내걸었다. 서술기의 두 손자는 할아버지의 저작과 유고(遺稿)를 모두 관가에 바치고 자수했는데도 그것을 은닉한 죄로 참수형을 당했다. 병다진(枅茶鎭)에서 대대로 떵떵거리며 살아온 서씨 일가 가운데 16세 이상의 남자는 모조리 살해당하고 아녀자들은 모두 노예로 전락했다. 극적으로 삼아 남은 자들은 성씨를 고치고 고향을 떠나 숨어 살아야 했다.

서술기의 두 제자, 서수발(徐首發)과 심성탁(沈成濯)의 이름을 합하면 '수발성탁(首發成濯)'이 된다. 머리카락을 뜻하는 터럭 발(髮) 자와 필 발(發) 자는 발음이 같으므로, '수발성탁'은 머리카락을 물로 씻어 깨끗해졌다고 해석했다. 건륭제는 두 사람의 이름이 청조의 변발 제도를 은근히 비난하는 의미를 담고 있다고 하여 그들을 대역죄로 죽이게 했다. 정말로 말도 안 되는 억지 주장이었지만, 누구도 감히 황제에게 이의를 제기할 수 없었다.

사건의 진상을 신속하게 파악하지 못했다는 죄명으로 처벌을 받은 지방 관리들도 부지기수였다. 또 살아생전에 건륭제의 총애를 한 몸에 받은 당대 최고의 시인이자 예부상서였던 심덕잠(沈德潛·1673~1769)은 서술기를 "인품과 문장 모두 모범으로 삼을만하다."고 칭찬한 것이 문제가 되어 사망한지 9년 만에 추증(追贈)한 관직이 취소되고 묘비가 훼손되는 수모를 당했다.

건륭 48년(1783) 이일(李一)이라는 자가 지은 「호도사(糊塗詞)」에 "하늘도, 땅도 흐리멍덩하고, 제왕과 장수, 재상도 흐리멍덩하지 않는 자가 없다(天糊塗, 地糊塗, 帝王帥相, 無非糊塗)"는 구절이 있었다. 등봉현(登封縣) 사람 교정영(喬廷英)이 고발했다. 그런데 그의 시고(詩稿)에도 "천추의 세월 동안 신하의 마음은 오직 한 왕조의 하늘에 떠있는 해와 달이네.(千秋臣子心, 一朝日月天)"라는 시구가 있었다. 일(日) 자와 월(月) 자를 합하면 명나라를 뜻하는 명(明) 자가 아닌가. 이일과 교정영 두 사람 모두 모반죄로 능지처참을 당했다.

건륭 연간에 호(胡), 융(戎), 이(夷), 노(虜) 등 오랑캐를 뜻하는 글자를 무심코 썼다가 문자옥에 연루되어 죽은 자들이 부지기수였다. 심지어 탁장령(卓長齡)이 펴낸 『회명시집(懷鳴詩集)』의 '회명(懷鳴)' 가운데 명(鳴) 자가 명(明) 자와 발음이 같으므로 망한 명나라를 그리워했다는 죄로 멸문의 화를 당했다.

산서성 생원 왕이양(王爾揚)은 남의 부친의 묘지명(墓誌銘)을 지을 때, '황고(皇考)'라는 두 글자를 썼다. 원래 이는 돌아가신 부친을 높여 부르는 말이다. 돌아가신 부친을 선친(先親)이나 선고(先考) 또는 황고로 높여 부르는 게 예법에 맞았으므로 남의 선친을 황고라고 표현해도 문제될 게 없었다. 하지만 감히 임금 황(皇) 자를 썼다고 해서 처형을 당했다.

강소성 생원 위옥진(韋玉振)은 선친의 행적을 기록한 글에서 황제만이 쓸 수 있는 사면할 사(赦) 자를 썼다고 해서 곧장 3백 대를 맞고 3년 동안 복역했다. 호북성 생원 정명인(程明諲)은 남에게 생일 축하의 글을 지어주었다. 글 가운데 '창대업(創大業)'이라는 세 글자 때문에 능지처참을 당했다.

직예성 고읍현(高邑縣) 사람 지천표(智天豹·1723~1779)는 병을 치료하는 의원이었다. 청나라 황실에 잘 보여 부귀영화를 누리고 싶었다. 누가 시키지도 않았는데도 『대청천정운수(大淸天定運數)』라는 청나라의 만년력(萬年曆)을 편찬했다.

> "주(周)나라 천하는 8백여 년 동안 지속되었지만, 오늘날 대청(大淸)의
> 국운은 주나라보다 훨씬 오래 갈 것이다."

청나라 황실이 영원히 번영을 누릴 거라는 아부였다. 그런데 이 책에서 건륭 연간이 57년에 끝나는 것으로 기록했다. 지천표는 건륭제가 빨리 죽어야 한다고 저주했다는 대역죄로 극형에 처해졌다.

건륭 연간에 정말로 망한 명나라를 그리워하고 청나라가 빨리 망하기를 바라는 마음으로 시문을 지은 자는 거의 없었을 것이다. 청나라가 개국한 뒤 이미 150여 년의 세월이 흘렀기 때문에 명나라의 잔존 세력은 자취를 감춘 지 오래였으며, 반청(反淸) 의식도 기억의 저편으로 사라졌다.

그런데 왜 건륭제는 문자옥을 무려 130여 건이나 일으켰을까. 더구나 그는 한족 문명에 동화된 황제였으며 아울러 어느 한족 황제보다도 유가 경전에 정통하고 한시를 즐겨 지은 낭만적 황제였는데도 유생, 문인, 학자 등 지식인들을 그처럼 잔혹하게 탄압했을까.

중원의 장구한 한족 문명과 역사에 스스로 편입된 만주족은 한족 지식인들에 대하여 복잡한 감정을 가지고 있었다. 내심으로는 한족의 뛰어난 문화를 인정했지만 겉으로는 만주족이 한족보다 우월하다는 인식을

가지고 있었다. 그들의 관점에서 볼 때 지배계급 만주족이 피지배계급 한족을 다스리는 것은 당연한 일이었다. 그래서 한족 지식인들이 과거의 영화를 회상하거나 만주족을 '오랑캐'로 폄하하는 행위는 절대로 용납할 수 없었다. 조금이라도 그런 징조가 나타나면 문자옥을 일으켜 가차 없이 응징했다. 사소한 사건이라도 덮어두고 방치하면 만주족의 한족 통치에 '누수 현상'이 생기지 않을까 두려워했기 때문이다.

건륭제는 이런 심리 상태를 가진 황제였다. 문자옥이 주로 강소성, 절강성 등 명나라 시대에 한족 문화의 중심이었던 지역에서 일어난 것을 보면, 건륭제가 한족 지식인들에 대하여 강한 의구심을 가지고 있었던 것이다.

건륭제는 자신을 '십전노인(十全老人)' 또는 '천고제일전인(千古第一全人)'이라고 자칭했다. 자신보다 위대하거나 완벽한 군주는 없다는 오만한 표현이다. 그의 치적을 고려하면 일리가 없는 말은 아니지만, 그는 자신의 능력을 과대 포장하고 사랑했다. 전지전능한 신(神)과 다를 바 없으므로 모든 신민(臣民)은 그의 말에 복종해야 했다. 그런데 지식인들은 역사의 귀감을 거론하며 사사건건 황제의 일을 간섭하는 귀찮은 존재였다. 그들의 입을 막지 않고 손발을 묶지 않으면 황제의 권위가 손상될 수 있었다. 그들의 사상을 가장 효과적으로 통제하고 오직 황제의 공덕만을 찬양하는 어용 문인을 만드는 데 역대로 내려온 문자옥만큼 더 좋은 수단은 없었다.

대체적으로 지식인들은 문약한 자들이었다. 물론 명나라 때 방효유(方孝孺) 같은 인물은 사지가 갈기갈기 찢길지언정 자신의 소신을 끝까지 굽히지 않고 비참한 최후를 맞이했다. 하지만 한 글자 때문에 능지처참을 당하는 참혹한 광경을 본 지식인들은 글쓰기가 너무 두려웠다. 그럼에도 생업이 '글쓰기'인지라 글을 쓰지 않을 수도 없었다. 그래서 끊임없이 '자기 검열'을 했다. 건륭제는 바로 이점을 노렸다. 황제가 생각한 대로 생각하고 시키는 일이나 잘하는 '뇌 없는 신하'들을 양산하기 위하여 문자옥은 반드시 필요했다.

신하들은 황제를 배알할 때 자신을 '노재(奴才)'라고 자칭했다. 황제를 떠받드는 노예라는 뜻이다. 신하뿐만 아니라 백성도 마찬가지였다. 명나라 때만 해도 이런 자기 비하의 호칭을 쓰지 않았다. 유독 청나라 때 이 호칭이 성행한 까닭은 만주족 출신의 황제가 백성을 노예로 생각했기 때문이다. 문자옥은 백성들을 노예로 만들기 위한 수단이었던 것이다.

7. 스스로 위대한 시인이 되기를 원하다

건륭제가 붕어한 후 1년 만인 가경(嘉慶) 5년(1800)에 편찬한 『청고종어제시초집(清高宗御制詩初集)』에 수록된 그의 시는 무려 4만3천여 수가 넘는다. 물론 그가 이처럼 엄청난 분량의 시를 모두 창작하지는 않았으며, 신하들이 그의 명의로 쓴 시도 적지 않았을 것이다. 하지만 그가 열정적으로 시를 지은 것은 사실이며, 고금의 역대 제왕들 가운데 그처럼 많은 시를 남긴 군주는 없다. 가히 '시의 제왕'이라고 칭송할만하다.

건륭제는 인생 말년에 이런 말을 했다.

"내 나이 이제 90세를 바라보게 되었구나. 지금까지 창작한 시들을 모두 모으면 그 분량이 당나라 시인들이 지은 시와 거의 같을 것이다. 이는 어찌 문예의 숲을 이루고 아름다운 시어들이라고 하지 않을 수 있겠는가."

강희 44년(1705)에 출간한 『전당시(全唐詩)』에 수록된 시는 4만9천여 수,

이름을 남긴 시인은 2천2백여 명이다. 건륭제는 이것을 염두에 두고 본인이 창작한 시를 모두 합하면 당나라 때 수많은 시인들이 지은 시와 거의 같은 분량이라고 자랑했다.

또 자작시에서 인용한 전고(典故)의 출전을 신하들에게 찾아보게 함으로써 자기가 얼마나 박학다식한 황제인지 마음껏 뽐냈다.

> "건륭제는 시 한 수를 완성할 때마다 인용한 전고를 신하들에게 해석하게 했다. 해석을 못하는 신하에게는 집으로 돌아가 전고의 원전을 찾아보게 했다. 수많은 서적을 뒤져보았으나 결국 해석을 못한 신하가 있으면, 건륭제는 그 출처를 밝히고 즐거워했다."

건륭제를 곁에서 보좌하는 대신들은 군서(群書)를 박람하고 시문에 정통한 당대 최고의 지식인이었다. 건륭제는 자기가 지은 시는 그들도 쉽게 이해할 수 없을 정도로 심오한 경지에 이르렀다는 것을 과시했다. 그가 얼마나 시에 대한 자부심이 강했는지 알 수 있다.

그렇지만 건륭제는 이백이나 두보의 시에 비견할만한 불후의 명시를 남기지 못했으며, 천고에 이름을 남긴 위대한 시인은 아닌 것 같다. 오히려 후세 사람들에게 '시 같지 않은 시'를 양산했다고 비난을 받았다.

현대 중국의 저명한 문학평론가인 전종서(錢鍾書·1910~1988)는 그의 시를 이렇게 혹평했다.

> "청고종(건륭제)은 또 문장으로 시를 지었으며 허사(虛辭)를 무분별하게 사용하여 읽는 이로 하여금 구토(嘔吐)를 일으키게 한다."

건륭제가 시를 산문처럼 지었으며 허사, 전고, 속어 등이 너무 많고

운율의 부조화가 오늘날 그의 시에 대한 대체적인 평가이다.

하지만 건륭제의 시 가운데 작품성이 뛰어난 것도 적지 않다. 시 몇 수를 감상해보자. 다음은 「독정관정요(讀貞觀政要)」한 수이다.

「정관정요를 읽다」

당태종의 고상한 덕행과 아름다운 언어는 『정관정요』에 있으니	懿德嘉言在簡編
근심하는 마음으로 국사를 돌보면서 23년을 살펴보고 싶다네	憂勤想見廿三年
속내를 꿰뚫어 보는 마음은 문에 걸려있는 밝은 거울과 같고	燭情已自同懸鏡
간언을 받아들여 승리하는 방법은 조금도 막힘이 없다네	從諫端知勝轉圜
방현령과 두여매가 직언을 서슴지 않아도 모두 받아들이고	房杜有容能讓直
위징과 왕규가 과오를 지적하면 고치지 않은 게 없다네	魏王無事不繩愆
높은 산을 우러러보듯 당태종을 흠모하는 마음은 끝이 없으니	高山景仰心何限
아름다운 시어는 시문을 즐기는 연석에서 향기를 발산하네	宇字香生翰墨筵

이 시는 『청고종어제시집(淸高宗御制詩集)』에 수록된 시 중에서 제일 먼저 나온다. 건륭제의 수많은 시 가운데 가장 중요하고 의미가 있다. 당태종은 중국 역사에서 최고의 성군으로 추앙을 받는 황제이며 이른바 '정관(貞觀)의 치(治)'를 열어 중국이 황금기를 누리게 했다.

건륭제가 언급한 23년은 바로 당태종 시대의 연호 정관의 기간을 말한다. 방현령, 두여매, 위징, 왕규 등은 당태종이 어진 정치를 펼 수 있도록 직언을 아끼지 않은 천고의 충신들이다. 건륭제는 당태종을 진심으로 흠모했다. 건륭 원년(1735) 그도 당태종처럼 위대한 성군이 되어 어진 정치를 펴겠다는 마음을 품고 이 시를 지었다.

다음은 대학사 장정옥(張廷玉·1672~1755)에게 하사한 시, 「사대학사장정옥(賜大學士張廷玉)」이다.

「대학사 장정옥에게 시 한 수, 하사하노라」

황제의 목구멍과 혀가 되어 여러 해 동안 막중한 책무를 맡았는데	喉舌專司歷有年
옹정, 건륭 연간에 명망은 높고 의지는 더욱 굳건하다네	兩朝望重志愈堅
그대는 위공의 아름다운 덕행처럼 향리에서 빛나고	魏公令德光閭里
그대는 산보의 부드러운 인품처럼 서적에서 빛나네	山甫柔嘉耀簡編
재상의 막중한 책무를 맡아 항상 온갖 일을 두루 살피고	調鼎念常周庶務
힘써 일하고 겸손하면서 옛날의 어진 신하들을 본받고자하네	勞謙事每效前賢
고금의 치적을 걸어놓은 거울처럼 살피며 귀감으로 삼고	古今政績如懸鑒
수시로 백성을 위해 은혜를 베풀 방법을 도모한다네	時爲蒼生咨惠鮮

강희 39년(1700)에 과거에 급제한 장정옥은 옹정 연간에 이르러 옹정제의 총애를 한몸에 받고 요직을 역임했다. 옹정제가 형제들과 황위 계승 다툼을 벌일 때 그를 지지했고, 옹정 7년(1729)에 최고 권력 기관인 군기처(軍機處)를 설립하여 황권을 강화할 때도 장정옥이 결정적인 역할을 했다. 또 전대(前代)의 역사서를 편찬할 때, 옹정제에게 불리한 내용은 의도적으로 삭제했기 때문에 그를 총애하지 않을 수 없었다. 그래서 청나라 역사상 옹정제의 유명(遺命)에 따라 태묘(太廟)에 배향된 유일한 한족 출신의 신하이기도 하다.

인용한 시에서 '황제의 목구멍과 혀'는 장정옥이 남서방(南書房)과 군기처(軍機處)를 맡아 황제의 칙령과 군사 기밀을 관장했다는 뜻이다. 원래 남서방은 황제가 문신들과 함께 시문(詩文)과 경사(經史)를 논하는 장소였는데 나중에는 칙령의 초안을 쓰거나 국가의 기밀 사무를 겸했다. 건륭 연간에 들어와서도 장정옥은 권력의 중추 기관에서 건륭제를 보필했다.

위공(魏公)은 한(漢)나라 말기에 활약한 조조(曹操·155~220)를 지칭한다. 건안(建安) 18년(213) 한나라 헌제(献帝)는 그를 위공(魏公)으로 책봉했다. 조조는 이때부터 본격적으로 천하 통일의 야망을 품었다. 산보(山甫)는 주(周)나라 선왕(宣王) 때의 어진 신하 중산보(仲山甫)를 지칭한다. 주나라 선왕 시대의 중흥을 이끈 명재상이다. 건륭제는 장정옥을 두 사람에게 비유하여 극찬했다. 조부와 부친의 충직한 신하였던 장정옥이 자기에게도 충성을 다하라는 바람으로 친히 시를 지어 하사했다.

그런데 장정옥이 77세가 되던 해인 건륭 13년(1748)에 건륭제에게 늙고 병든 몸이라 고향 안휘성 동성(桐城)으로 돌아가 은거하고 싶다고 간청하자, 건륭제는 이렇게 나무랐다.

"경(卿)은 양조(兩朝)의 두터운 은혜를 입었고 더구나 황고(皇考: 옹정제)의 유명(遺命)을 받들었다. 장래에 태묘(太廟)에 배향될 조정 중신이다. 그런데도 어찌하여 전원에 귀의하여 여생을 마치겠다고 하는가."

건륭 15년(1750) 장정옥은 또 모든 관직을 내려놓고 귀향하겠다고 간청했다. 마침 황제의 큰아들 영황(永璜·1728~1750)이 세상을 떠난 지 얼마 안 된 때라 건륭제의 심기를 자극했다. 장정옥에게 하사한 작위와 태묘에 배향될 권리를 빼앗은 뒤 낙향하게 했다. 건륭 20년(1755) 장정옥이 향년 84세를 일기로 세상을 떠났을 때, 건륭제는 차마 부친의 유명(遺命)을 거역할 수 없었기 때문에 그를 태묘에 배향했다.

다음은 소금을 만드는 백성의 고달픔을 읊조린 시, 「영전염자(咏煎鹽者)」이다.

「소금을 만드는 백성의 고달픔을 읊조리네」

남방을 순행하는 도중에 봉로창을 지나다가　　　　一歷篷蘆廠

가마솥 걸어놓고 소금 만드는 백성을 보았네　　　載觀鹽灶民

땔나무를 얻는 산은 너무 멀리 떨어져 있고　　　　樵山已遙遠

솥에 바닷물을 끓이는 일 또한 힘들구나　　　　　釜海亦艱辛

불 조절은 적절한 시간을 잘 알아야 하고　　　　　火候知應熟

소금물은 염도를 알맞게 조절해야 하네　　　　　　鹵漿配欲勻

일 년 내내 고생하는 저들은 참으로 가련한데　　　可憐終歲苦

이익을 누리는 자는 다른 사람들이구나　　　　　　享利是他人

　　건륭 22년(1747) 건륭제가 남방으로 2차 순행을 떠났을 때 항주(杭州) 부근에 있는 소금 제조 공장, 봉로창(篷蘆廠)에서 소금을 만드는 백성들의 힘든 생활을 목격하고 측은한 생각이 들어 이 시를 지었다. 시어(詩語)가 단순하여 문학적 흥취를 자아내지 못하지만 핍진한 묘사가 돋보이고 그의 애민 사상이 잘 드러나 있다.

　　그는 시문(詩文) 창작의 목적을 이렇게 말했다.

　　"짐이 지은 시문은 모두 정치, 교화와 관련이 있다. 크게는 정치의 득실을 살펴보고, 작게는 백성의 바람에 간절한 관심을 가진 것이다. 따라서 짐의 시문은 실제를 기록하는 일에 귀결되지 않은 것이 없다."

　　시문은 넓은 의미에서 작자의 심미(審美) 추구가 아니라 정치와 도덕 그리고 민생을 위한 도구로 간주해야 한다는 속뜻을 담고 있다. 이는 "문장은 도(道)를 담아야 한다."는 문이재도(文以載道), "시는 작자의 뜻을 말한 것이다."는 시언지(詩言志) 등 중국 전통의 사실주의 문학관을 그대로 반영한 내용이다. 건륭제가 "두보(杜甫)는 참으로 내 스승으로 삼을 만하다."고 읊조려 시성(詩聖) 두보를 찬양한 까닭도, 두보가 백성의 고통을 시로써 누구보다도 진솔하게 표현했기 때문이다.

물론 건륭제의 수많은 시 가운데 서정시도 적지 않다. 다음은 「신하(新荷)」한 수이다.

「새롭게 피어난 연꽃」

쾌청한 아침 햇살은 난초 핀 연못을 비추고	晴暾照蘭沼
햇살에 반짝이는 물결은 살포시 일렁거리네	蕩漾波光淺
작은 녹색 동전처럼 생긴 평온한 연꽃은	貼貼小綠錢
수면에 여덟아홉 개 떠있구나	水面八九點
이미 술잔과 쟁반은 떠오르게 했지만	已足泛杯盤
아직 푸른 우산은 펼치지 못해구나	尚未擎青繖
꽃술은 고운 자태를 드러내지 않으니	芳心不肯舒
부평초와 부들 사이에 반쯤 가려져 있구나	半爲蘋蒲掩

초여름 청명한 이른 아침에 찬란한 햇빛이 갓 피어난 연꽃에 비추는 광경을 보고 지은 시이다. 소록전(小綠錢), 배반(杯盤), 청산(青繖) 등의 시어는 모두 연꽃을 은유한 것이다. 갓 피어난 연꽃을 생동감이 넘치게 표현했다.

다음은 37세의 나이에 사망한 효현황후(孝賢皇后 · 1712~1748)를 그리워하며 지은 「효현황후릉침뢰주(孝賢皇后陵寢酹酒)」 시이다.

「효현황후릉침에 술을 붓고 제사를 지내다」

당신과 이별한지 오랜 세월이 지났지만	已是別多時
어찌 슬픈 마음을 표현하지 않을 수 있겠소	能無一寫悲
내 나이 어느덧 칠순에 이르렀는데	七旬忽我逮
백세까지 사는 일은 타인이 바라는 일이구나	百歲任他期
지난 세월은 신기루처럼 순식간에 사라지고	幻景徒驚速
내 곁의 반려자들은 모두 고인이 되었구나	故人不憖遺
증손자의 혼례식이 머지않았는데	曾孫畢姻近
잠들어 있는 그대에게 소식을 전한다네	眠者可聞知

건륭 45년(1780) 건륭제가 70세 때 하북성 준화(遵化)에 있는 효현황후 릉에 행차하여 지은 시이다. 효현황후는 용모가 빼어나고 인품이 비단결처럼 곱고 사치를 멀리하여 건륭제의 총애를 듬뿍 받았다. 두 사람은 바늘과 실처럼 따라다니면서 부부간의 뜨거운 애정을 나누었다. 건륭 13년(1748) 1월 건륭제는 그녀와 함께 제남, 곡부, 태산 등 산동성의 명소로 순행을 떠났다. 그런데 그녀는 순행 도중 덕주(德州)에서 갑자기 사망했다.

훗날 호사가들은 그녀의 갑작스러운 죽음에 대하여 많은 의혹을 제기했다. 건륭제가 덕주 호반의 용선(龍船)에서 밤낮을 가리지 않고 난잡한 연회를 즐기자 참다못한 그녀가 남편에게 충고했다. 이 일로 남편의 분노를 사서 물에 빠져 죽었다는 얘기가 있다. 또 건륭제가 그녀의 남동생 부항(傅恒·1720~1770)의 아내와 불륜 관계임을 눈치 채고 수치심에 자살했다는 얘기도 있다.

어쨌든 그녀가 순행을 떠날 때 심신 상태가 아주 나빴던 것은 분명한 사실이다. 그녀가 낳은 일곱 번째 황자 영종(永琮·1746~1747)이 1년 전에 요절했기 때문이다. 이미 그녀는 건륭제의 법적인 장남인 영련(永璉·1730~1738)을 낳았다. 건륭제는 영련을 비밀리에 황태자로 책봉했으나 요절하는 바람에 효현황후를 비탄에 잠기게 했다. 장남이 죽은 후 9년 만에 둘째아들이 태어나자 효현황후는 감격해마지 않았다.

건륭제는 그녀에게 영종을 황태자로 책봉하겠다고 은밀히 약속했다. 그래서 영종에게 모든 것을 걸고 있었던 그녀는 둘째아들마저도 요절하자 공황상태에 빠졌을 것이다. 그녀는 더 이상 아이를 낳을 수 있는 나이가 아니었고, 훗날 친아들이 아닌 다른 황자가 황위를 계승하면 그녀의 운명도 어떻게 될지 모르는 처지였기 때문에 더욱 절망했을 것이다.

건륭제는 나이가 들수록 더욱 효현황후를 그리워했다. 순행을 나갈 때면 효현황후릉에 들러 제사를 지내고 그녀를 추모하는 시를 여러 수(首) 지었다. 건륭 52년(1786) 77세 때에도 효현황후릉을 참배하고 같은 제목의 시를 남겼다.

조상의 황릉 참배를 마치고	拜瞻禮既畢
승수곡 황릉 앞으로 왔다네	勝水峪臨前
정숙한 그대를 추모하며 읊조리니	追念吟窈窕
그대를 외롭지 않게 하겠네	不孤諡孝賢
세월은 다시 3년이 흘렀는데	春秋復三歲
삼묘처럼 천년을 함께 하기를 바랐다네	参昴共千年
원손이 태어났음을 알게 되었는데	可識元孫獲
그대 생각에 더욱 슬프다네	思之益悵然

승수곡(勝水峪)은 건륭제가 사후에 묻힐 황릉이 있는 곳이다. 삼묘(参昴)는 삼성(参星)과 묘성(昴星)을 가리킨다. 두 사람은 삼성과 묘성처럼 오랜 세월 동안 함께 하기를 바랐다. 원손(元孫)은 태자의 맏아들이다. 건륭제에게는 증손자가 태어났다는 뜻이다. 증손자를 얻은 기쁨을 효현황후와 함께

누리지 못한 아쉬움이 진하게 배어있다.

건륭 60년(1795) 건륭제는 15번째 아들 옹염(顒琰·1760~1820)에게 선위하고 태상황제가 되었다. 가경(嘉慶) 원년(1796) 86세의 고령임에도 새 황제와 함께 또 효현황후릉을 참배했다. "해로(偕老)의 바람은 허망하게 끝나고, 그대를 그리워하는 마음은 더욱 견딜 수 없는데 이별한지 48년이나 되었네."라고 한탄했다. 무소불위의 권력을 가진 황제였지만 자기보다 먼저 세상을 떠난 아내를 그리워하는 마음은 여느 필부와 다를 바 없는 순정을 가지고 있었다.

건륭제는 25세의 나이에 등극한지 얼마 지나지 않아 그 동안 지은 시문을 모아 『낙선당전집(樂善堂全集)』을 편찬했다.

이것의 서문에 이런 내용이 있다.

"짐은 옛날에 고전을 연구하면서 마음속으로 깨달은 바가 있었다. 그것을 차마 방치할 수 없어서 글로 남겼다. 앞으로는 짐이 친히 지은 글이라도 문학을 담당하는 신하의 손에서 나올 수 있으며 그 내용의 진위는 반반일 것이다. 짐은 또한 문인, 학사들과 문학의 기교를 다툼으로써 후세 사람들에게 웃음거리를 남겨주고 싶지 않다."

황제로 등극한 후에는 자신이 창작한 시문 가운데 절반은 문인들의 도움을 받아서 쓴 것이거나 대필일 수 있다는 아주 솔직한 표현이다. 등극하기 전에 지은 시문은 모두 자신의 순수한 창작물이라는 뜻도 된다. 사실 대청제국의 황제가 국정을 다스리면서 문신들의 도움을 받지 않고 매일 시문을 창작하는 일은 불가능하다. 건륭제는 이 점을 간접적으로 시인한 셈이다. 오히려 그가 얼마나 유가 경전에 정통하고 예술을 사랑했으며 아울러 위대한 시인이 되고자 했던 열망은 역대의 어떤 황제도 따라갈

수 없었다.

8. 권신 화신을 지나치게 총애하여 국정을 문란하게 하다

화신(和珅·1750~1799)의 성씨는 뉴호록씨(鈕祜祿氏)이며 만주 정홍기(正紅旗) 사람이다. 귀족 집안에서 태어났으나 조실부모하여 갖은 고생을 겪었다. 머리가 영민하며 외모가 준수하고 아부를 잘했다. 우여곡절 끝에 만주족 관리 자제들의 학습 장소인 함안궁(咸安宮) 관학(官學)에 합격했다. 화신은 만주어, 한어, 몽골어, 티베트어 등 4종의 언어에 능통했을 뿐만 아니라, 유가 경전에도 통달하여 오성흠(吳省欽·1729~1803), 오성란(吳省蘭·?~1810) 등 스승의 총애를 받았다.

건륭 34년(1769) 화신은 진사(進士)에 급제하지 못했지만 문생원(文生員)의 자격으로 삼등경거도위(三等輕車都尉)의 작위를 물려받았다. 경거도위는 공신이나 외척에게 수여하는 작위인데 실권이 없는 명예직에 불과하다. 그런데 화신은 어린 나이임에도 눈치가 워낙 빠르고 윗사람의 비위를 잘 맞춘 덕분에, 건륭 37년(1772)에 삼등시위(三等侍衛)가 되었다. 시위는 황제를 지근거리에서 경호하고 수행하는 최측근이 아닌가. 직위는 높지 않지만 항상 황제의 눈에 띄는 위치에 있기 때문에 황제에게 잘 보이면 하루아침에 '문고리 권력'이 될 수 있다.

건륭제가 순행을 나갔을 때의 일이다. 관리가 상주문을 올렸는데 어떤 지방의 부고(府庫)에 비축해 놓은 전곡(錢穀)을 몽땅 털렸다는 얘기였다. 진노한 견륭제는 시위들에게 이런 글을 내렸다.

"호랑이와 들소가 우리에서 뛰쳐나오고 귀갑(龜甲)과 보옥(寶玉)이 궤 안에서 망가졌다면 누구의 잘못이겠느냐?"

평소에 황제를 몸으로 보위하는 일만 했던 시위들은 황제가 내린 문장에 어떻게 대응해야 할지 몰라 무척 당황했다. 하지만 화신은 황제의 속마음을 꿰뚫어보고 이렇게 대답했다.

"만세(萬世)께 아뢰옵니다. 호랑이와 들소가 우리에서 뛰쳐나오고 귀갑과 보옥이 망가졌다면, 그것들을 관리하는 자는 자신의 과오를 변명할 수 없사옵니다."

건륭제가 내린 글은 원래 『논어·계씨』에 나오는 한 구절이다. 계강자(季康子)가 전유(顓臾)를 정벌하려고 하자, 공자는 계강자의 가신 염유(冉有)와 자로(子路)가 주군을 잘못 보필한 과오가 있음을 지적한 글이다.
송(宋)나라 때의 학자 형병(邢昺·932~1010)이 이 구절에 주소(註疏)를 달았다.

"이는 국가의 재물을 맡아서 지키는 자의 잘못을 지적한 글이다. 군주에게 부족한 점이 있으면 그를 보필하는 신하의 과오임을 비유한다."

화신은 『논어』 주소(註疏)의 내용도 완벽하게 암기하고 있었던 까닭에 건륭제의 느닷없는 질문에 정곡을 찌르는 대답을 할 수 있었다. 시위들은 모두 무식한 줄만 알았던 건륭제는 당장 그를 불러 칭찬을 아끼지 않았다. 더구나 '만주족 제일의 미남'이라는 찬사를 듣는 그에게 호감을 느끼지 않을 수 없었다.
또 건륭제가 『맹자』를 읽고 있을 때의 일이다. 날이 어두워지자 주소(註疏)가 잘 보이지 않았다. 건륭제는 화신에게 등불을 밝히게 했다. 화신은

청나라 역대 황제 평전

그에게 어느 부분을 읽고 계시냐고 물었다. 그의 대답이 끝나자마자 화신은 그가 읽다 만 나머지 부분을 한 글자도 빼놓지 않고 줄줄이 암기하여 그를 기쁘게 했다. 건륭 41년(1776) 한 해 동안 호부좌시랑, 군기대신, 총관 내무부대신 등 요직을 27세에 불과한 화신에게 연이어 제수했다. 청나라 역사상 전무후무한 일이었다.

건륭 45년(1780) 화신은 어명을 받고 운남성으로 가서 운귀총독 이시요(李侍堯·?~1788)의 독직 사건과 하급 관리들의 부패를 두 달여 만에 말끔하게 일소하여 황제의 신임을 더욱 받았다. 또 지방 관아의 적폐를 청산하는 시책을 올려 호부상서를 제수 받았다. 호부상서는 국가의 재정을 총괄하는 막중한 직책이다. 이때부터 화신은 천하의 재부(財富)를 움켜쥐기 시작했다.

건륭제는 늙을수록 젊었을 때와는 다르게 신하들의 간언을 멀리하고 자신을 '십전노인(十全老人)'이라 칭하며 자만에 빠졌다. 화신은 물불을 가리지 않고 건륭제에게 아부했다. 건륭제가 강희제와 옹정제보다도 더 위대한 황제라고 끊임없이 부추겼다. 건륭제의 생모 숭경황태후(崇慶皇太后·1692~1777)가 붕어했을 때, 화신은 여러 날 동안 침식(寢食)을 끊고 통곡해 마지 않았다.

건륭제는 재위 기간 중 남방을 여섯 차례 순행했다. 백성의 삶을 보살피기 위하여 남방을 순행한다는 목적이었지만 사실은 남방의 절경을 마음껏 즐기고 가는 곳마다 호화로운 연회를 베풀어 황제의 위세를 과시할 의도였다. 그런데 순행할 때 마다 막대한 자금과 인력이 필요했다. 건륭제가 국고에 비축한 재화를 쓰면 황제가 국고를 탕진한다는 비난을 들을 수 있었다.

화신은 조정 대신들의 비난을 받지 않고 황제의 사치 욕구를 마음껏 충족시켜 줄 방법을 모색한 끝에, 건륭 45년(1780)에 '의죄은(議罪銀)'이라는 희한한 제도를 만들었다.

이는 관리가 뇌물을 받거나 잘못을 저질렀을 때 내무부(內務府)에 은자를 상납하면 금액에 따라 죄를 경감해주는 제도이다. 이것이 시행되자 부패한 관리들은 쌍수를 들고 환영했다. 내무부에 들어온 은자는 조정의 조세 수입(收入)이 아니었기 때문에 언제든지 황제를 위해 쓸 수 있었다.

화신의 수완에 감탄한 건륭제는 별도의 수입에 대만족했다. 하지만 부패한 관리들이 상납한 은자는 결국 백성의 고혈을 짜내 마련한 것이었다. 결국 이 제도는 건륭 후반기에 이르러 관리들의 부패가 독버섯처럼 퍼지기 시작한 계기가 되었다.

건륭 연간에 화신에게 무려 47차례나 고위 관직을 제수한 것으로 보아 건륭제가 그를 얼마나 총애했는지 짐작할 수 있다. 화신이 곁에 잠시라도 없으면 불안한 마음을 떨칠 수 없었다.

화신에게는 풍신은덕(豊紳殷德·1775~1810)이라는 유일한 아들이 있었다. 아들의 이름은 건륭제가 하사했다. 건륭제는 열 번째 공주이자 막내딸인 고륜화효공주(固倫和孝公主·1775~1823)를 가장 총애했다. 사실 '고륜(固倫)'은 황제의 정실부인인 황후가 낳은 공주에게만 하사하는 칭호이다. 화효공주의 생모는 비빈(妃嬪)에 책봉되었으므로 화효공주에게는 화석(和碩)이라는 호칭을 내려야 황실의 법도에 맞았다. 하지만 건륭제는 대신들의 반대를 무릅쓰고 고륜을 하사했다.

건륭제는 65세 때 얻은 딸이라 그녀를 눈에 넣어도 아프지 않을 정도로 예뻐했다. 더구나 그녀는 자신을 빼어 닮고 영특했을 뿐만 아니라 무예도 뛰어났다. 하루는 그녀가 남장을 하고 부친과 함께 사냥을 나가 달리는 사슴을 단 한 발의 화살로 명중시켰다. 건륭제는 그 모습을 보고 기뻐하며 말했다.

"네가 황자(皇子)였다면 짐은 너를 황태자로 책봉했을 것이다."

고륜화효공주는 부친의 사랑을 독차지하며 성장했다. 그녀가 3세 때 건륭제는 마음속으로 화신의 아들 풍신은덕을 그녀의 배필로 결정했다. 자기가 가장 사랑하는 딸을 화신의 집안에 시집보냄으로써 그에 대한 변함없는 총애를 보여주고 싶었다.

건륭 54년(1789) 풍신은덕과 고륜화효공주는 15세의 나이에 성대한 혼인 예식을 치르고 부부가 되었다. 이로써 건륭제와 화신은 39세의 나이 차이에도 불구하고 사돈 관계를 맺었다. 시위에서 출발하여 조정의 중추 기관을 장악하고 마침내 황제의 사돈이 된 화신은 천하에 무서울 것이 없었다.

건륭 58년(1793) 청나라를 방문한 영국 사절단장 매카트니는 "많은 중국인들은 화신을 두 번째 황제라고 몰래 칭한다."고 토로했을 정도로, 화신은 실제로 황제에 버금가는 권력을 행사했다.

절대 권력은 반드시 부패하기 마련이다. 화신은 매관매직, 뇌물수수, 이권개입, 금품갈취 등 온갖 수단과 방법을 가리지 않고 재물을 닥치는 대로 긁어모았다. 또 영국의 동인도회사와의 밀무역을 통해 엄청난 은화를 벌어들였다. 광동 지방에서 무역을 하는 서양 상인들은 그에게 뇌물을 바치지 않으면 되는 일이 없었기 때문에, 그의 저택 앞은 언제나 그를 배알하러 온 사람들로 장사진을 이루었다.

젊었을 때 부패를 그처럼 엄단했던 건륭제는 화신의 전횡에 대해서는 알아도 모르는 척했다. 화신이 건륭제가 원하는 일이면 모든 것을 해결해 주었기 때문이다. 건륭제 사후에야 비로소 화신의 상상을 초월하는 부정 축재와 비리가 낱낱이 밝혀지기 시작했다.

9. 번영에서 쇠퇴의 조짐이 보이다

청나라는 건륭제 시대에 눈부신 발전을 이루었다. 먼저 국토 면적은 오늘날 중국의 1.5배에 해당할 정도로 엄청나게 넓었다. 건륭제가 영국 사신 매카트니의 통상 요청을 거절한 이유도 따지고 보면, 청나라는 땅이 넓고 없는 것이 없었기 때문이다.

농업 분야에서는 광활한 황무지를 개간하여 경지 면적을 확대하고 신 품종을 심어 수확량을 늘렸다. 원래 북방 지방은 남방에서 자라는 고구마 를 재배할 수 없었다.

건륭 50년(1785) 복건성 민현(閩縣) 출신 농민 진세원(陳世元)이 고구마 종 자를 산동성 교주(膠州) 지역에 전파하고 농민들에게 파종법을 가르쳤다. 몇 년 후 고구마는 북방 전역에 널리 퍼졌다. 진세원의 공적을 인정한 청 나라 조정은 그를 거인(擧人)으로 임명했다. 흉년이 들면 기아에 허덕이던 북방의 농민들은 구황작물 고구마 덕분에 굶주림을 면할 수 있었다.

'어미지향(魚米之鄕: 물고기와 쌀의 고향)'이라는 별칭이 있는 강남 지방은 원 래부터 농산물이 풍부하기로 유명했다. 건륭 연간에 이르러서는 면화, 명 주실 등 경제성이 높은 산물이 폭발적으로 증가했다. 강소성 송강(松江), 태창(太倉), 통주(通州) 등의 지역을 예로 들면 "마을마다 벼농사에 주력하는 농민은 10분의 2~3에 불과하고, 더 많은 이익을 남기기 위해 면화를 재 배하는 농민은 10분의 7~8이나 되었다."

조정 대신들은 국가 재부(財富)의 원천인 미곡 생산량의 감소를 우려했 지만, 강남의 농민들은 이미 농업을 굶주림을 해결하는 수단이 아니라 돈 을 벌기 위한 산업으로 인식했다.

당시 남경(南京) 지역에서만 3만 대가 넘는 베틀이 있었다. 생산한 상품 을 교역하기 위하여 대규모의 시장이 조성되었다. 상인들은 화폐, 어음,

청나라 역대 황제 평전

고리대금 등 다양한 거래 수단을 통해 막대한 자금을 축적했다. 이에 따라 오늘날의 은행, 전당포와 비슷한 금전 거래소가 번창했다.

금전의 활발한 유통은 동전 주조에 필요한 구리의 수요를 폭발적으로 늘어나게 했다. 이를테면 건륭 37년(1772)에 운남성 일대에만 구리 광산이 46곳, 광부가 70만 명, 매년 생산량은 1천여만 근(斤)에 달했다. 이 생산량도 공급에 차질을 빚자 민간인의 개발을 허용했다. 산업의 근간인 철과 제련업도 마찬가지였다.

건륭 14년(1749) 민절총독 객이길선(喀爾吉善·?~1757)이 건륭제에게 이렇게 아뢰었다.

"군사 분야에서 필요한 각종 무기를 만들고, 선박을 건조하며 그리고 농민이 쓰는 농기구 등에 이르기까지 철의 수요가 이루 다 헤아릴 수 없을 정도로 많사옵니다."

수요가 팽창하면 공급도 늘어나기 마련이다. 당시 광동성 불산현(佛山縣)의 제련소는 "대장장이들은 밤낮을 가리지 않고 철을 제련했다. 밤에는 불빛이 하늘을 환하게 비추고 사방은 훈김이 가득했으니 한겨울인데도 땀이 날 정도였다."

강서성 경덕진(景德鎭) 일대는 도자기, 동남의 연해 지역은 소금, 장강 일대는 차(茶) 산업이 급속하게 발전했다. 중국의 전통적 특산물인 도자기와 차는 국내에서만 소비되지 않고 전 세계로 퍼져나갔다.

수공업 발전은 자연스럽게 도시의 번영을 촉진했다. "하늘에는 천당이 있고, 땅에는 소주(蘇州)와 항주(杭州)가 있다."는 유명한 말이 바로 이 시기에 나왔을 정도로 강남의 도시들은 번영을 구가했다. 도시를 중심으로 하는 중국의 초기 자본주의 사회가 도래한 것이다.

오늘날 학자들의 연구에 따르면 건륭제 시대의 청나라는 전 세계 GDP의 3분의 1을 차지했다고 한다. 의식주 걱정이 없으면 일반적으로 인구가 증가하고 문화가 발전하는 법이다. 건륭 60년(1795) 전국적으로 실시한 호구 조사에 의하면 인구가 거의 3억 명에 달했다. 중국 인구는 이때부터 엄청나게 불어났다.

건륭제는 수시로 문자옥을 일으켜 청나라의 정통성에 조금이라도 불만을 가진 한족 지식인들을 무자비하게 탄압했지만, 한편으로는 그들을 회유하기 위하여 대규모로 문화 사업을 벌였다. 가장 대표적인 예가 『흠정사고전서(欽定四庫全書)』이다. 흠정(欽定)이란 황제가 직접 주관하여 법률이나 제도를 제정했다는 뜻이다.

건륭 38년(1773) 건륭제는 문신, 학자, 기록관 등 4천여 명을 동원하여 당대의 모든 서적을 분야별로 정리하여 편찬하게 했다. 건륭 47년(1782)에 초고가 완성되었다. 이는 내용에 따라 경(經: 경전), 사(史: 역사), 자(子: 사상), 집(集: 문학)의 4부(部)로 편집되고 7만9천 권(券), 3만6천 책(冊), 약 8억 자(字)로 이루어진 중국 최대의 총서이다.

이 총서가 편찬되는 과정에서 수많은 지식인들은 고증(考證)에 심혈을 기울였기 때문에 청나라 때 고증학이 발전했다. 그들은 산더미처럼 쌓인 서적을 뒤적이며 고증에 몰두하면서 현실 정치를 외면했다. 건륭제는 바로 이 점을 노렸다. 지식인들의 비판 의식을 잠재우고 전무후무한 문화 사업을 일으킨 황제라는 칭송을 듣고자 하는 목적이었다.

고희(古稀)를 맞이하여 지은 「고희설(古稀說)」에 이런 내용이 있다.

"짐이 국가를 바르게 통치하고 영토를 확장했으며 모든 신하들을 진심으로 복종하게 하고 백성들이 편안한 삶을 누리게 한 공적은, 옛날의 어느 황제도 이루지 못했다."

건륭제는 자신을 '천고에 제일가는 완벽한 사람'이라고 자랑했다. 그의 치적을 객관적으로 평가하면 지나친 과장만은 아니다. 하지만 건륭 후기에 이르러 전국 각지에서 크고 작은 반란이 일어난다.

건륭 39년(1774) 8월 청수교(淸水敎) 교주 왕륜(王倫·?~1774)이 자미성(紫微星: 천자를 상징하는 별)을 자처하고 산동성 수장현(壽張縣)에서 관리들의 가렴주구에 불만을 품은 농민들을 조직하여 반란을 일으켰다. 청수교는 송(宋)나라 이래로 아미타불을 숭배하고 민간의 비밀종교 결사체인 백련교(白蓮敎)의 일파이다.

왕륜은 부패한 관리와 토호들을 죽이고 부고(府庫)의 양식을 백성들에게 나눠주어 일시에 인심을 얻었다. 반란을 일으킨 지 한 달도 안 된 시간에 양곡현(陽穀縣), 당읍(堂邑), 임청(臨淸)의 토성(土城) 등을 점령했다.

특히 임청은 강남의 물자가 대운하를 따라 집결하는 조운(漕運)의 요충지였기 때문에 건륭제를 진노하게 했다. 건륭제는 중무장한 금위군을 파견하여 반란군을 토벌하게 했다. 농민군은 아녀자까지 동원하여 결사적으로 항전했지만 중과부적으로 전멸을 당했다. 임청성 안에 있었던 사람들은 남녀노소를 불문하고 모두 도륙을 당했다. 분신자살한 왕륜의 반란은 규모가 크지 않았고 한 달여 만에 진압되었지만 건륭제에게 큰 충격을 주었다. 그가 다스리는 천하가 태성성대인 줄만 알았기 때문이다. 그는 반란의 근본 원인이 지방 관리들의 부패와 가렴주구에 있다는 사실을 몰랐다.

살랍족은 청해성 일대에서 대대로 거주하며 이슬람교를 신봉하는 소수민족이다. 청조는 살랍족을 효과적으로 통치하기 위하여 '문환제도(門宦制度)'를 운영했다. 이는 이슬람교의 신비주의와 중국의 봉건 제도가 교묘하게 결합한 산물이다. 청조는 이슬람 교단의 지도자 이맘(imām)에게 종교 권력의 세습을 인정했을 뿐만 아니라 '자카트(zakat)'를 징수할 수 있는 특권도 부여했다. 자카트란 이슬람교도들이 의무적으로 내야 하는 세금이다.

이맘들은 자신이 관장하는 지역에서 청나라 조정의 비호아래 왕처럼 군림하면서 거주민을 착취했다. 건륭 26년(1761) 이슬람교의 신학자 마명심(馬明心·1718~1781)이 '노교(老教)'의 문환제도를 혁파할 목적으로 '신교(新教)'를 창립했다. 노교가 종교를 빌미로 백성들에게 가혹한 세금을 징수하는 악행을 결사적으로 반대하며 포교 활동을 했다. 가난한 백성들은 그를 진정한 이맘으로 여기고 따르자, 노교의 이맘들은 그를 제거하기로 결심했다. 마침내 신교와 노교 간의 종교 전쟁이 폭발했다.

그런데 청조는 노교를 옹호하고 신교를 배척하는 정책을 폈다. 착취에 시달리는 백성보다는 부패한 이맘들의 손을 들어준 것이다. 건륭 46년(1781) 마명심의 제자 소사십삼(蘇四十三·1729~1781)이 청해성 순화(循化) 지역에서 반청(反清) 기치를 내걸고 반란을 일으켰다. 총포로 무장한 신교도 2천여 명은 일시에 하주성(河州城)을 점령하고 조하(洮河)를 건너 서북 지역의 요충지 난주(蘭州)에서 관군과 치열한 접전을 벌였다.

섬감총독 늑이근(勒爾謹·?~1781)의 상주(上奏)를 통해 반란을 알게 된 건륭제는 이렇게 유시(諭示)했다.

"신교와 구교의 내부 갈등을 부추겨서 서로 죽이게 하라. 반드시 그들을 분열시켜야 하며, 적 1명을 풀어주거나 죽이는 방법으로 그들의 힘을 분산시켜야 한다."

전형적인 이이제이(以夷制夷) 전법으로 반란을 진압하라는 명령이었다. 먼저 포로가 된 마명심은 난주의 동천문(東川門)에서 참수형을 당했으며, 소사십삼도 최후까지 싸우다가 전사했다. 이슬람교도의 반란은 어렵지 않게 진압되었으나, 항복한 사람은 단 한 명도 없었을 정도로 그들의 청나라에 대한 원한은 골수에 사무쳤다.

건륭 49년(1784) 6월에 일어난 이슬람교도 전오(田五·?~1784)의 반란도 찻잔 속의 태풍으로 끝났지만, 건륭 후기에 이르러 변방의 소수 민족들은 청나라의 압제에 저항하기 시작했다.

건륭 26년(1761) 승려 정개(鄭開·?~1779)가 복건성 장주부(漳州府) 장포현(漳浦縣)에서 천지회(天地會)를 창립했다. 천지회는 하늘을 아버지로, 땅을 어머니로 삼고 만민 평등사상을 주장했다. 농민, 수공업자, 상인 등 폭정에 시달린 자들이 정개를 중심으로 모이기 시작했다. 그들의 조직은 시간이 지날수록 순수한 종교 활동보다는 반청복명(反淸復明)을 목표로 하는 정치 결사체로 발전했다.

천지회는 장강 이남의 광대한 지역에 빠르게 전파되어 청나라의 최대 위협 세력이 되었다. 건륭 48년(1783) 장주부 천지회의 수령 엄연(嚴烟)이 대만으로 건너와 포교 활동을 시작했다. 당시 대만 백성들은 내륙의 백성보다 더 가혹한 착취를 당하고 있었기 때문에 천지회의 세력은 날로 확장되었다. 건륭 51년(1786) 장화현(彰化縣)의 지현(知縣)이 관할 지역에서 비밀리에 퍼진 천지회를 조사한다는 명목으로 군대를 동원했다. 관군은 무고한 백성을 잡아들여 죽이고 그들의 가산을 약탈하는 만행을 저질렀다.

장화현 천지회의 수령 임상문(林爽文·1756~1788)은 같은 해 11월에 "민심을 안정시키고 농업을 보호한다."는 구호를 내걸고 반란을 일으켰다. 장화현은 일시에 천지회의 수중에 떨어졌으며, 임상문은 순천맹주대원수(順天盟主大元帥)로 추대되었다. 임상문의 농민군은 공략한 곳마다 관아의 곳간을 열어 양식을 굶주린 백성들에게 분배했다. 그들의 군기는 무척 엄격하여 함부로 사람을 죽이거나 남의 재물을 약탈하는 일이 조금도 없었다.

임상문은 반란을 일으킨 지 1년2개월여 만에 대만의 주요 도시들을 점령하고 '순천(順天)'이라는 연호를 사용했을 정도로 청나라를 타도하고 새 왕조를 세우려고 했다. 하지만 건륭 53년(1788) 2월에 내륙에서 건너온 관군에게 패하여 북경으로 끌려가 능지처참을 당했다. 결국 임상문의 반란은 진압되었지만 대만 역사상 가장 큰 농민 반란이었다.

건륭 60년(1795) 묘족(苗族) 석류등(石柳鄧)이 귀주성 일대에서 반란을 일으켜 세력을 떨쳤다. 청조는 묘족 반란을 가경(嘉慶) 11년(1806)에 이르러서야 비로소 진압할 수 있었다. 이처럼 건륭 후반기에 이르러 변방에서 반란이 빈번하게 일어난 까닭은 중앙 정부 통치권의 약화와 지방 관리들의 폭정 때문이었다. 건륭제가 초심을 잃지 않고 국정을 돌보았다면 관리들의 부패를 막을 수 있었으며, 청나라가 변방부터 세력이 점차 약화되지는 않았을 것이다.

건륭제에 대한 후세 사람들의 평가는 복잡하다. 현대 중국의 저명한 역사학자 여사면(呂思勉·1884~1957)은 그를 이렇게 평가했다.

"청조의 쇠퇴 조짐은 건륭 연간에 나타났다. 건륭제는 본성이 사치를 좋아하여 재위 기간에 무려 6차례나 남방을 순행하면서 막대한 경비를 물 쓰듯 했다. 또 중년 이후에는 화신(和珅)을 중용하여 고금에 전례가 없는 횡령과 독직 풍조를 일으켰다. 관리들은 모두 백성을 착취하여 건륭제를 받들지 않을 수 없었다. 고위 관리는 하급 관리의 재물을 빼앗고 하급 관리는 백성의 재산을 갈취했기 때문에 관리의 공무 집행이 크게 망가졌다."

건륭제를 지나치게 부정적으로 평가한 글이다. 『캠브리지 중국사(The Cambridge History of China)』시리즈 집필진 중의 한 명인 영국의 저명한 중국학자 데니스 트위체트(Denis Twitchett·1925~2006)가 가장 포괄적이고 객관적인 평가를 내렸다.

"건륭제는 중국 역사상 가장 강력한 군주이자 동시에 논쟁거리가 가장 많은 인물이기도 하다. 그는 예술가, 시인, 서적을 불사른 자, 전쟁을 좋아한 자, 가난한 백성을 보호한 자 등 인간의 다양한 모습을 한몸에 지닌 황제였다. 몽골의 준갈이한국을 격퇴하고 중앙아시아 유목 민족의 분열된 상태를 종식시킴으로써 청제국의 판도를 더욱 확대했다. 하지만 그가 고집을 피워 무리하게 금천(金川) 지역 토사(土司)의 반란을 토벌한 까닭에 백성을 혹사시키고 물자를 낭비했으며 또 베트남, 미얀마 등 먼 나라까지 원정을 단행하여 얻은 것보다 잃은 것이 많았다. 엄청나게 많은 서적들을 모아 『사고전서』를 편찬한 공로가 있었으나 서적을 불사르고 툭하면 문자옥을 일으킨 잘못도 저질렀다. 그는 농업을 발전시키고 생산력을 높이어 전국의 3억 인구를 먹여 살림으로써 청나라 경제의 전성기를 이루게 했다. 하지만 성격이 아주 변덕스럽고 돈을 물 쓰듯 했기 때문에 인생 말년에는 빈곤과 부패의 국면을 초래했다."

어쨌든 건륭제는 황제로서 누릴 수 있는 모든 부귀영화를 다 누렸으며 89세의 나이에 천수를 다하고 죽었다. 중국 역사에서 황제 개인의 관점에서 볼 때 건륭제만큼 행복한 황제는 없었다.

제 **7** 장

옹염 인종 가경제

옹염 인종 가경제

1. 성장 과정과 황위 계승

태상황 건륭제는 25세 때 황제로 등극한지 64년 만인 가경(嘉慶) 4년 (1799) 2월에 향년 89세를 일기로 붕어했다. 인생 말년에 자신을 '천고(千古)에 제일가는 완벽한 사람'이라고 표현했을 정도로, 중국의 역대 황제 가운데 그보다 오랜 세월을 집권하고 무소불위의 권력을 마음껏 행사했으며 부귀영화를 누린 자는 아무도 없었다.

건륭제는 한평생 황후 3명, 황귀비, 귀비, 비빈, 귀인, 상재(常在) 등 후궁 38명을 거느리고 황자 17명, 공주 10명을 두었다. 원래 그는 원배(元配) 황후인 효현순황후(1712~1748)가 낳은 둘째아들 영련(永璉·1730~1738)을 후계자로 삼으려고 했다. 장남 영황(永璜·1728~1750)은 서자였기 때문에 황위 계승권이 없었다. 법적으로는 영련이 적장자였으며 더구나 건륭제가 효현순황후를 지극히 총애했으므로 영련이 후계자로 결정된 것이다.

그런데 영(永) 자 돌림의 황자 17명 가운데 부친보다 오래 산 황자는 황팔자(皇八子) 영선(永璇·1746~1832), 황십일자(皇十一子) 영성(永瑆·1752~1823), 황십오자(皇十五子) 영염(永琰·1760~1820), 황십칠자(皇十七子) 영린(永璘·1766~1820) 등 4명에 불과하고 나머지는 다 요절했다. 이에 따라 건륭제는 아들 네 명 가운데 한 명을 후계자로 지명할 수밖에 없었다.

이 네 사람에 대한 평가는 뜻밖에도 『조선왕조실록·정조 19년(1795)』의 기록에 나온다.

"현재 살아 있는 황제의 아들은 4명입니다. 황팔자 영선(永璇)은 성격과 행동이 도리에 맞지 않고 비뚤어져서 몇 번이나 황제의 뜻을 어겼습니다. 황십일자 영성(永瑆)은 유약하기만 하고 결단성이 없습니다. 황십오자 영염(永琰)은 도량이 활달한데다 용모가 빼어나고 위인의 기개가 있습니다. 황제는 그가 자기를 닮았다고 생각하여 가장 총애하고 있으며 중외(中外)에서도 그에게 기대를 걸고 있습니다. 황십칠자 영린(永璘)은 경박하여 위엄이 없습니다."

동지사 서장관의 자격으로 청나라에 다녀온 심흥영(沈興永·1739~1799)이 정조에게 아뢴 내용이다. 정조 19년(1795)이면 건륭제의 나이 85세 때이다. 당시 북경을 방문한 조선 사절단은 어느 황자가 건륭제의 후계자가 될지 백방으로 수소문하고 다녔을 것이다. 청나라의 '대권구도'를 미리 파악하여 외교에 활용할 목적이었다. 심흥영의 '정보수집'은 놀라울 정도로 정확했다.

나이순으로 정하면 영선이 우선이다. 하지만 영선은 행동이 경거망동하고 일처리가 서툴러서 일찌감치 건륭제의 눈 밖에 났다. 영성은 시문과 서예를 좋아하는 문인의 전형적인 자질을 타고 난 황자였다. 건륭제는 그가 무예를 싫어하고 유생처럼 문약한 성격이 마음에 들지 않았다. 그래서 영성도 자연스럽게 대권에서 멀어졌다. 심흥영의 분석에서 알 수 있듯이 영염이 부친의 총애를 받았다.

영염의 생모는 효의순황후(孝儀純皇后·1727~1775) 위가씨(魏佳氏)이다. 한족 출신인 그녀가 건륭제의 후궁으로 처음 입궁했을 때는 품계가 귀인에 불과했지만, 건륭 25년(1760)에 영염을 낳은 뒤 황귀비로 승격했다.

건륭제는 한평생 효현황후(孝賢皇后·1712~1748)를 가장 사랑했다. 그녀가 37세의 나이에 세상을 떠나자, 허전한 마음을 달랠 길이 없었던 그는 마음씨가 곱고 용모가 수려한 위가씨에게 애정을 쏟았다. 그녀는 나이가 건륭제보다 16세 어렸다.

황십사자(皇+四子) 영로(永璐·1757~1760), 황십오자(皇+五子) 영염, 황십육자(皇+六子·1762~1765: 요절했으므로 이름이 없다), 황십칠자(黃+七子) 영린 그리고 황칠녀(皇七女) 고륜화정공주(固倫和静公主·1756~1775)와 황구녀(皇九女) 화석화각공주(和碩和恪公主·1758~1780)가 모두 그녀의 소생이다. 건륭제의 사랑을 듬뿍 받은 덕분에 이처럼 많은 4황자, 2공주를 낳았다. 생모가 건륭제의 총애를 받게 된 것도 영염이 황위를 계승하는 데 유리하게 작용했다.

건륭 60년(1795) 9월 건륭제가 영염을 황태자로 책봉할 때, 이미 20년 전에 49세를 일기로 사망한 영염의 생모 황귀비 위가씨를 효의순황후(孝儀純皇后)로 추증했다. 영염에게 선양하기 전에 그를 낳은 위가씨를 황후로 추증함으로써 정통성 시비를 따지는 불상사를 피하기 위한 조치였다.

영염은 6세 때부터 병부시랑 봉관(奉寬), 공부시랑 사용(謝墉) 등을 스승으로 모시고 공부를 시작했다. 13세 때는 오경(五經)을 통달하여 건륭제를 기쁘게 했다.

영염을 가르친 스승 가운데 시독학사(侍讀學士) 주규(朱珪·1731~1807)가 그에게 가장 큰 영향을 끼쳤다. 건륭 45년(1780) 그는 복건의 제독학정(提督學

政: 청나라 때 지방 문화 교육 행정관)으로 부임하기 전에 영염에게 양심(養心), 경신(敬身), 근업(勤業), 허기(虛己), 치성(致誠) 등 잠언 5개를 주었다. 마음을 수양하며 몸가짐을 조심하며 학업에 힘쓰며 자신을 낮추며 성의를 다해야 만이 훗날 황위를 계승할 수 있다는 암시였다. 영염은 때를 기다리며 스승의 가르침을 몸소 실천했다.

영염은 역대 왕조의 흥망성쇠에 깊은 관심을 가졌다. 『전국책』, 『사기』, 『한서』 등 역사와 관련된 서적은 남김없이 통달하여 전후 3천 년의 중국사를 환하게 꿰뚫었다. 황제로 등극하면 역사의 교훈을 통해 태평성대를 이루고자 했다.

건륭 54년(1789) 26세 때 화석가친왕(和碩嘉親王)으로 책봉되었다. 화석친왕(和碩親王)은 황제의 형제나 황자에게만 수여하는 최고등급의 작위이다. 영염은 부친이 자신을 후계자로 염두에 두고 있음을 직감하고 더욱 근신했다.

건륭 60년(1795) 9월 건륭제는 황궁의 근정전에서 영염을 황태자로 책봉하는 의식을 거행함으로써 자신의 후계자가 영염이며 다가오는 해에 황위를 양위하겠다고 만천하에 선포했다. 다음 해부터 연호를 가경(嘉慶)으로 정했다.

건륭제는 가경 원년(1796) 정월 초하루에 자신은 태상황(太上皇)으로 물러나고 영염에게 황위를 선양했다. 천수를 누리고 있는 85세의 건륭제가 인생 절정기의 나이인 36세의 영염에게 황권을 이양한 것이다.

영염은 타고난 인품과 학문이 모두 뛰어나고 아울러 어떤 평지풍파도 겪지 않고 만백성의 축복 속에서 순탄하게 황제로 등극한 까닭에, 조야의 모든 신민들은 그가 성군이 되리라는 확신을 가졌다.

왕조 시대에는 임금의 이름에 들어간 글자를 사용할 수 없었다. 이런 글자를 '휘자(諱字)'라고 한다. 영염(永琰)의 영(永) 자는 일상 생활에서 너무

자주 쓰이는 글자이므로, 건륭제는 영(永) 자를 드물게 쓰이는 옹(顒) 자로 바꾸게 했다. 이때부터 가경제의 이름은 옹염(顒琰)이라 했다.

2. 화신을 제거하고 개혁을 도모했으나 실패하다

건륭제는 가경제에게 선위했지만 이른바 '훈정(訓政)'의 방법으로 계속 통치했다. 가경제는 "태상황 옆에 앉아 섬기면서 태상황이 즐거워하면 즐거워하고 웃으면 따라서 웃었다." 또 "태상황 옆에 앉아 섬기면서 오로지 태상황의 동정만을 살피고 있었을 뿐 다른 사람에게는 눈길 한 번 주지 않았다." 가경제가 새 황제로 등극했지만 아무런 실권도 없었고 오직 부친의 눈치를 살피며 은인자중했다는 얘기이다.

『조선왕조실록·정조 21년』에 이런 기록이 있다.

"정조께서 '새 황제가 등극한 후에 인심의 향배는 어떠하던가?'라고 하문했다. 익모(翊模)가 아뢰었다. '새 황제를 칭송하는 인심이 넘쳐나고 있었습니다. 그런데 태상황께서 너무 연로하시어 기휘(忌諱)하는 것이 많았습니다. 반포한 역서(曆書)에는 가경이라는 연호를 썼지만 궁중에서 사용하는 것에는 여전히 건륭 연호를 썼습니다. 이를테면 통보(通寶)를 발행할 때 건륭이 7할을 차지했습니다."

정조 21년(1797)은 가경제가 황제로 등극한 지 2년 째 되는 해이다. 정조 20년(1796) 사은사(謝恩使)의 서장관으로 북경에 다녀온 이익모(1747~1812)가 청나라 사정을 정조에게 보고한 내용이다. 이 내용에 따르면 백성들이 가경제에게 많은 기대를 걸고 있었지만, 실권은 여전히 건륭제가 쥐고 있었음을 알 수 있다.

그런데 건륭제는 너무 노쇠했고 권신 화신(和珅·1750~1799)에게 지나치게 의지했기 때문에, 화신은 어명을 멋대로 조작하고 국정을 마음껏 농락했다. 조정 대신들은 말할 것도 없고 환관, 금의위(錦衣衛) 소속 군사들도 모두 화신을 황제처럼 받들고 그의 지시를 따랐다. 가경제는 화신의 전횡에 분노했지만 울분을 삼킬 수밖에 없었다. 자칫하다간 부친의 영혼과 육신을 지배하는 화신에게 역공을 당할 수 있었기 때문이다. 속마음을 철저하게 숨기고 그를 최대한 예우했다.

화신은 새 황제를 자신이 얼마든지 농락할 수 있는 허수아비로 생각했다. 하루는 화신이 가경제에게 옥여의(玉如意)를 바쳤다. 옥여의란 옥으로 만든 공예품인데 길상(吉祥)을 상징한다. 가경제는 즉시 옥여의의 아름다움을 읊조린 시 몇 수를 지었다. 환관을 통해 그 시를 읽어본 화신은 웃으며 말했다.

"가경제는 나와 지모(智謀)를 겨루기에는 부족한 인물이구나."

가경제는 화신에게 여러 차례 수모를 당했으나 조금도 내색하지 않고 여전히 그를 특별 대우했다. 사적으로 만날 때는 삼궤구고(三跪九叩)의 예의를 갖추지 않아도 되는 특전을 베풀었다. 또 기름진 전답, 대저택, 하인 등을 수시로 하사하여 그의 환심을 샀다. 사실은 화신이 방심할 때를 기다려 그를 제거할 계획이었다.

가경 4년(1799) 2월 7일 건륭제가 자금성의 양심전(養心殿)에서 붕어한 후에야, 비로소 가경제의 통치가 시작되었다. 가경제는 민심을 얻기 위하여 건륭 말기에 일어난 온갖 적폐를 일소하는 일을 당면 과제로 삼았다. 무엇보다도 먼저 부패의 원흉이자 백성의 원망의 대상이었던 권신 화신을 처단해야 했다. 화신을 제거하지 못하면 새 시대를 열 수 없다는 절박한 심정이었다.

건륭제가 붕어하자마자 가경제는 화신이 범한 20가지 대죄(大罪)를 천하에 반포하고 그를 잡아들였다. 황권을 찬탈하고 황제를 능멸한 죄가 가장 무거웠다.

그가 범했다는 대죄 가운데 일부 내용은 다음과 같다.

"집안에 보관한 진귀한 보물 가운데 진주팔찌가 200여 개나 되었는데 대궐 안에 있는 것보다도 몇 배나 많았다. 그가 가지고 있었던 큰 진주는 황제의 관(冠) 위에 다는 것보다도 컸다. 이것이 그 15번째 대죄이다. 또한 황족의 관모에 장식용으로 다는 보석정(寶石頂)은 그가 감히 사용할 수 있는 물건이 아닌데도, 그는 보석정 수십여 개를 가지고 있었다. 거대한 보석 덩어리는 그 숫자를 헤아릴 수 없을 정도로 많았다. 이것이 그 16번째 대죄이다."

"은자(銀子), 의복 등 진귀하고 비싼 물건은 그 숫자가 천만 개를 넘었다. 이것이 그 17번째 대죄이다. 양쪽 담벼락 사이에 쌓아 놓은 금은 2만 6천여 냥, 땅굴 속에 묻어 놓은 은자는 100만여 냥이나 되었다. 이것이 그 18번째 큰 죄이다. 화신은 통주(通州), 계주(薊州) 등 북경 부근의 곳곳에 전당포를 두고 고리대금업을 벌였다. 그곳의 자본을 조사하여 계산해 보니 전당포마다 10여만 냥을 밑돌 지 않았다. 이것이 그 19번째 대죄이다."

"화신의 저택에서 일하는 유전(劉全)이라는 자는 미천한 가노(家奴)에 불과했다. 그의 자산을 조사해보니 20여만 냥이나 되었으며 아울러 큰 진주와 진주 팔찌도 가지고 있었다. 화신이 명령을 내려 거두어들이게 한 것이 아니라면, 어찌 가노 따위가 이런 엄청난 재화를 가질 수 있단 말인가. 이것이 그 20번째 대죄이다. 이밖에도 화신이 저지른 탐욕과 망령된 행동은 이루 다 헤아릴 수 없을 정도로 많다. 지금까지 화신처럼 많은 죄악을 저지른 자가 있었다는 얘기는 거의 들어본 적이 없다."

화신의 저택과 곳곳에 산재해 있는 비밀창고를 수색한 결과, 압수한 은자가 무려 8억 냥이나 달했다고 한다. 건륭 연간에 조정에서 매년 거두어들인 세금이 7천만 냥에 불과한 것과 비교하면, 화신이 은닉한 재산은 청나라가 15년 동안 징수한 세금의 총액과 맞먹었다. 화신이 정말로 그처럼 천문학적 재산을 가지고 있었는지는 의문이 들지만, 그가 건륭제를 등에 업고 엄청난 재화를 긁어모은 것은 사실이다.

화신에게 빌붙어 호사를 누렸던 조정 대신들은 그의 권세가 다했음을 직감하고 이구동성으로 그를 능지처참해야 한다고 주장했다. 하지만 그의 며느리 고륜화효공주(固倫和孝公主·1775~1823)의 애절한 간청과 건륭제의 총애를 받은 신하였음을 고려하여 옥중에서 자결하게 했다.

화신은 50세의 나이에 목을 매고 자살하기 전에, 「상원야옥중대월양수(上元夜獄中對月兩首)」라는 시를 남겼다.

다음은 그 두 시 가운데 첫 번째 시이다.

「옥중에서 정월보름달을 바라보며 시 두 수를 짓는다네」

깊은 밤 보름달은 이처럼 밝은데	夜色明如許
옥에 갇힌 비참한 처지를 한탄하네	嗟余困不伸
인생 백년은 일장춘몽인데도	百年原是夢

이십 년 동안 부질없는 짓만 했구나	廿載枉勞神
감옥은 어두워 날이 새는지 모르고	室暗難挨曉
담장은 높아 봄이 왔는지 보이지 않네	墻高不見春
별들은 처량한 달을 두르고 있는데	星辰环冷月
포승에 묶인 외로운 신하는 눈물흘리네	縲絏泣孤臣
적막한 밤에 지난 일을 회상하니	對景傷前事
재능을 품고 이 몸을 망쳤구나	懷才誤此身
남은 인생은 얼마 남지 않았는데	余生料無几
선황제의 두터운 인덕을 저버렸다네	空負九重仁

화신은 감옥에서 권력무상과 인생의 덧없음을 회고하고 건륭제가 베푼 하해와 같은 은총에 보답하지 못한 자신을 자책했다. 뛰어난 재능을 가지고 있었지만 탐욕에 눈이 멀어 자신을 망친 한(恨)이 배어있는 시이다.

건륭 연간의 저명한 역사학자 장학성(章學誠·1738~1801)은 「상집정론시무서(上執政論時務書)」에서 이렇게 말했다.

"건륭 45(1780)년 이후부터 가경 3년(1798)에 이르기까지 화신이 30년 동안 권력을 장악했다. 이 시기는 윗사람과 아랫사람이 서로 속이고 뇌물을 주고받은 일이 횡행했다. 처음에는 누에가 뽕잎을 먹듯 했지만 점차적으로 고래가 작은 물고기를 통째로 삼키듯 했다."

화신이 권력을 독점한 30년 동안 청나라는 부패의 길로 접어들었다는 주장이다.

또 『조선왕조실록·정조22년』에 이런 기록이 있다.

청나라 역대 황제 평전

"태상황의 용모와 기력은 그다지 노쇠하지 않았사옵니다. 다만 건망증이 날로 심해져서 어제의 일을 오늘 기억하지 못하고, 오전 중에 행한 일도 저녁에 알지 못하는 경우도 있사옵니다. 이에 따라 태상황을 보필하는 신하들은 업무 처리에 큰 혼란을 겪고 있사옵니다. 더구나 권신 화신의 전횡이 나날이 심각해지고 있는데도 신하들은 모두 눈치만 볼 뿐 감히 그를 문책하는 자가 없다고 하옵니다."

조선 정조 22년(1798) 3월 동지사 서장관의 자격으로 건륭제를 배알하고 돌아온 홍낙유(洪樂游·1761~?)가 정조에게 청나라 조정의 사정을 아뢴 내용이다. 예나 지금이나 한 국가 최고통치자의 건강 상태를 살피는 일은 외교의 중요한 업무이다. 더구나 조선은 청조를 '천조(天朝)'로 섬겨야하는 처지였으므로 정조에게는 90세 가까이 장수를 누리고 있는 건륭제의 심신을 파악하는 일이 아주 중요했을 것이다.

홍락유는 건륭제가 붕어하기 1년 전에 그를 배알했으므로 그의 마지막 모습을 가장 정확하게 기록했다고 볼 수 있다. 건륭제는 이미 치매에 걸렸다는 얘기이다. 그의 정신이 혼미해진 틈을 타서 화신이 국정을 농단했음을 알 수 있다.

건륭제는 어떤 정치적 역경도 겪지 않고 행복한 황자(皇子) 시절을 보냈다. 만인의 축복 속에 황제로 등극한 후에는 자신의 정치적 이상을 마음껏 발휘하여 청나라의 황금기를 이끌었다. 그는 천운을 타고난 황제였다. 할아버지 강희제는 청나라의 기틀을 다져놓았고, 아버지 옹정제는 강력한 통치력으로 기강을 바로잡았다. 건륭제는 두 사람이 이룬 업적을 바탕으로 어떤 황제보다도 쉽고 편안하게 국가를 다스릴 수 있었다. 더구나 그는 여러모로 성군의 자질을 갖추고 있었으므로 중국 역사상 보기 드문 성세(盛世)를 열었다.

하지만 늘그막에는 초심이 흔들리기 시작했다. 멋과 사치를 즐기고 과시욕이 강한 성격 탓도 있었지만 반세기 가까이 지속된 국운의 융성은 그의 이성적 사고를 마비시켰다. 그의 통치 기간에 청나라는 세계에서 가장 부유한 국가였으며 인구도 가장 많았다. 청나라 주변국들은 스스로 신하의 나라를 자처하고 조공 무역을 간절히 원했다. 중국 문명을 흠모한 유럽 국가의 사신들도 험난한 항해 끝에 중국에 들어와 건륭제에게 머리를 조아렸다. 수많은 외국 사신들의 알현을 끊임없이 받은 건륭제는 자기보다 위대한 황제는 없다고 생각했다.

이처럼 건륭제가 자만에 빠져있을 때 화신이 나타났다. 화신은 늙은 황제를 농락했다. 황제가 좋아하고 원하는 일이라면 수단과 방법을 가리지 않고 해결해주었다. 건륭제는 그런 화신을 지극히 총애하고 국정 전반을 그에게 맡겼다. 화신은 자신의 손아귀에 들어온 황제를 이용하여 국정을 농단했다. 청나라가 건륭 후기에 이르러 전국 각지에서 반란이 일어나고 쇠퇴의 조짐이 나타나기 시작한 원인은 건륭제가 화신을 제대로 통제하지 못했기 때문이다.

절대 왕권의 시대에 군주가 간신을 충신으로 착각하면 왕조의 쇠망을 앞당기게 되는 것이다. 장학성은 화신 때문에 도덕이 무너지고 뇌물이 횡행했다고 주장하여 그에게 책임을 물었지만 사실은 화신을 방치한 건륭제의 과오가 더 크다.

가경제는 화신을 처단한 직후에 어지(御旨)를 반포했다.

"화신의 천거로 관리가 되거나 그의 문하로 달려간 자들은 모두 죄를 추궁하지 않겠다. 너희들은 자신의 과오를 고치고 새로운 사람으로 거듭나야 한다."

화신의 사당(私黨)을 발본색원하면 잔당들의 반발과 관료 조직의 동요를 우려해서 포용 정책을 폈다. 건륭 말기의 적폐를 청산하기 위해서는 언로(言路)를 창달하여 직언을 널리 구해야 한다고 생각했다.

"국가를 다스리는 도(道)를 구하는 일은 언제나 눈이 밝고 귀가 열려 있어야 하며, 의견을 널리 구하여 취함으로써 백성들의 고통을 모두 알아야 한다."

가경제는 신하와 백성 모두 서슴지 않고 직언을 할 수 있는 분위기를 조성하기 위하여 건륭 말기에 직언을 했다가 박해를 당한 인사들을 복권시켰다. 어사 조석보(曹錫寶·1719~1792)는 화신의 가노(家奴) 유전(劉全)이 주인의 권세를 믿고 막대한 재화를 긁어모은 죄를 탄핵한 적이 있었다. 가경제는 조정 대신 모두 화신의 전횡에 아무 말도 못하고 전전긍긍하고 있을 때, 오직 조석보만이 쟁신(諍臣)으로서 책무를 다했다고 칭찬하고 그에게 부도어사(副都御史) 직함을 추증했다.

건륭 55년(1790) 내각학사 윤장도(尹壯圖·1738~1808)는 전국 각지의 부고(府庫)에 비축해놓은 양식과 재화에 많은 결손이 생기고 총독과 순무들이 백성들을 착취하기 때문에 민생이 크게 어렵다고 건륭제에게 아뢰었다. 건륭제는 호부시랑 경성(慶成)에게 윤장도와 함께 현장을 조사하게 했다.

눈치 빠른 지방 관리들은 조정에서 실사가 나온다는 정보를 사전에 파악하고 부고의 양식과 재화를 숫자에 맞게 재빨리 채워놓았다. 오히려 윤장도는 허위로 보고한 죄로 삭탈관직을 당하고 고향에서 은거했다. 가경제는 그를 '감히 직언을 말하는 신하'라고 높이 평가하고 중용했다.

가경제는 지방 관리들에게 현지 사정과 백성들의 형편을 조금도 숨기지 않고 사실대로 보고하게 했다. 가경 4년(1799) 정월 절강순무 옥덕(玉德)

이 "절강 지방에 단비가 흠뻑 내려서 양식의 평균 가격이 낮아졌습니다."
고 아뢰었다.

　　가경제는 구체적 근거가 없는 막연한 보고에 짜증을 냈다.

　　"이러한 상주(上奏)는 사실을 숨기고 거짓으로 꾸며서는 절대 안 된다.
　　짐은 언제나 백성의 고통을 정확하게 파악하는 일을 기본 교양(敎養)으로
　　삼고자 한다."

　　또 얼마 후 사천성 포정사(布政使) 임휴(林攜)가 "사천 지방에 눈이 내려
서 민심이 안정되었다."고 아뢰자, 흐리멍덩한 보고에 화가 난 가경제는
이렇게 훈계했다.

　　"짐이 진정으로 바라는 일은 오로지 너희들이 사실에 맞게 정확하게
　　아뢰는 것이다. 만약 여전히 사실에 맞지 않게 아뢰고 거짓으로 꾸며서
　　짐을 기쁘게 하는 일에만 힘쓴다면, 짐이 서민의 고통을 어떻게 파악할
　　수 있겠는가. 앞으로는 절대 거짓말을 용납하지 않겠으며 오로지 사실대
　　로 보고해야 하며 신중한 언사(言辭)를 잊어서도 안 된다."

　　거짓으로 보고하면 엄벌에 처했다. 또 민정을 정확하게 파악하기 위
하여 평민도 건의할 시책(時策)이 있으면 언제라도 직접 황제에게 상주하
게 했다.

　　하남성 언사현(偃師縣)에 거주하는 백성, 양도순(楊道純)은 부고(府庫)와 조
운(漕運)을 관장하는 부패한 관리들을 처단해야 만이 적폐를 일소하고 가
난한 백성을 구제할 수 있다고 상주했다. 가경제는 그의 건의를 즉시 받
아들이고 그에게 종구품(從九品)의 벼슬을 하사했다.

가경제는 신하들에게 이런 얘기를 했다.

"짐이 사람들에게 하고 싶은 말을 거리낌 없이 하게 한 후 또 그들이 한 말로 처벌한다면, 이는 어찌 사람을 말로 유인하여 죄의 함정에 빠트리는 행위가 아니겠는가."

서슴지 않고 직언을 한 자는 설사 그의 말이 귀에 거슬리더라도 처벌하지 않겠다는 의미이다. 황제가 이런 열린 마음으로 직언을 구한 까닭에 가경 초기에 "아래로는 말단 관리와 평민에 이르기까지 모두 상소문을 밀봉하여 황상에게 전할 수 있었으므로 언로가 크게 열렸다."

가경제는 낭비벽이 심한 부친의 호화로운 행차도 국가의 재정에 적지 않은 부담을 주었다고 생각했다. 출궁하여 하늘에 제사를 지내거나 황릉을 참배할 때면 수행 인원을 반으로 줄이고 황후, 비빈 등은 동반하지 않음으로써 경비를 절약했다. 건륭 말기에는 천수를 누리고 있는 건륭제의 환심을 사기 위하여, 전국의 총독, 순무 등 고위 관리들은 너나 할 것 없이 온갖 진귀한 보물과 골동품들을 다투어 진상했다. 그들은 조정 대신들과 유착 관계를 맺고 온갖 이권을 독차지했다.

가경제는 그들이 바친 공물이 백성의 고혈을 짜낸 것으로 여기고 이렇게 훈시했다.

"이런 물건들은 어찌 총독, 순무 등 고위 관리의 개인 소장품에서 나온 것들이겠는가. 그들은 이것들을 아래로는 주현(州縣)의 관리들에게 취했으며, 주현의 관리들은 또 백성들에게 취했음이 분명하다. 만약 수량이 조금이라도 부족하면 백성들을 착취하여 수량을 채웠을 것이다. 백성들의 재물은 한정이 있는데도 관리들의 끝없는 강탈에 부응해야 하는 형국이므로 백성들이 어찌 견딜 수 있겠는가. 하물며 이러한 골동품들은 배고플 때 먹을 수 없고 추울 때 입을 수 없기 때문에, 똥오줌이나 흙과 다를 바 없다."

가경제는 황궁에 진상되는 진귀한 물건들을 일체 받지 않겠다고 선포했다. 그것들이 결국은 백성들의 고혈을 짜낸 것이며 아울러 그들의 고통을 가중시키는 원인이었기 때문이다.

가경 7년(1802) 신강성의 유명한 옥(玉) 광산 지역인 화전(和田)에서 대옥(大玉) 두 개를 채굴했다. 옥은 중국인이 황금 다음으로 귀중하게 여기고 좋아하는 보석이다. 현지 관리 흥조(興肇)는 그것을 바친 돌궐족 수령에게 '정대화령(頂戴花翎)'을 하사해달라고 아뢰었다. 정대화령이란 꼭대기에 보석, 깃 등으로 만든 장식품이 달려 있는 모자이다. 귀족, 고위 관리 또는 국가에 특별한 공을 세운 자만이 머리에 쓸 수 있는 귀한 것이다. 흥조는 옥덩어리를 황궁으로 보내면서 그것을 캐낸 돌궐족에게 황제의 은총을 베풀어달라는 요청이었다. 가경제의 반응은 이러했다.

"무게가 수십 근(斤)에 불과한 옥을 어찌 귀하다고 할 수 있겠는가. 짐이 진심으로 보물로 생각하는 것은 사계절 날씨가 좋고 해마다 풍년이 들어 백성이 편안하고 산물이 풍족함이다. 눈과 귀를 즐겁게 하는 모든 장난감들은 원래 아무런 가치가 없으므로 버려야 한다."

가경제는 또 화전 지역에서 정기적으로 바치는 옥석도 북경으로 운송하는 도중에 문제가 발생하면 현지에서 버려버리고 진상할 필요가 없다고 훈시했다. 혹시라도 민폐를 끼치지 않을까 우려했기 때문이다.

가경 9년(1804) 2월 가경제는 문화전(文化殿)에서 열린 경연(經筵)에 참석하여 '절제(節制)'에 대해 이렇게 훈시했다.

"검소함을 미덕으로 삼고 절제를 귀하게 여겨야 한다. 하늘과 땅이 절제하면 춘하추동은 원만하게 운행된다. 임금이 절제하면 서민은 부유해진다. 무릇 숫자에는 많고 적음이 있으며, 법도에는 가볍고 무거운 차이가 있다. 절제가 없는 도(道)는 안 된다. 절제는 중용(中庸)이며 많지도 않고 적지도 않음을 말한다. 억지를 부리고 이치를 거역함으로써 지나치게 절제하거나 사치를 다하고 욕망을 마음껏 채운다면, 이는 모두 중도(中道)를 잃은 행위이므로 절제의 마땅함을 얻을 수 없다."

가경제는 아버지 건륭제와는 다르게 자신이 스스로 절제된 삶을 영위함으로써 백성들이 부유해지기를 바랐다. 절제란 너무 지나치지도, 부족하지도 않는 삶이다. 가경제의 주장은 마치 유가에서 말하는 군자의 불편부당한 처신과 청빈한 인생관을 말하는 것 같다. 정말로 그는 25년 통치기간에 황제로서 모범을 보이면서 사치를 배격하고 검소한 생활을 했다.

가경 14년(1809) 가경제는 오태산(五台山)으로 순행을 떠나기 전에 지나가는 길마다 가무희를 열고 인조 산을 조성하며 정자를 세우며 거대한 제단을 만드는 일을 못하게 했다. 당시 지방 관리들은 자신의 실정(失政)을 감추기 위하여 황제가 지나가는 길에 있는 누추한 가옥은 겉만 그럴듯하게 치장하여 황제의 눈을 속였다.

이런 눈속임을 알고 있었던 가경제는 이렇게 말했다.

"가옥이 완전한 것이 있으면 백성들이 윤택하게 사는 모습을 볼 수 있다. 부서지고 누추한 가옥을 직접 살피는 일도 민생고를 파악할 수 있으므로 백성의 삶을 정확하게 관찰하는 데 중요한 의미가 있다."

가경 16년(1811) 가경제의 51세 만수절을 앞두고 어사 경덕(景德)이 관례에 따라 가무희를 10일 동안 열어야 한다고 주청했다. 하루도 아닌 열흘 동안 가무희를 여는 데는 막대한 재원이 필요했다. 가경제는 즉시 그를 한직으로 좌천시키고 신하들에게 호화로운 축하 행사를 거행하지 못하게 했다.

가경제는 집권 초기부터 "관치(官治)를 바로잡고 청렴을 근본으로 삼으며, 부패가 만연한 풍조를 먼저 철저하게 근절한다."는 기치를 내걸고, 부친 건륭제 때의 적폐를 일소하고 신민(臣民)을 바른 길로 인도하여 청제국의 번영을 도모했다.

하지만 그가 그토록 갈망했던 개혁은 실패했다. 황제가 성실하게 국정을 돌보고 근검절약했는데도 왜 실패했을까. 가장 중요한 원인은 건륭 말기부터 전국에 만연한 부패를 발본색원하지 못했기 때문이다.

청나라를 부패의 온상으로 만든 화신을 단죄할 때, 황족과 조정 중신은 말할 것도 없고 전국의 총독, 순무 등 고위 관리들 가운데 화신의 범죄와 연루되지 않은 자는 찾아보기 어려울 정도였다. 그들을 모조리 색출하여 처벌한다면 복강안(福康安 · 1754~1796), 해란찰(海蘭察 · ?~1793), 이시요(李侍堯 · ?~1788) 등 이미 사망한 건륭 시대의 명장이자 중신들에게도 불똥이 튈 게 분명했다.

가경제는 화신 한 사람만을 대역죄로 몰아 처벌하고 사건에 연루된 자들의 죄는 더 이상 추궁하지 않았다. 자칫하면 부패한 관료 조직의 반발을 초래할 수 있었기 때문이다.

가경 4년(1799) 8월 한림원편수 홍량길(洪亮吉 · 1746~1809)이 상소했다.

"국가의 인재는 오늘날에 이르러 거의 사라졌습니다. 관리들은 애매모호한 태도로 명철보신하며 유약한 모습으로 세상의 형편에 순응하며 권세에 빌붙어 승진하며 구차하게 처신하는 방법으로 관직을 보전하고 있습니다.……지금 황상께서는 국가를 바르게 다스리고자 하는 마음이 절박합니다. 천하의 백성들이 태평성대를 바라는 마음은 더욱 절박합니다. 하지만 아직도 상황이 호전되지 않고 있습니다."

"그 원인을 살펴보면 몇 가지가 있습니다. 황상께서는 온 힘을 다하여 국가를 다스리면서 역대 조종(祖宗)이 처음 국정을 다스렸을 때의 근정(勤政)을 본받아야 하는데도 아직 다 본받지 못했습니다. 인재를 등용하고 국정을 돌보면서 권신 화신의 국정 농단을 발본색원해야 하는데도 아직도 미진한 부분이 있습니다. 이에 따라 풍속은 날로 쇠퇴하고 상벌은 여전히 불분명하며 언로는 열린 것 같지만 사실은 열리지 않았으며, 관리의 공무 집행은 공정한 것 같지만 아직도 공정하지 않습니다."

홍량길은 부패한 관리들의 처신뿐만 아니라 가경제의 소극적인 개혁에도 일침을 가했다. 황제가 국정을 바로잡으려는 노력은 인정하겠지만 아직도 부족한 점이 많다는 주장이다.

가경제는 자신의 약점을 건드린 홍량길에 대해 불쾌한 감정을 드러내고 조정 대신들에게 이렇게 말했다.

"짐은 국정을 성실하게 돌보기 위하여 매일 신하들을 만나 의견을 듣고 있다. 전국 각지의 신하들이 올린 상소문을 모두 열람하고 규정에 따라 정해진 시간에 조정에 나가 대신들의 의견을 청취하고 궁중과 관부의 사무를 바로잡은 일은 조정의 여러 신하들이 모두 잘 알고 있다. 홍량길의 말은 일고의 가치도 없다. 그가 아뢴 글은 참으로 황당하기 그지없다."

자신은 열심히 국정을 돌보고 있는데도 홍량길이 헛소리를 했다는 것이다. 가경제는 신하들이 어떤 진언을 해도 죄를 묻지 않겠다고 선포했음에도 홍량길에게 '멋대로 국정을 논한' 죄명을 씌워 변방 신강성 이리(伊犁)로 추방했다. 가경제는 개혁 군주를 표방했지만 신하가 아무리 옳은 말을 해도 역린을 건드리는 행위는 절대 용납하지 않았다.

사실 가경제는 성격이 대단히 우유부단하고 결단력이 없는 황제였다. 고위 관리의 독직 사건을 처리할 때면 언제나 사건의 파장을 우려하여 미봉책으로 해결하기 일쑤였다.

가경 초기 호북성 형주(荊州), 양양(襄陽) 등지에서 일어난 백련교의 농민 반란은 남방의 여러 성을 휩쓸었다. 조정은 반란을 진압하는 데 은자 2억 냥을 군비로 소모했다. 이 액수는 국가 재정 4년 수입에 해당되는 엄청난 금액이었다.

당시 군수품을 관장한 호북성 안양운형도(安襄鄖荊道) 도원(都員) 호제륜(胡齊侖)이 관군에게 지급되는 막대한 군량과 보급품을 중간에서 가로챘다. 전선에서 싸우는 장졸들의 원성이 하늘을 찌르자, 가경제는 즉시 호제륜을 잡아들이고 진상을 조사하게 했다. 영보(永保), 경성(慶成), 필원(畢源) 등 고위 관리들이 호제륜에게 뇌물을 받은 사실이 발각되었다. 가경제는 관련자를 모두 처벌해야 했지만 호제륜만을 처형하고 다른 사람들은 그들의 조상이 공을 세웠거나 이미 사망했다는 이유를 들어 불문에 부쳤다.

가경 10년(1805) 대동총병 은승아(恩承阿)가 재임 6년 동안 공식적으로 지급한 군량 이외의 모든 군량을 착복했다. 그의 비리를 밝힌 산서순무 백린(柏麟)은 가경제에게 여러 차례 밀지를 보내 그를 처벌해야 한다고 주장했지만 가경제의 반응은 이러했다.

"각 성(省)의 군영에서 장수가 군량의 일부를 착복하는 행위는 불가피한 일이 아닌가 하오. 짐은 그 문제를 그다지 심각하게 생각하지 않으므로 지금 낱낱이 조사하고 싶지 않소."

가경제는 문무백관들의 부패 행위는 어느 정도 용납했다. 그들에게 충성심을 이끌어내기 위한 방편이었다. 하지만 이런 잘못된 관용은 부패를 더욱 확산시키는 결정적 계기가 되었다.

화신의 죄상을 밝히는 데 결정적 공적을 세운 형부시랑 겸 내무부대신 광흥(廣興·?~1808)은 가경제의 신임을 받았다. 가경제는 그를 산동성, 하남성 등 각 지방으로 파견하여 지방 관리들의 비리를 조사하게 했다. 그런데 광흥은 시찰을 나간 곳마다 멋대로 행동하고 위세를 부렸으며 자신을 위하여 호화로운 연회를 열게 했다. 만약 조금이라도 마음에 들지 않으면 지방 관리들을 심하게 문책했다. 또 매일 관청의 기생과 광대들을 동원하여 풍악을 울리게 했으며, 행차 때마다 은자 수만 냥을 물 쓰듯 했다.

부패한 관리들의 비리를 철저하게 조사하라는 어명을 받은 광흥은 오히려 그들보다 더 국고를 낭비하고 백성들을 고통에 빠트렸다. 그는 가경제의 우유부단하고 소심한 성격을 잘 알고 있었으므로 권세를 마음껏 부렸다. 가경제는 개혁 의지만 있었을 뿐 그것을 실천하는 강력한 조치를 내리지 못했다. 가경 13년(1808) 백성들의 원성을 잠재우기 위하여 광흥을 처벌했지만 관리들의 부패는 더욱 기승을 부렸다.

직예성(直隸省) 승선포정사사(承宣布政使司) 왕려남(王麗南)은 10여 년 동안 관인을 위조하고 허위로 세금을 징수하는 방법으로 31만 냥을 착복했다. 사건의 전말을 파악한 가경제는 "실로 짐의 국가에서 일어난 미증유의 사건이다."고 말하며 경악했다. 24개 주현(州縣)의 관리들이 처벌을 받았지만 그 후에도 부패 사건은 끊이질 않았다.

가경 14년(1809) 강소성 산양현(山陽縣) 지현(知縣) 왕신한(王伸漢)은 재해를 입은 농민들에게 주는 지원금 3만3천 냥을 빼돌렸다. 강남총독의 위임을 받은 이육창(李毓昌)이 그의 비리를 파헤쳤다. 처벌을 두려워한 왕신한은 거금으로 이육창을 매수하려고 했다. 이육창은 끝내 뇌물을 받지 않았다. 왕신한은 이육창의 하인들을 매수하여 그들로 하여금 차에 독약을 풀어 주인을 죽이게 했다. 독약을 마신 이육창이 복통을 호소할 뿐 죽지 않자 하인들이 달려들어 그의 목을 졸라 죽였다. 왕신한은 지부(知府) 왕곡(王轂)에게 은밀히 은자 2천 냥을 보내 이육창이 자살했다고 보고하게 했다. 당시 부패한 관리가 자신의 비리를 조사하러 온 관리를 독살할 정도로 청나라의 법도는 붕괴하기 시작했다.

　　가경 연간에는 홍수 피해가 빈번했다. 가경제는 물길을 다스리기 위해 해마다 막대한 재화를 투입했다. 하지만 이는 치수를 담당한 관리들의 먹잇감이었다. 가경 16년(1811) 가경제는 호북성을 가로지르는 남하(南河)의 물길을 바로잡는 데 몇 년에 걸쳐 4천여 만 냥을 썼다. 현장 공사를 담당한 관리들이 재화를 착복하지 않을까 걱정했던 그는 호부상서 탁진(托津)과 순천부윤(順天府尹) 초팽령(初彭齡)을 파견하여 실사하게 했다.

　　두 사람은 가경제에게 이렇게 아뢰었다.

　　"조정에서 지급한 은자의 액수와 각 공사 현장에서 수령한 은자가 완전히 일치하옵니다. 은자를 지출하고 수령하는 관리들이 숫자를 날조하는 비리는 아직 없사옵니다."

　　사실은 관리들이 착복한 액수가 너무 많고 비리를 저지르지 않은 자가 없을 정도로 심각했기 때문에 두 사람은 차마 사실대로 아뢸 수 없었다. 물론 지방 관리들이 그들을 매수했기 때문이기도 했다. 가경 후기에 이르러 부패는 상하를 가리지 않고 관료 사회 전반에 퍼졌다. 뇌물만 주면 모든 일이 해결되었다. 이는 관리들의 기강이 무너지는 결과를 초래했다.

가경 25년(1820) 병부(兵部)의 관인(官印)을 분실한 일도 있었다. 진노한 가경제는 즉시 사건의 전말을 파악하게 했다. 1년 전에 가경제가 출행했을 때 관인 보관을 맡은 관리 유휘정(俞輝庭)이 분실한 사실이 드러났다. 처벌을 두려워한 유휘정은 병부의 당서(堂書) 포간(鮑干)을 뇌물로 매수하고 관인이 들어있지 않은 봉인된 관인함을 받게 했다. 포간은 확인조차하지 않고 받아두었다. 병부는 국방을 책임지는 부서이며 관인이 없으면 어떤 군대의 일도 할 수 없는 게 아닌가. 하지만 이 사건도 유야무야 처리되었다.

홍량길은 당시의 세태를 이렇게 비판했다.

"국법이 지나치게 너그럽고 죄를 지어 처벌을 받아야 하는 신하들이
국법을 두려워하지 않는 풍조는 지금처럼 심한 적이 없다."

가경제는 역대 어느 황제보다도 몸소 근검절약을 실천한 황제였다. 개혁의 의지가 강했으며 백성을 사랑하는 마음도 부족하지 않았다. 자신이 모범을 보이면 관리들도 자연스럽게 황제의 뜻에 따라 직무를 공정하게 수행하리라고 생각했다. 하지만 그의 통치 시대에 오히려 부패가 더 만연한 이유는 무엇인가.

첫째 가경제는 개혁과 적폐 청산을 도모했지만 황실을 포함한 기득권 세력의 이익에 부합하지 않는 것은 소극적으로 대처했다. 부정부패의 척결에 '성역(聖域)'이 있었던 것이다.

둘째, 가경제는 성격이 인자했지만 지나치게 우유부단하고 소심했다. 개혁 의지는 있었으나 그것을 추진할 강력한 힘이 부족했다. 관리의 부정

부패 사건을 처리할 때마다 가능하면 직접 연루된 자 이외에는 모두 사면 조치했다.

셋째, 가경제는 유가의 이념적 정치를 선호했다. 가경 9년(1804) 한림원에 행차하여 공자의 위패 앞에서 의례를 행할 때의 일이다. 황제는 관례에 따라 두 번 무릎을 꿇고 여섯 번 절을 하면 된다. 하지만 그는 특별히 세 번 무릎을 꿇고 아홉 번 절을 했다. 공자를 황제와 동급으로 추앙하겠다는 의미였다.

그의 공자 숭배가 잘못은 아니다. 하지만 그것이 '이념 정치'의 약점을 드러내었다. 그의 통치 기간에 지식인을 옥죄었던 문자옥을 더 이상 일으키지 않은 것은 높이 평가해야 한다. 그가 문교(文敎)와 효(孝)로써 천하를 다스리는 이념으로 삼은 것도 물론 문제가 있다고 볼 수 없으나 지나치게 유가의 이상적 이념을 숭상하는 바람에 현실 정치에 둔감할 수밖에 없었다. 국가를 다스리는 일에서는 이상과 현실이 다르다는 사실을 가경제는 깨닫지 못했다.

넷째, 건륭 후기부터 일어난 농민과 소수 민족의 반란이 가경 연간에 이르러 걷잡을 수 없이 확산되었다. 원래 청나라는 팔기병(八旗兵)이라는 강력한 군사력으로 일어난 왕조였다. 하지만 오랜 세월동안 무기를 내려 놓은 팔기병의 전투력은 약화되었으며 그들의 지휘자들은 '귀족화'되었다. 그들은 지방 관리들과 결탁하여 수탈에 앞장섰던 까닭에 백성들의 강한 반감을 일으켰으며 그것이 결국은 민란으로 이어졌다. 가경제 혼자만의 노력으로는 청나라의 국운이 서산에 기우는 해처럼 쇠퇴하고 있는 상황을 만회할 수 없었던 것이다.

3. 민란이 전국 각지에서 끊임없이 일어나다

가경 원년(1796) 가경제는 즉위하자마자 민란에 시달렸다. 당시 그는 실권이 없는 황제였기 때문에 민란 진압에 직접 관여하지 않았지만 새 시대를 여는 황제로서 불안한 국면을 타개해야 했다. 사천성, 섬서성, 등지에서 비밀리에 반청(反淸) 조직을 결성한 백련교도들이 무장 폭동을 일으켰다.

백련교는 당·송(唐·宋) 이래 민간에 널리 퍼진 비밀 종교 단체이다. 처음에는 미륵불과 아미타불을 숭배하고 불교의 계율을 충실히 따르면서 현실 정치와 일정한 거리를 두었다. 하지만 원·명(元·明) 시대에 이르러 지배 계급이 농민에 대한 수탈이 가중되자 힘없는 백성들이 백련교를 중심으로 모여들어 반란을 일으키기 시작했다. 그 후 역대 조정에 심각한 위협이 되었다.

백련교가 쉽사리 민중의 마음을 사로잡을 수 까닭은 언젠가는 미륵불이 나타나 도탄에 빠진 중생을 구제할 것이며 아울러 "교단에서 획득한 재물은 모두 공동 분배하고," 또 "교인들이 고통을 겪으면 서로 구제하며 재난을 당하면 생사를 함께 하며 돈 한 푼 가지지 않고 천하를 두루 돌아다니면서 즐긴다."는 이른바 공동 분배와 만민 평등이라는 아주 달콤하고 매력적인 사상을 주장했기 때문이다.

청나라 초기에는 정국의 안정으로 백련교의 활동이 주춤했지만, 건륭 후기부터 다시 세력을 규합하고 노골적으로 청나라 타도를 외쳤다. 백련교도들의 반란은 가경 원년(1796)부터 9년(1804)까지 9년 동안 중원과 서남부 여러 성(省)에서 지속되었다. 반란에 가담한 백련교도는 무려 수백만 명이나 달했다. 농민은 말할 것도 없고 대장장이, 장사꾼, 노동자, 하인, 유랑민 등 하층민들도 분연히 일어났다. 관리들의 가혹한 착취와 탄압이 도화선이었다.

당시 이런 민요가 유행했다.

"호광총독 필원(畢沅)은 박쥐와 같아서 몸 한 번 움직이지 않고 벌레처럼 하찮고 가련한 백성들의 고혈을 빨아 먹는다네. 호북순무 복녕(福寧)은 이리, 호랑이와 같아서 사람도 가리지 않고 잡아먹는다네. 호북포정사 진회(陳淮)는 쥐새끼와 같아서 재물을 야금야금 갉아먹어도 사람들은 모른다네."

조정에서 파견한 고위 관리들의 만행이 이처럼 심각했으니, 지방 관리들은 더 말할 나위가 없었다. 이를테면 사천성 달주(達州)의 지주(知州) 대여황(戴如煌)은 백련교도를 체포한다는 명목으로 아전 5천여 명을 풀어 거주민의 재물을 강탈했다. 또 호광(湖廣) 무창부(武昌府)의 동지(同知) 상단규(常丹葵)는 조금이라도 의심이 가는 사람이 있으면 담장에 못으로 사지를 매달아놓고 철퇴를 가했다.

청나라의 근간을 뿌리 채 흔들어 놓은 백련교의 반란은 가경 9년(1804) 9월에 이르러서야 겨우 진압되었다. 9년 동안 민란을 진압하는 데 4년 재정 수입에 해당하는 은자 2억 냥을 소모했다. 천문학적 금액의 군비 지출은 재정 파탄의 심각한 원인이 되었다.

가경 2년(1797) 정월 포의족(布依族) 왕낭선(王囊仙·1777~1797)이 귀주성 남롱부(南籠府)에서 반란을 일으켰다. 그녀는 19세에 불과한 처녀였으나 무술에 능하고 신통력으로 병을 치료하는 선녀라는 소문을 퍼뜨려 귀주성에 거주하는 포의족, 묘족(苗族), 이족(彝族) 등 남방 소수민족의 여신이 되었다. 그녀가 이끄는 반란군은 불과 몇 개월 만에 보평(普坪), 흥인(興仁), 자운(紫雲), 장순(長順), 직금(織金) 등을 점령하고 귀주성의 수도 귀양(貴陽)까지 진격하여 청나라 조정을 뒤흔들었다.

가경제는 운귀총독 늑보(勒保·1739~1819)에게 대군을 거느리고 반란군을 토벌하게 했다. 중과부적으로 패한 왕낭선은 북경으로 압송되어 온몸이 발가벗긴 채 능지처참을 당했다. 청나라는 왕낭선의 반란을 신속하게 진압했지만 사실은 이때부터 서남 지방의 소수민족에 대한 지배권이 크게 약화되었다.

가경 18년(1813) 9월에는 이문성(李文成), 임청(林淸) 등 백련교의 일파인 천리교(天理敎)를 신봉하는 자들이 직예, 하남성, 산동성 등 북방 지역의 64개 현에서 동시에 반란을 일으켰다. 일시에 위세를 떨친 천리교는 이문성을 천왕(天王)으로, 임청을 문무성인(文武聖人)으로 추대하고 세력 확장을 꾀했다.

북경 황궁과 멀리 떨어져있지 않은 지역에서 반란이 일어났다는 첩보를 들은 가경제는 너무 놀라 직예총독 온승혜(溫承惠), 하남순무 고기(高杞) 등에게 진압을 명했다. 그런데 관군이 북경 수비를 소홀히 한 틈을 타서 관군으로 위장한 임청의 반란군 70여 명이 미리 포섭한 환관의 인도로 황궁으로 들이닥쳤다. 그들은 황제가 어떻게 생겼는지 몰랐기 때문에 마주치는 사람마다 닥치는 대로 죽였다.

마침 가경제는 승덕(承德)의 피서산장(避暑山莊)에 있었으므로 화를 피할 수 있었다. 황궁의 남서방(南書房)에 있었던 가경제의 둘째아들 민녕(旻寧)과 친왕들이 황급히 금위군을 소집하여 가까스로 반란군을 제압했다. 가경제는 심각한 충격을 받은 나머지, 변란을 당하여 자신의 잘못을 시인하는 「우변죄기조(遇變罪己詔)」를 반포했다.

그 일부 내용은 다음과 같다.

"우리 대청제국이 건국된 지 170년이 흘렀다. 연경(燕京)에 도읍을 정한 후 역대 황제들은 두터운 인의와 은혜를 베풀고 백성들을 친아들처럼 사랑했다. 그들의 성덕(聖德)과 인심(仁心)을 어찌 일일이 다 밝힐 수 있겠는가. 짐은 백성을 사랑하는 정치를 베풀지 않았지만 백성을 해치는 잔학한 일도 하지 않았다. 그런데도 갑자기 이런 변고를 당했으니 참으로 이해할 수 없다. 그 원인을 따지면 짐이 덕이 부족하고 과오가 많기 때문이라고 자책할 따름이다."

"변고는 한순간에 일어나며 재앙은 폐단이 오랜 세월 동안 누적된 결과이다. 오늘날 거대한 폐단은 '인순태완(因循怠玩: 잘못된 습관을 따르고 직무에 태만하다는 뜻)' 네 글자에 있다. 이는 실제로 중국과 외국이 모두 한 가지이다. 짐은 여러 신하들에게 여러 차례 훈계했는데도, 너희들은 짐의 뜻을 깨닫지 못하고 허송세월을 보냈기 때문에 한·당·송·명 이래로 일찍이 없었던 참사를 일으켰다. 명나라 말기에 일어난 정격안(梃擊案)과 비교하면 그 심각성이 어찌 단지 몇 배에 불과하겠는가."

"이번 사태를 언급하면 참담한 심정을 금할 수 없다. 짐은 앞으로 스스로 더욱 수양하고 반성하며 과오를 고침으로써 위로는 하늘의 자비에 보답하고 아래로는 백성의 원망을 풀어줄 것이다. 여러 신하들은 진심으로 대청제국의 충신이 되기를 원한다면 진심으로 국가에 충성을 다하고 짐의 허물을 바로잡아 주어야 한다."

이른바 '정격안'이란 명나라 만력(萬曆) 43년 5월 4일 저녁 무렵에 한 건장한 사내가 자경궁 처마까지 난입하여 몽둥이로 내시들을 가격하고 태자 주상락(朱常洛·1582~1620)을 때려죽이려고 한 사건이다.

주상락은 가까스로 목숨을 건지고 훗날 14대 황제가 되었지만 등극한

지 1개월 만에 사망했다. 정격안은 궁중 암투에서 비롯되었으며 아울러 명나라 말기에 조정의 기강이 얼마나 문란하고 망국의 전조를 드러낸 사건이었다.

가경제는 천리교도의 황궁 침입 사건을 정격안보다 더 심각하게 여겼다. 대청제국이 망할 수도 있다는 절박한 심정으로 자신의 과오를 인정하고 신하들에게 충신이 되기를 요구했다. 하지만 은연중에 자신의 허물보다는 신하들의 잘못이 크다는 사실을 부각시킴으로써 책임을 전가했다.

어쨌든 가경제는 국정을 바로잡고자 노심초사한 황제였다. 하지만 그의 훈계는 신하들에게는 여전히 마이동풍이었다. 유가의 나약한 선비처럼 이론만 중시하고 실천력이 부족한 것이 가경제의 가장 큰 단점이었다.

최고 통치자는 관용과 인의도 중요하지만 때에 따라서는 서릿발처럼 준엄하고 매서운 결단과 추진 능력이 있어야 한다.

가경 25년(1820) 가경제는 향년 61세를 일기로 재위 25년 만에 붕어했다. 그가 그처럼 열망했던 적폐 청산과 개혁은 모두 수포로 돌아갔다. 그는 현명한 군주는 아니었다. 그렇다고 해서 어리석은 군주도 아니었으며 단지 평범한 군주였다. 그의 지혜와 능력으로는 날로 쇠퇴하는 국운을 돌이킬 수 없었을 따름이다.

4. 쇄국정책을 펴다: 천주교 탄압과 영국 사신 암허스트의 방문

청나라가 가경제 통치 기간에 외우내란이 끊이질 않았을 때, 서구 열강은 산업혁명을 통하여 근대 자본주의국가로 발전했다. 그들은 더 많은 생산과 시장 확대 그리고 자본 축적을 이루기 위하여 전 세계로 뻗어나가 식민지를 개척했다. 그들에게 가장 매력적인 시장은 국토가 넓고 자원이 풍부하여 없는 것이 없으며 아울러 엄청난 인구를 보유한 '중국'이었다. 중국과의 통상은 서구 제국주의와 자본주의 국가에 막대한 이익을 보장했으므로 그들은 거대한 선단을 조직하여 수만리 항해의 위험을 감수하고 중국 남해안으로 진출했다. 서양 상인들은 이미 명나라 중엽부터 광동성 마카오 등지에서 거주하며 통상 활동을 했다.

청나라에 들어와서는 영국왕 조지 3세(George Ⅲ·1738~1820)가 조지 매카트니(George Macartney·1737~1806)를 사절로 보내 통상 확대와 개방을 요구했다. 하지만 '천하의 황제'로 생각한 건륭제는 영국을 얕잡아보고 거절했다. 이때만 해도 청나라는 경제적인 면에서 서방 국가에 아쉬울 것이 없었고 아울러 영국을 대표로 하는 서구 열강도 무력으로 청나라를 침략할 능력이 없었다.

그런데 청나라 조정은 수출입품의 수량을 엄격하게 통제했기 때문에, 영국은 청나라와 제한적 무역에서 적자폭이 날이 갈수록 늘어났다. 청나라의 주요 수출품은 도자기, 차, 비단 등 주로 유럽의 귀족이 즐기는 고가품이었다. 영국은 적자를 메꾸기 위하여 인도에서 생산한 면직물, 향료, 아편 그리고 영국에서 제작한 화포, 각종 계측기 등을 수출했다. 또 선교사를 파견하여 기독교의 복음을 전파하는 일도 중요한 사명이었다.

강희, 건륭 시기에는 서구 문물을 배척하지는 않았다. 그렇지만 중국의 전통 사상과 종교 그리고 '중국식' 봉건 질서에 위배되지 않는 선에서 받아들인 것이지, 서구 문명의 요체는 적극 수용하지 않았다. 가경제는 강희제와 건륭제보다 서구 문명에 더 배타적인 태도를 취했다. 가경 10년(1805) 서양 선교사가 청나라에서 천주교 서적을 출판하거나 천주교를 포교하는 행위를 엄단했다.

가경 16년(1811) 섬서성 부풍현(扶風縣)의 지현 진매(秦梅)가 성이 장씨(張氏)라는 자가 관내에서 몰래 천주교를 전파한다는 소문을 들었다. 진매는 즉시 그의 가택을 수색하여 성경, 십자가 등 천주교와 관련된 물건들을 압수했다. 진매는 장씨의 불법 행위를 섬서성 순무 동교증(董教增·1750~1822)에게 고발했다.

혹독한 문초를 한 결과 장씨의 이름은 탁덕(鐸德)이고 오래 전에 북경의 천주학당에서 교리를 배웠으며, 가경 4년(1799)에는 포르투갈 출신 선교사 구베아(Gouvea·1787~1807)를 통해 성품(聖品) 4품을 받은 사실을 알게 되었다. 그 후 그는 서양 신부들과 함께 산서성, 섬서성, 감숙성 등 여러 성을 돌아다니며 포교하다가 체포된 것이다.

동교증은 장탁덕을 북경으로 압송하고 사건의 진상을 가경제에게 소상하게 아뢰자, 가경제는 이렇게 훈시했다.

"저들의 종교는 교황과 주교 그리고 신부로 직책이 나뉘어져 있으며 각자 역할을 분담한다. 아울러 관직을 모방하여 품계를 만들고 품계가 높은 것을 귀하게 여긴다. 장탁덕이라는 자는 내지의 백성인 주제에 감히 천주학당에 들어가 경전을 배우고 품계를 얻었다. 또 서양 선교사의 지시를 받고 각지를 돌아다니며 천주교를 전파하면서 많은 사람들을 미혹에 빠뜨렸으니 짐은 그를 응징하지 않을 수 없다."

장탁덕은 신강성 이리(伊犁)로 끌려가 노예로 전락했다. 북경에 거주하는 서양인들에 대해서도 방침을 내렸다. 청나라 조정은 가경제의 뜻을 받들어 「엄정서양인전교치죄조례(嚴定西洋人傳教治罪條例)」를 반포했다. 쉽게 말하자면 서양인이 천주교를 전파하면 엄격한 법률로 죄를 다스리겠다는 의미였다.

이 내용의 핵심은 이렇다.

"앞으로는 서양인이 천주교 경전을 멋대로 출판하거나 교단을 세워 설교함으로써 민중을 미혹에 빠뜨리는 불법 행위는 엄벌에 처한다. 또 만주족, 한족 등 여러 민족이 서양인에게 교리를 배워 전파하고 아울러 사적으로 종교 단체를 만들어 군중을 선동한 확실한 증거가 드러나면 우두머리는 교수형에 처한다.……서양인들 가운데 흠천감(欽天監)에서 천문과 역법을 담당하는 자 이외에는 모두 양광총독(兩廣總督: 광동성과 광서성 두 성의 군사와 민정을 다스리는 관직)에게 보낸다. 그들 국가의 선박이 오문(奧門: 오늘날의 마카오)에 도착하면 그들을 선박에 태워 모두 귀국하게 한다. 북경에서 공무를 담당하는 서양인들에 대해서는 더욱 엄격하게 단속하며 그들과 백성이 왕래하는 일을 철저하게 봉쇄함으로써 폐단을 근절한다."

당시 서양 선교사들은 대부분 천문, 역법, 의학, 수학 등 자연과학 분야의 전문가들이었다. 그들은 서방의 선진 과학기술로 중국인들을 매료시킴으로써 포교 활동을 원활하게 했다.

가경제는 국가에 꼭 필요한 서양 사람들을 제외하고는 모두 추방 조치를 취했다. 그들이 전파한 천주교가 유교의 강상을 어지럽히고 봉건 질서를 무너뜨린다는 이유 때문이었다.

강희 연간에는 강희제가 한때 세례를 받고 신자가 되려고 했을 정도로 천주교에 호의적이었으나, 가경 연간에 이르러서는 '이단'으로 배척을 당했다. 대략 이 시기부터 제1차 아편 전쟁이 발발하기 전까지 30여 년 동안 천주교 세력은 중국에서 크게 후퇴한다. 이는 결과적으로 서구의 선진 문물을 받아들이는 데 사상적 장애가 되었다.

오랜 세월 동안 중국인의 불공정한 무역 관행에 불만을 느낀 영국인은 가경 연간에 들어와 자신들의 개방 요구가 또 관철되지 않으면 무력으로 정벌하겠다는 야심을 품기 시작했다. 가경 10년(1805) 영국 군함 4척이 영국 상선을 보호한다는 명목으로 마카오와 광동성 주강(珠江) 하구에 상륙했다.

명나라 때부터 마카오는 포르투갈 상인이 합법적으로 거주하는 지역이었다. 청나라 조정은 영국 함대의 느닷없는 출현에 긴장하지 않을 수 없었다. 가경제는 영국인의 동향을 철저히 감시하게 하고 어떤 자유 행동도 용인하지 않았다.

가경 13년(1808) 영국은 또 포르투갈이 프랑스의 마카오 침략을 대항하는 것을 도와준다는 핑계로 군함을 파견하여 마카오를 점령했다. 그 후 영국군 200여 명은 광주(廣州)의 13개 행상관(行商館)에 주둔하면서 청정부의 '공행제도(公行制度)'를 폐지해달라고 요구했다.

공행제도란 청나라 조정에서 인정한 중국 상인조합만이 서양인과 무역을 할 수 있는 제도이다. 청나라 조정은 공행(公行)을 통해 서양인을 통제했고 때에 따라서는 그들과 협정을 맺거나 관세를 부과하는 일 등 외교적인 사무를 처리했다. 영국은 이 제도가 불평등하고 자유 무역을 저해한다고 보았다. 만약 청나라 정부가 응하지 않으면 무력 사용도 마다하지 않겠다고 은근히 협박했다.

가경제와 조정 대신들은 영국의 침략 행위에 분개했다. 하지만 영국의 전함과 화포의 공격을 막아낼 자신이 없었다. 싸움에서 승리를 담보하지 못하면 협상하는 수밖에 없다. 가경 20년(1815) 영국 정부는 윌리엄 피트 암허스트(William Pitt Amherst · 1773~1857)를 단장으로 하는 사절단을 북경으로 파견했다.

다음 해(1816) 8월 북경의 관문 천진(天津)에 도착한 사절단은 청나라 관리와 가경제를 알현하는 문제를 놓고 마찰을 빚었다. 이전에 조지 매카트니에게 요구했던 것처럼 암허스트에게도 가경제 면전에서 삼궤구고(三跪九叩)의 예의를 갖추기를 요구했다.

암허스트는 모자를 세 번 벗고 몸을 아홉 번 숙이는 것으로 삼궤구고를 대신하겠다고 주장했다. 하지만 완고한 대신들이 그의 요청을 들어주지 않았다. 암허스트는 황궁에 입궁도 못하고 북경 부근의 통주(通州)에 머물러 있어야 했다.

영국 정부는 그를 전권대사로 임명할 때 이런 문제가 또 발생할 수 있음을 예측하고 그에게 중국에 가면 상황에 따라 융통성 있게 행동하라고 지침을 주었다. 막대한 이권이 걸린 통상을 확대하는 데 이 형식적인 문제가 걸림돌이 되어서는 안 된다는 판단이었다. 결국 양측은 우여곡절 끝에 "무릎에 닿을 정도로 머리를 세 번 숙이는 동작을 세 차례 반복한다."는 것으로 타협을 보았다.

조정 대신들은 암허스트에게 8월 29일에 이화원(頤和園)에서 가경제를 알현할 수 있게 했다. 그런데 암허스트는 당일 새벽에 도착하여 심신이 너무 지치고 또 국서와 관복을 실은 수레가 아직 도착하지 않았음을 이유로 들어 며칠 휴식을 취한 후에 알현하겠다고 했다. 또 한 차례 평지풍파가 일어나자, 조정 대신들은 가경제에게 그가 병이 났다고 거짓으로 아뢰는 수밖에 없었다.

하지만 그의 태도가 대단히 오만하다고 여긴 가경제는 당장 그를 북경에서 쫓아내게 했다. 암허스트는 가경제를 알현하지 못한 채 귀국길에 올랐다. 결국 영국 정부의 통상 확대 요청은 실패했다.

오늘날의 관점에서 보면 예의 문제로 양국 간의 교섭이 파행으로 치닫는 일은 어이가 없지만 당시에는 그렇지 않았다. 산업혁명 이후 세상이 어떻게 돌아가고 있는지 모른 청나라의 오만함이 청나라 황제만이 천하의 주인이므로, 모든 외국 사신들은 그에게 신하의 예를 갖추어야 한다는 착각에 빠지게 했다.

암허스트가 돌아간 후 청나라는 더욱 소극적 외교를 견지하며 쇄국 정책을 폈다. 이는 양국 간의 밀무역을 더욱 조장하고 영국의 막대한 무역 적자의 원인이 되었다. 만약 가경제가 영국 정부의 제의를 적극적으로 수용하고 호혜 평등의 원칙으로 국교를 수립했다면, 훗날 중국이 반식민지로 전락하게 되는 데 단초가 된 도광(道光) 20년(1840) 제1차 아편전쟁은 일어나지 않았을지도 모른다.

우물 안의 개구리처럼 세상이 얼마나 넓고 다양하며 빠르게 변화하고 있는지 몰랐던 가경제와 조정 대신들의 어리석음이 향후 100여 년 동안 중국을 질곡의 역사로 들어가게 했다.

5. 내무부의 주방 하인 출신, 진덕이 가경제를 시해하려고 하다

가경 8년(1803) 2월 가경제는 역대 황제를 모신 청동릉(清東陵: 오늘날의 하북성 준화현·遵化縣에 소재)을 참배하고 황궁으로 돌아오는 길이었다. 당월 20일 황제의 어가가 황궁의 신무문(神武門)을 막 통과했을 때, 한 자객이 갑자기 나타나 어가를 습격했다. 어가를 양쪽에서 호위하고 있었던 100여 명의 금위군은 순식간에 벌어진 일에 당황하여 어찌할 바를 몰랐다.

마침 가경제의 뒤를 따르던 고륜액부(固倫額駙) 납왕다이제(拉旺多爾濟), 어전대신 정친왕(定親王) 면은(綿恩), 어전시위 찰극탑이(札克塔爾) 등 측근들이 그에게 달려들어 뒤엉켰다. 다행히도 가경제는 무사했지만, 납왕다이제는 자객이 휘두른 칼에 중상을 입었다.

자객이 황궁으로 난입하여 황제를 시해하려고 한 사건은 청나라 역사상 전무후무한 일이었다. 진노한 가경제는 생포한 자객의 배후를 철저하게 조사하게 했다. 자객은 모진 고문을 견디지 못하고 자신의 이름이 진덕(陳德)이며, 예전에 고관대작들의 저택에서 주인을 섬기다가 내무부(內务府:

궁정의 사무를 관장하는 관서)의 주방에서 잡일을 하는 하인이었다고 실토했다.

진덕은 신분은 천민이었으나 조정 대신들을 모신 까닭에 궁궐을 드나들며 아내 장씨(張氏)와 어린 두 아들 그리고 장모를 모시고 그럭저럭 단란한 가정을 이루고 살았다. 하지만 아내가 병으로 죽고 장모마저 치매에 걸려 집안에서 두 아들을 키울 여자가 없자 크게 상심했다. 설상가상으로 주방에서 쫓겨나 아들들을 데리고 동가식서가숙하는 신세가 되었다. 아무리 활로를 찾으려 해도 그에게 구원의 손길을 내미는 자는 아무도 없었다. 매일 술에 취해 광기를 부리거나 신세를 한탄하며 통곡하는 게 일상사였다. 절망감에 빠진 진덕은 몇 차례 자살을 시도했지만 한편으로는 이렇게 생각했다.

'사나이가 스스로 목숨을 끊으면 아무도 나의 죽음을 알지 못하니, 어찌 억울한 죽음이 아니겠는가.'

낫 놓고 기억 자도 모르는 장덕은 궁궐을 드나들며 왕후장상들의 권세가 얼마나 대단한지 목도했다. 남자라면 그들처럼 부귀영화를 누리고 이름을 날려야 한다는 환상에 빠지기도 했다. 뜻밖에도 그는 상상을 초월하는 행동을 하기로 결심했다.

'어차피 죽을 바에야 황제를 시해하고 죽자. 성공하면 황제와 함께 죽는 영광을 누릴 수 있으며, 실패하여 능지처참을 당해도 영원히 이름을 남길 수 있지 않겠는가.'

미치지 않고서는 이런 생각을 할 수 없었을 것이다. 정말로 그는 미친 사람이었다. 평소에 궁궐 내부를 소상하게 알고 있었으므로 황제의 어가에 어렵지 않게 접근한 것이다. 그를 취조한 관리들은 반드시 배후가 있다고 보고 가장 잔혹한 형구로 밤낮을 가리지 않고 고문했다. 결국은 그가 단독으로 저지른 범행으로 밝혀졌다.

진덕은 저잣거리에서 능지처참을 당하고, 그의 어린 두 아들도 교수형에 처해졌다. 진덕의 시해 시도는 단순한 해프닝으로 끝났지만, 무수히 많은 천민들이 이름 석 자를 남기지 못하고 흔적도 없는 사라지는 상황에서 그의 바람대로 "요리사 진덕이 가경제를 시해하려고 했다."는 역사적 사건을 일으켜 이름을 남긴 것이다.

가경제는 재위 25년만인 가경 25년(1820)에 61세를 일기로 승덕(承德)의 피서산장에서 붕어했다. 일설에는 수렵 도중에 벼락을 맞아 급서했다고 한다. 또 다른 얘기로는 그가 동성연애자였는데 피서산장에서 미소년과 함께 즐기다가 조상신의 노여움을 받아 천벌을 받았다고 한다. 정사(正史)에서 사인을 명확하게 기록하지 않았기 때문에 이런 황당무계한 얘기들이 지금도 전해지고 있다.

중국의 저명한 역사학자 염숭년(閻崇年)은 가경제를 이렇게 평가했다.

"천하의 모든 문제는 권신 화신이 국정을 농단하였고 문무백관이 정치를 잘못한 데 원인이 있다고 가경제가 인식했을 뿐이지, 자신은 책임이 없으며 또한 봉건 제도에서 근본 원인을 찾지 않은 것에 그의 비극이 있었다. 그는 25년 동안 재위하면서 건륭 성세(盛世) 때 남겨놓은 위기를 한 건씩 해결했지만 오히려 한 걸음씩 더욱 깊은 위기에 빠졌다. 건륭 성세 때의 위기는 가경조에 이르러 더욱 심각해졌다."

가경제는 솔선수범했으나 결단력과 지도력이 부족한 평범한 황제였다. 그의 능력으로는 날로 쇠퇴하는 국운을 만회할 수 없었던 것이다.

제 **8** 장

민영 선종 도광제

민영 선종 도광제

1. 성장 과정과 황위 계승

가경제는 한평생 황후 2명, 황귀비 2명, 비 4명, 빈 6명, 귀인 3명 등 도합 17명을 거느렸으며, 그녀들 사이에 황자 5명과 황녀 9명을 두었다. 그의 첫 번째 황후인 효숙예황후(孝淑睿皇后·1760~1797) 희탑랍씨(喜塔臘氏)는 만주 정백기 출신, 승은공(承恩公) 화이경액(和爾敬額)의 딸이다. 건륭 47년(1782) 가경제의 둘째아들 면녕(綿寧·1782~1850)을 낳았고, 가경 2년(1797) 비교적 젊은 나이인 37세 때 병사했다. 가경제와 효숙예황후 부부 사이의 정은 각별했으나, 그녀가 황후가 된지 1년 만에 세상을 떠나는 바람에 부귀영화를 누리지 못했다.

두 번째 황후 효화예황후(孝和睿皇后·1776~1850) 뉴호록씨(鈕祜禄氏)는 만주 양황기 출신, 예부상서 공아랍(恭阿拉)의 딸이다. 건륭 60년(1795)에 가경제의 셋째아들 면개(綿愷·1795~1838)를 낳았고, 효숙예황후가 사망한지 4년 후

청나라 역대 황제 평전

인 가경 6년(1801)에 황후로 책봉되었다.

그녀는 또 가경 10년(1805)에 가경제의 넷째아들 면흔(綿忻·1805~1828)을 낳았다. 남편 가경제가 사망한 직후에 황태후로 추대되었으며 도광(道光) 30년(1850)에 74세를 일기로 사망했다. 두 친아들이 자기보다 일찍 죽은 아픔을 겪었지만, 가경 연간부터 도광 연간에 이르기까지 육궁(六宮)의 실질적인 안주인이었다.

가경제는 두 황후에게서 장남을 얻지 못했음을 알 수 있다. 그렇다면 장남은 누구이며, 누가 낳았을까. 사실 장남은 갓난아이 때 죽었기 때문에 이름조차도 없다. 훗날 면녕이 즉위한 후 그를 목군왕(穆郡王)으로 추봉(追封)했다.

목군왕의 생모는 화유황귀비(和裕皇貴妃) 유가씨(劉佳氏·1761~1834)이다. 그녀는 두 황후에 비해 신분은 낮았으나 미모가 수려하고 품성이 고와 가경제의 총애를 받았다. 가경제의 셋째 황녀 장경화석공주(莊敬和碩公主·1781~1811)도 그녀의 소생이다.

면녕이 태어난 해인 건륭 47년(1782)에는 그의 아버지 옹염(顒琰)은 평범한 황자에 불과했다. 더구나 건륭제의 15번째 황자였으므로 황위 계승은 바라기 어려운 일이었다. 옹염은 아버지 건륭제의 눈 밖에 나지 않기 위하여 언제나 근신하며 매사를 신중히 했다.

면녕은 아버지의 각별한 관심 속에서 6세 때부터 스승을 모시고 학습했다. 그는 어린 나이임에도 하나를 듣고 열 가지를 미루어 알았을 정도로 학습 능력이 우수했을 뿐만 아니라 무예에도 발군의 실력을 발휘한 아주 영특한 아이였다. 옹염은 그런 아들을 볼 때마다 입가에 미소가 그치지 않았다. 만약 건륭제가 많은 손자 가운데 면녕의 재능을 알아보면 자신의 '대권가도'에 유리하게 작용할 게 분명했다.

마침 면녕이 10세인 건륭 56년(1791) 8월에 그에게 할아버지의 눈에 띄는 기회가 찾아왔다. 건륭제가 손자들을 데리고 사냥을 나갔을 때, 면녕이 쏜 화살이 사슴에 적중했다. 손자의 궁술에 감탄한 건륭제는 환궁하자마자 면녕에게 황마괘(黃馬褂)와 화령(花翎)을 하사했다.

황마괘는 어전대신, 어전시위 또는 공을 세운 대신이 입는 관복이며, 화령은 고위 관리나 귀족의 관모에 다는 공작 깃털로 만든 장식이다. 손자에게 이런 귀중품을 하사한 것은 파격적인 대우였다. 면녕을 적손(嫡孫)으로 인정하겠다는 정치적인 의도도 있었다.

옹염은 각고의 노력과 오랜 세월 동안 은인자중 끝에 마침내 가경 원년(1796) 정월에 황위를 계승했다. 가경제는 유가 사상을 무척 숭상한 황제였다. 황위도 적장자가 계승해야 한다는 원칙을 고수했다. 설사 목군왕이 요절하지 않았더라도 그는 서얼 출신 장자였기 때문에 고려 대상이 아니었을 것이다. 따라서 면녕은 황후가 낳은 적장자로서 자연스럽게 후계자의 물망에 올랐다.

가경 원년(1796) 면녕은 만주 양황기 출신 포언달뢰(布彦達賚)의 딸, 뉴호록씨(鈕祜祿氏)와 대혼을 치렀다. 그녀가 그의 적복진이다. 가경 4년(1799) 가경제는 황태자를 비밀리에 결정하는 전통에 따라 면녕을 후계자로 삼겠다는 밀지를 건청궁에 걸려있는 「정대광명」 편액 뒤에 보관했다.

가경 18년(1813) 9월 이문성(李文成), 임청(林淸) 등 백련교의 일파인 천리교(天理敎)를 신봉하는 자들이 반란을 일으켰다. 관군으로 위장한 임청의 반란군 70여 명이 황궁을 기습했다. 마침 가경제는 승덕(承德)의 피서산장(避暑山莊)에 있었기 때문에 화를 피할 수 있었다. 그때 황궁의 남서방(南書房)에 있었던 면녕이 친히 금위군을 이끌고 반란군을 진압했다. 반란군 두 명을 조총으로 직접 사살하는 전과를 올리기도 했다. 면녕이 침착하고 신속하게 대응하지 않았다면, 청조의 심장부가 반란군에게 무참히 짓밟힐 수도 있었던 사건이었다.

황궁으로 돌아온 가경제는 면녕의 무예와 용맹에 찬사를 아끼지 않았으며 아울러 그를 화석지친왕(和碩智親王)으로 책봉했다. 화석친왕(和碩親王)은 황제에게 인정을 받은 황제의 아들에게만 수여하는 일등급 작위이다. 이때부터 면녕은 부친의 총애를 한몸에 받았다. 가경제는 그가 "충과 효를 겸비했다."고 칭찬했다.

가경 25년(1820) 7월 가경제는 면녕과 대신들을 거느리고 열하로 사냥을 나갔다. 그런데 얼마 후 황제가 승덕의 피서산장에서 붕어했다는 소식이 황궁에 전해지자, 어전대신 새충아(賽沖阿), 군기대신 탁진(托津), 총관내무부대신 희은(禧恩) 등 조정 중신들은 신하들이 지켜보는 가운데 「정대광명」 편액 뒤에 놓은 상자에 보관한 조서를 개봉했다. 예상대로 면녕을 황태자로 책봉한다는 내용이었다.

면녕은 운구를 호송하고 북경으로 돌아왔다. 아버지의 장례식을 장중하게 치른 후 39세의 나이에 태화전에서 청나라의 여덟 번째 황제로 등극했다. 청나라 역사상 적장자 신분으로 등극한 유일한 황제이기도 했다. 면녕(綿寧)은 등극한 후에 이름을 민영(旻寧)으로 개칭했다. 면(綿) 자가 형제들 이름의 돌림자였기 때문이다. 다음 해부터 연호를 도광(道光)으로 정했다.

2. 유가의 고상한 선비와 같았던 황제

도광제는 어렸을 적부터 아버지 가경제의 각별한 총애를 받으면서 유가 교육을 충실히 받았다. "경전과 역사서에 두루 능통하고 시문과 서화가 날로 새로워졌다."는 찬사를 들었을 정도로 인문학과 예술을 좋아하고 숭상한 황제였다. 틈날 때마다 시문을 짓는 일은 무엇과도 바꿀 수 없는 즐거움이었다.

어린 시절부터 지은 시문을 모아 『양정서옥시문전집(養正書屋詩文全集)』을 편찬하기도 했다. 그의 수많은 시문들 가운데 증국번(曾国藩·1811~1872)에게 하사한 여지시(勵志诗) 4 수(首)는 그가 황제로서 어떤 사상과 인생관을 가졌는지 엿볼 수 있는 귀중한 자료이다.

「주경(主敬)」

성학의 근원은 마음에 있도다	聖學之源 基于方寸
선현께서 경건은 덕의 바탕이라 가르치셨네	敬乃德基 先民有訓
홀로 방에 있을 때 조금도 부끄럽지 않다네	相在爾室 日明日旦
매사에 근신하면서 태만에 빠지지 마오	翼翼小心 毋怠毋玩
의관은 단정해야 하며 동작은 게으르면 안 되오	衣冠必正 動作毋慢
마음을 성찰하며 한 가지로 온갖 변화에 대응하네	操存省察 主一應萬
급할 때에도 인덕에 근거하면 경건은 멀지 않네	造次于是 齋莊無遠
목재를 모아 심연에 이르는 것이 올바른 법도이네	集木臨淵 是則是憲

『논어·자로』에 이런 내용이 있다. 번지(樊遲)가 공자에게 인(仁)에 대해서 묻자, 공자가 이렇게 대답했다.

"거처할 때는 공손하고 일할 때는 경건하며 사람들과 교류할 때는 참된 마음으로 대해야 한다. 이는 오랑캐 땅에 가더라도 버릴 수 없는 것이다.(居處恭, 執事敬, 與人忠. 雖之夷狄, 不可棄也.)"

또 『주역·문언』에서 "경(敬)으로 마음을 곧게 하고 의(義)로 행동을 바르게 한다.(敬以直內, 義以方外.)"고 했다. 두 경전에서 말하는 '경(敬)'은 경건한 마음으로 수양을 쌓아 도덕적 인격을 완성하는 방법이다.

『중용』에 이런 문구가 있다.

『시경』에서 말하기를 '네가 홀로 방안에 있음을 보니 구석진 곳에서도 조금도 부끄럽지 않네.'라고 했다. 따라서 군자는 움직이지 않아도 경건하며 말하지 않아도 믿음이 있다.(詩云: '相在爾室, 尙不愧於屋漏.' 故君子不動而敬, 不言而信.)"

군자는 혼자 있을 때도 한 점 부끄러움이 없이 처신하므로 그가 굳이 어떤 일을 하지 않아도 언제나 경건하고 남에게 말을 하지 않아도 믿음이 간다는 의미이다.

또 『논어·이인』에 이런 글이 있다.

"군자는 밥을 먹을 때에도 인(仁)에 위배되는 행동을 하지 않으며, 급할 때에도 반드시 인에 근거하며 위태로운 순간에도 인에 근거해야 한다.(君子無終食之間違仁, 造次必于是, 顛沛必于是.)"

'군자'는 모든 면에서 인을 드러내는 도덕적 인격체로 간주했다. 쉽게 말해서 죽고 사는 문제는 인에 의거하여 판단해야 하며, 밥을 먹는 일상적인 일도 인에 기준해야 한다는 '인' 지상주의이다.

「존성(存誠)」

만물과 더불어 망령됨이 없음은 천지의 마음이네　　　　物與無妄 天地之心

참되지 않으면 만물이 없으니 왜 공경하지 않을까	不誠無物 奈何不欽
태만은 감동없고 하늘은 참된 사람만을 돕는다네	誠無不動 惟天祐忱
정성은 미물을 복종시키며 금석도 뚫을 수 있네	可孚豚魚 可貫石金
홀로 있을 때 경계하며 부끄러움이 없어야 하오	戒懼慎獨 毋愧影衾
음악은 문밖에 들리며 학은 그늘에서 노래하네	鍾鼓聞外 鶴和在陰
권모술수를 버리고 은밀한 계략을 믿지 마오	勿任智術 勿恃阻深
순수함은 그치지 않으니 이치는 고금을 감싸네	純一不已 理包古今

'물여무망(物與無妄)'은 『주역 · 무망괘』에서 나온 말이다.

"천하에 뇌성(雷聲)이 진동하니 만물과 더불어 망령됨이 없다. 선왕께서
는 무성한 때를 기다려 만물을 기른다.(天下雷行. 物與無妄. 先王以茂待時. 育萬
物.)"

이른 봄 하늘에서 벼락이 떨어지면 겨우내 잠들어 있던 동식물들이
놀라 소생하듯이 사람도 자극을 받아 삿된 마음을 버리고 진실한 마음을
가져야 한다는 주장이다.
'불성무물(不誠無物)'은 『중용』에서 나왔다.

"참됨은 사물의 끝이자 시작이다. 참되지 않으면 만물이 존재할 수 없
다. 이런 까닭에 군자는 참됨을 귀중하게 여긴다.(誠者物之終始. 不誠無物. 是
故君子誠之爲貴.)"

사물의 본질은 참됨에 있으므로 군자는 몸소 참되게 생각하고 행동해
야 만이 사물의 이치를 꿰뚫을 수 있다.

사마천의 『사기·골계열전』에 동방삭(東方朔)의 말이 나온다.

　"『시경』에서 말하길 '궁궐에서 종을 치면 궁 밖까지 들린다네. 학이 높은 언덕에서 울면 소리가 하늘까지 들린다네.' 진실로 제 몸을 닦으면 어찌 영달을 누리지 못할까 걱정하겠소.(鼓鍾于宮, 聲聞于外. 鶴鳴九皐, 聲聞于天. 苟能修身, 何患不榮.)"

　위 시의 제 6련이 이 내용을 의미한다. 재야에 은거하면서 몸을 바르게 닦고 학문에 열중하는 사람은 언젠가는 벼슬길에 나가 명성을 떨칠 것이라는 얘기이다. 유가의 도에 맞게 진실로 성찰하고 수양하는 선비는 반드시 중용하겠다는 도광제의 뜻을 담고 있다.

「근학(勤學)」

하루 종일 포식하며 안일함을 즐기고	飽食終日 宴安自居
허송세월하면 시간은 한 순간에 지나간다네	迭遷寒暑 迅若隙駒
어찌 학문에 뜻을 두고 입신양명을 하지 않을까	胡不志學 以立身軀
의지를 굳건히 하며 사욕을 제거해야 하네	氣志奮發 私欲滌除
오전을 자세히 연구하며 삼여를 아껴야 하네	精研五典 愛惜三餘
여유 있게 탐색하여 깨달아 점차 실력을 쌓는다네	優游涵泳 漸積工夫
틈나는 대로 학문에 매진하니 노고를 꺼리지 마오	寸陰是競 勿憚勤劬
일취월장은 유가 성인을 따르는 제자의 본분일세	日就月將 斯聖之徒

　한(漢)나라 때 공자의 십세(十世) 손자 공안국(孔安國)은 『상서전서(尚書傳序)』에서 "소호(少昊), 전욱(顓頊), 고신(高辛), 당요(唐堯), 우순(虞舜) 등 5명이 쓴 책

을 오전(五典)이라고 한다."고 했다.

유가에서는 이 5명을 성인으로 간주하고 오전을 유가 경전의 시초이자 전범(典範)으로 평가하고 있지만, 그들은 모두 신화와 전설에 나오는 인물이며 오전도 어떤 내용을 담은 책인지 알 수 없다. 도광제가 말한 오전은 유가 경전을 폭넓게 지칭한다.

진수(陳壽·233~297)가 지은 『삼국지·위지·동우전(董遇传)』에 이런 내용이 있다.

"동우에게 가르침을 받고자 찾아온 젊은이가 있었다. 그를 가르치고 싶지 않았던 동우는 그에게 이렇게 충고했다. '먼저 책을 백 번 읽어라. 그러면 뜻이 저절로 통할 거야.' 그 젊은이가 말했다. '매일 힘들게 일하느라 독서할 시간이 없습니다.' 동우가 대답했다. '삼여(三餘)의 시간을 활용하면 된다. 삼여란 농사일이 없는 겨울과 밤중 그리고 비오는 날이다.'"

이른바 '독서삼여(讀書三餘)'라는 고사성어가 여기서 나왔다. 일하느라 공부할 시간이 없다고 핑계를 대는 사람들에게 교훈이 되는 말이다.

「개과(改過)」

누구나 과오가 있지만 스스로 알지 못한다네	人誰無過患不自知
과오를 알고 고치지 않음은 자신을 속이는 일이네	知而弗改是謂自欺
나의 과오를 지적하는 사람이 내 스승이네	告我以過是我良師
소인은 과오를 숨겨서 사욕을 추구한다네	小人文過以逞偏私
욕망이 성품으로 굳어지면 해악이 끝이 없다네	縱欲成性貽害無涯

일식과 월식이 어찌 밝음을 이지러지게 할까	日月之食于明何虧
먹줄로 바로잡고 선함을 늘려 간사함을 제거하네	從繩則正增美釋回
머지않아 돌아오면 후회하지 않음을 항상 생각하네	不遠無悔念玆在玆

『논어 · 자장』에 이런 글이 있다.

"자공이 말했다. '군자의 잘못은 일식이나 월식과 같다. 잘못하면 사람들이 모두 그를 바라보고, 잘못을 고치면 사람들이 모두 그를 우러러본다.'"

한평생 살면서 실수하지 않는 사람은 없다. 군자도 예외가 아니다. 문제는 잘못을 저지르고도 깨닫지 못하며 오히려 미사여구로 그것을 감추는 것이다. 도광제는 이런 사람을 소인이라고 했다. 군자라면 모름지기 잘못을 깨닫고 그것을 고쳐야 한다. 그렇게 하면 사람들은 그를 나무라지 않고 오히려 존경한다는 뜻이다.

도광제는 여지시(勵志詩) 4 수(首)를 액자로 만들어 증국번에게 하사했다고 한다. 증국번은 족자를 하사받고 감읍해마지 않았다. 태평천국의 난을 진압하고 양무운동을 일으켜 망해가는 청나라를 구하고자 헌신한 명신(名臣)이 될 수 있었던 배경에는 도광제의 이런 격려가 있었기 때문이다.

여지시 4수의 내용은 곧 도광제의 사상이자 인생관이며 삶의 행위 원칙이었다. 그는 유가의 전형적인 군자와 같은 황제였다. 그의 선량한 인품은 형제간의 관계에서도 잘 드러난다. 그에게는 돈각친왕(惇恪親王) 면개(綿愷 · 1795~1838), 서친왕(瑞親王 · 1805~1828) 면흔(綿忻), 혜친왕(惠親王) 면유(綿愉 · 1814~1864) 등 이복동생 3명이 있었다.

봉건 왕조 시대에 제왕의 동생들은 계륵 같은 존재였다. 만약 왕권에 조금이라도 위협이 되면 언제든지 죽음으로 내몰릴 수 있었기 때문에 숨을 죽이고 살아야 했다. 형제간에 피비린내 나는 골육상쟁을 벌이고 대권을 차지한 군주가 어디 한두 명이었던가. 하지만 도광제는 형으로서 이복동생들을 끝까지 보살폈다.

특히 면개에게 쏟은 우애는 유별났다. 그와 함께 순행을 나갈 때면 언제나 시문을 주고받으며 깊은 정을 나누었다. 면개가 후사를 남기지 못하고 44세의 나이에 병사하자, 도광제는 자신의 다섯째아들 혁종(奕諒)을 그의 집안으로 보내 대를 잇게 하였다. 황제가 친아들을 이복동생의 후사로 삼게 한 전례는 거의 없었는데도 말이다.

청나라 때 지식인들이 그토록 두려워했던 문자옥(文字獄)이 도광 연간에 이르러 더 이상 일어나지 않은 것도 도광제의 인자한 성품과 관련이 있었을 것이다.

만약 도광제가 학자였거나 목민관이었다면 자신의 직분 안에서 학문적 성취를 이루고 선정을 폈을 것이다. 하지만 그는 대청제국의 천하를 다스리는 황제였다. 황제도 군자처럼 인품과 학식을 겸비해야겠지만, 그것이 필요충분조건은 아니다.

황제는 때에 따라서 추상같은 냉정함을 보이고 과감한 결단력을 발휘해야 하며 강인한 리더십을 발휘해야 한다. 또 때에 따라서는 술책을 부려 신민을 농락하는 능력도 필요하다. 문약하고 고상한 군자는 이론에만 밝을 뿐 결코 일국의 지도자가 될 수 없다.

도광제의 가장 큰 약점은 우유부단한 성격이었다. 개혁을 시도했지만 그것을 시종일관 관철시킬 역량이 부족했다. 법가 사상가 한비자(韓非子) 제왕학의 바탕이 되는 법치와 술책 그리고 세력 이 세 가지 가운데 어느 한 가지도 가지지 못했다.

또 서구 열강이 최신식 전함과 화포로 무장하고 중국으로 진출할 때,

유가의 이념과 공리공담에 빠져 실사구시의 정신이 부족했으며 아울러 우물 안의 개구리처럼 세상을 보았다. 도광제 개인의 품성은 분명히 나무랄 데 없었다. 더구나 황제임에도 매사에 근검절약하고 부귀영화를 누리기 위해 국고를 축내는 일을 하지 않았다. 하지만 그가 아무리 발버둥을 쳐도 이미 뿌리까지 썩어 들어가는 청나라의 운명을 바꿀 수 없었다.

3. '짠돌이'라는 비난을 들을 정도로 근검절약을 실천하다

도광제는 무척 검소한 황제였다. 황제 자신이 주색을 멀리해야 천하가 잘 다스려진다고 생각했다. 그는 신하들에게 이렇게 강조했다.

"평범한 사람이 가무와 여색에 빠지면 그 피해가 한 사람에게 미치지만, 백성의 임금이 된 자가 가무와 여색에 빠지면 그 피해가 천하에 비친다."

그는 이런 의식을 바탕으로 평생 동안 근검절약을 실천했다. 황제의 어가, 옥련(玉輦)도 부친 가경제가 타던 것을 그대로 사용했으며 고장이 나면 수리하고 새로 제작하지 못하게 했다. 한번은 도광제가 천단(天壇)으로 행차하여 제천 의식을 지내는 날이었다. 원래 황제의 행차는 화려한 어가가 동원되고 수많은 금위군과 긴 행렬이 어가를 호위하기 마련이었다.

관리들은 관례에 따라 황제를 위해 옥련을 준비하자 도광제가 이렇게 말했다.

"천단으로 행차하여 제천 의식을 행하는 일은 오직 진실한 마음으로 경건하게 지내는 데 의미가 있소. 짐이 옥련을 타지 않더라도 안 될 것이 없소."

옥련을 타지 않아도 크게 불편할 게 없다는 생각이었다. 당시 북경에는 여우모피로 만든 저고리가 크게 유행했다. 고관대작은 말할 것도 없고 부유한 상인들도 거금을 아끼지 않고 저고리를 사서 입었다. 그런데 저고리 안감으로 쓴 비단을 모피보다 한 뼘 더 길게 하여 저고리 밖으로 나오게 했다. 이것을 '출풍(出風)'이라고 불렀다. 비단으로 화려한 멋을 내기 위한 장식이었다.

궁중의 사무를 관장하는 내무부(內務府)에서 특별히 제작한 저고리를 도광제에게 바쳤다. 그것을 꼼꼼히 살펴본 도광제는 아무런 실용성도 없고 장식에 불과한 출풍을 없애게 했다. 여우모피는 사냥으로 손쉽게 얻을 수 있지만, 비단은 옷감을 짜는 부녀자들이 흘린 피땀의 결정체이므로 한 조각이라도 아껴야 한다는 생각을 했기 때문이다. 도광제는 그것을 내무부로 돌려보내고 다시 제작하게 했다.

내무부 관리들은 출풍을 없애고 다시 제작하려면 은자 천 냥이 든다고 거짓으로 아뢰었다. 이 틈에 돈을 챙길 요량이었다. 도광제는 은자 천 냥이 너무 아까워 당장 중지하게 했다. 물론 이때부터 누구도 감히 이런 호화로운 저고리를 입지 못했다.

금실로 수를 놓은 용포(龍袍)는 황제의 권력과 위엄을 상징한다. 용포 제작에 아무리 많은 비용이 들어가도 규정대로 만들어야 하므로 비용을 아낄 수 있는 여지가 조금도 없다. 도광제도 법도에 따라 온갖 자수로 꾸민 황금색 용포를 입었다. 그런데 용포 안의 속옷이나 바지는 용포에 가려 보이지 않기 때문에 다소 남루한 옷을 입어도 무방하다고 그는 생각했다. 바지 무릎 부분이 헤어지자 헝겊조각을 대서 기워 입었다.

황제가 이처럼 인색할 정도로 근검절약을 하니 신하들도 흉내 내지 않을 수 없었다. 대학사 조진용(曹振鏞·1755~1835)은 황제에게 잘 보이기 위하여 헝겊조각으로 기운 바지를 입었다. 하루는 그가 도광제에게 무릎을 꿇고 아뢰면서 일부러 바지를 노출했다. 도광제가 그것을 보고 기뻐하자, 조진용은 새 바지를 마련하는 데에는 돈이 너무 많이 들어 기워 입었다고 말했다.

도광제가 물었다.

"경은 바지를 기워 입는 데 돈이 얼마나 들었소?"

조진용은 근검절약하려고 바지를 기워 입은 게 아니었으므로 돈이 얼마 들었는지 몰랐다. 순간적으로 당황한 그는 은자 석 냥 쯤 들었다고 얼버무렸다. 도광제는 한숨을 쉬며 말했다.

"궁 밖에서 기워 입는 게 정말로 싸구나. 짐은 내무부에서 은자 다섯 냥이나 들었소."

사실 은자 다섯 냥이면 새 바지 몇 벌을 사고도 남는 돈이었지만, 관리들이 도광제를 속인 까닭에 도광제는 세상 물정을 알 수 없었다. 어쨌든 도광제가 새 옷을 입은 신하보다 낡은 옷을 입은 신하들을 좋아한다는 얘기는 저잣거리에서 낡은 옷이 새 옷보다 오히려 비싼 기이한 현상을 일으켰다.

음식도 줄일 수 있으면 과감하게 줄였다. 원래 황제는 수라를 들 때마다 어선방(御膳房)에서 준비한 20여 가지 요리를 즐기는 게 관례였다. 도광제의 할아버지 건륭제는 한 끼 식사에 무려 100여 가지의 요리를 준비하게 했을 정도로 음식 사치가 심했다. 도광제는 특별한 날이 아니면 음식 가짓수를 4개로 제한했다. 또 궁중의 비빈들에게는 바느질을 배우게 하여 옷을 기워 입도록 하고, 경축일이 아니면 고기를 먹지 못하게 했다. 하루는 이런 조서를 내렸다.

"죽, 요리, 과자, 건어물 등 황궁에서 먹는 음식물이 먹고 남으면 도랑에 버리지 말고 하인들에게 나눠주어 먹게 하라. 만약 그들이 먹을 수 없는 것이면 고양이와 개의 먹이로 사용하라. 고양이와 개조차도 먹을 수 없는 것이면 그것을 말린 후에 새의 먹이로 활용하라!"

쌀 한 톨이라도 철저하게 아껴야 한다는 얘기이다. 심지어는 한여름에 더위를 식히려고 먹는 수박조차도 값이 비싸다는 이유를 들어 먹지 못하게 했다.

하루는 도광제가 분탕(粉湯)을 먹고 싶었다. 분탕은 당면과 가늘게 썬 돼지고기를 넣고 끓인 국인데 서민들이 즐겨먹는 음식이다. 황제가 이런 서민 음식을 먹는 경우는 거의 없었다. 그는 내무부를 통해 어선방에서 분탕 한 그릇을 만들어 오게 했다. 그런데 놀랍게도 분탕 한 그릇을 만드는 데 은자 7만5천 냥이 든다고 관리가 아뢰었다.

그의 말은 이러했다.

"어선방에서 서민들이 먹는 분탕을 만들려면 먼저 주방 한 칸을 새로 지어야 합니다. 또 분탕을 전문적으로 만드는 요리사들을 초청해야 하며 아울러 그들을 돕는 하인들도 필요합니다. 이런 일을 하는 데 은자 6만 냥이 필요합니다. 이밖에도 1년 유지비 1만5천 냥이 소요되므로 총 7만5천 냥이 필요합니다."

도광제가 평소에 음식가짓수를 엄격하게 제한하고 금전 출납을 철저하게 통제했기 때문에 내무부 관리들은 돈을 착복할 여지가 없었다. 그들은 이 틈에 어선방의 시설을 확장하면서 돈을 빼먹을 속셈으로 터무니없는 예산을 요구한 것이다.

도광제는 대경실색을 하면서 말했다.

"분탕 한 그릇을 만드는 데 이처럼 많은 돈이 드는지 몰랐구나. 황성 밖 저잣거리에서 분탕을 잘 만드는 노점이 있다고 들었다. 돈 몇 푼이면 한 그릇을 살 수 있다고 하니 그것을 사와라!"

그런데 며칠이 지나도 분탕을 진상하지 않았다. 화가 난 도광제는 관리를 불러 책임을 추궁하니 관리의 대답은 이러했다.

"신이 분탕을 잘 만든다는 노점을 찾아갔으나 며칠 전에 노점이 먼 곳으로 이사를 갔다고 합니다. 그곳까지 찾아가 분탕을 사오자니 도중에 식어버려 먹지 못할까 걱정하여 이러지도 저러지도 못하고 있습니다."

결국 도광제는 분탕 한 그릇을 먹는 사소한 식도락도 포기해야 했다. 사실은 관리들이 저잣거리에서 분탕을 파는 노점을 강제로 이주시켰던 것이다. 황제를 골탕 먹일 속셈에서 나온 행동이었지만, 순진한 도광제는 그것을 눈치 채지 못했다. 이 일화를 통해 황궁에서 일하는 관리들의 부패가 얼마나 심각하고 황제를 속이는 일이 다반사였음을 알 수 있다.

도광제는 황제로서 중국 역사상 가장 유명한 '짠돌이'라는 비난을 들었을 정도로 신하들에게 인색했다. 대학사 장령(張齡)이 신강성에서 일어난 위구르족의 반란을 진압하고 북경으로 개선했을 때의 일이다. 당시 전국에 크고 작은 반란이 연이어 일어났을 때라 청군의 승리는 오랜만의 쾌거였다.

그런데 도광제는 승리를 기념하기 위해 베푼 연회에서 대신 20명을 두 식탁에 앉게 하고 한 식탁마다 음식 대여섯 가지만 놓게 했다. 대신들은 음식에 젓가락을 댈 수 없었다. 몇 점 집어먹다가 음식이 바닥나면 황제의 체면을 손상시킬 수 있었기 때문이었다. 다들 두 눈을 멀뚱거리며 굶주린 배를 움켜쥐고 나올 수밖에 없었다.

도광제는 재난을 당한 굶주린 백성들에게는 조세를 감면하고 국고의 은자를 아낌없이 풀었다. 따라서 일각에서는 그를 애민사상을 가진 군주로 평가하기도 한다. 그가 '짠돌이'일 수밖에 없었던 근본적 이유는 국고가 이미 바닥을 드러내고 관리들의 부패가 너무 심각했기 때문에 몸소 모범을 보이지 않으면 국가가 망할 수도 있다는 위기 의식에서 비롯되었다.

하지만 신하들은 황제의 면전에서만 검약하는 척했을 뿐 매관매직과 백성들에게 빼앗은 재물로 여전히 호화로운 생활을 즐겼다. 도광제 한 사람의 노력으로는 경향 각지에 만연한 부패를 척결할 수 없었던 것이다.

4. 제1차 아편전쟁: 제국주의 영국의 침략에 종이호랑이로 전락하다

유럽의 이른바 '대항해 시대(15세기~18세기)'에 중국과 유럽 국가들의 교류가 본격적으로 시작되었다. 서양인들은 명나라 중엽부터 명나라 동남 해안 지역에 나타나 끊임없이 통상을 요구했다. 그들은 중국의 차, 도자기, 비단 등 서양에서 생산할 수 없었던 귀중품을 얻기 위하여 막대한 은화를 지불했다. 중국이 세계의 중심이라는 자부심이 강했고 영토가 광대하여 없는 게 없었던 명나라 조정은 그들을 천자가 은혜를 베풀어주어야 하는 귀찮은 존재인 '서양 오랑캐'로 보았다.

다만 그들이 가지고 온 물건 가운데 홍이포(紅夷砲)는 조정 대신들의 비상한 관심을 끌었다. 명나라 화포와는 차원이 다른 뛰어난 성능을 가지고 있었으므로, 조정 대신들은 그것으로 전국 각지에서 일어난 반란을 효과적으로 진압하고자 했다. 따라서 명나라는 주로 홍이포를 수입하기 위하여 광동성의 광주, 오문 등 제한된 지역에서 서양 상인들의 통상 활동을 용인했다.

그런데 서양 상인들은 반드시 명나라 조정에서 파견한 관리들을 상대로 거래를 해야 했고 아울러 자유 무역이 철저하게 차단되었기 때문에 수만 리 항해 길에 목숨을 걸고 찾아온 대가는 크지 않았다.

명말청초에 이르러서 서구 열강은 통상 확대뿐만 아니라 기독교 전파를 위해서 더욱 적극적인 교류를 원했다. 서구 문명에 개방적인 태도를 보인 강희제 때는 동서 문명의 교류가 비약적으로 발전했지만, 옹정, 건륭, 가경 시대에는 주춤했다. 중화사상이 여전히 황제를 우월감에 빠지게 했으며 서구 문명에 대한 무지의 결과였다.

건륭 연간부터 서구 열강 가운데 중국과의 무역에 가장 적극적으로 나선 국가는 영국이었다. 영국 정부는 여러 차례 사신을 파견하여 통상 확대를 요구하고 선교사를 파견했으나 번번이 좌절했다.

당시 육류 위주의 식습관을 가진 영국인은 청나라에서 생산한 차의 효능이 뛰어남을 알고 차를 마시지 않으면 하루도 생활할 수 없을 정도로 차에 중독되었다. 영국은 더 많은 차를 수입하기 위하여 자국의 모직물과 인도에서 생산한 면화를 청나라에 수출했다.

그런데 청나라 조정은 여전히 제한된 무역을 선호했고 일반 백성들은 상품을 직접 유통하여 이익을 챙길 수 없었던 까닭에, 양국 간의 무역은 불균형을 이루었다. 도광 연간에 이르러서는 영국은 결재 수단인 은화가 크게 부족한 지경에 이르렀다. 쉽게 말해서 영국의 입장에서 무역 적자가 난 것이다.

원래 중동이 원산지인 아편은 당나라 때부터 중국에서 마취제로 쓰인 약물이다. 생아편을 소량 섭취하면 진통(鎭痛), 지사(止瀉) 등의 의학적 효과를 얻을 수 있으나, 그것을 엑기스로 만들어 흡연하면 정신이 몽롱해지고 판단력을 상실하는 무서운 환각제로 둔갑한다. 또 그 중독성이 워낙 강하여 한 번 중독되면 죽을 때까지 끊지 못하고 심신을 완전히 파괴하는 무서운 마약이다. 명나라 만력제 주익균(朱翊鈞·1563~1620)이 아편에 중독되어 국가를 망친 얘기는 유명하다.

건륭, 가경 연간에도 아편은 끊임없이 청나라에 유입되었다. 아편을 수입에 쓴 비용도 해마다 증가했다. 영국인들은 청나라와의 무역 적자를 해소하기 위하여 아편의 밀수출에 적극적으로 나서기 시작했다. 아편은 광동성 일대에 거주하는 노동자와 농민들에게 선풍적 인기를 끌었다. 그들은 매일 고된 노동에 시달리면서 고통스러운 삶을 살아가고 있었다. 더구나 지방 관리들의 부패와 착취는 그들을 더욱 절망에 빠지게 했다. 아편 흡입은 잠시 그들의 고통을 잊게 하는 유일한 낙이자 현실 도피였다. 그들은 뼈를 깎는 노동으로 번 몇 푼 안 되는 돈으로 아편을 샀다. 차라리 굶을지언정 아편은 끊을 수 없는 지경에 이르렀다.

아편 중독은 하층민에게 순간의 쾌락을 느끼게 했으나 심신이 파괴되는 무서운 병이었다. 매음굴에서 아편을 피우며 너부러져있는 병자의 모습은 흔한 풍경이었다.

아편 중독자가 광동성 해안 일대에서 내륙으로 급속하게 번지자, 도광 18년(1838)에 그 심각성을 인지한 홍려시경(鴻臚寺卿) 황작자(黃爵滋·1793~1853)가 아편 근절을 강력히 요구하는 상소문, 「엄색루치이배국본소(嚴塞漏卮以培國本疏)」를 도광제에게 올렸다.

다음은 그 일부 내용이다.

"국가의 많은 은자(銀子)가 낭비되는 까닭은 아편 판매가 증가하기 때문이며, 아편 판매의 증가는 수많은 사람들이 아편을 피우기 때문입니다. 아편을 피우지 않아 아편 판매가 감소하면 서양 오랑캐의 아편은 더 이상 들어오지 않을 것입니다. 지금 조정에서 엄한 벌로 다스리려면 먼저 아편을 피우는 자들을 엄격하게 처벌해야 하옵니다. 황상께서 조서를 내리시어 금년 모월모일(某月某日)부터 내년 모월모일까지 1년 동안 아편을 끊는 기간을 반포해주시기를 신은 간절히 바라옵니다. 이렇게 하면 아편 중독이 아무리 심각하더라도 아편을 끊지 못하는 일은 없을 것입니다."

"만약 1년 후에도 여전히 아편을 피우는 자가 있으면, 그는 국법을 받들지 않는 난민(亂民)이므로 중형으로 처벌하는 일은 당연합니다. 예전의 관례를 조사하여 아편을 피운 자는 감옥에 가두고 곤장을 치는 벌을 내리면 되옵니다. 또 아편 판매를 숨긴 자는 곤장 1백 대와 3년 동안 변방으로 유형(流刑)을 보내면 됩니다. 하지만 이런 형벌은 모두 살아있으면서 겪는 고통에 불과하옵니다."

"아편 중독을 끊는 고통은 곤장과 유형보다 더 심합니다. 따라서 차라리 형벌에 저촉하고 말지 아편을 끊으려고 하지 않습니다. 만약 사형(死刑)으로 다스리면 형장의 이슬로 사라지는 두려움이 아편 중독을 끊는 일보다 고통스러울 것입니다. 아편을 피우거나 판매하는 자들은 아편 중독을 끊고 집에서 편히 죽기를 원하지, 사형 선고를 받고 저잣거리에서 죽임을 당하는 비극을 원하지 않음을 신(臣)은 잘 알고 있습니다."

먼저 1년 동안 아편을 끊는 계도 기간을 정하여 자발적으로 끊게 하였는데도 효과가 없으면 곤장, 유형 등 형벌로 다스려야한다. 그렇게 했는데도 아편이 여전히 근절되지 않으면 법에 연루된 자들을 죽여야 한다는 주장이다.

아편을 끊는 고통이 얼마나 심한지 잘 알고 있었던 황작자의 주장은 조정에 큰 반향을 일으켰다. 어떤 신하는 영국과의 마찰을 우려하여 차라리 아편을 합법적으로 수입하자는 얼토당토않은 논리를 펴기도 했다. 호광총독 임칙서(林則徐·1785~1850)는 황작자의 주장에 동조하는 상소를 올려 그 동안 아편 근절에 미온적 태도를 취한 도광제의 결단을 촉구했다.

도광제는 중대 결심을 하지 않을 수 없었다. 도광 18년(1838) 11월 마침내 도광제는 임칙서를 흠차대신으로 임명하고 광주로 보내 아편 유통을 엄금하게 했다. 다음 해(1839) 봄 임칙서는 외국과의 무역을 전담하는 기구인 광주십상행(廣州十三行)을 통해 서양 상인들이 가지고 있는 아편을 정해진 기간에 모두 바치고 아울러 아편 밀매를 엄금하는 명령을 내렸다. 만약 서양인들이 명령을 따르지 않으면 중국과 외국 간의 모든 무역을 금지하고 외국 상관을 봉쇄하며 그곳에서 일하는 하인들을 철수시키고 생활에 필요한 물건을 더 이상 공급하지 않겠다고 선언했다.

임칙서는 또 이렇게 선포했다.

"만약 아편이 완전히 근절되는 날이 없으면, 본인도 절대 돌아가는 날이 없을 것이다. 맹세하건대 본인은 이 일을 철저하게 처리하겠으며 중도에 그만 두는 일은 절대 없을 것이다."

영국의 무역 감독관 찰스 엘리엇(Charles Elliot·1801~1875)은 임칙서의 강경책에 굴복하지 않을 수 없었다. 마침내 임칙서는 광주 호문(虎門)의 해변에서 군중이 지켜보는 가운데 영국과 미국 상인들이 바친 아편 2만 상자, 237여만 근(斤)을 소각했다. 중국 역사에서 이 사건을 '호문소연(虎門銷烟)'이라 칭한다. 아편에 소금과 생석회를 섞으면 아편이 녹아버리기 때문에 '녹일 소(銷)' 자를 썼다.

궁지에 몰린 찰스 엘리엇(Charles Elliot · 1801~1875)과 영국 상인들은 일단 오문(奧門: 지금의 마카오)으로 철수하고 본국에 지원병을 요청했다. 이처럼 양국 간의 무력 충돌 위기가 고조되었을 때, 구룡반도의 사저촌(沙咀村)에서 술에 취한 영국 수병이 농민 임유희(林維喜)를 때려죽이는 사건이 일어났다. 임칙서는 찰스 엘리엇에게 범인 인도를 요구했으나 거절당하자 무력으로 오문을 봉쇄했다.

한편 영국 정부는 아편 전쟁이 발발하기 오래 전부터 중국 침략의 야욕을 조금씩 드러내고 있었다.

> "만약 우리가 중국 정부와 조약을 체결한다면 그 조약은 날카로운 칼날 아래에서 우리의 명령에 따라 체결될 것이며 아울러 대포의 조준 아래에서 그 효력을 발휘할 것이다."

무력으로 중국을 굴복시키겠다는 명백한 의도였다. 또 영국 정부는 관리, 상인, 선교사, 의사 등을 동남 해안으로 파견하여 정보 수집에 여념이 없었다. 광동 상관(商館)의 직원, 해밀턴 린제이(Hamilton Lindsay · 1802~1881)가 대표적 첩자였다. 도광 12년(1832) 그는 동인도회사 소속의 무장 상선, 로드 암허스트(Lord Amherst)호를 타고 하문, 복주, 영파, 상해 등 동남 해안 지역의 도시들을 탐방하면서 해로, 내륙으로 통하는 수로, 해안의 방어 시설 등을 샅샅이 조사했다. 또 정치 제도와 백성의 생활상도 기록으로 남겼다.

도광 15년(1835) 그는 중국의 해안 지형과 정치, 경제에 대한 분석을 근거로 영국의 외교대신 로드 팔머스톤(Lord Palmerston · 1784~1865)에게 서신을 보내 무력으로 중국 시장을 열어야 한다고 건의했다.

그런데 로드 암허스트호는 중국 연안만 탐사한 게 아니라 조선 충청도 해안의 섬에 나타나 조선과 통상을 원했다. 하지만 현지 관리들의 완강한 거부로 영국 관리들은 뜻을 이루지 못하고 돌아갔다. 이 영국 상선이 조선에 정식으로 교역을 요청한 최초의 서양 선박이었다.

만약 이때 조선 조정에서 그들의 통상 요구를 받아들였다면 조선도 일본처럼 근대화의 길을 걸었을 지도 모른다. 하지만 당시 조선은 외부 세계에 대하여 거의 알지 못했고 알려고 하지도 않은 '은둔의 왕국'이었다. 오로지 청나라만을 '천조(天朝)'로 섬겼기 때문에 청나라가 망하자 조선도 망한 것이다.

어쨌든 린제이의 편지를 읽고 흥분한 팔머스톤은 중국 침략을 결심했다. 그런데 영국은 이미 의회제도가 정착되었기 때문에 의회에서 중국 침략에 필요한 군비 지출 문제를 놓고 격렬한 토론을 벌였다. 아편 판매를 통해 막대한 부를 쌓은 상인들의 후원을 받는 의원들은 침략에 찬성했지만, 이 추악한 전쟁에 반대하는 의원들도 적지 않았다.

토리당 의원, 윌리엄 글래드스턴(William Gladstone · 1809~1898)은 의회에서 이렇게 연설했다.

"이번 전쟁보다 더 정의롭지 못하고 동시에 영국에 더 영원한 치욕을 주는 전쟁이 있었다는 얘기를 저는 아직 듣지 못했으며 책에서도 읽은 적이 없습니다. 광주성의 영국 국기는 추악한 아편 무역을 보호하기 위해 나부끼고 있습니다."

투표 결과, 반대 262표, 찬성 271표가 나왔다. 단 9표의 근소한 차이로 세계사의 흐름을 바꾼 아편전쟁의 서막이 열린 것이다.

1840년 6월 영국정부 전권대표 겸 총사령관 조지 엘리엇(George Elliot·1784~1863)이 '동방원정군'을 이끌고 광동성 해안에 나타났다. 동방원정군은 전함 16척, 무장증기선 4척, 수송함 28척, 대포 540문, 병사 4천 명 등으로 구성된 세계 최강의 육해 연합군이었다. 영국군은 광동성 주강(珠江) 복건성 하문 등 동남 해안의 주요 도시들을 봉쇄하고 난 뒤, 절강성 정해(定海: 지금의 주산·舟山)를 점령했다.

영국군은 정해를 근거지로 삼고 계속 진군했다. 개전을 시작한지 두어 달 만에 북경의 관문인 천진의 백하구(白河口)까지 진격했다. 최첨단 무기로 무장한 영국군의 공격에 청군은 달아나기 급급했다. 사실 양국 간의 싸움은 영국의 일방적인 승리로 끝났다.

도광제는 직예총독 기선(琦善·1786~1854)에게 영국과 강화 조약을 맺게 했다. 영국군이 광주로 물러난다면 그들의 요구를 들어주겠다는 굴욕적 협상 태도를 취했다. 마침 영국군도 풍토병에 걸려 사망자가 생기자 청조의 협상 제의를 받아들이고 광주로 철수했다.

도광 20년(1840) 11월 광주에 도착한 흠차대신 기선은 조지 엘리엇과 협상을 시작했다. 기선은 싸움의 빌미를 제공했던 임칙서를 처벌하고 영국군에게 배상금을 넉넉히 주는 것으로 해결하려고 했다. 하지만 뜻밖에도 조지 엘리엇은 배상금뿐만 아니라 영토 할양도 요구했다. 천조(天朝)가 '서양오랑캐 국가'에게 금품을 하사하는 일은 체면을 크게 손상시키는 일이 아니므로 문제될 게 없었으나, 영토 할양은 국권과 자존심을 건드리는 일이기 때문에 쉽게 결정할 수 없었다.

영국군은 회담 도중에도 무력으로 기선을 압박했다. 도광 21년(1841) 1월 영국군은 함포로 호문 밖에 있는 사각포대(沙角砲臺)와 대각포대(大角砲臺)

를 공격했다. 청군은 744명이 전사했지만, 영국군은 38명 만 부상당했을 뿐 전사자는 단 한 명도 없었다.

겁에 질린 기선은 조지 엘리엇의 요구를 받아들이는 수밖에 없었다. 두 사람은 우여곡절 끝에 「천비초약(穿鼻草約)」에 가서명했다. 홍콩을 영국에 할양하고 배상금 은자 6백만 냥을 주며 광주를 통상 항구로 개방한다는 내용이 핵심이었다.

기선이 홍콩을 영국에 할양했다는 소식은 청나라 조정을 발칵 뒤집히게 했다. 영국군의 전함과 대포가 아무리 가공의 위력을 발휘한다고 해도 그것에 굴복하여 영토의 일부를 떼어주는 일은 상상조차 할 수 없었다.

진노한 도광제는 즉시 조서를 내렸다.

"짐이 천하를 다스리는 데 좁은 땅과 백성 한 명도 국가의 소유가 아닌 것이 없다. 그런데도 기선은 멋대로 향항(香港: 지금의 홍콩)을 할양하고 통상을 허락했다.……기선이 도대체 무슨 마음을 품고 그런 매국 행위를 했는지 모르겠구나. 그가 이처럼 은혜를 저버리고 국정을 그르친 일은 털끝만큼의 양심도 없는 행위이다. 즉시 기선을 파면하고 그의 죄를 문초하며 아울러 그의 가산을 몰수하여 국고에 귀속시켜라!"

기선은 모든 직위와 재산을 잃고 군대(軍台: 군대의 일이나 공문서를 전달하는 일종의 우체국)로 쫓겨났다. 도광제는 또 자신의 뜻을 충실히 수행한 임칙서에게도 책임을 물어 그를 신강성 이리(伊犁)로 5년 동안 유배를 보냈다. 사실 기선은 주화파였으며, 임칙서는 주전파였다. 그런데 도광제는 몇 년이 지난 후에 다시 두 사람을 요직에 기용했다. 국가가 누란지위(累卵之危)에 처했을 때 도광제의 갈팡질팡하는 성격을 보여주었다.

영국 정부도 조지 엘리엇이 가서명한 「천비초약」에 강한 불만을 드러냈다. 또 양국 간의 충돌은 불가피했다. 영국군은 다시 파죽지세로 정해(定海), 진해(鎭海), 영파(寧波) 등 절강성 동부 지역의 도시들을 공략했다. 도광제는 양위장군(揚威將軍) 혁경(奕經·1791~1853)에게 영국군의 침략을 저지하게 했으나 대패했다.

도광 22년(1842) 8월 영국의 주력 함대 80여 척은 남경(南京) 입구까지 진격했다. 남경은 역사적으로 중국 남방의 수도 역할을 했으므로, 남경이 함락되면 중국 영토의 절반을 빼앗기는 것이나 다름이 없었다.

청나라 조정은 더 이상 영국과 싸울 의지가 없었다. 남경에서 굴욕적인 조약을 맺어서라도 영국군의 북상을 막아야 했다. 8월 29일 흠차대신 기영(耆英·1787~1858)과 이리포(伊里布·1772~1843)는 남경을 관통하는 장강(長江)에 정박 중인 콘월리스(Cornwallis)호에 승선했다. 두 사람은 영국의 전권대사 헨리 포틴저(Henry Pottinger)와 역사적인 「남경조약」을 체결했다.

총 13항목으로 구성되어 있는데 그 핵심 내용은 이렇다.

1) 청 정부는 광주, 복주, 영파, 상해 등 5개 도시를 통상 항구로 개방한다.

2) 청 정부는 영국이 5개 통상 항구에 영사를 파견하고 아울러 영국 상인 및 그의 가족이 자유롭게 거주할 수 있게 한다.

3) 청 정부는 영국에게 백은 2,100만 냥을 배상한다. 그 가운데 600만 냥은 아편을 몰수하여 태운 것에 대한 배상이며, 1,200만 냥은 영국이 지출한 군비에 대한 배상이며, 300만 냥은 상인의 채무를 갚는 금액이다. 배상금은 4년에 걸쳐 나누어 지급한다. 만약 정해진 기간 안에 지급하지 못하면 매년 100냥마다 이자 5냥을 더한다.

4) 청 정부는 홍콩을 영국에 할양한다.

5) 청 정부는 공행(公行) 제도를 폐지하며 영국 상인과 중국 상인의 자유
   무역을 허용한다.

6) 영국 상인이 내는 관세는 양국 간의 협정에 따라 부과한다.

이 조약은 중국이 처음으로 외국과 맺은 최초의 근대적인 조약이자
불평등조약이다. 청나라 조정 대신들은 이 굴욕적인 조약에 서명함으로
써 청나라가 더 이상 '천조(天朝)'가 아니며 서구 열강의 무력 앞에 얼마나
나약한 국가인지 자인하지 않을 수 없었다. 또 중국문명사의 관점에서 볼
때 수천 년 동안 중국인의 의식 구조를 지배했던 중화사상이 참담하게 무
너지는 계기가 되기도 했다.

어쨌든 이 조약 체결로 제 1차 아편전쟁이 일단락되었다. 청나라가 제
대로 싸워보지도 못하고 완패한 까닭은 물론 무기의 열세에 있었다. 쉽게
말해서 칼과 창으로 무장한 청군이 총과 대포로 무장한 영국군 앞에서는
추풍의 낙엽 신세가 된 것이다.

그렇지만 청나라는 무기보다도 더욱 심각한 문제가 있었다. 서세동점
(西勢東漸)의 시대에 황제부터 민중까지 세상 돌아가는 사정을 거의 모르고
있었다. 특히 최고 통치자와 고위 관리들의 무지와 무능은 상상을 초월
했다.

예를 들어보자. 서기 1837년 영국은 18세의 나이에 불과한 빅토리아
여왕(1819~1901)이 국왕이 되어 이른바 '해가 지지 않는 대영제국'의 전성기
를 열었다. 서기 1837년은 도광 17년에 해당한다. 당시 쇄국 정책을 고수
하고 있었던 청나라 조정은 젊은 처녀가 국왕이 되었다는 소식을 듣고 경

악을 금치 못했다. 남자도 아닌 여자가, 더구나 나이 많은 여자도 아닌 처녀가 국왕이 되었다니 도저히 믿을 수 없었다.

제1차 아편전쟁이 끝날 무렵인 도광 22년(1842)에 도광제는 양위장군(揚威將軍) 혁경(奕經·1791~1853)의 상소문을 읽고 이렇게 물었다.

"저 잉길리(英吉利: 오늘날의 영국)의 여자 군주는 나이가 겨우 22세라고 하는데 어떻게 한 국가의 군주로 추대되었는가. 또 그녀의 배우자는 있는가. 있다면 남편의 이름은 무엇이고 어떤 사람이며, 현재 잉길리에서 어떤 관직을 맡고 있는가."

영국의 왕위는 서열에 따라 아들이 계승하지만 아들이 없으면 딸도 계승권이 있으며, 아울러 입헌군주제 국가인 영국에서는 실권은 수상이 행사하고, 왕은 국민 통합을 상징하는 인물에 불과하다는 사실을 도광제는 전혀 몰랐다.

또 청군이 영국군에게 속수무책으로 당하고 있을 때, 바다 건너 대만에서 영국군 병사 몇 명을 포로로 잡았다는 소식을 접한 도광제는 흥분을 감추지 못한 채 현지 관리에게 조서를 보내 세 가지 질문을 했다.

"첫째, 잉길리라는 나라는 도대체 크기가 얼마나 되는가. 둘째, 본조(本朝)의 서쪽 변방인 신강성에서 잉길리로 연결되는 육로가 있는가. 셋째, 잉길리는 아라사(俄罗斯: 오늘날의 러시아)와 국경을 맞대고 있는가."

영국의 강역이 얼마나 넓고 전 세계 곳곳에 식민지를 경영하고 있다는 얘기를 들은 도강제는 여전히 믿지 못하겠다는 반응을 보였다. 정말로 대청제국의 황제라는 자가 당시 세계를 주름잡고 있었던 영국에 대한 지식이 거의 없었다는 게 놀라울 따름이다. 황제가 이러할진대 조정 대신들은 더 말할 나위가 없었다.

양광총독 우감(牛鑒·1785~1858)은 장강 하구로 거슬러 올라온 영국 증기선을 처음 보고서 "어찌하여 소로 배를 끌게 하지 않는가."라는 질문을 했을 정도로 무지했다.

도광 22년(1842) 6월 영국 함선이 장강 입구 오송구(吳淞口)를 맹폭했다. 영국군의 위력을 전혀 몰랐던 우감은 하찮은 '서양 오랑캐'의 침략을 격퇴하는 데 대청제국 양광총독의 위엄을 잃어서는 안 된다고 생각했다. 일촉즉발의 긴장감이 팽배한 상황에서도 총독의 호사스러운 가마에 앉아 병사들을 지휘했다.

영국군의 포격이 빗발치자 청군은 급속하게 붕괴했으며 마침 포탄 한 발이 가마에 떨어져 지붕이 날아갔다. 졸지에 가마에서 굴러 떨어진 우감은 패잔병 속에 섞여 달아났다. 불과 몇 달 후 바로 이 사람이 청나라의 대표로 나와 영국 함선에서 아무런 항의도 못하고 아편전쟁을 종식시키는 치욕적인 「남경조약」에 참여한 것이다.

또 같은 시기에 영국 함선 두 척이 장강 하구의 심가문(沈家門) 항구에 난입하자 관병들이 놀라 어쩔 줄 모르고 있을 때, 정해진총병(定海鎭總兵) 장조발(張朝發·?~1840)은 조금도 동요하지 않고 말했다.

"오랑캐 선박이 바람에 휩쓸려 떠내려 오는 사고는 항상 있으므로 그리 놀랄 일이 아니다."

그런데 날이 갈수록 영국 함선들이 무리지어 나타나자 장조발도 대책을 강구하지 않을 수 없었다. 한 관리가 말했다.

"광동성 광주에서 아편 수입을 금지한 까닭에 오랑캐 선박들이 어쩔
수 없이 이곳으로 몰려온 것이오. 차라리 이곳을 무역항구로 개방하면
우리들은 공적을 인정받아 봉록이 오를 것이오."

훗날 '구국의 영웅'으로 칭송을 받은 흠차대신(欽差大臣) 임칙서(林則徐)마
저도 아편전쟁이 일어나기 전에 이런 생각을 했다.

'서양 사람들은 소나 양을 갈아서 만든 분말을 먹는다. 그런데 그것은
소화가 잘 안되기 때문에 중국의 차, 대황(大黃) 등을 먹지 않으면 대변이
막혀 죽을 것이다.'

차와 대황 수출을 막으면 영국인은 변비에 걸려 죽을 수 있기 때문에
싸우지 않고도 이길 수 있다는 황당한 생각을 한 것이다.

도광 21년(1841) 3월 영국군이 광주를 침공할 때의 일이다. 해안 방어를
맡은 청군의 장수는 영국군 군영에 사자를 보내 비밀 협상을 요청했다.

"당신들이 대포를 쏘지 않으면 우리도 대포를 쏘지 않겠소. 서로 대포
를 쏘지 말자는 얘기이오. 하지만 나는 황제의 체면을 봐서 허공에 여섯
발을 쏘겠소. 그런 연후에 각자 철수하는 게 어떻겠소."

참찬대신(參贊大臣) 양방작(楊芳作)은 영국군을 격퇴하라는 어명을 받고
광주로 달려갔다. 영국 함선의 화포가 풍랑이 일렁이는 와중에도 목표물
에 정확하게 명중하는 광경을 보고 기절초풍했다. 영국군의 뛰어난 화포
실력을 '사악한 술책'으로 여긴 그는 "사악한 술책은 기발한 술책으로 제
압해야 한다."는 정말로 기가 막힌 결정을 했다.

부녀자들이 쓰는 요강을 모조리 거두어들이게 한 후 그것들을 수많은 뗏목에 실어 주강(珠江) 하구로 떠내려 보냈다. 강변에서는 청군들이 우레와 같은 함성을 질렀다. 부녀자들이 사용하는 요강이 적을 물리치는 데 신통력이 있다는 미신을 믿은 결과였다. 승패는 불문가지였다. 청나라 역사상 이른바 '광주의 마통전(馬桶戰)'이다. 마통은 나무로 만든 똥오줌통이다.

　　실소를 금치 못하는 사건은 이뿐만이 아니었다. 도광 21년(1841) 9월 영국군이 동남 해안을 거슬러 올라와 항주(杭州), 가흥(嘉興), 호주(湖州) 등 절강성 내륙 도시까지 진격했다. 도원(道員: 청나라 때 지방 행정을 담당한 관직) 송국경(宋國經)은 불현듯 북송 때의 명장 적청(狄靑·1008~1057)이 떠올랐다. 적청은 서하(西夏) 군사가 북송을 침략하자 머리카락을 산발하고 난 뒤 구리로 만든 가면을 쓰고 사악한 귀신처럼 위장했다. 그가 적진을 향해 돌진하자 놀란 서하군은 혼비백산하여 패주했다.

　　서양 오랑캐도 그런 무섭고 흉측한 모습을 보면 반드시 놀라 달아날 것이라고 생각한 송국경은 즉시 의용군 342명을 모집한 뒤 '특종부대(特種部隊)'를 조직했다. 종이로 만든 귀신 가면을 쓴 그들은 괴성을 지르면서 칼과 창을 휘두르며 적군의 총포를 향해 돌진했으니 승패는 불문가지였다.

　　같은 해 10월 절강성 일대가 영국 침략군에게 유린당하고 있다는 첩보를 접한 도광제는 자신의 조카이자 이부상서인 혁경(奕經·1791~1853)을 양위장군에 임명하고 '서양 오랑캐를 소탕'하게 했다. 하지만 혁경은 실전 경험이 거의 없었고 더구나 서양 오랑캐의 무력이 엄청나게 강하다는 소문을 들은 터라 정면으로 싸울 자신이 없었다. 항주 서호에 있는 관우(關羽)를 모신 사당, 관제묘(關帝廟)에서 점을 치면 효험이 있다는 소문을 들었다. 제비를 뽑으니 이런 글이 쓰여 있었다.

"호랑이 머리를 가진 사람을 만나 그를 분발하게 할 수 없으면, 가족 가운데 누가 너를 평안하게 지켜주겠는가?"

혁경이 어리둥절하고 있을 때 한 책사가 '오호극양(五虎尅羊)'이라는 희한한 계책을 냈다. 호랑이 다섯 마리가 양(羊)을 물리칠 수 있다는 뜻이다. 호랑이는 아군 가운데 호랑이띠에 속한 장졸을 뜻하므로 호랑이띠 장졸들을 선발하여 선봉에 서게 하고 아울러 공격 시간은 반드시 호랑이를 뜻하는 인(寅) 자가 들어간 임인년(壬寅年), 임인월(壬寅月), 무인일(戊寅日), 갑인시(甲寅時)로 정해야 한다. 또 '양(羊)'은 큰 바다 양(洋) 자와 통하고 이 글자는 서양 오랑캐를 뜻하므로 이 계책에 따라 작전을 펴면 반드시 승리하리라는 주장이었다.

혁경은 그의 계책에 따라 호랑이띠 해에 태어났다는 안의총병(安義總兵) 단영복(段永福)을 선봉장으로 삼고 병졸들에게는 모두 호랑이 가면을 쓰게 했다. 그리고 공격 개시 시간을 도광 22년(1842) 1월 29일 밤 사경(四更: 새벽 1시부터 3시까지)으로 정했다. 모두 인(寅) 자가 들어간 시간대였다. 도저히 상상조차 할 수 없는 일이 벌어졌으니, 청군은 첨단 화포로 중무장한 영국군 앞에서 물고기 밥 신세를 면할 수 없었다.

심지어 이런 황당한 일도 있었다. 광주성(廣州城) 수비를 맡은 정역장군(靖逆將軍) 혁산(奕山 · 1790~1878)은 영국군에게 참패당하고 광주성을 빼앗겼다. 도광제의 문책을 두려워한 그는 영국군 지휘관 찰스 엘리엇(Charles Elliot · 1801~1875)에게 은자 600만 냥을 헌납하고 그와 치욕적인 「광주화약(廣州和約)」을 체결함으로써 가까스로 영국군을 물러나게 하였다. 혁산은 파발마를 띄워 도광제에게 승전보를 아뢰자 도광제는 반신반의했다.

"양인(洋人)의 무기가 가공할만한 위력을 가지고 있다고 들었는데 어떻게 승리했는가."

혁산의 대답은 이러 했다.

"치열한 싸움이 막 시작되었을 때 흰옷을 입은 여자가 관음산(觀音山) 하늘에서 홀연히 나타나 옷소매를 한 번 휘두르니 갑자기 큰비가 억수같이 내렸습니다. 서양 오랑캐의 화기(火器)가 모두 물에 젖어 성능을 발휘하지 못한 틈을 타서 공격하여 대승을 거두었사옵니다."

또 이런 보고도 했다.

"오랑캐 두목은 성 아래에서 모자를 벗고 항복 의식을 행하고 난 뒤 무역 적자를 해소하는 방안으로 위대한 황제께서 은혜를 베풀어 통상을 자유롭게 해달라고 간청했사옵니다."

영국군은 혁산의 붓끝에서 졸지에 승리자에서 패배자로 전락했다. 그의 말을 사실로 믿은 도광제는 크게 기뻐하며 그에게 상을 내리고 통상 확대를 윤허했다. 얼마 후 혁산의 거짓말이 탄로나 북경으로 압송되어 감옥에 갇혔다.

하지만 그가 도광제의 족질(族姪)이며 조정 중신이었던 덕분에 다시 중용되어 광서(光緖) 4년(1878)에 천수를 누리고 죽었다. 허위와 기만으로 청나라를 도탄에 빠지게 한 그를 단죄하기는커녕 오히려 출세 가도를 달리게 한 도광제의 어리석음은 국가 멸망의 촉진제가 된 것이다.

5. 부패가 만연하여 국고가 바닥을 드러내다

청나라 조정의 재정은 호부에서 관장했다. 전국 각지에서 징수한 은자, 비단, 금속, 약재, 안료 등 각종 재화를 효율적으로 관리하기 위하여 은고(銀庫), 단필고(緞匹庫), 안료고(顔料庫) 등 '호부삼고(戶部三庫)'를 설치했다. 이곳에 비축한 재화는 황제의 절대 권력을 실질적으로 행사하는 힘의 원천일 뿐만 아니라, 국가에 중대한 사안이 발생했을 때 '긴급 자금'으로 사용하기도 했다.

건륭 중기까지는 재화가 국고에 산더미처럼 쌓여 천하제일의 부국을 과시했으나, 건륭 후기부터 가경 연간에 이르면서 전국 각지에서 일어난 반란을 진압하느라 막대한 재원을 낭비했다. 도광 연간에 들어와서는 장격이(張格爾)의 반란을 평정하고 여러 차례 범람으로 무너진 황하 제방을 다시 쌓았으며 아편전쟁을 치르면서 국고의 바닥이 드러나기 시작했다.

이런 시기에 호부의 은고(銀庫)가 도둑에게 털리는 기막힌 일이 벌어졌다. 은고의 관리 책임자는 낭중(郎中)이다. 낭중의 임기는 3년이며 임기를 다 채우면 청렴한 낭중이라도 은자 10여 만 냥 정도는 챙길 수 있으며, 부패한 낭중이 20여 만 냥 이상 착복하는 일은 다반사였다. 낭중 아래로는 사고(司庫), 서리(書吏), 고병(庫兵) 등의 하급 관리들이 있다. 그들 모두 곳간의 쥐와 조금도 다르지 않았다.

특히 창고를 지키는 병졸, 고병이 은자를 몰래 빼돌리는 행위는 심각했다. 고병 한 명은 3년 임기 동안 은자 3~4만 냥을 자기 호주머니에 넣을 수 있었으므로 부러움의 대상이었다. 이런 이유로 호부상서에게 은자 6~7천 냥을 뇌물로 주지 않으면 고병이 될 수 없었다. 고병이 엄격한 출납 심사를 뚫고 은자를 빼돌리는 수법은 기상천외했다. 은자를 항문 속에 집어넣어 가지고 나오는 것이다.

은괴를 항문에 삽입하는 것은 자칫하다간 목숨을 잃을 수 있는 위험한 일이다. 하지만 고병의 직책을 대대로 맡은 집안에서는 비책이 있었다. 어렸을 때부터 항문 속에 물건을 집어넣는 특별한 훈련을 받았다. 처음에는 달걀을 넣었다가 점차 익숙해지면 오리알, 거위알 급기야는 쇠로 만든 매끈한 달걀 모양의 물건을 집어넣었다. 이렇게 여러 해 동안 연습하여 내공이 쌓이면 은자도 거뜬히 처리할 수 있었다. 고병은 은고 옆에 있는 변소를 수시로 드나들며 항문 속의 은자를 대변과 함께 배설했다. 대변으로 덮인 변기통의 아랫부분이 은자로 가득 차면 대변을 비운다는 핑계로 변기통을 밖으로 가지고 나와 은자를 빼돌렸다. 물론 항문이 찢어져 치질로 고생하다가 죽은 자가 적지 않았지만, 탐욕에 눈이 어두운 관리들에게는 은자는 목숨과 맞바꿀 만큼 고귀한 것이었다.

하급 관리들은 '똥구멍'이 찢어지는 고통을 참으며 은자를 도둑질했다. 그런데 고위 관리들은 그런 고통이 없이도 은자 수십만 냥을 착복하는 수완을 발휘했다. 가경 연간부터 은고를 관장하는 관리들이 은자를 착복한다는 소문이 꼬리에 꼬리를 물고 널리 퍼지자, 가경제가 여러 차례 어사를 파견하여 진상을 규명하게 했다. 하지만 언제나 유야무야 끝나고 말았다. 어사들이 뇌물을 받고 진상을 은폐했기 때문이다.

도광 연간에는 황제의 어명을 받은 어사가 은고를 조사하러 나오면 어사에게는 은자 3천 냥, 어사의 문지기에게는 3백 냥을 뇌물로 주는 게 관례였다. 관리들의 부패에 염증을 느낀 어사 주춘기(周春祺)는 은고의 폐단을 낱낱이 밝혀 상소하려고 했다.

그런데 그의 사돈이자 이전에 호부상서였던 탕금쇠(湯金釗)가 적극 만류했다.

"만약 이 사건이 밝혀지면 수천 가문이 연루되어 수천 명이 살해될 것이오. 공은 어찌하여 자신의 정직함을 추구하기 위하여 이 엄청난 재난을 일으키려고 한단 말이오.”

결국 주춘기는 그의 말을 듣지 않을 수 없었다. 불똥이 자기 집안에도 튈 수 있었기 때문이다. 그래서 주위 사람들이 모두 부패하면 자신이 아무리 깨끗한 척해도 어쩔 수 없이 흙탕물 속에 발을 담글 수밖에 없는 법이다. 너무나 부패한 사람은 자신이 얼마나 부패했는지도 모르며, 권력자들은 그것을 관행으로 여기고, 어리석은 민중은 권력자들의 특권으로 여겼을 때, 국가는 망국의 길로 들어서는 것이다.

도광 23년(1843) 은고를 관리하는 관리들 사이에서 빼돌린 돈의 분배를 놓고 내분이 일어났다. 부패한 관리들이 담합하고 범죄를 저지르면 밝히기 어렵다. 하지만 그들이 서로 더 많은 이익을 차지하려고 다툼을 벌이면 의외로 손쉽게 범죄 사실이 외부로 드러난다.

고정(庫丁) 장성보(張誠保)가 은자를 훔친 사건이 이런 경우였다. 사건의 진상은 이렇다. 그의 형 장형지(張亨智)는 매관매직으로 아들 장리홍(張利鴻)이 관직을 얻기를 바랐다. 당시 매관매직은 거의 합법화된 공공연한 비밀이었다. 장형지는 누나의 남편 주이(周二)에게 은자 1만 5천여 냥이 담긴 마대자루 11개를 호부의 은고에 바치게 했다. 마침 은자의 출납을 담당한 장성보는 사전에 주이와 짜고 7개를 11개로 조작하고 난 뒤 입고했다. 나머지 4개는 은자를 빼돌리는 데 협조한 자들과 나누어가졌다.

이런 일은 흔히 일어났던 까닭에 무슨 ‘사건’이라고 볼 수 없었다. 그런데 범죄에 가담하지 않았지만 진상을 알고 있었던 자들이 문제였다. 그들은 장형지의 집으로 몰려가 입을 다물고 있을 테니 자기들에게도 은자를 달라고 요구했으나 거절당했다. 땡전 한 푼 받지 못한 그들은 관아로 찾아가 장씨 형제를 고발했다.

그 동안 은고의 관리에 문제가 있음을 직감한 도광제는 형부상서 유근(惟勤)에게 철저한 진상 조사를 엄명했다. 얼마 후 유근이 아뢴 내용은 도광제를 경악하게 했다. 가경 5년(1800) 이래로 장부에는 은자 1,218만 냥이 기록되어 있으나, 실제로 조사한 결과 292만 냥에 불과했으니 무려 926만 냥이 연기처럼 사라진 것이다.

　　은고의 하급 관리들이 빼먹은 돈은 빙산의 일각임이 만천하에 드러났다. 대도(大盜)는 어사, 왕공대신 등 고위 관리들이었다. 가경 5년(1800)부터 도광 23년(1843)까지 연루된 고위 관리가 무려 321명이나 되었다. 그들 가운데 어떤 자는 이미 사망했고 어떤 자는 퇴임하거나 현직에 있었다.

　　도광제는 이런 조서를 내렸다.

　　　"가경 5년부터 도광 23년까지 은고를 관장한 관리와 조사를 맡은 어사
　　　들은 재임했던 기간 동안에 매월 은자 1200냥을 벌금으로 내고, 이미 사
　　　망한 자는 가족이 반액을 내야한다. 또 은고를 관장한 왕공대신은 매월
　　　500냥, 조사를 맡은 왕공대신은 조사의 횟수에 따라 각각 6000냥을 내
　　　고 사망한 자는 가족이 반액을 내야한다."

　　현직에 있는 관리들은 파면한 후 조사를 진행하자니 인원이 너무 많아 공무가 제대로 돌아가지 않을 것을 우려하여 어쩔 수 없이 일단 유임시킨 후 나중에 죄가 드러나면 처벌하기로 결정했다. 조정에서 직접 관리하는 은고의 부패상이 이럴진데 황제 권력의 사각 지대인 지방의 부고(府庫)는 더 말할 나위가 없었다.

　　도광제는 부친 가경제처럼 근검절약하고 금욕에 가까운 생활을 하면서 전국에 만연한 관리들의 부패를 바로잡고자 했지만 결국은 실패했다. 황제 한 사람만이 솔선수범한다고 해서 해결될 문제가 아니었기 때

　청나라 역대 황제 평전

문이다.

　도광제는 재위 30년 만인 도광 30년(1850) 1월에 원명원에서 향년 69세를 일기로 붕어했다. 생전에 넷째 아들 혁저(奕詝)를 비밀리에 황태자로 결정했으며 사후에 혁저가 황위를 계승했다. 혁저는 다음 해부터 연호를 함풍(咸豐)으로 정했다.

제 **9** 장

혁저 문종 함풍제

제9장

혁저 문종 함풍제

1. 성장 과정과 황위 계승

도광제는 한평생 황후 4명, 황귀비 1명, 귀비 3명, 비자(妃子) 3명, 빈 5명, 귀인 4명, 상재(常在) 1명, 답응(答應) 1명, 관여자(官女子) 1명 등 모두 23명의 여자를 거느렸다. 그런데 그와 정상적인 부부 관계를 맺은 여자는 황후, 황귀비, 귀비 등 품계가 높은 사람 몇 명에 불과했고 나머지는 대부분 우연한 기회에 도광제의 눈에 띄어 한두 번 '성총'을 입었을 뿐이다.

궁녀가 황제와 한 번이라도 운우지정을 나누면 하루아침에 팔자를 고칠 수 있지만, 황제의 관심 밖으로 벗어나면 음침한 궁궐 안에서 전전긍긍하며 살다가 죽게 되는 가련한 운명이었다.

도광제의 적복진(嫡福晉: 정실부인)은 효목성황후(孝穆成皇后·1781~1808) 뉴호록씨(鈕祜祿氏)이다. 그녀는 도광제가 황자였을 때 그의 적복진으로 책봉되었으나 자식을 낳지 못하고 가경 13년(1808)에 죽었다. 도광제는 즉위 직후

482   청나라 역대 황제 평전

에 그녀를 효목성황후로 추증함으로써 정실부인에 대한 예의를 지켰다.

도광제의 두 번째 황후는 효신성황후(孝慎成皇后·1792~1833) 동가씨(佟佳氏)이다. 도광제가 황자였을 때 계복진(繼福晉: 측실부인)으로 책봉되었다. 그녀는 도광제의 즉위 후에 황후로 책봉되었고, 도광 13년(1833)에 42세를 일기로 서거했다. 그녀도 아들을 낳지 못했다.

도광제의 세 번째 황후는 효전성황후(孝全成皇后·1808~1840) 뉴호록씨(鈕祜祿氏)이다. 그녀는 이등시위(二等侍衛) 이령(頤齡)의 딸이다. 15세의 나이에 입궁하여 빈(嬪)으로 책봉되었다. 용모가 빼어나고 총명하며 애교가 철철 넘쳤던 까닭에 도광제의 총애를 듬뿍 받았다. 빈으로 책봉된 지 불과 몇 개월 만에 품계가 귀비로 상승했다. 그녀는 황삼녀(皇三女) 단순고륜공주(端順固倫公主·1825~1835)와 황사녀(皇四女) 수안고륜공주(壽安固倫公主·1826~1860)를 1년 간격으로 연이어 낳았다. 아들이 아닌 딸이었지만 도광제는 기쁨을 감추지 못했다.

도광 11년(1831) 귀비 신분이었던 뉴호록씨가 북경 원명원의 징정재(澄靜齋)에서 황사자(皇四子) 혁저(奕詝·1831~1861)를 낳았다. 혁저가 훗날 9대 황제, 함풍제(咸豐帝)이다. 그런데 혁저가 태어난 지 2년 후인 도광 13년(1833)에 효신성황후 동가씨가 병사하자, 도광제는 혁저의 생모 뉴호록씨를 황귀비로 책봉했다.

이때부터 뉴호록씨는 육궁(六宮: 황후. 귀비 등 황제의 여자들이 거주하는 궁)의 실질적인 안주인이 되었다. 도광 14년(1834) 도광제는 마침내 자기에게 황자 1명과 공주 2명을 안겨준 뉴호록씨를 황후로 책봉했다. 15세에 입궁하여 12년 만인 27세에 국모의 자리에 올랐으니 청조 육궁의 역사상 그녀처럼 빈에서 시작하여 그처럼 짧은 기간에 비, 귀비, 황귀비 등의 품계를 모두 하사받고 황후가 된 여자는 아무도 없었다.

하지만 황후로서 천하의 부귀영화를 오랫동안 누릴 것 같았던 효전성황후는 뜻밖에도 도광 20년(1840)에 한창 나이인 33세를 일기로 병사하고 만다.

그녀의 죽음에 대하여 호사가들은 많은 이야깃거리를 남겼다. 어떤 이는 그녀가 황후가 된 후 도광제의 총애를 받지 못하자 우울증을 앓고 죽었다고 주장한다. 어떤 이는 그녀가 친아들과 황위를 놓고 경쟁했던 도광제의 여섯째아들 혁흔(奕訢·1833~1898)을 은밀하게 죽이려고 한 일이 발각되어 자살했다고 주장한다.

또 이런 얘기도 있다. 효전성황후의 아버지 이령이 딸의 권세를 믿고 고위 관직을 구걸했다가 효화황태후(孝和皇太后·1776~1850)의 노여움을 샀다고 한다. 가경제의 황후, 효화황태후는 도광제의 생모는 아니었지만 황실의 어른으로서 도광제의 존중을 받았다. 그녀는 평소에 며느리 효전성황후를 좋아하지 않았다. 이등시위에 불과한 황후의 아버지가 감히 도광제에게 고위 관직을 요구한 일을 문제 삼아 황후를 독살했다고 한다.

그렇지만 야사는 야사에 불과하다. 효전성황후가 젊은 나이에 죽었기 때문에 호사가들의 다양한 상상을 자극했을 것이다.

『대청역조실록(大淸歷朝實錄)』에 이런 기록이 있다.

"도광 20년(1840) 1월 11일 축시(丑時: 오전 1~3시) 황후가 붕어했다. 황상께서는 친히 빈소에 왕림하시어 비통해마지 않았다. 애도를 마친 후 기춘원(綺春園)으로 가시어 황태후에게 문안 인사를 드리고 황후의 죽음을 알렸다. 황태후께서 진시(辰時: 오전 7시~9시)에 담회당(澹懷堂)에 왕림하시어 존영 앞에서 애도하시었다. 황상께서는 벽정당(碧靜堂) 밖에서 무릎을 꿇은 채로 황태후를 맞이하시고 기춘원으로 모시고 갔다."

효전성황후의 죽음에 대한 공식 기록이다. 도광제는 효전성황후 사후에 더 이상 황후를 책봉하지 않았다. 황후 3명이 자신보다 먼저 세상을 떠난 아픔의 표현이었다. 그의 네 번째 황후 효정성황후(孝靜成皇后·1812~1855) 박이제길특씨(博爾濟吉特氏)는 도광제 때 황후로 책봉된 게 아니고 사후에 함풍제에 의해 황후로 추증되었다.

효정성황후는 열 살배기 아들 혁저를 남겨놓고 세상을 떠났다. 도광제는 정귀비(静貴妃)에게 혁저를 기르게 했다. 훗날 혁저가 즉위한 후에 자신을 친아들처럼 키워준 정귀비가 서거하자 그녀를 황후로 추증했다. 정귀비가 바로 효정성황후이다.

형부원외랑 화랑아(花郎阿)의 딸, 정귀비는 13세 때 입궁한 이래 도광제의 둘째아들 혁강(奕綱), 셋째아들 혁계(奕繼), 여섯째아들 혁흔(奕訢) 등 세 황자를 낳았다. 그런데 혁강과 혁계는 요절했고 그녀의 슬하에는 혁흔(1833~1898)만 남아있었다. 혁저는 혁흔보다 두 살 더 많았다. 혁저는 적자(嫡子)이고 혁흔은 서자(庶子)였지만, 두 사람은 상서방(上書房)에서 함께 공부하며 친형제처럼 친하게 지냈다. 정귀비도 두 아들을 정성껏 보살폈다.

도광제는 나이가 들자 후계자 문제를 고민하지 않을 수 없었다. 당시 그에게는 넷째아들 혁저, 다섯째아들 혁종(奕誴·1831~1889), 여섯째아들 혁흔, 일곱째아들 혁현(奕譞·1840~1891), 여덟째아들 혁합(奕詥·1844~1868), 아홉째아들 혁혜(奕譓·1845~1877) 등 아들 6명이 있었다.

혁종은 이미 도광제의 이복동생, 돈친왕(惇親王) 면개(綿愷·1795~1838)의 양아들로 입적한 터라 고려의 대상이 아니었다. 혁현, 혁합, 혁혜 등은 나이가 너무 어려 일찌감치 후계 구도에서 배제되었다.

혁저와 혁흔이 자연스럽게 물망에 올랐다. 유가의 적장자 계승의 원칙을 중시한 도광제는 적장자인 혁저를 주목했다. 하지만 혁흔이 혁저보다 뛰어난 제왕의 재목감이라는 데에 도광제의 고민이 있었다. 혁흔은 타고난 재능이 뛰어나고 문무를 겸비했을 뿐만 아니라 개방적인 사고로 세상을 바라보는 능력도 대단히 우수했다. 더구나 혁저는 남원(南苑)에서 수렵을 하다가 낙마하여 다리가 부러진 적이 있었다. 치료를 받았지만 장애가 남아 행동거지가 불편했다.

도광제는 혁저를 선택하자니 그의 자질이 의심쩍고 혁흔을 선택하자니 서자를 후계자로 삼는 부담을 느꼈다. 이런 이유로 황태자 책봉을 차일피일 미루었다.

혁저는 6세 때부터 한림원편수 두수전(杜受田·1788~1852)을 스승으로 모시고 공부했다. 두수전은 당대 최고의 학자이자 명망가였다. 10여 년 동안 미래의 황제가 될 혁저를 최선을 다해 가르쳤다. 혁저도 스승의 가르침을 받들고 성실하게 학습했다.

그런데 두수전은 시간이 흐를수록 혁저의 재능이 문무를 겸비한 혁흔에게 크게 미치지 못함을 알고 근심에 빠졌다. 도광제가 혁흔을 칭찬할 때면 더욱 좌불안석이었다. 만약 도광제가 혁흔을 태자로 책봉하면, 혁저를 황제의 옥좌에 앉히기 위해 10여 년 동안 헌신한 일은 물거품이 되는 것이다.

두수전은 혁저가 어떻게 하면 도광제의 마음을 사로잡을 수 있을지 깊이 생각했다. 도광제는 유가사상을 통치 이념으로 삼은 황제였다.

'인(仁)과 효(孝)가 유가사상의 핵심이 아닌가.'

혁저가 혁흔에 비해 능력이 부족한 것은 사실이었으나 어진 성품과 효도로 도광제를 감동시킬 수 있다고 생각했다. 그는 날마다 혁저에게 이런 점을 강조했다. 도광제 앞에서는 항상 어진 행동을 하고 효도를 극진히 하라고 신신당부했다.

야사에 이런 이야기가 있다. 하루는 병석에 누운 도광제가 두 아들 가운데 어느 아들이 제왕의 재목감인지 알고 싶어 그들을 불렀다. 혁흔은 스승 탁병념(卓秉恬·1782~1855)에게 어떻게 하면 부친의 환심을 살 수 있냐고 물었다. 탁병념은 도광제의 신망을 한몸에 받고 있는 조정 중신이었다. 그도 혁흔의 황위 계승을 은근히 바라고 있었다. 그의 대답은 이러했다.

"황부(皇父)께서 물어보시면 어떤 질문이라도 막힘없이 대답해야 하옵니다."

탁병념은 혁흔의 뛰어난 능력과 폭넓은 학식을 잘 알고 있었으므로 도광제를 기쁘게 할 수 있을 거라 확신했다.

혁저도 두수전에게 자문을 구하자 두수전은 이렇게 말했다.

"황자께서 시정(時政)을 진술하신다면 그 지식이 여섯째 황자에 크게 미치지 못하옵니다. 여섯째 황자를 이기기 위해서는 오로지 한 가지 계책만이 있을 뿐이옵니다. 황상께서 늙고 병들어 황위를 양위할 날이 얼마 남지 않았다고 말씀하시면, 황자께서는 즉시 바닥에 엎드려 비통한 표정을 짓고 눈물을 흘리면서 천부당만부당하신 말씀이라고 말해야 하옵니다."

쉽게 말해서 부친에게 효자의 면모를 보임으로써 점수를 따라는 얘기이다. 아니나 다를까, 혁저는 두수전의 가르침대로 하여 도광제를 기쁘게 했다.

『청사고(淸史稿)·두수전전(杜受田傳)』에도 두수전의 지략이 돋보이는 대목이 있다.

"선종(도광제)은 인생 말년에 이르러 문종(혁저)이 황자들 가운데 가장 나이가 많고 게다가 어진 성품을 타고났기 때문에 그에게 대업을 맡기려고 했지만 주저하고 있었다. 하루는 선종이 황자들을 거느리고 남원(南苑)으로 사냥을 나갔다. 공친왕 혁흔이 짐승을 가장 많이 잡았다. 그런데 문종은 화살을 한 발도 쏘지 않았다. 선종이 괴이하게 생각하여 그 까닭을 묻자 문종은 이렇게 대답했다. '지금은 만물이 한창 소생하는 봄이옵니다. 금수도 자기 새끼들을 기르는 시기인데 차마 살생하여 하늘의 조화를 깨트릴 수 없사옵니다.' 선종은 크게 기뻐하며 말했다. '이는 진정한 제왕의 말이구나.' 이런 일이 있고 난 뒤에 선종은 문종을 태자로 책봉할 결심을 했다. 이처럼 문종이 황태자로 책봉될 수 있었던 것은 바로 두수전이 그에게 도움을 준 덕분이었다."

도광 26년(1846) 도광제는 마침내 황실의 전통에 따라 혁저를 태자로 책봉한다는 밀지를 작성하고 난 뒤 그것을 건청궁(乾淸宮)에 걸려있는 「정대광명(正大光明)」 편액에 넣어두었다. 도광 30년(1850) 1월 자신의 운명이 다했음을 직감한 도광제는 조정 중신들에게 넷째아들 혁저를 황태자로 책봉하고 여섯째아들 혁흔을 공친왕(恭親王)으로 책봉한다는 조서를 내렸다. 도광제는 조서를 내린 직후에 원명원에서 붕어했다.

20세의 나이에 황위를 계승한 혁저는 다음 해(1851)부터 연호를 함풍(咸豐)으로 정했다. 청조의 국운이 날로 쇠퇴하는 와중에서 모든 백성이 풍요를 누리라는 간절한 염원을 담은 연호였다.

도광제가 혁저를 후계자로 결정한 까닭은 그의 인자함과 효심을 높이 평가했기 때문이다. 물론 인자함과 효심은 제왕이 갖추어야 할 덕목이다. 하지만 서구 열강들이 중국을 마음껏 유린하던 시기에 문약한 혁저에게 황권을 넘겨준 것은 엄청난 실수였다. 도광제도 혁흔이 제왕의 재목임을

청나라 역대 황제 평전

잘 알고 있었지만 실리보다는 명분을 택했다. 만약 혁흔이 황제가 되었다면 중국 역사는 청나라 말기에 그처럼 비참하게 전개되지 않았을지도 모른다.

훗날 공친왕 혁흔은 서구 문명을 적극적으로 수용하지 않으면 청조에 희망이 없음을 깨닫고 중체서용(中體西用)의 양무운동(洋務運動)을 주창했다. 청조가 서구 열강의 침략에 쇠망의 길로 접어들었는데도 아직도 정신을 차리지 못하고 서양인들을 '서양 귀신'으로 폄하한 진부한 관리들은 혁흔을 '여섯째 서양 귀신'이라고 비난했다. 혁흔이 여섯째 황자임을 빗대어 만든 말이다. 혁흔이 왕이 아닌 황제로서 양무운동을 이끌어갔다면 그것은 보다 효과적으로 전개되었을 것이다.

물론 혁저도 무슨 큰 결점이 있는 인물은 아니었다. 태평성대의 시기에 황제가 되었다면 큰 과오 없이 그럭저럭 종묘사직을 유지했을 것이다. 다만 그는 난세를 극복할 지혜와 용기가 부족했을 뿐이다.

2. 태평천국의 난: 이상 세계를 꿈꾸었으나 분열 때문에 망하다

최고 지도자가 집권하면 제일 먼저 앞 시대의 적폐를 청산하고 개혁을 단행함으로써 역사에 공적을 남기려고 한다. 20세의 나이에 즉위한 함풍제도 쇠망의 길로 접어든 청조를 부흥시키려는 강한 의지가 있었다.

도광제 때 군기대신으로서 20여 년 동안 군권을 장악했던 만주 양남기 출신 목장아(穆彰阿·1782~1856)가 적폐의 주범이었다. 그는 제1차 아편전쟁이 폭발하였을 때, 충신 임칙서(林則徐)를 모함하여 내쫓고 영국의 위협에 굴복한 인물이었다. 함풍제는 그를 파직시키고 임칙서를 다시 기용했다. 영국과 「남경조약」을 체결할 때 청조의 대표로 서명한 만주 정남기 출신, 기영(耆英·1787~1858)도 파직을 당했다.

함풍제는 영국과의 싸움에 소극적이었던 주화파 대신들을 몰아내고 난 뒤 숙순(肅順·1816~1861)을 중심으로 하는 개혁파와 증국번(曾國藩·1811~1872) 등 한족 관료들을 대거 중용했다. 특히 숙순은 건륭 말기부터 암적 요소였던 관료 집단의 부패 척결에 혼신의 노력을 했다.

하지만 함풍제가 한창 개혁에 몰두하고 있을 때, 태평천국의 난이 폭발하여 청조를 천하대란의 소용돌이에 빠지게 했다.

홍수전(洪秀全·1814~1864)은 광동성 화현(花縣) 복원수촌(福源水村)에서 태어나 관록촌(官祿村)에서 성장했다. 도광 연간에 청운의 뜻을 품고 여러 차례 과거에 응시했으나 번번이 낙방했다. 25세 때 병에 걸려 시름시름 앓던 어느 날 꿈속에서 한 노인이 나타나 그에게 이렇게 말했다고 한다.

"하나님의 명을 받들어 인간 세계로 내려가 사악한 마귀들을 없애라!"

이는 홍수전이 자신은 하나님의 아들임을 정당화하기 위해서 지어낸 말이겠지만, 어쨌든 그가 기독교 사상을 받아들일 수밖에 없는 필연을 내포하고 있다. 도광 16년(1836) 우연한 기회에 기독교 목사 양발(梁發·1789~1855)이 지은 『권세양언(勸世良言)』을 읽고 기독교의 만민 평등사상에 큰 감동을 받았다. 양발은 중국 최초의 중국인 개신교 목사였다. 『구약성경』과 『신약성경』 가운데 교훈이 되는 내용과 기독교 교리를 일반 백성들도 쉽게 이해할 수 있도록 쓴 책이 『권세양언』이다.

홍수전은 집안에 있는 유가 경전과 공자의 초상화를 모두 없애버리고 십자가를 걸어놓고 기독교를 본격적으로 받아들이기로 결심했다. 『성경』을 읽어본 적은 없지만 기독교 신앙에 관한 여러 중국어 자료들을 모아 본격적으로 공부하기 시작했다. 기독교에 대한 자신만의 독특한 견해를 완성한 뒤에는 광동성 광주 근교에서 포교에 나서기 시작했다.

홍수전은 포교 초기에 시가 형식의 「원도구세가(原道救世歌)」를 지었다. 그것의 핵심 내용은 하나님 앞에서는 누구나 평등하고 형제자매이며, 하나님만이 유일한 숭배의 대상이며, 제왕들은 사리사욕에 눈이 먼 자들이라는 것이다. 또 음란한 짓, 부모의 뜻을 거스르는 행위, 살인, 도적질, 미신 숭배, 도박 등의 악행을 철저하게 근절해야 한다고 주장했다. 이는 관리들의 가렴주구 때문에 기아에 허덕이던 하층민들의 마음을 사로잡았으며 아울러 봉건왕조 시대에서는 상상조차 할 수 없는 혁명적 생각이었다.

도광 24년(1844) 홍수전은 고향 친구이자 그에게 가장 먼저 포섭되었던 풍운산(馮雲山 · 1815~1852)과 함께 광서성으로 들어가 포교 활동을 했다. 1년 후 광서성 지역의 포교는 풍운산에게 맡기고 고향으로 돌아온 홍수전은 「원도성세훈(原道醒世訓)」, 「원도각세훈(原道覺世訓)」, 「백정가(百正歌)」 등의 문장을 지었다. 이것들은 대체적으로 기독교와 남녀평등 사상에 근거하여 "천하는 한 집이며 모든 사람들이 함께 태평성대를 누린다."는 태평천국의 이념을 반영한 내용이다.

도광 27년(1847) 홍수전은 광주에 있는 교회에서 교리를 몇 개월 공부한 후 서양인 목사에게 세례를 요구했으나 거절당했다. 그가 아직도 교리를 제대로 이해하지 못하고 있다는 이유에서였다. 하지만 그는 낙담하지 않고 스스로 세례를 하고난 뒤 광서성으로 돌아가 풍운산을 만났다.

홍수전의 열렬한 지지자였던 풍운산은 이미 적지 않은 신도를 확보하고 있었다. 마침내 홍수전은 광서성 계평현(桂平縣)의 자형산(紫荊山) 지역에서 풍운산의 도움을 받고 양수청(楊秀淸 · 1823~1856) 소조귀(蕭朝貴 · 1820~1852), 위창휘(韋昌輝 · 1823~1856), 석달개(石達開 · 1831~1863) 등 2천여 명을 회원으로 거느린 '배상제회(拜上帝会)'를 결성했다. 아울러 홍수전 자신이 하나님의 둘째아들이자 예수의 동생이라고 선전했다.

훗날 태평천국에서 양수청은 동왕(東王), 소조귀는 서왕(西王), 풍운산은 남왕(南王), 위창휘는 북왕(北王), 석달개는 익왕(翼王)으로 각각 책봉되어 천왕(天王) 홍수전의 가장 강력한 지지자이자 태평천국을 이끄는 군사 지도자가 된다.

배상제회의 세력이 하층민을 중심으로 나날이 확장되자, 지방 관리들은 홍수전의 무리를 봉건 질서를 파괴하는 대역도로 간주하고 탄압하기 시작했다. 도광 30년(1850) 여름 홍수전은 배상제회 회원들에게 광서성 계평현의 금전촌(金田村)으로 집결하라는 명령을 내렸다. 그를 추종하는 무리는 전답을 팔고 금전촌으로 속속 모여 들었는데 그 인원이 2만여 명이나 되었다.

홍수전은 군대 조직 '단영(團營)'을 만들어 그들을 체계적으로 훈련시켰다. 또 남자와 여자를 아주 엄격하게 분리하여 군대를 조직했다. 모세의 십계명을 모방하여 '천조(天條)'를 제정했는데 간음한 자를 '변괴(變怪)'라고 칭하고, 변괴가 천조에 가장 위배되는 범죄라고 규정했다.

당시 농민 가족이 집단으로 홍수전의 수하에 많이 들어왔다. 설사 부부라도 함께 거주할 수 없으며 동침은 절대 용납되지 않았다. 남편이 아내를 보고 싶거나 아들이 어머니를 만나고 싶으면 먼발치에서 큰소리를 질러 안부를 확인해야 했다.

부녀자들은 별도의 여자 군대 조직인 '여영(女營)'에 편입시켜 훈련시켰다. 훗날 여영은 10만 대군으로 성장하여 남자에 뒤지지 않는 전투력을 발휘했다. 종교와 군대가 결합한 조직은 단기간에 강한 결속력을 가진 태평군(太平軍)으로 발전했다.

광동성, 광서성 등 서남부 지방의 백성들이 홍수전을 상제(上帝)처럼 받들고 청조 타도를 외친다는 첩보에 놀란 도광제는 전(前) 양광총독 이성원(李星沅·1797~1851)을 흠차대신으로 임명하고 진압을 명령했다. 도광 30년 (1850) 겨울 관군은 평남현(平南縣) 사왕(思旺)에서 태평군에게 괴멸되었다. 같은 해 12월 10일 홍수전은 금전에서 자신의 38세 생일을 축하하는 성대한 연회를 열었다. 이 자리에서 태평천국(太平天國)의 건국을 공식적으로 선포하고 반청(反淸)의 기치를 내걸었다. 이때 그가 선포한 군율(軍律)은 다섯 가지였다.

"첫째, 군령에 절대 복종한다. 둘째, 남자의 일과 여자의 일을 엄격하게 구분한다. 셋째, 공평한 마음으로 화목을 도모하고 두목(頭目)과의 약속을 철저하게 지킨다. 다섯째, 한 마음으로 일치단결하여 전장에서 절대 물러서지 않는다."

전체 장졸들은 청조에 적대감을 표현하기 위하여 변발을 자르고 머리를 붉은 색 두건으로 감쌌다. 다음 해(1851) 태평군은 금전촌 부근의 채강촌(蔡江村)에서 청군의 공격을 격파했다. 이른바 '금전기의(金田起義)'의 성공은 홍수전의 입지를 더욱 다졌다.

태평군은 대부분 봉건 사회에서 노예나 다름없는 하층민들이었다. 그들은 가진 것도, 아는 것도, 반항의 용기조차 없는 무지렁이들이었으나 태평천국에서는 누구나 부귀영화를 누릴 수 있다는 종교적 신념으로 무장하고 난 뒤에는 죽음도 불사하는 무서운 군인으로 변했다.

금전에서 청군을 연파한 이래 금전촌 부근의 대황강(大湟江) 입구에서 또 청군을 괴멸시켰다. 당시 청나라 조정은 도광제가 붕어하고 함풍제가 등극한 어수선한 시기였다.

함풍 원년(1851) 2월 홍수전은 광서성 무선현(武宣縣) 동향(東鄕)에서 천왕(天王)으로 등극했다. 태평천국 역사에서 이를 등극절(登極節)이라고 칭한다.

태평군은 천왕과 여러 왕들의 일사불란한 지휘 아래 광서성 내륙으로 진격하여 영안(永安), 계림(桂林), 전주(全州) 등을 점령했다.

함풍 2년(1852) 태평군이 호남성으로 진격한 후 동왕 양수청과 서왕 소조귀가 연명으로 반포한 격문, 「봉천토호격포사방유(奉天討胡檄布四方諭)」는 한족의 만주족에 대한 악감정을 자극하여 진군하는 곳마다 민중 봉기를 유도했다.

그 일부 내용은 이렇다.

"백성들에게 간절히 호소하니 내 말을 분명히 들어라! 천하는 하나님의 천하이지 오랑캐의 천하가 아니다. 의복과 음식은 하나님의 것이지 오랑캐의 것이 아니다. 자녀와 인민도 하나님의 것이지 오랑캐의 것이 아니다. 만주족 오랑캐들은 잔혹한 성질을 함부로 부려 중국을 혼란에 빠뜨렸는데도, 천하에서 가장 큰 영토를 가진 중국의 백성들은 모두 오랑캐의 풍습을 따르고 오랑캐처럼 행동하면서 조금도 괴이하게 생각하고 있지 않기 때문에 참으로 비분강개를 금할 수 없다. 지금 중국에는 사람다운 사람이 있다고 할 수 있겠는가."

"간사하고 교활한 오랑캐들은 잔인하고 포악한 기세를 하늘까지 떨치었다. 그놈들의 음란한 독성은 북극성을 더럽혔으며 피비린내 나는 바람은 온 세상을 덮쳤다. 오랑캐의 사악한 기세와 폭정은 오호(五胡: 흉노·匈奴, 선비·鮮卑, 갈호·羯胡, 저족·氐族, 강족·羌族 등 5개 소수민족)보다 더 참혹한데도, 우리 중국인들은 오히려 그놈들에게 머리를 숙이고 마음속으로 복종하면서 기꺼이 노예가 되었다. 이는 어찌 심각한 일이 아니겠는가. 아, 중국에는 정녕코 사람이 없구나!"

"중국에는 중국의 형상이 있는데도 중국인은 만주족 오랑캐의 변발 명령에 복종하여 긴 꼬리를 몸 뒤에서 질질 끌고 다니고 있다. 이는 중국인을 개돼지로 변하게 했다. 중국에는 중국의 의관(衣冠)이 있는데도 오랑캐는 정대(頂戴: 청조 때 관직을 구별하는 모자의 꾸밈새)를 만들어 중국인에게 오랑캐의 의복과 원숭이의 관을 쓰게 하여 우리 조상의 의복과 면류관을 파괴했다. 이는 중국인에게 우리의 근본을 잊게 하였다. 중국에는 중국의 윤리가 있는데도 예전에 거짓되고 요망한 가짜 황제 강희(康熙)가 만주족 관리 한 사람에게 한족 가정 열 집을 관장하게 하여 중국 여자들을 마음껏 강간하게 했다. 이는 중국인을 모조리 오랑캐 종자로 만들고자 하는 속셈이었다."

그렇지 않아도 청나라 관리들의 혹독한 압제에 시달리고 있던 한족 하층민들은 이 격문을 읽고 분기탱천했다. 더구나 만민이 평등하다는 태평군의 구호는 그들의 마음을 크게 움직였다. 태평군이 지나가는 길마다 자원 입대자가 구름처럼 모여들었다. 태평군은 전주(全州), 악주(岳州), 무창(武昌), 안경(安慶) 등 주요 도시들을 파죽지세로 점령했다. 진격하는 곳마다 지방 관리, 지주, 호족 등 백성의 고혈을 빨아먹던 자들을 타도했으며, 관아를 급습하여 노획한 물자는 모두 가난한 농민들에게 나누어주고 아울러 조세(租稅)를 3년 동안 면제하는 파격을 베풀었다.

함풍 3년(1853) 3월에는 중국 남부 지방의 실질적인 수도이자 무려 6개 왕조의 도읍지였던 남경(南京)을 점령하는 대승을 거두었다. 이 남경성 전투에서 청조의 팔기병 3만여 명이 몰살당했으나 성안의 백성은 살아남았다. 홍수전이 민심을 얻기 위하여 백성은 절대 해치지 못하게 했기 때문이다. 그는 남경을 수중에 넣기 전까지 여러 전투에서 혁혁한 승리를 거두었지만, 서왕 소조귀와 남왕 풍운산을 전장에서 잃는 아픔을 겪기도 했다.

홍수전은 금전에서 봉기를 일으킨 이래 3년여 만에 호남성, 호북성, 강서성 등을 수중에 넣었다. 2만여 명으로 시작한 태평군은 이미 50만 대군으로 성장했다. 홍수전은 남경을 천경(天京)으로 개칭하고 도읍으로 삼았다. 태평천국의 이상을 실현하기 위해 당시로서는 충격적이며 획기적 법령이라고 할 수 있는 「천조전무제도(天朝田畝制度)」를 반포했다.

그 주요 내용은 이렇다.

"모든 토지와 재산은 하나님의 소유이다. 천하의 전답은 천하의 사람들이 공동으로 경작한다. 음식을 함께 나누어먹고 옷도 똑같이 입으며 돈도 함께 쓴다. 농민 25 가구를 '일량(一兩)'으로 정하고 일량마다 국고(國庫)와 예배당을 설치하며, '양사마(兩司馬)'가 생산, 분배, 교육, 종교, 사법 등을 책임지고 관장한다. 일량에서 생산한 양식 가운데 먹고 남은 것은 모두 국고에 비축하며, 과부, 고아, 병든 자는 국고의 양식으로 부양한다. 혼인은 여자를 사고 파는 일을 금하며 양사마의 주관 아래 예배당에서 치른다."

태평천국은 공동체 생활을 통해 평등하게 사는 세상을 꿈꾸었음을 알 수 있다. 양사마는 오늘날의 관점에서 보면 정치인, 목사, 교사, 법관 등을 합쳐놓은 직업과 비슷하다. 그가 최소 행정 조직인 '일량'의 실질적인 통치자였다. 이 법령은 도탄에 빠진 하층민들에게는 구원의 손길 같은 것이었다.

한편 남경 함락 소식은 젊은 함풍제와 조정 중신들에게 엄청난 충격을 안겨주었다. 당시 청조의 팔기병은 이빨 빠진 호랑이에 불과했고 지방 관군들도 오합지졸이었다. 함풍제는 각 지방에서 권력을 쥐고 있던 관리와 세도가들에게 '단련(團練)'을 조직하게 했다. 단련은 일종의 민병대이다. 함풍제는 지방 유지들에게 병권을 이양함으로써 그들 스스로 민병을 조직하게 했다. 민병의 세력이 커지면 중앙 정부에 위협이 될 수 있었지만, 당장 반란을 진압해야 하는데도 팔기병과 관군이 무력화된 상황에서는 어쩔 수 없는 선택이었다.

단련 가운데 호남성 상향(湘鄉) 출신으로 도광제 때 내각학사, 예부시랑 등 요직을 역임했던 증국번(曾國藩·1811~1872)이 함풍 4년(1854)에 조직한 상군(湘軍)이 가장 강한 세력이었다. 또 안휘성 합비(合肥) 출신으로 한림원편수를 맡았던 이홍장(李鴻章·1823~1901)이 조직한 회군(淮軍)도 상군과 함께 청조를 지탱하는 기둥이었다. 이제 청조의 운명은 두 한족 고위 관리 출신의 손에 맡겨졌다고 해도 과언은 아니었다.

한편 천경에서 국가의 기강을 세우고 전열을 정비한 홍수전은 임봉상(林鳳祥·1825~1855), 이개방(李開芳·1811~1855), 길문원(吉文元·?~1854) 등 장수들에게 북벌(北伐)을 명령했다. 함풍 3년(1853) 5월 그들은 강소성 양주(揚州)에서 태평군 2만여 명을 거느리고 북벌에 나섰다. 태평군은 안휘성, 하남성, 산서성 등으로 진격한 후 동쪽으로 남하하여 직예성(直隸省: 지금의 하북성) 임명관진(臨洺關鎮)에서 직예총독 눌이경액(訥爾經額·1784~1857)이 지휘한 청군을 격멸했다.

직예(直隸)란 천자의 거주지인 경사(京師) 주변의 지역을 말한다. 경기(京畿)와 비슷한 의미이다. 천자와 도성의 안전을 보장하는 가장 중요한 지역이다. 태평군이 북경의 관문인 천진(天津)으로 진격해오고 있다는 첩보를 접한 함풍제와 조정 중신들은 공황에 빠졌다. 가족을 데리고 달아나지 않은 관리는 거의 없었으며, 평소에 수많은 사람들로 붐비던 정양문(正陽門) 주변의 시장은 인적이 끊겨 황량한 벌판으로 변했다.

함풍제는 북경 주변의 경비를 강화하고 혜친왕(惠親王) 면유(綿愉·1814~

1864)와 과이심군왕(科爾沁郡王) 승격림심(僧格林沁·1811~1865)에게 태평군의 북상을 필사적으로 저지하게 했다. 면유는 함풍제의 숙부이고, 승격림심은 몽골 귀족 출신으로 함풍제의 총신(寵臣)이었기 때문에 그들에게 대군을 지휘하게 했다. 청군의 강력한 저항에 부딪친 태평군은 더 이상 진격하지 못하고 천진 근처의 정해현(靜海縣)에서 주둔하면서 형세를 관망했다.

그런데 혹독한 겨울 추위가 닥치자 태평군은 동요하기 시작했다. 병사들은 대부분 북방의 추위에 익숙하지 않은 남방 사람들이었다. 청군보다 동장군이 더 무서웠다. 청군은 그 약점을 노리고 맹공을 가했다.

함풍 4년(1854) 2월 태평군은 정해현을 포기하고 동광현(東光縣) 연진(連鎭)으로 퇴각할 때, 태평군의 장수 길문원이 전사했다. 임봉상과 이개방의 지원병 요청을 받은 홍수전은 병사 7천여 명을 급파했지만 산동성 임청(臨淸) 일대에서 청군에게 전멸을 당했다. 연전에서 승격림심의 포위망에 걸려든 임봉상은 보급품이 완전히 끊긴 상황에서 태평군보다 10배나 많은 청군과 1년여 동안 격렬하게 싸웠지만 대패하고 말았다.

포로로 잡힌 임봉상은 북경으로 끌려와 책형(磔刑: 기둥에 묶어세우고 창으로 찔러 죽이는 형벌)을 당했다. 창으로 몸을 찌를 때마다 눈을 부릅뜨고 노려보았으며 죽는 순간까지 단 한 번의 비명도 지르지 않았다.

이개방도 승격림심에게 포로로 잡혀 북경에서 능지처참을 당했다. 태평군은 2년여 동안 강소성, 안휘성, 하남성, 산서성, 직예성, 산동성 등 6개 성을 유린했지만 결국 북벌은 실패로 끝났다. 태평군이 금전에서 봉기를 일으킨 이래 가장 큰 참패였다.

홍수전은 북벌과 동시에 서정(西征)도 명령했다. 호이황(胡以晃·1816~1856)과 증천양(曾天養·1790~1854)은 안휘성 안경(安慶)에서 진군하여 안휘성 북부 지역을 공략했으며, 석상정(石祥禎)과 위지준(衛志俊)은 강서성으로 진군하여 무창(武昌)을 취했다. 함풍 4년(1854) 1월 호이황과 증천양은 안휘성 북부 지역의 중심 도시, 합비(合肥)를 점령했다. 안휘순무와 상군(湘軍)의 원로 강충원(江忠源)이 강물에 몸을 던져 자살했다. 안휘성의 20여 개 주현이 태평군의 수중으로 들어왔다.

같은 해 2월 석상정과 위지준도 호북성 황주(黃州)에서 청군을 크게 무찔렀다. 호광총독 오문용(吳文鎔)이 연못에 뛰어들어 자살했다. 태평군은 호남성 일대를 유린하며 호남성의 성도 장사(長沙)로 진격했다. 하지만 증국번이 지휘한 상군의 필사적인 저항을 받고 호북성으로 철수하지 않을 수 없었다.

함풍 5년(1855) 2월 태평군과 상군은 강서성 구강(九江)과 호구(湖口) 일대에서 치열한 수전(水戰)을 벌였다. 상군의 수군은 전멸했으며 증국번은 남창(南昌)으로 가까스로 달아나 목숨을 건졌다. 같은 해 겨울 익왕 석달개가 대군을 거느리고 강서성으로 진격하여 강서성 13부(府) 가운데 8부 50여 현을 점령했다. 그 후 태평군는 더 이상 서남 지방으로 진격하지 못했지만 장강 천리를 따라 천경으로 이어지는 수로를 확보함으로써 태평천국에 강남의 양식과 물자를 원활하게 보낼 수 있었다.

천왕 홍수전이 천경(天京)에서 한창 국가의 기반을 다지고 정벌 전쟁을 단행할 때인 함풍 6년(1865) 8월에, 천왕과 동왕 양수청 사이에 갈등이 생겼다. 양수청은 홍수전이 남경으로 진격하고 천경을 도읍으로 정하는 데 많은 공적을 세웠을 뿐만 아니라 천경을 포위한 청군의 강북과 강남의 두 대영(大營)을 괴멸시킴으로써 천경을 태평천국의 명실상부한 수도로 자리잡게 했다. 천경이 청군의 위협에서 완전히 벗어나자, 양수청은 홍수전에게 자신을 구천세(九千歲)에서 만세(萬世)로 올려달라고 요구했다.

만세는 천자의 이칭(異稱)이 아닌가. 양수청은 천왕 홍수전에 버금가는 지위에 오르고 싶었던 것이다. 군권은 사실상 양수청이 장악하고 있었으므로 홍수전도 그의 눈치를 보지 않을 수 없었다. 마침 양수청이 천왕을 죽이고 정권을 찬탈하려는 음모를 꾸미고 있다고 내관(內官)의 우두머리 진승룡(陳承瑢)이 홍수전에게 밀고했다.

홍수전은 강서성을 다스리고 있는 북왕 위창휘와 호북성을 다스리고 있는 익왕 석달개에게 밀서를 보내 즉시 군사를 거느리고 천경으로 와서 양수청을 제거하게 했다. 평소에 양수청에게 불만이 많았던 위창휘는 밀서를 받자마자 천경으로 달려왔다. 위창휘는 야음을 틈타 동왕부(東王府)를 포위하고 양수청과 그의 일족을 모조리 살해했다.

양수청은 살해되었으나 그들 따르는 장졸들은 위창휘에게 격렬하게 저항했다. 그들과 위창휘 군사 사이에 혈전이 벌어졌다. 천경에서 태평군끼리 벌어진 내전은 위창휘의 승리로 끝났다. 하지만 무려 2만여 명의 사상자가 발생하여 태평군의 전투력을 크게 약화시켰다. 위창휘는 차마 천왕 홍수전은 손을 댈 수 없었으나 자신의 권력을 강화하기 위하여 조금이라도 자기 뜻에 거슬리는 자들은 닥치는 대로 죽였다. 천경은 순식간에 도살장으로 변했다.

함풍 6년(1865)에 8월 중순 호북성에서 천경으로 돌아 온 석달개는 위창휘의 천인공노할 만행에 분노했다. 위창휘가 먼저 음모를 꾸며 그를 죽이려고 했다. 석달개는 안휘성 안경(安慶)으로 피신한 후 병사를 일으켜 위창휘를 토벌할 작전을 세웠다. 또 홍수전에게 편지를 보내 북왕 위창휘를 죽여서 백성의 원망을 달래주어야 한다고 간청했다. 위창휘 휘하의 장졸들도 그의 포악한 성격에 두려움을 느끼고 변심하기 시작했다. 위창휘를 죽이지 않으면 천경이 병란의 소용돌이에 휘말릴 게 분명했다. 그들은 홍수전에게 자신들의 뜻을 전했다.

홍수전은 태평군 대부분이 석달개를 지지하고 있음을 확인하고 눈엣가시였던 위창휘를 참살했다. 같은 해 11월 석달개가 천경으로 돌아왔다. 장졸과 백성은 그를 의왕(義王)으로 높여 불렀다. 홍수전은 그에게 국정을

청나라 역대 황제 평전

맡겼다. 석달개는 개인적인 원한을 따지지 않고 태평군의 화합을 도모했다. 북왕 위창휘의 친족이라도 능력이 뛰어나면 업무를 맡겼다.

석달개의 헌신적인 노력 덕분에 태평군은 다시 대오를 정비하고 반격의 기회를 노리게 되었다. 그런데 홍수전은 민심이 석달개에게 쏠리자 불안한 마음을 감출 수 없었다. 이른바 '천경사변(天京事變)'을 겪고 난 뒤에 생긴 의심증이었다. 민심을 얻고 병권을 장악한 익왕 석달개가 딴마음을 품고 천왕인 자신을 해치지 않을까 두려워했다.

홍수전은 자신의 두 친형, 홍인발(洪仁發)을 안왕(安王)으로, 홍인달(洪仁達)을 복왕(福王)으로 책봉하고 석달개와 함께 정사를 돌보게 했다. 사실은 두 친형에게 석달개의 일거수일투족을 감시하게 한 것이다. 만약 모반의 기미가 보이면 당장 죽이라고 지시했다. 석달개는 충신이었다. 하지만 사사건건 간섭하고 의심하는 홍수전과 두 왕 때문에 정사를 제대로 관장할 수 없었다. 천경에 계속 머무르고 있다간 또 내분이 일어나지 않을까 두려워했다.

함풍 7년(1857) 석달개는 정예군을 이끌고 천경을 떠났다. 차라리 전장에 나가 청군과 싸우는 게 그의 충직한 성격에 맞았다. 석달개가 안휘성 안경에서 머무르고 있는 동안 그를 따르는 태평군 수만 명이 그곳으로 모여들었다. 석달개의 태평군은 함풍 7년(1857)부터 5년여 동안 호남성, 광서성, 호북성, 사천성, 운남성, 귀주성 등을 전전하면서 청군과 끊임없이 싸워 여러 차례 대승을 거두었다. 하지만 홍수전은 그에게 증원군을 파견하지 않았고 군량과 무기도 보내주지 않았다. 석달개는 곳곳에서 악전고투의 연속이었다.

동치(同治) 2년(1863) 석달개는 4만여 군사를 거느리고 사천성 대도하(大渡河)를 건널 때, 석면현(石棉縣) 안순장(安順場)에서 청군에게 포위되었다. 석달개는 1개월 동안 필사적으로 싸웠지만 군량과 탄약이 다 떨어지자, 태평균이 항복하면 병사들을 모두 살려주겠다는 청군의 약속을 믿고 투항 권유를 받아들였다. 하지만 청군은 신의를 저버리고 석달개의 병사들을 모조리 죽였으며 석달개도 능지처참을 당했다.

석달개는 태평천국의 왕들이 빈농 출신인 것과는 다르게 광서성 귀현(貴縣: 지금의 귀항·貴港)의 지주 가정에서 태어났다. 어렸을 적에 청운의 뜻을 품고 학문에 몰두하고 시와 글씨에 능한 지식인이었다. 그가 홍수전의 휘하에 들어가 태평천국에 참여한 것은 하층민을 구제하고 불평등한 사회를 개조하려는 목적이 있었기 때문이다. 태평천국의 가장 든든한 버팀목이었지만 충신을 알아보지 못한 홍수전과 내분 때문에 33세의 젊은 나이에 형장의 이슬로 사라졌다. 그의 죽음은 곧 태평천국에 암울한 그림자를 드리웠다.

한편 천경에서는 무능하고 부패한 안왕 홍인발과 복왕 홍인달이 실권을 쥐고 국정을 농락했다. 그들에 대한 원성이 자자했다. 홍수전은 민심을 달래기 위하여 두 친형을 파직시키고, 젊고 유능한 장수 진옥성(陳玉成·1837~1862)과 이수성(李秀成·1823~1864)을 각각 영왕(英王), 충왕(忠王)으로 책봉했다.

마침 금전 봉기 때 홍콩으로 달아났던 홍수전의 족제(族弟) 홍인간(洪仁玕·1822~1864)이 천경으로 돌아왔다. 그는 홍콩에서 서양 사람들을 많이 접촉하여 서양 사정을 잘 알고 있는 진보적 사상가였다. 홍수전은 그를 간왕(玕王)으로 책봉하고 그에게 국정을 맡겼다.

함풍 10년(1860) 2월 태평군은 진옥성과 이수성의 합동 작전 아래 청군의 강남 대영을 격파했다. 그 후 승리의 여세를 몰아 서양인들이 많이 거주하고 있는 상해(上海)로 진격했다. 상해에 거주하는 관리, 대지주, 자본가들은 공황에 빠졌다.

강소순무 설환(薛煥·1815~1880)은 영국과 프랑스의 영사에게 상해 방어를 간청했다. 충왕 이수성은 서양인들이 중립을 지킬 것이라고 생각했지만 황포강에 정박하고 있던 영불 함대의 포격을 받고 퇴각하는 수밖에 없었다. 서양 세력의 개입은 태평천국의 입지를 더욱 어렵게 했다.

원래 서구 열강은 청조와 태평천국 사이에 중립을 취했다. 함풍 3년(1853) 태평군이 남경을 점령했다는 소식을 들은 서양인들은 큰 충격을 받았다. 그들은 중국에서 그들의 이익을 지키기 위하여 태평천국의 실체를 정확히 파악해야 했다. 영국공사, 프랑스공사, 미국공사 등 서양인들이 중립을 표방하며 천경에서 홍수전을 만났다. 홍수전은「남경조약」은 불평등조약이기 때문에 준수할 의무가 없다고 했지만, 자유 무역은 보장하겠다고 약속했다.

어쨌든 홍수전은 기독교 사상을 기초로 태평천국을 세웠기 때문에 서양 사람들에 대하여 우호적 태도를 취했다. "우리와 그들이 함께 하나님을 섬기고 있으므로 모두 형제이다."는 기본 인식을 가지고 있었다. 하지만 서양인들은 청조와 태평천국 사이에서 철저하게 실리에 따라 움직였다. 청조는 서양인들에게 막대한 이권을 넘겨주고 외세를 끌어들였다.

함풍제가 붕어한 뒤 1년 후인 동치(同治) 원년(1862)에 영불 연합군과 청군은 절강성 영파(寧波)를 점령했다. 청조와 프랑스는 상첩군(常捷軍)을, 청조와 영국은 상안군(常安軍)을 각각 조직한 뒤 본격적으로 태평군을 공격하기 시작했다. 태평군은 절강성 자계(慈溪)에서 서양인 건달 조직인 상승군(常勝軍)의 우두머리 미국인, 워드(Ward·1831~1862)를 죽였으며, 상첩군의 우두머리 프랑스인 르 브레톤(LeBrethon·1833~1863)을 사살하는 전과를 올렸다.

하지만 태평군은 시간이 흐를수록 성능이 우수한 무기로 무장한 영불 연합군과 병력이 많은 청군의 합동 작전에 속수무책으로 당했다. 동치 2년(1863) 10월 천경에서 멀지 않은 전략 도시인 강소성 소주(蘇州)를 빼앗겼다. 다음 해 2월에는 절강성의 수도나 다름없는 항주(杭州)가 상군(湘軍)의 이홍장에게 점령당했다.

태평군이 강소성과 절강성 일대에서 와해되자, 천경은 완전히 고립무원의 상황에 빠졌다. 동치 3년(1864) 4월 천경은 증국번의 동생 증국전(曾国荃·1824~1890)이 지휘한 상군에게 완전히 포위되고 말았다. 성안의 식량이 바닥나고 어떤 구원병도 오지 않았다.

충왕 이수성은 천왕 홍수전에게 성을 비우고 달아나 후일을 도모하자고 권했다. 하지만 홍수전은 결사항전의 의지를 굽히지 않았다. 그런데 같은 달 29일에 홍수전이 51세의 나이에 갑자기 사망했다. 병으로 사망했다는 설과 음독자살했다는 설이 있다. 그가 어떻게 죽었든 자신이 건국한 태평천국의 멸망을 앞두고 정신적으로 엄청난 고통을 겪었을 것이다.

홍수전이 사망하자마자 충왕 이수성은 천왕의 장남 홍천귀복(洪天貴福·1849~1864)을 2대 천왕으로 추대했다. 홍천귀복은 15세의 어린 나이에 등을 떠밀려서 죽음을 재촉하는 권좌에 올랐다. 즉위한 지 20여 일만에 천경이 함락되자, 이수성은 야음을 틈타 어린 천왕을 모시고 탈출했다. 태평천국의 유신(遺臣)들은 그와 함께 안휘성, 절강성, 호북성, 강서성 등 여러 지방을 전전하면서 패잔병들을 모으고 권토중래를 노렸다. 하지만 동치 3년(1864) 10월에 강서성 광창현(廣昌縣)에서 청군의 기습을 받고 전멸했으며, 홍천귀복은 생포되었다. 강서성 남창(南昌)으로 끌려온 그는 능지처참을 당했다.

동치 7년(1868)년 준왕(遵王) 뇌문광(賴文光·1827~1868)이 이끈 강북의 태평군과 농민 무장 세력인 염군(撚軍)이 산동성 수광현(壽光縣)에서 전멸을 당함으로써 태평천국은 역사 속으로 사라졌다.

태평천국은 홍수전이 도광 30년(1850) 광서성 계평현의 금전촌(金田村)에서 봉기를 일으킨 이래 동치 7년(1868)에 이르는 18년 동안, 광대한 장강 유역을 지배한 실질적인 국가였다. 하나님의 아들을 자처한 홍수전은 기독교 사상에 근거한 만민평등을 국가의 이념으로 삼고 관리들의 착취 대상이었던 농민들을 해방시키고자 혼신의 노력을 다했다.

그가 천왕으로 등극한 후 인생 말년에 이르러 종교적 신비주의에 빠져 현실을 똑바로 인식하지 못했으며 아울러 부하 장수들을 의심하여 내분을 초래했지만, 그의 봉건 악습 타파와 농민 해방 운동은 중국이 청조가 멸망하고 근대 사회로 접어드는 역사적 전환 시기에서 엄청난 충격을 주었다.

중국 근현대사를 좌지우지했던 손문(孫文·1866~1925), 장개석(蔣介石·1887~1975), 모택동(毛澤東·1893~1976)의 그에 대한 평가는 이렇다.

"주원장과 홍수전은 평민 출신으로 일어나 칼을 들고 오랑캐들을 몰아내고 난 뒤 남경에서 즉위했다. 주원장이 건국한 명나라는 10여 년 만에 한족의 옛 강토를 모두 차지하고 수백 년 동안 지속되었으며 지금도 역대 황제들에 대한 제사가 이어지고 있다. 그런데 홍수전이 세운 태평천국은 10여 년 만에 멸망했다. 무식한 사람들은 황당무계한 얘기들을 퍼뜨리고 있다. 주원장은 옳고 홍수전은 틀렸다는 주장은 대체적으로 성공의 관점에서 호걸을 논했기 때문이다." (손문)

"옛날에 홍수전, 양수청 등 앞선 시대의 사람들이 동남 지방에서 일어나 만주족 청나라와 싸웠다. 그들의 원대한 포부와 위업은 끝내 결실을 맺지 못했으며 태평천국은 갑자기 망했지만, 그 민족 사상의 발양은 역사에서 기념비적인 업적으로 평가하기에 충분하다." (장개석)

"홍수전 등은 중국 공산당이 세상에 출현하기 전에 서방 세계를 향해 진리를 추구한 인물이었다." (모택동)

3. 제2차 아편전쟁: 청나라가 반식민지로 전락하다

청조가 태평군 진압에 고전을 면치 못하고 있을 때인 함풍 6년(1856)에 제2차 아편전쟁이 발발했다. 도광 22년(1842) 청조는 남경에서 영국과 굴욕적인 「남경조약」을 체결함으로써 영국군의 북경 진격을 가까스로 막은 지 14년 만에 또 서구 열강의 침략을 받았다.

전쟁의 발단은 이렇다. 영국인들은 제1차 아편전쟁의 승리가 중국과의 무역에서 그들에게 막대한 경제적 이익을 보장해 줄 것으로 확신했다. 하지만 그들이 청조에 강요하여 얻은 자유 무역은 중국에서 생산한 차가 이전보다 더 많이 영국에 수출되는 역효과를 낳았다. 또 영국의 주요 수출품인 아편은 중국에서 농민들이 몰래 자체 생산했기 때문에 소비량이 크게 늘어나지 않았다.

'인권'과 '자유'를 숭상한다는 영국인들은 표면적으로는 공정한 자유 무역의 원칙을 내걸고 식민지 국가를 착취했다. 하지만 그들이 원하는 대로 되지 않으면 무슨 '조약' 따위는 휴지조각에 불과했고, 무력으로 상대국을 굴복시켜 다시 그들이 유리한 방향으로 국제법을 멋대로 고쳤다. 힘이 논리를 위선으로 그럴듯하게 포장한 것이 당시의 국제법이었다.

그들의 관점에서 볼 때는 중국도 인도처럼 자기들이 얼마든지 요리할 수 있는 '동아시아의 병자'였다. 그런데 '신사의 나라'라는 영국은 청조와 맺은 「남경조약」을 아무런 이유도 없이 고치기가 쉽지 않았다.

영국은 호시탐탐 기회를 노리고 있던 중인 함풍 6년(1856)에 마침 애로호(Arrow) 사건이 터졌다. 애로호는 원래 홍콩에 거주하는 화교 소아성(蘇亞成) 소유의 밀무역 선박이었다. 소아성은 청조의 단속을 피하기 위하여 자신의 배를 홍콩의 영국총독부에 등록한 뒤 영국 국기를 달고 다녔다. 같은 해 10월 8일 애로호가 광주의 황포(黃埔)에 정박하고 있을 때, 광동수사 양국정(梁國定)이 애로호를 불심검문하여 밀수 혐의가 있는 중국인 12명을 체포했다.

광동주재 영국영사 해리 스미스 파크스(Harry Smith Parkes · 1828~1885)는 양광총독 섭명침(葉名琛 · 1807~1859)에게 청나라 관리가 영국 국적의 배를 수색한 일에 대하여 강하게 항의하고 당장 12명을 석방하라고 요구했다. 또수색 도중에 영국 국기가 훼손된 것에 사과와 배상을 요구했다.

섭명침은 애로호는 영국 정부의 등록 기간이 말소된 상태이므로 법적으로 중국 선박이며 아울러 선원들은 중국인이므로 중국법에 따라 처리하겠다는 방침을 고수했다. 또 영국 국기를 훼손한 적이 없다고 주장했다.

얼마 후 섭명침은 파크스의 강압에 굴복하여 선원 12명을 석방했지만 끝내 사과와 배상은 하지 않았다. 그의 태도에 불만을 품은 파크스는 영국 전함을 동원하여 광주성을 포격하고 광주성으로 진입했다. 영국군은 광주성의 총독아문을 약탈한 뒤 병력의 열세를 우려하여 스스로 물러났다.

그런데 섭명침은 청군이 그들을 격퇴했다고 허위 보고했다. 같은 해 12월 15일 광동성의 주민들은 그의 말을 사실로 믿고 서양인들의 거주지에 불을 질렀다. 서양인들의 무역 거점이었던 광동십삼행(廣東十三行)이 불길에 휩싸이자, 다음 해(1857) 1월 영국군은 주강(珠江) 하구에서 지원병을 기다리며 반격전을 준비했다.

제 2차 아편전쟁은 영국만 참전한 게 아니라 프랑스도 자국의 가톨릭 신부 샤프들레이네(Auguste. Chapdeleines · 1814~1856)가 광서성 서림현(西林縣)에서 선교 도중에 현지 관리에게 살해된 사건을 빌미로 영국의 연합군으로 참전했다.

함풍 6년(1856) 12월 28일 영불 연합군 5,600여 명은 함포로 광주성 일대에 맹렬한 포격을 퍼붓고 다음 날 광주성을 함락했다. 투항한 광동순무 백귀(柏貴)는 서양인들의 앞잡이 노릇을 했으며, 양광총독 섭명침은 인도 캘커타로 끌려가 그곳에서 생을 마감했다. 그가 배에 실려 끌려가는 도중에도 중국 고위 관리의 품격과 위엄을 잃지 않아 영국 선원들의 존경을 받았다고 한다.

영불 연합군은 계속 북상하여 함풍 7년(1857) 4월에 북경의 관문인 천진의 백하구(白河口)에 이르렀다. 이때 미국 공사와 러시아 공사도 영불 연합군에 합류했다. 미국은 군대를 파견하지 않았지만 외교적으로 영국을 지지하는 입장을 표명했으며, 러시아는 북경의 동방정교회를 보호한다는 명목으로 함선 1척을 파견하여 어부지리를 노렸다.

4개국 공사는 14년 전에 체결한 「남경조약」의 수정을 청조에 요구했다. 함풍제는 직예총독 담정양(譚廷襄·?~1870)에게 4개국 간에 이간책을 펴는 이이제이 수법으로 사태를 수습하게 했다. 그런데 4개국 공사는 청조의 이간책에 놀아날 정도로 어리석지 않았다. 영불 연합군은 천진의 외항의 대고포대(大沽砲臺)를 함락한 후 천진으로 진격했다. 이 전투에서 청군 8,000여 명이 전멸을 당했다.

천진이 함락될 위기에 처했다는 소식을 들은 함풍제는 도광제 때 영국과 「남경조약」을 체결한 기영(耆英·1787~1858)을 보내 항구 몇 개를 더 개방하고 배상금을 지불하는 선에서 적당하게 타협하려고 했다.

하지만 영국과 프랑스 영사는 기영과의 협상을 단호히 거부했다. 기영이 「남경조약」을 체결할 때 영국 정부의 요구를 중국 황제에게 제대로 보고하지 않고 중간에서 협상 내용을 속였기 때문이었다. 기영은 이 일이 사실로 드러나자 어명을 받고 자살했다.

함풍제는 어쩔 수 없이 대학사 계량(桂良·1785~1862)과 이부상서 화사납(花沙纳·1806~1859)을 흠차대신으로 임명하고 두 사람에게 천진으로 달려가

담판을 벌이게 했다. 두 사람은 4개국 영사와 개별적으로 조약을 맺었다. 「천진조약」은 「남경조약」보다 훨씬 굴욕적인 조항이 많았지만, 함풍제는 받아들이지 않을 수 없었다.

특히 러시아 공사와는 두 나라의 국경선을 빠른 시일 내에 결정한다고 합의했다. 그렇게 약속한 결과가 함풍 8년(1858) 5월에 영불 연합군이 북경을 침공했을 때, 러시아와 체결한 「아이훈조약」이다. 청조는 이 불평등 조약에 체결함으로써 흑룡강 이북과 대흥안령 이남의 60만㎢를 제정 러시아에 넘겨주는 수모를 당했다.

영불 연합군은 「천진조약」을 체결한 후 물러났다. 하지만 함풍 9년 (1859) 5월에 또 2만5천여 명을 이끌고 또 침략했다. 「천진조약」의 비준서를 교환한다는 명목이었으나 사실은 청조가 '종이호랑이'에 불과한 사실을 간파한 영국과 프랑스는 중국을 마음껏 유린하려는 목적이었다.

영불 연합군이 또 거대한 전함을 이끌고 천진 외항에 나타났다는 급보를 받은 함풍제는 이번에도 싸움보다는 협상으로 해결하려고 했다. 하지만 청조의 맹장 승격림심(僧格林沁·1811~1865)은 영불 연합군과 일전을 준비했다.

천진 외항에는 대고진(大沽鎭)과 북당진(北塘鎭)이 있다. 그는 북당진을 비워두고 육전에 유리한 대고진에서 진을 쳤다. 자신이 이끈 철기병의 주력이 육전에 능한 몽골 출신이며, 서양인들은 해전에만 강할 뿐 육전에는 약하다고 그가 생각했기 때문이다.

그런데 사전에 정보를 입수한 영불 연합군은 아무런 저항도 받지 않고 북당진에 상륙했다. 직예제독 낙선(樂善·?~1860)이 방어하고 있는 대고의 북안(北岸) 포대를 집중 공격했다. 대고의 방어선이 무너지면 천진은 영불 연합군의 수중에 들어가는 것이나 다름없는 긴박한 상황이었는데도, 함풍제는 승격림심에게 대고 방위를 포기하고 북경의 남쪽 관문인 통주

(通州)로 철수하게 했다.

함풍 9년(1859) 8월 천진을 점령한 영불 연합군은 함풍제가 급파한 흠차대신 계량(桂良·1785~1862)과 담판을 벌였다. 불평등조약인 「천진조약」 이외에도 천진을 통상 항구로 추가 개방하고 아울러 배상액과 영불 연합군의 북경 주둔을 강력히 요구했다. 서양 군대의 북경 주둔은 청조로서는 도저히 받아들일 수 없었다.

협상이 결렬되자 영불 연합군은 먼저 통주(通州)를 공격했다. 승격림심은 통주의 팔리교(八里橋)에서 영불 연합군과 필사적으로 싸웠으나 집중포화를 받고 붕괴되었다.

함풍 9년(1859) 9월 연합군이 북경 근교까지 진격하자, 함풍제는 이복동생 공친왕 혁흔(奕訢·1833~1898)을 흠차대신으로 임명한 뒤 그에게 협상을 위임하고 수렵 활동을 핑계로 열하의 피서산장으로 달아났다. 청조 역사상 황제가 북경 도성을 포기하고 달아난 최초의 사건이었다.

같은 해 10월 18일 북경을 점령한 연합군은 청군이 이미 적지 않은 서양인들을 살해한 행위에 복수를 결심했다. 그들은 중국 역사상 가장 화려하고 규모가 방대하며 수많은 진귀한 보물들을 소장하고 있는 황실 정원이자 별궁, 원명원(圓明園)을 닥치는 대로 약탈하고 불을 질러 파괴했다. 환관과 궁녀 3백여 명이 불에 타죽는 참극이 벌어졌다.

이때 중국의 수많은 국보급 문화재가 대량으로 약탈당하고 아름다운 건축물들이 불길에 휩싸여 사라졌다. 프랑스의 유명한 낭만주의 문학의 거장 빅토르 위고(Victor Hugo·1802~1885)는 당시 세계에서 가장 아름다운 정원으로 손꼽힌 원명원이 파괴되었다는 소식을 접하고 영국과 프랑스를 통렬하게 비난했다.

"어느 날 두 강도가 원명원에 난입했다. 한 강도는 물건을 약탈하고,

다른 강도는 불을 질렀다. 그들은 상자에 보물을 가득 담고 낄낄대며 유럽으로 돌아갔다. 한 강도의 이름은 영국이며, 다른 강도는 프랑스이다. 이것이 바로 두 강도의 역사이다."

빅토르 위고는 언젠가는 약탈한 보물들을 반드시 중국에 돌려주어야 한다고 호소했다. 원명원이 파괴된 지 150년이 지난 2010년 10월에 뜻밖에도 원명원에서 빅토르 위고의 흉상 제막식이 열렸다. 중국 정부는 약탈당한 150여만 점의 문화재를 되찾으려는 의도에서 빅토르 위고를 되살려냈다.

오늘날 중국인들이 서구 열강의 침략에 가장 분노하는 사건 중의 하나가 바로 원명원 약탈과 방화 사건일 정도로 영국과 프랑스 군인들이 저지른 만행은 중국인의 영원한 원한으로 남았다.

청조는 영국, 프랑스와 치욕적인 「북경조약」을 맺음으로써 2차 아편전쟁의 병란을 가까스로 수습했다. 이 조약의 주요 내용은 이렇다.

"천진을 통상 항구로 개방하며 영국과 프랑스가 중국인을 노동자로 모집하여 해외로 출국할 수 있게 한다. 홍콩의 구룡반도를 영국에게 할양하며 예전에 몰수한 천주교 재산을 돌려준다. 프랑스 선교사는 각 지방에서 토지를 구매할 수 있으며 성당을 지을 수 있다. 청조는 영국과 프랑스에 각각 전쟁 비용 8백만 냥을 배상하며 아울러 영국에게는 50만 냥, 프랑스에게는 20만 냥의 위로금을 지급한다."

북경이 영불 연합군에게 유린될 때 함풍제는 한창 정력적으로 일할 나이인 29세였다. 그는 성격이 너무 소심하고 매사에 소극적인 황제였다. 가장 큰 결점은 국난을 당할 때마다 결단을 내리지 못하고 유야무야 넘어가는 성격이었다. 영불 연합군이 아무리 첨단 함선과 화포로 무장했더라도 그들의 병력은 2만5천여 명에 불과했다. 반면에 청군은 30만 대군을 거느리고 있었다. 병력의 압도적 우세에도 불구하고 함풍제는 적극적으로 싸울 의지가 없었으며 오로지 타협과 협상을 통해 위기의 국면을 타개하려고 했다.

함풍제는 피서산장에서 유흥을 즐기는 데만 몰두했다. 타고난 호색가였던지라 공식 비빈들을 제외하고도 목단춘(牧丹春), 해당춘(海棠春), 행화춘(杏花春), 무릉춘(武陵春) 등 한족미인 '사춘(四春)'을 곁에 두고 음주가무를 마음껏 즐겼다. 술에 취하면 술주정이 너무 심해 사람을 해치기도 했다.

야사에 이런 얘기가 있다.

"문종(文宗: 함풍제)은 음주를 너무 좋아했다. 술을 마시면 반드시 광기를 부렸다. 광기를 부릴 때마다 내시나 궁녀 1~2명을 살해했다. 그가 총애하는 자도 화를 피할 수 없었다. 문종은 술에서 깨면 자신의 망나니짓을 후회했다. 광기를 부릴 때 다행히 목숨을 건진 자가 있으면 그를 더욱 총애하고 후한 상을 내려 그 고통을 보상해주었다. 하지만 며칠 못가서 또 구태가 반복되었다."

주련분(朱蓮芬)이라는 젊은 기녀가 있었다. 선녀처럼 고운 미모와 꾀꼬리처럼 맑은 음성을 가진 그녀에게 홀리지 않은 남자가 없었다. 가무뿐만 아니라 서예에도 능하였다. 어느 날 천하의 기녀가 있다는 소문을 들은 함풍제는 그녀를 당장 궁궐로 불러들였다. 그녀의 간드러진 웃음소리에 녹아난 함풍제는 매일 궁궐에서 그녀와 함께 나뒹굴었다. 그런데 그녀는 어사 육무종(陸懋宗)의 소실이나 다름없는 여자였다.

육무종은 아무리 기다려도 주련분이 돌아오지 않자 고민 끝에 계책을 냈다. 국난의 시기에 황상이 정사를 돌보지 않고 여색에 빠져 지내면 안 된다는 상소를 올렸다. 사실은 주련분을 다시 자기 품에 끌어안고 싶은 욕망 때문이었다. 함풍제가 상소문을 읽고 주련분에게 육무종을 아느냐고 물었다. 그녀는 그가 자신의 단골손님이라고 했다.

함풍제는 큰 소리로 웃으며 말했다.

"그 영감이 질투를 하는구나."

함풍제는 상소문에 이렇게 비답(批答)했다.

"개가 고깃덩어리를 물고 있다가 남에게 빼앗겼으니, 어찌 화가 나지 않겠는가. 그대에게 죄를 묻지 않겠노라."

함풍제는 아편 중독자이기도 했다. 황실에서 아편을 흡입하는 행위는 절대 용납되지 않는 조훈(祖訓)을 무시하고 아편을 '익수여의고(益壽如意膏)'라고 이름을 지었다. 마음먹은 대로 오래 살게 해주는 고약(膏藥)이라는 뜻이다.

오늘날 함풍제를 '고명천자(苦命天子)'라고 부르기도 한다. 고통 속에 살다가 죽은 황제라는 뜻이다. 그도 즉위 초기에는 서산에 기운 청조를 부흥시키기 위하여 혼신의 노력을 기울였다. 그런데 태평천국의 난을 겪으면서 설상가상으로 서구 열강의 침략을 받았다. 민란만 일어났다면 군사력을 집중하여 얼마든지 진압할 수 있었을 것이다. 하지만 서양 열강의 침략 앞에서는 공황에 빠지지 않을 수 없었다. 당시 서구 열강은 청조에 비하여 거의 모든 면에서 앞서 있었다.

함풍제가 할 수 있는 일이란 황제의 체통을 지키며 침략자들이 원하는 대로 들어주는 수밖에 없었다. 영토를 할양해달라고 하면 할양하고, 배상금을 물어내라고 하면 물어냈다. 그가 젊은 나이에 쾌락에 빠진 이유는 고통스러운 현실을 애써 외면하고 싶은 생각 때문이었다고 생각한다. 그가 남긴 청조는 이미 서구 열강의 반식민지로 전락하고 말았다.

제 **10** 장

재순 목종 동치제

제10장

재순 목종 동치제

1. 여섯 살배기 어린이가 황제로 등극하다

함풍 11년(1861) 7월 함풍제는 피서산장에서 중병에 걸렸다. 주색잡기에 탐닉하여 몸을 망친 결과였다. 자신의 운명이 다했음을 직감한 그는 병석에서 이친왕(怡親王) 재원(載垣·1816~1861), 정친왕(鄭親王) 단화(端華·1807~1861), 대학사 숙순(肅順·1816~1861) 등 조정 중신 8명을 급히 불러들였다. 6세에 불과한 황장자(皇長者) 재순(載淳·1856~1875)을 황태자로 책봉하겠다는 뜻을 밝히고 그들을 고명대신으로 지명했다. 자신의 사후에 고명대신 8명에게 재순을 보필하게 한 것이다.

원래 함풍제는 장남 재순과 차남을 낳았다. 차남은 태어난 당일에 죽었으므로 이름조차 없다. 재순이 장남 겸 외아들인 셈이었다. 따라서 함풍제로서는 재순 이외에는 선택의 여지가 없었던 것이다. 그는 이렇게 후계자를 결정한 뒤 이틀 만에 향년 31세를 일기로 세상을 떠났다.

재순이 황위를 계승한 다음 해부터 연호를 동치(同治)로 정했다. 그래서 재순을 흔히 동치제(同治帝)라고 칭한다. 여섯 살배기 아이가 황제로 등극했으니 그가 성년이 될 때 까지 국정을 다스릴 인물이 필요했다. 흔히 이런 경우는 어린 황제의 모후(母后), 즉 황태후가 수렴청정을 하는 게 관례였다.

당시 조정에는 세 정치 세력이 있었다. 첫 번째 세력은 함풍제가 지명한 고명대신 8명이다. 그들은 대부분 종실의 귀족 출신이거나 조상이 큰 공을 세워 작위를 세습 받은 자들로 조정의 요직을 차지하고 있었다.

두 번째 세력은 도광제의 아들이자 함풍제의 이복동생들이다. 함풍제가 붕어했을 때 돈친왕(惇親王) 혁종(奕誴·1831~1889), 공친왕(恭親王) 혁흔(奕訢·1833~1898), 순군왕(醇郡王) 혁현(奕譞·1840~1891) 등이 건재하고 있었다. 물론 적장자 계승의 원칙에 따르면 함풍제의 장남 재순이 등극하는 것은 당연했으나, 재순의 나이가 너무 어렸기 때문에 숙부들이 황위를 노릴 수도 있는 상황이었다.

이복동생들의 월권을 우려한 함풍제는 그들에게 실권을 주지 않고 명예직에 불과한 친왕(親王), 군왕(郡王) 등의 자리에 놓아두었다. 그가 피서산장으로 달아날 때 재원, 숙순 등 조정의 실세들을 데리고 간 반면에, 이복동생 공친왕 혁흔을 북경에 머물게 했다. 이는 혁흔에게 전권을 주고 영불 연합군과 협상하라는 조치였지만, 사실은 함풍제가 혁흔을 방패막이로 활용한 처사였다.

혁흔은 평소에 무능한 함풍제에 대하여 불만을 품고 있었다. 그렇지만 그의 어명을 거부할 만큼 세력을 가지고 있지 않았다. 오히려 난국 타개책을 함풍제에게 수시로 아뢰어 국난을 극복하고자 했다. 그런데 함풍제의 총신 숙순은 혁흔이 함풍제에게 가까이 다가가는 것을 교묘하게 막았다. 혁흔의 서열이 가장 높았음에도 함풍제가 임종 직전에 지명한 고명

팔대신(八大臣)에 들어가지 못한 이유가 바로 함풍제를 둘러싼 측근들이 그를 배척했기 때문이다.

혁흔은 고명 팔대신의 세력에 밀리지 않기 위해서는 제 3의 세력인 태후들과 결탁을 해야 했다. 당시 여섯 살배기 동치제에게는 자안황태후(慈安皇太后) 뉴호록씨(鈕祜禄氏·1837~1881)와 자희황태후(慈禧皇太后·1835~1908) 섭혁나랍씨(葉赫那拉氏), 두 황태후가 있었다. 일반적으로 자안황태후를 동태후, 자희황태후를 서태후라고 칭한다.

동태후는 함풍 2년(1852) 2월 16세의 나이에 입궁하여 같은 해 10월에 함풍제의 황후로 책봉되었다. 함풍제의 자식을 낳지 못했으며 동치제가 즉위한 후에 황태후로 책봉되었다. 법적으로는 동치제의 적모(嫡母)가 된다.

청나라 말기에 실권을 쥐고 중국을 통치했던 그 유명한 여자가 바로 서태후이다. 그녀는 함풍 2년(1852) 17세 때 입궁하여 귀인(貴人)으로 책봉되었다가, 함풍 6년(1856)에 함풍제의 유일한 아들 재순을 낳은 뒤 신분이 귀비(貴妃)로 상승했다.

동치제가 즉위한 직후 두 여자는 황태후로 책봉되었다. 동치제의 적모인 동태후가 황태후가 되는 것은 당연한 일이었는데, 서태후는 오로지 동치제의 생모라는 이유 하나만으로 황후가 되는 엄청난 행운을 얻었다. 법적으로는 동태후가 서태후보다 서열이 높았으나, 동치제를 낳은 서태후가 황제의 생모라는 혈연관계를 이용하여 얼마든지 위세를 부릴 수 있었다.

함풍제는 임종을 앞두고 도장 두 개를 특별히 제작하게 했다. 하나는 '어상(御賞)'이라는 글자를 새겼고, 다른 하나는 '동도당(同道堂)'을 새겼다. 자신의 사후에 고명대신들이 상소문을 올리면 황태후와 황상이 그것을 열람한 후 윗부분에는 어상을 찍고 아랫부분에는 동도당을 찍게 했다. 어상은 뉴호록씨(동태후)에게 맡기고, 동도당은 재순에게 보관하게 했다. 그런데 재순이 너무 어렸으므로 동도당은 섭협나랍씨(서태후)가 관리했다.

함풍제가 이런 조치를 취한 것은 고명대신들이 어린 동치제를 보필하면서 권력을 남용하면, 훗날 황태후가 될 두 여자가 그들을 통제하라는 의도에 있었다. 만약 고명대신들이 올린 문서에 두 도장을 찍지 않으면 그것은 효력을 발휘할 수 없었다.

아울러 두 황태후 간의 권력 다툼도 미연에 방지할 목적이었다. 권력의 중추에서 밀려난 혁흔 등 함풍제의 이복동생들은 황태후 세력과 은밀히 결탁하여 고명대신들을 견제하기 시작했다. 거시적 관점에서 보면 북경의 황실 세력과 피서산장에서 함풍제를 보좌했던 관료 조직의 대립 구도였다.

2. 서태후와 공친왕 혁흔이 신유정변을 일으켜 권력을 장악하다

함풍제의 시신을 입관한 다음 날인 함풍 11년(1861) 7월 18일에, 조정 중신들은 뉴호록씨(동태후)와 섭협나랍씨(서태후)를 동치제의 명의로 황태후로 책봉한다는 조서를 반포했다. 황제의 모친이 황태후가 되는 것은 당연한 일이었으므로 숙순 등 고명대신들도 반대할 명분이 없었다.

공친왕 혁흔과 서태후는 함풍제의 붕어 직후부터 정변을 비밀리에 도모했다. 먼저 순군왕(醇郡王) 혁현(奕譞)을 보군통령(步軍統領)에 임명하여 북경 수비를 장악하게 했다. 혁현은 서태후의 친여동생 섭혁나랍완정(叶赫那拉婉 贞·1841~1896)의 남편이었으므로 그녀의 충견이 되기를 자처했다.

같은 해 8월 초 어사 동원순(董元醇)이 동치제가 어리다는 이유를 들어 두 황태후에게 잠시 수렴청정을 해야 하며 아울러 친왕 1~2명을 뽑아 황태후를 보좌하게 해야 한다고 상소했다. 혁흔과 서태후의 각본대로 움직인 것이다.

동태후와 서태후는 피서산장에서 고명대신들을 불러 자신들의 뜻을 밝혔으나 그들의 격렬한 반발에 부딪쳤다. 강희제(康熙帝)의 6대 손자이자 함풍제의 영시위대신(領侍衛內大臣: 오늘날의 대통령의 경호실장)을 맡았던 권력자, 이친왕 재원은 두 황태후가 딴마음을 품고 있다고 거칠게 항의했다. 여자가 어찌 부덕(婦德)을 망각하고 대청제국을 다스릴 수 있겠냐는 조소를 퍼부었다. 숙순도 청조 역사상 황태후가 수렴청정을 한 전례가 없다고 주장하면서 동원순을 신랄하게 비판했다. 어린 황제를 가운데에 두고 고성이 오가는 논쟁이 벌어졌다.

그 광경을 지켜 본 철부지 동치제는 너무 놀라 울음을 터트리며 모후 서태후의 품으로 달려가 오줌을 쌌다. 그런데 서태후는 만만한 여자가 아니었다. 고명대신들의 거친 언사를 듣고도 자신의 뜻을 굽히지 않았다. 숙순은 일단 선황제의 운구를 모시고 북경으로 돌아가서 장례식을 치르고 난 뒤 다시 논의하자고 했다.

함풍 11년(1861) 9월 23일 동치제와 두 황후는 고명대신들과 함께 출발했다. 그런데 도중에 동치제가 너무 어리고 두 황후가 젊은 부녀자라는 핑계를 대고 좁은 길을 이용하여 운구보다 4일 먼저 북경에 당도했다. 사실은 고명대신들이 북경에 도착하기 전에 북경성을 장악할 속셈이었다. 서태후는 즉시 혁흔을 불러들여 운구가 당도하기 전에 정변을 일으키게 했다. 북경성의 수비는 이미 순군왕 혁현이 장악하고 있었다.

같은 달 30일 서태후는 마침내 이친왕 재원 등 고명대신들의 죄상을 밝히고 '신유정변'을 일으켰다. 고명대신들은 황제의 조서를 위조하여 서방 국가와의 신의를 잃게 했으며 북경이 함락되었는데도 피서산장에서 책임을 회피하고 수수방관한 중죄를 저질렀다는 것이다. 북경이 영불 연합군에게 짓밟히고 황제와 백성이 겪은 치욕을 모두 그들의 잘못으로 돌렸다.

함풍 11년(1861) 10월 초 고명대신들은 모조리 체포되었다. 그들 가운데 이친왕 재원과 정친왕 단화은 종친임을 고려하여 스스로 목숨을 끊게 했다. 재원과 함께 권력을 장악했던 숙순은 형장으로 끌려왔다.

"숙순은 참수형을 당하기 전에 온갖 악담을 퍼부었다. 그 분노에 찬 저주가 얼마나 심했던지 옆에 있던 사람들은 그 소리를 차마 들을 수 없었다. 또 무릎을 꿇지 않고 반항하자 망나니가 철퇴로 두 다리를 부러뜨려 꿇어앉힌 뒤 그의 목을 베었다."

나머지 고명대신들은 파직을 당하거나 변방으로 쫓겨났다. 신유정변이 어렵지 않게 성공한 데에는 몇 가지 이유가 있었다. 첫째, 영불 연합군이 북경을 유린할 때 고명대신들은 어떤 저항도 하지 않고 함풍제를 모시고 피서산장으로 달아났기 때문에, 백성들이 그들의 비겁하고 무능한 행동에 분노했다. 서태후와 혁흔은 민심을 등에 업고 그들을 궁지에 몰았다.

둘째, 고명대신들은 서태후와 혁흔의 능력을 과소평가했다. 서태후는 아녀자에 불과하고, 혁흔은 함풍제 때 요직에서 배제되었기 때문에 자기 세력이 없다고 판단했다. 하지만 두 사람은 은밀하게 세력을 확장하면서 함풍제가 임종 직전에 하사한 '어상'과 '동도당' 두 도장을 적절하게 활용하여 고명대신들을 견제하는 데 성공했다.

셋째, 함풍제의 운구가 북경으로 이송될 때 서태후는 어린 황제를 데리고 4일 먼저 북경으로 돌아와 군권을 장악하고 정변을 일으킬 만반의 준비를 했다. 고명대신들이 북경으로 돌아왔을 때는 이미 독 안에 든 쥐였다.

함풍 11년(1861) 11월 1일 동태후와 서태후는 마침내 자금성 양심전(養心殿)에서 수렴청정을 시작했다. 동치제의 어좌 뒤에 황금색 휘장을 설치하였다. 동태후와 서태후가 휘장 뒤에 나란히 앉고, 공친왕 혁흔이 왼쪽, 순군왕 혁현이 오른 쪽에 서 있었다. 대신들이 동치제 앞에서 아뢰면 두 황태후가 듣고 지시했다.

상소문이 올라오면 혁흔이 그 내용을 상세하게 아뢰었다. 권력 의지가 너무나 강했던 서태후는 상소문에 비답(批答)을 쓸 정도로 문장 실력을 갖추지 못했다. 자신의 결점을 보완하기 위하여 남서방(南書房)과 상서방(上書房)에서 편찬한 『치평보감(治平寶鑒)』을 학습했으며 아울러 수시로 학자들을 불러 경연(經筵)의 방법으로 치국의 도(道)를 들었다. 훗날 서태후는 직접 비답을 썼지만 문법에 맞지 않는 문장과 잘못 쓴 글자가 많았다고 한다.

신유정변을 성공시킨 주역은 동태후와 서태후 그리고 혁흔이다. 당시 동태후는 25세, 서태후는 27세, 혁흔은 30세였다. 세 사람 모두 정력적으로 일할 나이였다. 수렴청정 초기에는 동치제의 법적인 모후가 되는 동태후의 영향력이 강했다. 이른바 '동치중흥(同治中興)'이라는 일시적 번영기를 그녀가 주도했다.

하지만 세월이 흐를수록 그녀는 서태후에게 밀리기 시작했으며 훗날 의문사를 당했다. 혁흔도 두 황태후의 지원 아래 서구 문물을 받아들이는 데 결정적인 역할을 했으나 서태후에게 끊임없이 견제를 당하여 자신의 포부를 마음껏 펴지 못했다.

서태후는 수렴청정을 시작한 이래 무려 47년 동안 청조를 다스렸다. 중국 역사상 황태후가 수렴청정으로 거의 반세기 동안 중국을 다스린 예는 그녀를 제외하고는 단 한 번도 없었다. 청조가 망해가는 시기에 그녀는 권력의 중추이자 실질적인 황제였다.

3. 동치중흥: 서양 문물을 도입하고 새 정치를 도모했으나 실패하다

청조는 동치 연간(1862~1874)에 이르러 일시적 소강 상태로 접어들었다. 영국, 프랑스 등 서구 열강과 강화를 맺고 태평천국의 난을 진압했기 때문이다. 동태후와 서태후는 수렴청정을 시작하자마자 서양 사정에 밝은 혁흔(奕訢 · 1833~1898) 그리고 증국번(曾國藩 · 1811~1872), 좌종당(左宗棠 · 1812~1885), 이홍장(李鴻章 · 1823~1901) 등 한족 관료들을 중용했다.

공친왕 혁흔은 서태후와 함께 신유정변을 통해 권력을 잡은 후 의정왕(議政王)이라는 직함을 하사받았다. 공친왕이 명예뿐인 직함이라면, 의정왕은 말 그대로 '정치를 논의하는 왕'이란 뜻이다. 또 동치 원년(1862) 신설된 총리아문(總理衙門)의 총책임자였다.

총리아문은 청조 말기에 대단히 중요한 국가 기구이었다. 외교, 통상 등 외국과의 모든 사무를 주관했을 뿐만 아니라 신식 교육, 공업 현대화, 신식 무기 도입, 철도와 통신망 부설 등 국내의 핵심 사업도 관장했다. 총리아문을 설치한 목적은 서양 문물을 적극적으로 도입하여 일대 혁신을 일으키고자 하는 데 있었으므로, 그것을 '양무내각(洋務內閣)'이라고 부르기도 했다.

혁흔이 '궁정 쿠데타'를 통해 집권했다는 소식이 북경 주재 서양 외교관들에게 알려지자, 서양인들은 크게 환영했다. 그가 서양 문물을 배우고 도입하는 데 적극적인 입장을 취했고 아울러 전쟁이 아닌 협상과 타협으로 그들의 이익을 보장해 줄 것이라는 확신이 있었기 때문이다. 그들의 생각은 틀리지 않았다.

혁흔은 서구 열강과의 관계 개선을 통해 새로운 바람을 일으키고자 했다. 서태후의 비호 아래 증국번, 좌종당, 이홍장 등 한족 관료들과 함께 '양무운동'을 제창했다. 이 운동의 핵심 사상은 '중학위체(中學爲體), 서학위용(西學爲用)'이었다. 풀어서 말하면 "중국의 전통 학문을 몸체로 하고, 서양의 신학문을 활용한다."는 뜻이다. 또 서양 오랑캐에게 배워서 서양 오랑캐를 제압한다는 '사이제이(師夷制夷)'의 실천 강령도 내걸었다.

동치 원년(1862) 혁흔은 '서양 오랑캐'에게 배우기 위하여 북경에 경사동문관(京師同文館)을 세웠다. 이는 국가에서 세운 외국어학당이자 중국 최초의 근대화 교육을 시작한 교육 기관이다. 또 서양 학문을 직접 배우기 위하여 동치 11년(1872)에 아동 30명을 미국 샌프란시스코로 유학을 보냈다. 중국 근대 역사상 최초의 유학생 파견이었다.

그런데 유학생을 모집하는 데 많은 어려움이 있었다. 유가 경전을 통달하여 과거에 급제하는 일이 가장 영예로운 것으로만 알았던 중국의 지식인들은 자기 아들을 '오랑캐의 나라'로 유학을 보내려고 하지 않았다. 그래서 상해에서 유학생을 처음 모집할 때 미달되는 사태가 벌어졌다. 1차 유학생들의 고향이 대부분 향산(香山), 남해(南海), 순덕(順德) 등 바다에 인접한 광동성 출신이었다. 내륙 출신은 단 한 명도 없었다.

어린이들이 우여곡절 끝에 미국에 도착하자마자 일대 반향을 일으켰다. 신문은 중국의 예의 바른 어린이들을 대서특필했다. 대통령 율리시스 그랜트(Ulysses S. Grant · 1822~1885)는 그들을 특별히 백악관으로 초청하여 '중국의 영예'라고 칭찬했으며, 각지에서 친자식처럼 돌보겠다는 미국인들이 다투어 나타났다. 그 후 광서(光緖) 원년(1875)에 이르기까지 평균 연령 12세였던 아동 120명이 미국의 뉴잉글랜드(New England) 각 지방에서 신식 교육을 받았다.

그런데 광서(光緖) 7년(1881) 청조는 유학생들에게 귀국 조치를 내렸다. 원래 아동들을 보낸 이유는 서방의 선진 기술을 신속하게 습득할 수 있다고 판단했기 때문이다. 청조가 원한 것은 과학과 기술이었다.

하지만 예기치 못한 일이 벌어졌다. 어린아이들은 '인권'과 '자유'라는 개념을 깨달았다. 또 변발을 자르고 양복을 입었으며 기독교를 숭배하는 자들이 늘어나자 청조는 당황하지 않을 수 없었다. 그들이 귀국하면 오히려 국가의 불안 요소가 될 수 있었다. 그래서 혁흔은 대신들의 건의를 받아들인 것이다. 유학생들은 길게는 10년 이상 교육을 받고 중국으로 돌아왔다. 외교관, 해군장교, 교육자, 기술자, 사업가 등 여러 분야에서 중국 근대화의 기수가 되었다.

당시 산업의 동맥이라고 할 수 있는 철도가 이 시기에 논쟁거리가 되었다. 사실 중국에서 최초로 철도를 부설해야 한다고 주장한 자는 태평천국의 간왕(干王) 홍인간(洪仁玕·1822~1864)이다. 그는 홍콩에서 여러 해 동안 거주한 경험을 바탕으로 함풍 9년(1859)에 간행한 『자정신편(資政新篇)』에서 "철도 건설로 전국의 맥락이 통하면 병이 없어질 것이다."라고 주장했다. 하지만 태평천국의 멸망으로 그의 꿈은 실현되지 못했다.

동치 4년(1865) 영국 상인이 북경 선무문(宣武門) 밖에 500m 남짓 되는 철도를 놓았다. 중국인들의 호기심을 자극하여 철도 부설권을 확보할 목적이었다. 하지만 중국인들은 괴물처럼 생긴 새까만 기차가 굉음을 내고 달리는 모습을 보고 기절초풍했다.

서태후는 북경성을 수비하는 보군통령(步軍統領)에게 명령을 내렸다.

"철도를 놓으면 우리의 요새를 잃게 하고 논밭과 가옥을 해치며 풍수에 방해가 되므로 당장 철거하라!"

며칠 후 군인들이 달려와 철로를 철거해버렸다. 중국 최초의 철도는 이렇게 파괴되었다. 광서 6년(1880)년에는 영국의 무역회사 이화양행(怡和洋行)이 상해에서 오송(吳淞)까지 철도를 운영했다. 현지 관리들은 철도를 본 적이 없어서 어찌할 바를 모르고 조정에 보고하는 수밖에 없었다. 서태후가 철도에 부정적인 인식을 가지고 있음을 알고 있었던 조정 대신들은 행인 한 명이 기차에 깔려죽었다는 것을 구실로 삼고 철거하려고 했다.

하지만 이화양행에서 이미 적지 않은 자본을 투자했기 때문에 영국인에게 28만 냥을 주고 철도를 매입, 철거한 뒤 바다에 던져버리게 했다. 다음 해(1881)에 이르러서야 하북성 당산(唐山)에서 서각장(胥各莊)까지 10㎞ 남짓 되는 철로를 부설했다. 석탄으로 움직이는 증기기관차였지만 실제로는 나귀와 말이 기차를 끌었다. 기차에서 나는 굉음이 산천의 신을 놀라게 한다는 이유 때문이었다.

함풍 4년(1854) 중국에 온 영국인 로버트 하트(Robert Hart · 1835~1911)는 반세기 동안 거주하면서 중국의 세관 업무를 체계화하고 우편 제도를 완성했다. 양무파가 그를 적극적으로 지지한 덕분에 가능했다.

양무파는 서양의 선진 기술을 도입하여 군수 산업의 근대화에 박차를 가했다. 강남기계제조총국, 금릉제조국, 천진기기국 등 군수공장이 이 시기에 건설되었다. 해군력이 서양에 현저하게 떨어짐을 만회하고자 북양수사학당, 위해수사학당, 남양수사학당 등 일종의 해군사관학교를 전국 각지에 설치했다.

이런 노력의 결과로 군사 분야에서 이룬 가장 큰 성과는 매년 4백만 냥을 투자하여 광서(光緖) 14년(1888)에 창건한 북양해군이었다. 훗날 북양함대의 규모는 아시아에서 가장 컸으나, 청일전쟁(1894~1895) 때 일본 해군에게 전멸을 당하여 중국인에게 깊은 상처를 주었다. 이 전쟁은 35년 동안 지속되었던 양무운동의 실패를 알리는 상징적 사건이었다.

양무운동이 실패할 수밖에 없었던 가장 큰 이유는 서태후와 양무파들이 봉건 질서를 철저하게 유지하는 범위에서 서구의 문물을 제한적으로 활용하려고 했기 때문에 근본적 개혁이 이루어지지 않은 데에 있었다.

이를테면 중국 근대화 건설의 개척자였던 증국번(曾國藩 · 1811~1872)은 유가의 인의와 충성 사상으로 군대를 조직하고 훈련시켰다. 이는 나중에 국가의 정규군이 개인에게 절대 복종하는 사병(私兵)으로 변질되었고 또 군벌이 탄생하는 폐단을 낳았다.

북양해군의 창시자였던 이홍장(李鴻章·1823~1901)도 개혁에 앞장섰으나 어디까지나 관부와 개인의 이익을 위한 개혁이었다. 이홍장이 설립한 기업들은 모두 '관독상판(官督商辦)' 체제였다. 관부에서 민간 사업을 감독한다는 뜻이다. 그는 기업 설립에 필요한 자금이 부족하자 민간 자본을 끌어들여 관민 합작 형태의 기업을 세웠다. 기업이 어느 정도 정상 궤도에 오르면 관부에서 영업 이익을 갈취하는 비열한 방법을 썼다. 이홍장은 이 과정에서 막대한 이득을 챙겼다.

4. 동치제의 친정과 죽음: 아무런 업적도 남기지 못하고 요절하다

동치 12년(1873) 정월 동치제는 마침내 18세의 나이에 친정을 시작했다. 6세 때 황제로 등극한지 12년 만이었다. 여전히 '홀로서기'가 어려운 나이였으므로 모후 서태후의 가르침을 계속 따르겠다고 반포했다. 서태후는 사치를 좋아하는 여자였다. 예전에 함풍제와 함께 원명원에서 보낸 황홀한 시절을 그리워했다. 영불 연합군에게 파괴된 원명원을 복구하여 다시 그곳에서 보내고 싶었다.

모후의 속마음을 알아챈 동치제는 조정 중신들에게 복구를 명했다. 하지만 수천 만 냥이나 소요되는 공사비가 문제였다. 황제의 명령을 거절하기 어려웠던 혁흔은 개인 돈 2만 냥을 기부하고 아울러 호부에서 2만 냥을 먼저 지급하게 했다. 이 사실이 알려지자 신하들의 거센 반발을 초래했다.

어사 유백천(游百川·1822~1895)과 심회(沈淮·?~1875)가 상소문을 올려 격렬하게 반대했다. 누란지위(累卵之危)에 단 한 푼도 아쉬운 상황에서 엄청난 돈을 쏟아 부어 원명원을 중축한다는 게 말이나 되냐는 항변이었다.

다음 해(1874) 7월 상인 이광소(李光昭)라는 자가 '원명원 이감독'을 자칭하고 30만 냥을 편취한 사건이 벌어졌다. 그럼에도 동치제는 공사를 계속 진행했다. 황제의 전횡을 계속 묵과할 수 없었던 혁흔, 대학사 문상(文祥) 등 중신 10명은 연명으로 상소문을 올렸다.

"원기를 배양함으로써 근본을 튼튼히 해야 하지, 이 급하지 않은 일에 막대한 재화를 낭비해서는 안 되옵니다."

대노한 동치제는 혁흔에게 소리쳤다.

"짐이 황상의 옥좌를 너에게 양보하는 게 어떻겠느냐?"

동치제는 그들과 얼굴을 붉히며 언쟁을 벌였다. 그도 자신의 결정이 문제가 있음을 알고 있었지만 그들이 젊은 황제를 무시하는 것 같아 대단히 불쾌했다. 이번에 굴복하면 그들이 사사건건 시비를 걸 수 있다고 생각했다. 그는 즉시 그들을 모두 파면하라는 조서를 쓰게 했다.

조서가 반포되기 전에 서태후가 중재에 나섰다. 만약 그들을 모두 파면하면 국정 혼란이 명약관화했기 때문이다. 동치제는 결국 원명원 복원을 포기했으며, 신하들은 서태후의 체면을 고려하여 원명원 대신에 즙서원(葺西苑)의 삼해(三海: 북해·중해·남해)를 새로 건설하는 데 동의했다.

이때 동치제에게 미움을 산 혁흔은 친왕(親王)에서 군왕(郡王)으로 강등되었으나, 서태후의 간여로 다시 친왕의 작위를 하사받았다. 동치제가 친정을 했어도 여전히 서태후의 뜻에 따라 움직였음을 보여주는 사례였다.

같은 해(1874) 12월 동치제는 자금성 양심전에서 향년 19세를 일기로 요절했다. 자식을 한 명도 남기지 못했으며 청조 역대 황제들 가운데 가장 목숨이 짧았다. 천연두에 걸려 죽었다는 설과 매독을 앓다가 죽었다는 설이 있다. 그가 친정 기간 동안 한 일이라곤 외국 대사들을 접견하고 그들에게 국서를 받은 것뿐이었다.

동치제는 부친 함풍제를 6세 때 여읜 까닭에 부친의 엄격한 교육을 받지 못했다. 권력에 눈이 먼 서태후도 아들 교육에 그다지 열의가 없었다. 더군다나 동치제는 천성이 공부를 싫어했다. 책을 보면 두려워하기까지 했다. 친정을 시작하기 1~2년 전까지도 신하들이 올린 상소문을 제대로 이해하지 못할 정도로 무식했다. 반면에 주색잡기에는 세월 가는 줄 몰랐다.

동치제의 정부인은 효철의황후(1854~1875) 아로특씨(阿魯特氏)이다. 그녀는 몽골귀족 출신인 숭기(崇綺·1829~1900)의 딸이자, 동태후 고종사촌의 외손녀이기도 하다. 숭기는 청조 역사상 몽골 출신으로서는 유일하게 장원급제한 인물이다. 아로특씨가 동치 11년(1872)에 19세의 나이에 황후로 책봉될 때 동태후가 막후에서 그녀를 은밀하게 도왔다. 자기 인척을 황후의 자리에 앉혀서 영향력을 행사할 의도였다.

동태후와 경쟁 관계에 있었던 서태후는 이런 배경을 가진 며느리를 눈엣가시처럼 여겼다. 출신 성분이 좋았고 미모와 재능을 겸비했던 효철의황후도 시어머니 서태후를 불편하게 생각했다. 동치제는 아내를 사랑했지만 고부간의 갈등 속에서 갈피를 잡지 못했다.

서태후는 두 사람의 동침을 용인하지 않았으며 며느리가 임신할까봐 노심초사했다. 그들 사이를 갈라놓기 위하여 동치제에게 혜비(慧妃·1859~1904) 부찰씨(富察氏)를 가까이하게 했다.

어느 날 서태후는 동치제를 불러 이렇게 훈계했다.

"혜비는 현숙하고 지혜로운 여자이오. 지금 황후보다 낮은 비빈의 지위에 있지만 황상은 특별히 그녀를 총애해야 하오. 황후는 나이가 어려서 궁중의 예법에 익숙하지 않으니 수시로 예법을 익히도록 해야 하오. 황상은 황후가 거주하는 궁중으로 가는 일로 정무에 방해가 되는 일을 해서는 절대 안 되오."

예법 교육의 핑계를 대고 두 사람을 떼어놓으려는 의도였다. 원래 원외랑 봉수(鳳秀)의 딸, 부찰씨도 아로특씨와 함께 입궁했다. 미모와 재능을 겸비했지만 행동거지가 경박했다. 그런데 서태후는 오히려 그녀가 자신의 젊었을 때의 모습을 닮았다고 해서 그녀를 총애했다. 그녀도 서태후의 지원을 받고 황후의 물망에 올랐다. 두 황태후는 황후 책봉에 이견을 보이자 동치제에게 직접 간택하게 했다.

동치제는 평소에 권력욕이 강한 생모를 싫어했다. 만약 생모와 성격이 비슷한 부찰씨를 간택하면 평생 고생을 면치 못할 거라 생각했다. 반면에 동태후는 생모는 아니었으나 동치제에게 애정을 쏟았다. 동치제는 생모의 뜻을 저버리고 아로특씨를 황후로 간택했다.

이런 연유로 아로특씨는 황후의 자리에 오르고 부찰씨는 혜비로 책봉되었다. 그런데 황후에게는 서태후의 핍박이 그녀를 기다리고 있었다. 동치제는 서태후의 명령을 거역할 용기가 없었다. 어쩔 수 없이 효철의황후를 멀리하고 혜비와 동침하는 수밖에 없었으나 그녀에게는 어떤 애정도 느끼지 못했다. 동치제는 날이 갈수록 양심전(養心殿)에서 혼자 틀어박혀 지내는 시간이 많았다. 사랑하는 황후효철의황후를 만나자니 서태후의 질타가 두렵고, 싫어하는 혜비와 운우지정을 나누자니 마음이 내키지 않았다.

동치제는 서태후에 대한 미움과 두려움을 주색잡기로 해소했다. 밤이 되면 미복(微服) 차림으로 몰래 궁궐 밖으로 빠져나가 창기들과 술을 마시며 난잡한 성교를 즐기다가 동이 트기 전에 궁궐로 돌아오지 못한 적이 비일비재했다. 그래서 호사가들은 그가 매독에 걸려 죽었다고 주장한 것이다.

당시 효철의황후는 임신한 몸이었으나 서태후의 핍박에 못 이겨 유산했다고 한다. 서태후는 요망한 효철의황후 때문에 동치제가 요절했다고 비난했다. 효철의황후는 침식을 전폐하고 비통을 가누지 못하며 서럽게 울뿐이었다. 그녀의 아버지 숭기는 하루가 다르게 몸이 쇠약해지는 딸을 살리기 위한 방법은 오직 서태후의 관용만이 있다고 생각했다. 실낱같은 희망을 가지고 서태후를 찾아가 딸이 죽어가고 있으니 어떻게 하면 좋으냐고 하소연했다.

서태후의 대답은 이러했다.

"황후가 그렇게 비통에 빠져있으니 차라리 대행황제(大行皇帝: 동치제)를 따라가는 게 좋겠소."

며느리를 얼마나 증오했으면 그녀를 순장시키려고 한 것이다. 결국 효철의황후는 남편이 사망한 지 75일 만인 광서 원년(1875) 2월, 22세의 꽃다운 나이에 급사했다. 서태후의 핍박을 견디지 못하고 자살했다고 한다.

동치제와 효철의황후가 사망한 지 70년의 세월이 지난 1945년의 혼란기에, 두 사람의 합장묘인 혜릉(惠陵)이 도굴된 일이 있었다. 실오라기 한 가닥 걸치지 않은 시신이 드러나고 부장품은 모두 사라졌다. 그런데 황후 시신의 복부가 갈기갈기 찢겨져 있었다. 황후가 황금을 삼키고 자살했다는 소문을 믿은 도굴범들이 황금에 눈이 멀어 그런 사악한 짓을 한 것이다.

제 **11** 장

재첨 덕종 광서제

재첨 덕종 광서제

1. 서태후가 네 살배기 재첨을 황제로 옹립하다

청조의 11대 황제 광서제(光緖帝·1871~1908) 재첨(載湉)은 동치 10년(1871)에 북경에서 태어났다. 부친은 순친왕(醇親王) 혁현(奕譞·1840~1891), 생모는 섭혁나랍완정(叶赫那拉婉貞·1841~1896)이다. 동치 13년(1874) 12월 5일 저녁 동치제가 자금성 양심전에서 붕어하자마자, 서태후와 동태후는 순친왕 혁현, 공친왕 혁흔 등 왕공 대신 29명을 불러 조서를 반포했다.

"선황제 문종(文宗: 함풍제)의 둘째아들이 없는 상황에서 오늘 동치제가 이런 변고를 당했다. 친왕들 가운데 나이가 많은 자가 계승하는 일은 바라지 않는다. 어린아이를 황제로 추대하여 교육을 시키면 된다. 지금 결정한 내용은 영원히 바꾸지 않겠다. 나와 동태후 두 사람은 한마음으로 의견 일치를 보았으니 너희들은 삼가 따르도록 해라! 순친왕 혁현의 아들, 재첨을 선황제 문종의 아들로 입적하여 황위를 계승하게 하노라."

왕공 대신들 가운데 누구도 서태후의 결정에 이의를 제기하지 못했다. 사실상 서태후가 여자 황제였으며 조정이 그녀의 측근들에게 완전히 장악되었기 때문이다. 서태후와 함께 수렴청정을 했던 동태후도 사실은 꼭두각시에 불과했다. 이처럼 서태후의 말 한마디에 새 황제가 결정되었다.

당일 늦은 밤에 철부지 재첨은 졸리는 눈을 비비며 순친왕부(醇親王府)에서 어가를 타고 입궁했다. 어른들이 시키는 대로 동치제의 어탑 앞에서 머리를 조아리고 통곡을 한 뒤 황제의 옥좌에 앉았다. 아마 이때 재첨은 황제가 무슨 일을 하는 사람인지도 몰랐을 것이다. 다만 주변의 화려한 복장을 한 수많은 사람들이 자기에게 굽실거리는 모습을 보고 아주 신기해하면서도 당황했을 것이다.

서태후는 또 조서를 반포했다.

"동치제께서 황태자가 없이 붕어하셨기 때문에 부득이하게 순친왕 혁현의 아들, 재첨을 선황제 문종(함풍제)의 아들로 입적하여 황위를 계승하게 한다. 향후 새 황제가 황자를 낳으면 그를 대행황제(동치제)의 아들로 삼아 후사를 잇게 한다."

그렇다면 서태후는 왜 네 살배기 재첨을 새 황제로 옹립했을까? 먼저 도광제에서 함풍제로 이어지는 시대에 황실 종친들의 인적 구성을 살펴볼 필요가 있다.

당시 도광제의 혁(奕) 자 항렬 아들 9명 가운데 생존해 있었던 군왕은 다섯째아들 혁종(奕誴·1831~1889), 여섯째아들 혁흔(奕訢·1833~1898), 일곱째아들 혁현(奕譞·1840~1891), 아홉째아들 혁혜(奕譓·1845~1877) 등 4명이 있었다.

이들은 모두 함풍제의 이복동생이자 동치제의 숙부였으므로 숙부가 조카를 계승한다는 것은 어불성설이었다. 그리고 이들이 낳은 아들은 모두 재(載) 자 항렬로 동치제와는 사촌 간이다. 그리고 재 자 항렬 다음은 부(溥) 자이다. 쉽게 말해서 황족 중에 부 자가 들어간 이름을 가진 자는 동치제의 자식뻘인 조카들이다. 동치제는 아들이 없었으므로 조카가 황위를 계승해도 문제되지 않았다. 이렇게 항렬을 따져서 가장 합당한 후계자로 떠오른 인물이 한군도통(漢軍都統) 재치(載治·1839~1880)의 아들이자 도광제의 증장손인 부륜(溥倫·1869~1927)이었다.

동치제가 사경을 헤매고 있을 때 조정 중신들은 이미 부륜을 서태후에게 천거했다. 하지만 부륜은 서태후의 낙점을 받지 못했다. 부륜의 아버지 재치가 도광제의 장남 혁위(奕緯·1808~1831)의 양자이므로 혈통을 따지면, 부륜은 직계가 아닌 방계라는 이유에서였다.

틀린 말은 아니었다. 혁위가 후사를 남기지 못하고 죽은 것을 안타깝게 생각한 그의 이복동생 혁녕 함풍제가 혁기(奕紀·1797~1864)의 아들 재치를 혁위의 후사로 삼게 했기 때문이다. 하지만 실질적인 이유는 서태후가 자신과 비교적 먼 인척 관계인 부륜을 황제로 옹립하면 수렴청정하기가 불편했기 때문이다.

서태후는 부(溥) 자 항렬에서 마음에 드는 후계자를 찾지 못하자, 재(載) 자 항렬에서 고르기로 결정했다. 공친왕 혁흔에게는 재징(載澂)과 재형(載瀅) 두 아들이 있었다. 그들 가운데 한 명을 황제로 옹립하면 혁흔의 권력이 막강해질 수 있으므로 배제했다. 순친왕 혁현은 아들 7명을 두었는데 서태후는 그의 둘째아들 재첨(載湉)이 마음에 들었다. 재첨의 생모 섭혁나랍완정이 바로 그녀의 친여동생이었기 때문이다. 서태후는 재첨의 이모였던 것이다. 더구나 함풍 10년(1860)에 혁현과 섭혁나랍완정을 결혼시킨 사람이 다름 아닌 의귀비(懿貴妃: 훗날의 서태후)였다.

청나라 역대 황제 평전

서태후로서는 자신의 혈족이나 다름없는 어린아이 재첨을 황제로 옹립하면 계속 수렴청정을 하면서 대청제국의 천하를 마음껏 주무를 수 있었다. 재첨은 그녀에게 '장난감'이었다. 이런 이유로 서태후는 동치제가 붕어하자마자 재첨을 황제로 결정한다는 조서를 중신들에게 내리고 새 황제를 바꾸는 일은 영원히 없다고 말한 것이다.

서태후의 말 한마디에 황제가 결정된 사건은 청조의 전통적인 황위 계승의 방법을 뿌리 채 뒤흔들어 놓았다. 선황제가 유지(遺旨)를 남기지 못했으면 만주 귀족들이 회의를 통해 차기 황제를 결정하는 관례는 더 이상 통하지 않았다. 또 어린 황제가 등극하면 친왕(親王)이나 고명대신들이 그를 보좌하는 전통도 사라졌다. 더구나 황태후가 후계자를 직접 정하는 일은 상상도 할 수 없었다. 이는 청조가 서태후 1인의 독재 체제로 완전히 굳어졌음을 의미했다.

2. 서태후와 함께 수렴청정을 했던 동태후가 갑자기 죽다

동태후(1837~1881) 뉴호록씨는 함풍제의 붕어 직후에 서태후와 함께 신유정변을 성공시키고 수렴청정을 한 인물이다. 만주 양황기의 귀족 가문 출신이다. 그녀의 아버지는 광서우강도(廣西右江道) 삼등승은공(三等承恩公) 목양아(穆揚阿)이다. 그녀는 부모의 극진한 보살핌 속에서 규수로서 갖추어야 할 예절 교육을 충분히 받고 성장했다. 성격도 자애롭고 온화하여 황제의 배필감이 되기에 손색이 없었다. 함풍 2년(1852) 2월 16세의 나이에 입궁한지 불과 8개월 만인 10월에 함풍제의 황후로 책봉되었다. 이처럼 빠르게 황후의 자리에 오른 것은 함풍제의 지극한 총애가 있었기 때문에 가능했다.

같은 시기에 입궁한 섭혁나랍씨(서태후)는 함풍제의 유일한 아들 재순(동치제)을 낳은 뒤인 함풍 7년(1857)에 이르러서야 비로소 의귀비(懿貴妃)로 책봉되었다. 신분상 정복진 황후와 측복진 귀비는 천양지차이다. 이런 사실을 비추어볼 때 그녀는 함풍제 시절에는 동태후에게 감히 말조차 걸을 수 없을 정도로 동태후보다 신분이 낮았다.

동태후의 유일한 약점은 함풍제의 아들을 낳지 못한 것이었다. 하지만 그녀는 법적으로 동치제의 적모(嫡母)가 되므로, 그의 생모 섭혁나랍씨도 그녀를 함부로 대할 수 있는 상황은 아니었다. 두 여자는 동치제 사후에 황태후가 되었다. 서태후는 혁흔과 짜고 신유정변을 일으킬 때, 황실의 어른인 동태후의 협조 없이는 불가능하다는 사실을 잘 알고 있었다.

동태후는 재순(동치제)이 친아들은 아니었지만 함풍제의 적자(嫡子)이므로 황위 계승은 당연하고 아울러 자신이 적모이므로 서태후와 함께 수렴청정을 해야 한다고 생각했다. 만약 방관하면 여섯 살배기 황제가 고명대신들에게 놀아날 수 있다고 판단했다. 서태후는 이 점을 간파하고 그녀를 자기편으로 끌어들였다. 그래서 서태후와 혁흔이 짜고 일으킨 신유정변이 성공할 수 있었던 배경에는 동태후의 적극적인 협조가 있었던 것이다.

두 황태후가 수렴청정을 시작할 때의 상황을 『청궁유문(淸宮遺聞)』에서는 이렇게 기록했다.

"동태후는 인덕(仁德)이 높았다. 신하들을 처벌하고 표창하는 일은 그녀가 주관했다. 서태후는 재능이 뛰어났다. 신하들이 올린 상소문을 읽고 판단하며 그들을 불러 이익과 폐단을 상의하는 일은 그녀가 주관했다."

동태후는 신하들의 상벌 문제를 다루었다면, 서태후는 정무를 관장했다는 얘기이다. 다시 말해서 동태후는 신하들의 '인사권'을 쥐고 있었으며, 서태후는 실무를 관장했다는 뜻이기도 하다. 이때까지만 해도 서태후는 동태후의 승인 없이 멋대로 정무를 처리할 수 없었다. 국가의 대사를 처리할 때는 언제나 서태후가 동태후에게 상의한 뒤 두 사람의 합의를 통해 결정하는 방법을 채택했다.

동태후는 신상필벌의 원칙을 철저하게 지켰다. 증국번, 좌종당, 이홍장 등 한족 출신의 관료가 공적을 쌓으면 반드시 작위를 높여주었다. 반면에 양강총독 하계청(何桂淸·1816~1862)이 10만 대군을 거느리고도 태평천국군에게 소주(蘇州), 상주(常州), 상숙(常熟) 등 강소성의 주요 도시를 빼앗긴 책임을 물어 그를 주살했다. "동태후가 일을 처리할 때면 손을 들고 그녀의 공덕을 칭송하지 않는 사람은 아무도 없었다."는 말이 널리 퍼질 정도로 그녀에 대한 백성들의 신망이 높았다.

환관 안덕회(安德海·1844~1869) 사건은 동태후와 서태후의 역학 관계를 잘 보여준다. 안덕회는 어렸을 때 생식기를 훼손당하고 입궁하여 함풍제의 어전태감이 되었다. 신유정변 때 서태후의 앞잡이 노릇을 자처하여 공을 세웠다. 서태후가 혁흔을 통제하는 데에도 계략을 꾸며 그녀의 환심을 샀다.

동치 7년(1868) 서태후의 총애를 업은 안덕회는 북경성 밖 거대한 식당에서 화려한 연회를 열어 경극 배우 마새화(馬賽花)를 아내로 맞이했다. 방년 19세의 미인 마새화가 안덕회의 아내가 되었다는 소문이 삽시간에 퍼졌는데 그를 조소하지 않는 자는 없었다. 하지만 서태후는 안덕회에게 은자 천 냥과 비단 백 필을 하사했다.

안덕회는 서태후의 총애에 의지하여 온갖 못된 짓을 했다. 조정 중신뿐만 아니라 동치제도 그의 악행에 원한이 골수에 사무쳤지만 어쩔 방도가 없었다. 동치 8년(1869) 안덕회는 강남 지방으로 가서 용포(龍袍)를 구입한다는 명목으로 서태후의 승인을 받고 황궁을 나왔다. 가는 곳마다 고을 수령들을 불러들이고 연회를 열게 했다. 사람들은 그의 기고만장한 태도에 혀를 내둘렀으나 그가 서태후의 심복이라는 얘기를 듣고 시키는 대로 할 수밖에 없었다.

어느 날 안덕회가 산동성에 이르렀을 때 산동순무 정보정(丁寶楨·1820~1886)이 그를 구금했다. "환관은 절대 도성 문 밖을 나갈 수 없으며 위반한 자는 사형으로 다스린다."는 것이 청조의 제도였다.

정보정의 상소가 올라오자 조정 중신들은 이구동성으로 안덕회를 주살해야 한다고 주장했다. 서태후는 사건을 무마하려고 했으나, 동태후는 법에 따라 주살하라고 명령했다. 결국 안덕회는 처형을 당했다. 신하들과 백성들은 앓던 이가 빠진 것 같은 후련함을 느꼈다. 이는 환관 한 명의 죽음으로 끝난 단순한 일이었으나 동태후가 서태후보다 우위에 서 있었고 백성들의 지지를 받고 있었음을 알 수 있는 상징적 사건이었다.

공친왕 혁흔을 중심으로 하는 양무파들이 동치 연간에 두 황태후의 지지를 받고 양무운동을 일으켜 어느 정도 성과를 낼 수 있었던 것도, 사실은 서태후보다는 동태후의 역할이 컸다. 양무파의 핵심 인사들은 서양 열강과 싸우거나 협정을 맺으면서 청조가 서양에 비해 얼마나 낙후되었는지 뼈저리게 느꼈다. 서양 문물을 받아들이지 않으면 청조는 망할 수밖에 없다는 공포감에 사로잡혔다.

그들은 당장 인재 양성을 위하여 신식 학교를 세우고 해외로 유학생을 파견해야 했다. 또 서양의 과학기술을 도입하여 선박을 건조하고 무기를 개량해야 했다. 하지만 이런 국가적 대사업을 추진하려면 천문학적 예산이 소요되었다. 국고의 열쇠를 쥐고 있는 두 황태후의 승인 없이는 자금 마련이 불가능했다.

그런데 서태후는 자신의 권력 장악과 호화로운 생활에 관심이 있었을 뿐이지 국가의 미래를 내다보고 국정을 어떻게 이끌어 가야하는 것에는 별 관심이 없었다. 서양 문물을 받아들이는 데 반대하지 않았지만 막대한 자금을 써서 중국의 근대화를 이끌 생각이 없었다. 그녀가 청조가 망국의 길로 들어섰는데도 막대한 자금을 투입하여 원명원을 중수하려고 했던 사실을 통하여 그녀의 관심사가 어디에 있었는지 알 수 있다.

하지만 동태후는 그렇지 않았다. 청조의 재정 형편이 지극히 어려운 상황에서도 국고에 비축해 놓은 은자를 아낌없이 방출함으로써 양무파에게 힘을 실어주었다. 만약 동태후의 지원과 노력이 없었다면 단기간이지만 일정한 성과를 거둔 '동치중흥(同治中興)'은 없었을 것이다.

동치 13년(1874) 12월 5일 동치제 사후에 서태후가 네 살배기 재첨(載湉)을 새 황제로 추대한 뒤로부터는, 동태후는 유명무실한 존재가 되었다. 서태후는 겉으로는 그녀와 함께 2차 수렴청정을 한다고 반포했다. 하지만 그녀는 이미 들러리로 전락하고 말았다.

두 황후의 남편 함풍제는 살아생전에 의귀비(서태후)의 권력욕이 지나치게 강하고 사치가 심한 것을 우려했다. 만약 그녀가 함풍제의 유일무이한 아들 재순(동치제)의 생모가 아니었다면 벌써 쫓겨났을 것이다. 함풍제는 임종 직전에 특별히 황후(동태후)에게 밀지를 내렸다. 의귀비가 전횡을 부리면 황실의 법도에 따라 죽이라는 무서운 얘기였다.

그런데 황후는 선량한 여자였다. 의귀비를 불러 밀지를 보여주며 매사에 근신하도록 충고했다. 밀지를 본 의귀비는 깜짝 놀랐다. 어떻게 해서라도 먼저 황후의 환심을 사야 했다. 두 사람이 황태후가 된 후 어느 날 동태후가 병이 났다. 어의가 올린 약을 여러 차례 먹었지만 좀처럼 낫지 않자 그를 나무랐다. 그런데 며칠 후 병이 씻은 듯이 사라졌다. 기분이 좋아진 그녀는 이화원으로 산책을 나갔다가 마침 서태후가 왼쪽어깨에 흰 천을 동여매고 있는 모습을 보았다. 부상을 당하지 않았나 하는 걱정으로 그 연유를 묻자 서태후는 태연하게 대답했다.

"며칠 전 태후께서 병환 중에 얼굴이 창백한 모습을 보고 마음이 너무 아팠습니다. 그래서 어의에게 내 어깨살 한 점을 떼어내어 탕약으로 만들어 태후에게 바치게 했습니다."

이 말을 듣고 동태후가 어찌 감격해마지 않았겠는가. 그녀는 즉시 서태후를 데리고 중궁전으로 돌아가 그녀가 보는 앞에서 밀지를 불태웠다. 그 후 두 사람은 친자매처럼 지냈다. 동태후가 서태후에 비해 두 살 아래였으므로 사석에서는 그녀를 언니라고 불렀다. 서태후는 자기 몸의 살점을 떼어줄 정도로 동태후를 사랑한 게 아니라 권력을 잡기 위해 그런 행동을 했다. 하지만 동태후는 그녀가 정말로 자신을 목숨처럼 아낀다고 생각한 순진한 여자였다.

동태후도 서태후를 감동시킨 일이 있었다. 황실의 법도에 의하면 여섯 살배기 동치제의 양육권은 적모(嫡母)인 동태후가 가지고 있었다. 생모 서태후는 친아들을 만나는 일조차 쉽지 않았다. 하지만 동태후는 황실의 법도를 어기고 서태후와 함께 거주하면서 동치제를 기르자고 했다. 그녀의 뜻밖의 제안에 놀란 서태후가 그 이유를 묻자, 동태후는 미소를 지으며 말했다.

"지금 국난에 처해 있는 시기에 나 혼자 어린 황상을 키우면 온갖 소문과 모략이 난무하여 국가의 대사를 그르치게 될 것이오. 우리 두 과부가 함께 거주하면서 아침저녁으로 서로를 존중하고 화목하게 지내면 그러한 중상모략은 자연히 사라질 것이오."

서태후는 동태후의 심모원려에 감복했다. 그런데 광서 7년(1881) 3월 동태후가 종수궁(鍾粹宮)에서 45세의 나이에 갑자기 죽었다.

동태후의 「유고(遺誥)」에 이런 기록이 있다.

"광서 7년(1881) 3월 9일 태후께서 좀 편찮으셨다. 다음 날 병세가 갑자기 악화되었다. 술시(戌時: 오후 7~9시)에 이르러 의식을 잃고 임종하셨다."

이것이 그녀의 죽음에 대한 조정의 공식 입장이었다. 하지만 「유고」는 동태후가 죽기 전에 쓴 게 아니고 사후에 서태후의 지시에 따라 만들어졌다. 따라서 서태후가 얼마든지 사망 원인을 조작할 수 있었을 것이다.

그녀의 사망 원인에 대해서는 여러 얘기가 떠돈다. 그녀가 사망하기 하루 전에 그녀를 만나 정사를 논했던 군기대신 좌종당(左宗棠)은 비보를 접하고 이렇게 말했다.

"어제 아침 태후를 배알했을 때 옥체가 아주 건강하시고 기분이 무척 좋아 보이셨는데 어찌 하루아침이 병이 들어 갑자기 사망하셨단 말인가?"

다른 대신들도 그녀의 급사를 도저히 이해할 수 없었다. 평소에 지병을 앓았으면 수긍하겠지만 누구보다 건강했던 그녀였기에 더욱 충격이 컸다. 발 없는 소문은 순식간에 황궁 밖으로 퍼졌다.

어떤 이는 서태후가 동태후를 독살했다고 주장한다. 동태후가 사망하기 몇 달 전에 서태후는 자궁 출혈이 심해 병석에 누운 적이 있었다. 동태후는 부득이하게 혼자 대신들을 접견하고 국사를 처리할 수밖에 없었다. 서태후는 동태후가 사전에 자기와 협의 없이 월권 행위를 했다고 분노했다. 이때 마음속으로 동태후를 죽일 결심을 하고 음식물에 독약을 넣어 죽였다는 것이다.

하지만 독살설은 야사에 나오는 이야기로 명백한 근거가 없다. 오늘날에도 서태후가 동태후를 죽였다는 얘기가 끊임없이 유포되고 있다. 역사적 사실에 근거하면 두 사람 사이가 서로 죽이고 싶은 마음이 들 정도로 나쁘지 않았다. 만약 서태후가 그녀를 정말로 제거하려고 했다면 친아들 동치제의 통치 기간에 얼마든지 죽였을 것이다. 하지만 재첨(광서제)을 꼭두각시 황제로 앉히고 2차 수렴청정을 시작할 때도 여전히 동태후와 함께 했다. 두 황태후는 무려 20여 년 동안 수렴청정을 한 것이다.

호사가들이 자꾸 서태후를 의심하는 이유는 그녀가 권력욕이 너무 강했고 사치가 심했으며 아울러 국가의 이익보다는 개인의 이익에 집착했기 때문이다. 심지어 친아들 동치제도 서태후가 죽였다는 믿기 힘든 이야기도 있다. 사실은 그녀를 '악녀'로 만들어서 청조가 망한 원인을 모두 그녀에게 뒤집어씌우려는 의도가 없지 않았다.

근래에는 동태후가 심혈관 질환으로 급사했다는 이야기도 있다. 그녀는 고상한 성품을 가진 여자였다. 이해 관계가 얽힌 정치는 그녀에게 맞지 않았다. 그래서 모든 실무는 서태후가 관장했다. 서태후가 병석에 누워있을 때, 그녀는 어쩔 수 없이 혼자 막중한 업무를 감당해야 했다. 한평생 고고하고 우아한 학처럼 살아온 그녀에게 견딜 수 없는 스트레스가 찾아와서 급사했다는 것이다. 어쨌든 동태후 사후에 청조의 천하는 완전히 서태후의 천하가 되었다.

3. 서태후의 꼭두각시 노릇을 하다

동치제의 붕어 직후인 동치 13년(1874) 12월에 환관의 등에 업혀 궁궐로 들어온 네 살배기 재첨(載湉)은 황제로 추대된 뒤 서태후의 품에 안겼다.

그는 말이 황제이지 부모의 품에서 한창 재롱을 부리며 자라야 하는 유아였다. 생모 섭혁나랍완정이 그를 키우는 것이 인지상정이었다. 하지만 서태후는 재첨이 함풍제의 아들로 입적하여 황위를 계승했으므로 법적으로는 자신과 모자 관계임을 이용하여 생모의 접근을 철저하게 차단했다.

아들을 빼앗긴 섭혁나랍완정은 20여 년 동안 아들을 그리워하며 고통 속에 지내다가 광서 22년(1896)에 사망했다. 그녀가 사망하기 직전에 광서제는 가까스로 서태후의 윤허를 받고 생모를 만날 수 있었다. 생모를 껴안고 통곡하자 그녀는 아들을 한참 동안 바라본 뒤 희미한 미소를 지으며 숨을 거두었다.

친아들이 황제가 되면 생모는 태후로 책봉되는 것이 관례였다. 하지만 섭혁나랍완정은 사후에도 태후로 추증되지 않았다. 그녀가 서태후의 친여동생이었음에도 서태후는 끝내 그녀를 예우하지 않았다. 광서제의 생부 순친왕 혁현도 평생 아들을 그리워하다가 병석에서 일어나지 못했을 때, 겨우 아들 얼굴을 한 번 보고 세상을 떠났다.

서태후는 어린 광서제를 애지중지했다. 언제나 자신의 어탑에서 잠을 재우고 날씨가 춥거나 더우면 친히 옷을 갈아입혔다. 또 한자를 직접 써서 가르치고 유가 경전을 읽어주었다. 그에게 사랑을 듬뿍 주어서 그가 어른이 되면 자신을 친어머니로 여기고 무조건 따르게 할 목적이었다. 하지만 광서제는 점차 성장하면서 친부모의 존재를 알게 되었으며, 서태후가 그들을 못 만나게 하는 행위를 괴로워했다. 친부모의 사랑을 받지 못하고 성장한 그는 평생 정서 불안에 시달렸다.

어느덧 세월이 흐르자 광서제는 이성을 그리워하는 나이가 되었다. 황후를 맞이하는 대혼도 서태후가 주관했다. 삼등승은공 계상(桂祥)의 딸 섭혁나랍씨(葉赫那拉氏·1868~1913), 강서순무 덕형(德馨)의 두 딸, 시랑 장서(長敘)의 두 딸 타타랍씨(他他拉氏) 등 5명이 최종 선발되었다.

서태후는 이미 마음속으로 친동생 계상의 딸을 황후로 결정했다. 고모가 죽으라면 죽는 시늉도 할 수 있는 피붙이였기 때문이다. 그런데 황후마저도 멋대로 결정했다는 세간의 비난을 피하기 위하여 나머지 4명을 들러리로 세웠다.

규수 다섯 명은 간택을 받기 위하여 체화전(體和殿)에서 광서제와 서태후 앞에 다소곳이 서있었다. 어좌 앞 탁자에는 비단으로 만든 상자 세 개가 놓여있었다. 가운데 놓여있는 상자에는 금테로 두른 옥장식품이 있었고, 나머지 두 상자에는 붉은 비단주머니가 들어있었다. 옥장식품을 하사받은 규수가 곧 황후로 책봉되며, 붉은 비단주머니를 하사받은 규수는 비빈으로 뽑히는 절차였다.

서태후는 이미 황후를 결정했지만 겉으로는 광서제가 직접 간택하게 했다. 굳이 자기가 고르지 않아도 광서제가 자기의 속마음을 읽고 섭혁랍씨를 선택할 걸로 확신했다. 그렇게 하면 자기가 멋대로 황후를 간택했다는 세상 사람들의 비난을 피할 수 있었던 것이다.

서태후와 광서제가 나눈 대화는 이랬다.

"황상께서는 마음에 드는 규수에게 이 옥장식품을 주시오."

"아니옵니다. 저의 배필은 태후께서 결정하셔야 하옵니다."

광서제는 어차피 각본대로 하는 일이라 자신에게 결정권이 없다고 생각했다. 하지만 서태후가 계속 종용하자 광서제는 정말로 자기가 결정해도 되는 일이라고 착각했다. 신바람이 난 광서제는 규수들을 찬찬히 뜯어보았다. 서태후가 점지한 섭혁나랍씨는 영 마음에 들지 않았다. 창백한 인상이 거슬렸다. 덕형의 작은 딸이 한 눈에 들어왔다. 강남에서 자란 그

청나라 역대 황제 평전

녀는 가히 경국지색이라 할만 했다. 광서제는 망설이지 않고 그녀에게 달려 갈 때 뒤에서 날카로운 음성이 귓전을 때렸다.

"황상!"

서태후의 외마디 외침이었으나, 너무나 강렬한 의사 표현이었다. 순식간에 얼어붙은 광서제는 비로소 그녀의 뜻을 알아차렸다. 이렇게 해서 섭혁나랍씨는 황후로 책봉되었고, 장서의 두 딸 타타랍씨가 비빈으로 뽑혔다. 훗날 광서제가 그토록 사랑했던 진비(珍妃·1876~1900)가 바로 장서의 작은 딸이다.

서태후가 덕형의 두 딸을 배제한 까닭은 그들이 너무 예뻤기 때문이다. 그들을 비빈으로 삼으면 광서제가 섭혁나랍씨를 찾지 않고 그들의 품 안에서 헤어나지 못할까 염려했다. 서태후는 권력을 행사하는 데 조금이라도 방해가 될 요소가 있으면 이처럼 사전에 싹수를 자른 것이다.

광서 15년(1889) 1월 광서제는 섭혁나랍씨를 황후로 책봉하고 성대한 대혼을 치렀다. 섭혁나랍씨가 곧 효정경황후(孝定景皇后)이다. 하지만 두 사람은 신혼 첫날밤부터 불화가 싹텄다. 광서제가 그녀에게 속마음을 솔직하게 토로했기 때문이다. 그녀는 눈물로 밤을 지새웠다. 그 후 광서제는 황후를 침소로 거의 불러들이지 않았다.

한편 13세 때 비빈으로 책봉된 타타랍씨 진비는 하루가 다르게 매력적인 여자로 성장하고 있었다. 13세 때는 운우지정의 즐거움을 알 나이가 아니었지만 꽃다운 나이가 되자 광서제의 마음과 육신을 뒤흔들었다. 또 성격이 쾌활했을 뿐만 아니라 그림과 서예에 대한 안목도 높아 우울증에 시달리던 광서제가 그녀와 함께 있으면 언제나 함박웃음을 지었다.

광서제는 봉건 질서에 찌든 서태후의 간섭에서 벗어나 새로운 국가를 건설하고 싶었다. 서구의 문물을 받아들이지 않고서는 목표를 이룰 수 없었다. 진비는 서양 문명의 세례를 가장 많이 받은 광동성 광주에서 어린 시절을 보냈으므로 누구보다도 진보적이고 개혁적인 생각을 가진 신여성이었다. 광서제가 추진하려는 개혁을 뒷받침하는 데 더 없이 훌륭한 반려자였다. 이는 광서제가 그녀를 더욱 총애한 이유 가운데 하나이기도 했다.

그런데 봉건 시대에 비빈은 자기가 원한다고해서 아무 때나 황제와 동침을 할 수 없었다. 황제가 욕정이 발동하여 비빈을 부르면, 비빈은 꽃단장을 하고 침소로 들어가 운우지정을 나눈 뒤 다음 날 아침에 반드시 후궁의 거처로 돌아가야 했다. 언제나 간택될 날만을 학수고대하는 가련한 처지였으므로 한 번 기회를 잡으면 하룻밤 만에 황제의 눈에 들기 위하여 온갖 교태와 방중술을 부려야 했다. 천우신조로 황제의 '씨앗'을 받아 황자를 낳으면 하루아침에 품계가 상승하고 부귀영화를 누릴 수 있었다.

그런데 광서제와 진비의 관계는 그게 아니었다. 광서제는 밤마다 그녀를 불렀다. 잠자리를 가진 뒤에는 황실의 법도에 따라 진비를 돌려보내야 했으나 그렇게 하지 않았다. 그녀가 곁에 없으면 너무 허전했기 때문이다. 진비가 황제의 처소에서 나오지 않고 지낸다는 소문이 삽시간에 퍼졌다.

효정경황후는 눈물을 하염없이 흘렸다. 아내로서 남편을 빼앗긴 치욕과 질투가 섞인 눈물이었다. 어느 날 진비가 거주하는 후궁에서 남자의 신발이 발견되어 후궁이 발칵 뒤집혔다. 진비가 사내와 놀아났다는 소문이 서태후의 귀에 까지 들어와 한바탕 홍역을 치렀다. 다행히 혐의를 벗었지만 평소에 그녀를 탐탁지 않게 생각하던 서태후의 의심을 산 사건이었다. 나중에 밝혀진 바로는 효정경황후가 환관의 우두머리 이련영(李蓮英·1848~1911)과 짜고 남편의 사랑을 빼앗아간 진비를 해코지한 일이었다

또 이런 일도 있었다. 진비가 황궁의 광대가 입는 화려한 옷을 가지고

청나라 역대 황제 평전

있었다. 효정경황후는 비천한 광대의 옷을 비빈이 가지고 있는 것을 문제 삼았다. 그녀의 하소연을 들은 서태후는 진비의 옷을 벗기고 그녀에게 매질을 가하게 했다. 사실 그 옷은 광서제가 선물로 준 옷이었다.

효정경황후는 끝내 남편의 사랑을 받지 못했다. 청조가 망하고 중화민국이 건국된 후인 민국(民國) 2년(1913) 2월에 향년 46세를 일기로 타계했다. 그녀의 마지막 존호는 융유태후(隆裕太后)이다. 청조와 중국의 마지막 황제였던 부의(溥儀·1906~1967) 선통제(宣統帝)의 즉위 직후에 태후로 추대되었기 때문이다. 당시 선통제가 세 살배기였으므로 융유태후는 청조 말기에 중화민국이 건국될 때까지 2년여 동안 수렴청정을 했다.

서태후는 개방적 사고를 가지고 재기 발랄한 진비가 영 마음에 들지 않았다. 다만 자기가 친아들처럼 생각하는 광서제가 그녀를 워낙 총애하고 있었으므로 그녀의 튀는 행동거지를 묵인했다. 하루는 광서제와 진비가 어화원(御花園)에서 산책을 하고 있었다. 진비는 광서제가 하사한 진주와 비취로 장식한 화려한 옷을 입고 있었다.

마침 두 사람이 다정하게 걸어오고 있는 모습을 본 서태후가 분개했다.

"나도 진주와 비취가 주렁주렁 달린 화려한 옷을 입어 본 적이 없는데도, 너는 감히 비빈 주제에 입었구나."

두 사람은 즉시 머리를 조아리고 잘못을 빌었다. 진비는 대나무로 만든 매로 30 대를 맞았다. 이때 진비가 서태후에게 당한 고통과 치욕은 서막에 불과했다.

광서 24년(1898) 6월 강유위(康有爲), 양계초(梁启超) 등이 중심이 된 유신파가 광서제의 지지를 받고 무술변법(戊戌變法)을 일으켰다. 일본의 명치유신을 모방하여 서양 문물을 적극적으로 받아들이고 사회 개혁을 시도했다. 하지만 100여일 만에 서태후를 중심으로 하는 수구파가 일으킨 무술정변(戊戌政變)에 의해 좌절되었다.

다시 권력을 장악한 서태후는 개혁 세력을 혹독하게 탄압했다. 자기가 애지중지하며 키웠던 광서제도 중남해(中南海)의 영대(瀛台)에 구금시켰을 정도로 냉혹한 여자였다. 서태후는 진비가 광서제를 꼬드겨 정권을 찬탈하려고 했다고 의심했다. 진비는 발가벗은 채로 매를 맞고 음침한 처소에 유폐되었다.

광서 26년(1900) 8월 8개국 연합군이 북경을 침략했을 때, 서태후는 광서제를 데리고 섬서성 서안으로 달아날 궁리를 했다. 일행 모두 변복을 하고 떠나기 직전에 서태후는 유폐된 진비가 생각났다. 진비를 끌어낸 뒤 측근들에게 이렇게 말했다.

"진비는 젊고 예쁘므로 반드시 양인들에게 능욕을 당하여 조종(祖宗)을 욕되게 할 것이다."

진비에게 자살을 명했지만 그녀가 저항하자 환관과 궁녀들에게 그녀를 우물에 집어넣게 했다. 결국 진비는 외마디 비명을 지르며 25세의 짧은 인생을 마감했다. 그녀가 젊고 예뻐서 능욕을 당할 것이라는 것은 구실에 불과했다. 사실은 그녀를 황궁에 남겨두면 그녀가 서양 사람들과 결탁하여 정권을 찬탈하지 않을까 하는 두려움 때문이었다.

광서제는 서태후 앞에서는 고양이 앞의 쥐 신세였다. 자기가 가장 사랑했던 진비마저도 서태후에게 희생될 때도 속수무책이었을 정도로 무능하고 나약한 황제였다.

4. 청일전쟁: 일본에게 패하여 조선에 대한 종주권을 빼앗기다

광서 13년(1887) 1월 광서제는 17세의 나이에 친정을 시작했다. 옛날에 중국에서는 전통적으로 16세부터는 성인으로 인정했기 때문에, 서태후도 수렴청정을 그만두고 광서제에게 권력을 이양해야 했다. 하지만 표면적으로 황제의 친정을 반포했을 뿐, 여전히 막강한 권력을 쥐고 황제를 꼭두각시로 부렸다.

그런데 조선 고종 31년(1894) 3월 조선에서 동학농민혁명이 폭발했다. 탐관오리들의 학정에 견디다 못한 민중의 항거가 삼남 지방에서 들불처럼 타올랐다. 전라도 고부의 동학접주 전봉준(全琫準·1855~1895)이 이끈 농민군이 전라도의 수도나 다름없는 전주성을 점령하자, 조선 조정은 황급히 청나라에 파병을 요청했다.

조선을 호시탐탐 노리던 일본도 1885년에 청나라와 체결한 「천진조약」을 구실로 군대를 파견했다. 이 조약의 핵심은 조선에서 변란이 일어나거나 중대 사건이 발생했을 때, 조선의 의사와는 관계없이 청나라와 일본이 똑같이 간섭하고 파병하는 권리를 갖는다는 것이었다.

고종 31년(1894) 11월 농민군이 공주 우금치에서 일본군과 관군의 연합군에게 패하여 농민혁명은 실패로 끝났다. 무능하고 부패한 조선 조정이 외세를 끌어들여 민중의 저항을 꺾었으나, 그 결과는 오히려 더 참혹했다. 청나라와 일본이 조선에 대한 지배권을 놓고 충돌한 것이다.

원래 서태후는 일본의 야욕을 알고 있었다. 하지만 자신의 회갑 경축연을 여는 데 필요한 막대한 경비를 마련하고 평화로운 분위기를 연출하기 위하여 일본과 협상을 원했다. 이홍장도 자신이 애써 키운 회군(淮軍)과 북양수사(北洋水師)가 전쟁에 휘말리는 것을 원치 않았다.

그런데 광서제와 그의 스승이자 호부상서였던 옹동화(翁同龢·1830~1904)

는 강력한 개전 의지를 밝혔다. 주화파와 주전파가 팽팽히 맞서는 와중에 조선 문제를 놓고 일본과의 담판이 결렬되자, 이홍장은 광서제의 명령에 따라 조선에 증원군을 보내지 않을 수 없었다.

고종 31년(1894) 7월 25일 조선 서해안의 풍도(豊島) 해상에서 일본 해군 함정이 선전포고도 하지 않고 조선 아산만으로 향하는 청나라 함선을 공격했다. 이때 영국 국적의 보급선 고승호가 격침되어 배에 타고 있던 청군 870여 명이 몰살당했다. 고승호는 청조가 증원군을 조선으로 보내기 위하여 임대한 수송선이었다.

당시 직예제독 섭지초(葉志超·1838~1901)와 태원총병 섭사성(聶士成·1836~ 1900)이 이끈 청군은 동학농민군을 진압하기 위해 충청도 아산에서 주둔하고 있었다. 증원군이 풍도 해상에서 몰살당한 상황에서 일본군이 아산으로 진격해오고 있다는 첩보를 들은 섭지초는 두려움에 떨었다.

섭사성이 그에게 이렇게 건의했다.

"바닷길은 이미 막히고 지원군은 일본군을 격퇴하고 우리를 도와주기가 아주 어려운 상황이오. 아산은 협소한 곳이니 지킬 수 없소. 공주는 배산임수의 땅이니 그곳에 진을 치고 싸우면 승리할 수 있고 아울러 시간을 두고 지원군을 기다릴 수 있는 천혜의 요새이오. 만약 승리하지 못하면 우회로를 택하여 후퇴할 수 있을 것이오."

섭지초는 그의 건의를 받아들이고 그에게 성환에서 일본군을 막게 하고 자신은 공주성에서 방어하기로 결정했다. 하지만 일본군을 두려워한 섭지초는 공주를 버리고 평양으로 후퇴했다. 섭사성은 섭지초가 달아난 사실을 모르고 성환에서 일본군과 격전을 벌였다. 일본군 천여 명을 살상하는 전과를 올렸으나 탄약이 떨어지고 보급품이 끊긴 상황이 되자 공주로 퇴각했다.

공주성에 입성한 섭사성은 깜짝 놀랐다. 섭지초의 청군이 이미 성을 비우고 평양으로 도망갔다는 얘기를 들은 것이다. 그도 패잔병을 이끌고 평양으로 후퇴하는 수밖에 없었다.

한편 평양성으로 들어온 섭지초는 이홍장에게 허위 보고를 했다.

"성환에서 여러 차례 승리했습니다. 왜적 2천여 명이 죽은 반면에 우리 병사는 2백여 명 밖에 죽지 않았습니다."

섭지초의 허위 보고를 사실로 믿은 이홍장은 조정에 그의 공적을 상신했다. 광서제는 은자 2만 냥을 하사하고 섭지초를 제군총통(諸軍總統)으로 임명했다. 당시 청군과 조정의 기강이 얼마나 문란했고 부패했으면 이런 황당한 일이 벌어졌겠는가.

섭지초가 거느린 청군 1만6천여 명은 평양성에서 방어선을 구축하고 일본군의 공격에 대비했다. 고종 31년(1894) 9월 15일 양군은 평양성에서 혈전을 벌였다. 청군의 병력수와 무기가 일본군에 뒤지지 않았지만, 청군은 철저한 군인 정신으로 무장한 일본군에게는 오합지졸에 불과했다. 9월 24일 청군은 평양성의 현무문과 모란대에서 대패한 뒤 압록강을 건너 퇴각했다.

양군이 평양성에서 혈전을 벌일 때인 9월 17일에 바다에서도 일대 격전이 벌어졌다. 다섯 시간의 해전 끝에 청조가 자랑하던 북양수사(北洋水師)의 함대가 참패를 당했다. 북양 함대의 치원(致遠), 경원(經遠), 초용(超勇), 양위(揚威), 광갑(廣甲) 등 전함 5척이 격침된 반면에, 일본 연합 함대의 전함은 몇 척이 손상만 입었을 뿐 단 한 척도 침몰되지 않았다. 사실상 청조는 이때부터 조선 서해의 제해권을 일본에 넘겨주었다.

육지와 해상에서 대승을 거둔 일본군은 공격의 고삐를 늦추지 않고 노골적으로 중국 침략을 단행했다. 육지에서는 요녕성 금주(錦州), 여순(旅順) 등 전략적 요충지가 일본군에게 점령당했다. 해상에서는 북양수사 최후의 방어기지인 산동성 위해위(威海衛)가 점령당함으로써 북양수사가 괴멸되었다.

일본군의 침략에 기겁한 서태후는 북경이 또 외국군에게 함락되지 않을까 두려워했다. 광서 21년(1895) 3월 이홍장을 일본 시모노세키로 파견하여 일본수상 이토 히로부미(1841~1909)와 협상을 하게 했다. 이홍장은 옛날에 조선통신사의 숙소였던 접인사(接引寺)에 머물면서 담판을 시작했다. 두 사람은 예전에 협상 때마다 자주 만난 사이였다.

이토 히로부미의 첫 마디는 이랬다.

"10여 년 전 중국은 대국이라서 중당(中堂: 이홍장의 아호)이 나를 꾸짖었는데 지금은 도리어 일본이 전승국이 되었구려!"

이홍장은 얼굴이 화끈거렸다. 대청제국이 일본에게 패하여 자신이 이런 굴욕적인 강화 협상의 대표로 참가할지는 꿈도 못 꾸었다. 이토 히로부미는 요동반도에서 일본군이 연전연승하는 전황을 활용하여 이홍장을 강하게 압박했다. 만약 일본이 제시한 요구를 들어주지 않으면 북경을 공격하겠다는 협박도 했다. 이홍장은 서구 열강의 세력을 이용하여 일본의 중국 침략을 막는 계책으로 대응했다. 이토 히로부미가 대만 할양을 요구했을 때, 이홍장은 영국이 간섭할 것이라며 거부했다.

이토 히로부미가 빙긋이 미소를 말했다.

"어찌 대만으로만 그치겠소. 귀국 영토의 어떤 곳이라도 내가 취하려

청나라 역대 황제 평전

고 마음만 먹으면 어떤 나라가 감히 나서서 반대하겠소?"

이홍장은 조선 독립은 쉽게 동의했으나 대만, 요동반도 등 영토를 할양하고 은자 3억 냥을 배상하며 북경 등 7개 도시를 개방하라는 가혹한 요구는 도저히 수용할 수 없었다. 회담이 답보 상태에 빠졌을 때 뜻밖의 사건이 벌어졌다. 이홍장이 고야마 토요타로라는 괴한에게 총격을 당해 안면에 큰 부상을 당했다. 국제 여론이 일본인의 야만성을 규탄하자 당황한 일본 정부는 서둘러 강화를 마무리해야 했다. 이토 히로부미가 내놓은 최종 수정안도 일방적인 요구였다.

두 사람이 나눈 대화는 이러했다.

"이 수정안에 대하여 중당이 이의를 제기하면, 나는 윤허(允許) 또는 불윤(不允) 두 단어만 말하겠소."

"설마하니 이치를 따지는 것도 허용하지 않겠다는 뜻은 아니겠지요?"

"중당께서 변론은 할 수 있어도 내가 제시한 조건을 더 이상 줄일 수 없소."

두 사람은 우여곡절 끝에 4월 14일에 「시모노세키 조약」을 체결했다. 일본의 요구를 대부분 수용한 불평등조약이었다. 이 조약의 제 1조는 중국이 조선을 완전한 자주독립국가로 인정한다는 내용이다. 표면적으로는 일본이 조선의 독립을 지지한 것 같지만, 사실은 조선을 중국과의 종속관계에서 분리시켜 식민지로 삼으려는 의도에서 나온 것이다. 조선은 이때부터 일본의 식민지로 전락하고 말았다. 대만도 이 조약에 따라 일본에 할양되어 50여 년 동안 일본의 통치를 받았다.

5. 무술변법을 주도했으나 실패하여 유폐를 당하다

　　광서제는 서태후의 반대를 무릅쓰고 일본 침략에 맞선 주전파를 옹호했다. 하지만 실권은 서태후가 쥐고 있었으므로 그의 영향력은 제한적이었다. 청조가 일본에게 대패하여 반식민지 상태로 전락하자, 광서제는 왜 대륙의 '대제국'이 작은 섬나라 일본의 침략도 막지 못한 종이호랑이로 전락했는지 심각하게 고민했다. 미개한 일본이 메이지유신을 통하여 서구 열강과 어깨를 나란히 하는 사실을 깨달았다. 그렇다면 메이지유신의 실체는 무엇인가. 서구의 문물을 적극적으로 수용하여 근대화를 이룩하고 동시에 봉건 질서와 구습을 타파하는 것이었다.

　　광서제만 이런 생각을 한 게 아니었다. 강유위(康有爲·1858~1927), 양계초(梁啓超·1873~1929), 담사동(譚嗣同·1865~1898) 등 개혁파 인사들도 사회 전반에 걸친 혁신을 하지 않고서는 중국이 망할 것이라고 생각했다.

　　강유위는 광서제에게 '변법(變法)'을 촉구하는 상소문을 올렸으나 수구파의 방해로 그것이 상정되지 않았다. 그 후 굴욕적인 「시모노세키조약」이 체결되었다는 소식을 듣고 분개한 그는 거인(擧人) 1천3백여 명과 함께 만언서(萬言書)를 올렸다. 이것이 유명한 '공차상서(公車上書)'이다. 이것의 핵심은 "법과 제도를 고쳐서 천하의 치세(治世)를 이루어야 한다."는 것이다. 강유위와 양계초는 북경에서 『만국공보(萬國公報)』를 창간하고 변법 운동을 주도했다.

　　담사동은 호남성 장사에서 남학회(南學會)를 조직하고 『상학보(湘學報)』를 창간하여 변법과 유신을 적극 제창했다. 이들의 선도적 역할 덕분에 광서

23년(1897)에 이르러서는 학회, 학당, 간행물 등이 전국적으로 우후죽순처럼 생겼다. 오늘날 중국 최고의 명문대학 북경대학의 전신인 경사대학당이 바로 이 시기에 설립되었다.

광서 23년(1897) 겨울 독일이 산동성 교주만(膠州灣)을 점령하자 민중의 분노가 극에 달했다. 강유위는 다시 광서제에게 상소하여 변법을 하지 않으면 중국은 망하며 황제도 비참한 최후를 맞이할 것이라고 경고했다. 마침내 '망국의 군주'가 되길 원치 않았던 광서제는 강유위를 불러 변법을 추진하게 했다.

다음 해(1898) 6월 광서제는 "국시(國是)를 분명하게 정한다."는 조서를 반포함으로써 이른바 '무술변법(戊戌變法)'을 공식적으로 반포했다. 그가 서태후의 뜻을 반영하지 않고 독자적으로 결정한 최초의 정치적 사건이었다.

무술변법의 주요 내용은 정부 기구를 개편하고 쓸데없는 관직을 폐지하며 과거(科擧)에 더 이상 팔고문(八股文)을 쓰지 않으며 신식 학당을 세워 인재를 양성하는 것이다. 또 서양 서적을 대량으로 번역하여 신학문을 전파하며 언로를 창달하고 민간 기업을 육성하며 군대를 근대화하는 것도 주요 목표였다.

하지만 서태후를 중심으로 하는 수구파가 그들의 개혁 노선에 강하게 반발했다. 개혁파의 거두 강유위와 양계초를 죽여야 한다는 상소가 빗발쳤다. 경친왕(慶親王) 혁광(奕劻·1838~1917)과 환관의 우두머리이자 서태후의 최측근 이련영(李蓮英·1848~1911)은 서태후에게 다시 수렴청정을 해야 한다고 읍소했다. 심지어 광서제를 폐위시키고 새 황제를 추대한다는 소문이 사방에 퍼지기도 했다.

생명의 위협을 느낀 광서제는 자신을 지지하는 개혁파에게 대책을 마련하게 했다. 강유위, 담사동, 필영년(畢永年·1869~1902) 등은 서태후를 구금할 계획을 은밀히 세웠다. 당시 원세개(袁世凱·1859~1916)는 군대를 거느리고 조선에 오래 있었으므로 국제 정세를 비교적 잘 알고 있었다. 변법에도 지지하는 입장이었다. 담사동은 변법을 성공시키기 위해서는 군부의 실력자인 그의 도움이 절실하게 필요했다. 그에게 은전을 베풀어 끌어들이자고 광서제에게 은밀히 건의했다.

광서 24년(1898) 9월 광서제는 원세개를 공부우시랑으로 책봉하고 병사를 조련하게 했다. 담사동은 원세개가 거주하고 있는 법화사(華寺寺)로 찾아가 단도직입적으로 말했다.

"원 장군이 보기에 황상은 어떤 분이오?"

"황상께서는 희대의 성군이지요."

담사동은 또 물었다.

"장군께서는 천진 열병(閱兵)의 음모를 알고 계신지요?"

천진 열병의 음모란 광서제와 서태후가 천진으로 행차하여 군대를 열병할 때, 서태후의 지령을 받은 직예총독 영록(榮祿·1836~1903)이 광서제를 유폐시키려는 음모였다.

"예. 들어서 대충 알고 있소."

담사동은 광서제 의대(衣帶)에 넣은 밀지를 꺼내 보여주면서 말했다.

"지금 황상을 구할 수 있는 분은 장군 한 사람뿐이오. 원 장군께서 구할 수 있으면 더할 나위 없이 좋은 일이오. 하지만 황상을 구하고 싶지 않으면 당장 이화원으로 가서 서태후에게 내 목을 치라고 하시오. 그러면 원 장군께서는 부귀영화를 누릴 것이오."

정말로 담사동은 배짱이 두둑한 사나이였다. 원세개를 전적으로 믿고 서태후를 제거할 계획을 토로했다. 원세개는 짐짓 화난 표정을 지으며 목소리를 높였다.

"도대체 족하(足下)께서는 나를 어떤 사람으로 보고 있는 거요? 황상께서는 족하 한 사람의 황상뿐만 아니라 우리 모두의 주군이오. 나와 족하는 황상의 하해와 같은 성은을 입고 있소. 황상을 구하고자 하는 자는 족하 한 사람뿐 만은 아니오. 족하께서 나에게 가르침을 주신다면 나는 귀를 씻고 경청하겠소."

원세개의 충성심에 감동한 담사동은 그에게 서태후를 폐위할 계획을 소상하게 알려주었다. 하지만 원세개는 간교한 자였다. 천진으로 달려가 직예총독 영록에게 밀고했다. 영록은 즉시 군사를 풀어 북경으로 연결된 도로를 봉쇄하고 이화원에서 서태후를 만나 광서제가 담사동 등과 짜고 그녀를 해치려한다고 아뢰었다. 서태후는 깜짝 놀랐다. 수십 년 동안 자기의 지시대로 움직인 광서제가 그런 음모를 획책하리라고는 상상도 못했다.

서태후는 군사 3천여 명을 풀어 황궁을 장악했다. 광서제를 폐위시키려고 했으나 북경 주재 외국공사들의 압력으로 실행에 옮길 수 없었다. 그 대신 그를 중남해(中南海)의 영대(瀛台)에 구금시키고 가담자들을 모조리 색출하게 했다. 양계초는 일본 영사관으로 피신하여 이토 히로부미를 만나 도움을 간청했다. 또 담사동을 만나 함께 일본으로 망명하자고 제안했다.

담사동의 대답은 이러했다.

"각국의 변법은 피를 흘리지 않고 성공한 적이 없었소. 중국에서도 변법과 유신을 위하여 피를 흘리지 않았다는 얘기를 들어 본 적이 없소. 우리가 피를 흘리지 않았기 때문에 이 번 거사가 실패한 게 아닌가 하오. 나, 담사동은 대의를 위해 죽은 첫 번째 사람이 되고자 하오."

그 후 양계초와 강유위는 일본으로 망명하여 목숨을 부지했지만, 담사동은 체포되어 33세의 젊은 나이에 북경의 채시구(菜市口)에서 군중 1만여 명이 지켜보는 가운데 참수형을 당했다. 이때 양예(楊銳), 유광제(劉光第), 임욱(林旭), 양심수(楊深秀), 강광인(康廣仁) 등 개혁파 인사 5명도 그와 함께 처형되었다.

중국 역사에서는 담사동을 포함한 이 6명을 '무술육군자(戊戌六君子)'라고 칭하고 그들의 개혁 정신과 절개를 기리고 있다.

다시 권력을 장악한 서태후는 경사대학당만 남겨놓고 개혁파가 설계한 모든 변법을 폐지해버렸다. 이로써 무술변법은 완전히 실패하였으며 청나라는 끝내 망국의 길을 앞당겼다. 서태후의 광적인 권력 집착과 수구 세력을 옹호한 정책이 결국 청조를 망하게 한 것이다.

6. 의화단 운동과 8개국 연합군의 북경 점령

서구 열강과 일본이 중국에 진출하여 식민지 쟁탈전을 벌이고 있을 때, 독일은 적극적으로 가담하지 못했다. 그런데 청일전쟁 후 일본이 요동반도를 차지하자, 러시아와 독일 그리고 프랑스가 일본을 압박하여 일본이 요동반도를 청나라에게 반환하게 했다. 독일이 중국에서 최초로 영향력을 행사한 이른바 '삼국간섭'이다.

이 시기에 독일은 산동성 거야현(巨野縣)의 천주교당에서 독일인 신부 두 명이 현지 주민에게 살해당한 사건을 구실로 산동성 교주만(膠州灣)을 강점했다. 독일에서 파견한 천주교 신부들은 청도를 근거지로 삼고 활발한 포교 활동을 벌여 교세를 크게 확장했다. 산동성 경내에서 천주교 신자가 증가하자, 전통 관습에 익숙한 주민들의 천주교에 대한 반감이 커졌다.

그런데 서양인 신부와 주민 사이에 갈등이 생기면 현지 관리들은 언제나 서양인 신부들을 상관처럼 모시고 주민 탄압에 앞장을 서서 공분을 사는 일이 비일비재했다. 산동성 백성들은 관리들의 비굴한 처신에 분노했으며 아울러 천주교가 중국의 전통 문화를 말살한다고 생각했다.

또 독일이 철도 부설권을 얻어 청도를 기점으로 산동성 내지로 진출하는 철로를 부설하고 각종 이권을 챙기면서 주민들을 자극하는 일이 많았다. 독일은 철도가 지나가는 길마다 토지를 헐값에 사들이고 민가를 철거하고 분묘를 파헤쳤다. 조상의 분묘가 파헤쳐지는 광경을 본 주민들은 분노했다. 그들은 관아로 달려가 '서양 오랑캐의 패륜 행위'를 호소했으나 오히려 탄압을 당했다.

민중의 구심점이 절실하게 필요했을 때 의화단(義和團)이 등장했다. 의화단의 원래 명칭은 의화권(義和拳)으로 산동성 지역에서 무술을 연마하는 민간 조직이었다. 단원들을 권민(拳民)이라 불렀다. 그들은 천주교를 반대하고 서양인을 몰아내는 운동을 벌였다.

산동순무 육현(毓賢·1842~1901)은 공포 통치로 유명한 인물이었다. 산동성 조주(曹州)에서 지부(知府)를 맡았을 때 도둑을 근절한다는 명목으로 3개월 동안 2천여 명을 학살한 적이 있었다. 대도회(大刀會), 홍권회(紅拳會) 등 무술을 수련하는 민간 조직도 탄압을 받았다. 육현은 그들이 반청(反淸) 세력으로 커질 것을 우려했기 때문이다. 또 의화단을 불법단체로 규정하고 권민들을 닥치는 대로 잡아 죽였다. 봉건 왕조를 유지하기 위한 그의 잔악한 행위는 서태후의 환심을 샀다.

그런데 육현은 서양인과 기독교를 봉건 질서를 해치는 주범으로 간주하고 아주 싫어했다. 산동 지방에서 20여 년 동안 철권 통치를 하면서 기독교 세력이 의화단 세력을 능가하자, 의화단을 이용하여 기독교를 근절하기로 결심했다. 그때부터 의화단을 회유하기 시작했으며 권민들을 앞세워 교회를 불태우고 중국인 신자들을 학살했다.

산동성에서 활동하고 있는 서양 선교사들은 북경 주재 대사관에 급보를 보내 구원을 요청했다. 서양 공사들의 압력에 굴복한 서태후는 어쩔 수 없이 육현을 파면하고 원세개를 산동순무로 임명했다. 육현은 북경에서 서태후를 배알하고 의화단 세력을 이용하여 서양 세력을 척결해야 한다고 끈질기게 주장했다. 당시 서태후는 사사건건 간섭하는 서양인들에게 분노를 품고 있었다.

육현의 주장에 동조한 서태후는 그를 산서순무로 다시 기용했다. 육현은 또 태원(太原)의 순무아문 서원문(西轅門) 앞에서 가톨릭 신자 46명을 학살했다. 이때 이탈리아인 주교, 신부, 수녀 그리고 영국 침례교 선교사들도 참살을 당했다. 그 후 8개국 연합군이 북경을 점령했을 때 서양인들은 제일 먼저 육현을 '죄인의 수괴(首魁)'로 지목하고 서태후에게 그를 처단하게 했다. 육현은 신강성으로 쫓겨났다가 광서 27년(1901)에 난주(蘭州)에서 처형당했다.

육현은 아주 청렴결백한 관리였다. 하지만 너무 완고한 사고를 가지고 있었던 까닭에 청조에 반감을 품은 백성을 무자비하게 살해하고 기독교를 극심하게 탄압했기 때문에, 결과적으로 서구 열강이 그의 만행을 구실로 중국 침략을 더욱 가속화하게 한 원인을 제공한 역사적 책임을 지게 된 것이다.

한편 서태후는 하북성 탁주(涿州)가 의화단에게 점령되었다는 소식을 듣고 군기대신 강의(剛毅·1837~1900)를 탁주로 보내 상황을 파악하게 했다. 강의도 육현과 마찬가지로 외세 배격에 앞장선 인물이었다.

뜻밖에도 그는 서태후에게 이렇게 아뢰었다.

"하늘이 의화단을 보내 양인들을 섬멸하게 했사옵니다. 권민(拳民: 의화단원을 지칭)은 충직하고 그들의 신기한 무술은 쓸 만하옵니다."

의화단을 이용해 '서양 오랑캐'들을 몰아내자는 얘기였다. 서태후는 비밀리에 권민들을 북경으로 몰려오게 했다. 이때부터 의화단 수령 조삼다(趙三多)는 "청조를 도와 양인들을 섬멸하자."는 기치를 내걸고 황제를 보위한다는 명목으로 단원들을 이끌고 북경으로 진격했다. 그들은 북경으로 진격하는 도중에 교회를 불태우고 철도, 전선 등 서양인들이 건설한 시설물들을 파괴했다. 의화단의 습격에 피신하지 못한 기독교인들은 살해되거나 불에 타죽었다.

광서 26년(1900) 6월 10일 의화단의 권민 수만 명이 서태후의 묵인 아래 북경으로 물밀 듯 들어왔다. 외국 대사관 관리들은 엄청난 충격을 받았다. 일부 관군도 의화단과 합세하여 11개 외국 공관들을 포위했다. 청나라 정부는 외국인들의 안전을 보장해 줄 수 없다는 이유를 들어 24시간 이내 천진으로 떠나게 했다.

이때 일본인 서기관 스기야마 아키라(杉山彬)와 독일공사 클레멘스 폰 케틀러(Klemens Freiherr von Ketteler)가 살해당했다. 교회, 성당, 외국인 거주 시설 등 외국과 관계된 물건은 모두 파괴 대상이었다.

미처 피신하지 못한 중국인 기독교인들은 장친왕부(莊親王府) 앞으로 끌려와 학살당했다. 그런데 의화단 권민들은 기독교인들만 살해한 게 아니었다. 시간이 흐를수록 무고한 양민을 학살하고 심지어 자기들끼리 피비린내 나는 싸움을 벌이기도 했다. 평소에 원한을 품었던 자들은 혼란한 틈을 타서 상대방에게 보복했다. 북경 수비를 맡고 있었던 부도통 경항(慶恒)은 남의 원한을 산 일이 있어서 가족 13명이 모두 살해당했다.

권문세가도 화를 피할 수 없었다. 광서제의 스승이었던 이부상서 손가내(孫家鼐·1827~1909)와 대학사 서동(徐桐·1820~1900)의 저택이 약탈당했다. 특히 서동은 80세의 고령에도 불구하고 권민들에게 끌려 나와 호된 비판을 받았다. 의화단 권민들은 대부분 관리에게 억압을 당한 하층민들이었기 때문에 북경에 입성하자마자 분노와 적개심을 일시에 드러냈다. 부인, 처녀를 가리지 않고 강간을 일삼았으며, 약탈과 방화가 북경을 무법천지로 만들었다.

서태후는 그들의 만행에 아랑곳하지 않고 외국인들을 쫓아낼 일에만 골몰했다. 같은 해(1900) 6월 21일 서태후는 광서제의 명의로 영국 등 11개국과 전쟁을 선포했다.

북경 곳곳에는 이런 포고문이 붙어있었다.

"서양 남자 한 명을 죽이면 은자 50냥, 서양 여자 한 명은 40냥, 서양 아동 한 명은 30냥을 상금으로 준다."

북경에 남아있었던 외국인들은 모두 자국 공관으로 피신했다. 방호벽을 쌓고 구원병을 초조하게 기다리고 있었다. 북경의 관문인 천진의 각국 영사들은 급히 8개국 연합군을 조직했다. 연합군 2천2백여 명은 영국 해군제독 에드워드 시모어(Edward Seymour)의 지휘 아래 기차를 타고 북경으로 출병하려고 했으나 철도가 파괴되어 육로로 이동했다. 천진 근교의 양촌(楊村), 곽방(廊坊) 일대에서 의화단과 격렬한 전투를 벌였다. 연합군은 수적으로 워낙 열세였기 때문에 천진의 외국 공관으로 되돌아오는 수밖에 없었다. 의화단으로서는 외국 군대와 싸워 최초로 승리한 전투였다.

8개국 연합군은 다시 병력을 보강하고 전열을 정비했다. 연합군 3만여 명 가운데 일본군이 가장 많았다. 광서 26년(1900) 7월 14일 연합군이 천진을 점령하자, 직예총독 유록(裕祿·1844~1900)은 음독자살했다. 연합군은 별다른 저항을 받지 않고 북경으로 진격했다. 8월 14일 새벽 북경성 밖에서 연합군과 청군이 충돌했다. 이틀간의 격전 끝에 연합군은 북경을 완전히 점령했다.

연합군이 자금성으로 진격해오자 서태후와 광서제는 민간인 복장으로 갈아입고 섬서성 서안으로 도망갔다. 원래 광서제는 북경에 남아 연합군과 협상을 시도하려고 했지만, 서태후가 그를 끌고 달아난 것이다. 만약 광서제가 단독으로 연합군과 강화 조약을 맺으면 자신의 입지가 크게 불리해질 것을 우려했기 때문이다.

연합군은 무주공산이 된 북경을 점령한 후 무자비한 보복을 가했다. 의화단을 발본색원한다는 구실로 조금이라도 의심스러운 자는 가차 없이 죽였다. 특히 독일인의 만행이 가장 심각했다. 북경을 점령한 후에 부임한 연합군 총사령관 알프레트 폰 발더제(A. L. Waldersee·1832~1904)는 황제 빌헬름 2세(Wilhelm II·1859~1941)의 칙령을 반포했다.

"교활하고 용감하며 무장을 갖추고 있으며 잔인한 중국인이라는 적과 대적하고 있음을 너희들은 알아야 한다. 그들을 동정하지 말고 전쟁포로로 받아줘서도 안 된다. 너희들이 용감히 싸움으로써 천년의 세월이 지난 후에도 중국인이 독일인을 멸시하지 못하게 해야 한다."

빌헬름 2세는 그 유명한 '황화론(黃禍論)'을 신봉한 황제였다. 중국인 등 황인종이 서구 문명을 몰락시킬 거라는 극단적 인종주의 사상을 가지고 있었기 때문에, 중국 침략에 앞장섰으며 연합군이 북경을 점령했을 때 독일인에게 그런 칙령을 내렸다. 북경 황궁과 황제의 별장에 소장하고 있었던 진귀한 보물과 서적들은 모조리 약탈당했다. 이때 중국의 국보급 문화재 수 만점과 국고에 비축해 놓은 은자 6천만 냥이 흔적도 없이 사라졌다.

연합군이 북경을 점령하고 있는 동안 각국에서 파병한 군대가 속속 도착했다. 무려 10만 명이 넘는 대군이 북경에 주둔하면서 서태후에게 계속 압박을 가했다. 서태후는 경친왕 혁광과 이홍장을 전권대신으로 임명하고 그들에게 협상을 맡겼다. 또 의화단에게 모든 책임을 전가하고 그들을 소탕하게 했다. 의화단의 세력을 빌려 서양인들을 몰아내려고 했지만, 의화단이 패배하자 오히려 그들을 전범으로 몰아 탄압했다.

광서 27년(1901) 9월 7일 청조와 8개국 간의 「신축조약」을 체결함으로써 중국인은 또 굴욕을 당했다. 오늘날 중국인은 9월 7일을 '국치일'로 여길 만큼 이 불평등조약을 치욕으로 여기고 있다.

이 조약의 핵심 내용은 이렇다.

"중국은 연합국에게 39년 동안 은자 9억8천만 냥을 배상하다. 북경 동교민항(東交民巷) 지역을 외국 대사관의 조계로 확정하고, 각국은 자국 군

대로 지키며 중국인의 거주를 금한다. 중국 정부는 중국 인민들의 반제
국주의 활동을 엄금하고 외국인의 안전을 보장한다. 중국 정부는 천진
대고구(大沽口)에서 북경에 이르는 방어선에 설치한 포대를 철거한다. 중
국 정부는 각국에서 파견한 군대가 북경에서 산해관에 이르는 철도를 지
키게 한다."

은자 9억8천만 냥은 청나라 말기에 열강에게 지불한 배상금들 가운데
가장 액수가 많은 천문학적 거액이었다. 또 외국 군대의 주둔을 인정한
것은 이때부터 중국이 반식민지로 전락했음을 의미한다.

광서 28년(1902) 1월 서태후와 광서제는 환궁했다. 수많은 백성들이 무
고하게 죽었고 북경이 외국 군대에 짓밟혔지만, 서태후는 병사 수만 명의
호위를 받으며 수레 3천 대에 온갖 귀중품을 싣고 북경으로 돌아와 다시
철권을 휘둘렀다. 그녀는 죽는 순간까지도 권력의 끈을 놓지 않았다.

7. 광서제와 서태후가 하루 차이로 붕어하다

광서 34년(1908) 11월 14일 광서제가 갑자기 붕어하고, 그 다음 날 서태
후도 세상을 떠났다. 서태후는 74세였으므로 그녀의 죽음이 뜻밖의 변고
는 아니었지만, 광서제가 한창 건강할 나이인 38세에 죽은 것은 오늘날
까지도 많은 의혹을 남기고 있다. 또 허수아비 황제와 실질적 최고 권력
자가 하루 차이로 사망함으로써 결국 청나라의 멸망을 촉진하게 된 것도
우연의 일치라고 보기에는 석연치 않다.

광서제는 선천적으로 몸이 허약하여 폐질환, 관절염, 요통 등 각종 질
병에 시달렸다. 더구나 유폐를 당했을 때는 우울증과 신경쇠약까지 걸려

심신이 극도로 피폐해졌다. 황제로서 열강들의 침략에 속수무책이었고 도탄에 빠진 백성들을 위해 어떤 조치도 할 수 없다는 자책감과 자신을 옭아맨 서태후에 대한 분노가 그를 절망에 빠트렸다.

광서제의 급사 원인은 두 가지이다. 하나는 지병을 앓다가 사망했다는 설과 다른 하나는 독살을 당했다는 설이다. 그가 사망하기 1년 전부터 황궁의 어의들이 백방으로 치료했지만 효과가 없자, 전국의 명의들을 불러들였다.

강소성의 유명한 명의였던 두종준(杜鍾駿·1852~1922)은 『덕종청맥기(德宗請脈記)』에서 이런 기록을 남겼다.

"내가 북경으로 가서 황상의 병을 치료하면 자그마한 명성이라도 얻을 수 있다고 생각했다. 하지만 황상의 병세가 너무 심각하여 나의 노력은 헛되고 말았다. 당시 내가 무슨 공을 세우기보다는 치료가 잘못되지 않기를 바랄 뿐이었다."

명의조차도 손을 쓸 수 없을 정도로 병세가 악화되었음을 알 수 있다. 또 사망하기 며칠 전 어의 3명이 함께 진찰한 기록에 따르면 폐혈 증세가 나타나고 사지가 마비되었으며 혼수상태에 빠졌다고 한다. 이런 사실을 비추어 볼 때 광서제는 독살을 당한 게 아니라 지병을 앓다가 사망했다는 것이다.

하지만 광서제를 치료했던 유명한 양의사(洋醫師), 굴계정(屈桂庭)의 회고에 의하면 이야기가 달라진다. 원래 굴계정은 이홍장이 세운 천진의 북양의원(北洋醫院)에서 서양 의학을 배웠다. 한의(漢醫)로 치료할 수 없는 병을 잘 치료하는 명의로 명성을 얻었다. 서태후는 경친왕 혁광, 원세개 등 조정 중신 6명을 불러 치료 대책을 물었다.

혁광이 아뢰었다.

"천진에 있는 북양위생국장 굴계정이 서양의술에 정통했다고 합니다. 그를 불러 한 번 치료하게 하는 것도 괜찮다고 생각합니다."

곁에 있던 원세개도 그를 적극 추천하자, 서태후는 크게 기뻐하며 당장 그를 불러들이게 했다. 광서 34년(1908) 10월 14일 굴계정은 서태후를 배알하고 광서제의 거처로 갔다. 마침 상해에서 온 유명한 의사 진련방(陳蓮舫·1837~1914)이 병석에 누운 광서제 옆에서 안절부절못하고 있었다. 서태후가 서양 의술로는 어떻게 치료하느냐고 묻자, 굴계정은 이렇게 대답했다.

"서양 의학에 따르면 황상께서는 곤룡포를 벗고 옥체를 드러내셔야 의사가 치료할 수 있습니다."

황제가 신하 앞에서 옷을 벗는 일은 상상도 할 수 없었지만 워낙 병세가 위중했으므로, 서태후는 지푸라기라도 잡는 심정으로 윤허했다. 진찰 결과 맥박이 미약하고 고혈압과 폐결핵 증세까지 나타났다.
굴계정은 응급 치료를 한 뒤 서태후에게 아뢰었다.

"신이 처방한 양약은 서양인이 운영하는 병원이나 약국에서 제조해야 합니다."

굴계정은 서태후에게 하직 인사를 드리고 나왔다. 그 후 며칠 동안 굴계정의 극진한 치료 끝에 광서제의 병세가 몰라보게 호전되기 시작했다.

의식을 회복한 광서제는 붓으로 글씨를 쓰고 그림을 그릴 정도로 기분이 좋았다. 그런데 11월 14일에 광서제가 갑자기 용상에서 땀을 비 오듯 흘리며 배를 움켜쥐고 나뒹굴었다. 얼굴이 검게 변하고 혀가 누르스름하게 변한 그를 굴계정이 응급 조치를 취했으나 그날 오후에 결국 자식 한 명 남기지 못하고 사망했다. 훗날 굴계정은 광서제의 죽음에 대해 이렇게 술회했다.

"나는 북양의원을 졸업한 후 한평생 의사로 살면서 온갖 변란을 지켜 보았다. 그 가운데 특히 광서제에 대한 인상이 가장 강렬했는데 지금도 잊을 수 없다.……광서제의 죽음은 실제로 풀기 어려운 수수께끼이다. 그의 갑작스러운 죽음에 대하여 사람마다 다른 주장을 펴고 있다. 지금 내가 기술하는 내용이 연구자들에게 조금이나마 도움이 되기를 바란다."

광서제의 최후를 가장 가까이서 지켜본 의사 굴계정이 이런 말을 했기 때문에 독살설은 더욱 증폭되었다. 서태후가 광서제를 독살했다는 얘기가 있다.

청조의 마지막 황제 부의(溥儀·1906~1967)는 『나의 전반부 인생』에서 이렇게 말했다.

"서태후가 중병에 걸려 회복할 가망이 없음을 깨닫고 광서제 앞에서 먼저 죽기를 원치 않았기 때문에 그를 독살했다는 얘기를 들었다."

광서제와 서태후가 사망할 당시에 부의는 세 살배기였으므로 훗날 성년이 되어 들었다는 얘기이다. 한림원시독학사 운육정(惲毓鼎·1862~1917)은 광서제의 기거주(起居注)를 담당했다. 기거주란 황제의 언행과 일상생활을 상세하게 기록한 글이다.

그가 남긴『숭릉전신록(崇陵傳信錄)』에 이런 내용이 있다.

"광서제가 사망하기 11일 전인 광서 34년 음력 10월 10일은 서태후의 생일이었다. 광서제는 조정 중신들을 거느리고 서태후에게 병문안을 갔다. 태감의 부축을 받고 엎드려 절했다. 하지만 서태후는 절을 받지 않고 만나기를 거절했다. 이때 서태후는 며칠 동안 설사병에 시달려 몸이 쇠약해진 상태였다. 황제를 모함하려는 어떤 자가 황제께서 태후가 병에 걸렸다는 얘기를 듣고 기뻐했다는 얘기를 서태후에게 전했다. 서태후가 대노했다. '나는 절대로 황상보다 먼저 죽지 않을 거야.'"

이와 비슷한 얘기가 또 있다. 서태후를 50여 년 동안 모신 환관 이련영(李蓮英·1848~1911)은 서태후가 광서제를 폐위시키려고 할 때, 그녀의 지령을 받고 광서제를 제거하려고 했던 인물이다. 광서제는 평소에 그를 증오했다. 이련영은 늙고 병든 서태후가 죽으면 광서제가 보복하지 않을까 두려워했다. 먼저 선수를 처야 했다.

하루는 병들어 누운 서태후에게 이렇게 아뢰었다.

"황상께서 태후께서 환후 중이라는 얘기를 듣고 뜻밖에도 희색이 만면하셨습니다."

서태후가 대노했다.

"나는 절대로 그보다 먼저 죽지 않을 거야."

이련영은 또 아뢰었다.

"황상께서 왜 이런 불순한 생각을 하시는지 모르겠습니다. 예전에 원
세개를 시켜 노불야(老佛爺: 서태후를 지칭)를 해치려고 했었지요. 다행히도
원세개가 충신이며 하늘이 노불야를 도와주어 무사하실 수 있었던 일을
저는 지금도 분명히 기억하고 있습니다."

광서 24년(1898) 9월 광서제가 강유위, 양계초, 담사동 등 개혁파의 지
원을 받고 서태후를 유폐시키려고 했으나 원세개의 밀고로 실패한 일을
이련영이 다시 들추어내어 서태후를 자극한 것이다. 서태후는 만약 자기
가 먼저 죽으면 광서제가 자기 일족과 측근을 모조리 살해하지 않을까 두
려워했다. 차라리 죽기 전에 먼저 그를 제거하고 새 황제를 옹립하는 편
이 자기에게 훨씬 유리하다고 판단했다.

서태후는 이련영에게 광서제의 약 복용을 관리하게 했다. 독살하라는
뜻이었다. 이련영은 아주 교활한 자였다. 만약 독약을 대량으로 써서 죽
이면 들통 날 게 뻔했다. 그래서 매일 복용하는 약에 독약을 조금씩 섞어
천천히 죽어가게 했다.

광서제가 죽었다는 소식을 들은 서태후는 그제야 안심을 하고 순친왕
재풍(載灃)의 아들 부의에게 황위를 계승하게 한 뒤 바로 죽었다.

감찰어사를 지냈던 호사경(胡思敬 · 1869~1922)도 『국문비승(國聞備乘)』에서
서태후와 이련영을 의심하는 글을 남겼다.

"천하의 일 가운데 광서제와 서태후가 하루 차이로 붕어한 것처럼 공
교로운 사건은 없다. 이련영과 서태후가 밀모하여 황제를 시해했다는 소
문이 널리 퍼졌다. 나는 조정의 여러 관리들에게 두루 물어보았으나 그

들은 모두 죄를 두려워하여 감히 말하지 않았다."

원세개와 광서제의 정복진 융유황후(隆裕皇后)도 독살설에 오르내리는 인물이다. 두 사람 모두 서태후가 사망한 뒤 광서제가 권력을 잡으면 제일 먼저 숙청을 당할 인물이었기 때문에, 그들을 중심으로 독살설이 나온 게 아닌가 한다.

광서제가 사망한지 100년이 되는 2008년 3월에 중국 학자와 의사들이 시신에서 채취한 두발 성분을 분석했다. 치사량에 해당하는 독극물 비소가 검출되었음을 공식적으로 발표함으로써 또 광서제의 독살설에 불을 붙였다.

제**12**장

청조(중국)의 마지막 황제
선통제 부의

제12장

청조(중국)의 마지막 황제
선통제 부의

1. 3세 때 등극하여 6세 때 퇴위하다

서태후는 수족처럼 부렸던 광서제가 감히 반기를 들고 자신을 제거하려고 하자 무술정변을 일으켜 그를 유폐한 뒤, 또 누구를 황제로 옹립하여 권력을 유지해야 하는지 깊은 고민에 빠졌다. 광서 25년(1899) 11월 병권을 쥔 군기대신 영록(榮祿·1836~1903)을 불렀다. 영록은 서태후의 지령을 받고 무술변법에 가담한 담사동 등 '무술육군자'를 처형한 최측근이었다.

먼저 영록이 말문을 열었다.

"장차 황상을 폐위한다는 소문이 있는데 사실입니까?"

"아니오. 황상을 폐위하는 일이 가능하겠소?"

청나라 역대 황제 평전

"태후께서 결정하시면 누가 감히 반대하겠습니까? 다만 황상의 죄가 분명하게 드러나지 않은 상황에서 외국 공사들이 간섭하지 않을까 걱정입니다. 그들의 간섭에 대해서는 신중하게 처리하지 않을 수 없습니다."

"만약 일이 노출되면 어떻게 해야 하겠소?"

"일이 드러나도 괜찮습니다. 황상께서는 보령이 왕성하신데도 황자(皇子)를 두지 못했습니다. 종실 방계 가운데 어린이를 골라 대아가(大阿哥)로 세워서 황상의 후사로 삼고 아울러 목종(동치제)의 대를 잇게 하면 됩니다. 대아가를 궁중에서 기른 후 그로 하여금 천천히 대통을 잇게 하면 아주 명분이 있는 일이 될 것입니다."

"너의 말이 옳구나."

청나라 때 황제의 아들을 '아가(阿哥)'라고 불렀으며 장남을 대아가라고 불렀다. 당시 북경에 주둔한 외국 공사들은 노회한 서태후가 눈엣가시였다. 그녀보다는 젊고 개혁적인 광서제가 청조를 다스려야 만이 그들의 이익에 부합된다고 판단하여 은밀히 그를 지지했다. 이런 이유로 무술정변 때 광서제가 서태후의 손아귀에서 살아남을 수 있었다.

만약 광서제를 폐위하면 외국의 반발을 걱정한 영록은 광서제가 아들이 없는 구실을 들어 '대아가'를 선발하여 서태후의 꼭두각시로 만든 후 그를 황제로 추대하면 누구도 감히 이의를 제기하지 못할 거라고 생각한 것이다.

서태후는 심사숙고 끝에 부준(溥儁·1885~1942)을 선택했다. 그의 아버지 서군왕(瑞郡王) 재의(載漪·1856~1922)는 도광제의 손자이며, 어머니는 서태후의 여동생 섭협나랍씨(葉赫那拉氏)의 딸이므로, 혈통을 따져서 그를 대아가로 세우는 데 가장 적합한 인물로 판단했다. 더구나 재의는 서태후의 심복이 아닌가. 서태후로서는 부준을 꼭두각시 황제로 옹립하면 누구도 감히 자신의 절대 권력에 도전할 수 없다고 생각했다.

광서 25년(1899) 12월 서태후는 왕공 대신들을 불러놓고 부준을 대아가로 책봉한 뒤 다음 해(1900) 정월에 황제로 추대하겠다는 뜻을 밝혔다. 연호도 이미 보경(保慶)으로 정해놓았다. 왕공 대신 모두 지엄한 서태후 앞에서 꿀 먹은 벙어리였다.

재의는 회심의 미소를 지었다. 아들이 황제가 되면 자신은 부귀영화를 누릴 뿐만 아니라 서태후 사후에 권력을 쥐고 천하를 좌지우지할 수 있었기 때문이다. 하지만 서태후가 황제를 멋대로 갈아치우려 한다는 소문이 황궁 밖까지 퍼지자 반대 여론이 들끓었다. 특히 외국 공사들은 서태후의 전횡에 이를 갈았다.

광서 26년(1900) 8월 8개국 연합군이 북경을 점령했을 때, 부준과 재의는 서태후와 광서제를 호위하고 서안으로 달아났다. 원래 재의는 의화단 세력을 이용하여 외세를 물리치자는 주장을 한 인물이다.

8개국 연합군이 북경을 침공하기 전에 그는 서태후에게 이렇게 아뢰었다.

"의화단 권민들은 모두 누란지위에 처한 국가를 위해 자기 목숨을 아끼지 않는 의로운 백성이옵니다."

서태후가 의화단을 소탕하자는 대신들을 숙청하고 11개국에 대해 선전 포고를 할 수 있었던 데에는 재의 등 주전파의 주장에 동조했기 때문이다. 하지만 청군과 의화단은 연합군에게 일방적으로 패배했다. 연합군

대표는 재의를 전쟁의 주범으로 몰고 서태후에게 그를 처벌해야 만이 강화에 응하겠다고 협박했다. 서태후는 목숨을 부지하기 위하여 재의를 희생양으로 삼았다. 정말로 간교하고 야비한 술책이었다.

재의가 하루아침에 '구국의 영웅'에서 외국인을 학살한 '전범'으로 전락하자, 부준도 황제 등극은 고사하고 언제 죽을지 모르는 처지가 되었다. 그 후 두 부자는 몽골, 난주, 북경 등을 전전하다가 궁핍한 생활 끝에 비참한 최후를 맞이했다.

서태후는 광서제가 붕어하기 하루 전에 군기대신 재풍(載灃·1883~1951)의 아들, 세 살배기 부의(溥儀·1906~1967)를 황제로 추대하고 아울러 재풍을 섭정왕으로 책봉한다는 조서를 반포했다. 서태후는 청조 최후의 황제마저도 자신이 결정한 뒤 하루 만에 파란만장한 삶을 마감했다.

부의의 할머니는 서태후의 친여동생이며 아버지는 도광제의 손자이고, 어머니는 서태후의 측근 영록의 딸이자 양녀이었으므로 서태후가 그를 후계자로 지명한 것이다. 서태후는 죽음을 이틀 앞두고 차기 황제는 종친 중에서 선발하되 새 황제의 모계가 반드시 자신의 집안과 연관이 있어야 한다고 생각했다. 자신의 사후에 새 황제에 의해 매도당하는 일을 피하기 위해서였다.

광서 34년(1908) 양력 12월 2일 세 살배기 부의는 어른들의 손에 이끌려 자금성 태화전에서 황제로 즉위했다. 다음 해(1909)부터 연호를 선통(宣統)으로 정했다.

훗날 부의는 이렇게 회고했다.

"그날 나는 어른들에게 한나절 동안 시달렸다. 더구나 날씨마저도 아주 추웠다. 그들이 나를 어가에 태워 태화전으로 모시고 가서 높고 큰 옥좌에 앉혔을 때, 나는 더 이상 견딜 수 없었다. 아버님께서 옥좌 옆에 무를을 꿇고 앉아 두 손으로 나를 잡고서 난동을 부리지 못하게 했지만, 나는 발버둥을 치며 울면서 말했다. '아빠, 너무 힘들어요. 빨리 집에 가고 싶어요.' 아버님은 너무 당황한 나머지 추운 날씨임에도 얼굴이 온통 땀 투성이였다. 문무백관의 삼궤구고(三跪九叩)의 의식이 한도 끝도 없이 이어지는 가운데 나의 울음소리도 더욱더 커졌다. 아버님께서는 나를 달래는 수밖에 없었다. '아들아, 울지 마라, 조금만 참아라! 곧 끝난단다.'"

그 모습을 지켜 본 조정 중신들은 참담한 마음을 금할 수 없었다.

'대청제국이 어떻게 이런 지경까지 이르렀단 말인가. 세 살배기가 무슨 업보를 지었다고 이런 고생을 한단 말인가.'

부의의 즉위식이 그들에게는 청조의 몰락이 임박했음을 상징적으로 보여주는 일대 사건이었다. 당장 황궁에서 부의를 키워야 할 여자가 필요했다. 생모는 법적으로 어린 황제 부의에 대한 양육권이 없었다. 사가(私家)의 여자는 아들이 황제일지라도 절대 황궁을 출입할 수 없었다. 생모와 아들이 생이별한 것이다.

광서제의 정복진 융유태후(隆裕太后·1868~1913)가 황제의 양육을 책임지고 수렴청정을 시작했다. 그녀는 황후였음에도 남편 광서제에게 사랑을 받지 못한 비련의 여인이었다. 그녀가 부의를 곁에 두고 수렴청정을 하는 동안, 부의의 아버지 재풍이 육군과 해군을 통솔하는 대원수의 직책을 맡고 권력을 행사했다. 그는 강단이 있는 인물이었다.

광서 26년(1900) 의화단이 북경으로 난입했을 때, 독일공사 클레멘스 폰 케틀러(Klemens Freiherr von Ketteler)가 살해된 일이 있었다. 이 사건이 중국과 독일의 외교 문제로 비화하자, 서태후는 당시 나이 18세였던 재풍

청나라 역대 황제 평전

을 독일로 파견하여 사태를 수습하게 했다. 독일황제 빌헬름 2세(Wilhelm II·1859~1941)는 재풍에게 무릎을 꿇고 사죄하게 했다.

하지만 재풍은 대청제국의 신하로서 몸을 숙이고 사과는 할 수 있을지언정 결코 무릎을 꿇고 사죄할 수 없다고 버텼다. 빌헬름 2세는 그와 한바탕 언쟁을 벌인 끝에 자신의 명령을 거두는 수밖에 없었다. 이 일이 중국에 알려지자 그가 중국의 자존심을 지켰다고 칭찬하지 않는 이는 없었다.

어쨌든 아들을 옥좌에 앉히고 실권을 장악한 재풍은 북양군벌의 영수 원세개를 만주족이 건국한 청조에 가장 위협적인 한족 인물로 간주했다. 특히 원세개의 밀고로 광서제가 유폐된 일에 원한을 품고 있었다. 재풍은 원세개를 살해하려고 했으나, 원세개의 심복 단기서(段祺瑞·1865~1936)의 개입으로 뜻을 이루지 못했다. 그 대신 원세개의 군기대신(국방부 장관) 겸 외무부상서(외교부 장관) 직을 박탈했다.

1911년 10월 10일 신해혁명의 도화선이 된 무창 봉기가 발발했을 때, 재풍은 원세개를 내각총리대신으로 중용할 수밖에 없었다. 원세개의 북양신군(北洋新軍)이 아니면 도저히 폭동을 진압할 수 없었기 때문이다. 그런데 고양이에게 생선을 맡긴 격이 되고 말았다. 그 후 원세개는 청조 타도에 앞장을 서고 중화민국을 건국하는 데 깊숙이 간여하여 초대 대총통이 되었다.

그런데 원세개는 대총통의 지위에 만족하지 못했다. 1914년 「중화민국약법(中華民國約法)」을 반포한 뒤 다음 해 12월에 황제를 자칭하고 국호를 중화제국, 연호를 홍헌(洪憲)으로 정했다. 하지만 각계각층의 거센 반발을 불러와 황제를 칭한 지 83일 만에 제국을 취소하고 퇴위했다.

한편 청조는 재풍의 주도 아래 선통 3년(1911) 4월에 경친왕 혁광(奕劻)을 총리로 하는 내각을 발표했다. 그런데 국무대신 13명 가운데 황족을 포함한 만주족이 9명인 반면에 한족은 4명에 불과했다. 이른바 '황족내각'의 설립은 입헌군주제를 주장한 한족 정치인과 지식인을 중심으로 하는 입헌파의 강한 불만을 일으켰다. 입헌파는 각 성의 자의국(諮議局: 지방의회와 비슷한 기구) 의원들과 연합하여 황족을 배제한 내각을 별도로 구성해야 한다는 상소를 올렸다.

하지만 청조는 "관리를 승진시키거나 파면하는 일은 황상의 가장 큰 권한이므로 의원들이 멋대로 간섭할 수 없다."고 통고했다. 더구나 철도 국유화를 발표하자 불에 기름을 끼얹는 격이 되고 말았다. 이에 따라 봉건 제국 청조에 더 이상 희망을 품을 수 없다고 판단한 입헌파는 속속 전국에 산재한 무장 혁명세력에 가담했다. 그들은 혁명을 통하여 청조를 타도하고 '인민'이 주권을 행사하는 새 국가를 수립하기를 갈망했다.

선통 3년(1911) 10월 10일 장익무(蔣翊武 · 1884~1913), 여원홍(黎元洪 · 1864~1928), 손무(孫武 · 1879~1939) 등을 지도자로 하는 혁명군이 호북성 무창(武昌)에서 봉기를 일으켜 무창, 한구(漢口), 한양(漢陽) 등 무한삼진(武漢三鎭)을 장악하고 호북군정부(湖北軍政府)를 수립했다. 혁명군이 무창에서 봉기에 성공하고 독립을 선포했다는 소식이 알려지자, 혁명당 인사들은 전국 각지에서 동시다발적으로 반청 투쟁에 나섰다. 이 시기부터 청조는 붕괴하기 시작했다.

그런데 무창 봉기 후 중원의 12개 성에 각각의 독립 정부가 수립되어 청조를 타도하는 데 큰 혼란을 가져왔다. 1911년 10월 각 성의 대표들이 상해에 모여 남경임시정부를 세웠다. 아울러 광서 31년(1905)년에 일본에서 중국동맹회를 조직하고 '민국(民國)'을 세운 손문(孫文 · 1866~1925)을 임시대총통으로 추대했다.

다음 해(1912) 1월 중화민국이 정식으로 건국되었다. 이로써 중국 최후의 봉건왕조, 청조는 276년의 역사를 마감하게 된다. 무창 봉기부터 중화민국이 건국되기 전까지 일어난 반청 민중혁명을 신해혁명이라고 부른다.

손문은 임시대총통으로 추대되었으나 북방에서 아직도 왕조 체제를 유지하고 있었던 청조와 남방의 중화민국 간의 갈등을 해소할 능력이 없었다. 이 시기에 청조는 고육지책으로 원세개를 내각총리대신으로 중용하여 혁명군의 북상을 막게 했다. 만약 원세개가 북양신군을 이끌고 중화민국을 공격하면 중국은 내전에 휩싸일 게 명약관화했다. 손문은 대의를 위하여 원세개에게 중화민국 대총통 자리를 양보하기로 약속했다.

원세개는 자금성 양심전에서 융유태후와 밀담을 나누었다. 그녀가 말했다.

"나는 모든 상황을 깊이 알지 못하고 있소. 앞으로 모든 일은 당신이 알아서 처리하시오."

사실상 원세개에게 청조의 운명을 맡기는 꼴이었다. 원세개에게 모든 권한을 위임했지만 전국 각지에서 부의를 퇴위시키라는 요구가 빗발치자, 융유태후는 경친왕 혁광, 원세개 등 왕공대신들에게 이렇게 말했다.

"친왕들을 잠깐 만나서 의견을 구했지만 그들은 모두 아무런 얘기가 없었소. 나는 모든 권한을 당신들에게 위임하겠소. 당신들이 국사를 잘 처리하면 나는 감격해마지 않을 것이오, 설사 일이 잘못되더라도 당신들을 원망하지 않겠소. 지금 황상께서는 나이가 너무 어려 아무 것도 모르오. 훗날 어른이 되어도 당신들을 원망하지 않을 것이오. 이는 모두 내 생각이오."

융유태후가 말을 마치고 흐느끼자 왕공 대신들은 통곡했다. 그녀는 마지막으로 소회를 밝혔다.

"지금 나는 우리 집안의 일을 말하는 게 아니오. 천하가 편안하면 그걸로 만족하오."

융유태후는 청조의 멸망을 기정사실로 받아들이고 백성을 위한 새로운 시대가 열리기를 진심으로 바란 것 같지만, 사실은 원세개의 회유와 협박에 굴복하여 어쩔 수 없이 선택한 길이었다. 선통 3년(1911) 12월 25일, 양력으로는 1912년 2월 12일에 조정은 선통제의 퇴위를 알리는 조서를 반포했다.

다음은 그것의 일부 내용이다.

"민군(民軍)이 봉기를 일으켜 여러 성(省)에서 호응하자, 중국 전체가 들끓고 백성은 도탄에 빠지고 말았다. 나는 특별히 원세개에게 명령을 내려 민군 대표와 대국(大局)을 토론하고 국회를 열며 국가의 체제를 공개적으로 결정하게 했다. 그런데 두 달이 지났는데도 아직도 적당한 방법을 찾지 못하고 있다. 중국은 남방과 북방으로 분열하고 남북은 서로 대치하고 있는 형국이다. 이에 따라 상인은 길에서 사라졌고 선비는 들판에서 노출되었다. 국가의 체제가 하루빨리 결정되지 않았기 때문에, 백성들은 하루도 편히 살 수 없는 지경에 이르렀다."

"지금 전국 인민들의 마음은 대부분 공화정으로 기울었다. 남방 각 성의 인민들은 앞에서 봉기를 일으키고, 북방의 여러 장수들은 뒤에서 공화정을 주장하고 있다. 인심의 향방이 천명임을 알아야 한다. 나 또한 청조를 건국한 애신각라(愛新覺羅) 성씨의 존귀함과 번영을 지키는 일 때문에 백성의 감정을 무시하는 행위를 할 수 있겠는가?"

사실상 공화국정부인 중화민국을 인정하겠다는 뜻이다. 퇴위 조서는 선통제가 융유태후의 뜻을 받들어 자신의 명의로 반포했지만, 여섯 살배기가 뭘 알고 썼겠는가? 학부차관 장원기(張元奇1860~1922)가 초고를 쓰고 원세개의 신복이었던 대학사 서세창(徐世昌·1855~1939)이 윤색했다고 한다.

어쨌든 청조가 중화민국으로 바뀌는 역사의 격변기 속에서 융유태후의 결정이 중국의 분열과 내란을 막는 데 결정적인 영향을 끼친 것은 사실이다. 다음 해(1913) 그녀가 향년 46세를 일기로 병사하자 중화민국정부에서 그녀의 장례식을 국장(國葬)으로 치른 것은, 어쩌면 그녀의 선택에 대한 고마움의 표시가 아닌가 한다.

원세개는 청조의 황제를 보호하는 법령을 반포했는데 그 주요 내용은 다음과 같다.

"첫째, 대청황제의 퇴위 이후에도 존호는 그대로 사용하며, 중화민국은 각 외국 군주를 대하는 의례로써 대우한다. 둘째, 중화민국은 매년 4백만 위안을 생활비로 지급한다. 셋째, 퇴위한 황제는 당분간 자금성에 거주하다가 이화원으로 거처를 옮기며 경호는 예전처럼 받을 수 있다. 넷째, 대청제국의 종묘, 황릉, 제사 등은 중화민국에서 지키고 주관한다."

망한 국가의 황제이지만 영국 여왕이나 일본 국왕처럼 그 상징성을 인정하고 우대해주겠다는 의미였다. 청조의 황실과 귀족에 대한 법령도 반포했다.

"첫째, 왕과 귀족은 작위를 예전처럼 세습할 수 있다. 둘째, 황족은 중화민국의 공민권과 개인 권리를 국민과 동등하게 행사한다. 셋째, 황족의 사유재산은 모두 보호한다. 넷째, 황족은 병역의무를 면제받는다."

이러한 우대 조치는 원세개와 융유태후의 협상 끝에 나왔다. 융유태후는 어린 황제와 황족의 안전을 보장해주고 여전히 특권을 누리게 하겠다는 원세개의 제안을 윤허하고 중화민국의 건국을 인정했다. 남편의 버림을 받은 나약한 여성으로서 혼자의 힘으로 제국의 운명을 감당하기에는 너무도 미약한 존재였기 때문에 원세개가 제시한 조건에 만족한 것이다.

청나라에게 망한 명나라 최후의 황제 숭정제(1610~1644) 주유검과 명나라 황족들이 얼마나 비참하게 죽었는지 융유태후도 잘 알고 있었을 것이다. 그래서 저항하기보다는 역사의 순리에 따름으로써 목숨을 부지하고 명예를 유지할 수 있는 길을 선택했다.

2. 자금성의 작은 왕국에서 황제 노릇을 하다

부의는 등극한지 3년 만인 6세 때 퇴위했지만 여전히 자금성과 이화원에서 거주하면서 어리광을 부리며 허수아비 황제의 위세를 부릴 수 있었다. 한 끼 수라에 36가지나 되는 산해진미를 마음껏 즐겼다. 사생활은 모두 환관들이 수발을 들었다. 먹는 것, 입는 것, 심지어 대소변조차도 환관들이 해결해주었다. 청조의 역대 황제에 비해 손색이 없는 궁중 생활이었다.

융유태후는 저명한 학자들을 초청하여 부의를 가르치게 했다. 하지만 어린 황제는 공부에는 도무지 관심이 없는 장난꾸러기였다. 그의 스승 서방(徐坊·1864~1916)이 유가 경전을 열심히 가르쳤지만 철부지에게는 마이동풍이었다. 하루는 부의가 서방을 자기 옆으로 오게 했다. 갑자기 달려들어 스승의 긴 눈썹 한 올을 뽑고 웃으며 말했다.

"눈썹이 참 기네. 그림에 나오는 할아버지 눈썹처럼 생겼네. 정말 재미있구나."

손자뻘 되는 황제에게 눈썹을 뽑힌 서방은 탄식했다.

"천자께서 수미(壽眉)를 뽑았으니 내 목숨도 이제 얼마 남지 않았구나."

눈썹 중의 가장 긴 털을 수미라고 하는데 장수의 상징이었다. 공교롭게도 서방은 얼마 후에 사망했다.

훗날 부의는 8세 때 퇴위한 후에도 여전히 황궁에 머물며 교육을 받았다. 영국인 영어교사 레지널드 존스턴(Reginald F. Johnston·1874~1938)의 가르침은 부의를 서양 문물에 흠뻑 빠지게 했다. 부의는 삼륜차, 자전거, 시계, 사진기, 안경, 양복 등 서양 물건이라면 무조건 좋아했다. 황실의 반대를 무릅쓰고 변발을 자르고 양복을 입었다. 자금성 밖의 세상이 너무 궁금하여 나가고 싶었지만 번번이 환관들의 제지를 받았다. 그럴 때면 자전거를 타고 자금성 안을 빙빙 돌면서 답답함을 해소했다.

어느 날 부의는 서양 음식이 도대체 어떤 맛인지 알고 싶었다. 영국인이 운영하는 북경의 유명한 호텔, 육국반점(六國飯店)에 환관을 보내 서양요리를 가져오게 했다.

호텔 지배인이 환관에게 물었다.

"무슨 요리를 주문하시겠어요?"

환관도 서양 음식을 처음 주문하는 거라 어떻게 대답해야할지 몰랐
다. 한참을 생각한 끝에 말했다.

"어쨌든 많이 주시오."

호텔에서 양식을 다 만들고 난 뒤 직원에게 양식과 식탁 용구를 자금
성으로 가지고 가게 하려고 했을 때 환관이 황급히 앞을 가로막고 말했다.

"일반인은 누구도 자금성에 들어갈 수 없소."

환관은 갖가지 양식을 수라상에 푸짐하게 차렸다. 부의는 노랗고 끈
적거리는 버터를 보고 호기심이 발동하여 그에게 맛을 보게 했다.
환관은 맛을 보더니 인상을 찌푸리며 말했다.

"누린내가 나고 매끈거려서 참으로 고약한 맛입니다."

부의는 양식 맛이 다 그런 줄 알고 먹지 않았지만, 훗날 아내 완용(婉
容·1906~1946)에게 양식을 먹는 법을 배운 뒤로부터는 중국음식보다도 양
식을 더 선호했다.

청조가 역사 속으로 사라진 뒤에도 부의와 황족들은 황궁에 거주하면
서 연호를 계속 사용하고 유지(諭旨)를 반포했다. 이미 물러난 대신들도 황
제를 배알할 때면 여전히 만주족 전통 복장을 입고 삼궤구고의 의식을 갖
추었다. 황제와 신하들 모두 실권은 없었지만 각종 의식을 행할 때는 위

세를 부렸다.

또 자금성 안에는 내무부(內務府), 종인부(宗人府), 신형사(慎刑司) 등 황실 기구가 있었다. 신하가 사망하면 시호를 내리고 황실의 법도에 위배되는 행동을 한 자는 신형사에서 처벌하기도 했다. 당시 사람들은 자금성을 '국가 속의 국가'라고 비아냥거렸다.

1914년 11월 중화민국 참의원에서 '국가의 정체성을 유지하기 위한 건의안'을 정부에 제출했다. 부의와 황족의 월권행위를 금지하라는 주장이었다.

원세개는 부의에게 7개 조항을 요구했다.

"첫째, 중화민국을 존중하고 국법에 저촉하는 행위를 금지한다. 둘째, 민국 기년(紀年)을 사용한다. 셋째, 상금은 가족과 친척에게만 하사하며, 관민에게는 선물을 하사할 수 있지만 시호를 내릴 수 없다. 황실 기관은 인민에게 고시(告示)하거나 처분을 내릴 수 없다. 다섯째, 황실 인원은 민국의 복장을 착용해야 한다. 여섯째, 민국의 사법기관이 황궁에서 발생한 범죄를 처리하며, 집사와 태감이 법규를 위반하면 황궁의 안전을 책임지고 있는 호군장관이 처리한다. 일곱째, 내부무와 신형사의 기능을 축소한다."

불과 2년 6개월 전에 반포한 황제와 황족에 대한 보호와 우대 조치에 비하면, 7개 조항은 사실상 그들의 특권을 더 이상 인정하지 않겠다는 얘기였다. 이때 부의의 나이가 8세였으므로 세상 돌아가는 물정을 몰랐으나, 황족과 유신(遺臣)들은 큰 불만을 품었다.

3. 12세 때 다시 등극했으나 12일 만에 퇴위하다

청조에서 중화민국으로 교체되는 역사적 전변기에서 원세개(袁世凱·1859~1916)만큼 후대 사람들의 비난과 칭찬을 한몸에 받은 인물은 드물다. 어떤 이는 그가 '나라를 훔친 대도(大盜)'라고 혹평하는 반면에, 또 어떤 이는 그를 중국 근대화에 결정적인 공을 세운 '진정한 개혁가'라고 평가하기도 한다. 그는 하남성 항성(項城)의 명문가에서 태어났다. 청운의 뜻을 품고 향시에 두 차례 응시했으나 낙방하자 절강제독 오장경(吳長慶·1829~1884) 휘하로 들어가 군인의 길을 걸었다.

뜻밖에도 원세개의 인생에 큰 전환점이 된 사건이 조선에서 일어났다. 조선 고종 19년(1882) 6월 임오군란(壬午軍亂)이 일어나 흥선대원군과 척화파들이 조정을 장악하고 있었던 중전 민씨와 그녀의 외척들을 몰아내고 정권을 탈취했다. 궁지에 몰린 민씨 일족은 청조의 개입을 요청했다.

이때 원세개는 오장경을 따라 조선으로 들어와 반란군을 진압하고 흥선대원군을 청나라로 압송하는 데 활약한 공적으로 출세의 가도를 달렸다. 1894년 청일전쟁이 발발하기 전까지 그는 10여 년 동안 조선에 머물면서 '총독' 행세를 하며 사사건건 내정에 간섭했다.

청일전쟁이 터지기 직전에 청나라로 달아난 원세개는 북양군벌의 우두머리가 된 뒤 무술변법, 의화단의 난 등 역사적 사건이 터질 때마다 기회주의적 처신으로 승승장구했다. 그 후 중화민국 대총통의 자리에 오르고 또 '황제'를 칭했을 정도로 막강한 권력을 행사했다. 1916년 그가 향년 57세를 일기로 사망하자, 부총통 여원홍(黎元洪·1864~1928)이 법률에 따라 중화민국의 제2대 대총통으로 취임하고, 북양군벌 출신 단기서(段祺瑞·1865~1936)가 국무원 내각총리의 직책을 맡았다.

여원홍과 단기서는 국정 현안을 놓고 의견이 맞지 않아 갈등을 빚었다. 단기서가 일본 군벌을 모방하여 군벌 통치를 하려고 했던 것이 문제였다. 제1차 세계대전 때에도 단기서는 독일에게 선전 포고를 해야 한다고 주장한 반면에 여원홍은 결사적으로 반대했다. 마침 단기서가 일본에서 몰래 돈을 빌린 일이 발각되었다. 여원홍은 그것을 빌미로 단기서를 해임했으나 단기서는 불복했다. 양측 간에 일촉즉발의 전운이 감도는 가운데, 여원홍은 1917년 6월에 독군단(督軍團) 사단장 장훈(張勳·1854~1923)에게 도움을 요청했다.

장훈은 독특한 인물이었다. 원래 청나라 말기에 광서제와 서태후의 안전을 책임진 어전호위였다. 중화민국에 들어와서는 북양군벌의 실력자로 부상했다. 청조가 망했지만 유신(遺臣)으로서 자부심이 강했다. 북양군벌의 병사들이 변발을 자르고 신식 훈련을 받을 때에도, 휘하 병사들에게 변발을 자르지 못하게 했다. 청조에 대한 충성심의 표현이었다. 그래서 당시 사람들은 그를 '변수(辮帥)'라고 불렀다. 변발한 병사들의 우두머리라는 뜻이다.

1917년 6월 30일 장훈은 총통부와 국무원의 갈등을 해결한다는 명분으로 변발한 병사 3천여 명을 이끌고 북경으로 잠입했다. 부의를 다시 황제로 추대하기 위한 쿠데타였다. 다음 날 육군총장 왕사진(王士珍·1861~1930)의 협조로 공화제에 반대했던 강유위(康有爲·1858~1927) 등 보황파(保皇派) 인사들과 함께 자금성에서 부의를 배알할 수 있었다.

장훈이 아뢰었다.

"공화제는 우리나라의 정세에 맞지 않습니다. 황상께서 복위하셔야 만
이 만민을 구할 수 있습니다."

부의는 울먹이며 말했다.

"내 나이가 너무 어려 그런 대임을 맡을 수 없어요."

장훈은 당시 12세에 불과했던 부의에게 왜 다시 황제로 등극해야 하는지 간곡하게 설명했다. 부의는 어쩔 수 없이 또 어른들의 손에 이끌려 황제의 옥좌에 오를 수밖에 없었다. 이른바 '장훈복벽(張勳復辟)' 사건이다. 장훈이 부의를 다시 황제로 추대했다는 뜻이다.

부의는 복위 당일 공화제 해체를 반포하고 청조의 부활을 선언했다. 복벽에 참여한 인사들은 조정의 요직을 차지했다. 장훈은 중앙 정부뿐만 아니라 지방 정부의 대표와 군벌들에게도 전문(電文)을 보내 다음 해 정월부터 청조의 상징인 황룡기(黃龍旗)를 걸게 했다.

일본공사관으로 피신한 대총통 여원홍이 즉각 반발했다. 각 성(省)에 전문을 보내 군대를 동원하여 보황파를 토벌하게 했다. 또 풍국장(馮國璋)을 대총통 대행으로 지명하고 자신의 정적이었던 단기서를 다시 국무총리로 임명했다. 역사의 흐름을 거스른 보황파를 제거하기 위해서는 북양군벌의 영수, 단기서의 도움이 절실하게 필요했기 때문이다.

7월 7일 남원(南苑) 항공학교에서 이륙한 비행기가 황궁에 폭탄 세 발을 투하하자 황궁에 있던 사람들은 폭탄 터지는 소리에 놀라 나뒹굴었다. 중국 역사상 비행기가 폭격한 최초의 사건이었다. 단기서는 7월 12일에 토역군(討逆軍)을 이끌고 북경으로 진격했다. 전투가 벌어지자마자 장훈의 군대는 붕괴했다.

애초에 장훈은 청조에 대한 충성심만으로 부의의 복벽을 도모했기 때문에 치밀한 전략과 구체적인 계획이 없었고 병력과 무장에서도 단기서의 상대가 되지 못했다. 장훈은 네덜란드 영사관으로 달아났으며 훗날 천진의 독일 조계지에서 죽었다.

부의는 등극한지 12일 만에 또 퇴위 조서를 반포하고 물러났지만 여전히 자금성에서 머무를 수 있었다. 건국된 지 5년 밖에 되지 않은 중화민국 정부는 아직도 청조를 옹호하는 세력이 잔존하였고 아울러 어린 황제를 쫓아내어 긁어 부스럼 만들고 싶지 않았기 때문이다.

당시 중화민국 군대는 각 지방의 군벌로 사분오열되어 있었다. 군벌들 가운데 북양군벌의 세력이 가장 강했다. 그런데 북양군벌을 지휘했던 원세개가 죽자 북양군벌은 직예성(直隸省) 출신이 중심이 된 직계 군벌과 봉천, 길림성, 흑룡강성 출신이 주류인 봉계 군벌로 나뉘었다. 풍국장(馮國璋), 조곤(曹錕), 오패부(吳佩孚) 등이 직계 군벌의 실력자였으며, 장작림(張作霖)이 봉계 군벌의 핵심이었다. 두 군벌은 공동으로 중화민국 북경 정권을 통제했으나 내각 구성, 외교 등의 현안을 놓고 패권 다툼을 벌였다.

1922년 4월에 일어난 1차 직봉전쟁에서는 직계 군벌이 승리하여 북경 정권을 했다. 권토중래를 노리던 장작림은 1924년 9월에 절강 군벌 노영상(盧永祥)과 연합하여 산해관, 열하 일대로 진격했다. 의원들을 매수하여 중화민국 대총통으로 선출된 조곤을 토벌한다는 명목이었다.

조곤은 즉시 오패부를 토벌군 사령관에 임명하고 장작림을 공격하게 했다. 오패부는 '기독교장군'이라는 별칭을 가졌던 풍옥상(馮玉祥·1882~1948)을 3군사령관에 임명하고 그에게 장작림의 반란군을 진압하라는 명령를 내렸다.

풍옥상은 평소에 손문을 존경했으며 조곤과 오패부가 짜고 북경 정권을 좌지우지하는 것을 못마땅하게 생각했다. 장작림은 이미 손문과 동맹을 맺고 있었기 때문에 풍옥상을 자기편으로 끌어들이기로 결심했다. 아들 장학량(張學良)에게 50만 은원(銀元)으로 그를 매수하게 했다.

1924년 10월 19일 풍옥상은 부대 명칭을 국민군(國民軍)으로 개칭하고 다음 날 새벽에 쿠데타를 일으켜 북경을 장악했다. 이른바 '북경정변'이 일어난 것이다. 그는 대총통 조곤을 감금하고 정식으로 국민군을 선포했다. 북경정변의 성공은 부의에게는 고난의 시작이었다. 풍옥상은 만민이 평등한 국민정부에서 황제의 호칭을 없애고 부의를 황제가 아닌 국민으로 대우해야 한다고 주장했다.

풍옥상이 제출한 안건은 중화민국정부 국무회의에서 가결되었다. 1924년 11월 부의는 신분이 황제에서 '국민'으로 바뀌었다. 북경 경비사령관 녹중린(鹿鐘麟)은 부의에게 2시간 안에 당장 자금성에서 떠나라고 통보했다. 만약 시간을 넘기면 성 밖에서 사격하겠다고 경고했다. 군경이 느닷없이 황궁을 에워싸자, 부의는 일순간 당황한 기색이 역력했다. 그를 도와줄 사람은 아무도 없었다. 황제의 옥쇄를 국민정부에 넘겨주고 환관과 궁녀를 해산한다는 조서를 반포한 직후, 가족과 함께 황실 전용차를 타고 북경의 순친왕부(醇親王府)로 돌아갈 수밖에 없었다. 이때 그의 나이는 18세였으며, 순친왕부는 그가 태어난 곳이었다. 3세에 황제로 등극한지 15년 만에 집으로 돌아온 것이다.

4. 만주국 괴뢰 황제가 되다

'국민'의 신분으로 전락한 부의는 순친왕부에서 며칠을 머무르다가 북경의 일본공사관으로 달아났다. 풍옥상은 그의 안전을 보장해주겠다고 공언했지만, 일본 정부의 보호를 받아야 만이 군벌들의 각축장이 된 북경에서 살아남을 수 있다고 부의는 생각했다. 일본공사 요시자와겐기치(芳澤謙吉·1874~1965)는 즉각 부의를 보호하겠다는 성명을 발표했다. 호시탐탐 만주병탄의 기회를 노리고 있었던 일본으로서는 호박이 넝쿨 채 들어온 셈이었다.

1925년 2월 부의는 일본군의 경호를 받으며 조계지(租界地) 천진의 장원(張園)과 정원(靜園)으로 거처를 옮겼다. 북경보다는 천진이 그를 관리하는 데 훨씬 편리했기 때문이다. 정원은 원래 일본 공사의 대저택이었는데 일본이 부의를 포섭하기 위하여 특별히 그에게 거처로 제공했다.

부의는 일본의 보호 아래 다시 호화로운 생활을 즐길 수 있었다. 천진 주재 외국 공사들은 그를 황제처럼 대우했다. 각국의 경축일을 축하하는 연회가 열릴 때마다 그는 최고 귀빈으로 초청되었으며, 외국 공사들은 황제를 대하는 예법으로 그를 맞이했다.

하지만 진정으로 부의를 황제로 존경한 외국인은 거의 없었다. 자국의 이해관계에 따라 그를 활용할 때에만 그의 면전에서 굽실거렸다. 그럼에도 부의는 자기가 이용당하고 있다는 사실을 모르고 교만해지기 시작했다. 청조의 유신들은 또 그에게 황제로 다시 등극해야 한다고 꼬드겼다. 일본의 유력한 신문과 잡지는 그를 동정하는 기사를 자주 실었다. 그를 만주국 괴뢰 황제로 추대하기 위한 사전 작업의 일환이었다.

1931년 9월 18일 일본 관동군이 만주사변(9·18사변)을 일으켰다. 관동군은 만주 지방을 장악한 뒤 괴뢰정권인 만주국 수립에 박차를 가했다. 당시 만주 지역에 있었던 청조의 유신들은 일본의 힘을 빌려 한족을 몰아내고 청조를 다시 세우려고 시도했다. 청조의 귀족 출신이자 일본 육군사관학교를 졸업한 희흡(熙洽·1884~1952)이 가장 적극적인 인물이었다. 일본군이 장춘을 공략하기도 전에 자발적으로 성문을 열고 투항했다.

그는 부의에게 급히 전보를 보냈다.

"황상께서는 조종의 발상지인 만주로 돌아오셔서 대청제국을 다시 건설하셔야 합니다. 재난에 빠진 백성을 구하시고 우방국 일본의 지지를 받고 먼저 만주를 통치하신 후에 다시 중원을 도모하셔야 합니다."

아직도 만주 지방에 청조의 충신이 있다는 사실을 안 부의는 감격의 눈물을 흘렸다. 또 만주국 건설을 막후에서 주도했던 관동군 특무대장 도이하라겐지(土肥原賢二·1883~1948)가 부의를 집요하게 설득했다. 만약 만주로 가면 황제로 추대하겠다는 유혹이었다. 마침내 그의 권고에 따라 부의는 1931년 11월에 천진에서 요녕성 여순을 거쳐 길림성 신경(新京: 지금의 장춘·長春)으로 들어갔다.

1932년 3월 1일 일본 관동군은 만주국을 세우고 부의를 집정(執政)으로 추대하기로 결정하고 아울러 연호를 대동(大同)으로 정했다. 같은 해 3월 8일 부의는 신경에서 만주국 집정으로 취임했다. 취임하자마자 부(府), 원(院), 부(部) 등 국가 조직을 갖춘 후 관리들을 임명했다. 중국정부는 일본의 처사에 강하게 반발했다. 만주국을 국가로 절대 인정할 수 없다는 의미로 그것을 '위만주국(僞滿洲國)'이라고 칭했다.

제1차 세계대전에서 승리한 연합국들이 주도하여 국제 협력을 위해 세운 기구였던 국제연맹에서도 만주국이 만주인이 자발적으로 세운 국가가 아니고 일본군의 조종에 의해서 생긴 조직이라는 것을 문제 삼아 만주국의 국체를 인정하지 않았다.

하지만 일본은 중국과 국제연맹의 반발에도 아랑곳하지 않고, 1934년에 이르러서는 국호를 만주제국, 집정을 황제, 연호를 강덕(康德)으로 바꾸었다.

이로써 부의는 28세 때 또 황제의 옥좌에 앉게 되었다. 그가 황제가 되기 전에 이미 전권대사 무토노부요시(武藤信義·1868~1933)와 만주국 총리 정효서(鄭孝胥)가 「일만협정서(日滿協定書)」를 체결했다. 무토노부요시는 만리장성 일대에서 중국군 20개 사단을 격파한 맹장으로 '만주국 수호신'이라는 별명을 얻은 인물이었다.

만주국에 주둔하는 일본군의 경비를 만주국에서 제공하며 철도, 항만, 항로 등을 모두 일본에서 관리하며 일본인을 만주국 관리로 임명하는 권리를 일본이 가지고 있다는 것이 「일만협정서」의 주요 내용이었다. 심지어 일본인을 만주로 이주시킨다는 조항도 있었다.

일본은 조선과 만주를 식민지로 삼아 중국 대륙으로 진출하는 발판으로 삼을 야욕이었다. 형식적으로는 황제국가 간의 동맹이었지만, 사실 만주국은 일본의 괴뢰국가였으며, 부의도 일본의 중국 침략을 달성하기 위해 필요한 허수아비 황제의 역할에 충실해야 하는 운명이었다.

청조의 역대 황제들은 전통적으로 불교를 숭배했기 때문에 부의도 불교 신자였다. 하지만 일본의 강압으로 일본 전통 종교인 신도(神道)를 받아들였을 뿐만 아니라 만주국의 국교로 공인하는 작태를 벌이기도 했다.

제2차 세계대전이 일본의 패망으로 끝나기 직전인 1945년 8월 8일에 소련이 일본에 선전 포고를 했다. 소련군은 기계화 부대를 앞세워 만주로 진격했다. 같은 달 15일 일본국왕 히로히토(裕仁·1901~1989)가 무조건 항복을 선언함으로써 제2차 세계대전이 끝났다.

일본 제국주의에 절대 복종했던 부의는 망연자실했다. 그가 할 수 있는 일이란 만주국 황제의 퇴위 조서를 서둘러 반포하고 일본으로 달아나는 수밖에 없었다. 8월 17일 만주국은 역사 속으로 사라졌다. 8월 19일 길림성 통화(通化)에서 비행기를 타고 일본으로 달아나던 중에 중간 기착지인 봉천에서 소련군에게 체포되었다.

5. 중화인민공화국의 공민이 되다

부의는 소련군에 체포되었을 때 공포에 떨었다. 그는 러시아 10월 혁명 때 러시아 최후의 왕조였던 로마노프 왕조의 왕족들이 공산당들에게 잔인하게 희생된 사실을 잘 알고 있었다. 그런데 전범의 신분으로 소련으로 끌려간 부의는 뜻밖에도 박해를 당하지 않았다. 소련 정부는 외국의 '황제'를 포로로 다룬 경험이 한 번도 없었기 때문이다.

오히려 부의는 구치소에서 특별 대우를 받았다. 다른 전범들은 고된 노동을 해야 했으나 그는 시설이 좋은 독방에서 생활하면서 하루 네 끼를 제공받았고 산책과 등산을 할 수 있었다. 구치소 소장은 그가 피아노를 칠 줄 안다는 사실을 알고 피아노를 마련해주기도 했다. 하바로프스크의 수용소로 이감되었을 때는 공산주의 교육을 받았지만 여전히 안락한 생활을 영위했다. 심지어 독방안의 파리와 모기도 다른 사람이 잡아주기도 했다.

부의는 소련 공산당에게 편지를 보내 공산당에 가입한 뒤 소련에서 살고 싶다는 의사를 여러 차례 밝혔다. 그가 진정한 공산주의자로 변모했다기보다는 1949년 10월 1일에 건국된 중화인민공화국으로 소환되는 것을 피하기 위해서였다. 만약 중국으로 소환되면 일본의 꼭두각시로 놀아나 수많은 인민들을 죽게 한 범죄 행위를 인정하지 않을 수 없었으며 아울러 가혹한 보복이 따르지 않을까 두려워했기 때문이었다.

1946년 8월 10일 부의는 증인 신분으로 일본 동경에서 열린 「극동국제군사재판」의 법정에 섰다. 자신은 만주국 황제였지만 일본 관동군의 허수아비에 불과했으며 인신의 자유가 없었고 어떤 대우와 존엄도 받지 못했다고 항변했다. 증인신문을 받고 다시 소련으로 송환된 부의는 1950년 8월 1일에 만주국 전범 263명과 함께 흑룡강성 수분하(綏芬河)에서 중국 정부에 인계되었다. 소련으로 끌려간 지 5년 만에 조상의 고향, 만주로 돌아온 것이다.

부의는 「무순전범관리소」에서 수인번호 981번을 옷가슴에 붙이고 약 10년 동안 사상 교육과 노동을 통한 인생 개조 훈련을 받았다. 중국 정부도 그를 다른 전범들과는 조금은 특별하게 대우했다. 관리소 안에서 그가 혼자 해야 할 취사, 세탁, 청소 등 일상적인 일들은 여전히 예전에 그의 신하들이었던 전범들이 해주었다.

1959년 12월 부의는 사면을 받고 풀려났다. 다음 해 2월 공민 신분으로 중국과학원 소속의 식물연구소에서 일자리를 얻었다. 화초를 가꾸며 편히 여생을 보내라는 중국 공산당의 배려였다. 그는 중국의 보통사람처럼 살기 위해 무척 노력했으나 모든 게 서툴렀다.

하루는 동생 부걸(溥傑)과 함께 시내버스를 타보기로 했다. 정거장에 나가보니 사람들이 줄을 서 있었다. 버스가 오자 사람들은 노인과 어린아이들을 먼저 태우고 타는 모습을 보았다. 마침 부의 옆에 한 여자가 서 있었다. 그는 그녀를 먼저 타게 했다. 그런데 그녀가 타자마자 버스가 출발했다. 그는 그녀가 버스 매표원인지 몰랐고 버스매표원이 마지막으로 올라타면 버스가 떠나는 것도 전혀 알지 못했다. 잠시 후에 다음 정거장에서 내린 부걸이 헐레벌떡 형을 향해 뛰어오는 모습을 보고 부의가 탄식했다.

"황제가 가장 쓸모없는 인간이구나!"

1962년 56세 때에는 공산당의 배려로 간호사 이숙현(李淑賢)과 결혼하여 단란한 가정을 이루었다. 1966년 문화대혁명의 광풍이 몰아치기 시작할 때 홍위병들에게 곤혹을 치르기도 했으나 주은래(周恩來) 총리의 도움으로 무사할 수 있었다. 부의는 1967년 61세를 일기로 북경인민병원에서 파란만장한 삶을 마쳤다. 몰락한 왕조의 마지막 황제는 일반적으로 비참하게 죽기 마련이지만, 그는 비교적 평온하게 인생을 마감했다.

중국 공산당이 그를 대우한 까닭은 중화인민공화국의 정통성 확보와 공산당이 봉건 제국의 부패한 황제도 얼마든지 공산주의에 맞는 인간으로 개조할 수 있다는 이념적 우월성을 선전하기 위한 목적이었다.

6. 부인 5명과 자식 한 명도 두지 못하고 불행한 결혼 생활을 하다

부의의 정실부인은 정백기 달알이족(達斡爾族) 출신, 완용(婉容·1906~1946)이다. 중국 역사상 최후의 황후이기도 하다. 그녀의 아버지 영원(榮源)은 청조 말기에 개방적인 사상을 가진 내무부 대신이었다. 남녀평등을 주장한 아버지가 딸도 아들과 마찬가지로 동등한 교육을 받아야 한다고 생각했다. 완용은 어렸을 적부터 가정교사에게 피아노, 그림 등 예술 분야를 배웠을 뿐만 아니라 특별히 초청한 미국인 미스 이사벨 인그램(Miss Isabel Ingram)에게 영어도 배울 수 있었다. 완용의 생모 애신각라씨(愛新覺羅氏)도 종실의 귀족 출신이었다.

이처럼 귀족 가문에서 성장한 완용은 미모와 쾌활한 성격뿐만 아니라 서구식 교육을 받은 덕분에 귀족 사이에서 며느릿감으로 명성이 자자했다. 부의가 16세 때인 1922년에 그의 아버지 재풍(載灃)과 내무부 대신들은 "황상의 춘추가 한창나이이므로 중궁(中宮)을 빨리 결정해야 한다."고 생각했다.

그들은 상의 끝에 종실의 귀족 가문이나 몽골족 출신 대신들의 딸 가운데 황후와 비빈을 한 명씩 간택하기로 결정했다. 부의는 환관이 올린 사진을 보고 완용을 황후로, 몽골족 출신 문수(文繡·1909~1953)를 비(妃)로 선택하고 대혼을 치렀다.

이때 청조가 이미 망하고 부의도 퇴위했으므로 엄밀한 의미에서 말하면 그의 결혼은 황제의 결혼식인 '대혼'이라고 할 수 없다. 하지만 황제의 호칭과 연호를 아직 폐지하지 않았던 까닭에, 오늘날 완용을 중국 역사상

청나라 역대 황제 평전

최후의 황후로 인정하고 있다.

그동안 음침한 자금성에서 환관들에게 둘러싸여 고리타분한 생활을 했던 부의는 완용을 황후로 맞이한 뒤 삶의 활력을 찾았다. 서양 문명에 익숙한 그녀를 통해 서양의 신기한 물건들을 마음껏 접할 수 있었다. 양식을 먹는 방법도 그녀에게 배웠다. 두 사람은 서로 아끼고 사랑했다.

하지만 시간이 흐를수록 완용은 부의와 함께 자유롭게 살고 싶었으나 자신에게 끊임없이 강요되는 황후의 책무에 염증을 느끼기 시작했다. 남편에게 비빈 문수가 있는 것도 고통스러운 일이었다. 봉건 시대에 황제가 여자를 여러 명 거느리는 일은 당연했지만, 이미 서구 사상에 젖은 완용으로서는 이해할 수 없었다. 더구나 부의는 성기능이 원활하지 못하여 그녀를 만족시켜주지 못했다.

부의는 가끔 문수를 데리고 자금성 밖으로 외출하기도 했다. 또 외국인을 초빙하여 그녀에게 영어를 가르치게 했다. 부의는 못생긴 문수를 좋아하지 않았지만 어쨌든 그녀가 비빈이었으므로 품계에 맞는 대우를 해주었다. 완용은 남편의 그런 행동에 자주 불만을 토로했다. 남편이 자기이외에 다른 여자에게 눈길을 주는 것을 아주 싫어했다. 부의도 아내의 투정에 점차 지쳐갔다. 부부싸움이 다반사였다. 자식이라도 두었으면 화해의 실마리라도 찾았을 텐데 그러지 못했다.

1924년 10월 19일 풍옥상이 일으킨 북경정변 때 부의와 두 부인은 자금성에서 쫓겨나는 신세가 되었다. 부의가 천진에 정착한 후에도 부부 관계는 전혀 개선되지 않았다. 완용은 황후 복장을 벗어던지고 신식 여성으로 변모한 뒤 외국 공사관을 돌아다니며 파티를 즐겼다. 그녀에게 천진은 신천지였다. 외국인들은 성격이 활달하고 영어에 능통한 그녀를 여전히 '황후'로 대접했으며, 그녀는 남편의 막대한 재산을 팔아 사치품을 구매했다. 마음에 드는 물건이 있으면 값을 따지지 않고 닥치는 대로 사들였다.

부의는 아내의 방탕한 생활과 사치에 분노했다. 하지만 그는 성격이 지나치게 우유부단하고 자신도 황제 복위의 망상에 빠져있었던 때라 아내를 제대로 관리하지 못했다. 급기야 완용은 자금성에서 조금씩 피웠던 아편에 완전히 중독되고 말았다.

1931년 부의가 일본 관동군에게 포섭되어 천진에서 요녕성 여순을 거쳐 길림성 신경(新京: 지금의 장춘·長春)으로 들어갈 때, 완용은 남편을 따라가지 않겠다고 발버둥을 쳤다. 서양인들과 '모던 보이'들이 넘치는 천진을 떠나 춥고 황량하며 마적이 우글거리는 만주로 절대 가고 싶지 않았던 것이다.

하지만 만주국을 세워 부의를 꼭두각시 황제로 앉히려는 음모를 꾸민 일본 관동군은 그녀를 데려가지 않으면 계획에 차질을 빚을 수밖에 없었다. 그래서 그녀를 황후로 추대하겠다고 집요하게 설득한 끝에, 그녀도 남편을 따라가지 않을 수 없었다.

완용은 장춘의 만주국 황궁에서 명목상 황후였지만 일본군의 철저한 감시를 받았다. 황궁 안에서는 일본에서 파견한 궁녀들이 그녀의 일거수일투족을 감시했다. 황궁 밖으로 나가려면 일본군의 허가를 받아야 했다. 새장에 갇힌 신세가 된 그녀는 여러 차례 탈출을 시도했지만 번번이 실패하고 말았다. 그녀의 유일한 즐거움은 아편 흡입이었다. 부의는 폐인이 된 아내를 더욱 멀리했다.

완용은 몸은 망가졌지만 타고난 미모 덕분에 화장을 하면 젊은 남자의 시선을 충분히 끌만 했다. 황궁 안에서 젊고 건강한 남자는 부의의 경호를 맡은 수행원뿐이었다. 남편의 감시를 피해 이체육(李體育), 기계충(祁繼忠) 등 남자들과 밀애를 피웠다. 또 일본군 장교와도 바람을 피웠다.

1935년 완용이 출산 기미를 보일 때, 부의는 비로소 아내의 불륜을 알았다. 그녀가 딸을 낳자 모멸감을 견딜 수 없었던 그는 갓난아이를 화로에 던져 태워죽이고, 그녀에게는 그녀의 오빠에게 보내 양육하게 했다고 속였다. 그 후 그녀는 남편에 의해 음침한 별채에 감금되었으며 죽을 때까지 딸의 행방을 알지 못했다. 매일 아편을 흡입하며 미친 듯 날뛰었다. 그녀는 눈이 멀고 다리가 나뭇가지처럼 말라서 혼자서는 일어나지도 못할 정도로 폐인이 되었다.

1945년 8월 소련군이 만주를 점령했을 때, 완용은 통화, 장춘, 연길 등을 전전하다가 현지 공산주의자들에게 체포되었다. 그들은 '중국 최후의 황후'였던 그녀를 조롱하고 혹독하게 다루었다. 결국 그녀는 감옥에서 1년여 동안 온갖 수모와 굴욕을 당한 끝에 40세의 나이에 옥사했다.

2006년에 이르러서야 종친들이 남편의 사랑을 받지 못하고 비참하게 죽은 그녀를 추모하기 위하여 그녀에게 '효각민황후(孝恪愍皇后)'라는 시호를 추증했다. 중국 역사의 대격변기 속에서 자유분방한 신여성이었던 그녀가 자신의 바람대로 마음껏 자유를 누리며 살 수 있는 중국 땅은 어디에도 없었다.

숙비(淑妃) 문수는 13세 때 부의의 비(妃)가 되었다. 몽골족 출신 아버지 단공(端恭)은 내무부의 관리였다. 그녀는 아버지가 일찍 죽는 바람에 어머니와 함께 평민으로 생활했다. 얼굴은 예쁘지 않았으나 워낙 총명했다. 소학교를 다닐 때 모든 과목에서 우수한 성적을 거두어 선생님들의 사랑을 독차지했다. 1922년 부의가 대혼을 치를 때 황후로 간택된 완용보다 하루 먼저 입궁했다.

문수는 대혼 당일 자금성에서 부의를 처음 만났다. 혼례를 치르고 난 뒤 신혼 방에서 신랑을 기다렸지만 신랑의 모습은 보이지 않았다. 첫날밤을 뜬눈으로 지새웠다. 다음 날 입궁한 완용도 같은 처지였다. 16세의 부의가 13세의 문수, 동갑내기 완용과 첫날밤 합궁을 하지 않은 까닭은 어쩌면 성적 욕망이 천성적으로 약했거나 황실 어른들의 강요에 의한 결혼을 못마땅하게 생각해서 그랬는지도 모른다.

문수는 매일 아침 곱게 단장하고 남편, 황후, 태후 네 명 등에게 차례로 문안 인사를 드리고 난 뒤 처소로 돌아와 혼자 지내는 일이 다반사였다. 남편이 찾아와 어루만져주기를 간절히 소망했으나 남편은 첫날 그랬던 것처럼 여전히 그녀에게 관심을 갖지 않았다. 그녀는 무료한 시간을 보내기 위해 자수를 놓거나 궁녀들에게 한자를 가르쳐주기도 했다.

태후들은 문수가 정숙하고 부덕이 있다고 칭찬해마지 않았다. 하지만 그녀들의 충고에도 불구하고 부의는 여전히 그녀에게 냉담했다. 다만 서양인 영어교사를 초빙하여 그녀에게 영어를 가르치게 했다. 문수는 영어를 배우면서 중국 여성들이 얼마나 무지하고 인권을 유린당하고 있는지 알게 되었다. 그녀도 점차 황후 완용처럼 신여성으로 변모하기 시작했다.

부의와 함께 자금성에서 쫓겨나 천진에서 생활할 때, 문수는 자기주장을 분명히 밝히는 당찬 여성으로 변했다.

하루는 청조의 한림원학사였던 정효서(鄭孝胥)가 부의를 찾아와 이렇게 말했다.

"대청제국의 황제로 복위하시려면 반드시 일본의 도움을 받으셔야 합니다."

정효서뿐만 아니라 일본에 매수된 청조의 유신(遺臣)들도 부의를 설득했다. 문수는 일본의 세력을 업고 복위를 노리는 부의에게 이렇게 권했다.

"일본인은 아주 잔인무도합니다. 일본과 러시아가 전쟁을 벌일 때 얼마나 많은 무고한 중국인들을 살해했습니까? 정효서의 꼬임에 넘어가 늑대를 제 집에 끌어들이는 일은 절대 안 됩니다. 그렇지 않으면 비참한

청나라 역대 황제 평전

운명을 겪을 것입니다."

하지만 부의는 아내의 충고를 끝내 듣지 않았다. 그가 천진에서 만주로 떠나기 전인 1931년에, 문수는 중국인을 경악하게 한 사건의 주인공이 되었다. 무능한 남편과 사랑 없이 살 바에는 차라리 이혼을 하는 게 낫다고 판단하고 이혼소송을 제기했다. 당시 중국인은 지독한 남존여비 사상에 젖어있었던 때라, 아내가 감히 남편에게 이혼을 요구하는 일을 상상조차 할 수 없었다.

문수가 부의에게 이혼을 요구했다는 소식이 알려지자 부의는 말할 것도 없고 친척들도 큰 충격을 받았다.

그녀의 집안 오빠, 문기(文綺)가 그녀를 비난하는 편지를 신문에 공개했다.

"둘째 누이, 읽어봐라. 최근에 네가 퇴위한 황제에게 이혼을 요구했다는 얘기를 듣고 기절초풍했다. 어찌 이런 흉측한 일이 우리 명문가 집안에서 일어날 수 있단 말이냐? 우리 집안은 2백여 년 동안 청조의 두터운 은혜를 입어 조상 사대(四代)의 관직이 일품(一品)에까지 이르렀다. 더구나 황제께서 너를 학대한 일이 없다고 들었다. 설령 학대했더라도 너는 고통을 견디고 죽음으로써 청조의 은혜에 보답해야 했다. 지금 뜻밖에도 이런 일이 벌어졌구나. 아, 내 여동생이여! 너는 정말로 어리석고 황당한 일을 저질렀구나."

문수의 답장은 이랬다.

"문기 오라버니 읽어보세요. 저와 오라버니는 부모도, 조상도 달라요. 평소에 왕래도 없었고 제가 입궁한지 9년 동안 오라버니와 한 번도 만난 적이 없잖아요. 그런데 뜻밖에도 오라버니는 친족 관계를 거론하며 중화민국 형법 299조 및 325조의 조항을 무시하고 신문지상에 공개적으로 저에게 죽음을 강요했어요.……헌법 제6조에서 국민은 남녀, 종족, 종교, 계급의 구별을 따지지 않고 법적으로 모두 평등하다고 규정했어요. 저는 9년 동안 혼자 지내면서 평등한 대우를 받은 적이 없었기 때문에 변호사에게 이혼 소송을 위탁했어요. 이는 퇴위한 황제에게 중화민국 법률에 근거하여 인도적 대우를 요구하는 것이지, 부모가 주신 내 육신이 불법적으로 능욕을 당하여 죽음에 이르지 않기를 바랄 뿐입니다."

사람들은 그녀가 부의의 막대한 재산 분할을 노리고 이혼소송을 벌였다고 그녀를 비난했지만, 남녀평등을 실천한 용기 있는 여자라고 평가한 사람도 적지 않았다. 결국 두 사람은 천진 지방법원에서 부의가 5만5천 위안을 문수에게 지급하고 서로 명예를 훼손하지 않는다는 조건으로 합의 이혼했다. 문수는 위자료로 소학교를 설립하고 직접 학생들을 가르쳤다.

두 사람은 중국 최초의 이혼 남녀가 되는 진기록을 남겼다. 당시 사람들은 이 사건을 '도비혁명(刀妃革命)'이라고 불렀다. 그 후 문수는 국민당 장교 유진동(劉振東)과 재혼하여 행복한 결혼 생활을 하다가 1953년에 향년 45세를 일기로 세상을 떠났다. 나약한 여성의 몸으로 수천 년 동안 쌓인 인습의 벽을 허문 선각자였다.

완용이 불륜을 저질러 만주국 황궁의 별채에 감금되어 있을 때 부의의 수발을 들 여자가 필요했다. 1937년 북경중학교 여학생 담옥령(譚玉齡·1920~1942)이 부의의 아내로 간택되었다. 그녀는 만주 귀족 출신으로 원래 성은 타타랍씨(他他拉氏)였는데 신해혁명 이후에 담(譚) 씨로 바꾸었다. 부의는 그녀를 상귀인(祥貴人)으로 책봉했다. 이때 부의는 31세, 담옥령은

청나라 역대 황제 평전

17세였다.

　담옥령은 머리가 좋고 선량한 여자였다. 언제나 남편에게 복종하고 공손한 태도와 온화한 미소로 남을 대하였다. 일본의 괴뢰 황제 역할을 하느라 심신이 지쳐있던 부의에게 그녀는 마음의 안식처였다. 부의는 그녀를 진심으로 사랑했다. 그녀가 입궁한 후 1942년 22세 때 갑자기 죽기 전까지 5년 동안 부부의 금슬이 무척 좋았다.

　담옥령이 왜 그렇게 갑자기 요절했는지는 지금도 수수께끼로 남아있다. 그녀의 몸에 이상 증세가 나타나자 장춘시립병원 원장 오노데라(小野 寺)가 치료했다고 한다. 그녀가 요절했을 때 누구도 사인을 밝히지 않았지만, 나중에 부의가 쓴『나의 전반부 인생』에서 이런 기록을 남겼다.

　　　"지금도 그녀의 죽음은 나에게 의혹으로 남아있다. 당시 그녀의 병은 한의사의 진단에 의하면 상한(傷寒)이었지 당장 죽을 정도로 심각한 병은 아니었다. 나중에 내 주치의 황자정(黃子正)이 소개한 시립병원 소속 일본인 의사가 치료하러 왔다. 그런데 느닷없이 요시오카 야스나오(吉岡安 直·1890~1947)가 찾아와 담옥령을 돌보겠다고 했다. 그는 관례를 깨고 궁 내부의 근민루(勤民樓)로 거처를 옮긴 후 일본인 의사가 그녀를 치료하는 일을 간섭했다. 치료한지 불과 이틀 만에 그녀는 갑자기 세상을 떠났다."

　일본 관동군 참모장교 요시오카 야스나오는 관동군 사령관의 지령에 따라 부의를 꼭두각시로 조종한 인물이다. 부의의 일거수일투족은 모두 그의 통제를 받았다. 심지어 부의 부부의 은밀한 사생활도 간섭했다. 훗날 그는 부의를 철저하게 통제한 공로를 인정받아 육군중장으로 승진했으며 일본이 패망했을 때는 소련으로 끌려가 죽었다. 담옥령의 사인이 무엇이든 그녀는 일본이 조종하는 꼭두각시 황제의 부인이었던 까닭에 일본인의 입맛에 따라 희생될 수밖에 없는 가련한 처지였다.

부의는 그녀의 죽음을 안타깝게 여기고 성대한 장례식을 치르게 했으며, 훗날 그녀를 너무 그리워한 나머지 포로 생활을 할 때에도 언제나 그녀의 사진을 가슴에 품고 있었다고 한다.

부의의 네 번째 부인 이옥금(李玉琴·1928~2001)은 장춘의 평범한 한족 가정에서 태어났다. 1943년 입궁하여 복귀인(福貴人)으로 책봉되었다. 원래 요시오카는 부의를 일본 여자와 결혼시키려고 했다. 만약 일본 여자가 부의의 자식을 낳으면 만주국은 완전히 일본에 종속되는 것을 노린 음모였다. 하지만 부의는 그처럼 어리석은 바보는 아니었다. 요시오카가 보여준 일본인 처녀 사진 여러 장을 애써 외면하고 일부러 한족 이옥금을 간택했다.

이옥금은 만주국이 패망하기 2년 전에 부의의 귀인이 되었으므로 부의와 특별한 애정 관계는 없었다. 1955년 그녀는 무순(撫順)의 전범관리소에서 헤어진 지 10년 만에 부의를 만났다. 1957년에 이혼을 한 뒤 재가했으며 2001년에 간경화로 죽었다.

부의의 다섯 번째 부인이자 마지막 부인 이숙현(李淑賢·1925~1997)은 두 번 이혼한 경력이 있는 간호사였다. 중국 공산당은 부의가 늘그막에 외로움에 시달리지 않을까 걱정했다. 1962년 주은래 총리가 중매쟁이로 나서두 사람의 결혼을 성사시켰다. 1967년 부의가 세상을 떠나기까지 이숙현의 극진한 보살핌을 받았다. 그는 수많은 우여곡절을 겪었지만 여느 망한 왕조의 마지막 황제보다는 비교적 행복한 여생을 마쳤다.